재일코리안사연표

재일코리안사연표

초판 1쇄 발행 2016년 11월 25일

편 저 자 | 강철
옮 긴 이 | 정희선·황익구
펴 낸 이 | 윤관백
펴 낸 곳 | 도서출판 선인

등   록 | 제5-77호(1998.11.4)
주   소 | 서울시 마포구 마포대로 4다길 4(마포동 324-1) 곳마루 B/D 1층
전   화 | 02)718-6252/6257
팩   스 | 02)718-6253
E-mail | sunin72@chol.com
홈페이지 | suninbook.com

정가 30,000원

ISBN 979-11-6860-007-2 93910

· 잘못된 책은 바꿔 드립니다.

재일코리안사연표

강철(姜徹) 편저
정희선·황익구 역

한국의 독자에게

이번에 한국에서 『재일한국·조선인사 종합연표 －재일동포 120년사－』를 번역 출판하게 되었습니다. 이 〈연표〉 출판에 관계한 여러분들이 고생이 무척 많았으리라 생각합니다.

이 〈연표〉는 코리안들이 120년에 걸쳐 일본에서 살아 온 시대를 가능한 한 알기 쉽게 읽을 수 있도록 만든 연표입니다.

우선 민족이 해방되기 전의 암흑시대부터 해방 후의 혼란한 시대를 겪고, 많은 동포들이 고향에 돌아갔지만 제반 사정으로 인해 일본에 재류하게 된 흐름이 있습니다. 시대가 바뀌고 1세들이 세상을 떠나고 새로운 세대가 다수를 차지하게 되면서 국제화의 조류에 휩쓸리고 조상의 땅에 대한 생각도 바뀌었습니다. 그들 가운데 다수는 재일코리안의 역사를 알지 못하는 사람들이고 역사를 알 방도도 없었습니다. 이들은 해방 후 자신의 선조들이 일본에 재류할 수밖에 없었던 사정과 갖은 어려움을 극복해 온 역사적 경위에 무관심했고, 민족적 허무주의에 빠졌기 때문입니다.

그러나 그 새로운 세대 가운데에도 민족에 대한 인식을 새로이 하면서 조국 통일을 바라는 사람들이 많이 있는 것을 부정할 수 없습니다. 원코리아운동 등에 참여하는 사람들도 거기에 포함되겠지요. 그들은 재일코리안이 어떤 존재여야 하는지에 대한 해답을 찾기 위해 재일의 원점(原點)을 잊지 않고 운동을 전개하고 있습니다.

이 역사 〈연표〉는 그러한 배경 속에서 재일코리안이 걸었던 역사적 흐름을 많은 사람들에게 알리기 위해 일조하고자 만들어졌습니다. 다만 원 책에서의 '남북정세'와 '세계정세'는 국내외 정세 및 지면 관계상 이번 출판에는 아쉽게도 포함이 되지 못하였음을 밝혀둡니다. 이 부분은 추후 시간이 허락하는 대로 증보 출판을 약속드리고자 합니다.

  이 〈연표〉가 한국에서 출판되게 된 지금, 편저자로서 감개무량한 심정을 전하면서 인사를 마무리하고자 합니다. 이 〈연표〉를 번역, 출판해 준 청암대학교 강명운 총장, 청암대학교 재일코리안연구소의 정희선 소장, 김인덕 부소장, 성주현과 황익구 연구원에게 감사의 마음을 표합니다. 그리고 출판에 종사한 여러분들께도 진심한 사의를 표하는 바입니다.

2016년 10월 20일

강철 姜徹

머리말

　이번에 염두에 두었던 연표를 다시 출판할 수 있게 되었다. 지금부터 약 20년 전에 출판한 연표는 당시의 여러 사정도 있었기 때문에 스스로 만족할 만한 것이 못되었다. 그것이 이번에 이전 연표에서는 쓰지 못했던 부분을 보충하고 새로운 관점으로 자료를 수집하여 재편집했다. 나름대로 전력을 다한 결과, 수긍할 수 있는 연표를 만들었다고 생각하고 있다. 오랜 세월 간직한 마음 속 고뇌와 가슴의 응어리가 풀어진 듯한 느낌이다.
　이 연표는 재일동포 역사의 연대를 알기 위한 색인자료로 유용하다. 또 재일동포의 역사를 알기 위해 필요한 부분에 대해서는 주석을 덧붙여 알기 쉽게 만들었다.
　'재일'이란 무엇일까? '재일'의 시작은 한반도가 일본의 식민지가 되는 1910년부터이다. 당시의 조선인은 데라우치[寺內] 총독의 무단통치로 인해 가혹한 생활을 강요당했고, 조선은 참으로 살기 힘든 땅으로 바뀌었다. 많은 사람들은 먹고 살기 위해 일본으로 유랑해 갔다. 또 전시 중에는 징용, 징병 등으로 일본에 강제 연행된 사람들도 많이 있었다. 제2차 세계대전이 종결되고, 많은 동포들은 고향으로 돌아갔지만, 갖가지 사정으로 일본에 잔류할 수밖에 없게 된 사람들도 있었다. 그들이 바로 현재의 '재일'의 기점이라고 할 수 있다. 그리고 그 자식들이나 손자들이 현재의 재일동포 사회를 구성하고 있는 것이다.
　해방되고 반세기가 지난 지금도 외세에 의해 분단된 조국은 통일을 이루지 못하고 있다. 일본에 있는 재일동포는 부득이 일본에 생활기반을 갖게 되었다. 현재 재일 1세는 세상을 떠나고, 해방 후에 태어난 새로운 세대가 절대 다수를 차지하게 되었다.

이 새로운 세대에는 1세가 걸어온 역사적 경위를 모르는 사람이 많고, 그 결과 민족성을 잃고 허무주의에 빠져 있는 젊은이들도 있는 우려스러운 사태에 직면해 있다.

2000년 6월 남북 정상의 역사적인 회담이 실현됨으로써 이전에는 대립하고 있던 재일동포 사회에서도 화해가 진전되었고, 상회 신뢰관계가 구축되어가고 있다. 이는 실로 기쁜 일이며, 재일동포 사회의 향후 운명을 좌우하는 문제이기도 하다. 그렇기 때문에 재일동포 사회에서는 남북 정상회담에서 합의한 6·15 선언을 실현하기 위해서 각 단체가 화해를 적극적으로 추진하는 원코리아운동이 전국적으로 전개되고 있다. 이로써 재일동포가 잃어가고 있는 민족성을 되돌리고, '재일'이 어떠해야 할지를 생각하는 것이 중요한 문제로 제기되고 있다. 현재 일본 정부가 재일동포에 대해서 동화정책을 적극적으로 추진하고 있고, 재일조선인의 문제를 일본 귀화로 해소하려 하고 있기 때문이다.

이 책이 재일의 역사를 알고, 재일의 원점으로 돌아가서 생각하는 데 도움이 되기를 바란다.

이 책이 출판되는 과정에서 유잔카쿠[雄山閣] 편집장 사노 아키요시[佐野明吉] 씨가 많은 수고를 해주셨다. 그 조력에 대해 진심으로 감사의 뜻을 표한다.

또 이 책의 기사 및 내용 전반에 대해서는 모두 편자의 책임하에 정리한 것이라는 사실을 덧붙여 둔다.

2002년 4월 10일

강철 姜徹

범례

1. 대한민국은 '한국', 조선민주주의인민공화국의 호칭은 '북한'이라 하는 것을 원칙으로 한다. 다만 인용하는 경우나 필요할 때에는 북한을 '공화국'이라고 표기한 경우도 있다.
2. 재일동포의 호칭을 필요에 따라 재일동포, 재일한국인, 재일조선인으로 사용했다.
3. 경성은 서울이라 했다.

재일코리안사연표 차례

한국의 독자에게 / 4
머리말 / 6

1880~1897년 …… 15	1930년 …… 41
1898~1909년 …… 16	1931년 …… 44
1910~1913년 …… 17	1932년 …… 48
1914년 …… 18	1933년 …… 54
1915년 …… 18	1934년 …… 60
1916년 …… 19	1935년 …… 65
1917년 …… 20	1936년 …… 70
1918년 …… 21	1937년 …… 77
1919년 …… 22	1938년 …… 81
1920년 …… 25	1939년 …… 86
1921년 …… 26	1940년 …… 93
1922년 …… 27	1941년 …… 100
1923년 …… 28	1942년 …… 107
1924년 …… 29	1943년 …… 115
1925년 …… 31	1944년 …… 124
1926년 …… 33	1945년 …… 129
1927년 …… 35	1946년 …… 136
1928년 …… 36	1947년 …… 143
1929년 …… 38	1948년 …… 148

1949년	154	1977년	282
1950년	160	1978년	288
1951년	165	1979년	291
1952년	170	1980년	296
1953년	178	1981년	300
1954년	182	1982년	304
1955년	186	1983년	307
1956년	190	1984년	310
1957년	193	1985년	313
1958년	195	1986년	316
1959년	198	1987년	320
1960년	203	1988년	323
1961년	206	1989년	327
1962년	210	1990년	331
1963년	213	1991년	335
1964년	217	1992년	339
1965년	221	1993년	342
1966년	226	1994년	346
1967년	230	1995년	351
1968년	235	1996년	356
1969년	240	1997년	362
1970년	246	1998년	367
1971년	252	1999년	371
1972년	256	2000년	377
1973년	262	2001년	381
1974년	267	부기	387
1975년	273		
1976년	277		

부록 ··· 389

1. 재일본조선인연맹(조련) 강령 / 391
2. 재일본대한민국민단(민단) 강령 / 391
3. 조선민주주의인민공화국 남일南日 외무장관 성명 / 391
4. 재일본조선인총연합회(총련) 강령 / 394
5. 재일한국민주통일연합(한통련) 요령 / 395
6. 북한에서 재일동포 학생 자제에게 보낸 교육원조비와 장학금 / 396
7. 해방 후 귀국자의 추이 / 401
8. 재일동포 추이(해방 전) / 404
9. 재일동포 추이(해방 후) / 405
10. 도도부현별 본적지별 외국인등록자(한국 · 조선) / 406
11. 도도부현별 연령 · 남녀별 외국인등록자(한국 · 조선) / 408
12. 도도부현 재류자격(재류목적)별 외국인등록자(한국 · 조선) / 412
13. 재일동포 결혼통계표 / 416
14. 재일동포귀화자 통계표 / 418
15. 재일동포단체 · 출판 상황 일람표(1) / 420
16. 재일동포단체 · 출판 상황 일람표(2) / 425
17. 재일동포단체 · 출판 상황 일람표(3) / 428

재일코리안사연표

1880~97년

재일동포
1880 6.25 지석영池錫永, 두묘痘苗 제조법 습득 위해 수신사 김홍집金弘集을 따라 도일
1881 4.28 조선 봉건정부 박정양朴定陽, 어윤중魚允中, 조준영趙準永, 홍영식洪英植 등 문물제도 일본시찰단 및 신사유람단이 민심을 우려하여 부산 동래부 암행어사라고 명명하여 부산을 거쳐 도쿄에 도착 9.— 조선 봉건정부의 유학생으로 유길준俞吉濬 등 16명을 미타가쿠엔[三田學園](게이오기주쿠[慶應義塾])에 유학시킴
1882 12.— 조선 봉건정부 유학생으로 서재필徐載弼 등 30명을 일본에 파견하여 도야마학교[戶山學校](육군사관학교의 전신)에 유학시킴
1883 ※ 당시 유학생은 김옥균金玉均과 박영효朴泳孝의 정부수신사 일행이 인솔하여 일본에 유학하였고, 일부는 후쿠자와 유키치[福澤諭吉]의 미타가쿠엔[三田學園](게이오기주쿠[慶應義塾])에, 일부는 도야마학교[戶山學校]에 유학함
1884 12.— 김옥균金玉均 등 개화파의 쿠데타(갑신정변)가 일어나자 재일 유학생 중 17명이 정변에 가담하기 위해 귀국
1885 2.20 조선 정부의 흠차대사欽差大使, 서상량徐相雨, 부사副使 묄렌도르프가 도쿄에 도착
1893 11.— 박영효朴泳孝, 도쿄 구단[九段]에 친린의숙親隣義塾 설립
1894 10.17 조선 정부의 보빙대사報聘大使 의화궁義和宮 도일
1895 4.— 조선 봉건정부 파견 일본 유학생 윤치오尹致旿 등 113명이 미타가쿠엔[三田學園](게이오기주쿠[慶應義塾])에 유학함 5.— 조선 봉건정부 파견 일본 유학생 26명이 미타가쿠엔에 유학함(유학생 친목회보에 따름)
1896 2.15 도쿄에서 조선인 일본 유학생 친목회가 결성 　　　기관지 『친목회보』가 창간
1897 —.— 사가현[佐賀縣]의 나가모노[長者] 탄광, 조선인 광부를 고용

1898~1909년

재일동포
1898 9.3　오무타[大牟田]의 미이케[三池]광산과 미쓰이물산[三井物産]의 인부 모집 의뢰를 통해 다이렌마루[大連丸]로 57명을 데려옴 ※ 석탄적재소 하역 청부인 미나히코 시치로[南彦七郞]는 청일전쟁 경기로 7월 17일에 사가 이마리쵸[伊万里町]의 야마다 에이타로[山田榮太郞], 시모조 다로[下條太郞], 나카토 야스타로[中藤保太郞] 3명에게 조선인 인부 모집을 의뢰, 우선郵船회사와 제휴하여 모집한 인부를 선발함 구치노쓰쵸[口之津町]의 고로古老 노나카 다케오[野中武雄]에 따르면 "요론지마[與論島]에는 최초로 조선인 30명이 선주민으로 있었다"고 1899년 2월 최초로 요론지마로 이주한 사람이 증언
1904 11.—　조선 봉건정부 파견 일본 유학생 최남선崔南善 등 46명이 도쿄부립 다이이치[第一]중학교에 유학
1905 4.6　조선 봉건정부, 의양군義腸君, 이재각李載覺 특파대사 도일 9.11　부관釜關(부산-시모노세키[下關] 간) 정기항로 개설 12.20　조선 봉건정부, 주일공관을 철거 12.—　재일동포 수는 303명이 됨
1906 1.5　재일본도쿄조선기독교청년회가 결성됨 　　　기관지『사명使命』을 발행 1.—　조선연합야소교회가 창립됨—목사 오기선吳基善, 회원 수 150명, 민족사상 고취의 근거지가 됨 11.5　재도쿄조선기독교청년회가 채필근蔡弼近, 최승만崔承萬 등을 중심으로 결성됨—회원 수 200명, 기관지『기독청년』,『젊은이』를 발행하고, 유학생들의 사실상의 사상적 민족운동의 중심적 역할을 이룸
1907 3.3　재일본도쿄대한유학생학회에서『대한유학생회학보』가 창간됨 11.5　와세다대학[早稻田大學] 조선동창회가 창립되어 기관지『회지會誌』가 창간됨
1908 5.—　인요연락선[陰陽連絡線]의 조선인 공부 100명이 기노사키[城崎]에 도착 12.—　재일동포의 수는 459명이 됨
1909 1.10　재일본대한장학회가 결성(8월 24일에 일제의 침략에 반대하다가 해산당함), 기관지「대한장학보」창간 월 불명 규슈[九州], 미쓰이[三井], 미이케[三池] 탄광회사에 석탄 운반을 위해 하역노동자로 조선에서 비합법적인 방법으로 농민을 이입시켜 일하게 함

1910~13년

재일동포
1910 　　　일본 정부 내무성은 재일조선인에 대한 단속을 목적으로 하는 내무성 통고를 각 지방 장관 앞으로 보내고, 부현府縣 별로 재류조선인 명부와 요시찰내규要視察內規를 송부함 8.22　일제, '한일합병조약'을 강제 체결시킴 　　　이날부터 일본에 재류 조선인은 일제의 식민지 지배를 받음 8.—　일제 내무성 경보국警保局 '내무성 비秘 857호'를 통첩, 이 해부터 일본의 패전까지 '요시조선인要視朝鮮人'을 마크하고 감시함 11.18　야마나시현山梨縣 기타쓰루군北都留郡 야나가와무라梁川村에서 조선인과 일본인 도로道路 공부工夫 400명이 충돌하여 사상자 20명을 냄 12.—　재일동포의 수는 790명이 됨(유학생 600명이 포함됨)
1911 1.—　셋쓰攝津방적주식회사(오사카부) 기즈가와木津川공장이 처음으로 조선인 노동자를 사용 5.21　재일본조선유학생친목회가 결성됨(대한장학회의 후신), 서북학생친목회, 삼남유학생친목회, 경기도구락부의 3개 단체 합동으로 조직 10.—　일제, 국세조사에 따른 재일동포 수는 2,527명이라고 발표
1912 월 불명 셋쓰攝津방적주식회사, 효고현兵庫縣 아카시明石공장에서 조선인 노동자를 사용 10.27　재일본조선유학생친목회를 발전적으로 해소하고, 각 회와 합병하여 김성현金聖鉉 등 1,000명의 회원으로 도쿄조선유학생하우회가 결성됨 　※ 기관지 『학지광學之光』을 발간하여 학생운동의 모체가 되고, 1919년 2월 8일 운동의 중심이 됨 이미 존재한 철북친목회鐵北親睦會, 패서구락부浿西俱樂部, 해서친목회海西親睦會, 경서구락부京西俱樂部, 삼한구락부三漢俱樂部, 낙동동지회洛東同志會, 호남다화회湖南茶話會 등이 대동단결하여 결성되었고, 본회와 교제하지 않는 것은 국적(國賊)으로까지 일컬어짐 　　　재일동포의 수는 3,171명이 됨
1913 5.—　셋쓰攝津방적주식회사, 효고현兵庫縣 아카시明石공장에서 조선인 노동자 15명을 사용 5.—　셋쓰攝津방적주식회사, 효고현兵庫縣 아카시明石공장에서 조선인 노동자 15명을 사용 월 불명 오카야마현岡山縣 도요칸東洋館 성냥공장에서 조선인 노동자 사용, 인원은 불명 10.—　일제 내무성은 '조선인식별자료에 관한 건'이라는 지시통첩을 경보국장 이름으로 각 지방 장관에게 보내, 인상(人相), 언어, 음식, 풍속 등에 걸쳐 43개 항목의 특징을 들어, 단속과 검거 자료로 함 12.15　개성 출신 학생의 친목단체 '송죽구락부松竹俱樂部' 결성

1914~15년

재일동포
1914 1.15 오사카조선인친목회가 노동단체로서 결성 3.15 반도중학회半島中學會가 결성되어 기관지『반도半島』창간 월 불명 가와사키[川崎]조선소가 조선인 노동자를 사용, 인원 불명 4.— 도쿄조선유학생학우회 기관지『학지광學之光』창간, 반일적 내용이 있다는 이유로 자주 발행금지 처분됨. 『학지광』에 따르면 이 해, 재류학생 총수는 886명임 7.— 셋쓰[攝津]방적주식회사, 오사카부[大阪府] 노다[野田]공장의 조선인 여공이 회사 측의 학사虐使를 견디다 못해 기타[北]경찰서에 사정을 호소하면서 회사 관계자가 설유說諭를 받음 9.1 정태신鄭泰信 등을 중심으로 재판在阪조선인친목회를 결성할 목적으로 노동자 구호를 내세움 월 불명 메이지대[明治大] 학생 김병로金炳魯, 송진우宋鎭禹, 김영수金榮洙 등, 하와이 거주 동지와 연락을 취하고 지역 신문 지상에 게재를 목적으로「조선현상론, 유학생의 정신, 아대한我大韓의 장래」등의 논문을 집필하여 경찰의 내정內偵을 받음
1915 1.24 교토조선유학생회가 조직 3.—「한카이신문[阪堺新聞]」이 '대일본생산당' 사카이[堺] 지부에서 발간 4.— 이경준李景俊은 메이지대[明治大] 학생회 회의에서 데라우치[寺內] 총독이 일·중 협상으로 파견되면 이토 히로부미[伊藤博文]처럼 쓰러지게 될 것이라고 말함 —.3 교토[京都]조선유학생친목회가 결성됨 —.3 조선여자친목회가 결성됨(1920년에 조선여자학흥회로 개칭), 기관지『여자계女子界』발간 —.3 송계백宋繼白 등이 중심이 되어 반도웅변회半島雄弁會 결성 —.9 조선인 각 학교 졸업생 웅변대회를 도쿄조선기독청년회관에서 개최함—변사 중 1명인 송진우宋鎭禹(메이지대생)『제1은 여론, 제2는 웅변, 제3은 문장, 제4는 실행의 4가지인데, 그것을 어떻게 응용해야할지는 제군의 판단에 맡긴다고 변론 5.2 도쿄조선유학생학우회 제2회 졸업생 축하회가 열림 ※ 이경준(메이지대생)은 "지금은 한 자루의 펜을 가지고 귀국길에 오르고자 한다, 그러나 사회는 과연 용케 이 펜의 운용을 묵허할 건인가, 아마 만족스럽게 이를 사용하지 못할 것이다. 고로 제군은 장래에 반드시 펜을 대신할 수 있는 검을 가지고서 귀향할 수 있기를 바란다"고 연설 —.7 도쿄조선유학생학우회 주최 운동회가 아오야마[青山] 연병장에서 유학생 500이 참가한 가운데 성대하게 거행 —.23 '제3제국' 독서대회(민주주의의 선구자 가야하라 가잔[茅原華山] 등의 기관지)에서 김철주金綴珠가 "동양은 동양인의 동양이다, 중국은 중국인의 중국"이라고 외쳤을 때, 약 400명의 청중 가운데 "조선은 조선인의 조선"이라고 외치는 비통한 성원의 소리가 들려옴 10.— 동아동맹회가 결성 11.10 이광수李光洙, 신익희申翼熙, 장덕수張德秀 등 조선학회 결성. 표면상으로는 학술단체로 하고, 내용은 민족독립운동의 비밀결사로 하여 결성

1915~16년

재일동포
11.— 메이지대학의 김효석金孝錫 등이 상하이에서 『한국통사韓國痛史』 300부를 밀송을 받아 배포함(11월 4일 발행금지 처분 받음)
12.— 재일동포의 수는 3,989명이 됨(1915~1944년까지의 자료 출처는 내무성 경보국警保局)

1916

1.22 도쿄조선유학생학우회 주최 웅변대회가 열림
　※ 이광수李光洙(와세다대[早稲田大])는 식민지하의 조국 민중이 고향에서 쫓겨나 방황하는 참상을 한탄하며, 전쟁으로 해결을 꾀하자고 웅변
1.— 황석우黃錫禹가 『근대사조近代思潮』를 간행, 그중 200부를 조선으로 반입했으나 발행 금지됨
4.3 도쿄 각 대학 동창회연합 웅변회가 열림
　※ 이경화李慶華(게이오대[慶應大]) 언론탄압이 있을지라도 굴하지 않는다고 변론
—.15 도쿄조선유학생학우회 주최로 각 대학 신입생환영회가 열림—김명식金明植(와세다대) 적국에서 배운다는 것의 의미를 논함
—.28 도쿄조선유학생학우회 주최로 각 대학 졸업생웅변대회가 열림
　※ 변사 장덕수張德秀(와세다대) 「청년이여 우리의 치욕은 무엇인가」라는 제목으로 "적어도 생을 인간에게 받은 이상 모름지기 저 폭행자에 대해서는 적당한 방어책을 강구하고, 또는 보복을 시도해야 한다"고 일제에 대한 저항을 당부함
4.— 하와이 호놀룰루에서 도쿄의 한 조선인 앞으로 우송된 『국민보國民報』 2부의 소포를 경찰 당국이 압수
5.1 재오사카조선인 30명이 상호 구호를 목적으로 '동맹합자회同盟合資會' 결성
—.13 도쿄유학생학우회 기관지 『학지광學之光』 제9호 발행금지
6.12 메이지대[明治大] 유학생동창회 졸업생송별회에서 김종익金鐘翊은 "자국이 타국의 지배를 받아도 타국에 병합되어도, 그 국민으로서 어떠한 혁명을 일으키는 자 없으며"라고 우려하며, 조선독립운동을 일으킬 것을 주장
7.— 도쿄조선기독청년회 장덕수, 홍진洪震 2명은 『한국통사韓國痛史』 200부를 상하이에서 사들여 조선에 배포시킴
7.— 일제, 재일조선인을 탄압하기 위해 '재일조선인단속내규'를 각 부현府縣에 통달
8.— 결맹형제회가 결성
10.26 도쿄조선유학생학우회 주최 신입생환영회가 열림
　※ 김재희金在禧(정칙영어正則英語) "건국 시조의 대인물과 우리와는 같이 인간 아니라, 우리는 독립만세를 외치고 동상銅像을 후세에 남긴다"고 조선독립운동을 주장
—.31 도쿄조선기독교청년회 주최 재도쿄조선학생 추계 운동회를 개최하여 학생 약 300명이 참가, 민족의식, 애국사상 고취에 노력함
월 불명 와카야마현[和歌山縣] 와카야마시 조선인친목회가 노동단체로 결성
월 불명 가고시마현[鹿兒島縣] 결맹형제회가 노동단체로 결성
월 불명 오사카시에서 동맹합자회가 노동단체로 결성
12.27 도쿄조선유학생학우회 개최 망년회가 열림

1916~17년

재일동포
※ 정노식鄭魯湜 회장은 개회사 가운데 박명薄明 비운悲運에 우는 노유老幼와 피압박민족의 비운을 언급하며 "근시近時 사회주의자의 속출하는 것도 이유가 없다고 할 수 없다"고 하고, 참가 학생들도 국권회복의 내용과 배일적 발언이 많음 12.— 재일동포 수는 5,638명이 됨

1917
1.— 도쿄노동동지회가 결성됨(1920년 1월 25일에 조선고학생동우회로 개칭)
2.17 각 대학 조선유학생연합 웅변대회가 도쿄청년회관에서 개최됨
  ※ 변사 중에 성원경成元慶(주오대(中央大))은 「조선과 오인吾人과의 관계 및 현상과 그 장래」라는 제목으로 "국민 전체가 조선은 반드시 독립할 수 있다고 굳게 자각적 정신에 공통되면 조국의 독립, 역시 결코 어려운 일이 아닐 것이며, 요는 지금 국민 일반의 각오 여하에 따른 것일 뿐"이라고 독립정신을 강조
월 불명 홋카이도(北海道)의 오테(大手)탄광, 조선인 노동자를 모집함
4.12 기성구락부箕城俱樂部(40명) 총회가 열림(평양 출신 학생 친목단체)
5.— 동양청년동지회가 결성됨
5.— 도쿄에 조선인유학생의 향학向學 그룹이 각 대학 및 각처에 다수 조직됨
  ※ 주요 향학 그룹 조직명은 송죽구락부松竹俱樂部, 기성구락부箕城俱樂部, 호남유학생친목회, 패서구락부浿西俱樂部가 있고, 학내 조직으로 와세다대(早稻田大)유학생동창회, 메이지대(明治大)유학생동창회, 주오대유학생동창회, 게이오대(慶應大)유학생동창회, 센슈대(專修大)유학생동창회, 호세이대(法政大)유학생동창회, 니혼대(日本大)유학생동창회, 반도중학회半島中學會, 동맹합자회同盟合資會, 반도웅변회半島雄辯會, 낙우회樂友會, 조선불교유학생회 등이 있음
6.11 홋카이도 탄광기선炭礦汽船주식회사 와카나베(若狹邊)갱의 조선인 노동자 165명, 현장 담당원의 차별과 언어불통 등을 이유로 파업
7.— 도쿄에서 조선여자친목회 기관지 『여자계女子界』 간행됨
월 불명 홋카이도 탄광기선주식회사에서 유바리(夕張), 신유바리(新夕張), 만지(萬字)를 중심으로 370명의 조선인 노동자가 고용됨
8.15 아타미(熱海) 우회선 철도 공사의 고즈(國府津)-데라마치(寺町) 간 제1공구에서 일본공업주식회사에 고용되었던 조선인 노동자 80명이 상병자 치료비 지급과 우천 휴업 시의 식사 지급 문제로 파업
9.— 동양청년동지회 기관지 『동아시론東亞時論』 간행
10.31 재도쿄조선학생 추계 운동회가 도쿄 도야마바라(戸山原)에서 청년회 주최로 개최
  ※ 약 300명의 학생이 참가하여, 가장행렬, 금지되어 있던 애국가를 합창하는 등 민족의식, 애국사상 고양에 노력함
11.17 도쿄조선유학생학우회 주최 웅변회가 개최됨
  ※ 변사 중 한 명인 송계백宋繼白(와세다대)은 "한반도 2천만의 생령生靈은 하루라도 빨리 우리를 도와달라고 울부짖는 소리가 매일 우리의 귓가에 들리지 않느냐, 조국국가의 책임을 담당하는 우리 청년학생은 어찌 그것을 묵시할 수 있겠는가"라고 열변
—.30 조선학회의 회합에서 서춘徐椿(고등사범 학생)은 교육의 의의를 논함
12.9 호남친목회(전라도 출신들의 친목단체)가 결성

1917~18년

재일동포
一.22 조선학회의 월례회에서 현명윤玄明允(와세다대)은 유럽 전란에서 미국 민주주의가 이겨, 동양에 대전란의 예기豫期를 논함 一.27 도쿄조선유학생학우회 주최 망년회가 열림 ※ 여흥 중에는 '국권회복'의 내용과 배일적인 것이 많았음 ※ 재일유학생, 기독교도, 인텔리들의 집회는 일본 경찰관 임석 하에 이루어져, 연설, 발언 내용에 따라서는 경찰관의 주의와 중지 또는 경시청으로 연행되는 것을 각오한 가운데 이루어졌음 12.29 조선학생동서연합 웅변대회가 개최됨, 현상윤玄相允, 서춘 등 조선의 건설과 독립 심의 양성 등을 논함 12.— 재일동포 수는 1만 4,501명이 됨 **1918** ※ 러시아혁명의 승리와 제1차 세계대전 종결의 움직임 속에서 재일조선유학생은 인텔리들에게 민족의 자결, 민족의 독립을 달성하고자 하는 운동이 각지에서 왕성하게 일어남 1.7 조선유학생 메이지대[明治大]동창회 주최 각 학교연합 웅변대회가 150명이 참가한 가운데 열림 3.— 이달李達 등에 의해 『가정신보家庭新報』가 간행됨 월 불명 홋카이도[北海道] 탄광炭礦주식회사에서 조선인 공부工夫 659명 고용 一.23 도쿄조선유학생학우회 주최의 각 대학전문학교연합 웅변대회 열림(125명 참가), 김영섭金永燮은 "현실의 조선을 직시할 것을 논한다"고 열변 4.3 도쿄조선유학생학우회 개최의 도야마바라[戶山原]육군연병장에서의 재도쿄조선학생운동회 열림 ※ 약 300명의 학생이 참가, 가장행렬에는 조선의 지도를 그리고, 한글로 '단군의 소유' '단손檀孫의 기상'이라는 제목으로, 이순신, 논개, 정국은鄭國隱, 을지문덕 등의 가장 행렬로 반일 기운을 고취함 4.— 김병하金炳夏 등에 의해 『농계農界』가 간행됨 一.13 소토슈[曹洞宗]대학동창회 주최의 각 대학연합 웅변회가 열림 ※ 변사 중 한 명인 최팔용崔八鏞(와세다대[早稻田大])은 "대세와 각오"라는 제목으로 "보라 세계의 역사를, 망국한 폴란드 지금은 독립을 이루고, 그에 반해 만천하에 위세를 떨치던 러시아 제국은 지금은 쇠망 상태에 있다"면서 조선 독립의 의무와 각오를 열변, 윤창석尹昌錫은 민족, 국가 독립의 필요성을 주장함 一.14 도쿄조선유학생학우회 주최 졸업축하회(85명)가 열림 一.16 도쿄조선유학생학우회 주최 신도래유학생 환영회 열림 ※ 환영사에서 백남규白南奎는 "근래 조선 학생이면서 일본인 이름으로 개명하고, 길거리에서 일본어를 사용하는 자가 있다—기뻐할 현상은 아니다, 어찌하여 조선인으로서 조선어를 사용하고 또 조선 옷을 착용하는 것을 부끄러워해야 하나—아무리 학식이 있더라도 조선 그 자체를 잊는 것 같은 것은 결코 미더운 것이 못 된다"라고 말함 5.4 조선기독청년회 주최로 본년도 각 학교 졸업생 축하회가 열림 一.18 도쿄조선유학생학우회 주최 각 학교연합 웅변대회가 열림 ※ 변사 중 한 명인 한태원韓泰源(와세다실업학교)은 "불평스런 사회와 사회주의"라는 제목으로 "무릇 사회는 빈부, 귀권 등 상하계급의 차별 없어야 하는데, 그런데도 현대 사회에서 이러한 구별 있어 내가 항상 불평했으며, 따라서 나는 사회주의를 희망한다"고 열변

1918~19년

재일동포

8.— 오사카의 박경통朴敬通 등이 중심이 되어 직공을 회원으로 하여 저금, 상호부조단체인 '공동회재단公同會財團' 결성

9.26 조선기독청년회 주최로 신도래 조선인 유학생 환영회가 열림(110명 참가자 중 신입생은 92명)

10.5 센슈대학[專修大學] 조선유학생동창회 주최의 각 학교연합 웅변회가 열림(160명 참가)
  ※ 변사 중 최근우崔謹愚(고등상업학교)는 망국의 비참한 「조선사회를 논하는 유학생 제군의 각오」라는 제목으로 열변을 토함
  ※ 당시 미 대통령 윌슨의 '평화 14원칙'에 의한 위선적인 민족자결론에 환상을 가진 재미조선인들은 민족대표를 선출하여, 동포에게 민족의 독립을 호소하고, 미 대통령에게 독립청원서를 제출, 파리강화회의에 대표 파견을 결의했지만, 미 대통령의 민족자결 원칙은 동유럽에만 적용되고, 조선에는 적용하지 않는다는 회답으로 거부당함

11.10 반도웅변회에서는 "국권을 회복하려면 우리라도 희생자를 내고, 피를 흘릴 각오"라고 논한 변사가 속출

—.22 도쿄조선유학생학우회 편집부 주최 현상연합懸賞聯合 웅변회(86명 참가)
  ※ 계인상桂麟常, 서춘徐椿 등 조선에 언론의 자유가 없는 것과 국권회복을 위한 방법을 논함. 또, 미영은 입으로만 정의, 인도, 자유, 평등을 말하니, 미 대통령의 선언(민족자결)을 믿는 것은 잘못이라고 지적

—.30 도쿄의 고등상업학교동창회 주최의 각 학교연합 웅변대회가 열림(109명 참가)
  ※ 변사 중 1명 안성호安聖鎬(아오야마가쿠인[靑山學院])는 "우리 자신들의 유학은 우리 민족의 장래에 대해 큰 사명과 의무를 갖는다"고 하면서 신라의 충신 박제상이 일본에서 참혹한 형으로 귀화 강요를 받았으나, "계림의 개나 돼지가 될지언정 왜국의 신하는 될 수 없다면서 마침내 옥에서 순사殉死한 것은 자기의 사명을 다한 것이라고 할 만 하며, 우리는 이처럼 사명을 다하기 위해 진력할 것이 요구된다"고 반일운동, 민족 독립운동 정신을 논함

12.19 도쿄조선유학생학우회 주최로 간다[神田] 메이지대[明治大]회관에서 망년회가 열림. 독립 논의가 일어남

—.30 도쿄조선유학생학우회 주최로 도쿄조선기독교청년회관에서 동서연합웅변대회가 열림—400명이 참가하여 민족자결에 의한 독립 문제를 토의

12.— 재일동포 수는 2만 2,262명이 됨

1919

1.6 도쿄조선유학생학우회 주최 신년웅변대회가 도쿄조선기독교청년회관에서 개최
  ※ 대회에서는 현재가 조선 민족의 독립운동에 최적 시기이며, 해외 동포도 이미 실행운동에 착수하였으므로, 우리도 구체적 실행운동을 시작해야 한다고 결론, 8명의 실행위원을 선출함. 실행위원들이 독립선언서(또는 진정서)를 일본 정부, 각국 대사·공사, 귀족원, 중의원 등에 송부할 것을 결의

—.7 도쿄조선기독교청년회관에 조선 유학생들 200명이 집합하여 조선독립선언서 작성 등의 실행 추진 중, 경찰 당국이 습격, 학생 12명이 체포됨

—.8 도쿄조선기독교청년회관에 재차 조선 유학생들이 집합했다가 경찰 당국에 의해 대표들이 체포됨(200명이 모임)

1919년

재일동포
1.— 조선독립선언 실행위원이 비밀결사 조선청년독립단을 결성, 기관지『신조선新朝鮮』발행 ※ 조선청년독립단이 1월 말에 본국과 상하이에 대표를 파견, 독립선언서를 학생복에 넣고 꿰매서 서울에 도착한 송계백宋繼白이 독립운동 계획을 최린崔麟 등에게 전달함. 상하이에 파견된 이광수李光洙는 2월 5일 상하이에서 영, 미, 불 3거두에게 영문으로 독립선언을 타전, 미국·영국계 신문에 선언서 게재 의뢰
1.— 유학생학우회의 최근우崔謹愚, 송계백 등은 조선에 왕래하였고, 특히 시베리아로 가서 현지의 조선인과 회합하여 독립운동에 호응하려 했는데, 감시가 엄중하여 성공하지 못함.
1.27 장덕수張德秀(와세다대早稻田大)는 상하이를 출발하여 2월 3일에 도쿄에 도착, 재도쿄 유학생과 독립선언에 대해 협의—2월 17일 도쿄를 출발하여 조선으로 귀국
—.30 도쿄의 조선유학생 동서연합 웅변대회에서 독립을 논의
—.31 독립운동위원 이광수는 베이징으로 향하여, 상하이와의 연락을 꾀한 후, 도쿄의 유학생에게 시기가 적당하다는 통지를 보낼 계획
1.— 미야기현(宮城縣) 다카다(高田)광업에서 조선인 노동자 50명의 쟁의가 일어남
1.— 후쿠오카현(福岡縣) 야하타(八幡)제철소 용광로 광석운반장의 조선인 노동자 82명이 2일간 파업
2.1 낙우회樂友會를 창립하고(음악미술·문학 연구단체) 기관지『삼광三光』을 창간
—.7 최팔용崔八鏞 등은 일본어로 된 대회소집청원서 1,000부 인쇄, 독립선언서로 한글, 일문, 영문 각 600부 작성
—.8 2·8 독립선언운동사건—도쿄의 조선유학생들이 조선 독립을 위해 민족대회 소집 청원서 및 독립선언서를 각국 대사, 공사, 일본의 대신, 귀족원·중의원, 조선총독부, 각 신문잡지사 및 각계 학자들에게 우송, 학생대회를 도쿄조선기독교청년회관에서 약 600명의 유학생이 참가하여 개최. 대회는 '조선독립선언'을 하는 조선청년독립단대회로 바뀌어 만장일치로 조선 독립을 결의, 대회에서 독립선언 결의 채택 후에 시위행진 시작, 경찰대에 저지당하며 대표들 27명이 체포되는 사건이 발생
—.12 도쿄 조선유학생들 약 100여 명이 독립선언, 청원을 위해 히비야(日比谷)공원에 집합해 있던 중 대표들 13명이 경찰에 체포되고 해산 당함
—.15 유학생 감독부는 조선독립운동에 참가한 유학생 3명이 기숙사 퇴사처분을 당하자 전 기숙사생 51명의 동맹퇴사를 결의하고 17일까지 전원 퇴사
—.22 시마네현(島根縣) 나카군(那賀郡) 아사리무라(淺利村)의 철도부설 공사장에서 조선인 노동자 150명이 1일 파업
—.23 도쿄의 조선 유학생들은 독립선언서를 의회에 보냈지만 반응이 없자, 민족대회소집촉진대회를 개최하기 위해 조선청년독립단 민족대회소집촉진부 취지서를 작성하고 약 150명의 유학생이 히비야공원에 집합해 있던 중 경찰 당국에 대표들 16명이 체포되고 강제 해산
3.— 조국에서 3·1독립운동의 횃불이 오르자, 조선 유학생들은 학업을 포기하고 독립운동에 참가하기 위해 수백 명이 귀국함

1919년

재일동포

―.8 후쿠오카현 미쓰비시신진[三菱新시]탄광에서 조선인 광부가 권양기[捲揚機] 고장으로 작업 거부

―.1~11 도쿄 유학생, 변치덕[邊致德] 등 4명은 '태극기' 130개를 제작하여, 최팔용 등의 공판 당일에 조선 독립 만세를 부를 계획을 세우다가 압수당함

3.10 염상섭[廉尙燮] 등은 오사카에서 도쿄로 와서, 15일에 도쿄를 출발하여 기후[岐阜]에서 독립선언서 백 수십 장 작성

―.16 도쿄 유학생 정태성[鄭泰成]이 독립선언운동 교사[敎唆] 인쇄물 90장을 작성하여 고향에 보내기 직전에 압수됨

3.19 오사카 조선 유학생들과 노동자가 공동으로 독자적인 '조선독립선언'과 격문을 준비하여 덴노지[天王寺]공원에서 운동을 벌이려 했으나 대표 23명이 경찰에 체포되어 성공하지 못함. 여명회[黎明會]의 일본인 요시노 사쿠조[吉野作造]는 조선인 백남훈[白南薰], 변희용[卞熙瑢] 등과 담화하고, 조선인은 모두 독립을 바라며 일본에 동화될 수 없다는 것을 안다고 함

4.3 홍재룡[洪在龍](주오대[中央大])은 조선 독립을 희망하는 의견서를 귀족원장·중의원장 및 기타 인사 여러 명에게 우송함

4.— 도쿄에서 조선여자친목회가 결성됨

4.— 일제 '총독부'는 경무총감령 3호를 가지고 '조선인여행단속에 관한 건'을 공표하고, 일본으로의 도항을 제한함

4.— 도쿄에서 조선불교유학생회가 조직됨

4.— 나고야[名古屋]에서 한광수[韓光洙]가 주필이 된 잡지『대공론[大公論]』은 배일과 계급 타파를 주장

4.— 백남훈, 변희용 등 수 명은 요시노 사쿠조 등의 여명회에 가입함

6.— 3·1독립운동에 자극받은 지쿠호[筑豊] 각 탄광의 조선인 광부가 파업, 태업 투쟁 등 운동이 빈번히 일어남

7.21 야마구치현[山口縣] 부관연락선, 시모노세키항[下關港] 산바시[棧橋]의 조선인 하역부 150명이 2일간 파업

―.31 미야자키현[宮崎縣] 히가시우스키군[東臼郡] 이와와키무라[岩脇村] 철도부설공사장에서 조선인 노동자 40명이 2일간 파업

8.24 후쿠오카현 야하타제철소 공사장에서 조선인 노동자 33명의 임금 인상 요구 파업

9.29 돗토리현[鳥取縣] 히노군[日野郡] 히시카와구미[菱川組] 조선인 공부 30명 임금인상 대우 개선, 노동시간 12시간을 단축할 것을 요구하고 파업

10.23 도쿄에서 조선여자친목회의 임원 개선[改選](이 단체는 도쿄, 상하이, 조선과의 연락기관이 됨)

월 불명 오사카시 조선인저금회가 결성됨

월 불명 효고현[兵庫縣]에서 조선인효고간친회가 결성됨

11. 9 효고현 후쿠시마[福島]방적 시카마[飾磨]공장에서 조선인 27명 인금인상 요구 파업

11.16 여운형[呂運亨](상하이조선임시정부 외무차장)이 나가사키[長崎]로 옴, 일본 외무성은 회유책을 쓰지만, 거부하고 조선의 독립을 요구함

월 불명 홋카이도[北海道]탄광회사에 조선인 광부 754명 고용됨

1919~20년

재일동포
11.27 여운형, 제국호텔에서 신문기자, 통신사원을 초대하여 강연, 조선의 독립과 동양 3국의 단결을 주장
12.— 재일동포 수는 2만 8,272명이 됨

1920

1.4 도쿄여자유학생친목회는 3·1봉기에 참가하기 위해, 주요 회원이 귀국했기 때문에 조선여자학흥회로 개칭
1.24 조선기독교청년회 제13회 총회가 열림
—.25 조선고학생동우회가 도쿄에서 결성
  ※ 조선인고학생, 노동자 지도, 상호부조, 친목단결을 목적으로 박일병朴一秉, 이기동李起東 등이 만듦
1.— 아이치현[愛知縣] 및 간사이[關西]지방의 재주조선인노동민우회를 한광수韓光洙 등의 발기로 결성
1.25 김창수金昌洙, 박일병, 홍승로洪承魯 등을 중심으로 유일조선인구락부留日朝鮮人俱樂部 결성
2.4 후쿠오카현[福岡縣] 야하타[八幡]제철소에서 조선인 노동자 김영문金泳文이 선두에 서서 스트라이크투쟁 지휘, 스트라이크 돌입 신호로 비상기적非常汽笛을 울림(2월 5일 용광로 불을 내리고 일본 노동자 2만 3천 명이 스트라이크 참가)
—.7 조선기독교청년회 주최 강연회가 열림(80명 참가)
—.26 조선에서 국권회복 청원서를 갖고 도일한 안세항安世恒, 임규林圭 두 목사가 도쿄에서 체포됨
월 불명 고베[神戶]에서 선인우화회鮮人友和會가 결성됨
3.1 3·1독립운동 1주년 기념집회를 조선기독청년회관에서 개최했으나 경찰 당국에 해산, 다시 히비야[日比谷]공원에 70~80명이 모여 조선 국기를 들고 '대한민국만세'를 외치며 시위행신. 경찰내 탄압으로 57명 체포
—.29 조선여자청년회가 유영준劉英俊 등을 중심으로 결성됨
4.10 장백료長白寮 기숙생들의 친목단체 관일구락부貫一俱樂部 결성됨
5.15 교토조선인노동자공제회는 도쿄대학생 이순택李順澤 등이 중심이 되어 200명이 입회한 가운데 결성—회원의 상호 친목, 실업자에 대한 직업 소개, 회원의 품성 향상이 목적
5.— 후쿠오카현 일본특허와제瓦製회사 조선인 직공 30명이 대우 및 임금 문제로 1일 파업하며 공장에 돌입, 경관의 탄압으로 8명이 체포됨
5.15 도쿄에서 노동야학 시작됨
5.20 고베 조선인삼행상 김영원金永遠의 발기로 '조선노동제진회濟進會' 결성
6.— 효고현[兵庫縣] 대일본방적 아카시[明石]공장에서 직공감독이 조선인 여공을 구타하여, 조선인 직공 전체가 감독의 해고, 차별대우 철폐를 요구하며 1일 파업
—.15 조선기독교청년회 임시총회가 300명이 참가하여 열림
8.— 전국 광부조합 유바리[夕張]연합회 선인부鮮人部 결성됨
  ※ 홋카이도[北海道] 탄광炭礦주식회사, 유바리갱[夕張坑], 만지갱[万字坑] 등에 조선인 노동자가 약 700명이 일하고 있었음

1920~21년

재일동포
9.— 야마구치현[山口縣] 해군연료창에서 조선인 잡역 인부 100명이 임금 삭감에 반대하여 2일간 파업
10.— 가나가와현[神奈川縣] 아쓰미선[熱海線] 제3공구 청부 사토구미[佐藤組]의 조선인 토공 200명이 임금 지불 지연으로 파업
11.— 도쿄에서 고학생동우회를 박열朴烈, 백무白武, 정태성鄭泰成 등 50명으로 결성(1923년 5월 1일 메이데이에 참가 후 자연 소멸)
12.— 고치현[高知縣] 하타군[幡多郡]의 난카이[南海]수력전기회사 공사장에서 조선인 노동자가 감독의 횡포에 반대하며 파업
12.— 재일조선유학생은 828명이고, 그중 도쿄에 682명이 집중됨 ※ 1920년 전후 사카이 도시히코[堺利彦]의 코스모구락부, 다카쓰 마사미치[高津正道]의 효민회曉民會, 동대신인회東大新人會, 여명회黎明會, 가토 가즈후미[加藤一夫]의 자유연맹 등이 주최한 각종 집회에 재류조선인 다수 참가 상호 교류 시작
12.— 재일동포 수는 3만 175명이 됨

1921
2.— 도쿄에서 천도교청년회가 박사직朴思稷 등을 중심으로 결성
3.1 3·1독립운동 2주년 기념 연설회를 히비야[日比谷]공원 음악당에 재도쿄유학생을 모아 약 100명이 집합했는데, 관헌의 탄압으로 해산, 76명이 체포됨
월 불명 도쿄에서 선인동지회鮮人同志會 구락부가 결성
6.— 교토시 합자회사 교토제지소에서 조선인 직공 20명이 결속하여 식사 차별대우에 저항하여 파업
8.— 니가타[新潟] 신에쓰[信越]전력발전소 공사장에 조선노동자가 다수 연행되어 옴
11.5 도쿄조선유학생학우회 임시총회에서 조선기독청년회와 공동으로 개최하여 1주일간의 동맹휴교를 결의, 독립선언의 결의문을 채택, 관헌에 의해 125명이 체포됨
—.11 독립선언 결의를 실행하기 위해 유학생 및 청년이 히비야[日比谷]공원 조선기독교청년회관에서 집회를 계획하나 실패, 14일에 재차 도쿄역에서 집합하던 중 경찰대에게 탄압당하여 80여 명이 체포됨
11.— 박열朴烈, 정태성鄭泰成, 백무白武, 김약수金若水 등 30명이 오스기 사카에[大杉榮], 사카이 도시히코[堺利彦] 이와사 사쿠타로[岩佐作太郎] 등의 무정부주의 사상에 공명하여, '이도회里濤會' 기관지『이도리里濤』간행
12.— 도쿄에서 고학생형설회苦學生螢雪會가 회원 100명으로 결성되어 기관지『자유생활』을 발행
12.— 도치키현[栃木縣] 아시카가군[足利郡] 야마호[山保]모직회사에서 조선인 직공 26명이 임금 문제로 투쟁
12.— 재일조선인을 일본으로 동화시킬 목적으로 융화단체 '상애회相愛會'가 도쿄를 중심으로 전국 각지에서 본부 및 지부를 만듦
※ 일본 정부 내무성 관료 마루야마 쓰루키치[丸山鶴吉] 등의 준비로 박춘금朴春琴, 이기동李起東 등이 조직하였고, 고문으로는 전 조선총독 사이토 미노루[齋藤實], 우가키 가즈시게[宇垣一成], 관료 미즈노 렌타로[水野鍊太郎], 사카타니 요시로[阪谷芳郎], 우익 도야마 미쓰루[頭山滿], 초대

1921~22년

재일동포
이사장은 마루야마 쓰루키치, 부이사장은 박춘금, 이기동이 되었으며, 지방 본부 및 지부의 회장에는 일본 정부 관료 또는 경찰서장이 임명됨
12.— 재일동포 수는 3만 5,876명이 됨

1922
3.1 아이치현[愛知縣] 한세복[韓世福] 등이 『나고야[名古屋]가제트』를 발행하여 '상애회[相愛會]'를 비판 공격
3.— 오사카, 고베[神戶] 지구에서는 조선인 기독교 신자를 중심으로 3·1청년회를 결성
4.— 유태경[柳泰慶] 등이 『아세아공론[亞細亞公論]』을 창간(1923년 7월 『대동공론[大東公論]』으로 개칭)
5.1 조선고학생동우회 약 30명이 일본의 메이데이에 참가, 송봉우[宋奉禹], 백무[白武] 등은 일본어로 '조선노동자의 계발[啓發]', '자본벌[資本閥] 타파', '계급투쟁' 등을 연설 제목으로 하여 열변
월 불명 효고현[兵庫縣]에서 조선노우화합회[朝鮮勞友和合會]를 결성
월 불명 히로시마[廣島]조선인노동동맹을 결성
월 불명 히로시마결의[廣島結誼] 결성
월 불명 야마구치현[山口縣] 조선인보호조합 결성
월 불명 고베조선노우회[勞友會] 결성
월 불명 가와사키[川崎] 재주[在住] 조선인친우회 결성
7.— 오사카에서 조선인협회 결성
—.10 무정부주의적인 흑도회[黑濤會] 기관지 『흑도[黑濤]』 일본어판 창간
7.— 니가타[新潟]조선인학살사건—일제에 의해 니가타, 신에쓰[信越]수력발전소 공사장의 조선인 노동자 600명이 오쿠라구미[大倉組]가 혹사와 학대로 수십 명을 학살
8.6 재일조선인 노동자 실태를 조사하기 위해 서울에서 김종범[金鐘範] 등이 '재일본조선노동자상황조사회'를 조직
—.20 니가타 시나노가와[信濃川]조선인노동자학살사건 실지 조사한 조선유학생학우회의 김약수[金若水], 나경석[羅景錫] 등이 보고회를 개최
9.7 도쿄에서 니가타 시나노가와조선인학살사건조사회 주최 진상보고 연설회가 개최되어 1,000명이 참가, 연설 중지 등 탄압과 함께 해산 명령이 내려지고 수 명이 체포됨
—.25 도쿄에서 재일조선인노동자실정조사회가 규슈[九州] 및 전국 각지의 광산공장 등의 조선인 노동자 대우에 관한 조사결과 보고회를 엶
9.— 도쿄에서 간이숙박소 '계림장[鷄林莊]' 개설
10.1 도쿄조선노동동맹회가 60명으로 결성됨
※ 조선노동운동을 국제적으로 진출시키고, 세계무산자계급의 승리와 재일조선노동자의 계급의식 촉진, 직업 안정을 도모할 목적으로 결성
10.— 오사카에서 간사이[關西]조선인노동회 창립
10.— 미에현[三重縣]에서 구와나[桑名]조선인노동공제회를 결성
10.— 후쿠오카현[福岡縣]에서 동양연합노동공제회를 결성
10.— 오사카에서 상애회 오사카본부를 결성

1922~23년

재일동포
10.— 제주도·오사카 간의 정기 항로가 열려, 기미가요마루(君ケ代丸) 취항 11.— 교토에서 조선인협조회를 설립 11.— 히로시마(廣島)에서 조선인공제회를 설립 11.— 사상단체 '북성회北星會' 결성 　※ 취지는 조선민중의 적은 일제 지배계급이며, 일본의 프롤레타리아와의 연대와 결합을 강화하여 전조선인 노동자의 단결을 도모함 11.— 「문화신문」이 변희용卞熙瑢 등을 중심으로 발간 11.— 박열朴烈 등 흑우회黑友會 기관지 『후토이센진(太い鮮人)』 발간(3호부터 『현사회現社會』로 개칭) 　※ 흑도회 내부의 사상 분화로 무정부주의자가 흑우회를 조직 12.1　오사카조선노동동맹회가 300명 참여로 결성 　※ 조선인조합 내부에서 의견 대립이 발생하여 조선인단체와 관계를 끊고, 일본노동총동맹과 공동전선체로 출발 12.— '총독부' 경무총감령 제153호 '일본도항규제 폐지' 12.— 자유노동동맹이 백무, 손봉원孫奉元 등과 일본인과 공동으로 조직 12.— 재일동포 수는 5만 9,722명이 됨
1923 1.— 도쿄에서 10여 명이 참가하여 흑우연맹黑友聯盟 창립 1.— 북성회北星會가 변희용卞熙瑢, 김종범金鐘範, 백무白武 등 50명으로 결성되어 공산주의운동을 목적으로 하여 발족 2.— 하코다테(函館)조선인노동자 '북조선노무조勞務組'의 노동조합 결성 2.— 제주도와 오사카 간의 정기항로가 개설됨—일본으로의 도항자 급증으로 조선우선朝鮮郵船과 아마가사키우선(尼崎郵船) 두 회사가 정기항로 개시 3.— 박열朴烈 등이 불령사不逞社 결성 　※ 무산주의운동 흑우회黑友會와는 별도의 조직으로 테러를 통해 조선 독립을 달성하고자 하는 극좌모험주의집단임 4.— 유진걸柳震杰이 『신광新光』 창간(500부 발행) —.10 교토대 조선동창회지를 창간 4.— 이동화李東華가 『황인시론黃人時論』을 창간(1,000부 발행) —.14 오사카에서 조선신문 『조선일보』를 창간했다가 바로 발행금지처분 받음 4.— 북성회北星會 기관지 『척후대斥候隊』(한글)를 창간 　※ 흑도회黑濤會 내부의 사상 분화로 1922년 11월에 김약수金若水, 김종범, 안광천安光泉, 이여성李如星, 변희용 등 공산주의자들은 북성회를 조직, 민족의 독립, 공산주의적 사상을 보급하기 위한 운동을 전개 —.22 도쿄의 고마바(駒場)그란드에서 유학생학우회 주최 조선인학생 노동자연합 춘계 운동회가 1500명이 참가한 가운데 열림 —.29 나고야(名古屋)에서 조선인과 나니와구미(浪花組)가 업무 관련으로 다툼 월 불명 조선무산청년회 결성

1923~24년

재일동포

월 불명 도쿄조선무산청년동맹 결성
월 불명 도쿄조선노동조합 결성
월 불명 오사카조선노동동맹 결성
5.— 가나가와현[神奈川縣]에서 '민우회[民友會]'를 해산하고 '상애회[相愛會]' 결성
—.1 도쿄에서 메이데이에 고학생학우회 30명, 도쿄조선동맹회 20명이 참가
5.— 요코하마[橫浜] 하역인부[沖仲仕]동맹회 주최 메이데이에 조선인 인부 2명 참가
5.— 일본 정부 내무성 통달로 '조선인 노동자 모집에 관한 건' 공포
　※ 4월 4일부터 일본으로의 도항을 제한하고, 1924년 5월 재차 자유도항으로 변경, 일본 재계의 요망에 따라 값싼 임금과 장기간 혹사할 수 있는 노동자 이입이 목적
—.9 효고현[兵庫縣] 무코가와[武庫川] 이서[以西]에 거주하는 조선인들이 야외 간친회를 엶
6.— 재일조선무산청년회가 이헌[李憲], 백무 등을 중심으로 결성
—.24 도쿄에서 조선인노동자대회 개최
7.24 북성회의 김약수 등은 일본인단체 '스스메샤[進め社]'의 기타하라 다쓰오[北原龍雄], 후세 다쓰지[布施辰治] 등의 응원을 받아 다카쓰 마사미치[高津正道]의 효민회[曉民會]와 '조선내지순회강연단'을 편성하여 조선에서 십수 회 강연을 하면서 사상·노동 단체의 결성 촉진을 도모함
9.1 간토[關東] 지방에 대지진이 일어나 공황 상태를 이용하여 일제 권력자가 퍼뜨린 헛소문으로 인해 6,000명 이상의 조선인 동포를 학살
9.2 간토 지방의 대지진으로 일본 관헌이 행한 조선인 학살을 정당화하기 위해 박열을 보호 검거하고 무고한 '대역사건[大逆事件]'을 날조함
10.— 와세다[早稻田]대학 조선유학생동창회는 '조선총독부' 관비생[官費生]을 조사 규탄하고, 일본인으로부터 학비를 받고 있는 것을 매국적 행위라 하여 제명 결의
11.2 북성회 대표 김약수 등과 오사카의 송장복[宋章福] 등이 모여 오사카조선인노동동맹 결성
12.25 도쿄에서 조선인대회를 열어 간토지방 대지진 조선인 박해 사실 조사 보고를 하던 가운데 지진 재해 당시 조선인이 불온한 움직임 운운하는 유언비어는 일본 정부 당국의 날조로 전파된 사실이 발표되고, 비판 규탄함
12.— 재일동포의 수는 8만 415명이 됨

1924
1.— 도쿄조선노동동맹회 기관지 『노동동맹』 발간
1.— 야마구치현[山口縣] 후쿠가와무라[福川村]에서 도로공사 중이던 조선인과 일본인이 작업과 관련하여 갈등이 일어 난투
1.— 구레시[吳市] 미즈노구미[水野組]의 조선인 토공 300명이 임금 인상을 요구하며 파업
1.— 오사카부 사카이[堺]조선노동동지회 결성
월 불명 조선노동공생회 결성
월 불명 조선노동구호회 결성
월 불명 오사카 니시나리[西成]조선노동동맹 결성

1924년

재일동포

월 불명 오사카 쓰루마치[鶴町]조선노동조합 결성
월 불명 오사카 조토[城東]조선노동조합 결성
월 불명 교토조선노동동맹회 결성
월 불명 오사카 광제회光濟會 결성
월 불명 오사카 이마후쿠[今福]조선노동조합 결성
1.― 동아일보 사설 '민족경론民族經論'에 대해, 도쿄의 백무白武, 변희용卞熙瑢 등은 조선총독부 정치를 인정하고 조선의 자치참정권 획득을 바라고 있다는 기사의 취소와 사죄를 도쿄조선인대회 명으로 결의
2.20 도쿄에서 동아일보 배척운동이 일어나, 조선유학생학우회, 북성회, 형설회, 조선노동동맹회, 학흥회(여자), 조선교육연구회, 평문사, 조선무산청년회, 전진사 등의 11단체가 성명을 발표
2.― 일제, '조선인에 대한 여행증명서의 건'을 발하여, 조선인의 일본 도항 제한 조치가 취해짐
3.1 도쿄에서 학우회, 조선노동동맹회 등 6개 단체 주최로 3·1운동기념연설회 개최, 250명의 참여―관헌의 변론 중지·해산 명령으로 4명이 체포됨
3.― 안광천安光泉의 『정치연구』에서 일본의 해방은 조선의 독립을 통해 이루어질 수 있다고 선언하고, 일본사회운동가의 말뿐인 조선·일본 단결을 비판
3.― 동아일보 사장대리가 도쿄로 사죄하기 위해 파견됨
3.― 도쿄부 오사키마치[大崎町] 도요[東洋]건재공업소에서 임금 인상 투쟁 전개―조선·일본 노동자가 공동투쟁
3.― 효고현[兵庫縣] 마스다[增田]제분회사에서 대우 개선을 요구하며 투쟁 전개―조선·일본 노동자가 공동투쟁
4.9 오사카시에서 형평운동대회가 시민회관에서 열림
―.16 오사카조선노동동맹회 제2회 대회 개최
4.― 일제 친목단체 '상애회相愛會' 기관지 『일선문제日鮮問題』 발행(1500부)
4.― 도쿄 시외 히라쓰카무라[平塚村] 도요[東洋]건재회사에서 조선인 60여 명이 임금 인상, 민족차별 철폐를 요구하며 파업
4.― 조선유학생학우회 춘계운동회가 고마바[駒場]대운동장에서 개최됨
4.― 일본노동총동맹 본부에서 조선노동동맹회 및 조선무산청년회에 '식민지해방운동에 대해 제일성(第一聲)을 내야 한다'는 권유문 송부, 운동 전개 중 간부가 대량 체포
월 불명 가나가와현[神奈川縣] 선인鮮人노동조합 결성
월 불명 가나가와현 노동우화회友和會 결성
월 불명 효고현 고베[神戶]조선청년회 결성
월 불명 시즈오카현[靜岡縣] 오야마[小山]조선인노동우화회 결성
월 불명 효고현 미쿠라[御藏] 야학부 교우회 결성
월 불명 시가현[滋賀縣] 조선인공제회 히코네[彦根]지부 결성
월 불명 시가현 조선인공제회 나가하마[長浜]지부 결성
월 불명 히로시마현[廣島縣] 히로시마조선인노우회 결성

1924~25년

재일동포
월 불명 오사카 계림鷄林무산청년동맹 결성
월 불명 오사카 고려무산청년동맹 결성
월 불명 오사카 재일본배달倍達소년단 결성
월 불명 오사카부 사카이[堺]조선인노동동지회 청년단 결성
월 불명 오사카 조선인 신진회新進會 결성
5.— 오사카부 '내선협화회內鮮協和會' 설립
※ '내선협화회'는 조선인을 보호 구제한다는 명목으로 실태 동향을 감시하고 통제하며 일제의 정책에 협조시키기 위해 설립. 회장은 오사카부 지사, 임원은 내무성과 경찰청 간부를 중심으로 하였으며, 이후 각 현 지방과 시정촌에 하부 조직 설립
5.1 도쿄에서 메이데이에 정식으로 최초의 조선인단체로 참가권을 얻었는데, 슬로건으로 '식민지 해방'이 인정되지 못하여, 조선인 실행위원이 출석 사퇴
5.1 히로시마현 메이데이에 조선인 노동자 3명이 참가
6.— 오사카시에서 조선인차별철폐연설회가 개최되다가 관헌에 의해 해산 당함
6.28 오사카 조선무산자회사연맹 결성
8.— 오이타현[大分縣] 나오이리군[直入郡] 다마라이쵸[玉來町]에서 철도공사 중이던 조선인 토공이 임금 인상을 요구하며 파업
8.— 사카이시에서 조선인노동동맹동지회대회가 개최되던 중 관헌에 의해 해산당함
8.— 오사카시에서 조선인언론집회 압박탄핵대연설회가 개최되던 중 관헌에 의해 해산당함
9.— 도쿄에서 횡사한 연고자 없는 조선인추도회가 개최되던 중 관헌에 의해 해산당함
11.— 고베에서 3·1청년회 주최 식민지해방연설회가 개최되던 중 관헌에 의해 해산당함
12.— 오사카시에서 3·1청년회 주최 약소민족해방연설회가 개최되던 중 관헌의 해산명령으로 중지
12.— 이바라키현[茨城縣] 쓰치우라[土浦]토건업 후지카와구미[藤川組]에서 조선인 노동자 80여 명이 임금 지급 지연 반대 투쟁을 전개
12.— 기후현[岐阜縣] 도키쓰쵸[土岐津町]에서 중부전력회사 청부인의 임금 미지급에 조선인 토공이 시위운동으로 항의
12.— 도쿄부 교쿠난[玉南]철도공사를 하던 조선인 토공이 임금 미지급에 반대하여 파업
12.— 재일동포의 수는 12만 238명이 됨
1925
1.— 북성회北星會의 안광천安光泉 등, 대중과 결합을 강화하기 위해 북성회를 해산하고, '일월회一月會' 결성, 기관지 『사상운동』을 창간
1.— 조선무산청년회와 도쿄조선무산청년동맹이 합병하여 백무白武, 이헌李憲 등이 중심이 되어 '도쿄조선무산청년동맹' 결성
1.— 오사카에서 민족교육기관으로 면학원이 설립되어, 교사校舍 및 기숙사를 설비하여 주야 2회의 수업을 실시
2.22 재일본조선노동총동맹(재일조선노총) 창립대회가 도쿄의 일화일선日華日鮮청년회관에서 열림

• 31 •

1925년

재일동포
※ 전국에서 11개 단체의 조선노동조합 대표 80명이 참가하고, 조선인 노동자 2만 명이 처음으로 총집결한 조직이 됨
1.25 일제의 친목단체로서 가나가와현[神奈川縣] 내선협화회[內鮮協和會] 설립
3.1 도쿄에서 3·1운동기념대회를 학우회, 학흥회, 형설회, 조노총[朝勞總], 일월회, 무산청년동맹의 6개 단체 공동주최로 250명의 대표가 참가하여 개최, 개회사의 발언과 동시에 해산명령이 내려짐―참가자는 옥외에서 집회를 열고자 124명이 모였지만 전원 체포.
3.1 삼일청년회를 삼일무산청년회로 개칭
※ 기독교에서 출발하여 반일활동 과정에서 무산자사상단체로 발전
3.― 재일조선무산계급여성 사상단체로 '삼월회'가 도쿄에서 결성됨
※ 공산주의 사상의 영향을 받은 여대생이 중심이 되어 조선무산자계급으로서 여성의 계급, 인습으로부터의 해방과 민족적 압박의 제거로 신사회 건설에 기여하겠다고 선언하며 결성, 1926년에 해산
3.― 일월회 기관지 『사상운동』(한글)을 발간하여 과학적 사회주의의 보급과 선전에 노력함
3.― 가나가와현[神奈川縣] 고즈마치[國府津町]에서 조선인 토공, 임금 미지급으로 인해 십장에게 지급을 요구하며 항의
3.― 『대중신문』이 일월회 기관지로 발간
3.― 일제, 재일조선인 탄압을 위해 '치안유지법' 공포
1.16 도쿄조선노동동맹회는 일본의 노총동 등 13개 노동단체와 공동주최로 '일지선인[日支鮮人]피학살자추도회'가 개최되어 관헌이 변론 중지, 체포자가 발생하여 해산
3.31 일제의 친일단체로서 효고현[兵庫縣] 내선협화회[內鮮協和會] 설립
4.― 도쿄부 하치오지시[八王子市] 교쿠난[玉南]철도공사 중이던 조선인 토공, 임금 미지급으로 인해 지급을 요구하며 철도를 습격하며 파업에 돌입
1.22 사카이[堺]조선인노동동지회는 일본 노총 이즈미가와[泉川]연합회와 공동주최로 메이데이에 참가 결정 '식민지 해방'을 슬로건에 넣는 것에 합의
5.1 도쿄의 제6회 메이데이에 조선인 120명 참가
5.1 오사카의 메이데이에 오사카조선노동동맹회가 370명을 동원하여 참가, 나카노시마[中之島]공원에서 출발하여 덴노지[天王寺]공원에 도착하고, 조선인 단체는 따로 집회를 열어 연설회를 시작함
5.1 사카이[堺]의 메이데이는 사카이조선인노동동지회 150명, 동 청년단 50명, 자유노동단 200명이 참가하여 시위행진.
6.― 일제, 조선인 탄압을 목적으로 '과격사상선전 단속에 관한 건' 공포
월 불명 교토조선노동동맹 결성
월 불명 고베[神戶]조선인노동회 결성
월 불명 요코하마[橫浜]조선합동노동회 결성
월 불명 재일본조선노총 기관지 『조선노동』(일간 한글) 발간
월 불명 재일본조선노총이 『노동독본』(한글)을 발간

1925~26년

재일동포
7.1 재일조선노동총동맹회 오사카연합회 결성   ※ 가맹단체는 사카이조선인노동동지회, 니시나리[西成]조선노동조합(이하 조노조), 조토[城東]조노조, 쓰루마치[鶴町]조노조, 센슈[泉州]조노조, 이마후쿠[今福]조노조, 오사카조선노동동맹 등 7개 단체
—.21 오사카조선노동동맹, 학우회, 조선기독교회 등의 간부들이 '조선내지수해구조회' 결성
—.21 조선대수해이재동포구원단이 사카이시 자유노동단체를 중심으로 사카이조노동지회, 조토조노조, 니시나리조노조 등으로 조직됨
—.23 수해구조회와 수해이재동포구원단이 합병
—.29 도쿄에서 '조선수해이재민구제연설회'가 조노총, 일월회, 정치연구회, 일노총, 일본인 측 11개 단체의 응원으로 300명이 참가한 가운데 개최
8.5 간토[關東]노조는 상임위원회에서 '조선수해기아구제위원회'가 조직되어 임원 조선인 3명, 일본인 5명으로 구성
—.7 수해구제연설회를 열기 위해 수평청년동맹의 응원으로 조선인단체와 수평사, 문명평론과 협의하여 추진
—.15 조선인단체 4, 일본인단체 6대표회의를 갖고, 수해이재동포구제연설회가 개최되어 처음으로 조·일 무산자 연대운동이 됨
8.— 재일조선노총 기관지로서 『조선노동』 창간호를 3,000부 발간
9.1 관동대지진 3주년 기념, 수해구원동정금 모금으로 176엔 31전 모음
9.24 지진 3주년 기념연합추도회가 800명이 참가하여 개최됨. 참가단체, 조선노총, 일월회, 정연회政研會, 무산학우회, 형설회, 흑우회黑友會, 삼월회에서 개최 중 변사辯士 중지로 10명이 체포되고 해산 당함
10.— 일제, 소선인의 일본 노항을 엄격히 통제하는 '여행증빙서 선件'을 개악하여 사실상 도항저지제도가 실시됨
11.— 이시카와현[石川縣] 쓰루기마치[鶴來町] 직영 발전소에서 조선인 토공, 임금 미지급에 항의하여 파업
12.1 교토조선노동자협회 조직
12.— 도쿄 무코지마[向島] 스미다가와[隅田川]정철소精鐵所에서 조·일 노동자 80명이 벌금제 폐지, 임금 인상, 조선인의 임금을 일본인과 동일하게 할 것을 요구하며 파업
—.28 조선기독교청년회는 도쿄유학생축하회를 1,200명이 참가한 가운데 열림
12.— 조선노동총동맹의 회원 수 3,000명이 됨
12.— 재일동포의 수는 13만 3,710명이 됨
1926
1.— 간사이[關西]조선노동조합연합회(오사카, 교토, 효고가 연합) 결성
1.2 미에[三重]학살사건—미에현 모토키쵸[本木町] 도로공사 중이던 한 조선인 토공에게 일본인 토공이 폭행을 가한 것이 쌍방의 감정적 대립으로 번지자, 경찰, 소방서, 청년단, 자경단을 포함한 약 2,000명이 동원되어 조선인 토공 약 60명을 습격하면서, 조선인 토공 2명이 학살당하고 다수의 부상자가 나옴

1926년

재일동포
一.17 조선의 도쿄합동노동조합 창립총회가 노총, 일월회, 무산청년동맹의 공동개최로 열림
1.— 도쿄조선무산청년동맹회 기관지 『청년조선』(월간) 발간
一.18 미에학살사건조사회가 재일본조선노동총동맹, 일월회, 학우회, 삼월회 등 12개 단체로 구성되어 자유법조단, 수평사, 오사카조선노동조합 간사이[關西]연합회 공동으로 조사를 시작함
2.— 효고현[兵庫縣] 아마가사키[尼崎] 오사카제마製麻 쟁의에 조선인 노동자 292명 참가 월 불명 역행회力行會 설립
2.27 미에학살사건조사회는 자유법조단, 정치연구회의 응원 하에 사건비판대연설회를 도쿄에서 열었다가 변사辯士 중지로 해산 당함
3.— 간토[關東]조선노동조합연합회(도쿄, 가나가와[神奈川], 야마나시[山梨]가 연합) 결성
一.1 미에학살사건규탄대연설회가 오사카조선노동조합 간사이연합회를 중심으로 개최됨
一.11 조선노동총동맹 간사이연합회 창립
一.25 박열朴烈 부부에게 사형 선고(4월 5일에 무기無期로 감형됨)
5.18 조선인 친일단체 '상애회相愛會'는 일본악기 쟁의단을 습격, 권총, 일본도를 가지고 조선노동총동맹원 10명에게 중상을 입힘
一.26 가나가와현 고자군[高座郡] 사무카와무라[寒川村] 자갈채취장에서 조선인 토공이 임금 인상, 대우 개선을 요구하며 파업
6.14 야마나시현[山梨縣]에서 일제의 앞잡이 '상애회相愛會'가 후지미노부[富士身延]철도공사장의 토공들에게 입회를 강요하여, 1,000명이 충돌, 참사 3명, 중경상 50여 명이 나옴
6.— 조선인친목단체인 '상애회'가 재일본조선노동총동맹본부 습격한 일로, 조선 노동총동맹, 일월회, 도쿄조선무산청년동맹회가 공동전선으로 '상애회'에 맞서는 데 일치단결
6.— 조선 국왕 순종 국장일(4월에 서거)을 기하여 조선독립운동 시위를 계획, 아오야마[靑山]회관에 1,500명이 집결했으나 관헌의 탄압으로 23명이 체포
6.— 일제, 조선인에 대한 단속을 강화하기 위해 '조선인 생활 상황 조사방법에 관한 건' 공포
7.1 재오사카고려무산청년동맹 결성
9.28 도쿄에서 조선인 학생들이 관동대지진피해동포추도식을 300명이 참가하여 개최, 관헌의 변사辯士 중지와 탄압으로 8명이 체포되고 해산 당함
9.— 나카야마[中山]탄광에서 20% 임금 인하에 반대하여 조선인·일본인 노동자 3,000명이 파업에 돌입
10.3 시가현[滋賀縣] 오쿠다[奧田]제유공장에서 직장대회를 열어 대우 개선, 해고 수당을 요구하는 파업에 조선인 노동자 150명이 참여
10.— 오사카시 스미요시구[住吉區] 니시타나베쵸[西田邊町] 조선인 토공이 임금 미지급에 대해 십장에게 항의
一.24 오사카시 니시구[西區] 모리[森]유리공장에서 조선인직공 150명, 임금 30% 인하에 반대, 대우 개선, 퇴직금 수당을 요구하며 파업, 관헌에 탄압 당해 10명 체포됨

1926~27년

재일동포
11.1 신흥과학연구회 결성 　※ 마르크스·레닌주의연구회로 활동 —.1 신흥과학연구회 기관지 『신흥과학』(한글) 발간 11.— 도쿄조선무산청년동맹회는 도쿄조선청년동맹으로 개칭 —.6 오사카시 히가시요도가와구[東淀川區] 셋쓰[攝津]공장 조선인직공 50명 대우 개선 요구하며 파업, 관헌에 탄압받아 10명이 체포됨 —.12 일월회, 재일조선노동총동맹, 도쿄조선청년동맹, 삼월회는 대중신문사에서 국내에서의 파벌주의에 반대, 해체를 선언하고, 공동전선 제안을 만장일치로 결의 —.28 일월회는 조선무산자해방운동의 분파적 활동에서 통일전선 방향으로, 경제투쟁에서 정치투쟁으로 전환하기 위해 해산 12.— 조선인 친목단체 '시즈오카현[靜岡縣]상애회' 총무부 임원 3명이 조선인 부녀자를 도쿄나 나고야 쪽에 밀매매하고 있던 사실이 발각되어 체포됨 12.— 재일동포 수는 14만 8,503명이 됨
1927 1.10 교토노동회 노동야학 개교 1.— 오사카 미요시[三好]유리공장에서 조선인 노동자가 해고 철회 요구 투쟁에 81명 참가 2.— 미야기현[宮城縣] 센잔[仙山]철도공사 중이던 조선인 노동자 50여 명이 임금 미지급으로 합숙소장(함바가시라) 및 일본인 노동자와 난투 2.— 조선공산당(비합법조직) 및 고려공산청년회의 일본본부가 조직됨 2.18 도쿄 거주 민족주의자, 공산주의자, 무정부주의자 등 18개 단체 대표가 도쿄조선청년동맹 사무소에 모여, 일제에 반대, 민족해방이라는 공통 목적을 가지고 싸우기 위해 '조선인단체협의회'를 결성 3.— 효고현[兵庫縣] 스즈키[鈴木]상점 아마가사키[尼崎]제재소에서 해고수당, 민족차별 철폐를 요구하며 파업 4.— 조선노동총동맹은 각 지방에 조합을 결성, 산하단체를 연합하여 조직화함 5.1 교토에서 메이데이 참가 인원이 늘어나고 '조선인 차별대우 철폐'라는 슬로건도 등장함 5.— 가나가와현[神奈川縣] 요코스카시[橫須加市] 해군 매립공사를 하던 조선인 노동자가 임금 미지급으로 책임자에게 지급을 요구하며 파업 —.7 신간회新幹會 도쿄지부 결성 5.— 제3차 조선공산당 일본총국 및 청년회 일본본부를 결성하여 각 책임비서로서 박낙종朴洛鐘, 인정식印貞植을 결정 6.— 신간회 교토지회 결성 6.— 홋카이도[北海道] 오타루[小樽] 항만노동자 파업에 조선인구락부의 조선인 노동자가 다수 참가 6.— 조선인 친목단체 '가나가와현내선협화회'는 조선인 실업대책이라는 명목으로 토목사업 청부를 하여 조선인 노동자의 임금을 가로채기 시작함

1927~28년

재일동포
7.— 후쿠이현[福井縣] 쓰루가군[敦賀郡] 다이도[大同]전기회사의 조선인토공, 임금 미지급으로 일본인 토공과 충돌
7.— 니가타현[新潟縣] 데라도마리[寺泊] 매립공사 중이던 조선인 토공, 임금 미지급으로 데라도마리운수회사와 충돌하여 8명이 체포됨
8.— 미에현[三重縣] 기타무로군[北牟婁郡] 미사토무라[三郷村] 기세이센[紀勢線] 철도공사에서 조선인 노동자가 임금 미지급으로 쟁의
8.— 도야마현[富山縣] 다테야마[立山] 산록에서 수도공사 중이던 조선인토공 300명, 겨울철 휴일기간의 수당 감액 때문에 인부 대표와 싸워 일본인 노동자 105명과 난투
9.— 나고야시[名古屋市]에서 실업구제, 의사소통을 위해 '재일조선인대회' 개최
10.— 조선프롤레타리아예술동맹 도쿄지부 결성
10.— 교토부 마이즈루쵸[舞鶴町]에서 해군폭약창 공사 중이던 조선인 노동자 130명, 임금 미지급으로 파업
11.— 오사카부 센보쿠[泉北], 미나미카와치[南河内] 두 군의 직물공장 조선인 여공 전원 130명이 러시아혁명기념일에 대우개선을 요구하며 파업
—.10 히로시마현[廣島縣]의 노우라무라[野浦村]에서 산고선[三吳線] 공사 중이던 조선인들이 임금 인상을 요구하며 파업
—.10 천도교청년당 도쿄의 기관지 『동학의 빛』을 창간
12.5 신간회 오사카지회 800명 참여로 결성됨
12.— 재일동포 수는 17만 5,911명이 됨
1928
1.21 근우회 도쿄지회가 신간회에 가입을 전제로 한 조선여자통일전선체로서 60명 참여로 결성
1.— 나가노현[長野縣] 마쓰모토[松本]시외[市外] 니무라[新村] 오노[小野]제사공장에서 조선인여공 30명, 임금 미지급으로 지불을 요구하며 파업
1.— 해방운동희생자구원회가 일본인 우마시마[馬島] 등으로 결성
※ 1929년에 일본적색구호회로 개칭, 1932년 4월 식민지대책위원회 설치
1.— 신간회 나고야[名古屋]지회 결성
2.— 근우회 교토지회 결성
2.— 교토시 다나카[田中]야학교에서 관헌규탄조선인대회 열림
2.— 재일조선노총 및 각 단체가 공동으로 삼총해금동맹[三總解禁同盟] 결성
2.— 재일조선노총 및 각 단체가 공동으로 삼총해금 교토지방동맹 결성
2.— 가라후토[樺太]공업회사의 조선인 노동자 400명은 '가라후토서해안노동동지회'를 조직해서 대우 개선을 요구하며 파업
2.— 조선공산당 및 고려공산청년회 일본부의 제3차 탄압사건 일어남
3.1 3·1운동 기념대회가 도쿄지방조선인단체협의회 주최로 신간회 도쿄지회 회관에 수백 명이 참여한 가운데 열림. 경찰이 해산명령을 내려 탄압하고, 데모행진 중 100여 명이 체포됨

1928년

재일동포
3.— 가나가와현(神奈川縣) 히라쓰카쵸(平塚町) 하나미즈가와(花水川) 제방공사에서 조선인 노동자 100명, 대우개선을 요구하며 파업
3.1 3·1운동기념대회가 오사카조선노동조합, 신간회 오사카지회의 공동개최로 오사카 벤텐(弁天)클럽에서 열려 1,300명이 참여하여 데모행진을 하다가 경찰에 10여 명이 체포당함
—.21 재일조선청년동맹 결성—도쿄, 오사카, 교토에 지회가 결성되어 기관지『청년조선』을 발간
4.— 재일조선노총이 '반동단체상애회박멸무산단체협의회'를 조직
4.— 가나가와현 요코하마(橫浜)에서 조선인 노동자와 일본인 노동자 약 4,000명이 실업구제를 요구하면서 시청에 요청투쟁을 전개
4.— 제주도민대회가 오사카시 덴노지(天王寺)공원에서 개최됨—제주도항로의 조선우선 郵船과 아마가사키기선회사(尼崎汽船會社)의 폭리를 규탄하면서 제주도공제조합의 박멸운동을 결의
4.— 제4회 조선공산당 일본총국이 조직되고, 책임비서는 金漢卿이 됨
4.— 제4차 조선공산당 일본총국은 조선노동총동맹, 신간회 도쿄지회, 조선청년동맹을 지도하면서, 일제의 산둥(山東) 진출 반대, 치안유지법 개정 반대, 조선 만주 증병 반대 투쟁을 전개
4.— 재일조선노동총동맹 제4회 전국대회에서 산별(産別) 조직에 관한 지령 발표
5.— 홋카이도대학(北海道大學)에 조선유학생북우회(北友會)가 결성됨
5.— 극동피압박청년간담회가 개최되어, 조선, 일본, 중국, 대만 38명이 참가하여 '극동피압박반군국주의동맹준비회'가 조직됨
7.15 오사카에서 가모(蒲生)야학교가 오사카조선노동조합 동북지부 가모분회로 개설
—.22 '간도공산당사건공판일 적박!!'이라는 전단으로 만주 간도의 조선공산당 탄압 반대, 무죄를 주장하면서 운동 전개
8.— 도쿄의 장준석(張準錫), 『현단계』를 창간(한글, 1,000부)하여 조선노총에 관하여 논함
—.26 조선공산당 일본총국 및 청년회 일본부는 '일한병합기념일'을 기해, 격문 "국치기념일을 기하여 전조선 2,300만 동포는 일제히 무장하고 일대폭동을 궐기하라" "관동지진 당시 학살동포추도기념을 기해 조합원에게 격한다" "간도공산당 공판은 임박했다. 전 조선노동자 농민은 전투 전위(前衛)의 학살정책을 분쇄하기 위해 전민족 대중투쟁을 궐기하라"는 전단을 배포
8.— 후쿠이현(福井縣) 후쿠이역 구내확장공사에서 조선인토공 140명이 임금인상 요구 파업
8.— 이시카와현(石川縣) 노미군(能美郡) 현도(縣道)확장공사에서 조선인토공 70여 명이 임금 미지급으로 파업
8.— 오사카시 덴노지공회당에서 오사카조선노동조합, 조선청년동맹 외 3개 단체의 공동주최로 '악질지주 퇴치 조선인대회' 개최
—.29 재일조선청년동맹 도쿄지부의 "죽어도 잊지 못할 9월에 전조선 2,300만 동포에게 격한다!!"는 전단과 관동대지진 당시의 조선인학살을 규탄한 전단이 발행 금지

1928~29년

재일동포
9.― 효고현[兵庫縣] 고베시[神戶市] 거주 조선인 150명이 신카와[新川]청년자치회관에서 '임금차별반대조선인대회' 개최
9.― 관동대지진 기념일을 기해 오사카부 거주 조선인, 조노조, 조청동, 신간회 등에서 조선독립운동을 전개하려다가 50명이 체포됨
9.― 사이타마현[埼玉縣] 도네가와[利根川] 가교공사 중이던 조선인 수십 명이 임금 미지급으로 파업
10.― 기후현[岐阜縣] 이마와타리쵸[今渡町] 나고야[名古屋] 철도공사에서 조선인 노동자 70명, 차별 임금에 반대하며 임금 인상 요구 파업
10.― 조선공산당 일본총국 및 고려공산청년회 일본부에 대한 탄압으로 많은 간부가 체포되고, 내부에서는 계급투쟁과 민족해방의 대립이 표면화
10.― 후쿠오카현[福岡縣] 특고과는 2만 명의 조선인에 대한 영향을 우려하여 조선독립운동자 및 공산주의자로 간주되는 60명을 체포하려고 수사 강행
10.― 니가타현[新潟縣] 도요미무라[豊実村] 도신[東信]전기회사 발전소의 조선인 노동자 70명은 사상문제연구단체 '신진회[新進會]'를 조직
11.― 오사카에서 민족교육기관, 나니와[浪華]학원의 후원회가 발족
―.25 메이지대학[明治大學] 조선유학생동창회 기관지『회지』를 1,000부 발간
12.― [橫須加市] [深田町] 해안매립공사의 조선인 노동자 50명이 태만하다는 이유로 임금을 삭감 당하자 다른 동료 100명이 동정 파업
12.― 오사카시 오이마자토[大今里]의 가와이[河井] 연마공장에서 조선인 노동장 60여 명, 오사카조선노동조합의 지도로 임금 인하 반대, 벌금제 철폐, 최저 임금 보장을 요구하며 파업
12.― 재일동포 수는 24만 3,328명이 됨
1929
1.― 재일조선노동총동맹 전국대표자회의 개최됨. 토의사항은 기관지 발행, 정치적 자유 획득, 구 노농동맹 지지, 희생자 구원, 신간회 본부 간부 박멸, 일본노동조합과의 공동위원회 구성 등을 결의한 것
―.10『오사카조선노조 북부 뉴스』발간
1.21 오사카조선적화당 박봉석[朴鳳石] 등 5명 체포
1.― 고려공산청년회가 블라디보스토크에서 재건, 책임비서 고광주[高光珠], 일본부 조직 담당 박문병[朴文秉]
2.― 재일도쿄조선단체협의회가 원산 총파업의 응원투사 파견을 결의
2.― 재일오사카노동조합 동북지부, 도쿄조선노동조합 서남지부, 신간회 도쿄지회 등 3개 단체가 원산 총파업 지원을 결의
2.― 고려공산청년회의 인정식[印貞植]이 일본으로 도항, 교토에서 회합을 열고 일본부의 조직 준비 활동이 시작됨
2.― 조선인단체협의회는 격문「기아와 박해 속에 제10주년 민족해방데이는 다가 왔다」「전조선 피압박민중에 격한다」를 배포, 발행금지 처분

1929년

재일동포
2.— 신간회 도쿄지회가 제3회 대회를 개최, 관헌이 의안議案 120부를 압수, 변사중지가 12명, 체포가 2명 이루어지는 가운데 투쟁 목표 결정
3.— 3·1독립운동기념대회가 재일도쿄조선인단체협의회와 재일조선청년동맹의 공동개최로 열렸는데, 경찰에 탄압을 받아 110여 명이 체포(그중 34명은 사전에 체포)
3.— 중순 경, 고려공산청년회 일본부 책임자 박문병이 도쿄로 와서, 조직부 인정식, 선전부 박문병으로 조직, 기관지 『현단계現段階』(후에 『노동자농민신문』), 『레닌주의』 발간
3.20 조노朝勞 총대회가 열림―관헌의 변사중지와 탄압으로 18명 체포
—.25 조선동흥노동맹東興勞同盟이 『해방운동』 발간
4.— '재일오사카조선소년동맹'이 덴노지[天王寺]공회당에서 경찰의 탄압과 방해 속에 결성
—.8 니혼[日本]대학조선유학생동창회는 『학해學海』를 700부 발간
—.11 니가타현[新潟縣] 히가시간바라군[東蒲原郡] 도요미무라[豊実村] 도신[東信]전기회사의 발전소공사장 노동자 약 2,000명 중 조선인 노동자 500명이 조선인토공 노동자의 차별대우 개선 요구를 협상하다가 일본인 토공에게 폭행당하고, 경찰에 다수 체포됨
—.28 고려공산청년회는 도쿄조합쟁의 전위대 서기국 명으로 격문 「백색반동 상애회相愛會를 박멸하라」를 배포
4.— 고려공산청년회 간사이[關西]지구국을 설치하여 조청동과 긴밀화를 도모
5.1 메이데이 집회에 조선인이 도쿄에서 1800명, 오사카에서 1200명, 가나가와 700명, 교토, 요코하마[横浜], 그 외 각지에서 다수 참여했는데 관헌에게 도쿄에서만도 90명이 체포
—.5 『오사카조선노조 서부 뉴스』 350부 발간
5.— 도치기현[栃木縣] 쓰가군[都賀郡] 이에나카무라[家中村] 도부선[東武線] 개수공사 중이던 조선인토공 수십 명이 임금 미지급으로 구미[組]의 사무소에 항의
—.10 조선프롤레타리아예술동맹에서 『무산자』(이북만李北滿) 창간(500부)
5.— 이와테현[岩手縣] 오지마야쿠즈마키[小鳥谷クズ巻] 철도공사장에서, 조선인, 일본인 노동자 250명이 임금 지불을 요구하면서 공동투쟁을 전개
—.13 도쿄조선노조 『투쟁뉴스』를 발간
5.14 가나가와현[神奈川縣] 가와사키시[川崎市]에서 재일조선노동총동맹과 조선인친일단체 '상애회'가 전면 충돌한 사건 발생
5.— 고려공산청년회 제2차 탄압사건 일어남
—.15 가나가와현 가와사키시에서 가나가와조노조와 '상애회'의 난투 사건 발생, 이후 조선노조와 '상애회'와의 대결이 각지에서 발생
6.— 조선유학생학우회 춘계운동회 건으로 신간회 사무소에서 협의 중 '상애회'가 습격하는 사건 발생
6.— 후쿠시마현[福島縣] 후쿠시마방적 후쿠야마[福山]공장에서 조선인 노동자 65명이 대우개선을 요구하며 파업
6.— 이시카와현[石川縣] 시치린선[七輪線] 공사중이던 조선인 노동자 400명이 임금 지불을 요구하며 파업
—.2 고려공산청년회는 조청동집행위원장 명으로 '자위조직에 관한 지령'과 '6·10만세기념투쟁에 관한 지령'을 발령

1929년

재일동포

- 1.10 『오사카조선노조 나니와(浪速)지부 뉴스』 800부를 발간
- 1.23 도쿄조선유학생학우회 정기총회가 열림―유원우(柳元佑)는 토론에서 "오랫동안 국권을 탈취당한 현단계에서, 해마다 엄청난 박해를 받으면서도 조선인운동을 위해 전초투쟁의 역할을 해낸다"고 발언
- 7.― 효고현(兵庫縣) 무코군(武庫郡) 스미타니무라바야시(住谷村林)제작소의 조선인 노동자 19명은 민족차별에 반대하여 파업
- 1.15 오사카의 이석주(李錫柱)는 『오사카조선시보』 500부 발간
- 8.26 신간회 오사카지회는 격문 「전피압박 조선민족은 기억하라, 국치기념일이 왔다」를 3,000매 배포, 발행금지 처분
- 9.1 도쿄의 천도교단체가 위령문 배포
- 1.1 아이치(愛知)의 신간회 제명 반대동맹의 격문 「조선민족이여!! 죽었는가!! 살았는가!! 이 날을 잊었는가!! 우리 동포의 피를 흘린 이 날을!!」 관동대지진 학살 사건을 배포
- 1.1 신간회 오사카지회는 격문 「관동대지진으로 학살된 자는 누구인가」를 3,000매 배포, 발행금지 처분 받음
- 1.29 오사카의 이부전(李富田)은 『동방신문』 500부를 발행
- 10.― 오사카시 마루이치히라이(丸一平井)제사공장에서 조선인 여공 23명, 임금 지급 요구와 민족차별에 반대하며 파업
- 1.29 재일노총간사이지방협의회를 조직, 김청영(金淸永)이 집필한 「재일본노총 당면 과제에 관한 의견서」를 발표할 것을 결의
- 1.30 도쿄조선노조는 오야마(大山)의 신노농당 결당식에 격문 「전투적 조·일 노동자에게 격한다」 배포(우리 정당은 단 하나의 공산당일 뿐이라고 주장)
- 10.― 김두용(金斗鎔) 등은 노총의 「전협으로의 해소와 산업별 조직」을 팸플릿으로 선전
- 11.― 오사카시 오니시(小西)유리공장에서 조선인 노동자 94명, 임금 인하에 반대하며 파업
- 1.24 광주 유학생 도쿄지부는 간담회를 열고 광주민주화운동 대책을 협의
- 1.29 도쿄조선노조는 광주민주화운동대책학생대회를 열어 학생들에게 계급투쟁에 참가할 것을 호소하는 격문을 배포
- 11.― 김두용의 논문 「재일조선인노동운동은 어떻게 전개해야하는가」를 무산사(無産社) 『조선문제총서』에 게재함
- 12.14 재일본조선노동총동맹은 전국대표자회의를 열어 일본노동조합 전국협의회와 합병을 협의하고 발전적으로 해소할 것을 결정
- 1.14 광주학생운동탄압사건 비판연설회가 재일조선유학생학우회와 신간회 도쿄지회의 공동주최로 열렸는데, 변사 15명이 발언중지명령과 경찰의 탄압으로 18명이 체포됨
- 월 불명 대동소비조합이 오사카시 니시요도가와구(西淀川區)에서 결성되어, 노동운동과 연결한 소비운동을 전개할 것을 결의
- 12.― 미야자키현(宮崎縣) 일철도로회사 다시로(田代)출장소에서 조선인 노동자 170명과 일본인 노동자 80명이 임금 미지급으로 공동투쟁을 전개함
- 12.― 재일조선인운동단체 수는 140(무정부주의단체 수는 불확실), 인원 수 3만 9,608명, 내무성 특고경찰 요시찰인 420명

1929~30년

재일동포
—.19 재일본조선청년동맹은 임원회를 열어 동맹 해체를 결의 —.24 도쿄조선노조는 광주민주화운동으로 시민대회를 열어 파업을 독려하는 격문 배포 —.24 도쿄 간다미토시로쵸[神田美土代町] 부근에서 조선인학생노동자의 대시위운동을 계획, 경찰에 100여 명 체포됨 —.27 조노총은 광주민주화운동 및 실업문제로 내무성에 데모 결행을 하여 다수가 체포됨 12.30 무정부주의계 극동노동조합 창립 12.— 재일동포 수는 27만 6,031명이 됨

1930

1.2 교토조선노동조합 신년위안회가 400명이 참여한 가운데 개최
—.4 효고현[兵庫縣] 조선노동조합 주최 노동자위안회가 개최됨
—.7 재일조선노동총동맹을 발전적으로 해소하여, '전협조선인위원회'로 개칭
—.10 전협조선인위원회로 개편한 전협은 산업별 위원회 설립과 조·일 노동자의 공동투쟁을 협의
1.— 오사카시 이즈미[泉]고무, 오카베[岡部]고무 등 15곳의 고무공장 직원 580여 명, 임금인하에 반대 파업
—.12 조선유학생학우회는 임원들이 조선에서의 기근 구제와 기타에 관한 건을 협의
—.13 전협조선위원회 기관지『조선노동자』창간
—.21 오사카조선노동조합 명의으로 광주학생사건에 관한 격문과 조선총독부 및 일본정부 수상 앞으로 보내는 항의문 우송
2.— 도야마현[富山縣] 도야마 제1라미 방적회사의 30% 임금인하에 반대하여 1200명의 쟁의에 조선인 노동자가 돌격단으로 선두에 서서 경찰의 탄압에 맞섬
2.— 오카야마현[岡山縣] 오카야마시 곤도구미[近藤組] 미쓰이[三井]조선확장공사장의 조선인 노동자 336명이 해고 수당을 요구하면서 태업
—.15 전협조선인위원회는 지령 제1호로 '재조직 재건투쟁 주간에 관한 지령'을 내림
—.16 전협조선인위원회는 지령 제2호로 '재차 신운동방침의 구체화를 위한 활동에 대해서'를 내림
—.23 도쿄조선유학생학우회 주최 각 대학 졸업 축하회가 열렸는데, 석상席上에서 신식 연申湜麟[니혼대日本大]은 "선내鮮內 관헌의 탄압에 저항하여 일제히 독립만세를 절규해야한다"고 연설, 경찰 탄압을 받고 변사중지로 해산됨
—.27 전협조선인위원회 지령 제3호 '각 가맹조합의 해체에 대하여' 및 지령 제6호 '재일본조선노동조합의 전국적 연락협의기관 조직에 관한 지령' 등을 내리고, 가맹조합의 해소를 일상 활동과 결부시킴
　※ 교토조선노동조합을 비롯하여 미에[三重], 오사카, 아이치[愛知], 효고, 도쿄, 가나가와[神奈川], 지바[千葉], 니가타[新潟], 도야마 등의 조선노동조합이 해체 성명 발표
3.8 전협조선위원회는 지령 제3호 '각 가맹조합의 해체에 대하여'를 발표
3.— 니가타현 오야시라즈[親不知] 신에쓰[信越]질소공장 원석채굴장에서 조선인 토공의 해고에 반대하여 파업

1930년

재일동포

- 3.― 도쿄 조선어극단과 도쿄프롤레타리아예술연구회가 합병하여 '3·1극단' 결성
- ―.21 도쿄에서 이환용李桓鎔 등의 유지有志에 따라 민족교육기관, 고전古田학원 설립
- ―.25 동아통항조합 기관지『동아통항조합 뉴스』를 500부 발행
- ―.25 전협조선인위원회, 오사카산업별재조직위원회에 지령 '신운동 방침에 관한 구체적 활동에 대하여'를 발표
- 4.4 노총 간부 김두용金斗鎔, 임철섭林徹燮, 이의석李義錫, 김호영金浩永 등 10명이 치안유지법 위반으로 체포
- ―.5 오사카 조선노조가 해체선언서 발표
- ―.6 오사카 조선유학생학우회 간사이[關西]지부 주최 학생웅변대회에서 "조국 독립, 식민지 해방"을 외쳐 12명이 변사중지, 8명이 체포됨
- 4.― 교토시 오쓰카[大塚]면포표백공장에서 조선인 노동자 68명, 감독자의 민족차별에 항의하며 파업
- 4.7 오사카 조선노조 니시나리[西成]지부는 '오사카피혁노조'의 창립선언서를 발표
- 4.― 미에현[三重縣] 산구[參宮]급행전철공사장의 아미모토구미[網本組] 조선인 토공 200명, 임금 미지급으로 파업
- ―.12 조노총간사이지방협의회를 '전협조선인위원회간사이사무소'로 고쳐서 설치
- 4.― 제주도민대회를 오사카 덴노지[天王寺]공회당에서 개최, 제주도 정기항로 조선우선朝鮮郵船과 아마가사키기선[尼崎汽船] 두 회사에 운임 인하 요청을 결의하고, 협상위원 대표를 파견(회사 측에서 거부)
- 4.― 효고현 헤이신[兵神]고무제조소의 조선인 직원 약 93명이 민족차별 대우에 항의하여 파업
- ―.21 동아통항조합이 '선박이용협동조합'을 문창래文昌來 등을 중심으로 설립
  ※ 동아통항조합은 제주도 항로의 조선우선과 아마가사키기선의 독점적 운임 폭리에 대항하여 나리타[成田]상회의 고류마루[蚊龍丸]를 용선傭船한 것이 독점적이었던 다른 회사와 운임 인하 경쟁이 되어, 당시의 12엔 운임이 3엔까지 내려감
- 4.24 '전협' 조선인위원회 간사이사무국은 지령 제3호 '조직재건과 문서활동에 대하여' 및 '노동자' 간사이판 호외를 발행
- ―.26 오사카조선소년동맹은 집행위원회를 열어, 외부의 지도를 거부하고 자활방침의 확립을 결정
- 5.1 아이치현 조선노동조합은 '전협' 중부지방협의회 간부와 회합하여, 합동을 결정, 금속, 목재, 운수, 방직, 자유, 화학, 각 단산노동조합이 전협에 가입
- ―.1 조노총, 전협계 메이데이 참가 금지, 직업별 조합, 무정부주의계가 참가 약 2,837명 (그중 여성 97명) 체포자가 166명이 됨
- ―.4 기시와타[岸和田]방적 조선인 여공 40명, 일본인 여공 200명이 함께 대우개선을 요구하며 파업
- ―.20 오사카 고모[護模]공조합은 일본화학노동조합 오사카지부 가입을 위해 해체성명서 발표
- ―.25 일본화학노동조합 오사카지부는 지구합동위원회를 열어 간부의 비밀 주소를 연락장소로 하고, 공장을 중심으로 운동을 전개하여, 목표 공장에 파업 선동

1930년

재일동포
—.31 전협조선인위원회 간사이사무국은 해체성명을 발표
6.6 오사카, 『동아통항조합뉴스』 200부 발행
—.18 도호쿠(東北)대학 내에 김재학(金再學) 등 7명이 공산주의계 비밀결사 '연구회'를 조직해서 체포
—.9 임화(林和) 등 『무산자』를 도쿄에서 1,000부 발간(11일에 발행 금지)
—.30 홋카이도대(北海道大)연구회사건—시모노세키항(下關港)에 입항한 관부연락선의 경찰 조사를 통해 좌익사상출판물이 발견되어, 홋카이도대 공산주의연구회 조직의 29명이 체포
7.8 도쿄조선노조는 해체성명서를 발표하고, 전협 간토(關東)자노조에 합류
—.12 화요파는 일본화학노조를 탈퇴하고 다시 오사카화학노조를 조직, 서울파와 대립 —일본반제동맹 오사카지방위원회의 조직을 기도
—.27 산신(三信)철도공사 청부의 사오토메구미(五月女組)의 노동자 100명이 임금 미지급으로 조선인 감독 집을 습격하여 19명이 체포되었기 때문에, 전 노동자 875명(그중 조선인 600명)이 파업에 돌입, 경찰 개입으로도 해결되지 않고 투쟁을 1개월간 계속, 최종적으로 특고과장이 조정에 들어가 해결
7.— 전협조선인위원회는 제6호 지령 뉴스 발행
8.12 간토자노조 중부지구 직장소개소에 '국치기념일' 투쟁을 일으키라고 뉴스 제4호를 발행하여 선동
8.14 『무산자신문』에 "산신철도공사장의 1,000명의 형제 일어나"라고 선동
8.— 후쿠오카현(福岡縣) 오구라(小倉)경마장 이전 공사장의 조선인 토공 약 350명, 임금 인상을 요구하며 파업
—.15 반제(反帝) 뉴스 제25호 '식민지 독립 컴파니아'에 격문 「일한병합 20년 기념을 싸워라」로 파업 독려, 좌담회 등 실시
8.— 국치기념일 투쟁에 특고가 사전 체포자 28명 및 전단, 선전지 등 압수
—.29 오사카화학노조(화요파)는 국치기념일에 대해서 4종류의 전단을 배포
9.19 일본화학노조(서울파)에 전협의 기타가와(喜多川) 등과 오사카금속노조의 노농당 해소 반대파 간부들이 습격
9.29 가나가와노조 요코스카(橫須賀)지부 300명은 요코스카 시장에게 실업 구제를 진정
—.29 전협 주부(中部)지방협의회와는 별도로 박경래(朴敬來) 등이 '주부지방조선노동조합'을 결성
—.30 전협 쇄신 뉴스 조선특집호를 발행
10.1 오사카의 김문준(金文準), 치안유지법 위반으로 기소
—.6 도쿄의 윤수암(尹壽巖) 등 6명, 치안유지법 위반으로 송검
—.15 『동아통항조합 뉴스』가 오사카에서 2,000부 발간됨
—.23 이시카와현(石川縣)의 정동진(鄭東振) 외 4명, 치안유지법 위반으로 송검
—.24 간토자유노동자조합원 약 70명, 도쿄부 센다가야초(千駄ケ谷町) 도쿄시설 신주쿠(新宿) 직업소개소를 습격하여 폭행한 용의로 38명 체포
11.— 도쿄 노나카(野中)상점의 조선인 노동자 58명, 출하금 문제로 파업

1930~31년

재일동포
11.― 미에현 산기[三岐]철도공사 하시모토구미[橋本組]의 조선인 토공 50여 명, 미지급 임금의 지급을 요구하며 파업
―.13 도쿄 아라카와구[荒川區] 미카와시마[三河島] 거주 조선인 약 100명, 가미오구[上尾久]의 강판회사 파업으로 체포되어 옥사한 동지에 대한 조문 전투로 이 회사에 항의 데모, 17명 체포
11.― 김두용, 이북만[李北滿] 등이 연구단체로 '동지사[同志社]'를 결성, 기관지 『동지』 발행
11.― 일본프롤레타리아문화연맹(코프) 결성
※ 식민지 속령에서의 제국주의 문화 지배에 반대, 민족문화의 자유를 강령으로 함
―.15 고려공산청년회 관계 치안유지법 위반 피고 정휘세[鄭輝世] 외 3명이 교토지방재판 공판에 회부
―.20 일본적색구원회 도쿄지방 남[南]지구위원회 이름으로 구원 뉴스 『조선공산당공판투쟁호』 발행
―.25 조선공산당 일본총국 및 고려공산청년회 일본부 제1차 체포자 김한경[金漢卿] 외 30명에 대해 도쿄지방재판소에서 공판 개정
12.10 조선공산당 공판에 대해서 『구원신문』은 「엄청난 탄압을 결사적으로 반격한 조선공산당 공판에 600명의 조선 노동자가 법정 데모」를 게재
12.10 『제2무산자신문』은 「조선독립을 외치며 경관대와 대난투한 조선공산당사건 공판」을 게재
―.17 경찰서 습격계획사건의 주모자 9명(조선인 3명, 일본인 6명)을 치안유지법 위반으로 체포하여 송검
―.24 도쿄조선유학생학우회는 정기대회 석상에서 극좌분자의 제안으로 학우회 해체를 결의하는데, 익년 1월 15일에 위원회를 열어 해체 성명을 발표할 것을 결의
12.― 재일조선인운동단체 좌익세력 8,393명, 무정부주의계 무산자 수 565명, 민족주의자 수 1만 3,182명이 됨
12.― 재일동포 수는 29만 8,091명이 됨
1931
1.11 야마나시현 히가시야쓰시로군[東八代郡] 구로코마무라[黑駒村]에서 고후[甲府]직업소개소 실업등록자, 도쿄시 직업소개소 등록자 등 약 250명의 조선인 노동자가 야마나시[山梨]토건노동조합 결성
1.― 이와테현[岩手縣] 야마다쵸[山田町] 이오카[飯岡]어업조합의 해면매립공사 중이던 조선인 토공 35명, 임금 지급을 요구하며 파업
1.18 간토[關東]자유노조원 유종환[劉宗煥] 등이 비밀결사를 조직하여 활동하던 중 경찰 살해 용의로 체포
1.― 적색구원회 도쿄지방위가 격문에서 "오자와[小澤] 경관 살해는 정당한 방위에 의한 오살 사건" "직장에 유군의 구원회를 만들라"고 발표
2.― 도쿄부의 하치오지시[八王子市]에서 실업구제 토목사업에서 일하던 조선인 노동자 200명~300명은 노동조건 개선, 노동일 증가, 임금 인상을 요구하면서 직업소개소, 부[府] 토목출장소에 모임. 이후 5월까지 여러 차례 속행

1931년

재일동포

2.— 오사카시 사카모토[阪本]양산洋傘제조공장에서 조선인 노동자 23명의 해고에 반대하여 파업
2.23 천도교 구파청년동맹과 신파 청년당이 합병하여 천도교청우당靑友黨 도쿄본부로 개칭
2.— 야마나시현 야마나시토건노동조합, 후에후키가와[笛吹川]의 개수공사에 임금 인상, 대우개선을 요구하며 150명의 파업 지도
2.28 효고현[兵庫縣] 전협계 간부 전해건全海健은 민족계 단체 우리협친회 간부 12명과 3·1기념일 간담회 개최 중 관헌에 전원 체포
3.1 오사카의 전협지방협회는 오사카항 부두에 모인 조선인 노동자에게 전단을 뿌리고 데모를 기도하여 13명이 체포
3.— 간토자유노동조합 및 도쿄자유노동조합은 전협토건노동조합과 실업자동맹으로의 재편성을 조선인 노동자를 중심으로 행함
  ※ 전협토건 도쿄지부 700명 조합원 중 조선인이 500명, 실업자동맹 도쿄지부회원 1,100명 중 조선인 800명으로 구성되었고, 노동운동은 경제투쟁과 정치투쟁이 조화되어, 실업자수첩 몰수 절대 반대, 실업 기간 중의 쌀, 땔감, 기타 생활필수품 배급, 군사경찰비로 실업보험 실시, 조선·대만의 독립 만세 슬로건 하에 일본인 노동자와 공동투쟁을 전개
3.— 아키타현[秋田縣] 야시마[矢島]철도공사 중이던 조선인 토공 30명, 임금 지급을 요구하는 항의 파업
3.— 오사카시 겐바[玄蕃]금구金釦제조소의 조선인 직공 25명, 해고 반대 파업
—.31 조선공산당 일본총국 및 고려공산청년회 일본부 김한경金漢卿 외 28명이 도쿄지방재판에서 6년~2년 형을 선고받음
4.— 아이치현[愛知縣] 야다가와[矢田川] 개수공사 중이던 조선인 토공 250여 명, 대우개선을 요구하면서 현청에 진정
—.7 조선인단체 동흥東興노동동맹회 정기대회가 간다[神田]중화기독교육청년관에서 250명의 대의원이 참여한 가운데 열림. 경관의 변사 중지 명령 18명, 체포 4명
—.10 일본토건건축노조 도쿄지부 고토바시[江東橋]직업소개소 조선인 노동자 100명(전원 150명) 반발회식班發會式을 위해 에도가와 제방 부근으로 향하던 도중 관헌에 96명(전원 136명) 체포
4.— 교토시 아나다[穴田]표백공장의 조선인 노동자 89명, 회사에서 조선인을 배격하자 회사에 항의 파업
4.— 교토부 육군화약제조소 제3기 확장공사장에서 조선인 노동자 340명, 임금 미지급으로 파업
—.14 조선인 각 단체의 동지들 도쿄의 요쓰기[四ツ木]에 집합하여 가메아리[龜有] 신주쿠[新宿]로 이어지는 수로를 하나미[花見]라고 칭하고 시위활동을 전개하던 중 경찰에 조선인 90명, 일본인 15명이 체포
5.1 시즈오카현[靜岡縣] 시미즈시[淸水市] 상수도 사이토구미[齋藤組]공사장에서 조선인 노동자, 대우개선을 요구하며 파업

1931년

재일동포

- 5.— 조선인 메이데이 참가자 3,348명 중 394명 체포. 오사카에서 박동근朴東根 등 사전 체포자를 포함하여 119명, 도쿄에서 20명, 와카야마[和歌山]에서 15명, 아이치에서 21명, 가나가와[神奈川]에서 58명, 교토에서 4명, 미에[三重]에서 1명 체포
- 5.— 일본공산당은 조선공산당 일본총국의 해소와 관련하여 일본에서의 조선인 노동자, 인텔리, 학생을 당의 조직 내에 흡수할 목적으로 당 중앙에 민족부를 설치
  - ※ 일본공산당은 운동 과정에서 민족적 편견, 차별 반대의 사상투쟁도 없었고, 조선 독립은 슬로건적인 것으로 독립운동은 전개하지 않았음
- 5.15 재도쿄남해친목회가 결성됨(1933년 2월 1일 기관지 『친목의 벗[親睦の友]』 창간)
- 6.7 전협실업자동맹 도쿄지방 주부[中部]지구가 사이비[濟美]중학교 뒷산에서 협의 중, 최판용崔判溶 외 17명 체포됨
- —.7 신간회 나고야[名古屋]지회는 조선본부 해소로 신조직 동성회[同聲會]를 준비하면서, 계급적이냐 민족적이냐 하는 노선 문제로 대립
- —.9 가나가와현 조선노동조합이 해체하여 전협일본토목건축노동조합 가나가와지부를 결성
- 6.— 후쿠이현[福井縣] 후쿠이시 마쓰오카[松岡]직물회사 기업공장에서 조선인 노동자 42명, 대우개선 요구하며 파업
- 6.— 오사카 시내의 오카노[岡野]고무, 이즈미[泉]고무공장 노동자는 전협화학 오사카지부의 지도로 약 900명이 임금인하 반대 파업
- 6.— 와카야마현[和歌山縣] 내무성 주관 국도 개수공사 중이던 조선인 노동자 200명, 차별대우에 항의하여 파업
- 6.— 신간회는 조선본부의 해소로 도쿄지회가 자연 소멸, 교토, 오사카, 나고야도 소멸
- 6.— 신간회, 학우회, 근우회, 조선노총, 조청단체협의회 해소로 인해 '삼총해금동맹三總解禁同盟'도 자연 소멸
- —.29 실업자 동맹원 150명이 전협계 조도진趙都振의 장의葬儀시위운동에 참여한 73명이 후카가와오기바시[深川扇橋]경찰에 체포
- 7.3 고베[神戸] 전협계 조선인의 지도로 고베조선인유지회의 발회식을 개최하고, 이 단체의 목적으로 "조선인을 기만하는 일선융화운동의 음모를 철저하게 폭로할" 것을 분명히 밝힘
- 7.— 효고현 다카하라구미[高原組]운송점의 조선인 노동자 70명, 대우 개선을 요구하며 파업
- 7.— 고베시 나가타구[長田區]의 서부 고무지대에서 전협화학 효고지부의 지도로 헤이신[兵神]고무 외 중소공장의 조선인 노동자는 해고 반대, 임금 인하 반대로 파업
- 7.5 도쿄에서 일반소비조합이 간토소비조합연맹의 후원으로 창립. 간부 이영춘李永春, 이사장李事長 등 조선인 6명은 "계급적 소비조합에 가입하라"는 격문을 배포
- 7.— 기후현[岐阜縣] 도미[遠美]철도공사장에서 조선인 노동자 100명이 대우 개선을 요구하며 파업
- —.20 전협 토목건축노동조합 가나가와지부의 간부 산사 등 도쿄부 다마가와[多摩川] 자갈채취 인부 약 600명은 자갈채취권 쟁탈전에서 직장대회를 열고, 데모행진 중 약 200명(조선인 199명, 일본인 1명) 체포

1931년

재일동포
7.― 효고현 가코군(加古郡) 벳푸쵸(別府町)의 다키(多木)비료제조소에서 조선인 노동자 수십 명이 해고되고, 50명에게 임금인하가 선고되었으며, 사장은 "조선으로 돌아가 농사지어라"는 폭언을 함 ※ 회사의 일방적 해고에 반대하여 일본인 노동자와 공동 파업에 돌입했는데, 회사 측은 폭력단, 소방단, 경찰대에서 권총, 곤봉으로 무장하고 탄압, 쟁의단은 해고 반대, 임금의 민족차별 반대, 5개년 계약 금지 등을 요구하며 저항하다가 노동자 측 사망자 2명, 158명이 체포됨 7.9 전협 실업자동맹 고토(江東)지구에서 "제국주의 및 그 주구(走狗) 자본가의 음모인 만보산(萬寶山)사건에 대해 선전문 작성 공격해야 한다"는 전단 뿌림 7.― 중국 만보산사건으로 일본의 우익은 재일조선인이 재류중국인과 분쟁하도록 선동하고, 재일중국인에게 적개심을 갖도록 책동함 7.― 조선인 친일단체 '상애회(相愛會)'는 일제의 음모에 의한 만보산사건을 "천하 우국지사에게 호소한다"는 인쇄물을 배포하여 재일조선인과 재일중국인과의 분쟁을 부채질하고 이간을 책동함 ―.10 오사카에서 전협계 조선인 "만보산사건에 대하여 파업과 시위로 싸워라"라는 일제와 우익의 음모를 규탄하는 전단 배포 ―.30 도쿄에서 전건렬(全健烈)은 반제(反帝) 북부지구 서기 명의 전단으로 "만보산사건에 관하여 일제의 음모와 싸워라"라고 호소함 8.― 기후현 어류(魚類)인공부화물(人工孵化物) 신설공사장에서 조선인 노동자 52명, 임금 미지급으로 파업 ―.26 간사이(關西) 일공(日共) 지방위원회 및 공산당 지지자 조선인을 일제 체포, 교토에서 차대용(車大鎔) 등 10명, 효고에서 백남환(白南煥) 등 17명 체포 8.― 전협은 "8월 22일 조선병합기념일은 일선(日鮮) 노동자의 굴욕의 날이다, 파업과 데모를 통해 조선 독립을 요구하라"라는 제목의 지령을 각 방면에 통달 9.― 국제무산자청년데이에 전협계 단체, 실업자동맹 회원들이 도쿄의 가메이도텐진(龜戶天神) 경내 부근에서 전단을 뿌리고, 히비야(日比谷)공원을 향해 데모행진하여 경찰당국에 38명의 조선인이 체포됨 9.― 아이치현 가니에쵸(蟹江町) 국도개량공사장에서 쟁의 중, 전협의 지도로 조선인 노동자, 일부 일본인 등 300명이 사무소로 몰려가 항의, 16명 체포 9.― 일제는 전협계 조선인 탄압을 강화하여, 도쿄에서 강항인(姜恒仁) 외 3명, 오사카에서 정방우(鄭邦佑) 외 4명, 교토에서 박종국(朴鐘國) 외 1명, 고베에서 장재술(張在述) 외 12명이 체포됨 월 불명 스미요시(住吉)소비조합, 센슈(泉州)무산자소비조합, 오사카에서 신촌리(新村里)소비조합, 교토소비조합, 가나가와현 다마가와무산자소비조합, 공신(共信)소비조합, 효고현 아마가사키(尼崎)에서 한신(阪神)소비조합 등 결성 ※ 소비조합은 일소련(日消連) 간사이지방협의회, 간토소비조합연합, 일본무산자소비조합연맹이 결성되어, 구원활동, 물자의 공동구입의 이익을 지키고, 조선의 소비조합과 일본의 소비조합과의 벨트 역할을 하며, 조직활동은 소비조합신문 한글판 뉴스와 간사이지협(地協) 뉴스 한글판이 간행되어 대중 속으로 뿌리를 내리는 활동을 전개

1931~32년

재일동포
10.1 천도교청우당青友黨 도쿄지부 기관지 『동학지광』이 김형준金亨俊 등에 의해 발간됨(격월 1,000부)
10.7 조선공산당 제2차 검거자의 공판이 도쿄지방재판에서 개정, 반제동맹, 실업자동맹, 해고구제 등이 밀려들어 10여 명이 방청하려고 했으나 입장하지 못하고, 조선어도 불허되어 장성조張星祚 등 8명이 비공개로 분리 재판
—.30 조선공산당의 김한경金漢卿 등 30명 중 8명이 출정하여 변호사 입회하에 공개 통일심리를 요구하며 재판 준비 수속을 시작함
11.7 전협실업자동맹 및 전협토목건축노동자조합의 조선인 약 1,000명이 전단 살포활동 중 상부의 지령으로 돌격대 300명을 편성, 도쿄역전, 구단九段, 쓰키지築地 등에 시위활동을 위해 들어갔다가 조선인 36명 체포
11.— 동아통항조합은 일본우선日本郵船으로부터 후시키마루선伏木丸船을 구입, 제주도항로의 자주적 운항 재개
※ 경찰 당국은 동아통항조합을 공산주의단체라며, 후시키마루로 귀국자 재입국을 금지했으나, 조합은 민족적 단결로 제주도청년동맹과 손을 잡고, 제주도 농민의 투쟁, 해녀의 반일운동과 직접 연결을 유지하면서 항상 정원 이상의 승선자를 확보함
—.16 오사카에서 조선 부인이 상호부조, 부인참정권을 목적으로 조선여자구락부를 방남조方南照 등이 중심이 되어 결성함
—.18 조선공산당 제1차 검거 제2회 공소공판 준비 수속 개정, 김한경 등 24명(구금 중 17명, 보석 중 9명) 출정, 요구 항목을 수정하여 폐정
12.— 재일조선인 운동단체 수 195, 인원수 2만 4,287명, 특고경찰 요감시인 356명, 노동분쟁 483건
12.— 재일동포 수는 31만 8,212명이 됨
1932
1.4 가나가와현神奈川縣 우라가마치浦賀町 히라사쿠가와平作川 개수공사에 실업자가 취업, 조선인 노동자 350명이 청부회사 고노이케구미鴻池組사무소로 몰려가 매일 일거리를 요구하며 분쟁, 전협의 김일성金一聲 외 39명 체포
1.— 효고현兵庫縣 아마가사키尼崎의 한신阪神소비조합 제2기 총회에서 제국주의전쟁 절대반대라는 슬로건을 내걸고 계급적 소비조합운동으로 전개(전협계 산하)
1.8 사쿠라다몬櫻田門사건 일어남—상하이에서 일본으로 온 이봉창李奉昌은 사쿠라다몬 밖에서 천황 행렬에 수류탄을 투척하여 체포(10월 10일에 학살당함)
—.13 오사카조선무산진료소 폐쇄(1931년 9월)와 더불어 재산관리위원 52명이 회합하여 잔여금 1,478엔을 오사카무산자진료소에 조선인, 특히 무산자에게 편의를 공여하는 것을 교환 조건으로 기부하기로 결정
1.— 도쿄에서 조선시사평론사를 창립하고, 『조선시사평론』 간행
—.16 조선인 정치결사 입헌혁정당 결성
1.— 도쿄에서 니혼대日本大, 주오대中央大, 센슈대專修大, 메이지대明治大, 와세다대早稻田大 각 대학의 유학생동창회가 졸업송별회를 이용하여 학우회 재건을 획책

1932년

재일동포

1.30 미에현[三重縣] 기세이토선[紀勢東線] 철도 부설공사를 하던 조선인 토공 백운태[白雲台] 등을 중심으로 기세이일반노동조합을 결성
2.1 오사카부에서 노동학원이 설치되어 '조선역사강좌'를 센슈[泉州]일반노동조합의 윤봉관尹鳳官, 김선선金仙善 등을 중심으로 엶
—.2 조선프롤레타리아문화운동 확대 강화와 마르크스주의예술운동 발전을 목적으로 하는 '도쿄동지사同志社'는 일본프롤레타리아문화연맹 조선협의회의 취지에 찬동하여, 그에 합류하기 위해 해체 선언을 발표
2.— 나가노[長野] 국도 10호선 단바지마바시[丹波島橋] 교가 교체 공사장의 조선인 토공 63명, 대우개선을 요구하며 파업
2.— 아이치현[愛知縣]에서 박혁주朴赫周 등을 중심으로 '일본프롤레타리아과학동맹' 결성
—.12 오사카에서 근애권愛消비조합을 김혁종金赫鐘 등이 결성
2.— 니가타현[新潟縣] 기타칸바라군[北蒲原郡] 스이바라고[水原鄕] 남부경지정리조합 공사장에서 조선인 노동자와 일본인 노동자 약 350명이 최저임금보장, 임금차별 반대를 요구하면서 공동투쟁으로 돌입
2.— 전협의 '토목건축노동자' 한글판 창간
—.17 도쿄에서 다마히메[玉姬]축구구락부를 박학도朴學道 등이 결성
2.— 도쿄에서 스나가와[砂川]상조회를 박준석朴俊石 등이 결성
2.— 오사카에서 실업 반대투쟁을 하던 조선인 36명, 도쿄에서 반제 투쟁을 하던 김광준金光俊 외 2명 체포
—.20 조선인아동유희회를 도쿄의 박윤식朴潤植 등이 결성
—.21 일제 앞잡이 박춘금朴春琴(상애회相愛會 부회장)이 '중의원'에 도쿄 4구에서 입후보하여 당선
2.— 도쿄에서 요도바시[淀橋]등록자상호조합 결성
3.1 3·1기념으로 도쿄에서 전단 살포, 오사카는 반제동맹의 "조선독립만세!" 전단을 뿌려 8명 체포, 아이치에서는 쟁의단위안회慰安會 명목으로 개최, 와카야마[和歌山]에서는 전단을 뿌리고 기념운동을 전개함
3.— 니가타현 개전開田 공사장의 조선인 토공 200명이 동료 20명의 해고에 반대하여 파업
—.8 가나가와현 오시마[大島]친목회를 김수권金壽權 등이 결성
3.— 구마모토현[熊本縣] 구마모토시외 다카하시마치[高橋町] 쓰보이가와[坪井川] 개수공사장의 조선인 토공 80명, 임금 미지급으로 파업
—.14 오사카에서 동민협회東民協會를 고재수高才秀 등이 결성
3.— 반제反帝오사카재건준비회를 전협 오사카지부의 전 책임자 손표기孫漂基 등이 결성
3.— 배영복裵永福(니혼대[日本大])이 치안유지법 위반으로 체포 송검
3.— 도쿄 다마히메[玉姬]소개소친목회를 하태원河泰源 등이 결성
3.— 도쿄 센다가야[千駄ケ谷]소개소공조회를 李郡世 등이 결성
4.2 오사카 쇼기지마[將棋島]에 거주하고 있는 조선인 퇴거 문제로 분규
—.6 게이오[慶應]대학조선유학생동창회를 손상현孫商鉉 등이 결성
—.7 도쿄 고탄다[五反田]소개소공조회를 하대용河大用 등이 결성

1932년

재일동포
—.11 재일조선노총, 공산청년동맹 활동가 이상욱李相勖, 이치가야市ヶ谷형무소에서 고문으로 죽임을 당함
4.14 동아통항조합의 확대임원회에서 소유선 후시키마루伏木丸의 조선대책을 협의
—.19 니혼대日本大조선유학생동창회 임원들이 비밀협의 중 13명 협의
—.20 오사카항 토지회사와 가시마쵸加島町 공터에 조선인 판자집 34가구를 세우고 분쟁 일으킴
—.20 오사카소비조합을 전명언全明彥 등이 결성
—.22 오사카시 니시요도가와구西淀川區의 오즈타케바야시기업小津武林起業회사 종업원 90%가 조선인 여성 노동자 37명의 해고에 반대하고, 대우개선을 요구하며 파업하여 27명이 체포
4.— 도쿄의 가나마치金町 난카쓰南葛우화회友和會를 박종운朴鐘運 등이 결성
4.— 도쿄의 미나미센주南千住자유노동자조합을 김윤수金允洙 등이 결성
—.26 이바라키현茨城縣 미토시水戶市에서 조선인노동회를 이강복李康馥 등이 결성하여 노동쟁의를 지도
4.— 코프조선협의회는 12부문의 조선위원회를 조직하고 활동을 전개
4.— 제주도의 강태준姜泰俊, 미야기宮城 한조몬半藏門 부근을 직소直訴를 위해 배회하던 중 체포됨
—.28 조선인 아카하타赤旗독자반의 전단을 붙이던 행동대원 5명이 체포됨
—.29 상하이에서 '천장절天長節 관병식觀兵式'에 조선인 윤봉길尹奉吉이 폭탄을 던져 일본군 사령관 등 다수 살상
5.1 메이데이에 전협계 조선인 2,710명이 참가하여, 518명 체포(도쿄, 오사카, 가나가와, 효고, 후쿠이福井, 시즈오카靜岡 등에서 참가)
—.1 오사카시 니시나리구西成區 쓰모리쵸津守町소비조합을 김성진金聲振 등이 결성
5.— 후쿠시마현福島縣 이와키磐城탄광에서 해고된 조선인 광부가 단체로 만주로 건너가서 펑톈奉天 길회선吉會線 철도공사에 종사
—.4 이와테현岩手縣 오후나토大船渡철도공사장 쟁의로 전협토건 중앙의 아리타구미有田組 폭력단에 조선인 노동자 다수가 학살당하고, 30여 명이 중경상을 입음
5.1 일본프롤레타리아미술가동맹 도쿄지부 조선위원회의 박석정朴石丁, 윤상렬尹相烈 등이 『붉은 주먹』 한글판 발간
—.5 재도쿄합천부인회를 임평수林平壽 등이 결성하고, 회보도 발간
5.— 교토시 마루이치구미丸一組의 조선인 노동자 29명이 임금 인하에 반대하여 파업
—.27~28 오사카에서 동아통항조합의 제3회 정기대회가 덴노지天王寺공회당에서 개최 – 제주도 대표는 경찰 당국의 탄압으로 도항금지를 당해 참가하지 못하고, 김서옥金瑞玉, 김달준金達俊 등 간부 50명도 경찰에 체포됨
—.30 제주도에서 오사카에 온 한상호韓相鎬, 김성돈金成敦은 전협계 조선인과 비밀협의를 하여 '제주도해녀사건희생자구원협의회'를 조직(한상호는 제4차 조선공산당탄압사건으로 출옥 직후)
6.1 일본프롤레타리아문화연맹(코프) 조선협의회 기관지 『우리동무』 창간준비 제1회 발간

1932년

재일동포

- —.1 아이치현(愛知縣) 나고야(名古屋)신극단을 정봉래(鄭鳳來) 등이 결성
- —.1 반제동맹의 조선인들이 「6·10투쟁기」 팸플릿을 발행
- 6.— 아이치현 시바이와(芝岩)탄광 조선인 노동자 58명, 임금 인하에 반대하여 파업
- 6.— 반제 주부(中部)지구 와세다대, 메이지대, 주오대, 니혼대, 호세이대(法政大)의 각 대학반 및 노동조합을 동원하여 행해진 6·10기념 데모로 채현(蔡鉉)(니혼대) 외 21명 체포
- 6.5 고베(神戶)우리협친회를 주체로 한 전협계의 전해건(全海健), 정중효(鄭重孝) 등이 '고베조선청년동맹' 결성
- —.5 『아카하타』 77호 기사에 「동지 강유홍(康有鴻) 외 3명 파시스트에게 살해당하다」라고 게재
- —.9 일본공산당 조사이(城西)지구위는 격문 「6월 10일 조선독립만세운동 기념일에 노동자에게 격한다」 배포
- —.19 일본프롤레타리아문예동맹(코프) 확대중앙협의회를 도쿄 쓰키지(築地)소극장에서 열고, 폐회 후 청중과 시위운동에 참여하여 16명 체포
- 6.— 일소(日消)중앙위원회 일욱(壹郁) 외 29명과 이시카와현(石川縣)의 이예봉(李禮鳳) 및 홋카이도대(北海道大)의 조선유학생 4명을 체포
- 7.6 도쿄영흥(永興)학우회 기관지 『학우』가 발행되어, 발매금지처분을 받음
- —.6 도쿄시 청소과 후카가와(深川) 후루이시바(古石場)출장소의 조선인이 중심이 되어 도쿄시종업원조합 후루이시바지부 결성
- —.8 오사카의 동아통항조합에서 돌격대 편성계획을 발표, 7월 17일부터 2주간을 투쟁기간으로 할 것을 상임위원회에서 결정
- —.10 오사카일반차가인(借家人)동맹이 강투석(姜鬪錫) 등에 의해 결성됨
- —.11 아이치현에서 효우회(曉友會)를 김상한(金相漢)이 결성
- 7.— 일본공산당 내부에 민족부 설치가 결정되어 준비회가 결성, 조선인부 담당은 김치연(金致延)
- —.12 도쿄에서 스가모(巢鴨)소개소 목룡회(目龍會) 결성
- 7.12 반제서기국 「범태평양민족대표자회의 개최에 관한 격(檄)과 선언」을 발행하여 한글로도 번역해서 조선에 밀송
- —.15 야마구치현(山口縣)에서 교정단(矯正團)을 김재홍(金在弘) 등이 결성
- —.16 효고현에서 조선인협진(協進)청년회를 조경락(曹敬洛) 등이 결성
- 7.— 주오대조선인유학생동창회 「주오대학우리동창회 회보 기성에 임하여」라는 팸플릿을 배포
- 7.— 야마구치현 도쿠야마(德山)선인(鮮人)노동구제회를 황복룡(黃福龍) 등이 결성
- —.23 일본공산당 피고 사노(佐野) 등의 탈환계획을 기획한 권순회(權舜會) 등 조선인 14명을 체포
- 8.1 소신(消新) 한글판 뉴스 제3호 발행
- —.1 반전데이에 도쿄에서는 반제 조선인이 당 간토(關東)지방위의 지도로 신주쿠(新宿) 역전에서 데모를 기획하여 15명과 각처에서 조선인 40명이 체포, 오사카에서는 당 오사카시위원회 지도로 전협 각 산별조합 중심으로 데모 참가, 오사카 짓코(築港)

1932년

재일동포

- 오산바시(大棧橋) 부근에 동아통항조합의 후시키마루선이 출항한 후, 1,000명의 환송 인파를 선동하여 데모를 계획했는데, 반제, 적색구원회 전단 배포로 경계가 엄중하여 중지, 나고야에서 1명, 고베에서 조선인 14명이 체포됨
- 8.— 고베시 이쿠타가와(生田川) 매립지의 미키구미(三木組) 가건물에 거주하는 조선인 노동자 100여 명이 공사 종료 후 퇴거를 요구받아, 미지급 임금의 지급을 요구하며 파업
- 8.2 시즈오카현 가노가와(狩野川) 개수공사 쟁의에서 조선인 노동자 233명이 대우개선을 요구하며 파업에 돌입, 22명 체포
- —.7 도쿄의 오지조호쿠(王子城北)무산자소비조합이 일본인이 경영하는 홋코(北郊)소비조합에 합병하고 '조호쿠(城北)소비조합'으로 개칭
- 8.— 히메지(姬路)지방 조선인 실업노동자 200여 명, 취업 위해 시의회에 진정
- 8.— 교토시 하시모토(橋本)견사공장에서 조선인 노동자 45명이 민족차별과 민족적 모멸 문제에 항의하여 파업
- —.7 도쿄에서 화림회花林會를 김응안金應安 등이 결성
- —.14 후쿠오카현(福岡縣) 이즈카시(飯塚市) 아소(麻生)탄광의 조선인 90명이 대우개선을 요구하며 파업
- —.15 전협토건본부원 윤기협尹基協은 일본공산당원의 규율위반분파분자로서 일본공산당 도쿄시위원장 무라카미(村上)에게 우에노(上野)공원에서 사살됨
- —.15 노동계급사가 창립선언서를 일본, 조선 각지에 보냄
- —.16 일본노동총연맹 오사카유리공조합 히가시구(東區) 모리노미야(森之宮)지부를 김평주金 坪珠 등이 결성
- 8.— 도쿄에서 회령유학생친목회를 구영회具英會 등이 결성
- 8.— 전협계로 도쿄의 구성회具聖會 등 24명, 오사카의 김기병金基丙, 가나가와의 김일성 金一聲, 교토의 김영순金永淳, 기후에서 1명이 체포
- 8.— 오사카에서 공성회共醒會소비조합이 김재혁金載赫 등에 의해 결성
- —.16 반전데이를 기해 전협, 반제동맹, 실업자동맹, 소비조합을 중심으로 미곡 불하, 쌀 요구운동으로 일소련의 김태욱金台郁, 도쿄쌀요구회대표 남호영南浩榮 등이 경찰에 체포당함
- 8.17 아소(麻生)탄광 조선인 파업이 확대되어 600여 명의 광부가 참가
- 8.— 반제오사카지방위에 동아통항조합원 55명이 집단 가입
- —.20 『아카하타』 제91호 논설에 "조선에서의 혁명운동의 발전과 프롤레타리아트의 책무"로 조·일 프롤레타리아가 단결하기 위한 기관 또는 계係 설치를 주장
- —.22 일본반제동맹 아지프로부에서의 「잊지 말라, 5월 29일 조선국치기념일을」이라는 제목의 팸플릿을 발행, 배포
- —.29 반제집행위 "8·29 조선병합기념일을 맞이하여 친애하는 조선의 전피압박 대중 제군에 격한다"는 전단을 배포
- —.29 공청중집위共靑中執委 「일본제국주의의 조선 약탈의 날에 전조선 근로청년에게 보낸다」를 배포

1932년

재일동포

―.29 프로토 도쿄지부는 「8·29 조선국치기념일」이라는 팸플릿을 배포
―.29 『아카하타』는 「생각하고, 일어나라! 피의 9월 조선동포의 대학살!」 게재
―.30 『아카하타』 제93호에 「일공(日共)간사이지방위원회에 관한 결의」 게재, 8월 17일부 중앙집행위원회 명으로 지방위원회에 소수민족부를 설치
―.30 오사카의 동아통항조합 확대임원회에서 조합기금 모금 방침을 협의
―.30 조선공산당 일본총국의 김한경(金漢卿) 등 24명의 판결에서 2~6년간의 실형 판결을 선고
9.5 교토조선어극단준비회 뉴스 제4호 발행
―.5 사가(佐賀)친목회가 오달순(吳達順) 등에 의해 결성
―.7 나가사기현(長崎縣)에서 쓰시마(對馬)출가(出稼)해녀선두(船頭)조합이 김창식(金昌植) 등에 의해 결성
―.13 도쿄에서 태달회(太達會)를 장복안(張福安) 등이 결성
―.14 히로시마현(廣島縣) 마쿠레센(三呉線) 철도공사장 취로조선인 400명이 임금인하에 반대하여 일으킨 파업은 경찰의 조정으로 해결
9.15 강원도조선인상호부조회를 심필문(沈泌文) 등이 결성
―.18 도쿄에서 용천유학생 닛포리(日暮里)지부 조호쿠구락부가 김명려(金命呂) 등에 이해 결성
9.― 일공중앙조직부회에서 조선공산당 재건에 대해서 곤노 요지로(紺野與次郞)가 제의, 이미 김치정(金致廷) 등 십수 명이 8월경 조선으로 돌아감
―.23 코프 기관지 『대중의 벗』의 부록 『우리동무』 창간호 발행
―.29 조선공산당재건운동의 노동계급사는 김두용(金斗鎔)과 일본공산당이 해체를 원하여 내부 대립이 일어나 해산
―.29 오사카시 요시노쵸(吉野町) 1쵸메(丁目)의 조선인밀집부락 65호 280명의 건물 철수 무제로 진정
―.30 교토에서 전협출판 교토지부 상임위원 박진(朴震)이 마쓰하라서(松原署)에 체포되었다가 고문으로 사망
10.1 오사카에서 『조선민성(民聲)신문』을 최선명(崔善鳴) 등이 창간
―.1 이바라키현 쓰치우라시(土浦市) 국도 신설공사장의 조·일 노동자가 임금 인상을 요구하여 파업에 돌입하였고, 이봉기(李奉基) 등 조선인 34명 체포
10.4 동아통항조합은 재정난 타개를 위해 합자회사 동아상회를 설립하기 위해 준비
10.4 교토 니시진(西陣)견직공장에서 직공의 임금 인하에 반대하여 파업에 돌입, 47명 체포
―.7 도정(渡政)데이의 도쿄무산단협의회 주최 연설회에 데모를 기획한 조선인 20명이 참가하고 체포됨
―.11 오사카의 경남(京南)소비조합을 김부택(金富澤) 등이 결성
―.15 가나가와의 동화회(同和會)를 최귀석(崔貴錫) 등이 결성
―.15 오사카에서 『조선타임즈』를 김용암(金龍岩) 등이 창간
―.23 『구원신문』은 「사쿠라다몬사건의 이봉창 살해되다」라는 기사에서 일제와 싸우는 민족주의적 혁명가라고 평가
―.23 오사카에서 영신(永信)소비조합을 주성택(朱聖澤) 등이 결성

1932~33년

재일동포
—.26 효고현의 한신[阪神]소비조합 간부 문종의文宗宜 외 10명이 체포
10.— 10월에 체포되었던 조선인은 전협 일반의 한덕수韓德銖, 전협금속의 장시백張時白 외 도쿄에서 8명, 오사카 1명, 효고 9명, 후쿠이 2명이 됨
11.— 도요하시시[豊橋市]의 조선인 실업자 150여 명, 시청에 취직 알선을 진정
—.20 후쿠오카현에서 도바타[戸畑]구매저축조합을 박계수朴桂壽 등이 결성
—.21 『조선정보통신』 창간
—.25 코프조선협의회는 『우리동무』 제2호를 발간
11.— 반제오사카지방위원회는 "조선인이 낳은 반제국주의자 윤봉길의 총살에 대한 반대운동을 궐기하라"라는 격문을 배포
—.27 아이치현 나고야실업자공조회를 결성
—.28 『무산청년』 117호는 「재건으로 나아가는 조선공산청년동맹」이라는 기사에서 조선공산청년동맹의 재건을 주장
11.— 조선공산당재건운동을 하는 최두환崔斗煥, 엄종호嚴鐘鎬, 허경인許景仁 등을 체포
11.30 『조선시사평론』을 장상우張祥佑 등이 창간
12.1 오사카의 공제共濟소비조합을 최주녕崔周寧 등이 결성
—.2 조선공산당재건운동을 하던 노동계급사 임원 이복만李福萬, 김치정, 김봉점金鳳占, 김봉희金鳳禧, 양봉기梁鳳基 등을 체포
12.4 오사카조선기독교회를 김영철金英哲 등이 설립
12.— 도야마현[富山縣] 다테야마[立山]산록山麓발전소 공사장의 조선인 노동자 263명, 동료 2명이 작업 중 질식사한 사건으로 설비 개선을 요구하다가 경관과 충돌하여 3명 체포
12.— 도야마현 이나가와[稲名川]발전소 수로공사장의 조선인 노동자 32명은 작업 중이던 동료 2명의 질식사로 안전 보장과 대우 개선을 요구하며 파업
—.26 도쿄에서 치안유지법 위반으로 공판 중인 김두용, 이의석李義錫 등이 2년의 실형판결을 선고
12.— 재일조선인운동단체 수는 298, 인원수는 3만 5,977명, 내무성 경보국 특고경찰 요감시인은 385명, 주의인은 879명, 치안유지법으로 체포된 수는 517명, 노동분쟁은 414건
12.— 재일동포 수는 39만 543명이 됨
1933
1.1 반제反帝고토[江東]지구 서기국은 한글판 『포열砲列』 팸플릿 배포
—.1 코프 기관지 『대중의 벗』 부록의 조선협의회 기관지 『우리동무』에서 민족개량주의를 비판
—.2 히로시마[廣島]조선인청년회를 정우갑鄭禹甲 등이 결성하고, 기관지 『우리청년』을 발간
—.3 시즈오카현[靜岡縣]에서 도즈[東豆]노동조합을 최남수崔南守 등이 결성
—.3 재도쿄의성군인회를 김기적金基績 등이 결성

1933년

재일동포
一.10 『아카하타(赤旗)』 103호에, 일제가 식민지농민투쟁을 진압하기 위해, '소작조정법'을 조선에 공포한다는 기사 게재
1.14 시즈오카현 아타미쵸(熱海町) 해안도로공사에 실업자동맹의 조선인 노동자 300명은 도비시마구미(飛島組)에 계약 위반을 항의, 일본국수회의 폭력단 200명과 충돌
一.15 오사카시 니시나리구(西成區)에서 아난(阿南)노동자조회를 구 오사카조선노조의 박승근(朴承根) 등이 결성
一.15 도쿄의 게이힌(京浜)친목회를 안기천(安喬天), 구영호(具永浩) 등이 결성
一.16 오사카에 있는 동아통항조합의 박남호(朴南浩) 등 12명은 조합의 방향전환에 반대하여 협의
一.18 후쿠이현(福井縣) 오바마키타가와(小浜北川) 개수공사장의 조선인 노동자 195명은 동료 30명의 해고에 반대하여 파업
一.19 전협 토건의 김기봉(金基奉) 등을 조선인 친목단체 '상애회(相愛會)'원 수십 명이 습격
一.21 나고야(名古屋)의 도카이(東海)상업고등학교 조선인 유학생 45명이 민족차별 문제로 다툼이 일어 동맹휴업함
一.21 도요하시시(豊橋市) 도요하시합동노조원이 전단을 뿌리던 중 조선인 친목단체 '상애회'에게 습격 받아 김복윤(金福允) 등과 난투
一.22 오사카에서 재일조선기독교 간사이(關西)중회 오사카중앙교회를 설립
一.26 도쿄상호회(相護會)를 백보규(白甫珪) 등이 결성
1.— 전협지방지부협의회는 각 부문에 조선대책부를 설치
1.— 와카야마현(和歌山縣) 긴시(金支)면포가공공장의 조선인 노동자 대우개선을 요구하며 파업
2.1 효고현(兵庫縣) 니시고베(西神戶)지방 '니시고베소비조합'을 조선인 180명이 창립하고, 해방운동의 희생자 구원활동, 노동쟁의 응원, 소비조합 전선통일을 목적으로 창립한 계급적 조합이 됨
2.1 도쿄에서 문천(文川)친목회를 이통영(李通榮) 등이 결성
一.5 도쿄의 광우회(光友會)를 박용완(朴龍完) 등이 결성
2.— 후쿠이현 후쿠이시의 조선인 실업자 200여 명이 시청에 취로(就勞)를 진정
一.10 효고현 고베조선인소비조합을 최시풍(崔時豊) 등이 결성
一.11 시마네현(島根縣) 마쓰에(松江)고교의 조선유학생 박혜채(朴惠采) 등, 독서회를 조직한 것이 발각되어 체포
2.— 야마구치현(山口縣) 시모노세키시(下關市) 시도(市道) 개수공사장의 조선인 노동자 160명이 대우개선을 요구하며 파업
2.15 동아통항조합은 동 조합을 계급적 협동조합으로서 운영해 왔는데, 재정난 때문에 순영리주의적 경영으로 방향전환하기로 토의하여 결정
一.19 효고현에서 백두체육회를 지재순(池在順) 등이 결성
2.— 기후현(岐阜縣) 철도공사의 도비시마구미(飛島組) 조선인 노동자 120명이 작업 중 부상당한 사람에 대한 회사 측의 처치에 분개하여 안전 보장과 대우개선을 요구하며 파업

1933년

재일동포

2.— 동아통항조합이 자매단체인 제주공제회와 공동으로 조합이 소유한 선박인 후시키마루伏木丸를 운행할 수 있도록 공제회에 소유권 이관의 움직임
3.1 시즈오카현 노우勞友친목회 결성
—.3 도쿄의 시바우라芝浦실업자위원회는 기관지『실업노동자』를 발간
—.12 후쿠이현에서 해동海東친목회 결성
—.14 도쿄의 공청共靑 제3지구 책임자 강몽우姜夢寓(센슈대(專修大)) 체포
—.15 3·1극장을 지도한 프로토조선대만위원회 책임자인 조선인 김보현金寶鉉 체포
3.— 시즈오카현 히가시하마나무라(東浜名村)의 하마나호수 공유수면 매립공사장에서 조선인 노동자 66명이 직장대회를 열고, 대우개선을 요구하며 파업
—.17 재상하이 무정부주의계 원심창元心昌, 백정기白貞基, 이강훈李康勳 등이 일본의 아리요시(有吉)공사 암살계획으로 체포
—.20 이바라키현(茨城縣)에서 이바라키노동평화회 결성
3.— 메이지(明治)대학조선유학생동창회는 '동아학생회'를 "민족적 타락과 반동적 일본인 학생과의 합체"라고 비판
3.— 동아통항조합의 임원회 결정 후, 조합 소유선 후시키마루의 운행 운영을 제주공제회에 이관하고자 비밀회합을 통해 방향전환 결정을 한 것을 반대하는 조합원들이 '제주공제회박멸투쟁동맹'을 조직, 조직 내부 대립이 표면화됨
3.— 도쿄에서 일본상업우리동창회 결성
4.5 도쿄의 천도교학생회 도쿄부는『학생시보』를 창간하고 각지에 밀송
—.12 오사카에서『한난(阪南)노동자자조회 뉴스』창간
—.14 오사카에서 나니와浪華상업학교학우회가 조선인 학생의 친목단체로 결성
—.20 도쿄 융륙회隆陸會를 권중희權重熙 등이 결성
4.— 일본반제동맹 제2회 대회에서 민족 고유의 학교제도 폐지와 모국어 절멸 기도에 대한 반대투쟁 및 조선의 완전한 고립은 조선민족의 사활이 걸린 문제이며, 미국, 일본 제국주의 반대가 특히 중요함을 결의
—.23 아이치현(愛知縣) 애선愛鮮노동회를 성재경成在慶 등이 결성
4.— 도야마현(富山縣) 직영 국도공사 도야마공구工區의 조선인 노동자 160명은 대우개설을 요구하며 파업
4.— 나고야시청사 신축공사장 조선인 노동자들이 조선인 노동자 23명분의 임금을 하청인이 갖고 도망간 데 항의하여 파업
—.28 공청共靑 제3지구 고이시카와小石川인텔리직업소개직 책임자 송원末院 체포
—.29 도쿄 전협 토건본부 실업대책부 책임자 김종선金鐘善 체포
4.— 오사카전협화학 간사이지부 뉴스『봉화烽火』한글판 발간
5.1 메이데이에 조선인, 도쿄 720명, 오사카 1328명 외, 전국 1129명이 참가하여 225명 체포
5.— 도쿄 히가시오쿠보(東大久保) 폐품도매상 마치다 요노스케(町田養之助)에게 조선인 폐품수집인 약 20명이 대우개선을 요구하며 파업
—.3 도야마현 네이군(婦負郡) 니시쿠레하무라(西吳羽村) 국도 개수공사장에 조서인 토공 300명이 해고에 반대하여 파업, 경찰의 탄압으로 60명 체포

1933년

재일동포

- 5.— 기후현 다카야마시[高山市] 다카야마선 철도공사장에서 조선인 노동자 약 400명이 오바야시구미[大林組]에 대우개선을 요구하며 파업
- —.23 가나가와현[神奈川縣]에서 히라쓰카쵸[平塚町] 쇼난[湘南]소비조합이 결성되어 일소련[日消連]에 가입
- —.26 이시카와현[石川縣] 전협토건 이시카와지구 책임자 이심철[李心喆] 체포됨
- 5.— 효고현 니시코베[西神戶] 조시[調子]깔개공장의 조선인 노동자 99명 임시휴업에 반대하여 파업, 경찰이 개입, 탄압하여 전원 해고
- 5.— 오사카시 히가시나리구[東成區] 이카이노쵸[猪飼野町] 방면에 흩어져 있는 고무공장에서 다니야마[谷山], 마쓰모토[松本]고무 등 33개 공장의 조선 노동자 980여 명이 공장측의 임시휴업, 임금 인하의 차별대우에 반대하여 파업
- 6.3 나가노현[長野縣] 시모이나군[下伊那郡] 야하기[矢作]수력발전공사장에서 조선인 토공 400여 명이 대우개선을 요구하며 파업, 경찰 당국의 내부 분열 책동으로 상해사건이 발생하여 1명 사망, 여러 명의 부상자가 나오고, 체포자 다수
- —.5 도교자동차운전수협회를 김생기[金生基] 등이 결성
- —.13 후쿠오카현[福岡縣] 이즈카시[飯塚市] 미쓰비시나마즈타[三菱鯰田]탄광에서 일본인 가운데에 조선인 노동자 약 600명 중, 250명이 해고에 반대하여 파업에 돌입, 경찰 중개 알선으로 타협 성립
- 6.— 오쓰시[大津市] 이시야마도요[石山東洋]레이온회사의 공장 증설 공사장의 조선인 노동자 약 300명, 공사장 종료 후, 전원 해고와 판잣집의 철거에 항의하여 생활옹호투쟁위원회를 결성
- —.14 동아통항조합이 덴노지[天王寺]공회당에서 제4회 정기총회를 엶
- —.21 주오[中央]대학조선유학생동창회 기관지 『회지(會誌)』 창간호가 발행금지 처분
- —.26 조선인친일학생단체 『동아학생연맹』을 도쿄에서 결성
- —.27 메이지대학조선유학생동창회 기관지 『회보』 제6호가 발행금지 처분
- 6.30 전협 토건 오사카지부 책임자 현호진[玄好珍]이 체포 송검
- —.— 『무산청년』 한글 도쿄판 창간
- —.30 도쿄에서 대동상조회를 이은연[李銀淵] 등이 결성
- 7.1 도쿄친목회를 이문수[李文水] 등이 결성
- —.2 효고현 고베시 니시[西]소비조합이 국제소비조합데이 투쟁으로서 비합법적인 기념연극을 개최
- —.3 니혼[日本]대학 오사카전문학교조선유학생학우회 결성
- —.9 도쿄의 이쿠분칸[郁文館]중학조선유학생동지회가 결성
- 7.9 오사카시 전협실업자동맹, 토건 오사카지부 책임자, 간사이지부 책임자 이억조[李億祚]가 체포됨
- —.9 고베시 니시소비조합은 조선수해구제위원회를 결성하고, 노농구원회준비회와 제휴하여 모금운동을 벌임
- —.20 오사카성 히가시홀리니스교회 설립
- —.20 도쿄의 천도교학생회 기관지 『개벽전선[開闢戰線]』 발간

1933년

재일동포
一.21 나고야에서 잡지『고려』를 전우덕全祐德 등이 발간
一.25 도쿄의 천도교청년당 기관지『동학지광東學之光』발간
一.25 세토시(瀨戸市)에서『세토타임즈』를 신순상愼順尙이 창간(후에『주부아사히(中部朝日)신문』으로 개칭)
一.28 오사카에서 히가시오사카소비조합을 박동성朴東成 등이 결성
一.28 아이치현에서 반도청년단 결성
一.30 나고야에서 소효(總評)주부지방평의회의 조선인들은 "8월 1일은 국제반전데이다! 일체의 강제적 군사훈련 반대"라는 전단을 배포
7.— 코프조선대만협의회는『조선협의회보』를 발행하고 1년간의 총괄을 발표
8.1 재일조선인이 도쿄반전데이에 전협계 각 지구에서 데모에 참가. 고토바시(江東橋) 방면에서 이인재李寅載 외 5명, 가메이도텐진바시(亀戸天神橋) 방면에서 안정호安禎浩 외 10명, 기타구(北區) 오지(王子) 방면에서는 임영호林永浩 외 4명, 이타바시(板橋) 방면에서 정의준鄭義俊 외 4명, 시바타무라쵸(芝田村町)에서 김뢰경金瀨경 외 1명, 고이시가와직업소개소 앞에서 손태복孫台福 등 체포
8.— 고토바시등록노동자협력회가 무정부주의계 조선자유노동자조합과 극동노동조합이 대립을 청산하고, 창립총회를 엶
一.7 오사카부 적색구원회 간사이지방위 책임자 장문진張文鎭이 체포 송검
8.— 군마현(群馬縣) 도네군(利根郡) 미즈카미무라(水上村) 도로공사장의 조선인 토공 71명이 미지급 임금의 지급을 요구하며 파업
一.9 교토시 사이인히라마치(西院平町) 시유지의 조선인 주택가 약 500명이 시를 상대로 소송 일으킴
一.10 나고야에서 중앙소비조합을 송현수宋鉉洙 등이 창립
一.18 나고야 혁신극단, 조선수해의연금 모집을 위한 아마추어연극회를 개최
一.20 반제전국서기국은 "대중적 집회, 논쟁, 파업, 데모로 8·29한일병합, 9·1조선인학살의 날을 싸우자"는 격문을 배포
一.21 전협화학 오사카지구위는 '고무공신工新'의 기관지를 발간하여 조선인에 대한 차별임금 반대 좌담회 기사를 게재
9.1 관동대지진피해동포 10주년 기념 추도회를 조선기독교청년회가 주최
一.1 가나가와현에서 향우회를 박말준朴末俊 등이 결성
一.3 국제청년데이가 도쿄와 상하이 반전대회지지 무산단체협의회 창립대회를 혼조(本所)공회당에서 개최하던 중, 경찰대에게 저지당하고 전협토건의 이종호李鐘鎬 외 10명이 체포
一.4 가나가와현에서 신전계동회新田契洞會 결성
一.5 아이치현 나고야차가인借家人동맹을 김유덕金裕德 등이 결성
一.7 도쿄 고토바시등록노동자협력회 결성
9.8 도쿄에서 경상慶尙협회와 조선동흥노동東興勞同 간부 등과 난투 사건
一.15 오사카부 전협 간사이지협 책임자 강상호姜相鎬가 체포 송검
一.15 가나가와현 '아등我等의 청년회' 결성

1933년

재일동포
—.18 도쿄시 후카가와(深川)하마오카쵸(浜岡町) 시유지의 거주자 27명과 시 사이에 퇴거 문제로 분규
—.19 도쿄에서 시바우라(芝浦)공업대학 조선유학생독서회 책임자 백문익(白文翼) 외 프로과 주오(中央)대학생 오재일(吳載一) 외 1명이 체포
—.20 나고야시의 혁신극단이 해소되고, '축구구락부 하운단(夏雲團)' 조직을 준비
—.25 도쿄 호애(護哀)친목회 결성
—.28 도쿄 극동협력회 결성
9.— 오사카의 고노하나(此花)상업학교 근우회(槿友會) 결성
9.— 전협식료본부 아지프로부가 『조선병합의 진상』을 발간
10.1 오사카의 대동소비조합 동부지부 설립
10.— 반제동맹 고토지구 서기 박용진(朴龍鎭), 『산별(産別)신문』을 자전거로 배포하던 중 특고경찰에 쫓겨 간다가와(神田川)로 추락하여 사망
—.2 오사카에서 『상호통신』을 고재선(高載善) 등이 창간
—.7 자유노동자협력회는 고토바시직업소개소를 중심으로 활동하던 중, 두 파의 대립으로 분열 '도쿄일반노동조합'을 결성하는 준비회가 열림
—.15 도쿄 응심회(應心會)를 박재묵(朴在默) 등이 결성
10.— 조선기독교독립협회 창립
10.— 효고현 고베합동소비조합이 결성되어 동신(東神)소비조합과 합병
11.1 효고현 고베합동소비조합이 서신(西神)소비조합(조선인 회원 200명)과 합병
—.3 오사카부 모리구치쵸(守口町) 조호쿠(城北)토지회사와 토지 문제로 고노이케구미(鴻池組)판잣집밀집지에 거주하는 조선인 사이에 분규사건 일어남
—.4 후쿠오카현 고쿠라시(小倉市) 시유지의 판잣집 거주 조선인 11세대의 퇴거 문제로 분규사건 발생
—.6 도쿄 신흥회(新興會)를 최승준(崔承俊) 등이 결성
11.— 교토조선노동긴결회(緊結會)를 정권수(鄭權秀) 등이 결성
11.— 가나가와현 마나즈루(眞鶴)-하코네(箱根) 간 현도(縣道) 신설공사장의 조선인토공 약 80명, 대우개선 등을 요구하며 파업 돌입, 경찰 개입으로 7명 체포
11.— 가고시마현(鹿兒島縣) 가고시마전기 제2발전소공사장의 조선인노동자 95명, 대우개선을 요구하며 파업
11.30 전협의 『노동신문』 한글판 창간
11.— 전협 토건 전국대회 대표자대회가 도쿄부 아사카와(淺川)에서 개최되던 중, 특고에 대표 13명 전원(조선인 10명, 일본인 3명)이 체로
월 불명 히가시오사카(東大阪)소비조합이 오사카에서 결성
12.6 재일조선인의 징병을 반대하는 전단 배포로, 반제 가나가와지구 구성대책위원회 책임자 어강계(魚康桂)와 함기철(咸琪澈)이 치안유지법 위반으로 체포
—.6 3·1극장, 쓰키지(築地)소극장에서 '조선연극의 밤'을 개최
—.9 9월 19일 체포된 이흥용(李興龍)은 전협 중앙위원으로 판명, 송검
—.13 3·1극장 임시총회에서 재일조선인민족연극을 중심으로 하는 전문극단으로 출발하기로 결정

1933~34년

재일동포
—.17 와카야마현에서 기와(紀和)소비조합 결성 12.— 재일조선인운동단체는 819로 5만 2,994명, 특고 감시요인명 371명, 요주의 775명, 치안유지법 위반 체포자 1,820명, 노동분쟁 394건 12.— 재일동포 수는 46만 6,217명이 됨
1934 1.1 도쿄에서 정평정우회(定平定友會) 결성 —.1 일본반제동맹에 『반제신문』 한글판 발간 　※ 일본반제동맹 구성원은 70%가 조선인으로, 재일조선인 인텔리 층이 민족주의운동의 무력함 때문에 조선독립운동을 강력하게 추진하려는 의도로 일본반제동맹에 가입하여 『반제신문』 한글판을 월 2회 발행 —.3 도쿄에서 여수군인계(麗水郡人稧)를 최안호(崔安鎬) 등이 결성 —.5 오사카에서 조선불교부인회를 김종래(金鐘來) 등이 결성 —.6 고베(神戶)의 서부소비조합의 유충신(劉忠信) '쌀요구회'를 결성하고 구청에 조선인 300명이 데모 —.7 오카야마현(岡山縣) 오카야마조선청년단이 결성되어 『신아세아신문』 발간 —.16 도쿄에서 건우회(健友會) 결성 —.21 도쿄 무정부주의계가 조선일반노동조합 결성 —.25 아이치현(愛知縣)에서 문화보급회가 『문화보급회보』를 창간 1.— 도쿄화공(靴工)친목회가 『화공친목회회보』를 창간 —.29 동아통항조합은 덴노지(天王寺)공회당에서 임시총회를 열고, 조합 경영이 곤란하여 조합 소유선 후시키마루(伏木丸)를 매각해서 부채 정리를 할 것을 결의 1.— 도쿄 다마가와(多摩川) 자갈 채취 단속 완화에 대한 진정에, 다마가와공존회가 무산자소비조합의 협력으로 운동 전개 2.1 도쿄에서 지치지마(父島)조선동포동정회 결성 —.4 효고현(兵庫縣)조선인회 대회를 아마가사키시(尼崎市)에서 개최하고, 재류조선인의 거주권 확립과 차별 철폐를 결의 　※ 1933년 12월 7일 효고현 아마가사키 시의회에서 시의원 사가와 기치타로(佐川吉太郞)가 "조선인이 거주하는 것 때문에 이 지방의 발전이 저해된다"는 실언에 항의하는 의미에서 열린 대회 2.— 오사카시 일소련(日消連)계 권수(權受)소비조합의 3회 총회에서 대동소비조합과 합동 촉진에 관한 결의 —.14 도쿄에서 상조회 결성 —.15 효고현에서 『봄동무』가 매월 1500부 발간 —.15 교토시 시모교구(下京區)에서 만각(晚覺)야학교가 창립되는데, 민족교육을 하고 있다는 이유로 탄압을 받아, 2년 후에 폐지 —.15 3·1극단 '재도쿄조선인위안의 밤'을 도쿄 시바우라(芝浦)회관에서 공연 —.17 효고현 거주 조선인의 거주권 확립과 차별철폐운동이 시작됨 2.20 도쿄에서 무코지마(向島)등록동지회 결성 —.22 3·1극장의 5월 공연계획을 울릉도 설재(雪災) 구원회가 후원하여 열림

1934년

재일동포
一.25 오사카에서 근애(槿愛)소비조합이 총회에서 대동소비조합과 합동을 결의
2.25 아이치현의 전협나고야(名古屋)지구협의회 관계로 조선인 40명이 체포
一.26 도쿄 무정부주의계가 발행한『토민(土民)』2호가 발행금지
一.28 울릉도설재구원회를 후원하기 위한 '조선의 밤'이 금석(今昔)구락부 주최로 공연
3.8 가나가와현(神奈川縣) 게이힌(京浜)지방 거주 조선인 각 소속단체는 '게이힌조선인단체협의회'를 결성
一.10 나가노현(長野縣) 산신(三信)철도공사장의 조선인 십장 50명은 도비지마구미(飛島組)를 상대로 대우개선을 요구하면서 분쟁, 34명이 해고되고 파업에 돌입
一.16 나고야조선유학생학우회가『회보』를 발간
一.20 가나가와현 소슈(相州)노동자향정회(向正會) 결성
一.25 오사카에서 조선불교포교소 설립
一.26 후쿠오카현(福岡縣) 고쿠라(小倉)구매저축조합을 이기정(李基正) 등이 설립
3.— 도쿄에서 시나가와(品川)전구(電球)동업회를 소칠봉(蘇七峰) 등이 결성
3.— 오사카조선불교 일선사(日鮮寺) 설립
一.29 전협토건 전국대회 준비위원장 함춘성(咸春星)이 전년 11월 21일 체포 후에 신분이 밝혀져 송검
一.30 전협토건본부 상임중앙위원 김기주(金基柱)가 전년 11월 13일에 체포되어 토건중앙위원 전회(全回) 순회 조직책으로 밝혀져 송검
4.5 오사카에서 불교연구회 오사카지부를 조공진(曹工珍) 등이 결성
一.10 전협 도쿄지부 책임자 이창정(李昌鼎)은 2월 19일 체포되어 신분이 밝혀져 송검
一.10 반제오사카지방위원회 기관지『반제신문』오사카판 한글판이 발행
一.17 효고현에서『동화동요 봄바무(春の友)』를 전기헌(全基憲)이 발간
一.22 도쿄여자의과전문학교 조선유학생회를 차이실(車仁實) 등이 결성
一.26 가나가와현 게이힌조선인단체협의회 결성
一.28 가나가와현 요코하마(橫浜)노동자동맹 결성
一.30 아이치현 중부지방 자유노조가『중부자유뉴스』창간
5.1 메이데이에 전국에서 조선인 노동자 참가자는 도쿄 외 7개 지방에서 3510명, 체포자는 107명
一.2 전년 12월 6일에 체포된 조희준(曹喜俊)은 당 중앙부 아지프로부원으로 밝혀져 송검
5.— 와세다(早稻田)대학 조선유학생우리동창회 제1와세다지부 결성
一.12 도쿄의 시바우라직업소개소등록자회를 결성
一.16 후쿠오카현 모지시(門司市)에 있는 호코쿠(豊國)중학교의 조선인학생 97명, 민족차별에 따른 구타사건과 관련, 조선인 축구선수의 출전저지사건이 발생하여, 항의대회를 열고 학교 당국에 요청서를 제출했지만, 파기되었기에 동맹휴교를 감행
一.16 재일조선인 친일단체 '오사카부내선융화사업연맹'이 '내선협화회, 상애회 오사카본부, 제주공제회 오사카지부'의 3개 단체로 구성됨
5.20 도쿄에서 순천군인계가 강덕수(姜德壽) 등에 의해 결성
5.— 교토시 시모교구 기치쇼인(吉祥院) 하천부지에 거주하는 조선인 24호 243명의 퇴거 문제로 분쟁

1934년

재일동포
—.25 메이지[明治]대학 조선유학생동창회 기관지 『회보』 제7호 발행금지가 됨
—.25~26 3·1극단 제7회 공연 "빈민가, 아편전쟁"을 도쿄 쓰키지[築地]소극장에서 상연함
—.28 오사카에서 재일조선인공영조합을 전영기(全榮基) 등이 창립
—.28 도쿄에서 『조선음악가협회 뉴스』 창간
—.28 12월 28일에 체포된 지동완(池東浣)은 반제전국 서기국 재정부장 및 도쿄지방 책임자로 밝혀져 송검
6.— 무정부주의계 조선인 전춘섭(全春燮)은 「토민(土民)」 시지(詩誌)를 발행
—.4 니가타[新潟縣] 니시쿠비키군[西頸城郡] 고타키무라[小滝村] 히메로쿠[姬六]발전소의 조선인 노동자 200명이 노동조건 개선을 요구하며 파업에 돌입, 34명 체포
—.17 오카야마현 조선유학생친목회 결성
—.23 효고현 조선인축구단 새빛단이 결성되어, 기관지 『새빛』 창간
—.28 아이치현 조선인중앙지구협의회 결성
—.30 도쿄학생예술좌의 발회식이 거행됨
6.— 니가타현 나카쿠비키군[中頸城郡] 야시로무라[矢代村] 경내 제2발전소 수로공사를 하던 조선인 30명이 임금 미지급으로 파업
7.— 3·1극단은 순수한 연극예술가집단으로서 '고려극단'으로 개편
—.14 오사카부 센보쿠군[泉北郡] 이케다무라[池田村]의 관개용 고묘이케[光明池] 제방공사장의 조선인 노동자 235명이 대우개선을 요구하며 파업
—.15 도쿄공화회 결성
—.16 효고현 고베조선인단체협의회 결성
※ 효고현에서 조선인 친일단체 '상애회'의 조직에 반대하여, 공산주의·민족주의자들을 포함한 연합단체가 백두체육회를 중심으로 결성
—.18 도쿄에서 다이세이[大成]중학 조선인유학생동창회가 결성되고, 기관지 『회지(會誌)』를 창간
—.20 호사카부 전협화학 오사카지구준비회 부인부장 현호옥(玄好玉)이 체포 송검
—.20 오사카에서 일본노농구원회 오사카지부가 히가시나리구[東成區] 히가시나리진료소의 개설 1주년 기념회에 참여한 1,400명 중 조선인이 1,200명
—.22 재도쿄신녕[新寧]향우회를 황계수(黃桂守) 등이 결성하고, 기관지 『향우(鄕友)』를 창간
—.22 효고현 일선(日鮮)노동공영회 결성
—.25 오사카에서 조선기독교 다루이[樽井]교회 설립
—.25 와카야마현[和歌山縣]에서 해동청년회를 주태용(朱台鎔), 지경석(池敬錫) 등이 결성
—.27 도쿄의 메지로[目白]직업소개소등록노동자근로공조회를 박복만(朴福萬) 등이 결성
—.27 동흥(東興)노동조합의 김춘(金春)이 시집 『무궤열차』를 발간
—.28 도쿄에서 근로친목회를 정차만(鄭且萬) 등이 결성
7.30 도쿄의 종교단체 관계자들이 남조선수해구제회를 결성
7.— 이시카와현[石川縣] 사이가와[犀川] 가미키쿠바시[上菊橋] 상류 제방 양측의 판잣집에 거주하는 조선인 17세대 82명의 퇴거 문제로 분쟁
—.31 도쿄의 오치아이[落合]방면 거주자들이 조선인친목회 결성

1934년

재일동포

- 8.1 도쿄에서 송경松京조선인유학생학위회 결성
- —.3 도쿄에서 조선인생활개선동맹 결성
- —.10 가나가와현에서 공진共進친목회를 김만성金萬成 등이 결성
- —.15 도쿄에서 조선인애우회愛友會를 장대돌張大乭 등이 결성
- —.19 도쿄셀룰로이드재제再製원료동업조합을 임창순林昌淳 등이 결성
- —.21 도쿄에서 인류애선회人類愛善會 반도半島지부를 박기숙朴基淑 등이 결성
- —.26 오사카에서『오사카조선신문』을 강명호姜明鎬가 창간
- 8.— 고베시 하야시다구[林田區] 니시다이도리[西代通り]에 거주하는 조선인 28호 146명의 퇴거 문제로 분쟁
- 8.— 교토시 시모교구 기치쇼인 제방 바깥쪽 400평 부지 내에서 조선인 24호 143명의 퇴거 문제로 분쟁
- 8.— 도쿄에서 관동대지진희생자추도회 준비 문제로 각 직장대회의 간담회가 열림
- 9.1 도쿄에서 조선야소교연합교회 조선기독청년회가 추도식을 거행
- —.2 도쿄에서 당진군인회를 김용이金龍伊 등이 결성
- —.2 국제무산청년데이에 오사카전협의 조선인이 전단을 배포
- —.4 도쿄에서 남조선수해구제영화와 음악무용의 밤을 혼조[本所]공회당에서 수해구제회 주최로 열려 이익금을 남조선에 보냄
- —.10 야마구치현[山口縣] 보쵸[防長] 내선차가인內鮮借家人동맹이 홍상국洪相局 등에 의해 결성
- —.15 도쿄 고공高工조선유학생학우회 결성
- —.15 홋카이도[北海道] 호쿠리쿠[北陸]광산제련소 공사장의 조선인 노동자 60명이 세력다툼을 벌여 18명이 체포
- —.16 도쿄에서 사우회舍友會가 김봉규金奉奎 등에 의해 결성
- 9.— 효고현 니시노미야시[西宮市] 히가시요도가와[東淀川] 소속 관지에 거주하는 조선인 47호 150명의 퇴거 문제로 분쟁
- —.25 도쿄에서 준텐[順天]중학 조선유학생동창회 결성
- —.27 시즈오카현[靜岡縣] 아타미쵸[熱海町] 기노미야[來之宮]역공사장의 조선인 노무자 62명은 대우개선을 요구하며 파업에 돌입
- —.28 시즈오카현에서 전협토건의 한덕수韓德銖 체포
- —.30 일제, 재일조선인을 단속하기 위해 '내지에서의 조선인 지도 향상 및 그 내지 융화를 도모하는 건'을 각의에서 결정, 이것으로 관제官製 '협화회協和會' 설립의 법적 근거로 삼음
- 10.1 효고현에서『일본소비신문』을 최희명崔喜鳴 등이 창간
- —.2 재도쿄 각 대학 조선유학생동창회 및 조선유학생무도회武道會 외 2개 단체로 '남조선 및 간사이[關西]수해구제회'를 결성
- —.2 도쿄에서 2·8회를 박종수朴鐘秀 등이 결성
- —.5 효고현의 고베조선인자동차종업원구락부 결성
- 10.— 도쿄의 조선인 각계 유지가 '간사이풍수해구제회'를 결성하고 전단 1만 장을 배포
- —.15 효고현에서『협동조합연구』를 최선명崔善鳴이 창간(매월 2,000부 예정)

1934년

재일동포
—.20 아이치현에서 중앙소비조합 창립
—.20 도쿄에서 서호西湖친목회 결성
—.21 도쿄공친회共親會를 김영대金永大 등이 결성
10.— 도쿄 일맥회一麥會 기관지『일맥회보』창간
—.23 시즈오카에서 체포된 한덕수, 노재호盧在浩, 박봉림朴鳳林 3명은 아타미초 기노미야 역 공사장의 노동쟁의를 지도한 전협토건의 임원으로 조직 확대 활동 때문에, 히가시이즈[東伊豆]노동조합의 책임서기 및 상임위원이라는 것이 밝혀져 송검
—.25 가나가와현 요코하마 쓰루미구[鶴見區]의 쓰루미유리회사공사장에서 게이힌조선인단체협의회 위원장 정선호鄭善浩가 현장감독에게 폭행을 당해 파업에 돌입
—.30 일제, '조선인이주대책의 건'을 각의 결정하고, 조선인의 일본 본토 도항 금지와 재일조선인의 동화정책 강화를 지시
11.1 오사카에서 조선기독교 이마후쿠[今福]교회 설립
—.2 도쿄에서 정평대문교우회定平大文交友會를 이영영李榮永 등이 결성
—.7 동아통항조합은 간사이지방 풍수해를 계기로 조합원에 대해 일상생활 필수품의 실비 판매를 시작
11.— 박광해朴廣海 등, 일본인 동지와 좌익 진영의 재건, 노동전선 통일을 준비하기 위해 나고야일반산업합동노동조합 결성 준비회, 무산자단체 대표자회의를 조직
—.11 도쿄의 리쓰메이칸[立命館]대학 조선유학생학우회 결성
—.12 효고현의 한신[阪神]소비조합에서는 조선인 풍수해 이재민을 수용하기 위해 아마가사키시[尼崎市] 외에 판잣집 20호를 건설하여 제공함
—.15 후쿠오카현 기독교 고쿠라공려회共勵會 설립
—.18 아이치현에서『중부조선시보』를 박석헌朴石憲이 창간
—.23 조선동흥노동동맹이 '조선노동자합동조합'으로 개칭
—.26 효고현에서『기독교세계』(야소교)가 창간
—.30 재도쿄 아아我我구락부를 임남산林南山 등이 결성
11.— 도쿄 무정부주의계 조선인 한국동韓國東은 일본무정부공산당에 입당하여, 간사이지방위원회의 책임자가 됨
12.2 오사카에서 조선나자렌협회를 장성옥張聖玉 등이 설립
—.8 도쿄에서 전협의 박은철朴恩哲 송검
—.10 오사카의 조선기독교 기시와타[岸和田]교회 설립
—.13 도쿄상조회가 김일도金一道 등에 의해 창간
—.15『도쿄조선민보』를 김호영金浩永 등이 창간
—.20 도쿄 조선인생활개선회를 임창호任昌鎬 등이 결성
—.23 도쿄 나카노[中野]친목회를 엄명각嚴明覺 등이 결성(1935.2.1『회보』창간)
12.— 재일본조선기독교회가 조선야소교장로파 및 기독교조선감리파의 제휴로 조직되어 고베에 본부를 둠
12.— 재일조선인운동단체는 314, 인원 수 2만 4,076명, 내무성 특고경찰 요시찰인 513명, 요주의인 1,140명, 치안유지법 위반으로 체포된 사람 884명, 노동분쟁은 382건
12.— 재일동포 수는 53만 7,576명이 됨

1935년

재일동포
1935 1.1 도쿄의 고려극단 『뉴스』 발간 —.2 히로시마[廣島]조선청년회를 김인배金仁培 등이 결성 —.3 고려극단, 요코하마[橫浜]에서 아사히[朝日]신문 요코하마지국 주최로 공연 —.3 도쿄에서 소영공조회昭映共助會 결성 —.10 도쿄에서 동심계同心稧 결성 —.13 고려극단, 좌익 편중주의가 청산되지 못하고, 경제적 기반이 약했기 때문에 해산 1.— 아이치현[愛知縣] 미쓰이[三井]물산 나고야[名古屋]지점 니시쓰키지[西築地]석탄취급소의 조선인 노동자 56명, 감독자의 폭력에 반대하여 파업 —.15 아이치현에서 신흥협조회를 이춘구李春九, 권영록權寧錄 등이 결성 —.19 효고현[兵庫縣] 고베[神戸] 산노미야역[三宮驛] 고가 아래 판잣집 조선인 86세대 400명의 퇴거 문제로 분쟁 —.27 도쿄의 '동아신흥연맹' 임원 내부에서 분열 —.31 도쿄의 아라카와[荒川], 미카와시마[三河島]조선유치원을 박경순朴敬淳 등이 설립 2.6 도쿄에서 김천군군인회를 박공용朴工用 등이 결성 —.6 오사카에서 조선기독교 에비에[海老江]교회 설립 —.7 오사카에서 사카이가와[境川]홀리네스교회를 고성흠高星欽 등이 설립 —.15 『금속노동자』한글판이 전평 오사카금속노조의 기관지로서 창간 2.— 나고야합동노동조합을 박기태朴基泰, 박광해朴廣海 등이 결성—6개 지부와 85개 분회가 조직됨 —.15 교토조선인친목회를 박기제朴旣濟 등이 결성 —.15 아이치현에서 신우新友청년단을 최복원崔福遠 등이 결성 —.15 영신永信소비조합 결성 —.17 도쿄에서 게이힌[京浜]일선日鮮상조회 결성 —.21 아이치현에서 나고야합동노동조합이 나고야노동자협의회와 나고야차가인借家人동맹의 해산으로 결성 —.23 동아통항조합, 이사회에서 사업부진으로 해산할 것을 결정, 건물은 아마가사키[尼崎]소비조합에 임대함 —.24 동아실비배급소가 해산선언을 발표 —.25 도쿄조선신연극연구회가 과거의 조선민족 연극의 재검토와 신연극 예술의 창조를 기대하며 결성 2.— 기후현[岐阜縣] 다카야마[高山]연선沿線의 수력발전소 도로공사에 약 3,000명의 조선인 노동자가 박광해 등의 지도로 '정화회正和會'를 조직, 30여 개소에 '야학'을 개교 2.— '동아신흥연맹'이 분열하여 재경在京조선신흥동맹 외 17개 단체가 아오야마[靑山]회관에서 회의를 개최 2.— 아이치현 사쿠라[櫻]토지구획정리조합의 공사장에 있는 조선인 노동자 71명이 임금 미지급으로 파업 3.1 아이치현 후지이[藤井]점토채굴소의 조선인 노동자 31명이 임금 미지급으로 7일간 파업

1935년

재일동포

- 1.1 도쿄자동차노동조합 서북지부 결성
- 1.1 고균회古筠會 기관지『고균』 발행(1,000부)
- 1.2 조선동흥『노동 뉴스』한글판 발간
- 1.2 히로시마현에서 구레[吳]조일朝日노동공조회를 김영옥金永屋 등이 결성
- 1.3~4 조선예술좌가 극단 창립 공연을 이틀 동안 620명이 입장한 가운데 상연
- 1.6 주오[中央]대학 조선유학생동창회 기관지『회지會誌』 2호가 600부 발간되었다가 발행금지 처분됨
- 1.10 오사카부 사카이시[堺市]에서 전평센슈[泉州]일반노동자조합 정기총회가 열림
- 1.17 도쿄 우애회友愛會를 정필수鄭弼守 등이 결성
- 1.17 도쿄에서 상호경제회를 황경도黃敬道 등이 결성
- 1.18 오사카에서 조선기독교 이즈오[泉尾]교회 설립
- 1.20 교토조선인친목회 가미교[上京]지부 결성
- 1.23 조선예술좌 제3회 공연이「빈민가」「입음立飮」「보통학교선생」을 상연
- 1.25 오사카에서 선종양종대각[禪宗兩宗大覺]불교소 설립
- 3.— 오사카 나니와[浪華]상업학교 조선유학생친목회 결성
- 1.28 '재일간토[關東]조선인친목단체 간담회'가 22개 단체 6,000명의 대동단결로 개최
- 1.30 도쿄에서 덕수리德修里청년 명신新협회를 김창일金昌日 등이 결성
- 1.31 우베[宇部]의 조선인일용품공동구입알선부 조직
- 3.— 히로시마일선노동조합의 기관지『노동군勞動軍』 발행
- 3.— 효고현 아마가사키시 히가시무코지마히가시노초[東向島東之町]에 풍수해로 피해 입은 조선인 400명이 판잣집을 세우고 입거하여, 동아동주회 東亞同住會 결성
- 4.1 도쿄에서 경이회傾耳會를 강석천姜錫天 등이 결성
- 4.1 오사카에서 천도교육년회 오사카지부 조직
- 4.3 아이치현 명우名友구락부를 박인하朴寅河 등이 결성
- 4.18 도쿄에서 김제군인회를 박수형朴壽衡 등이 결성
- 4.22 도쿄물리학교 조선유학생동창회 결성
- 4.26 조선예술좌의 제4회 공연이 시부야[澁谷]공회당에서 600명이 입장한 가운데 공연
- 4.27~28 도쿄신연극연구회가 메구로[目黑]회관에 500명이 입장한 가운데 공연
- 4.30 오사카의 신윤진愼允珍이 아사히[旭]영화배급소를 모리타 류지[森田留次]와 공동 경영하고, 조선영화제작소를 설립했다가 자금난으로 해산
- 4.— 도야마현[富山縣] 노동친화회, 총회를 저지하기 위해 방해한 우익 조선인단체 순화회淳和會와 분쟁
- 4.— '동아연맹' 결성
- 4.30 도쿄의 자강회自彊會 창립 10주년 기념『회지』 700부 발간
- 5.1 메이데이 조선인 노동자 참가자가 도쿄에서 650명, 오사카 1,701명, 아이치 91명, 도요하시[豊橋] 120명, 시즈오카[靜岡] 46명이고, 체포자는 15명
- 5.2 효고현 신진회新進會를 이기연李麒淵 등이 결성
- 5.2 효고현에서 스포츠월성단月星團 결성

1935년

재일동포
—.3 도쿄에서 조선예술좌라는 조선어극단을 김보현金寶鉉 등 11명으로 여러 차례 준비 공연을 거쳐 결성
—.5 도쿄에서 청진淸津학우회 결성
—.5 도쿄에서 홍원洪原학생친목회 결성
—.6 도쿄 무정부주의계 조선인단체 기관지『흑색신문』이 자금난으로 폐간
—.6 오사카전평센슈일반노동자조합『일반노동자』한글판으로 발간
—.15 아이치현 나고야체육단 결성
—.17 효고현 계림체육회 결성
—.25 이시카와현[石川縣] 이시카와친목회 이상우李相雨 등이 결성
—.25 야마구치현[山口縣] 시모노세키시[下關市]에서 각 단체가 '동화회東和會' 결성을 위해, '시모노세키노동공제회, 영친회, 김해김씨화수회, 합주애회, 시모노세키협화회, 조선인공영회, 거문노동친목수양회, 일심동맹회, 대평조선인구호단' 등이 통합하여, 준비회를 엶
—.26 나고야에서 전 반도청년단 등이 중심이 되어 나고야합동노조 니시후루와타리[西古渡]분회 결성
5.— 시즈오카현 후지[富士]섬유공업(주) 후지공장의 조선인 노동자 60명, 임금 산정, 지급방법 변경을 요구하며 파업
5.— 오사카총동맹금속노동자조합 히가시나리[東成]지부를 비카쓰[美活]비누공장의 조선인 노동자들이 결성
—.30 도쿄, 와세다[早稻田]우리동창회 제2 와세다고지부 결성
6.2 도쿄에서 계림학우회를 김진복金鎭福 등이 결성
—.4 도쿄, 학생예술좌의 조선학생그룹, 예술연구와 조선방문 공연 및 일본에서의 주선 예술 소개를 목적으로 결성
—.4 도쿄에서 의령군인회를 오일백吳一伯 등이 결성
—.4 이시카와현 가나자와시[金澤市] 토사채취업조합 결성
—.10 조선예술좌 기관지 뉴스『우리무대』창간호 발간
—.10 나고야가제트 발행금지
—.11 오사카 근애權愛소비조합이 내부 사정으로 해산
—.14 전평센슈일반노조 뉴스『센슈일반노동자』5호 발간
—.15 오사카에서『민중시보』를 이신형李信衡, 김문준金文準 등이 월 2회 2,500부 발간
6.16 전평오사카화학 히가시나리분회가 한글로『동성東成 뉴스』6월호 발행
—.17 도쿄음악학교 조선유학생학위회 결성
—.25 나고야합동노조가 한글『합노合勞 뉴스』발간
—.28 전평이즈미가와[泉川]일반노조 미노하라[耳原]지부는 조선인친일단체 '소신회昭新會'의 조직파괴활동으로부터 지켜내고 조합 확대를 목적으로 한 연설회를 개최
6.— 시마네현[島根縣] 도야마무라[富山村] 저수지 제방 쌓는 공사장의 조선인 노동자 13명의 해고에 반대하여 파업
6.— 오사카에서 잡지『계림』창간

1935년

재일동포

—.29 게이오[慶應]대학 조선유학생동창회 결성
7.1 아이치현에서 삼성구락부를 이유갑李有甲 등이 결성
—.1 홋카이도[北海道]의 김홍인金洪仁은 『홋카이도 해륙물海陸物 및 우량제품시보』를 창간
—.5 니혼[日本]대학 법과의 박일권朴一權·김춘섭金春燮, 볼셰비키계 권일수權日壽의 지도로 한글 시집 『방랑放浪』을 500부 발간
—.6 오사카에서 도평리청년회를 김재헌金在憲 등이 결성
—.7 효고현에서 고베혁룡친회沺龍親會를 정규찬丁圭燦 등이 결성
—.13 아이치현의 나고야에서 구와나[桑名]배재培材구락부를 해소한 조선인노동자가 합노合勞구와나지부를 결성
—.15 도쿄의 동선상친계東鮮相親禊를 김용덕金用德 등이 결성
7.— 가나가와현 아사노[淺野]조선제철부 용광로 광석운반 작업장의 조선인 노동자 70명, 임금인상을 요구하며 파업
—.18 오사카에서 재일조선불교연합회 결성
—.24 야마구치현에서 융화단체로서 '동화회東和會' 결성
—.30 『조선노동자조합 뉴스』를 정백용鄭百湧 등이 창간
—.31 도쿄에서 조선동포공원회共援會를 김용현金用顯 등이 결성
—.31 도쿄조선예술좌는 임원회에서 일본신극구락부에 가입하기로 결정
8.— 도쿄에서 『순회복음학교통신』을 방수원方洙源이 창간
—.10 도쿄철도학교 조선유학생학우친목회 결성
—.10 재도쿄조선인상공협회를 주태도朱泰道 등이 결성
8.— 무정부주의계 흑우黑友연맹 외 5개 단체는 경성중앙고등보통학교학생사건에 관해 성명의 격문을 배포하여, 발행금지 처분
—.17 도쿄에서 『고향집』을 김병필金炳弼이 500부 간행
—.24 도쿄에서 고려축구구락부를 이선희李善喜 등이 결성
—.25 도쿄에서 매죽梅竹구락부를 정철鄭哲 등이 결성
—.29 나고야합동노종조합이 지부 결성을 위해 『나고야합노 구와나지부 준비 뉴스』를 발행하고 활동을 전개
—.27 도쿄에서 삼천리구락부를 이재한李在翰 등이 결성
—.29 기후현 요시키군[吉城郡] 사카카미무라[坂上村] 전협 토목현장의 전학수全涍洙 등은 임금인하 반대 요구 투쟁과 병용하여 남녀 13명에게 매일 1시간의 학습회를 실시
9.1 도쿄에서 조선야소교연합회와 조선기독교청년회의 공동주최로 관동대지진 조선인 희생자 추도회를 거행
—.3 도쿄에서 삼우三友구락부를 박경술朴庚述 등이 결성
—.3 도쿄조선노동자 『합동조합 뉴스』 제3호가 발행금지 처분
—.10 도쿄에서 백양회白羊會를 김동식金東植 등이 결성
—.12 도쿄청송靑松화친회를 김이준金二俊 등이 결성
—.15 조선인단체, 나고야합동노동조합 구와나지부(미에현[三重縣])의 결성대회, 전평의 메시지 낭독에 경관이 중지 명령을 내려 중단됨

1935년

재일동포
—.25 전평 및 나고야합동노동조합의 전단활동으로 김삼홍金三洪 외 2명 체포
10.1 나고야시 소노[曾根]노동소개소에서 약 200명의 조선인 노동자가 동향 사람의 실업 문제로 민족차별적인 폭언을 한 소장을 배격하고 '시 당국 배격 나고야 조선인대회'를 개최
—.5 도쿄에서 공친회共親會를 조양화趙良化 등이 결성
—.9 나고야합동조합의 조선인은 중부일본선륜회善倫會의 융화단체 등의 민족차별 규탄 운동을 감시함
—.10 나고야시의 조선인노조단체가 「조선인 차별반대 투쟁」 격문을 각처에 배포
—.11 니혼대학 조선유학생동창회 임시총회에서 학내 조선어 사용 금제에 대해 반대운동을 전개할 것을 결의
—.15 나라현[奈良縣], 고흥공제회를 서영동徐永東 등이 결성
—.20 도쿄상무회商務會를 김연과金硯鍋 등이 결성
—.20 효고현 한신[阪神]창원향우회를 권경대權京大 등이 결성
—.20 도쿄 각 대학 조선유학생동창회 대항축구대회가 메이지[明治]대학 조선유학생동창회 주최로 메이지대학 운동장에서 개최
—.30 조선인친일단체, '오사카 내선협화회'가 '오사카부 협화회'로 개칭
11.3 교토조선인단체연합회가 동아정진회, 대우회大友會, 계애啓愛상호협회, 심초深草공영회, 동인회同仁會, 성친회成親會, 친화회, 강원동지회, 백천정친회白川正親會, 불교경신회, 대동친화회 등 11개 단체 730명이 참가하여 결성
—.4 도쿄 무정부주의계 자유청년연맹 해산
—.5 재도쿄 의성군인회 기관지 『의우지義友誌』 850부 창간, 발행금지 처분
—.11 도쿄의 도코[東工]학원學園 조선유학생동창회 결성
—.14 기후현 합노 기후지구, 정화회正和會, 가모[加茂]지부 결성
—.19 도쿄에서 『창작』을 한덕선韓德宣이 발간
—.22 도쿄에서 경성중앙고보동창회 결성
—.25~26 조선예술좌 공연에 700명이 입장
—.27 아이치현에서 주부[中部]우유 종업원조합을 이안성李安成 등이 결성
12.1 도쿄에서 『아라카와荒川 친목 뉴스』를 김병주金炳柱 등이 창간
—.5 오사카전노 방직노동조합 가시와바라[柏原]지부 결성
—.10 교토에서 『개성인삼 타임즈』를 1800부 발간하여 임세룡林世龍 등이 조선민중당 발기
—.14 도쿄에서 오지[王子]공영회를 김경진金景鎭 등이 결성
—.15 재일조선기독교 도쿄중앙교회 설립
12.20 도쿄 각 대학 조선유학생동창회연합 송년회 개최
12.— 아이치현 후지이[藤井]점토채굴소의 조선인 노동자 78명이 임금 인상을 요구하며 파업
12.— 시즈오카현 마고메가와[馬込川] 현 직영 개수공사장의 조선인 노동자 76명이 임금 인상 파업
—.23 도쿄에서 야우회夜雨會를 김기청金基靑 등이 결성

1935~36년

재일동포
—.31 『조선신문』(한글판) 창간 준비호를 김천해金天海, 이운수李雲洙 등이 발간(월 2회 발행 1회 3,000부)   12.— 재일조선인운동단체는 338, 인원 수 2만 2,069명, 경보국 특교 요시찰인 513명, 요주의인물 938명, 치안유지법으로 체포송검자 232명, 노동분쟁 356건   12.— 재일동포 수는 62만 5,678명이 됨

1936

1.5 조선예술좌와 도쿄신연극연구회와 학생예술좌가 합병하여 3·1극단의 이념을 계승한 조선예술좌가 다시 김두용金斗鎔을 위원장으로 하여 결성
—.10 『조선신문』이 발행되었다가 발행금지 처분
—.13 오사카시 히가시나리구[東成區]의 이성병李聖秉이 경영하는 사이토[齊藤]제작소에서 김여수金麗洙 등 11명이 임금 인하에 반대하여 파업
—.14 나라현[奈良縣] 대화친인회大和親仁會를 김종욱金鐘郁 등이 구성
—.15 오사카에서 노구勞救의 현상호玄尙浩, 전협의 정문화鄭文華, 전협화학의 이영복李永福 등이 치안유지법 위반으로 체포
—.16 도쿄의 고토구[江東區] 조선인 노동자가 협도오히를 결성하고, 노조를 별도로 조직하여 전평에 가입
1.— 아이치현[愛知縣] 이토[伊藤]동족同族회사의 조선인 노동자 33명, 임금 인상을 요구하며 파업
—.23 와카야마현[和歌山縣] 기세이추선[紀勢中線] 철도공사에서 일하던 조선인 노동자 300명이 대우개선을 요구하며 파업
—.25 도쿄 각 대학 조선유학생동창회가 연합하여 주최하여 금년도 졸업 예정 졸업생 송별회를 개최
—.26 오사카조선인중등학교 유학생친목회가 고노하나[此花]상업학생 김영춘金永春 등에 의해 결성
1.— 효고현[兵庫縣]에서 오야부[大藪]크롬광금공업소의 조선인 노동자 53명이 해산 철회를 요구하며 파업
—.30 가나가와현[神奈川縣]의 다마가와[多摩川]소비조합이 조선인야학교를 경영할 자금을 획득하기 위해 조선예술좌의 공연을 다카쓰마치[高津町]에서 개최
1.— 효고현[兵庫縣]에서 이민선李民善 등이 '저축계'를 결성하고, 조선동포를 대상으로 좌익 문헌과 잡지 등의 학습회를 엶
2.— 『조선신문』(한글) 창간호가 4,000부 발간
—.2 도쿄의 도요[東洋]상업학교 조선유학생동창회를 김정순金丁淳 등이 결성
—.8 도쿄의 와세다[早稻田]공수학교 조선유학생동창회 결성
2.10 도쿄조선인민족계 단체 공화회 기관지 『회보』 제11호가 발행금지 처분
—.10 도쿄조선기독교청년회 주최로 도쿄 각 대학, 전문학교 졸업 예정 학생의 송별회가 120명의 참가로 개최됨
—.25 효고현 가바하나[樺華]청년회를 이경철李敬哲 등이 결성

1936년

재일동포

2.— 센슈(泉州)일반노동조합이 조선독립운동의 전위대가 되는 '애국청년대'를 이용 선(李容先) 등으로 결성
—.25 도야마(富山)내선노동친애회의 김태식(金泰植) 등이 조선신문 도야마지국을 설립
—.26 도쿄에서 군대의 반란(2.26)이 일어나 재류조선인은 관동대지진 당시의 학살을 연상하여 불안한 상태가 됨
2.— 오사카의 일공 간사이(關西)지방위의 조선인 간부 정문봉(鄭文奉) 외 25명이 치안유지법 위반 용의로 체포됨
3.1 와카야마현에서 상조회를 김계현(金啓賢), 김녹문(金錄文) 등이 결성
—.1 도야마내선합동친애회는 조선인 노동자 교육을 위해 매주 강연회를 개최
—.1 오사카에서 『민중시보』가 발행되었다가 발행금지 처분
—.1 효고현의 가바하나청년회가 조선어 교육을 위한 야간학교를 개고, 특고경찰이 민족교육을 하고 있다는 이유로 탄압하여 폐지 당함
3.— 후쿠오카현(福岡縣)의 도요시멘트공업의 고쿠라(小倉)공장에 취업한 조선인 노동자 21명이 대우개선을 요구하며 파업
—.14 도야마(富山)내선노동친애회의 김태식 등, 야간학교를 이용하여 민족적·계급적 학습의 장으로서 민족독립의 자각을 촉구하는 활동과 노동운동을 병용하여 활동을 전개
—.15 도쿄에 있는 전국조선인단체협의회가 『단체협의회 뉴스』를 발간하다가 경찰에 탄압당하여 발행금지 처분
—.15 효고현 아마가사키시(尼崎市) 벳쇼쵸(別所町) 마쿠시타(幕下) 317의 판잣집 가옥 29세대 150명의 퇴거문제로 분쟁, 타협으로 해결
—.15 도쿄의 『아라카와(荒川)친목회 뉴스』 제4호가 발간되어 발행금지 처분
3.— 아이치현 가도타(角田)제합(製函)합명회사의 조선인 노동자 40명, 임금인상을 요구하며 파업
—.16 도쿄 고토구의 조선인조직공동회는 일본공산당의 프렉션활동으로서 반파쇼투쟁으로 좌익 단체에도 공동전선을 호소하며 운동을 전개
—.20 도쿄에서 『야우월보(夜雨月報)』를 창간
—.21 조선기독교 도쿄시나가와(品川)교회 설립
—.25 조선인단체 흑우(黑友)연맹 해산
4.1 교토에서 세이요(西洋)중학 조선유학생회 결성
—.2 시즈오카(靜岡)에서 산신(三信)친목회 결설
—.5 나고야(名古屋)합동노조 『나고야노동자』 제9호 발간
—.5 도쿄에서 난카쓰(南葛)목초조합 동(東)을 김학규(金學圭) 등이 결성
4.— 조선동흥(東興)노동동맹 해산
—.10 효고현에서 조선예술연구회를 김한영(金漢永) 등이 결성
—.15 천도교 도쿄학생회 및 천도교 관계자 김덕산(金德山) 등 8명이 아스카야마(飛鳥山)공원에서 벚꽃놀이 중 조선독립 등을 외치다가 체포당함
4.16 노구 오사카지부에서 미시마군(三島郡) 센리야마(千里山)유원지에서 70명의 조선인이 참가하여 피크닉—(4·16사건)

1936년

재일동포

—.19 효고현 고베조선인자치부인회 결성
4.— 교토부 당국에서 조선어교육 금지, 교토 만각晚覺야간학교 폐지 지령
4.— 아이치현에서 합자회사 나고야상회의 조선인 노동자 81명은 대우개선을 요구하며 파업
5.1 일본정부 당국으로부터 메이데이를 전면 금지 당하자, 조선인 노동자는 좌담회, 꽃구경, 피크닉 등으로 단결을 기도
—.1 아이치현에서 성제회誠濟會 아라이[新居]지부 결성
—.1 도쿄 조선단체 대동협회 중앙본부는 아라카와구[荒川區] 내의 조선인단체의 간담회를 기도하고「아라카와구 조선인사회사업동지구락비 창립 취의서趣意書」를 작성하여 관계 단체에 배포
—.2 교토에서 향상관向上館을 고광모高光模 등이 결성
—.3 기후현[岐阜縣]에서 정화회正和會 다카야마[高山]분회 결성
—.3 효고현 무코군[武庫郡] 미카게쵸[御影町]의 다나카[田中]자수공장의 조선인 종업원이 중심이 되어 '조선예술연구회'를 결성, '재류동포 위안의 밤'을 아하라[阿原]회관에서 개최
—.6~7 재일본조선기독교 제2회 대회가 효고교회에서 열림
—.9 히로시마현[廣島縣] 히로시마조선유학생회를 이완용李完龍 등이 결성
5.10 도쿄, 제상帝商조선유학생 여우회麗友會 결성
—.14 사립학교 '나고야보통학교' 경영자 겸 교장 박승택朴承宅 체포로 폐교 위기에서, 재출발하여 전체 아동 110명 중 80명이 취학
—.15 교토에서 태양청년회 결성
5.— 오카야마현[岡山縣] 도지마[外島]보양원 구 공사장의 조선노동자 37명의 임금산정, 지급방법 변경에 반대하여 파업
—.15 기후현 합노 기후지구 오노군[大野郡]의 뉴카와반[丹生班]을 조선인 156명이 결성
—.17 도쿄조선예술좌가『조선예술 뉴스』제1호를 발행
—.17 재일도쿄조선기독교여자청년회 결성
—.17 조선기독교부인회를 오사카에서 최경학崔敬學 등이 결성
5.— 교토에서 반도예술연구회를 결성
—.28 일제, 재일조선인에 대해 탄압을 강화하기 위해 '사상범보호관찰법' 공포
6.1 도쿄 고토구 전평 내 프라크협동회의 이창정李昌鼎 등이 공산주의 전술연구회를 엶
6.— 효고현 고무미싱공조합(구 전협계) 결성
—.1 미에현[三重縣]에서 가메야마[龜山]친목회를 최성조崔成祚, 이윤삼李潤三 등으로 결성
—.1 도쿄에서 와회천막迂回天幕복음학교 설립
—.2 도쿄부 초후마치[調布町] 다마가와 제방 바깥쪽에서 자갈을 손으로 채굴하던 조선인 노동자 400여 명은 도쿄자갈회사의 기계 채굴에 반대하여 분쟁
—.6 조선불교 도쿄유학생회 결성
—.6 기후현 오노군[大野郡] 니우카와무라[丹生川村] 재해복구 공사장의 조선인 25명이 임금 인상을 요구하며 파업

1936년

재일동포
6.— 오사카부 당국, 재일조선인에 대해 조선시장 폐지, 수육獸肉 판매, 폐품 줍기, 요리 음식점 단속 방침을 단속
—.8 오사카시의 이신형李信珩이 주재한 『민중신문』 제22호가 발간되었다가 발행금지 처분
—.9 와세다대학 우리동창회 전법專法지부 결성
—.11 후쿠오카현 기쿠군[企救郡] 히가시타니무라[東谷村], 도요시멘트 고쿠라공장의 조선인 채석인부 73명, 동료가 작업 중 사고사하자, 감독에 대한 불만과 회사의 설비 개선, 대우개선 등을 요구하며 파업
—.11 군마현[群馬縣] 기류[桐生]명랑회 청년부를 안영술安永述 등이 결성
—.12 재도쿄 경성제1고등보통학교 동창회 결성
—.12 조선예술좌는 임시총회를 열어 임원 개선, 김두용 중심으로 『조선예술 뉴스』 제3호(한글판, 일어판 각 500부)를 발행하여 활동 전개
—.15 『조선신문』 제7호 발간
—.15 도쿄에서 도부[東武]자갈공동판매회사 및 자갈운반청부업자의 고용자, 인부의 생활향상과 상호 친목을 도모할 목적으로 사회주의자 이원범李元範을 중심으로 다수의 조선인이 '내선협화회'를 조직
—.15 일제, 재일조선인에 탄압을 강화하기 위해, '불온문서임시단속법' 공포
—.20 도쿄에서 삼삼三三구락부를 최성개崔性介 등이 결성
6.— 오사카부 와키다[脇田] 코크스연탄제조소 조선인 노동자 28명이 해고에 반대하여 파업
—.25 도쿄에서 조선유학생연구회를 각 대학 유지가 조직
6.— 가나가와현 게이힌[京浜]조선인단체협의회와 공친친목회가 공동 경영으로 '요코하마[橫浜]노동야간학교'가 개교하여 신입생 조선인 아동 27명에 민족교육을 시작함
—.28 도쿄의 도시마[豊島]친목회가 공산주의자 장기준張基俊, 최영희崔永禧 등이 중심이 되어 120명으로 결성
7.5 나고야의 조선인합동노조 확대집행위원회가 개회와 동시에 경찰에 해산당하고 중심분자 전원이 체포됨
—.10 도쿄에서 조선예술좌의 김두용, 조선신문의 송이돌宋二乭 등이 치안유지법 위반 용의로 체포
—.13 효고현에서 우애회 결성
—.15 교토에서 조선인 민가가 소실되었는데, 화재보험에 가입한 일본동산動産화재보험회사가 보험금 지급을 거부했기 때문에, 교토조선인단체협의회가 민족차별에 따른 보험금 지급 거부 규탄 투쟁을 전개
—.15 도쿄친목회를 김만철金萬徹 등이 결성
—.16 도쿄의 아라카와친목회가 정기총회에서 조선어 사용 금지와 불온선전문 삭제를 경찰에게 명령 당함
—.16 도쿄 불요품매출인클럽을 이준형李俊衡 등이 결성
—.16 나라현에서 일선日鮮야학회를 신참문申參文이 설립

1936년

재일동포
—.18 교토의 조선기독교 후시미(伏見)교회 설립
7.23 도쿄의 '아라카와친목회 정기총회' 의안문서 발행금지
7.— 교토의 기요미즈[清水]쇄염晒染공장의 조선인 노동자 42명이 임금 인하에 반대하여 파업
—.27 교토조선인단체협의회를 정성동鄭聖東 등이 결성
—.29 나가노현[長野縣] 성기백成耆伯이 『동아문학단편집』을 발간
7.— 교토에서 '화월花月극단' 결성
7.— 나고야시 쇼나이가와[庄內川] 개수공사에서 조선인과 일본인 노동자 약 900명이 임금인상을 요구하며 파업
—.31 도쿄에서 조선신문 관계자 이운수李雲洙, 김학의金鶴儀(김천해金天海), 송성철宋性徹, 강상대姜相大, 이복만李福萬, 이광찬李光瓚, 박태을朴台乙, 권오경權五敬, 김계담金桂淡, 박서국朴瑞國, 이희호李熙鎬, 이창린李昌麟, 전윤필全允弼 등이 치안유지법 위반 용의로 체포되고, 『조선신문』 7호로 폐간에 내몰림
8.1 오사카에서 『민중시보』 제25호가 발행되었다가 발행금지 처분
—.1 도쿄의 『조선정보통신』 제156호가 발행금지 처분
—.2 효고현 자수업刺繡業복락福樂종업원연맹 결성
—.7 와카야마현 조선인단체, 해동청년회, 상조회에서 개설 중이던 야간학교는 민족의식이 농후하다는 이유로 현 당국으로부터 강제 휴교 당함
—.11 도쿄에서 올림픽 마라톤에서 우승한 손기정孫基禎의 축하회를 야우회夜雨會 및 재일도쿄기독교회의 140명이 공동으로 개최
—.11 도쿄에서 내선상우회內鮮相友會 결성
—.15 나라현에서 대화일신상호회大和日新相互會를 이문학李文學 등이 결성
—.16 미에현 일본노동조합 전국평의회 중부금속노동자조합 구와나[桑名]지부 결성
8.— 오사카부 가다[加田] 고무공장의 조선인 노동자 22명이 임금인하에 반대하여 파업
—.20 오사카 니시나리구[西成區]의 고인택高仁宅이 『석간 대도大都신문』을 순간旬刊으로 5,000부 창간
—.21 도쿄지방자유노동조합 세타가야[世田谷]지부 결성
—.23 효고현 고베조선인학위회 결성
—.23 효고현에서 조선일보 고베지국과 우리협친회가 '조선수해구제회'를 결성
—.25 도쿄지방자유노동조합 조난[城南]청소종업원회 가마타[蒲田]지부 결성
—.27 도쿄지방자유노동조합 오모리[大森]지부 결성
—.28 도쿄 『불용품매출인클럽 뉴스』를 이종수李鐘水 등이 창간
—.28 도쿄지방자유노동조합 에바라[荏原]지부 결성
8.— 도쿄에서 김제군인회가 남조선 수해구제 의연금 52엔 50전을 조선일보 도쿄지국에 위탁
—.29 도쿄지방자유노동조합 시나가와지부 결성
—.30 후쿠시마현[福島縣] 이나가와[伊南川] 내선친목회 결성
8.— 교토에서 조선단체협의회와 리쓰메이칸[立命館]대학학우회, 교토자동차운전자조합이 '향토수해구원회'를 결성하고, 영화, 연극, 음악회를 열어 구제활동을 전개

1936년

재일동포
8.31 아이치현 세이산(西三)방직산업종업원조합 결성
9.1 관동대지진 피해동포 추도회가 간다(神田)의 조선기독교청년회관에서 열림
—.1 관동대지진 피해동포 위령제가 도쿄 혼조(本所)의 김기권金璣權 자택에서 열림
9.— 아이치현 아이치토관제작소의 조선인 노동자 72명이 임금 지급을 요구하며 파업
—.2 도쿄에서 하타가야(幡ヶ谷)구락부 결성
—.5 도쿄에서 경상남도도인회를 김주문金珠文 등이 결성
—.6 나고야의 동아신문 사장 임용길任龍吉 외 26명이 현청 및 시청의 조선인 채용 건으로 협의함
—.9 교토조선인문제협의회『조협朝協』창간
—.11 도쿄에서 선우회善友會 결성
—.14 가나가와현, 전평관금全評關金 쓰루미(鶴見) 제1지부 결성
—.16 후쿠오카현 모지시(門司市) 호코쿠(豊國)중학교에서 상업학교로 이전신고를 제출한 조선인 학생에 대해, 교원이 금족禁足하고 방치했기 때문에 조선인 학생은 지정 하숙의 감독제도에 반발
—.17 도쿄에서 조선고학생후원회 결성
—.21 효고현 재고베 조선인자동차종업원친목회 결성
9.— 주오(中央)대학생 차영희車永禧를 중심으로 '남선南鮮태풍구제금모집대'를 결성하고, 모금운동을 통해 4,588엔 21전을 모아서 송금
—.21 『민중시보』27호로 폐간
—.25 『민중시보』의 편집주간 이신형李信珩 등 간부 여러 명 체포
10.1 교토의 도시샤(同志社)조선인유학생학위회 결성
—.1 교토의 반도경우회半島京友會가 결성되어 기관지 회보를 발간
—.1 나라현 오쵸(尾町)친목회 결성
—.4 와카야마현 협우회協友會 결성
10.5 교토의 조선유학생 경중京中친목회 결성
—.7 기후현의 조선인단체 정화회正和會는 최승희崔承喜를 기후극장에 맞이하여 무용회를 주최하고 50엔의 기부를 받아 남조선 수해지에 송금
—.7 올림픽(베를린대회) 마라톤 선수 손기정, 남승룡 외 47명 일행은 일본에서의 일정을 마치고 고베항을 통해 조선으로 돌아감
—.8 오사카소비조합이 동부지부의 중심 멤버 체포로 인해 해산
—.10 교토대학 조선유학생동창회『회보』창간(300부)
—.11 도쿄의 와세다고등공학교 우리동창회 결성
10.— 도쿄에서 현도玄都민우회 결성
—.15 나라현 고흥공제회 결성
—.17 교토조선유학생학우회는 관헌 당국의 조선어 금지에 대해 항의투쟁을 전개
10.— 조선예술좌는 8월에 김두용 등, 10월 이후 한홍부韓弘釜 등이 치안유지법 위반으로 체포되어 해산
10.19 도쿄음악가협회는 조선일보 도쿄지국, 각 대학 조선유학생동창회 후원으로 조선 풍수해 구제 음악회를 개최하고 순이익 103엔 15전을 보냄

1936년

재일동포
—.25 도쿄친화회를 임종문林鐘聞 등이 결성
—.25 도쿄, 아라카와친목회 결성
—.25 도쿄에서 명륜明倫재생회 결성
—.26 도쿄의 『하타야幡谷구락부』를 박형수朴亨洙 등이 창간(매월 200부)
—.28 조선예술좌의 중심 멤버 6명의 체포에 이어 9명이 더 체포됨
—.30 시가현[滋賀縣] 간자키군[神崎郡] 고호무라[五峰村]심상소학교에서 조선인 아동 24명에 대해, 제주공립보통학교 대용교원이었던 강영규姜榮奎에게 지도 감독을 위탁하여 지덕 향상을 도모함
11.1 도쿄 도요[東洋]상업 조선유학생동창회에서 『청운靑雲』을 창간
—.1 도쿄 각 대학 조선유학생동창회 외 7개 단체 주최로 추계 운동회가 니혼바시[日本橋] 하마쵸[浜町]공원 내 운동장에서 2,000명이 모인 가운데 열림
—.2 가가와현[香川縣]에서 공애회共愛會 결성
—.8 미에현 니시구와나쵸[西桑名町]의 호리다[堀田]제승製繩공장 및 스즈키[鈴木]제승공장에서 조선인 여공 16명이 대우개선을 요구하며 파업
—.8 조선일보 고베지국 주최 고베조선인단체연합운동회를 3,000명이 참가하여 개최
—.15 재도쿄 진주유학생친목회 결성
—.15 나라현에서 교풍심정회矯風心正會를 결성
—.15 오사카의 임수암林壽岩이 한글 소설 『동경憧憬의 오사카』를 2,000부 발간
—.17 교토조선인단체대표자 좌담회를 개최
—.18 재일본 도쿄 숭실崇實동창회 결성
11.— 와카야마현 신구[新宮]정차장 개수공사장의 조선인 노동자 24명이 임금 지급을 요구하며 파업
—.22 고베조선인단체연합회 기성준비회가 열림
11.— 교토의 화월花月극단을 계승한 신연극단체 '백예단白藝團'을 박상기朴相基 등이 결성
11.25 도쿄에서 정교회情交會를 강영환姜永煥 등이 결성
—.28 해주고보동창회 도쿄지부 결성
—.30 도쿄에서 천주교 신도 『빛』 1,000부 창간
—.30 도쿄에서 야우회 기관지 『야우회월보』 제4호 발간
—.30 도쿄조선유학생연합 조선풍수회구제회가 음악연극의 밤을 개최하여 이익금 314엔 30전을 송금
12.1 도쿄의 조선유학생으로 조직된 도쿄유학생예술좌 기관지 『막幕』 발간
—.5 아이치현 나고야합동노조의 임정만林正萬과 권영조權寧組 가 치안유지법 위반 용의로 체포
—.5 와세다대학 전상專商 우리동창회 결성
—.5 도쿄에서 동광東光친목회를 김영성金榮星 등이 결성
—.6 고베조선인단체연합회 기성준비회 제2회 회의가 열림
—.10 도쿄조선유학생연구회가 사무소에서 140명의 청중을 모아 「조선경제의 현단계」라는 강연회를 엶

1936~37년

재일동포

12.15 도쿄에서 민족계 단체 나카노[中野]친목회의 기관지 제12호 발행
12.― 오사카부 내의 조선인단체가 190개 단체, 회원 1만 8160여 명에 달하여, 민족주의, 공산주의사상의 격화에 경찰 당국은 탄압을 강화하고, 반면 친일단체 '교풍회'에 자금을 내서 '황국신민화'의 강제화를 강력하게 추진
12.― 김성민金聖珉(김만익金萬益), 제1회 지바가메오상[千葉龜雄賞]을 『반도의 예술가들』로 수상
―.20 교토에서 백예단白藝團을 교재신교在新 등이 결성
―.22 아이치현 나고야합노 구와나지부 결성
12.― 오사카조선유학생풍수해구원회와 재오사카조선인단체에서 남조선풍수해구제기금 1,580엔 70전과 물품 20,541점을 조선일보 오사카지국에 기탁
12.― 재일조선인노동단체 수 363, 인원수 2만 3,762명, 경보국 특고 요감시인 461명, 요주의인 872명, 치안유지법 위반 체포자 193명, 노동분쟁 368건
12.― 재일동포 수는 69만 501명이 됨

1937

1.1 도쿄에서 김옥남金玉南이 『복음운동』 1,000부를 발간
―.1 도쿄의 아라카와[荒川]친목회는 『아라카와 친목 뉴스』 8호 100부를 발간
―.1 오사카에서 『조선기독교신문』을 이부조李富祚 등이 1,000부 발간
―.10 야마구치현[山口縣] 시모노세키시[下關市]의 조선인단체 동화회東和會가 시내 동포 학동 44명을 모아 '조선어'를 중심으로 한 야간학교를 시작함
―.10 『도쿄조선신보』제37호 발간
―.10 일본공산당원 이재중李再衆, 박경준朴景準 등이 조선독립운동을 기도하다가 체포됨
―.10 효고현[兵庫縣] 조선인단체연합회를 조선일보 고베지국장 벽동진薛東鎭, 고베우리협친회 장치수張致洙 등이 재고베 조선인단체 40여 개 연합으로 결성
―.13 이두연李斗硯이 김인택金仁宅 외 10명과 좌익극단 재건을 협의
―.15 도쿄조선인연극단체 백예단白藝團 창단 제2회 공연 개최
―.19 도쿄에서 일성공회日聖公會 무코지마[向島]교회를 박장서朴騿緖 등이 결성
―.20 후쿠오카현[福岡縣] 곤도구미[近藤組] 소속 기선汽船 적석탄積石炭 조선인 노동자 90명과 와카마쓰항[若松港] 기선 적석탄 인부 청부업 소속의 조선인 노동자 172명이 임금인상을 요구하며 파업
―.20 전협의 이익엽李益燁, 김완섭金完燮 등이 치안유지법 위반 용의로 체포
1.― 도쿄의 주오[中央]대학사회과학연구소에서 공산주의 이론 연구를 하던 권영상權寧祥, 이성각李聖覺 체포
―.24 도쿄 나카노[中野]친목회가 『회보』 제13호 발간
―.24 도쿄 각 대학 전문학교 조선인유학생학우회에서 본년도 졸업생 연합송별회 준비회를 엶
―.25 교토에서 백예단의 엄지순嚴智順이 조선신흥단을 결성
1.26 도쿄의 민족주의계 조선인단체, 도시마[豊島]친목회 기관지 『풍도친목회보』 신년호가 발행금지 당함
―.27 재도쿄 히라하라[平原]유학생학우회 결성

1937년

재일동포

- 1.30 와세다대[早稻田大] 우리동창회 기관지 『동창회지』가 창간되었으나 발행금지 처분
- 1.— 교토조선인문제협의회, 조선총독부의 『동아일보』 및 『조선일보』 정간 문제와 숭실전문학교의 '신사참배' 거부로 인한 학교 폐쇄 조치에 대한 항의운동을 전개
- 2.1 니혼[日本]대학 예술과 조선유학생동우회 결성
- 2.— 아이치현[愛知縣] 합자회사 도요[東洋]합판제작소의 조선인 노동자 61명, 임금 인상을 요구하며 파업
- —.6 도쿄 각 대학 조선유학생동창회 연합 송별회가 12개 대학 650명이 참여한 가운데 열림
- 2.— 아이치현 쇼와[昭和]도원[陶園]의 조선인 노동자 82명이 임금인상을 요구하며 파업
- —.11 재도쿄 영흥[永興]학생친목회 결성
- —.25 효고현 한신[阪神]소비조합이 제7회 정기총회를 엶
- —.27~28 교토조선신흥극단, 제2회 공연을 덴쇼지[天笑兒]온천장에서 「일부이부一夫二婦」를 상연
- —.28 재오사카 조선유학생친목회가 본년도 졸업(예정)생의 송별회를 개최
- 3.1 교토조선인친목회 대표 위대준[魏大駿] 등이 교토조선인문제협의회 대표 정태중[鄭泰重]을 상대로 두 단체의 합병을 협의
- —.5~6 교토조선신흥극단은 제3회 공연을 사쿄구[左京區]의 아라시야마[嵐山]극장에서 개최했으나, 입장자가 20~30명이었기 때문에 공연을 중지
- —.12 니가타현[新潟縣]에서 북일본농민조합 내에 인민전선 결성을 기도했다는 이유로 박인수[朴仁秀]가 체포됨
- —.13 주오대[中央大] 조선유학생동창회 기관지 『회의會議』 제3호가 내용에 불온한 부분이 있어 발매 감지
- 3.— 교토의 고물상 장원련[張元連]은 민족교육을 위해 야간학교 설립을 계획 준비하고 추진하다가 경찰의 압력으로 중지
- 3.— 오사카시 하야시자와[林澤]쇄자체[刷子締]공장 외 21개 공장의 조선인 노동자 105명이 임금인상을 요구하며 파업
- 3.— 효고현 다키[多木]제비소[製肥所]의 조선인 노동자 130명이 임금 인상을 요구하며 파업
- 3.— 아이치현 히라마쓰[平松]염색공장의 조선인 노동자 50명이 대우개선을 요구하며 파업
- 4.1 『조선정보통신』 제162호이 발행되었다가 발행금지 처분
- —.13 오사카에서 경제학이론연구회를 이두연, 김철산[金鐵山] 등이 결성
- —.22 도쿄 슈케이[主計]학원[學園] 우리동창회 결성
- —.23 도쿄조선신문사의 전윤필[全允弼], 효고 금성사[金星社]의 이민선[李民善] 등이 송검됨
- —.30 『도쿄설물상보[屑物商報]』를 김우영[金牛永] 등이 발간(300부)
- 5.6 도야마현[富山縣] 도야마 내선노동친애회 내 비합법 그룹 김태식[金泰植] 외 7명이 체포됨
- 5.— 아이치현 이토[伊藤]주조소의 조선인 노동자 45명, 임금 인하에 반대하여 파업
- 5.— 기후현[岐阜縣] 현도[縣道] 히와다[日和田]고개 수도[隧道] 개수공사장의 조선인 노동자 73명이 임금 지급을 요구하며 파업

1937년

재일동포
—.14 도요대학 조선유학동창회 결성
—.17 도쿄조선유학생연학회가 강연회를 '현 단계에서의 청년의 입장'이라는 주제로 조선기독교청년회관에서 개최
—.22 도쿄 각 대학 조선유학생동창회의 신입생 환영회를 도쿄기독교여자청년회관에서 750명이 참가한 가운데 개최
—.26 도쿄제국대학 조선유학생동창회가 517명이 참가하여 결성
—.29 오카야마시[岡山市]에서 조선인 고물상 신용 향상을 위해 재류조선인 자경회를 조직
—.29 재도쿄 광성光成동창회 결성
6.1 메이지[明治]대학 조선유학생동창회 예과지부가 『우리순보旬報』를 발간
—.6 도쿄에서 문경군인회 결성
—.6 교토에서 조선인친목회와 조선문제협의회가 합병하여 정치결사를 결성
※ 슬로건으로 언론 집회 결사의 자유를 부여하라, 조선어 사용 금지 절대 반대 운동을 전개
—.7 이시카와현[石川縣] 가나자와시[金澤市]에서 조선인소비조합인 '동아소친회同亞昭親會경제조합' 결성
—.12 재도쿄 함양군인회 결성
—.14 오사카시 천도교 오사카종리원 신도대회 개최
—.19 일본 전국 대학 고전高專 영어웅변대회가 오사카마이니치[每日]신문사 주최로 개최 도어 조선인 유학생 2명이 변사로서 참가
—.21 동아일보 오사카지사의 주창으로 조선인 관련 신문사를 창설하고, 신문을 통하여 오사카의 조선인에게 정치적 계몽운동을 추진하려는 목적으로 창설 간담회를 개최
—.21 사가현[佐賀縣] 사가시 및 근처에 거주하는 조선인들이 영성榮城소비조합 결성
—.27 재노쿄 낭신죽마회 결성
7.1 도쿄에서 백우정구白友庭球구락부 결성
—.1 오사카에서 『매약월보賣藥月報』를 이재학李在鶴 등이 150부 발간
—.4 교토에서 정치결사인 조선민중당을 결성하기 위한 준비회가 교토조선인단체협의회 및 조선문제협의회 유지들에 의해 열렸으나 경찰 탄압으로 중지
—.5 교토에서 조우식趙宇植이 재일조선인 유아를 위한 보육원 개설
7.— 야마구치현 합동운송(주) 시모노세키지점의 조선인 노동자 150명이 대우개선을 요구하며 파업
—.7 중일전쟁 발발, 노구교에서 중일 양국군 충돌사건, 일제, 중국으로 침략전쟁 시작 뉴스에 재일조선인 사이에 조선 독립의 기운이 높아짐
7.— 도야마현 직영 아리미네[有峰]발전공사장의 조선인 노동자 86명이 대우개선을 요구하며 파업
—.13 야마구치현 우베[宇部]광업조합에서 조선인 광부에 대한 방해책을 위해 지식인으로 보이는 조선인 9명을 초대하여 내선융화 간담회를 개최
—.16 교토시 가미교구[上京區] 다카노[鷹野] 12방정방町의 반도경우회半島京友會는 재류조선인 유아의 보육 교육을 목적으로 탁아소를 개설

1937년

재일동포
—.31 도쿄조선인단체 '도시마[豊島]친목회'는 기관지 「풍도친목회 회보」를 통해서 공산주의 선전과 민족의식의 앙양에 노력해오다가, 경찰 당국의 탄압으로 중심 임원들이 대부분 체포되고 해산
7.— 히로시마현[廣島縣] 일본제강소공장 확장공사장의 조선인 노동자 109명이 대우개선을 요구하며 파업
8.1 오카야마현[岡山縣]의 고물상 김진간金振干은 "일본군은 전패했다 … 지금 일본은 부인까지 출동시켜야만 한다"는 유언비어를 유포했다는 이유로 경찰에 체포됨
—.8 사가시의 영성소비조합이 내부 사정으로 해산
—.19 유일한 조선어판 신문 『도쿄조선신보』 제48호를 발간했다가 발행금지 처분
8.— 도쿄농대 조선인학생이 농업사연구회를 중심으로 변증법적 유물론의 연구와 독서회를 통해서 사회주의운동을 추진
8.— 니혼대학 조선유학생동창회를 중심으로 사회주의그룹은 일제의 패전 불가피성과 조선 독립을 확신하며 반전운동을 전개
9.1 『도쿄조선신보』가 경찰의 탄압으로 폐간 ※ 일본 국내에서의 조선어 신문은 모두 소멸됨
—.3 조선인친일단체 '상애회' 오사카본부가 『오사카계명회啓明會』로 개칭
—.8 니혼대학 최완석崔完錫은 "일본의 패전을 계기로 조선의 독립 해방을 얻을 수 있다"는 등의 말을 유포하다가 체포됨
—.8 와세다 제2고등학원 2학년 김정우金正雨가 경찰에 체포되어, 취조에서 조선에 있을 때 이미 항일운동에 참가했고, 일본에 와서 조선유학생 사이에 항일운동을 조직할 목적으로 도쿄여자학과번 김영자金英子, 김순경金順坙에게 항일사상의 선전선동에 노력했던 사실이 밝혀져서 송검됨
9.— 에히메현[愛媛縣]에서 사대당社大黨의 김종출金鐘出은 '내선융화회'에 프랙션으로 결성 시에 입회하고 활동을 통해 김기철金基鐵, 박진업朴振業라는 동지를 얻었으나 체포됨
9.— 일제, 중국의 침략전쟁 시작으로 재일조선인에 대한 탄압을 강화하고 전시체제가 됨
—.22 김봉립金鳳立은 오사카조선인 '교풍회矯風會' 내에서 프렉션활동 중 체포됨
—.22 오사카의 김익수金益壽는 "이 전쟁은 일본이 진다. 신문 보도는 거짓을 쓴 것이다"라고 말하여 체포됨
9.— 재일조선인 중에서 일제의 앞잡이가 되었던 '협화회' '상애회' 등의 임원들이 동포 회원의 동향을 경찰에 보고하여, 조선인운동의 지도 간부들이 대량으로 체포되었으며, 언론탄압도 전시체제에 들어감
9.30 교토의 오소금吳小今 부인은 '국방부인회'의 입회 권유에 "우리가 국방부인회에 입회하여 병대를 배웅하고 무엇이 되냐"라고 말했다가 엄중 설교를 들음
—.30 야마구치현의 원용규元龍圭는 "일본은 전쟁에 진다. 내가 종군하면 일본군을 때려잡는다. 그러면 조선은 독립할 수 있다"고 말해 체포됨
10.— 일제는 "대동아 민족의 단결이다, 군용기 헌납을 강제하거나 황군총후후원회"를 강제하고 또 '조선인지원병제도'까지 획책함
10.— 『조선신문』의 조기준趙基俊, 위창도魏昌道, 주시엽朱時燁, 김이봉金二峯과 준동후樽東厚 등이 체포 송검됨

1937~38년

재일동포
—.6 도쿄의 조사이학원[城西學園] 조선유학생친목회 결성
—.10 일제는 재일조선인의 민족적 자주성을 말살하기 위해 '황국신민의 서사'를 강요하고 식민지노예화 추진을 한층 강화함
—.23 도쿄에서 함산咸山유학생친목회 결성
11.— 와세다대학 우리동창회는 총회의 임원 재선을 통해, 고준석高峻石 등 공산주의사상을 가진 비밀그룹학생들이 운영하게 되고, 마르크스주의연구회, 독서회를 조직하여 반파쇼, 반전전쟁을 전개
—.8 도쿄의 이제익李濟益은 일본의 침략전쟁을 비판하다가 체포 송검
11.— 교토 조선유학생학우회에서는 러시아혁명기념일투쟁으로서 강연회를 개최, 경찰의 탄압으로 중지
12.— 주오대학 우리동창회는 이승렬李承烈 등 공산주의 비합법그룹이 중심이 되어 조선의 독립을 확신하고, 동창회를 반제·반전운동의 장으로 삼아 운동을 전개
12.— 니혼대 조선유학생동창회의 최광선崔光善 등은 민족주의에서 공산주의사상으로 기울어, 일제의 멸망과 조선의 독립을 확신하고 동창회를 독립운동단체로 만들기 위한 활동을 전개
12.— 도쿄농대 조선유학생동창회 박제섭朴齊燮 등은 일본인 학생과 농업사연구회 및 각종 연구회 등의 공산주의그룹을 만들어 조국의 독립을 위해 계몽운동을 전개
12.— 일제, 해외에서 민족주의, 사회주의자가 밀항하여 잠입하는 것을 엄중 경계하는 가운데 약 3350명이 밀항하였는데, 그중 발각된 사람은 1781명에 달함
—.10 히로시마현 니시히로시마[西廣島]크리스트교단 결성
—.17 오이타현[大分縣]의 김차근金次根은, "일본은 지고 조선은 독립한다. 설령 일본군이 져서 우리 조선인은 죽임을 당하더라도, 그것은 일시적 희생으로 조선이 독립하면 자손을 위해서 좋다. 조선인은 조선인의 정신을 잃지 말라"고 말하여 체포 송검됨
12.— 재일조선인운동단체 수는 364, 인원 수 2만 3,325명, 경보국 특고 감시인 426명, 요주의인 944명, 치안유지법 위반용의 144명, 노동분쟁 297건
12.— 재일동포 수는 73만 5,689명이 됨
1938
1.— 도쿄조선인유학생동창회연합회가 간다[神田]YMCA에서 결성됨
—.1 도쿄에서 『기독교세계』를 최용남崔用男 등이 500부 발간
—.2 나고야시[名古屋] 나카쿠[中區] 다키노우에[瀧上]철근공업회사의 노동자 50명이 나고야 합동노조의 지도로 조선인노조철공회를 결성
—.11 후쿠오카현[福岡縣]에서 취조 중이던 비밀잠입 조선인 김정룡金正龍은 조선민족 혁명당원으로 자금활동을 한 사실로 인해 송검됨
1.19 나가사키현에서 취조 중이던 낙양군관학교 관계자 추원규秋元圭는 조선혁명의 목적 수행을 위해 활동한 사실로 인해 송검됨
—.19 도쿄 무정부주의계 '조선노동조합동조합' 해산
—.21 도쿄의 조선일반노동조합 해산

1938년

재일동포
—.22 전시체제하의 조선인노동문제간담회가 조선인 노동자 20명 이상을 사용하고 있는 공장주가 모여서 개최됨
—.24 시마네현[島根縣]에서는 밀항 조선인 경계에 관한 간담회를 미노군[美濃郡] 연안 정촌[町村] 관계자가 합동으로 개최
—.24 장낙수張樂洙는 조선인민혁명당원이며 낙양군관학교 관계자라는 용의로 체포 송검됨
—.27 도쿄의 조선동흥노동동맹회 해산
—.30 도쿄 조선유학생동창회연합회 주최의 각 대학 연합 졸업생 송별회가 간다의 도쿄 기독교여자청년회관에서 21개 학교 750명이 참가하여 열림. 경찰청으로부터 조선어 사용 금지 명령이 내려지고, 정사복 경관이 회장 안팎을 포위하자, 이에 분개한 학생 2명이 체포됨
—.31 도쿄에서 오산五山동창가 차병기車炳騏 등에 의해 결성
—.31 도쿄 무정부주의계의 '흑기黑旗노동자연맹' 해산
2.6 도쿄에서 조선인노동조합재건그룹 김영계金永桂, 윤병옥尹炳玉, 유재우柳在雨, 정엽진鄭燁珍, 곽태영郭台榮, 유재매柳在每 등이 체포 송검됨
—.12 조선유학생연학회研學會 해산
—.15 도쿄에서 조선인 치안유지법 위반으로 체포된 사람은 344명이 됨
—.18 도쿄 무사시[武藏]고교 여우회麗友會 결성
—.20 도쿄에서 추성회秋城會를 김만철金萬轍 등이 결성
3.1 히로시마[廣島]의 소비조합 히로시마공흥共興조합이 3·1기념일에 정기총회를 개최
—.1 도쿄 조선유학생 축구구락부를 박성부朴性夫 등이 결성
—.1 일제, 재일조선인 '면사綿絲배급통제규칙' 공포
—.5 도쿄조선학생예술좌의 기관지 『막幕』 제2호 발행
—.10 조선크리스트교청년가 『청년시대』를 500부 발간
—.15 교토시의 조선인친일단체 '친화회'가 일본복장 착용을 위한 복장개선좌담회를 개최
—.17 가나가와현[神奈川縣] 나가사키시[長崎市]에서 다마가와多摩川소비조합 해산
—.27 교토 증업蒸業조합 결성
4.1 일제, 재일조선인에 대해 '국가총동원법' 공포, 이후 강제연행이 시작됨
—.2 오이타현[大分縣] 사에키쵸[佐伯町]의 '내선협친회', 일제의 친일단체로서의 '대일본국방부원회 사에키내선부인수양회'를 조직
—.11 도쿄의 조선동포공원회共援會 회장 정상용鄭相鎔은 침략전쟁에 반대, 국기 게양 반대, 조선의 독립운동에 대한 기대를 표하는 발언을 하여 체포 송검됨
—.16 가나가와현 후지사와쵸[藤澤町]에서 명진회明進會 야학교 및 내선협회 고자군[高座郡] 남부지부 제2야학부가 조선인 교사에 의해 열렸다가 해산됨
—.16 도쿄의 조선카톨릭학생회 결성
—.17 도쿄의 일본기독교회 니시칸다[西神田]전도회 공려회共勵會 결성
—.24 교토시의 리쓰메이칸立命館대학 조선인유학생학우회는 신입생 환영회에 조선어 사용 금지 명령을 경찰이 내렸기 때문에 그에 대한 불만으로 유회流會로 함
4.— 와세다대[早稻田大] 김대중金大中, 한계동韓啓東, 조종휘趙鐘輝 등이 유물변증법연구회를 조직

1938년

재일동포

5. 5 일제, 재일조선인을 총알받이 사용하기 위해 '조선지원병제' 실시
—. 10 도쿄의 공립여자약전 조선유학생회가 최정희崔貞熙 등에 의해 결성
5. — 나고야에서 조선인 공산주의자가 중심이 되어 '나고야합동노동조합' 재건
—. 11 일제의 친일단체 '협화회' 아이치현[愛知縣] 나고야 린코[臨港]지부는 조선 동포의 일본인화 촉진을 도모할 목적으로 조선 부인에게 일본 복장을 입는 훈련을 강제하기 위해, 270명의 부인과 275명의 아동을 강제 동원함
  ※ 이후, 일본 복장을 입고, 조선의 치마저고리를 입지 말도록 각 '협화회'가 선두에 서서 강제함
—. 11 재도쿄 진주중학동창회가 최달원崔達元 등에 의해 결성
—. 14 교토의 도시샤[同志社]대학 조선유학생학우회가 신입생 입학환영회를 개최하여, 경찰 당국으로부터 조선어 사용 금지를 당하면서 분쟁, 공식 회합은 하지 못하고, 자기소개와 민요 제창 후 해산, 위원회장은 그 책임을 지고 사퇴
—. 21 재도쿄 경친목회儆親睦會를 김여현金麗賢 등이 결성
—. 25 도쿄의 유학생 니혼대[日本大] 최광선崔光善, 박치화朴治化, 조동연趙東淵, 메이지대[明治大] 이진문李珍文 등이 치안유지법 위반 용의로 체포됨
5. 27 일제의 친일단체 '상애회 시즈오카[靜岡]본부'는 임원회 및 총회에서 "황대신궁, 궁성요배 및 전몰장병의 영령에 묵도를 하고, 황군장병에 대한 감사결의문과 기타"를 결의
  ※ 이후에 전국 각지의 '상애회'가 재일조선인을 일본인화하기 위해 '궁성요배 및 전몰장병의 영령'에 대한 묵도와 황군장병에 감사결의문' 등이 연달아 결의를 강제당함
—. 27 일본의 친일단체 '오카야[岡谷]교풍회矯風會'가 나가노현[長野縣] 오카야경찰서장을 회장으로 조선인단체로 결성
  ※ 이후 전국 각지의 경찰서 관내에 일제의 친일단체로서 '교풍회'가 결성됨
5. — 조공재건운동을 획책하고 있는 와세다대 고준석高俊石, 송군찬宋君讚, 황병인黃炳仁, 황봉로黃鳳老 등이 「조선혁명론」「조선에서의 프롤레타리아운동의 과거와 현재」 등의 비밀문서를 작성하여 활동 전개
6. 1 재도쿄 명천明川유학생친목회를 이철욱李哲郁 등이 결성
6. 2 야마구치현[山口縣] 하기시[萩市]의 '내선상조회'는 일제의 친일단체로 '내선융화에 의한 현모양처의 수양과 총후후원銃後後援 강화'를 도모하기 위해 '반도부인회' 결성
  ※ 각지에 이러한 단체가 생겨남
—. 5 도쿄에서 배화고등여학교 조선유학생동창회 결성
6. — 일제는 전시체제를 강요하고, 이때까지의 민족적·사상적 노동조합과 생활을 지키기 위한 단체와 친목회를 탄압하고, 일제의 친일단체 '협화회'와 '교풍회' 등의 융화단체를 전국에 의식적으로 만들었으며, 재일조선인 동포를 '황국신민화'로 위압하면서 가입을 강제
6. — 마르크스주의비밀연구회를 주오대[中央大]의 이승렬李承烈, 와세다대의 이성우李成佑, 김운호金雲虎, 호세이대[法政大] 박이길朴利吉 등이 조직하고 동창회를 중심으로 민족운동을 전개하다가 치안유지법으로 체포됨

1938년

재일동포
—.14 구레시[吳市]의 사립 고분[興文]중학교 5학년 조선인 학생 29명이 기숙사비 인상에 반대하면서 동맹휴교를 결행, 다음날은 3학년생 조선인 학생 40명이 합류했으나, 학교 당국의 탄압으로 인해 6일째에 전원 등교하면서 해결
—.16 사가현[佐賀縣] 가라쓰시[唐津市] 오아자히가시[大字東]32의 자동차상 겸 운전사 이춘영李春榮이 '기술자의 징발하령徵發下令'으로 연행
—.26 조선기독교공려청년회 간사이[關西]연합회 제8회 정기총회가 효고현[兵庫縣] 조선기독교육교회에서 개최
—.28 재도쿄 마쓰나카[松中]조선유학생동창회 결성
—.29 도쿄에서 인민전선에 관련된 이동보李東甫가 치안유지법 위반으로 체포됨
7.5 오사카시 히가시나리구[東成區] 나카가와쵸[中川町], 나니와[浪速]금속제작소의 조선인 직공 62명은 물가 등귀를 이유로 대우개선을 요구하며 파업, 일주일 후에 타협 해결
—.12 니혼대의 이태식李泰植, 와세다대의 김연국金烟國, 호세이대의 박제섭朴齊燮, 예술영화사의 김용길金容吉, 홋카이도[北海道]의 김구감金九鑑 등이 치안유지법 위반으로 체포 송검됨
7.— 일제의 전시체제를 통해 '산업보국회'가 생겨나면서, 기존의 노동조합은 본래의 임무와 역할을 상실하고, 해산하거나 자연 소멸하는 형태를 취하게 됨
—.16 오사카의 조선인 공산주의그룹 정암우丁岩又, 송정효宋正孝, 김홍기金洪基, 김영동金榮東, 김미동金美東, 홍기환洪基換 등은 일공 내에 조선부 조직을 강화하기 위해 운동을 전개
—.22 고무 직공 이두연李斗連은 일본공산당에 가입하여, 쌀요구운동, 실업투쟁 행동대를 지휘하고, 또 경제학이론연구회를 열어 활동하던 중 체포됨
—.29 조선의 독립과 사회주의적 노동조합 재건을 기도하면서, 민족적 스포츠단체, 좌익연구회 및 무산부인산조회産助會를 조직하고, 계급 및 민족의식을 선전선동했다는 이유로 치안유지법 위반 용의로 정엽진, 김영주金榮柱, 정권석鄭權錫 등을 송검
—.30 천도교 본부에서 천도교 교토종리원 앞으로 일제의 '국민정신총동원'운동에 적극적으로 참가하도록 하라는 인쇄물을 우송
8.1 도쿄에서 선심회善心會를 송달헌宋達憲 등이 결성
8.4 오사카부 협화회는 재일조선인 청년을 일제의 총알받이로 하기 위해 '전교품회'를 통해 신체 강건한 남자 만 17세 이상 20세 미만의 100명을 교토 보덕회報德會에 모아 교화 훈련을 강제
—.16 와세다대 좌익운동그룹의 고석준, 송군찬, 김경희金景憙, 김덕연金德淵, 황병인과 메이지대의 이홍식李鴻植, 주오대의 양회향梁會鄉 등이 치안유지법 위반 용의로 체포 송검
—.23 고베시[神戶市] 후키아이[葺合]노동소개소에서 조선인 노동자의 취로취급 차별로 수십 명이 소개소 직원과 난투를 벌여 5명이 체포되었고, 같은 날 저녁 조선인 노동자가 소개소 직원에게 구타를 당하여 죽었다는 소문이 퍼지자, 다음날 아침 약 3,000명이 다시 모여 시위 등을 전개
9.3 조선의 북반부지방을 휩쓴 태풍의 피해를 구제하기 위해, 도쿄조선기독교청년회 간사 윤만전尹萬槇, 동아일보 지국장 김승문金承文, 조선매일신보 도쿄지국장 정인익鄭寅翼 및 인쇄업 김호영金浩永 등이 발기인회를 조직

1938년

재일동포

—.9 도쿄농대에서 '농업사연구회'에 가입하여 마르크스주의연구를 하던 조선인 학생 그룹 이영화李泳華, 벽국환辟國煥, 김흔희金俒熙, 이상만李相滿, 양병우梁炳宇 등이 치안유지법 위반 용의로 체포

—.13 재오사카 조선인좌익그룹 홍기환 외 9명이 치안유지법 위반으로 체포 송검

—.13 나고야의 조선인합노조재건그룹 김영교金永敎, 양성호梁性皓, 김순득金順得, 채병호蔡炳鎬, 김기상金箕祥, 정차원鄭次元 등 치안유지법 위반으로 체포 송검

—.27 도쿄시 후카가와구[深川區] 하마조노쵸[浜園町] 지역의 지선인 100세대 450명과 일본인 180세대가 조일 간에 정회町會를 조직하고 상조 친선을 추진

10.4 후쿠오카현 이즈카시[飯塚市]의 '소친회昭親會'는 15년 이상 일정한 직장에 근속정려한 5명을 표창하고 70세 이상의 고령자에게 경로회를 열어 일제의 어용에 정근精勤시킴

—.5 재일조선인 폐품수집업자들은 9월 15일의 폐품영업단속규제의 개정으로 비공인업자나 마찬가지인 매자買子(구매자)의 이익을 보장하기 위해 '대도쿄고물수집상조합'을 결성하는데, 그 가운데에 다수의 조선인 업자가 참가했다는 이유로 경찰 당국에 요주의를 권고 당함

—.5 제주도 출신의 김인택金仁宅은 공산당원으로 당 비합법의 친목단체 프렉션활동으로 조선야학교를 통해 동지를 양성하는데 힘쓰며, 진보적 인텔리의 단결 등의 조직 확대 활동을 하던 중 체포 송검

—.8 나가노현 미노치군[水內郡] 및 니가타현[新潟縣] 우오누마군[魚沼郡]에 걸쳐서 도쿄전력 시나노가와[信濃川] 발전소 공사에 종사시키기 위해 강제연행한 조선인 노동자를 포함 3,200명을 어용 노동 협력자로 삼아 '신에쓰[信越]협회'를 결성

10.9 구레 시내의 폐품 회수를 하던 조선인 동포 200명과 일본인 100명으로 '구레폐품취급행상조합'을 설립

10.— 도쿄의 조선유학생인 니혼대의 박용조朴龍祚, 이한구李漢龜, 와세다대의 김현수金玄洙 외 1명

—.14 아키타현[秋田縣] 오다테마치[大館町] 부근의 조선인 고물상 18명이 고물 매매를 목적으로 자본금 1만 1,000엔(1주 50엔씩 전체 220주)으로 주식회사 공영상회共榮商會를 설립

—.15 아키타현 아키타시의 '아키타내선동화회'의 회원 다수가 고물상인 관계로, 조선인 고물상이 고문 도매상의 부당한 압박에서 벗어나기 위해, 자본금 1만 엔의 '합자회사 아키타내선동화회 영업부'를 개설

—.18 도쿄 조선기독교청년회 간사 윤근尹槿, 동아일보 도쿄지국장 김승문金勝文, 조선매일신보 도쿄지국장 정익鄭翼 등이 '조선의 수해구제회'를 조직하고, 기금 353엔 89전을 모금하여 송금함

—.28 나고야시 나카구[中區]의 현내 공중도서관에서 상하이재류조선인회장 이갑녕李甲寧 등을 초청하여, 조선인 동포 70명이 참가한 강습회를 개최

—.28 교토의 유물론연구회,『조선신문』및 당 관계의 윤봉구尹鳳求, 이봉희李奉喜, 박칠성朴七星, 이득천李得川, 박영서金寧緖 등이 치안유지법 위반으로 체포 송검됨

—.31 도쿄시 나카노구[中野區]의 조선통신사 발행『조선정보통신』제177호가 민족의식을 앙양한다는 이유로 발매금지 처분

1938~39년

재일동포
11.3 교토시의 리쓰메이칸대학 학우회는 정기총회에서 조선어 사용 제한 문제에 대해서 토의하려고 했지만, 유회流會되어 간담회로 전환하여 "언어는 자연의 법칙에 따라 생장 또는 소멸하는 것이기에, 당국의 단속으로 일거에 말살해야하는 것이 아니다"라는 결론으로 일치를 봄
—.3 기후현[岐阜縣] 다카야마시[高山市]에서 '상조회'가 모체가 되어 '구매판매조합'을 설립
—.4 가나가와현 가와사키[川崎]애생愛生학원(야간학교)이 민족교육을 하고 있다는 이유로 탄압당하고 폐교됨
—.14 재일조선인 친일단체 도쿄부 협화회 주최로 '총독학무국장' 등의 참가하에 조선인 학생 문제 간담회를 개최
—.16 재일조선인 친일단체 교토부 협화회가 조선인문제협의회를, 교토부 관계자, 검사국, 헌병대, 세무서, 교토시 관계자 등을 초청하여 개최
—.29 공학박사 이승기李升基 교토대 조교수의 승격 축하회가 교토대학 조선인유학생동창회 주최로 열림
12.3 오사카외국어학교 영어부회 주최의 전국대학 고전高專 영어웅변대회가 오사카마이니치신문사 강당에서 열려, 조선인 학생 도시샤대학 고상부高商部 박충훈朴忠勳이 3위에 당선
—.15 교토대 이학부 조교수 이태규李泰圭가 도미渡美하기 위해, 교토대학 조선인유학생동창회 주최로 송별회 개최
—.17 전북 생고무 직공 이두연은 일본공산당원으로서 제2차 '쌀요구회'를 결성하고 행동대를 지휘, 경제학이론연구회를 조직하면서 동지 확대 활동을 하던 중 체포 송검됨
—.19 오사카의 전협에서 조직활동을 하던 조선인공산주의그룹은 석기어惜基魚를 중심으로 노구勞救 잔류분자로서 재건활동을 전개, 일본공산주의자 멤버와 연락하고 조직 확대를 하던 중 일제히 체포되고 5명이 송검됨
12.— 『도쿄조선신문』과 관련된 김학의金鶴儀(김천해金天海)에 징역 5년의 실형 판결을 선고
12.— 도쿄의 공산당과 관련된 박은철朴恩哲이 체포 송검
12.— 재일조선인운동단체 수는 284, 인원 수 2만 4,287명, 치안유지법 위반자 117명 노동분쟁 166건
12.— 재일동포의 수는 79만 9,865명이 됨
1939
1.— 리쓰메이칸[立命館]대학 유학생동창회 및 도시샤[同志社]대학 유학생학우회는 1938년부터 조선어 사용 금지 반대운동, 민족문화 옹호를 통해 민족의식 각성투쟁을 전개
1.— 조선어 사용 금지 반대운동은 메이지대[明治大] 윤영근尹永根, 호세이대[法政大] 한탁하韓鐸夏, 주오대[中央大] 한탁봉韓鐸鳳 등이 도쿄 거주 유학생 공산주의자의 민족문화 옹호와 시국 비판회를 통해 투쟁을 전개
1.— 도쿄조선인공산주의그룹의 권태섭權泰燮, 권영상權寧祥, 이청원李淸源 등은 사회과학연구회를 조직하여 일제의 중국 침략 패배와 조국의 해방을 확신하며 활동하던 중 체포

1939년

재일동포
—.14 사이타마현[埼玉縣] 가와고에시[川越市]의 조선인 고물영업자가 물자 통제 때문에 반실업 상태가 되면서 전업을 희망하는 사람들이 속출, 가와고에직업소개소에 지원해 줄 것을 진정
—.18 도쿄외국학생 강갑덕姜甲德은 학내의 유물론연구회에 들어가 활동하다가 체포됨
2.4 와세다대[早稻田大] 조선유학생동창회는 졸업생 송별회를 개최, 석상 조선어 사용 금지에 대해 민족문화를 지키라고 비판한 하기락河岐洛, 김정수金貞洙, 홍종한洪宗漢, 이미봉李未鳳, 유봉찬柳峰讚, 김신고金神考 등 6명이 치안유지법 위반으로 체포됨
—.6 도쿄 고공高工조선학우회 결성
—.7 아이치현[愛知縣]에서 '사상범보호단체 명덕회明德會'가 각 합노 관계자 11명을 초대하여 '조선인 사상범 해방자 좌담회'를 개최
—.10 도야마현[富山縣] 니카와군[新川郡] 오야마무라[大山村] 촌도村道 개수공사장의 조선인 토공 8명은 구정舊正 수당을 요구하며 파업에 들어갔다가 주재 순사의 조정으로 해결
—.16 야마구치현[山口縣] 구마게군[熊毛郡] 해군 관계 공사의 미즈노구미[水野組] 조선인 노동자 230명과 일본인 노동자 120명은 임금 지급을 요구하며 파업
—.17 야마구치현 시모노세키시[下關市] 히가시쓰보쵸[東坪町]의 조선인 밀집 부락에서 400세대가 큰 화재가 일어나 120세대가 소실되었는데 원인 불명
—.20 도쿄에서 구류 중이던 김두용金斗鎔은 치안유지법 위반으로 도쿄 지방재판소에서 징역 1년 8개월의 실형 판결, 또 전윤필全允弼은 징역 3년의 실형 판결을 선고
—.20 와세다대 공산주의그룹 이홍종李洪鐘, 박준서朴俊緖, 한수영韓壽永, 양회수梁會水와 호세이대의 허형근許亨根 등이 치안유지법 위반으로 체포됨
2.25 가나가와현[神奈川縣] 아시가라시모군[足柄下郡]의 조선인 고물상 및 잡화상들이 '세이쇼[西湘폐품매출인조합'(조선인 135명, 일본인 35명) 결성
—.27 와세다대의 노방환盧邦煥, 도쿄의 권영상, 유상선柳尙善 등이 치안유지법 위반으로 체포됨
—.27 도쿄축산공예학교 친화회 결성
—.28 고베시[神戶市] 후키아이구[葺合區] 가미와카도리[神若通]에서 고베한약업조합의 조선인 한약업자 약 30명이 약학강습회를 개강하여 7개월의 전 과정을 종료함
3.1 메이지대부속상업학교 조선유학생동창회 기관지『등우燈友』발간
—.4 후쿠오카현[福岡縣] 야와타시[八幡市]에서 조선인 노동자 전용 하숙업을 하던 박대복朴大福 외 76명은 전년 9월 하숙업조합규칙 발령 이래, 조합 결성을 준비해오다가 마침내 '야와타반도인노동자하숙조합'을 결성
—.7 유물변증법을 텍스트로한 마르크스주의연구그룹의 메이지대 윤영근, 고광준高光準, 윤장섭尹章燮, 호세이대 한철하韓鐵夏, 주오대 돈재석敦在石, 한철봉韓鐵鳳, 권영상權寧祥, 이영자李榮子 등이 치안유지법 위반으로 체포 송검
—.10~5.10 조선악극단(제국축음기회사 조선어판 O.K레코드회사)은 일본의 요시모토흥업[吉元興業]과 계약하고 일본 각지를 순회
—.12 아키타현[秋田縣] 오다테마치[大館町]의 조선인 고물상이 설립한 주식회사 공영상회共榮商會는 운영상 경영이 어려워져 해산

1939년

재일동포
一.12 기독교 조선감리회 도쿄 제1교회 설립
一.18 기타가미[北神]상업야학생 민족주의그룹 배상권裵祥權 등 4명은 조선기독교를 방패막이로 하여 조선독립민족주의운동을 전개하다가 체포 송검
一.25 나가사키현[長崎縣] 기타마쓰우라군[北松浦郡] 이마후쿠마치[今福町]의 가와라[香春]광업주식회사 이마즈루[今鶴]탄광의 조선인 노동자 31명은 대우개선을 요구하며 파업
4.1 도쿄의 실업학교 유학생동창회를 한택용韓澤龍 등이 결성
一.7 후쿠오카현 기쿠군[企救郡] 도요[東洋]시멘트 고쿠라[小倉]공장 조선인 노동자 112명은 민족차별에 따른 임금에 반대하며 파업
一.15 도쿄의 다마[多摩]약진회躍進會 결성
一.16 히로시마현[廣島縣] 히로시마시의 조선인소비조합 '히로시마공흥共興조합'은 자금난으로 운영이 어려워지자, 새로운 임원을 결정하면서 개선을 도모함
一.19 교토부의 교토대 외 4개 대학의 조선유학생동창회는 '유학생'이라는 말을 사용할지 말지로 토론하고, 삭제하기로 결정
4.— 도쿄의 이우천李雨天, 김수진金壽鎭 등은 공산주의 이론 연구를 통해, 일제의 붕괴의 필연성과 조국의 해방을 확신하고 비합법조직을 만들어 투쟁을 전개
4.22 재도쿄 긴조[錦城]중학동창회를 강학찬姜學贊 등 61명이 결성
一.23 오사카부의 간사이[關西]대학 조선인 학생단체 '간사이대학 우리학우회'는 임원회를 열었고, 재류학생의 통일 지도를 위해 가두로 진출하자는 의견이 나왔으나 결론을 미룸
一.26 도쿄의 영화관 내 화장실 벽에 "반도인 청년에게 고한다. 조선 독립의 호기에 일치단결하여…"라는 낙서가 발견됨
4.26 교토시의 천도교 청년당 교토지부는 서울에 있는 본부가 해산했기 때문에 동 지부의 해산을 결의
一.29 도쿄 다카하라[高原]학생친목회가 유장호劉章湖(67명) 등에 의해 결성
5.1 재도쿄 동래공정고등보통학교 동창회를 송일환宋日煥(50명) 등이 결성
一.1 재도쿄 동래중학동창회 결성
一.1 재도쿄 동고東高동창회 결성
一.5 야마구치현 요시키군[吉敷郡] 사바야마[佐波山] 수도隧道공사장에서 조선인 노동자와 일본인 노동자 간의 난투사건으로 조선인 6명, 일본인 18명이 체포됨
一.6 와세다대 전전·정경政經 우리동창회를 박종흥朴鐘興(49명) 등이 결성
一.10 조선악극단이 후쿠오카현과 시모노세키시에서의 공연 선전 포스터가 일본인과의 대립을 시사하는 듯한 오해를 불러일으킨다는 이유로 당국이 경고
一.16 도쿄의 유물론연구회 관계의 치안유지법 위반 용의로 박병서朴炳瑞, 박병걸朴炳杰, 김일선金日善, 김영상金永上의 4명이 체포됨(또 24일에 박시태朴時兌, 27일 정갑계鄭甲桂, 박병길朴炳佶이 체포됨)
一.22 조선기독교 간토추회[關東中會]는 간다[神田]조선기독교회관에서 제3회 정기총회를 개최
一.25 가나가와현 요코하마시[橫浜市] 가나가구[神奈川區]의 요코하마기계공업회사 제2공장의 조선인 노동자 7명, 차별임금에 반대하여 파업

1939년

재일동포
一.29 도쿄의 일본체육회 체조학교 조선학우회 해산
一.30 후쿠오카현 이즈카시의 주식회사 아소[麻生]상점이 노동자의 함바[飯場]제도를 회사 직영 함바제도로 변경하는 데 대해 함바주[飯場主] 99명 중 조선인 39명이, 개혁을 하는 것은 함바주에게 불리하다고 강조하며 파업에 돌입
一.31 재도쿄 선성善成전문학교 교우친목회를 강용길姜龍吉 등 24명이 결성
6.1 와카야마현[和歌山縣] 와카야마에서는 조선인 동포의 일용품 공동구입으로 생활 부조를 도모하기 위해 '와카야마협우회協友會'(소비조합) 설립
一.5 도쿄학생예술좌 기관지 『막幕』 200부 발간
一.16 도쿄의 조선인학생예술좌 창립 6주년 기념공연을 예정하고, 경찰당국과 협의하여, 연극 내용이 조선어를 사용하는 것이었기 때문에 공연을 중지당함
6.— 메이지대 김병길金秉吉을 중심으로 마르크스주의연구회 결성
一.22 도쿄의 주오대학 조선유학생동창회는 '주오대학조선동창회'로 개칭하고 '유학생'이 라는 호칭을 폐지
※ 일제의 '황국신민화정책'으로 재일조선인 유학생도 일본인으로서의 의무가 부과되어 민족차 별은 여전히 변치 않으면서, 권리를 갖지 못한 식민지 민족의 비극만이 남은 일본인이 되었고, 각 대학은 '유학생' 호칭을 폐지
6.28 일제의 관제官製 단체 '중앙협화회'가 39개 부현府縣 협화회 본부의 중앙기관으로서 결성
※ '중앙협화회'는 후생성, 내무성, 척무성, 문부성 및 조선총독부의 정상이 발기인이 되어 조직, 이사장에 세키야 데이사부로[關谷貞三朗], 지회장은 각 경찰서장, 간부는 특고경찰관, 운영 목적은 조선인 동화정책의 추진과 동향을 감시하고, 민족주의, 사회주의운동을 탄압하며, 전쟁 에 협력시키기 위한 국방헌금, 조선어 금지, 가미다나[神棚]봉재奉齋, 신사참배, 일본복장 착용, 강제연행자 도망 방지의 역할을 함
7.1 와세다대생의 권태응權泰應은 공산주의연구그룹 활동 중 체포 송검
一.1 오사카부 협화회는 '지나사변 2주년 행사'로서 부속의 '교풍회矯風會' 청년 부원을 소집하여 준군사 교련을 오사카부 지사에게 사열을 강제 당함
一.3 도쿄시 오모리구[大森區]의 오모리청소조합 가이소[海送]지부 종업원 70명 중, 조선인 64 명은 사업주에게 대우개선을 요구하며 파업에 돌입했다가 사업주와 타협하여 해결
一.8 일제는 재일조선인의 전쟁에 대한 협력 촉진 강화와 조선으로부터 조선인 노동자 의 강제연행을 목적으로 하여 '국민징용령'을 시행
一.12 박은철朴恩哲은 전년 12월에 체포되어 취조 중, 일본공산주의단체 관계자 자동차 운전자로 송검됨
一.12 시즈오카현[靜岡縣] 가모군[加茂郡] 하마자키[浜崎]의 일본광업주식회사 가와쓰[河津]광 산 스자키광[須崎鑛]의 조선인 광부는 민족적 차별 임금에 반대하여 일본인과 동등 한 대우로 개선할 것을 요구하며 파업에 돌입
一.14 김학의金鶴儀(김천해金天海)는 『조선신문』 관계로 36년 12월에 체포되어 치안유지법 위반으로 전년 12월의 징역 4년 판결을 받고 고등재판소에 항소, 고등재판소에서 이전 판결대로 선고, 최고재판소에 상고했으나 상고 기각, 전 판결대로 판결 언도 를 받고 복역

1939년

재일동포

―.17 재일조선인 친일단체 교토부 협화회는 나카교구[中京區] 스자쿠[朱雀] 제4소학교에 '전보도원全補導員'을 소집해서 '방공防空사상보급강습회' 개최
―.22 도쿄 북성北星친목회를 최호춘崔浩瑃 등이 결성
―.23 지바현[千葉縣] 마쓰도[松戶]의 조선인 고물상 39명(그중 일본인 4명)은 맥주 배급으로 인해 빈병류가 특약점으로 직접 들어가기 때문에 고물상의 사활이 걸린 문제가 되어 그 특약점에 직납하는 것을 중지하도록 탄원, 대중운동으로 발전시키려고 하는 것을 경찰의 조정으로 해결
―.31 송군찬宋君讚은 전년 8월 16일에 체포되어 치안유지법 위반으로 송검(5월 20일)되었다가 요도바시구[淀橋區]의 '제국갱신회사상부'에 거주하는 조건으로 보석 출소
7.― 니혼대[日本大] 학생 김한섭金漢燮은 이재묵李載墨이라는 이름으로 니혼대에 입학하여 마르크스주의연구회 조직을 획책하고, 후에 신문배달부 등 좌익그룹의 집결을 획책하던 중 체포됨
8.3 박천석朴天錫은 전년 12월 2일에 치안유지법 위반으로 체포, 7월 7일에 기소되어, 요도바시구의 '제국갱신회사상부'에 거주하는 조건으로 보석 출소
―.3 친일단체 시즈오카현 가쿠난[岳南]협화회는 2월 11일부터 회원 조선동포에게 야간 일본어 교습을 하고, 63명에게 수업증서 수여식을 행함
  ※ 일제의 친일단체인 '협화회'가 전국의 하부기관에 일본어 습득과 풍습 등을 가르치는 강습회를 열어, 일본인화 촉진의 역할과 함께 동화정책에 협력을 추진함
8.5 아이치현 오카자키시[岡崎市] 오카자키구 재판소 구내 피의자 대기실 내 유리창 및 벽쪽에 "공산당을 지켜라, 프롤레타리아 단결하라, 자본가를 타도하라, 공산주의를 지켜라"라는 낙서가 있는 것을 발견, 경찰의 수사로 경남 함안군의 주소 부정 이경술李庚述을 체포하여 취조한 결과, 사실이 판명되어 치안유지법 위반 및 공무집행방해죄(오사카부에서 체포될 때에 경관을 폭행)로 송검됨
8.8 도쿄외어학생 홍승업洪承業은 일본인 학생 몇 명과 유물론연구독서회를 열어 책동하던 중 6월 28일에 치안유지법 위반으로 체포되어 취조 결과, 기소
―.15 와세다대 좌익그룹의 고석준高石俊은 치안유지법 위반으로 기소
―.20 히로시마현 히로시마성교회聖敎會를 최익안崔益安 등이 설립
―.22 도쿄농대 공산주의그룹의 이영근李泳勤 기소
―.28 사쿠라다몬대역사건[櫻田門大逆事件] 도쿄 고스게[小菅]형무소에 복역중이던 박준식朴準植(박열朴烈)의 근친자인 경북 상주군의 박연식朴延植과 박두식朴斗植이 면회하여 심정을 토로함
―.30 도야마현에서 3년 전 9월에 치안유지법 위반으로 체포되었던 도야마내선노동친애회 내의 비합법그룹 김태식金泰植 외 9명 중 김태식, 박학수朴學守, 한동술韓東述은 본년 3월 14일에 기소되어 예심 종결 공판에 부쳐지고, 다른 4명은 기소유예가 됨
―.30 조성완趙誠琓은 일본 공산주의자 관계로 전년 11월 9일에 치안유지법 위반 용의로 체포되어 기소됨
―.31 와세다대 좌익그룹 관계의 송군찬宋君讚이 전년에 치안유지법 위반 용의로 체포되어, 징역 2년형에 3년의 집행유예 판결을 받음

1939년

재일동포
9.5 오사카시 히가시나리구[東成區]의 도요[東洋]철선공업회사에서 조선인 직공 120명이 대우개선을 요구하며 파업
—.7 호세이대생 김만복金萬福은 영어연구회에서 "일본은 성전聖戰이라고 하지만 궁극적으로 지나支那를 속령화하려는 의도로 지나 민족이야말로 비참하다" 운운하는 말을 하여 체포 송검
—.13 도쿄, 공산주의그룹의 결집을 획책하던 김정두金正斗가 체포 송검됨
—.20 도쿄제국대학 조선학생동창회는 남조선지방 가뭄에 대한 위로금 20엔을 갹출함
—.24 교토의 학생들 간에 남조선 지방의 대가뭄에 대해 일본인은 냉담 "조선을 구하려는 것은 조선인뿐이다" 운운하는 말
—.24 교토 리쓰메이칸대학 학우회는 임시총회를 열어 남조선한해구원대책 문제로 의연금갹출운동 전개를 결의, 경찰은 이를 민족운동으로 보고 금지를 명함
—.29 간사이대학 우리학우회는 임원회에서 명칭 변경에 대해 의견 조정을 이루지 못하고 산회散會함
9.— 니혼대생들 20여 명이 '극단예술과 제2부'를 결성하고, 그중에서 이수답李秀畓, 서만일徐萬一 등은 프로연극연구를 지망
10.1 히로시마시 미나미간온마치[南觀音町] 조선인 중사仲仕 40여 명은 재목상 호리카와[堀川勉三方]에게 대우개선을 요구하며 파업
—.4 오사카부에서 전년 5월 치안유지법 위반 용의로 체포되었던 김인택金仁宅에 징역 2년의 판결을 선고
—.6 조선기독교회는 나고야교회 목사 박상동朴尙東 외 3명의 대표가 일본기독교회 전국대회에 출석하여, 조선·일본 양 교회의 합동 건에 대해서 협의했으나 조정이 이루어지 않고, 결렬됨
10.11 교토시이 세이호[聖峰]중학교 3학년생 조선인 학생 황주연黃杜硯이 퇴학처분이 발단이 되어 학생 수 507명 중 조선 학생 345명이 3학년생 조선학생 70여 명의 처분에 반대하여 동맹휴교를 결성
—.14 도쿄외어학생 강갑덕姜甲德은 6월 21일에 체포되어 치안유지법 위반으로 기소됨
—.15 간사이대학 우리학우회는 임시총회를 열어, 당국의 명으로 '간사이대학조선인학우회'라고 개칭하고, 회칙도 일본어로 바꾸어 쓰도록 강제 당함
10.— 김사량金史良, 『빛 속으로』를 월간 잡지 『문예 수도首都』 10월호에 게재하여 조선인 작가 최초로 아쿠타가와상[芥川賞] 후보가 됨. 일제는 그것을 침략전쟁에 이용하고자 협력을 강요하고, 중국으로 '재중국 조선 출신 학도병 위문단'에 가담하게 했으나, 탈출하여 항일무장투쟁에 참가함
—.20 가나가와현에서 8월 19일에 미국에서 귀국하던 도중에 체포된 김용택金容澤은 취조 결과, 미국에 있을 때 조선독립운동을 좌익단체와 책동했다는 이유로 치안유지법 위반이 적용되어 송검됨
—.20 교토부의 리쓰메이칸대학 조선학우회는 남조선 지방의 가뭄 의연금 50여 엔을 모아 동아일보 오사카지국에 기탁
—.27 교토시의 세이호중학에서 10월 11일의 동맹휴교투쟁으로 상해사건의 5학년생 안동엄安東嚴 외 4명에 대해서 '폭력행위 등 처벌에 관한 법률 위반'으로 신병을 송검함

1939년

재일동포

- 11.7 홋카이도[北海道]의 미쓰비시[三菱]광업 데이네[手稲]광산에서 이성만[李成萬]의 낙반사고사에 장례 등을 요구했다가 거부당하자, 조선인 노동자 292명 전원이 폭동, 경찰의 개입으로 8명을 체포, 그중 2명의 송환으로 해결함
- —.8 홋카이도 아사노[淺野]탄광에서 조선인 노동자 48명이 대우개선을 요구하며 파업
- —.9 효고현[兵庫縣]에서 전년 7월 31일에 치안유지법 위반으로 체포되었던 이두연[李斗硯]에 고베지방재판소에서 징역 5년을 구형
- —.10 재도쿄 나남[羅南]학우회를 신덕손[辛德孫] 등이 결성
- —.11 와세다고의 박봉진[朴鳳珍]은 "조선어 사용을 금지하고 있다…조선어의 멸망은 조선의 멸망"이라고 말하고, 조선 독립을 주장했다고 하여 체포됨
- —.12 메이지대 예과 이강혁[李康赫]이 공산주의연구그룹 관계로 체포됨
- —.12 오사카의 니혼대학 오사카전문학교(현 긴키[近畿]대학) 조선인학우회는 남조선 가뭄 구원 의연금을 만들기 위해 노동을 해서 얻은 37엔 50전을 동아일보에 의탁함
- —.13 교토시의 세이호중학교 조선인 학생, 동맹휴교투쟁의 상해사건은 피의자 5명 중 2명이 벌금 30엔, 3명은 기소유예 처분이 됨
- 11.— 도쿄 조선인민족주의그룹 열혈회의 박윤옥[林潤玉] 등 8명이 비밀그룹을 조직하고 조선 독립 달성을 위해서는 농민 대중을 계몽해야 한다 하여, 3년 전부터 평양 시내에서 일맥회—麥會의 비밀결사 결정을 실천하기 위해, 일본으로 건너가서 활동하던 중 체포됨
- —.15 홋카이도 유바리[夕張]탄광의 조선인 노동자 238명, 조선인 노동자에 대해 기숙사장 등이 린치를 가한 것에 항의하여 입갱[入坑] 거부
- 11.— 동양의 무희 최승희[崔承喜], 조선민족 무용을 발전시켜 세계에 알리고, 작가 가와바타 야스나리[川端康成]가 '일본 제일의 무용가'라고 『문예』 11월호에서 이야기함
- —.15 홋카이도 유베쓰[雄別]탄광회사 우라호로[浦幌]탄광의 조선인 노동자 130명, 동료가 일본인 노동자에게 린치당한 데 대해 갱내 조차장에 항의하여 대우개선을 요구하며 파업
- —.18 효고현에서 체포되었던 치안유지법 위반 피의자 이두연이 징역 2년 6월의 실형을 선고
- —.18 전총 오사카시 종업원조합 보건부지부(조합원 800명 중 조선인 550명) 해산
- —.19 야마구치현 반조[盤城]탄광회사에서 조선인 노동자 138명 전원이 급여에서 원천공제하는 강제 저금에 불만을 가지고 변제를 요구하며 파업
- —.21 홋카이도 소라치군[空知郡] 미쓰이[三井]광업 비바이[美唄]탄광에서 조선인 노동자 98명이 낙반사고로 인해 안전 보장을 요구하면서 입갱 거부 파업
- —.22 오사카시의 고코쿠[興國]상업, 고노하나[此花]상업 두 학교 재학 중인 조선인 학생은 조선의 가뭄 의연금에 참여, 24엔 75전과 40엔 80전을 동아일보 오사카지사에 기탁
- —.24 치안유지법 위반으로 체포되었던 황병인[黃炳仁]은 징역 2년, 집행유예 3년의 형을 선고받음
- —.30 도야마현에서 체포된 도야마내선노동친애회 관련 치안유지법 위반 사건의 판결은 김태식, 박학수에 징역 2년, 집행유예 4년, 한동술에 징역 1년 6개월, 집행유예 4년을 선고

1939~40년

재일동포
12.1 간사이대학 조선인학우회는 임원회를 열어 잡지『관조關朝』를 발행할 것을 협의 결정
—.4 조선기독교 오사카지방교회와 일본기독교의 합동 문제로 간담을 나누고, 합동을 결의
—.6 와세다대생 김철수金轍洙는 공산주의연구그룹과 관련되었다는 이유로 체포됨
—.13 오사카부에서 체포된 일본 공산주의자 관련의 치안유지법 위반 사건으로 정암우丁岩又가 징역 4년의 실형을 선고받음
12.— 후쿠오카현 니혼광업회사 신야마노[新山野]탄광의 조선인 노동자 170명은 입갱장려금을 조선인에게는 지급하지 않는 민족차별에 대해 항의 파업
12.— 홋카이도 스미토모키타니혼[住友北日本]공업소 고노마이[鴻之舞]광산에서 조선인 노동자 280명은 동료가 일본인 노동자에게 린치를 당해, 이에 대해 항의로 시설 및 대우개선을 요구하며 파업
—.18 이홍종은 치안유지법 위반 사건으로 도쿄지방재판소에서 징역 2년, 집행유예 4년의 형을 선고받음
12.— 가나가와현에서 체포되었던 김용택은 기소유예 처분이 됨
—.23 홋카이도 미쓰이광업 비바이광업소 제2갱의 낙반사고로 조선인 광부가 1명 사망함에 따라 조선인 광부 198명 중 55명은 입갱을 거부하고, 월 2주일의 휴일과 저금 및 송금을 각자 할 수 있도록 요구하며 파업
12.26 일제, 재일조선인에게 '조선인의 씨명에 관한 건'(창씨개명)을 시행하고, 조선인에게 민족적 자주의식을 말살하기 위해 '일본 성'을 강요
—.26 호세이대생 주용세朱龍洗는 도쿄의 조선인 학생 공산주의자 등과 함께 공산주의운동에 참여했다는 이유로 9월 16일에 체포되어 구류 중 송검
—.27 아이치현에서 니시카모군[西加茂郡] 사나게무라[猿投村]의 조선인 12세대 130명은 가주家主가 공동 우물의 수리를 하지 않아 거주자가 수리하고, 비용 문제로 분쟁이 일었는데, 현지 경찰의 조정으로 해결
12.— 재일조선인 노동단체 수는 256, 인원 수 2만 758명, 금년도의 치안유지법 위반 50명, 노동분쟁 154건
12.— 재일동포의 수는 96만 1,591명이 됨
1940
1.3 재도쿄 가라스야마[鳥山]학생친목회를 왕신수王愼壽 등(25명)이 결성
—.5 재도쿄 이원利原군인회를 홍이균洪二均 등(97명)이 결성
—.6 도쿄에서 와세다대[早稻田大]의 김철수金轍洙는 공산주의연구회를 조직하여 활동하던 중 체포
—.7 도쿄에서 유물론연구회를 조직하고 연구활동 중 메이지대[明治大]의 유대건柳大建, 센슈대[專修大]의 태철근太喆根 등 6명이 체포 송검됨
—.13 재도쿄 마산유학생친목회를 김상영金祥榮 등(27명)이 결성
—.14 야마구치현[山口縣] 시모노세키시[下關市]의 '반도불교승려연합회'는 임시총회에서 '매일 아침 황거 요배할 것'을 강제 결의하도록 강요당함

1940년

재일동포
—.15 도쿄상호친조계親助契를 한이백韓二伯 등(17명)이 결성
—.18 도쿄에서 열혈회를 아오야마학원[靑山學院] 박윤옥朴潤玉 등 6명이 중심이 되어 결성하여 활동하던 중 체포됨
—.19 도쿄에서 공산주의연구 그룹이 민족해방과 공산주의사회 실현을 위해 연구활동을 하고, 이강진李康鎭(센슈대), 이천우李天雨(니혼대[日本大]), 김용규金容珪(센슈대), 김수진金壽鎭(와세다대) 외 2명이 체포 송검됨
—.20 아이치현[愛知縣] 아마군[海部郡] 쓰시마쵸[津島町]의 고물상 장연식張淵植은 집을 빌리는데 조선인임을 숨겼는데, 나중에 집주인이 조선인이라는 사실을 알고 집을 비워줄 것을 요구, 경찰의 조정으로 해결
—.24 후쿠시마현[福島縣] 이리야마[入山]탄광에서 조선인 광부가 린치를 당하여 사망, 가해자 일본인 광부와 근친자가 난두, 조선인 광부 430명, 회사가 죽였다며 일제히 파업에 돌입, 3명이 체포됨
—.27 와세다대 조선인학생동창회는 졸업생 송별회를 146명이 열었는데, 한규종韓圭鐘의 송별사에서 "조국 없는 자는 진정한 행복을 얻지 못한다"고 강조하고, 몰래 조선독립운동에 분주하기를 바란다는 취지로 여러 명이 발언했기 때문에 그 외 3명과 함께 경찰에 체포됨
—.28 재도쿄 영변유학생친목회를 김대순金大順 등이 결성
1.— 교토의 고요[伍陽]제약회사의 유귀복柳貴福 등이 중심이 되어 사원 5명과 민족독립운동그룹을 결성
2.1 일제, 조선인의 자주성을 말살하고, 침략 확대와 총알받이 역할을 시키기 위해 일본인화를 '창씨개명' 법령의 실시를 통해 촉진시키고자 함
2.1 히로시마현[廣島縣] 히로시마시의 히로시마공흥共興구매조합(조선인소비조합) 간부 권영준權永準 외 11명은 치안유지법 위반 용의로 체포됨
—.1 도쿄의 조선인학생 평안平安그룹 농대 김태훈金泰薰, 김운하金雲夏가 체포 송검됨
—.8 홋카이도[北海道]의 모시리[茂尻]광업소에서 조선인 195명이 대우개선을 요구하며 파업
—.13 동아일보사는 나고야시 공회당에 2300명의 조선인 동포을 모아서 '기원 2600년 봉축전과 강연회'를 강제
—.14 도쿄에서 '동맹회'가 이정현李正鉉 등을 중심으로 민족독립운동그룹을 결성
—.18 미에현[三重縣] 미에군 월영촌의 육군 센주[千住]제작소 욧카이치[四日市]공장 건설 공사에 종사하던 조선인 노동자 70명 중 15명이 대우개선을 요구하며 태업, 경찰의 조정으로 해결
—.19 재일조선인 교토부 협화회는 조선인의 '황국신민화' 촉진을 위해 '교풍회' 중견인물 양성 강습회를 엶
—.22 재일조선인 '사이타마현[埼玉縣] 협회회'는 조선인의 '황국신민화' 촉진을 위해 '협화회' 간부 강습회를 엶
—.24 도쿄조선인공산주의그룹은 전년 12월에 관계자가 체포되었을 때 병에 걸려 보류했던 변동윤邊東潤을 1월 19일에 체포하여 신병을 송검

1940년

재일동포
一.24 권영상權寧祥은 전년 12월 치안유지법 위반으로 기소
一.26 권태섭權泰燮은 전년 12월 치안유지법 위반으로 기소
一.26 이영자李榮子는 전년 12월 치안유지법 위반으로 기소유예 처분이 됨
一.28 후쿠시마현 미나미아이즈군[南会津郡] 이나무라[伊南村] 소재 이나[伊南]광산의 조선인 노동자 8명은 임금 지급과 일본인과 같은 대우를 요구하며 파업에 돌입했다가 경찰의 조정으로 해결함
3.1 메이지대 김병길金秉吉을 중심으로 마르크스주의연구회 활동 그룹의 5명이 체포 송검됨
一.1 최성관崔聖寬은 전년 12월에 도쿄조선인공산주의그룹 관계자로서 1월 18일에 체포되어 송검됨
一.2 고치현[高知縣] 와타리가와[渡川] 개수공사장에서 조선인 73명은 계약 임금 이행을 요구하며 파업
一.8 오카야마현[岡山縣]에서 순회 중이던 조선대동가극단에 대해 연출 내용에 민족의식을 선동하는 조선어 사용을 금지시켜, 어쩔 수 없이 일본어로 연출하도록 함
一.11 오카야마현 오카야마광산광업소에서 조선인 노동자 80명이 계약 이행을 요구하며 파업
一.11 도쿄농업대학 조선인학생 공산주의그룹 관계자 이영화李泳華에 징역 2년, 집행유예 3년의 형을 선고
3.12 홋카이도의 미쓰비시[三菱]광업 오유바리[大夕張]광업소에서 노무계에게 조선인 노동자가 구타당한 일로 조선인 노동자 140명이 노무계의 경질을 요구하며 파업
3.15 도쿄의 조선인마르크스주의연구회를 조직하고 활동 중이던 태철근(센슈대), 방동명方東明(나이쇼[大正]중학 3학년), 강태산姜泰山을 체포하여 치안유지법 위반으로 송검
一.16 후쿠오카현[福岡縣] 도요다[豊田]탄광에서 임금 미지급으로 인해 사감과 조선인 노동자가 대립하고, 경찰의 개입으로 임금 지급이 이루어져 해결함
一.16 후쿠오카현[福岡縣] 도바타케[戶畑], 마키야마[牧山] 두 소학교에서 조선인 자제의 특별학급 수행식이 거행됨
一.17 홋카이도의 유베쓰[雄別]탄광 유베쓰광업소에서 조선인 노동자 457명이 고용기간 약속과 12시간 노동시간의 단축을 요구하며 파업
一.19 전년 2월에 치안유지법 위반으로 체포되었던 도쿄외어생外語生 강용덕姜用德이 기소 수용 중 요도바시구[淀橋區]의 '제국갱신회사상부'에 거주하는 조건으로 보석됨
一.28 홋카이도의 태평양탄광회사 신포로지리[新幌內]갱업소에서 '임금 정산을 잘못하여 지급'했다는 이유로 조선인 노동자 45명이 파업
4.1 홋카이도 쇼와[昭和]광업회사 신호로나이[新幌內]갱업소 창에 창살을 단 것을 조선인 노동자 328명이 차별적 취급이라 하면서 철회를 요구하고 파업
一.2 가나가와현[神奈川縣] 미우라군[三浦郡] 즈시마치[逗子町]의 합동운송합자회사에서 취로 중이던 조선인 박위동朴謂同 외 19명은 대우개선을 요구하며 파업, 경찰의 조정으로 해결함

1940년

재일동포

- 一.2 아이치현 니시카스가이군[西春日井郡] 신카와쵸[新川町]의 하마시마로[浜島楼] 정리공장에서 사업 축소로 조선인 여공 15명을 해고하며 해고 수당을 지급하지 않아 수당을 요구하며 분쟁, 경찰의 조정으로 금일봉을 지급하고 해결
- 一.2 오사카부에서 치안유지법 위반 용의로 체포된 공산주의 관계 홍기어[洪基魚]는 징역 2년의 실형에 처해짐
- 一.11 니가타현[新潟縣] 사도킨잔[佐渡金山]에서 조선인 노동자 97명은 응모 조건과 다르다 하여 임금 인상을 요구하며 파업
- 一.14 동아일보사 고문 송진우[宋鎭禹]는 '귀족원의원' 마루야마 쓰루키치[丸山鶴吉], 세키야 데이사부로[關谷貞三朗], 그밖의 관계자를 방문, 진정하기 위해 다시 상경하여 신문폐간 취소 운동을 추진
- 一.15 나고야시[名古屋市] 보호관찰소, 명덕회[明德會], 동중선회[同衆善會]의 공동 주최로 치안유지법 위반 조선인의 시국수양간담회를 30명이 참여한 가운데 엶
- 5.5 야마구치시에서 일본기독교 우베신카와[宇部新川]교회를 조선인 강정길[姜貞吉] 등이 설립
- 一.5 간사이[關西]대학 조선인학우회는 정기총회를 개최하여, 간사이대학 계림[鷄林]학우회로 개칭, 창씨개명으로 조선인이라는 명칭을 폐지하라는 당국의 명령에 반발하여 '계림'이라 함
- 一.5~19 도쿄 조선인학생운동단체 '평안그룹'이 민족적 입장과 조선독립을 실현하기 위해 결성하고 활동하는 가운데, 농촌계몽으로 조선과 일본에 걸쳐 운동을 하던 김홍진[金洪振](릿쿄대[立敎大]) 외 7명이 치안유지법 위반으로 체포 송검됨
- 5.6 니혼대생들이 중심이 되어 프로연극연구회 '형상좌[形象座]'를 결성하고 활동을 전개하던 중, 허집[許執] 외 6명이 체포 송검됨
- 一.7 교토부에서 3월 26일에 체포된 치안유지법 위반 용의자 제3고등학교 학생 박만철[朴晩喆]은 취조 결과, 3년 전부터 좌익운동에 투신하였고, 2년 전에는 교토 조선인 노동자의 야학교 강사로 공산주의를 선동하고, 교토의 대학생에게까지 선동 활동을 한 것이 밝혀져 송검됨
- 一.12 교토의 조선인학우회가 임시총회와 신입생환영회를 199명이 참가한 가운데 열었고, 임원을 다시 선출하여 조영주[曹寧柱]가 회장이 되었는데, 조영주는 동아연맹위원이 되어 좌익을 표방함
- 一.12 니혼대 오사카전문학교 조선인학우회는 56명이 참가하여 신입생환영회를 열었는데, 조선인의 권리처우 문제에 불만을 토로하는 발언이 속출
- 一.14 니혼대생 권태응[權泰應], 홍순환[洪淳煥]은 1월에 치안유지법 위반 용의로 체포되었는데, 요도바시의 '제국갱생회'에 거주한다는 조건으로 석방됨
- 一.15 도쿄에서 조선인 공산주의 운동가 이청원[李靑垣]은 수사 중이던 경시청에 체포됨
- 一.22 오사카시 다이쇼쿠[大正區] 지도리쵸[千鳥町]의 기즈가와[木津川]코크스제조소의 조선인 노동지 이일종[李一鐘] 외 13명은 회사에 대우개선을 요구하다 거절당하자, 협상하여 후일 선처한다는 약속으로 해결함

1940년

재일동포

- 5.— 일제, 재일조선인에게 '사상범예방구금제도를 도입한 개정 치안유지법과 국방보안법, 언론집회결사임시단속법' 등의 시행으로 탄압 강화를 도모함
- 5.— 효고현[兵庫縣]의 호쿠신[北神]상업학교 조선인유학생회 배상권裵祥權, 최창현崔昌鉉 등 7명은 조선독립운동의 실천을 위해 단결하고, 고베[神戶]를 중심으로 여러 선배와 함께 봉기할 것을 결의, 조선독립만세를 삼창하여 체포됨
- —.24 지바현[千葉縣], 사립 메이린[明倫]중학교 교사 황규섭黃奎燮은 "일본은 전쟁에 진다" 등의 발언으로 체포 송검
- —.25 도야마현[富山縣] 니카와군[新川郡] 히가시다니무라[東谷村]의 촌영村營 촌도村道 신설공사장에서 조선인 노동자 15명에 대해 임금 미지급에 따른 쟁의가 발생, 경찰의 조정으로 일부 임금이 지급되면서 해결
- —.28 조선인 종교단체인 천도교 도쿄종리원을 '천도교 도쿄교구'로 개칭
- 5.— 오사카 조선인 학생 김봉각金奉珏 등이 민족독립운동을 꾀하는 '흥아興亞연구회'를 결성, 마르크스주의 및 삼민주의연구, 조선독립을 목표로 하는 '계림동지회'로 발전함
- —.30 도쿄제국대학의 임영목任永穆이 공산주의 선전활동 중 체포 송검됨
- 6.2 조선기독교회는 일본기독교 도쿄 중회中會와 합병하여, 새롭게 '일본기독교회 도쿄중앙전도회'로 개칭함
- —.3 간사이대학 계림학우회는 임원회에서 회지『계림』을 발간할 것을 결정
- 6.— 도쿄에서 부령富寧친목회를 신평일辛平一 등이 결성
- —.7 재일조선인 친목단체 '미야자키현[宮崎縣]협화회 도미시마[富島]우회友會'는 조선인 여성의 일본인화 촉진과 침략 전쟁에의 협력을 위해 '협화회부녀수양회'를 개최
  ※ 다른 지방에도 위와 같은 조직이 다수 조직됨
- 6.9 도쿄에서 마르크스주의연구회를 조직하고 활동을 전개하던 방우범方禹範[호세이대[法政大]), 차용제車鎔濟(와세다大), 신영인辛永寅(니혼대) 등이 치안유지법 위반으로 체포 송검됨
- —.11 무정부주의계 재건단체 '건달회建達會' 결성, 문성훈文成勳, 이종문李宗文, 정갑진鄭甲振이 중심 멤버가 됨
- —.14 효고현 고베시에서 5월에 체포되었던 호쿠신상업학교 조선인유학생회의 조선독립운동만세사건 학생들, 치안유지법 위반으로 송검 기소됨
- 6.15 히로시마현, 오성吳聖교회를 최익안崔益安 등이 설립
- —.23 아이치현 나고야시에서 민족독립운동단체 '민족부흥회'가 결성되어, 표면적으로는 친목단체 '평화회'로 활동 전개. "본 모임은 조국 조선의 독립을 목적으로 하고, 전 조선 민중의 독립운동 지도체 같은 임무를 갖는다"고 주장하고 각지에 지부 조직을 획책하던 중, 이수형李秀瀅 등 23명이 치안유지법 위반으로 체포 송검됨
- —.28 도쿄제국대학의 한실기韓室琦 외 2명은 혁명의 시기時機가 도래했다고 판단, 일본인 좌익과 연대하여 운동하던 중 체포 송검됨
- 7.2 야마구치현 시모노세키시의 반도불교승려연합회는 이 지방의 조선인 무종교, 무신앙을 계몽하고, 불교에 귀의시키고자 하여, '조선불교성극佛敎聖劇'을 공연, 79명이 입장하였기에 지방 순회 공연을 결정

1940년

재일동포

―.10 야마구치현 야마구치고교와 야마구치고등상업의 조선인 민족주의그룹 '여우회麗友會'는 민족독립운동을 전개, 독서회를 조직하고 "해외의 장제스[蔣介石] 하의 조선인 장교, 지나支那 만주의 동지단체의 무장봉기와 연계"하여 운동을 추진하고 활동하던 중 성창환成昌煥(교토대), 민병구閔丙久(도쿄대) 등 19명이 치안유지법 위반으로 체포 송검됨

―.13 오사카부 나카카와치군[中河內郡] 류게쵸[龍華町]의 후타미[二見]상점의 조선인 여공 163명 중 119명이 공장 측의 임금산정방식이 노동자에게 불리하다 하여 지급 방법에 반대하며 파업에 돌입

―.16 아이치현 나고야시, 조선인민족주의자 김두희金斗熙 등은 '평화회'를 조직하고 조선민족독립운동을 위해 활동하던 중 일제히 체포되었다가, 취조 과정에서 사범 경미로 인정되어 석방

―.19 도쿄에서 평안그룹의 김두혁金斗赫이 체포됨

―.19 도쿄대생 조선인 임영목은 5월 30일에 공산주의운동의 사상적 용의자로서 체포되어, 취조 과정에서 치안유지법 위반으로 송검됨

―.22 조선음악무용연구회 한성준韓成俊 일행이 오사카부에서 흥행 준비 중에 경찰로부터 공연에서 조선어 사용 금지 서약서를 제출하고 허가를 받았으나, 조선어 가무 공연을 했기에, 책임자를 소환, 엄중 계고戒告

―.26 마르크스주의연구회를 결성하고 운동을 전개하고 있던 김현주金弦朱(와세다대) 외 1명이 치안유지법 위반으로 체포 송검됨

―.26 도쿄의 조선인 공산주의자 한천수韓千壽는 도피 중이던 5월 16일에 체포, 취조 중에 일본반제동맹 재건활동 중임이 밝혀져, 치안유지법 위반으로 송검

7.― 후쿠오카현에서 이기출李起出은 아이가 학교에서 절도로 처벌 받자 "훔친 것은 돌려주면 되지만, 일본은 조선을 훔친 것이 아닌가? 그에 비하면 아무것도 아니다"라는 발언을 하여, 마을 전체에서 배척운동이 일어남

7.31 이시카와현[石川縣] 에누마군[江沼郡] 다이쇼지마치[大聖寺町] 히가시요코쵸[東横町]의 토목청부업 다니모토[谷本]공무소에 조선인 노동자 10명이 긴급공사인 해군병원 부지 공사에 취로했다가 차별대우로 인해 파업

8.1 효고현에서 열차 이동 경찰관에게 체포되어 취조를 받던 센슈대학 경제 2학년 조계순趙桂順은 조선 독립을 구가謳歌하는 불온 인쇄물을 소지하고 과격한 민족의식을 갖고는 있으나, 실천활동은 없었다고 인정되어 석방

―.1 와카야마현[和歌山縣]협화회는 일제의 어용을 충실하게 수행하여 '일본 경찰관'을 대상으로 '조선어강습회'를 열고 한 달 동안 조선어를 습득시켜 조선인 탄압에 필요한 용어를 사용할 수 있도록 속성교육 실시에 협력

―.15 야마구치현 해항海港경비과는 관부연락선을 임검臨檢, 선내에서 조선독립에 관한 불온문을 기술한 일기장을 소지한 후쿠오카현 야메[八女]중학교 농학생 김창수金昌洙를 체포하여, 조선 측 경찰에 신병을 넘김

―.16 가나가와현협화회는 조선인 동포에게 황무지 개척을 시키고, 일제의 침략전쟁에 충실하게 협력시키기 위해 '식량증산보국운동'이라는 명목으로 혹사

1940년

재일동포

―.22 가나가와현의 조선기독교 요코하마[橫浜]지회가 조선어를 통한 포교를 금지하는 것에 서약할 것을 당국으로 강요당함
9.3 오사카상대 예과 2년 한택교[韓宅敎]는 불경죄 용의로 체포되어 취조 중에 징역 8개월의 실형 판결을 선고
―.3 아이치현 니이하마시[新居浜市] 해륙운송업 '성실사盛實社'에 취로 중인 조선인 노동자 39명은 대우개선을 요구하며 파업
―.14 야마구치현의 관문, 기타규슈[北九州] 지방 일대에 거주하고 있는 조선인 승려 조직 불교반도승려연합회에 대해 이후 조선식 불사법요를 '일본식 불사법요'로 바꾸도록 경찰 당국이 경고 명령을 내리고, 서약을 강제함
9.― 교토의 야마토[大和]철공소의 김두만[金斗萬] 등 2명이 중심이 되어, 조선독립혈맹그룹을 조직하고, 조선에 본거를 설치하려던 계획이 실패하자, 다시 도일하여 활동을 전개
―.21 재일조선인 친일단체 후쿠오카현 협화회는 일제의 '천황에 충실할 것을 서약'하기 위해 '황민강습소'를 개설하고, '제국황민교육' 실시로 1년 동안에 142명을 강제 수강시킴
　　※ 각 현의 협화회는 일제의 친일단체로서 재일조선인 '황국신민화'정책을 촉진시키기 위해 2일~3일간 각종 '보도원補導員' 강습회를 엶
10.1 와카야마현 협화회 다나베[田邊]지회는 재일조선인을 일제의 침략전쟁의 총알받이로 삼기 위해 '조선인청년훈련소'를 개설하고 일본어 강독과 군사훈련을 매월 4일 동안 의무적으로 강제시킴―이후, 전국 각지에서 군사훈련을 강제함
―.2 도쿄제국대학의 한동기[韓烔埼]는 공산주의연구회를 조직하고 활동하다가 체포됨
―.3 교토 조선인학우회는 재정적 수익을 위해 조선무답[舞踏]공연회를 개최
―.6 도쿄에서 마르크스주의연구를 조직하고 활동하던 중 센슈대 출신의 김모씨가 치안유지법 위반으로 체포 송검됨
10.14 교토 마르크스주의연구그룹은 임두성[林斗成] 등이 사가고[佐賀高]그룹을 결집시켜 민족해방 및 공산주의이론연구를 기도, 나아가 교토 조선인학생학우회를 지도하면서 활동을 전개하던 중 교토대생 김배준[金培濬] 외 8명이 치안유지법 위반으로 체포 송검됨
―.19 도쿄 도시마[豊島]의 조선인 긴세이 가이치로[金生嘉一郎]라는 가명의 인물, 마르크스주의연구회를 일본인 2명과 함께 조직하고, 당의 확대 강화에 암약[暗躍]운동을 전개한 이유로 치안유지법 위반으로 체포 송검됨
―.24 도쿄에서 마르크스주의연구회를 조직하고 조선 독립을 획책운동을 전개하던 주오대[中央大] 학생 권태윤[權泰潤] 외 2명이 치안유지법 위반으로 체포 송검됨
―.24 니혼대 오사카전문학교 조선학생학우회는 해산당하고, 후에 학교 측의 단체에 '동아반[東亞班]'으로 합류 당함
―.26 교토제국대학 조선인학생동창회는 선배 박철재[朴哲在]의 이학박사 학위수여 축하회 총회를 성대하게 개최
―.27 조선독립운동을 하는 열혈회 사건 관계자 지광호[池光浩]가 도쿄 지검에서 기소됨

1940~41년

재일동포
10.— 일제, 재일조선인을 침략전쟁에 전시동원체제로 동원하기 위해 반동단체 '국민정신총동원조선연맹'을 '국민총력조선연맹'으로 개편함
11.28 일제, 재일조선인 친일단체 '협화회'의 하부조직을 강화하고 재일조선인 전원을 산하에 지배하는 통제수단으로서 전국에 하부조직을 만듦
※ (1) 지회의 하부조직으로 지도구指導區 또는 분회 아래에 5호 내지 10호로 반班 조직으로 삼을 것 (2) 조선인 노동자 60명 이상을 고용하는 공장 광산 분회의 하부조직으로서 지도반 하에 조선인 노동자 20명마다 반을 조직, 3반을 통합하여 1지도반으로 할 것
12.1 도쿄조선학생예술좌는 6년 전에 결성한 이래 조선인 학생의 사회주의 민족운동의 중심적 역할을 수행해 왔는데, 일제의 탄압이 심해지자 해산
—.3 조선인 공산주의 운동가 이청원이 5월 14일에 체포되어 취조 중에 밝혀진 것은, 반파쇼전선 통일운동가의 일본공산주의자 구로다 젠지[黑田善次], 중국인민전선파 전애옥錢厓玉, 도원道源 등과 연락하여 조선인 좌익그룹을 지도했다는 이유로 송검
—.6 신협극단 관련 조선인 안정호安禎浩, 조문연趙文硯이 치안유지법 위반으로 체포 송검됨
—.12 신협극단 관련 조선인 이강복李康福이 치안유지법 위반으로 체포 송검됨
—.12 도쿄제국대학 경제과 3학년 조선인 학생 마쓰야마 히로아키[松山浩明], 같은 대학 농예과 2학년 한실기와 오모리구[大森區]에 거주하는 일본인 마쓰야마 야스오[松山保男] 등은 전시체제 하의 일본사회 정세는 혁명에 호기가 전래했다고 판단하고 일본의 사회주의자들과 연대하여 당 재건운동을 하다가 체포 송검됨
—.13 도쿄에서 조선독립을 위해 헌신할 것을 서약하고 활동을 전개한 그룹에서 조선기독교의 이용과 민족문화 수호, 무장봉기로 독립을 기도하던 김승권金承權 외 3명이 치안유지법 위반으로 체포 송검됨
—.20 가고시마[鹿兒島] 실과종합중학생 김기팔金起八 등은 '빈중회貧中會'를 조직, 독립론을 주장, 실력양성을 위해 운동을 전개
12.24 무정부주의계 건달회의 중심 멤버 문성훈 외 11명이 치안유지법 위반으로 체포 송검됨
—.28 아이치현에서 체포된 조선의 독립운동민족부흥회사건 관련으로 이수형, 김두희가 나고야에서 기소됨
12.— 재일조선인운동단체 수 220, 인원 수 2만 520명, 치안유지법 위반 165명, 노동분쟁 228건
12.— 재일동포 수는 119만 444명이 됨
1941
1.2 나가사키현[長崎縣] 기타마쓰우라군[北松浦郡] 시카마치쵸[鹿町村]의 닛테쓰[日鐵]광업회사 기타우라[北浦]광업소의 조선인 노동자 100명은 1명은 동료 1명이 사복 경관에게 구타당한 보복으로 경관에게 항의하다가 전원 체포당함
1.7 도쿄의 마르크스주의연구그룹 임남석林南錫(도요대[東洋大]) 외 4명은 치안유지법 위반으로 체포 송검됨

1941년

재일동포

- 一.9 간사이[關西]대학 조선인학생계림학우회는 임원회를 열어 학우회의 해산 문제로 찬반양론이 대립했는데, 학교 당국의 방침에 따라 해산하게 됨
- 一.12 후쿠오카현[福岡縣] 온가군[遠賀郡]의 닛산[日産]화학공업회사 온가영업소의 조선인 노동자 225명이 대우개선을 요구하며 파업
- 1.— 애국자의 사상전환을 강제하기 위한 파쇼단체 '시국대응사상보국연맹'이 '야마토주쿠[大和塾]'로 개칭
- 2.8 도쿄에서 일본공산당, 재일 재건 준비 활동 중이던 윤만영尹萬榮, 조금동曺今同 등이 체포됨
- 2.— 일제, 재일조선인에게 탄압을 강화하기 위해 파쇼적인 '조선인사상범예방구금령' 공포
- 一.17 오카야마[岡山] 제6고등학교의 조선인독립운동그룹 고창섭高昌燮 등 6명이 치안유지법 위반으로 체포 송검됨
- 一.25 오사카의 니혼대[日本大] 오사카전문학교의 조선인 독립운동그룹계림동지회의 오카다 쇼스케[岡田庄祐](김봉각金奉珏), 강금종姜金鐘 등 15명이 치안유지법 위반으로 체포됨
- 一.28 지바현[千葉縣]에서 무정부주의운동을 했다는 이유로 사립 메이린[明倫]중학 5학년생 손원식孫源植 외 2명이 체포됨
- 3.2 전년 6월에 치안유지법 위반으로 체포되어 취조 중이던 조선인 에하라 도쿠히로[江原德弘]는 국철國鐵좌익그룹과 운동 중이라는 것이 밝혀져 송검됨
- 一.7 일제, 파쇼적인 '국방보안법', '개정 치안유지법'을 실시
- 一.9 도쿄의 강영석姜永錫은 동아연맹의 이론을 이용하여 조선독립운동을 기도하다가 체포됨
- 一.16 도쿄의 분두재分斗載는 일본공산당재건준비회의 가미야마 시게오[神山茂夫]의 지도하에 활동하던 중 체포 송검됨
- 一.17 조선독립운동 평안그룹사건의 책임자 김두혁金斗赫은 취조가 완료되고 송검됨
- 3.22 조선독립을 기도하고 문예와 영화를 통해 계몽운동을 하던 김건웅金建雄(니혼대) 외 2명이 체포 송검됨
- 3.— 조선독립운동그룹 명광회明光會가 도쿄고등공업학교의 문장희文章熙 등을 중심으로 결성됨
- 一.25 치안유지법 위반으로 송검되어 있는 조선인 권태섭權泰燮은 도쿄지방재판소에서 징역 2년, 집행유예 3년 형을 선고
- 4.1 일제, 재일조선인 자제에게 '황국신민화' 교육을 강화하기 위해 '국민학교령' 공포
- 一.2 재일조선인 친일단체 '도쿄시 상애회'가 해산하여 전여 재산 13만여 엔은 도쿄부협화회 기타 10개 단체에 기부
- 一.4 교토시 가미교구[上京區] 가미카모쵸[上加茂町]의 채소가게가 조선인에게 물건을 팔기를 거부하여 분쟁이 됨
- 一.10 후쿠오카현의 정토종 조선포교소 설립
- 一.10 가고시마[鹿兒島] 실과종합중학 조선학생독립운동그룹의 김기팔金起八 등 5명이 체포됨

1941년

재일동포

- 1.14 도쿄의 메이지대(明治大) 경제학부 3학년 조선인 학생 다케다 겐키(竹田賢基)는 조선독립운동의 실천을 선동했다는 이유로 3월 28일에 체포되었다가 치안유지법 위반으로 송검됨
- 4.— 미곡통제할당제로 인한 감식 때문에 공복이던 조선인 직공의 태업, 전출, 작업 저하 등 분쟁 속출, 교토 가미카모국민학교의 아동은 3명에 1명이 결식으로 등교
- 4.17 야마구치현(山口縣) 시모노세키(下關) 시내의 조선인 구두닦이가 급증하자, 경찰은 일제히 출두시켜서 노동자로 강제 취로시킴
- 4.18 효고현(兵庫縣) 고베시(神戶市) 나다구(灘區) 기시야쵸(岸谷町)의 조선인 몇 명은 배급소에 배급 시기를 당겨줄 것을 요청하면서 분규
- 5.1 효고현 이보군(揖保郡) 아보시쵸(網干町)의 도쿄시바우라(東京芝浦)전기주식회사 아시보 공장 건설 공사장의 조선인 노동자 김대협(金大俠)은 동료 조선인 노동자 20명에 대해 "오늘은 메이데이로 노동자의 휴일이니 쉬자"고 선동하다가 체포됨
- 5.5 아이치현(愛知縣)의 민족부흥회사건 관계자 김두희(金斗熙)에 대해 나고야(名古屋)지방재판소는 징역 2년, 집행유예 5년 판결을 선고
- 5.7 아이치현의 민족부흥회사건 관계자 이수형(李秀瀅)에 대해 나고야지방재판소는 징역 2년의 실형 판결을 선고
- 5.7 일본공산당 재건운동 관례의 노인희(盧寅熙)가 체포됨
- 5.9 도쿄시 간다(神田)의 도쿄 주계(主計)상업학교 3학년 김영교(金英敎)는 조선독립운동으로 고향의 지인 등에 한뜻으로 단결하여 조국 광복을 위해 활동하자는 편지가 발각되어 치안유지법 위반으로 송검
- 6.5 교토 마르크스주의연구회 그룹의 이한구(李漢龜)가 체포됨
- 6.21 이바라키현(茨城縣) 히타치시(日立市) 히타치광산의 조선인 50여 명은 대우개선을 요구하면서 경관과 난투, 50명이 체포됨
- 6.25 도쿄의 김복한(金福漢)은 공산주의연구회를 조직하고 활동 전개 중에 체포
- 6.— 미에현(三重縣) 기슈(紀州)광산 조선인 113명, 미곡 증배 요구하며 파업
- 6.— 후쿠시마현(福島縣) 이와키(磐城)탄광회사의 조선인 노동자 280명은 식량 반감한 데 대해 증배를 요구하며 파업
- 6.30 도쿄의 조선학생독립운동그룹 죽마계(竹馬契)가 조선독립운동 비밀결사로 결성, 본부를 서울에, 지부를 도쿄에 두고 운동을 전개하던 중 백재호(白在鎬)(주오대(中央大)), 김은복(金恩宓)(메이지대) 등 10명이 치안유지법 위반으로 체포 송검됨
- 7.6 김재영(金在榮)은 치안유지법 위반 용의로 6월 28일에 체포, 취조 중에 "중일전쟁은 일본이 질 것이므로, 그때가 조선 독립의 호기이다. 그러니 단결하자"라고 선동 획책했다는 사실이 밝혀져서 송검
- 7.7 야마구치현 해항경비과는 과분연락선의 임검(臨檢) 중에, 도쿄조선인민족주의그룹 형상좌(形象座)사건 관계자 박용진(朴容鎭)을 발견하고 체포
- 7.9 후쿠오카현에서 체포되었던 '간인와카미야(閑院若宮)'에 대한 불경사건의 김병하(金炳夏)는 고쿠라구(小倉區) 재판에서 징역 1년의 실형 판결을 선고

1941년

재일동포

一.12 효고현 아리마군[有馬郡] 미타쵸[三田町] 일본예수그리스도 미타조선교회는 '협화회'의 가미다나[神棚]봉사奉仕에 반대하고 민족성이 강한 간부 목사 신산대단[神山大壇]을 본국에 송환했기 때문에 해산

一.13 도쿄 슨다이[駿台]상업학교 세오[瀨尾]선생동문회(199명) 결성

一.23 사이타마[埼玉]중학 조선독립운동그룹은 학우회를 자숙회自肅會로 조직하고, 조선독립운동을 전개했기 때문에 윤만학尹晩學(센슈대[專修大]), 오송학吳松鶴(센슈대), 김극한金克翰(니혼대) 외 2명이 치안유지법 위반으로 체포 송검됨

7.25 야마구치현 야마구치고교 조선인민족주의그룹 여우회麗友會사건은 전년 7월 이래 취조 중 야마구치지방재판에서 기소유예 처분에 처해졌는데, 유재우柳在祐만 불경죄로 기소

一.26 교토에서 기독교 포교를 통해서 조선독립운동을 전개하고 있는 그룹 거제도 출신자들이 거제사巨濟社를 결성하고, 성서연구회를 조직, 신앙을 통한 민족해방을 호소하는 황선윤黃善尹 외 6명이 체포 송검됨

一.29 6월 12일에 체포되어 취조 중이던 메이지대 전문부 법과 2학년 하동찬河東燦은 좌익 문헌 탐독을 통해 공산주의 의식 앙양과 공산주의사회의 실현을 위해 활동하던 중 치안유지법 위반으로 송검됨

8.8 도쿄의 조선독립운동그룹의 김판석金判錫 외 2명은 중국에서 군사훈련을 받고 무장을 하고 조선으로 들어가 독립운동을 기도, 미 대사관에서 대사를 만나 자금 원조를 요청하다가 체포

一.9~10 도쿄에서 조선독립운동그룹 죽마계사건의 잠입자 김홍기金泓沂(주오대), 구철회具喆會(릿쿄대[立敎大]) 외 4명이 체포 송검됨

8.— 도쿄의 대학생 이재천李載天은 "일미전쟁이 일어나면, 학생들을 출동시킨다고 하기 때문에, 절대로 학생은 고향에 돌려보내지 않는다"고 통신하여 수사를 받음

8.— 오사카의 정덕수丁德秀 등이 중심이 되어 조선독립청년당을 결성

一.27 도쿄의 임극행林極幸, 조선에 "현재 시국에 조선인 학생들이 속속 조선으로 피난, 이것은 무엇을 의미하는가, 개전 후 조선인의 입장을 심각하게 염두에 두어야 한다"고 통신하고 체포됨

8.27 도쿄의 박용곤朴容坤 "언제 전쟁이 일어날지도 모르는 상태다"라고 통신하고 체포됨

9.9 도쿄의 김항건金恒健은 지금이야말로 조선은 독립할 수 있다고 말하다가 체포 송검됨

一.15 백선복白善福(센슈대), 방당方瞠(니혼대 졸)이 도쿄에서 조선독립운동을 기도하다가 체포됨

一.20 도쿄에서 전 도쿄프로연동演同 연구생(센슈대 중퇴 조선인) 우치카와 후토요코[內川太橫]가 조선독립운동을 획책하다 체포

一.25 도쿄시 후카가와구[深川區] 주가이[中外]상업신보 배달원 조선 청년 김형철金炯喆이 8월 15일에 치안유지법 위반 용의로 체포되어 취조 받던 중, 조선독립청소년단을 조직, 표면상 건설당建設黨이라 칭하고 중일전쟁 과정에 조선인의 봉기를 통해 독립을 달성하자고 획책한 사실이 밝혀지면서 송검됨

1941년

재일동포

一.27	도쿄고등공과학교생을 중심으로 조선독립운동그룹 명광회明光會의 여창현呂昌鉉, 문장희, 정오광鄭午鑛, 박갑순朴甲錞, 김병호金炳浩 등이 체포 송검
9.—	재일조선인 김학영金鶴泳 제4회 문예상 『얼어붙은 입』으로 수상
一.29	도쿄에서 독립운동 그룹 동맹회의 이상만李相萬이 체포 송검됨
一.29	도쿄 일본치과의전의 박승희朴勝姫가 독립운동을 기도하고 계몽활동을 하던 중 체포됨
9.—	도쿄에서 조선독립운동 그룹 동지同志연맹을 결성(국수대중당 청년대원 3명이 중심)
10.3	도쿄에서 조선독립운동그룹 박천한朴天瀚(니혼대 중퇴), 박주현朴周鉉(간토상업생), 지영하池英河(신문배달) 등이 치안유지법 위반으로 체포 송검됨
一.4	도쿄의 심우섭沈佑燮(메이지대) 외 메이지대생 1명은 공산주의 연구활동 중 체포됨
10.7	야마구치현 아사군[厚狹郡] 후타마타세손二俣瀬村의 고토가와[厚東川]댐공사장에서 조선인 노동자 330명은 전 노동자 400명을 대표해서 1일 12시간 노동시간의 단축과 대우개선을 요구하며 파업에 돌입했다가, 관헌의 탄압으로 15명이 체포되었고 나머지 전원은 강제 취로 당함
一.8	도쿄에서 조선독립운동 획책 그룹 김철수金喆洙(메이지대), 조병걸趙柄傑(니혼대 졸), 장석환張錫煥(흥아학원), 김소세金素洗(신문배달), 정윤억鄭允億(호세이대[法政大]), 임경행任景行(니혼대) 등이 체포됨
一.8	오사카의 조선독립청년당, 조선독립운동그룹은 "우리는 조선독립을 위해 조선민족의 행복을 위해 생명을 바친다"고 주장. 김태원金泰元, 김홍락金洪樂, 정덕수鄭德秀, 강연중姜鍊中(잡역부) 등이 치안유지법 위반으로 체포 송검
一.10	효고현 아카시시[明石市] 일본예수그리스도교 아카시전도소(구 조선기독교 아카시전도소)는 조선인 장신길張信吉, 김영창金永昌 등이 포교한 데 대해 경찰, '협화회' 등이 '신사참배' 강요하자, 이를 반대했다는 이유로 폐지 당함
一.11	도쿄의 조선독립운동 그룹의 고교생, 오공호吳恭浩, 임병철林柄喆, 최세구崔歲拘, 양광석梁廣錫 등이 체포 송검됨
10.15	도쿄에서 조선독립운동 그룹 고재국高在國(와세다대), 백재호白在鎬(주오대), 배종윤裵宗潤(주오대), 원용학元容鶴(릿쿄대), 강상호姜相湖(고교) 외 2명 등이 체포 송검됨
一.15	친일단체 교토부 협화회는 '조선부인회'를 조직하고, 일본인으로 동화 촉진을 위해서 일본인다운 교양 향상을 도모하는 '부인일상예법'이라는 팸플릿 1만 5,000부를 제작하여 조선인 각 가정에 배포함
一.15	도쿄의 민족주의 그룹은 일본이 머지않아 패전한다고 확신하고 조선독립 준비운동을 했다는 이유로 김기제金起濟(아오야마가쿠인대[青山學院大]) 외 1명이 체포 송검됨
一.16	조선의 독립은 공산주의사회의 실현을 통해서 달성된다고 확신하고 운동을 전개한 조응필趙應弼(메이지대), 도쿄의 김성영金城榮 등이 체포 송검됨
一.16	도쿄의 조선독립운동 그룹 동맹회의 "지원병제를 이용하여 독립운동에 궐기하고, 선두에 서서 일본군과 싸우는 북만의 김일성 장군을 지지하며, 귀국하여 독립 준비를 한다"고 한 차영섭車永燮(니혼대 중퇴), 이정현李正鉉(토공) 등이 체포 송검됨

1941년

재일동포
—.20 교토시의 조선기독교 남교회, 후시미(伏見)교회, 니시노쿄(西ノ京)교회는 관헌의 탄압으로 인해 목사 및 신자들이 치안유지법으로 체포되었으며 교회를 해산
—.21 도쿄의 함경득(咸慶得)은 블라디보스토크에 미국 비행기가 와서 홋카이도(北海道), 사할린을 대폭하고 갔다는 등의 유언비어로 체포 송검됨
—.21 후쿠오카의 규슈(九州)의전 학생독립운동 그룹 조주순曺柱淳, 허인오許仁五, 조무준趙武駿 외 2명이 체포 송검됨
—.22 오이타현(大分縣) 오이타 시내 각처에 8월경부터 천황을 비판한 낙서와 조선 독립의 낙서, 벽보를 수사 중, 시내의 자동차 운전사 조수 김삼수金三壽를 체포하여 취조한 결과, 사실이 판명되었기 때문에 유언비어죄로 송검됨
—.22 오사카시의 공산주의 관련 조선인 송태옥宋太玉은 오사카시 기타구(北區)형무소에서 형기가 만료되었지만 전향하지 않았기 때문에 예방구금이 확정됨
—.22 재일조선인 친일단체 오카야마현 협화회는 일제의 침략전쟁에 협력하기 위해 신체 단련과 군사시련을 전제로 '조선중견청년연성회'를 열고, 6일 동안 150명을 강제 동원함
※ 각 현의 '협화회'는 이러한 강습훈련을 열고 일제에 '충성'을 맹세하도록 강제함
—.24 교토부의 치안유지법 위반 용의로 체포되었던 공산주의 사다카(佐高) 그룹 관련의 임두성林斗成에 대해 교토지방재판소는 징역 2년, 집행유예 5년의 판결을 선고
—.27 도쿄에서 조선독립운동을 획책한 김용운金龍雲(와세다대) 외에 와세다대생 아무개와 니혼대생 아무개를 체포
—.27 후쿠시마현 이와키탄광회사에서 식사 문제로 불온한 낙서를 한 최연수崔連壽가 엄계嚴戒 처분을 당함
—.28 니혼대 제2상업의 조선인독립운동 그룹 이장우李章雨, 김기영金基榮, 서규연徐圭演, 손익극孫翼極 등이 체포 송검됨
10.— 시즈오카현(靜岡縣) 이와타군(磐田郡) 다쓰야마무라(龍山村)의 일본광업회사 미네야마(峯山)광산에서 조선인 광부 20명이 식사 문제로 취사 담당에게 폭행당함
11.2 교토의 조선인 위안 연예회演藝會가 오사카흥아흥업사 주최로 열려, 공연 중에도 당국의 경고를 무시하고 조선어 독창 등을 행하였기 때문에 관객이 열광적인 갈채를 보냄
—.7 도쿄의 민족주의 그룹 사키타마(埼玉)중학생 김영완金泳完, 양천수楊天洙, 김학우金學祐와 주판우朱板佑 및 이창학李昌鶴, 정갑용鄭甲溶 등이 체포 송검됨
—.8 도쿄의 독립운동 그룹 김종서金鐘瑞 외 7명이 체포 송검됨
11.— 센슈대학생을 중심으로 우리조선독립그룹을 결성
11.— 도쿄에서 어대진漁大津유학생친목회 결성
—.12 오카야마현에서 체포되었던 제6고 조선인학생 민족주의그룹사건 용의자 여운려呂運呂 외 4명은 오카야마지방재판소에 기소됨
—.13 도쿄시 우시고메구(牛込區)의 인쇄공 김호덕金好德은 민족의식이 강하고 조선인 친구에게 조선독립을 위해 행동하자는 편지를 보낸 것으로 인해 체포되었다가 치안유지법 위반으로 송검

1941년

재일동포
一.22 해천 동공중학교동창회 도쿄지부를 김영문金榮文 등(71명)이 결성
一.23 청주 제1공립부속중학교동창회 도쿄지부(63명) 결성
一.30 도쿄에서 조선의 독립운동을 획책한 이상숙李相淑, 강동윤姜東允(니혼대)이 체포 송검됨
12.1 교토부에서 11월 12일 치안유지법 위반 용의로 체포된 교토시 가미교구의 히가시데라[東寺]중학교 5학년 인세구[因世鉤]는 취조 결과, 리쓰메이칸대생 서영수徐榮洙, 하시태[河時泰]의 지도를 받아 민족공산주의 의식을 강화하여 조선 독립을 갈망하면서 히가시데라중학생과 교토 시내의 조선인 학생에게 공산주의 선전을 하고 동지의 확대조직 결성에 분주했던 사실이 판명되어 송검
一.4 도쿄에서 공산주의운동을 하던 조영희趙榮熙(호세이대), 박지돈朴志敦(농대), 이래윤李來允(토공) 등이 체포 송검됨
一.8 일제, 태평양전쟁이 시작되고, 미영에 선전포고, 제2차 세계대전이 본격적으로 새로운 단계에 돌입함
12.— 일제, 재일조선인에 대해 '전시체제 하'를 공포
12.— 일제, 재일조선인에 대해 대탄압을 가하여 활동가, 애국자, 민족적 인텔리들 다수를 체포
※ 도쿄에서 조희준曹喜俊 외 11명, 가나가와[神奈川]에서 김사량金史良 외 18명, 오사카에서 현상호玄尙好 외 20명, 효고에서 강창호姜昌浩 외 16명, 야마구치에서 이명인李命仁 외 7명, 교토에서 박명복朴命福 외 2명, 아이치에서 박상동朴尙東 외 9명, 미야기[宮城]에서 이창렬李昌烈 외 11명, 구마모토[熊本] 3, 도야마[富山] 3, 이시카와[石川] 3, 사이타마 1, 이바라키 1, 나가노[長野] 1, 조선인기독교그룹 등의 122명이 전국에서 일제히 체포됨
一.9 고베중앙신학교민족주의그룹은 "김일성의 독립운동에 희망"을 갖고 독립운동을 한 김영창金永昌 외 4명이 체포됨
12.9 고베여자약학전문학교의 민족주의그룹 이창선李昌仙 외 1명이 일본의 패전의 혼란을 이용해서 독립하고자 활동을 하던 중 체포됨
一.9 미야기에서 도호쿠[東北]제국대학의 민족주의그룹 김길환金吉煥 등 11명이 체포 송검됨
一.9 구마모토에서 제5고등학교 민족주의그룹 정만수鄭晚秀 등 3명이 체포 송검됨
一.9 이시카와에서 가나자와[金澤]4고의 민족주의그룹 변시민邊時敏 등 3명이 체포 송검됨
一.9 아이치에서 추인봉秋仁奉 등 10명의 민족주의운동그룹이 체포 송검됨
一.9 도야마고교 민족주의독립운동그룹 최정율崔定律 외 2명이 체포 송검됨
一.12 도쿄에서 조선독립운동을 획책한 조영수趙永洙(도쿄대) 외 3명이 체포 송검됨
一.12 이시카와에서 4고의 조선인청년마르크주의연구회의 이시카와 멤버 박응포朴應包 외 2명이 체포 송검됨
一.14 가나가와의 조선독립운동그룹의 전쟁이 시작되자 동지를 조선으로 보내 봉기를 획책한 김용규金容奎(센슈대) 등 7명이 체포 송검됨
一.17 도쿄의 김병래金炳來, 최택심崔澤沈 등은 일본에서의 조선인 노동자 실태조사를 실시하여 「공장순회기」라는 팸플릿을 작성, 배포하면서 활동하던 중 체포 송검됨
一.22 도쿄의 김보성金寶成(니혼대) 등 2명이 조선독립을 획책하여 체포 송검됨
一.25 도쿄에서 건달회建達會의 최봉근崔鳳根이 체포됨

1941~42년

재일동포
—.27 도쿄에서 오병달吳炳達 등 민족독립운동으로 체포됨
12.— 재일조선인 노동단체 190, 인원 1,762명, 치안유지법 위반 293명, 노동분쟁 96건
12.— 재일동포의 수는 146만 9,230명이 됨
1942
1.6 전년 12월에 치안유지법 위반 용의로 체포된 니혼대전[日本大專] 예술과 2학년 김보성金寶成을 취조한 결과, 경남의 다마가와 쇼슈[玉川昌洙]와 함께 혼대 안팎에서 회합을 가지고 조선 독립을 획책했다는 것이 밝혀져 송검
—.6 재일조선인 친일단체 오사카부 협화회가 일제에 충성을 표하기 위해 '대동아전쟁 완수대회'를 나카노시마[中之島]공회당에서 열고, '국민의례, 대조봉독식大詔奉讀式, 사단사령부 강연'에 강제 동원을 시킴
—.6 홋카이도[北海道] 삿포로군[札幌郡] 도요히라마치[豊平町] 일본광업회사 도요하[豊羽]광산의 조선인 광부 40명은 계약 만료로 귀국을 희망하면서 태업
—.8 전년 10월 11일에 치안유지법 위반 용의로 체포되었던 도쿄시 오지[王子]의 니혼대전 예술과 3학년 박기주朴基注는 취조 결과, 2년 전부터 프롤레타리아문학을 통해서 일반 무산계급, 피압박 조선민족에게 계급의식을 심어주고, 공산주의사회 실현을 목적을 동지를 결집, 실행을 선전 선동한 것이 밝혀져 송검됨
—.11 후쿠오카현[福岡縣] 다가와군[田川郡] 호조무라[方城村] 미쓰비시[三菱]호조탄광 이주 조선인 광부 77명은 대용식 혼입混入에 차별대우가 있다고 항의하면서 태업을 하여 6명이 체포됨
—.19 전년 11월 8일에 치안유지법 위반 용의로 체포된 도쿄시 요도바시구[淀橋區] 흥아학원興亞學院 1학년 장석환張錫煥은 취조 결과, 2년 전에 경성사립징신徵新학교(중학교)를 졸업하고 일본으로 건너와, 민족차별에 반감을 가지고 조선인의 행복은 독립에 있다고 확신, 조선독립운동의 선전 선동을 했다는 사실이 밝혀져 송검됨
—.21 도쿄에서 조선민족독립운동을 획책한 김택수金澤洙가 체포됨
—.23 도쿄에서 민족운동을 하던 인섬安暹(아오야마가쿠인대[靑山學院大])이 체포됨
—.26 도쿄에서 민족독립운동을 하던 성구옥成九玉(와세다고[早稻田高])이 체포됨
—.26 전년 11월 11일에 치안유지법 위반 용의로 체포된 경북 영일군 출신, 도쿄시 후카가와구[深川區]에서 신문배달을 하던 긴조[錦城]상업 3학년 장종영張鐘影은 취조 결과, 민족의식이 강하고 조선독립, 민족해방을 위해 활동하려는 의지, 아버지에게 보낸 편지에 "앞으로 조선의 독립을 위해서 헌신적으로 활동하겠다"고 쓰고, 동료에게 같은 선전 선동을 했음이 밝혀져 송검됨
—.28 규슈의전[九州醫專]의 조선인학생 독립운동그룹 김제옥金濟玉(경성제국대), 김조무金曹茂(전남 상공과)가 체포됨
—.29 도쿄에서 조선독립운동을 하던 김정주金正朱(메이지대[明治大]), 김정복金正福(도시마[豊島]상업), 김오수金五秀(메이지대), 기상조奇祥祚, 전윤성田允成 등이 체포 송검됨
—.31 후쿠오카현[福岡縣] 오무타시[大牟田市] 미쓰이미이케[三井三池]광업소 노현광露顯鑛에서 조선인 광부 38명은 대용식 혼입에 항의하면서 무단으로 철수했기 때문에 1명이 체포됨

1942년

재일동포

—.31 전년 10월 16일에 치안유지법 위반 용의로 체포된 함북 온성군 출신, 도쿄시 우시고메구(牛込區)의 니혼대전(日本大專) 정경과 1학년 조응필趙應弼은 취조 결과, 일본에 오기 전부터 민족주의자의 지도를 받아 민족의식이 강하였고, 4년 전에 도쿄로 와서 다수의 마르크스주의 문헌을 탐독하고, 공산주의사상으로 발전, 조선민족의 해방은 공산주의사회의 실현 밖에는 없다고 확신하고 활동한 것이 밝혀져서 송검됨

2.1 야마가타현(山形縣) 니시타가와군(西田川郡) 다가와(田川)광업소의 조선인 노동자 190명은 수위에게 동려 4명이 폭행당하자 일제히 태업

—.1 도쿄에서 영흥 출신 학생들을 중심으로 한 민족주의그룹이 있다는 것을 탐지하여 강준섭姜駿燮, 조영진趙英珍, 정명화鄭命和, 박영규朴榮奎, 장세종張世鐘, 장동선張東鮮, 주운사朱雲仕, 강상자姜尙子 등이 체포 송검됨

—.2 도쿄에서 이신입李信入(릿쿄대(立敎大))은 공산주의그룹을 조직하고 활동하다가 체포 송검됨

—.3 도쿄에서 공산주의연구를 하던 이수호李守浩, 방보국方輔國 등이 체포 송검됨

2.4 도쿄에서 센슈대(專修大) 학생 김연우金演雨는 "북조선 사람은 매우 불온한 형세에 있다 …… 만약 일본이 불리한 입장이 되면, 일제히 들고 일어나 독립할 것이다"라고 주위 사람들에게 선전 선동했다는 이유로 체포됨

—.4 도쿄의 이규완李圭完, "일본은 미·영과 전쟁하고 있는데, 질 것이다. 나처럼 조국을 생각하고 있는 사람이 도쿄에 1,000명만 있으면 조선은 독립할 수 있다"는 뜻으로 말하여 체포됨

—.5 도쿄에서 도야마 내윤(戶山來允), 박대남朴大南을 체포해서 취조한 결과, 조선을 압박으로부터 해방시키기 위해서는 독립 이외에는 방법이 없다고 판단하고, 동지의 확보와 확대 강화에 분주했던 사실이 판명되어 송검

—.5 가나가와현(神奈川縣)에서 체포된 조선인 박경섭朴庚燮을 취조한 결과, 공산주의그룹이라는 것이 밝혀져, 치안유지법 위반으로 이시호李時昊, 김진섭金鎭燮, 김유순金裕淳, 이성모李聖模 외 2명이 체포 송검됨

—.6 후쿠오카현의 규슈의학생醫學生 조주순曹柱淳 중심의 민족독립운동학생그룹이 체포됨

—.7 교토부에서 서소수徐巢洙(리쓰메이칸대(立命館大)), 하시대河時泰(리쓰메이킨대), 김덕순金德淳(교토중) 외 1명이 체포 송검됨

—.7 도쿄시의 니혼대전 예술과 2학년 이덕원李德元을 치안유지법 위반 용의로 체포하고 취조한 결과, 2년 전부터 마르크스의 문헌을 탐독하고, 공산주의 이론의 정당성을 인정하고 공산주의사회 실현을 위해 활동하고 있는 것이 밝혀지면서 송검됨

—.10 아이치현(愛知縣)에서 독립운동의 민족주의그룹 조일제趙一齊, 이재섭李在燮, 강일상姜一相 등이 체포 송검됨

—.11 도쿄부 협화회는 하부조직 10개 지회를 동원하여 일제에 충성을 맹세하기 위해 재일조선인에게 '건국제建國祭'에 참가할 것을 강제함

—.15 도야마현(富山縣) 도야마고교 조선독립민주주의그룹 이태준李泰俊, 박순영朴淳榮, 장억규張億奎 등이 체포 송검됨

1942년

재일동포

—.18 이시카와현(石川縣)의 4고 조선인학생을 중심으로 하는 민족주의그룹이 탐지되어 최동명崔東明 외 12명이 체포됨
—.20 도쿄의 호세이대(法政大) 공업학교 3학년 박재호朴在鎬를 치안유지법 위반 용의로 체포하여 취조한 결과, 조선민족의 진정한 행복은 독립에 있다고 확신하고, 동지 확보에 분주했던 것이 판명되어 송검됨
—.20 도쿄에서 공산주의운동을 하던 송성철宋性徹이 체포 송검됨
—.23 오사카부 협화회는 재일조선인 학동學童의 일본인화를 철저히 하기 위해, 오사카부·시의 '각 국민학교 교장'을 초빙해 오사카부·시의 별관에서 '조선인아동교육간담회'를 엶
—.23 훗카이도 미쓰이광산 스나가와(砂川)광업소의 조선인 노동자 326명은 식사 감량에 반대하면서 입갱을 거부하고 파업, 15명이 체포됨
—.26 가나가와현에서 치안유지법 위반으로 체포된 동아연맹협회의 윤석복尹錫福은 취조 결과 동 협회를 이용해서 조선독립운동을 전개하고 동지 확보에 분주했던 것이 판명되어 김진용金鎭勇과 함께 송검됨
3.5 도쿄의 사립 조사이(城西)중학생 이동선李東善은 신문배달원들을 규합하여 대우개선을 요구하며 파업
3.5 도쿄의 오몽규吳夢奎, 백승복白承福 등이 체포되어 취조 결과 기소유예가 됨
—.5 후쿠오카현 야하타(八幡)제철소 화물적입 현장에서 "조선인 주제에 건방지다"고 폭행을 당한 것이 원인이 되어 조·일 노동자가 충돌하고 분규함
—.7 도쿄에서 공산주의운동의 신현칠申鉉七(도쿄 물리)이 치안유지법 위반으로 체포 송검됨
—.7 도쿄에서 조선독립운동과 관련된 정의진丁義鎭(주오대(中央大)), 강성길姜成吉(메이지대), 임세길林世吉, 김도원金道元(운전사) 등이 체포 송검됨
—.13 도쿄에서 조선독립운동과 관련된 신정원申貞元, 엄호영嚴昊永, 노병례盧炳禮, 나기욱羅基郁 등이 체포 송검됨
—.13 도쿄 메이지대생 박준서朴俊緖를 치안유지법 위반 용의로 체포하고 취조한 결과, 마르크스주의를 연구하고 운동을 하지 않는 선배를 비판하며, 마르크스주의는 조선민족해방운동에 단결과 실천을 통해서 실현하는 것이라고 하면서 동지 강두진姜斗鎭, 한영복韓永福, 황영수黃永秀 등과 공산주의운동에 분주했다는 것이 판명되어 송검됨
—.15 미야기현(宮城縣)에서 도호쿠대(東北大) 조선인학생 공산주의그룹사건 관계자 박호준朴鎬俊이 치안유지법 위반 용의로 체포 송검됨
—.17 도쿄의 조선인단체 '황인사黃人社'가 해산됨
—.17 도쿄의 김주연金周淵이 치안유지법 이반으로 체포, 취조 결과, 조선 독립을 위해 선전 선동하고 실천 행동을 한 것이 판명되어 송검됨
—.18 교토의 동아연맹을 이용한 독립운동그룹 조영주曺寧柱(리쓰메이칸대 졸) 및 리쓰메이칸대의 조은제趙恩濟, 권승정權承正 외 1명 도시샤대(同志社大) 양인현梁麟鉉 등이 체포 송검됨
—.18 도쿄에서 우리조선독립운동그룹의 현창연玄昌硯(센슈대), 채용석蔡用錫 등이 체포 송검됨

1942년

재일동포
一.19 도쿄에서 조선공산당 재건을 꾀하는 공산주의자그룹의 강두진姜斗鎭(메이지대), 이기섭李琪燮(조치대(上智大)), 이형일李炯一 등이 체포 송검됨
一.20 야마구치현(山口縣) 협화회는 현내의 조선인에 대해 일제의 전쟁에 대한 협력을 촉진시키기 위해 하부조직 11개 지회를 동원하여 '시국지도협의회'를 조직하고, 강제동원을 도모함
一.25 도쿄에서 우리조선독립운동그룹 권오황權五煌(센슈대), 정덕락鄭德樂(센슈대), 김봉칠金鳳七(니혼대), 박인석朴寅錫(고아코가쿠인(興亞工學院)), 이종흘李鐘屹(흥아공학원) 등이 체포 송검됨
一.26 홋카이도 미쓰비시 비바이(美唄)탄광소의 조선인 간부와 16명의 토공이 난투, 계약이 다르다며 도망
一.26 도쿄의 이상숙李相淑은「어느 반도 청년의 편지」라는 제목의 인쇄물을 출판하고, 독립운동을 전개하던 중 체포 송검됨
一.27 전년 10월에 도쿄에서 치안유지법 위반 용의로 체포된 김신수金信壽 외 4명이 조선독립운동을 했다는 사실이 밝혀져서 송검됨
一.28 니혼대생 함윤수咸允洙가 치안유지법 위반 용의로 체포
一.31 홋카이도 미쓰이광산회사 스나가와광업소의 조선인 54명은 식사 감량에 항의하며 파업
3.31 주오대 예과생 정의진을 치안유지법 위반 용의로 체포하여 취조한 결과, 조선독립을 위해 선전 선동한 사실이 판명되어 송검됨
4.1 교토에서 조선독립운동을 하던 박상홍朴商洪이 체포됨
一.1 도쿄에서 조선독립운동가 강철규姜哲奎(상업교), 김영주金英柱(도쿄공업)이 체포 송검됨
一.6 이미 체포되어 취조 중이던 비밀결사 건달회建達會 관계자 문성훈文成勳 외 6명의 조선인은 치안유지법 위반우로 기소
一.7 야마구치현 조선독립민족그룹의 김진성金振成, 권오철權五喆, 지인덕池仁德 등이 체포 송검됨
一.9 오사카에서 청년야학학교를 열어 민족적 독립의 자각을 깨우치는 운동을 전개하고 있던 주시대周時大, 김홍석金泓錫 등이 체포 송검됨
一.14 도쿄에서 치안유지법을 위반한 도요다 안연(豊田晏衍)은 징역 1년 6개월, 집행유예 4년의 판결을 선고받음
一.14 도쿄의 민족독립운동그룹은 차별로부터의 해방은 민족의 독립뿐이라고 계몽운동을 전개하던 김병준金秉浚, 서현徐鉉, 백만기白萬基(이상 니혼대), 김지수金志水(히지리바시(聖橋)상공) 등이 체포 송검됨
一.17 가나가와현에서 조선독립운동을 하던 박재협朴在俠(경성제대 졸), 이상조李尙祚(릿쿄대 졸)가 체포 송검됨
一.17 도쿄에서 한필신韓必信이 "지금 보아라, 조선을 독립시켜 보일테다"라는 말을 해서 체포됨
一.23 오사카에서 치안유지법 위반 용의로 체포 송검 중의 비밀결사 조선독립청년당 관계자 김홍락金洪樂 외 3명 기소

1942년

재일동포
—.25 오이타현(大分縣) 기타아마베(北海部) 오자이무라(大在村)건설공사장의 조선인은 식사 등의 대우개선을 요구하며 파업
—.27 도쿄에서 조선인민족공산주의동맹회사건 관계자 김정수(金正洙) 외 4명이 치안유지법 위반으로 체포 송검됨
—.27 도쿄에서 3월 10일에 체포된 니혼대전 법과 1학년 조선인 히라바야시 도시히데(平林敏秀)가 치안유지법 위반으로 송검
—.29 니가타현(新潟縣) 사도군(佐渡郡) 미쓰비시사도광업소의 조선인 3명이 화투를 해서 경찰에 연행되자, 동료 160명은 그를 되돌리려고 사무소에 난입하여 8명이 체포됨
5.5 오사카에서 독립운동에 관계했다는 이유로 최후봉(崔後峰)이 체포됨
—.5 가고시마현(鹿兒島縣) 센다이(川內) 센다이상업학교의 조선인 학생 9명은 지정된 하숙의 전출을 요구하면서 동맹휴교
—.6 도쿄에서 전년 12월 4일에 치안유지법 위반 용의로 체포되었던 박지돈(朴志敦)이 조선독립운동을 선동했다는 이유로 송검됨
5.— 고치현(高知縣) 하타군(幡多郡) 오무라시모도리(大村下通) 토공 함바장 박정수(朴禎洙)는 공산주의 운동을 획책, 전협 나고야(名古屋)합동노조와도 관계가 있다고 하여 체포 송검됨
—.9 일제, 재일조선청년을 전쟁터로 내몰기 위해 '징용령'을 시행
—.15 기후현(岐阜縣)의 김맹천(金孟千)은 미군기의 공습을 받아 "빨리 항참(降參)해야 한다"고 말하여 체포 송검됨
5.16 비밀결사 건달회사건으로 4월 6일 체포된 박윤옥(朴潤玉), 지광호(池光浩)는 징역 5년, 김덕운(金德潤)은 징역 4년의 실형, 김희만(金熙萬), 김동순(金東舜), 최병무(崔秉武)는 징역 2년, 집행유예 2년을 선고
—.18 도쿄에서 우리조선독립운동그룹의 임현도(林憲道)가 체포됨
.20 후쿠오카현에서 민족운동 관련자 오카자와 가가이(岡澤基會), 하나다 헤이키지(花田平吉), 히로타 후지오(廣田富士男) 등이 체포됨
—.25 도쿄에서 치안유지법 위반으로 체포된 김풍만(金豊滿)은 징역 2년의 실형 판결을 선고받음
5.— 조선 광화문우체국 소인의 편지에 "천황 폐하, 지금의 (조선인은) 15세 이상 전부 조선 독립을 시키고자하는 사상을 가지고 있습니다. …… 내지인은 자신의 나라를 위해 전사(戰死)라도 하지만, 조선인은 무엇을 위해서 전쟁터로 나가 죽습니까"라고 적혀 있었음
—.27 도쿄에서 치안유지법 위반으로 체포되었던 필경(筆耕) 박정동(朴正同), 김수병(金壽秉)은 조선독립에 광분(狂奔)했다는 것이 판명되어 송검
—.28 재일조선인친일단체 에히메현(愛媛縣) 협화회는 조선인 어머니들에게 '황국신민'으로서 일반교양과 아동교육을 시키기 위해 거주 지역에 각자의 '어머니학교'를 개설하고 입학을 강제함 ※ 전국 각 부현에 같은 취지의 학교가 개설됨
—.30 도쿄에서 대구공립상업학교동창회 도쿄지부가 18명으로 결성
6.2 야마구치현에서 조선독립운동을 하던 지인덕, 권오철, 후쿠오카현에서 김봉상(金奉祥)이 체포됨

• 111 •

1942년

재일동포

一.5 오사카에서 조선인동연맹그룹 김교학金敎鶴, 이기봉李基奉, 김희두金熙斗가 체포 송검됨

一.9 도쿄에서 독립운동을 했다는 이유로 유태현柳太鉉이 체포 송검됨

一.16 오사카에서 치안유지법 위반으로 4년형을 복역 중이던 정암우丁岩又는 형기만료 후에도 비전향했다는 이유로 예방구금령이 적용되어, 오사카구치소에 가수용됨

一.19 오사카에서 독립운동을 했다는 이유로 오영식吳榮植, 정헌기鄭憲基가 체포됨

一.30 도쿄에서 독립운동 관련으로 최진태崔軫台(니혼대), 안명수安明洙, 최완규崔完奎, 김태웅金泰雄 등이 체포됨

7.1 재일조선인 친일단체 오사카 협화회는 조선 청년을 전쟁터로 보내는 '징병제' 실시 발표에 감사하는 대회를 오테마에(大手前)공원에서 열고, 가두행진, 사열, 선서를 강제

一.6 시즈오카현[靜岡縣]에서 닛파쓰[日發]발전공사 가키마자와[柿間澤]공장에서 조선인이 행방불명되자, 동료 130명은 함바장이 살해했다고 하며 파업

一.10 군마현[群馬縣]에서 다노군[多野郡]의 나카무라[中村] 함바에서 조선에서 강제 연행되어 끌려온 토공, 1명의 도주자가 다카사키[高崎]헌병대에 체포됨

一.12 야마구치현 우베시[宇部市]의 히가시미조메[東見初]탄광에서 조선인 노동자 299명은 연행 시와 조건이 다르다면서 분규

一.17 재일조선인 친일단체 아이치현 협화회 야토미[彌富]지부는 '황국신민'으로 '근로보국대'를 조직하고, 40일간을 예정으로 홋카이도 소라치군[空知郡] 비바이탄광에 다수의 조선인을 강제로 보냄

※ 각 부현의 '협화회'는 일제에 충성을 맹세하는 증거로 재일조선인을 여러 형태의 '근로보국대'로 조직하고 탄광과 군사공장에 강제로 보냄

一.18 이시카와현의 조선 청년 마르크스주의 연구회 멤버 박응포朴應苞, 조옥래趙玉來, 최동명崔東明, 김기덕金基德, 김화기金和琪, 오수봉吳秀峰 등이 기소됨

一.19 오사카에서 조선독립운동을 전개하던 김명근金命根, 정헌기, 오영식 등은 일본의 패전과 민족의 독립을 선전 선동해서 체포 송검됨

一.25 흑색공포단 관계자 이강훈은 징역 15년의 형기 만료 후, 예방구금령 적용 처분을 받음

一.27 도쿄에서 조선독립운동을 전개하던 이학철李學鐵, 김동철金東哲 등이 체포 송검됨

一.29 도쿄에서 소련의 원조를 받아 조선독립을 실현하고자 자금 준비를 획책 하던 박준배가 체포 송검됨

8.4 가나가와현 쓰쿠이군[津久井郡] 나카노마치[中野町]의 오쿠라[大倉], 아마쓰키[天月] 함바에서 조선인 함바장이 동료의 경질 중지를 청원한 노동자 2명을 폭행

一.8 도쿄, 나카노구[中野區]의 심계목沈桂目(여성, 니혼대 철학과)을 경기 도경道警의 의속依屬으로 치안유지법 위반으로 체포해서 도경으로 인도

一.13 교토에서 조선인공산주의운동과 조선의 독립을 실현하기 위해 획책한 신흥키네마 교토촬영소의 영화 연출 조수, 김도한金道漢, 남창영南昌寧이 치안유지법 위반으로 체포 송검

一.14 도쿄에서 고형태高馨泰(세이소쿠[正則]예비교)가 민족독립운동 용의로 체포 송검

1942년

재일동포

- .14 도쿄에서 조선독립운동을 전개한 용의로 김한석金漢奭(니쇼가쿠샤대[二松學舍大])이 체포되어 충남 도경으로 인도됨
- .14 효고현[兵庫縣] 미쓰비시 이쿠노[生野]광업소의 조선인 노동자 45명은 일본인 노동자와 충돌, 3명이 체포되고 340명이 도망
- .15 홋카이도의 철도공업회사 유베쓰[雄別]탄광에서 조선인 노무자가 노무지도원에게 구타당하여 동료 25명이 태업
- .22 도쿄에서 채태병蔡泰秉(신문배달)은 "조선에 징병제가 실시되게 되는데, 그렇게 되면 조선의 병대는 제일선에 세워지고, 내지병은 후방에 서게 되지 않겠는가"라고 말해서 체포됨
- .27 도쿄에서 우리조선독립운동그룹의 김원식金源植이 체포됨
- 8.― 도쿄에서 조선독립운동을 하던 장문원張文源(니혼대), 이재붕李載鵬(농업학교), 윤동식尹東植 등이 체포 송검됨
- 9.8 도쿄에서 조선독립운동으로 유재기柳在璂(니혼대), 김태웅金泰雄(니혼대), 김영록金永錄(니혼대), 심중규瀋衆圭 등이 체포 송검됨
- ―.10 오사카에서 고학생 청년들의 민족의식을 자각시키기 위해 '전진회前進會'를 김병은金炳殷 등이 결성
- 9.11 효고현에서 민족독립운동을 하던 허병許炳, 신수룡申水龍 외 1명을 체포 송검
- ―.11 야마가타현 조선인 광부를 중심으로 하는 공산주의자들의 민족해방운동그룹 이동선李東善, 김무근金戊根(니혼대), 최문기崔文岐(주오대), 김인상金寅相, 최상철崔相哲, 오바야시 정주[大林鼎周], 일본인 아지라 마리코[網代まり子] 등이 체포 송검됨
- ―.15 도쿄에서 조선독립운동을 하던 백북줄白北茁(니혼대 졸), 이은탁李銀鐸(와세다고), 유배희劉培喜(와세다고) 등을 체포 송검
- ―.15 이와테현[岩手縣] 디니가[田中]광업회사 쓰치하타土畑광산에서 조선인 광부 54명이 대우개선을 요구하며 파업
- ―.17 오사카형무소에 복역 중인 김학의金鶴儀(김천해)는 형기 만료 후에도 비전향이라는 이유로 예방구금령 적용 처분을 받음
- ―.23 도쿄에서 조선공산당재건운동그룹의 강석화姜錫花(호세이대), 박형기朴亨基(호세이대), 도상무都相斌, 황규진黃珪進 등이 체포 송검됨
- ―.28 홋카이도에서 조선독립운동그룹의 문종달文鐘達, 김갑순金甲順, 장복성張福成, 김정래金正來 등이 체포 송검됨
- 10.1 홋카이도에서 닛테쓰[日鐵] 굿찬[俱知安]광산 제2협화료의 조선인 노동자 98명이 대우개선을 요구하며 파업
- ―.6 후쿠시마현[福島縣] 이와키군[石城郡] 요시마무라[好間村] 후루카와古河광업소에서 조선인 노동자가 노무계에게 폭행당하자 동료 10명이 항의하면서 분규
- ―.7 교토중학민족독립운동그룹의 김영규金永奎, 김헌술金憲述, 마쓰나가 가즈오[松永一夫] 등이 체포 송검됨
- ―.7 재일조선인 친일단체 야마구치현 협화회는 일제에 충성을 다하기 위해 '군인원호강화운동'을 실시하고, 군인 원호에 관한 '칙어의 서사'에 부응하는 운동을 시작
  ※ 이후에 이러한 운동이 전국 각 현의 '협화회'에서 추진됨

1942년

재일동포
—.15 오사카에서 조선인 야간학교 민족독립 그룹의 고갑반高甲半, 이봉춘李奉春(직공) 등을 체포 송검
—.15 오사카의 조선독립운동그룹이 "김일성군金日成軍, 대도군大刀軍과 연대하여 …… 조선 민중으로 하여금 독립혁명 투쟁을 궐기시켜 일거에 목적을 완수" 운운하는 선전을 하여 민춘기閔春基, 정규식鄭圭植, 최문전崔文典 등이 체포 송검됨
—.16 홋카이도 미쓰이 비바이광업소의 조선인 노동자와 일본인 노동자 간에 충돌 난투가 벌어져 5명이 체포됨
—.18 시즈오카현 다가타군[田方郡] 가노무라[狩野村] 모치코시[持越]광업소에서 조선인 노동자 11명이 집단 도망을 기도하다가 발견되어 다시 끌려갔으나, 전원이 귀국을 희망함
10.— 도쿄의 조선인이 궁내성 앞으로 편지를 보내 "조선에서의 농작물 공출이 강제되어 민중이 얼마나 고통 받고 있는지"를 극명하게 적어 호소함
—.26 효고현에서 치안유지법을 위반한 고베[神戶]약학전문학교 조선인 학생 이경선李景仙이 1년 6개월의 징역 판결을 선고
10.30 고베에서 신영룡申永龍은 "일본의 장교 놈들이 새 칼로 시험 삼아 중국병 포로의 목을 벤다고 하는데, 대개가 꺼려해서 그 사체 처분을 부하 병대에 맡기고 있다" 운운하였다고 하여 체포 송검
—.31 사이타마현[埼玉縣]에서 체포된 사이타마중학교 조선인학생민족주의그룹사건은 치안유지법 위반으로 우라와[浦和]지방재판에서 히라카와 모리오[平川盛雄]가 징역 2년, 집행유예 5년, 도미타 진구[富田鎭球], 가와모토 기원[川本基源], 고종만高宗萬 등에 징역 1년 6개월, 집행유예 5년을 선고
11.— 오사카에서 조선독립운동계림동지회사건의 고봉조高奉朝에 징역 1년 6개월, 집행유예 3년을 선고
—.4 교토부에서 조선인 허남기許南麒가 해군을 지원한 조선인에게 뜻을 바꾸도록 계고장을 보내는 등 민족의식이 치열했기 때문에 체포 송검됨
—.9 후쿠오카현에서 규슈의전 조선인학생민족주의그룹사건의 증계순曾桂淳 징역 3년, 김위장金胃藏 징역 2년, 집행유예 3년, 세이산 부슌[正山武駿] 징역 1년 6개월, 김제옥金濟玉 징역 2년의 실형 판결이 선고됨
11.25 미야기현에서 센다이[仙台]조선인학생민족주의그룹사건의 오창근吳彰根, 난바라 에이슈[南原英秀] 등이 기소됨
—.30 오사카부에서 조선인단체 가덕加德친목회 치안유지법 위반 사건의 김성규金成圭에 징역 4년, 김연일金硯一에 징역 3년, 구니모토 히사야스[國本壽康]에 징역 2년 6개월, 이수룡李守龍에 징역 2년의 실형 판결 선고
11.— 나고야에서 민족독립운동을 전개하기 위해 '와룡회臥龍會' 결성
12.3 효고현에서 체포된 고베중앙신학교 조선인그룹 치안유지법 위반사건 관계자 김영창金永昌은 취조 결과 2년 전부터 조선 독립을 염원하는 재학생 십수 명과 함께 신문을 발행, 민족의식을 고취시키고, 또 "…독립운동가…김일성 등의 애국자가 어떠한 탄압에도 굴하지 않고 더욱 치열한 독립정신에 불타 운동에 전념하고 있는 것을 찬양"하는 진술로 징역 2년, 집행유예 5년의 판결을 선고받음(고베지방재판 제1형사부, 재판장 오가와 시로[小川四郞])

1942~43년

재일동포
—.8 도야마현에서 체포된 도야마고교 조선인학생 치안유지법 위반 민족주의그룹 사건으로 최정율崔定律은 징역 2년, 김재경金在經은 징역 1년 6개월, 집행유예 5년의 형을 선고 —.12 재일조선인 친일단체 '도쿄부 협화회 및 조선장학회'는 '내선일체'의 이상실현을 위해 센슈대학 조선인 학생 45명을 '수양단체본부도장'에 도요東洋대학 조선인 학생 28명을 '동아보덕회도장'에서의 학생 단기 2일간 '연성회'에 강제 동원함 ※ 그밖에 각 대학에서도 같은 종류의 '연성회'에 강제 동원함 —.14 오사카부에서 조선독립운동 형제야학교 사건 관계자 세키모토 지다이關本時大에 징역 1년 6개월 판결 —.16 도쿄에서 조선독립운동그룹 충성회의 조경복趙景福, 김선공金善供, 남상순南相淳, 도보 옥모東坊沃模, 다나카 영수田中英秀, 지슈 영환兒主永煥, 마스바라 시로松原至魯 등이 체포 송검됨 —.22 도쿄의 니혼대 조선인 학생 민족공산주의그룹 사건 관계자 조선인 오노 규연大野圭演, 이하라 장우李原章雨, 오야마 요쿠리大山翼理, 우하라 태성宇原泰成은 징역 2년, 집행유예 4년의 판결을 선고 12.— 일제, 재일조선청년을 침략전쟁으로 내몰기 위한 '조선청년특별연성소'에 입소시키기 시작 12.— 재일조선인운동단체(민족주의, 친목회) 160, 인원 수 1만 8,660명, 치안유지법 위반 168명, 노동분쟁 172건 12.— 재일동포 수는 162만 5,054명이 됨
1943 1.2 후쿠오카현福岡縣 가호군嘉穗郡 닛탄日炭 신야마노新山野탄광의 조선인 97명은 노무계를 습격하고 도망, 그중 82명이 발견되어 다시 끌려옴 —.12 구마모토현熊本縣 아라오시荒尾市 요쓰야마四ッ山탄광에서 조·일 광부가 충돌, 조선인 광부 16명이 체포되어, 동료 석방을 요구하면서 90명이 태업 —.12 재일조선인 친일단체 오사카부 협화회는 '천황의 친배親拜'에 감격하여 관하 60지회에서 각 1명을 선발하여 '고다이신궁皇大神宮' 및 도요우케다이豊受大神宮'에 참배를 시키고 '필승기원'을 강요함 —.14 도쿄에서 조선독립운동그룹은 일본의 패전과 조선 독립을 확신하고 계몽운동을 하던 중 현채송玄采松, 배연용裵硯龍, 허동희許東熙 등이 체포 송검됨 —.21 재일조선인 친일단체 오사카부 협화회는 '천황의 친배' 기념사업으로서 열린 기타구北區 중앙공회당에서의 강연회에 강제 동원함 —.26 아이치현愛知縣에서 조선기독교그룹 11명이 기소유예가 됨 2.2 도쿄에서 민족독립운동을 하던 박부이朴富伊가 체포되어 함남 도경道警으로 인도됨 —.8 후쿠오카현 도바타시戸畑市 닛테쓰日鐵 야하타八幡제철소에서 조선인 노동자가 식사 1인분이 부족하다고 청구한 것이 원인이 되어 취사계와 충돌, 300명이 식당을 파괴

1943년

재일동포

- 一.8 미야기현[宮城縣] 모노군[桃生郡] 야노모토쵸[矢野本町] 마쓰시마[松島]비행장 건축공사장의 조선인 노동자가 스토브 문제로 수위에게 구타당하면서 분규가 일어 동료 400명이 수위에게 보복, 무장 수병水兵 18명이 출동하여 진압
- 一.10 교토부에서 치안유지법 위반으로 체포되었던 교토중학사건의 마쓰나가 가즈오[松永一치가 기소됨
- 一.11 도조[東條]수상에게 보낸 투서에 "조선독립을 달성한다…우리에게 총검을 들게 해달라, 우리의 적은 일본이다…우리는 일찍이 일본 천황의 목을 갖고 싶었다…죽을 때까지 반항이다, 죽어서도 반항이다"라고 적혀 있었다.
- 2.— 도쿄에서 조선독립운동 관련 배강신裵康信(메이지대[明治大]), 미카와 고키[三川降輝](서울형무소 간수), 이찬대李讚大(도쿄철도학교), 야마모토 겐타[山本源太], 우하라 마사오[宇原正雄](군농회郡農會 기수技手) 등이 체포됨
- 一.12 오사카부에서 조선독립기도연맹사건의 치안유지법 위반으로 체포되었던 가나자와 교카쿠[金澤敎鶴], 김광조두金光照斗, 야마하나 데이지[山花悌二] 등이 기소됨
- 2.13 오사카부에서 치안유지법 위반으로 체포되었던 오영식吳榮植이 징역 2년의 실형 판결을 선고
- 一.22 아이치현의 쓰시마[津島]중학생, 임기동林起東이 천황과 징병제를 비판하면서 유서를 남기고 음독 자살
- 一.29 일제, 재일조선인 '황민화교육'을 철저히 하고 침략전쟁에 총동원하기 위해 '조선교육령 개정, 징역법 개정' 공포
- 3.2 가나가와현[神奈川縣] 요코하마[橫浜] 쓰루미[鶴見]제철소의 조선인 노동자 79명 중, 히라타 다다오[平田忠雄] 외 8명이 친목회를 결성
- 一.2 오사카에서 니혼대 오사카중학생민족독립운동그룹 조선청년독립당의 정진차鄭鎭次, 이병윤伊炳允, 의본병징義本炳徵, 서원종치西原宗治, 천본단문川本但文, 금자규장金子奎藏 등이 체포 송검됨
- 一.3 도쿄에서 치안유지법 위반사건으로 체포되었던 이정현李正鉉, 전윤성田允成은 징역 2년의 실형 판결을 선고받음
- 一.14 도쿄에서 조선독립운동을 하기 위해 소련 입국을 기도하고 대사관 내에 잠입한 최상락崔相洛(사진 견습), 방진록方珍祿(도쿄성전음학교) 등이 체포됨
- 一.14 후쿠오카현 온가군[遠賀郡] 다이쇼[大正]광업 나카쓰루[中鶴]탄광에서 강제연행되어 온 조선인 노동자 마쓰모토 창화[松本昌和]는 식사시간에 지각했을 뿐인데 사감에게 구타를 당하자, 분개하여 사감을 빈사상태가 되도록 중상을 입히고, 본인도 철도 자살함
- 一.20 홋카이도[北海道]에서 강제연행된 노동자 하대호河大浩는 조선인 군대를 만들어 일본군과 무력 대결을 해야 한다고 주장하고, 협화료協和寮의 화장실 벽에 '조선독립'이라고 썼다가 체포됨
- 一.20 도쿄에서 일본의 패전을 예기하고, 소련의 일본 공격을 기회로 삼아 민중의 봉기와 조선독립을 실현하려고 계몽운동을 하던 박봉은朴鳳殷(음악학교), 주도영朱道永(식당 종업원) 등이 체포됨

1943년

재일동포

―.22 도쿄에서 조선독립운동에 관련된 용의로 홍기섭洪基燮, 김명인金命仁, 김강춘金康春, 김정식金丁植, 동강상한東岡相漢 등이 체포됨

―.26 오사카에서 성심誠心 야간학교 관련 변용수邊容秀(리쓰메이칸대立命館大 중퇴)가 체포됨

―.30 도쿄에서 죽마계竹馬契그룹사건으로 인한 치안유지법 위반으로 체포 공판 중이던 김은복金恩宓, 이창덕李昌德, 안병익安秉翊에 징역 4년, 구니모토 곤자부로國本根三郞에 징역 3년, 안종식安鐘植, 김덕순金德順, 능성철회綾城喆會, 김홍기金泓沂에 징역 2년의 실형 판결을 선고

―.31 효고현兵庫縣에서 조선독립운동그룹의 김두갑金斗甲(자동차 운전사), 신동하辛東夏(직공), 강석봉康錫鳳(전철 차장), 이종철李鐘哲(자동차 운전조수) 등이 체포 송검됨

―.31 효고현 아마가사키시尼崎市 오사카기계제작소 아마가사키공장의 조선인 노동자 148명은 임금 지불 시에 원천 징수를 통한 강제저금에 반대하며 공장 관계자를 습격하여 20명이 체포됨

4.2 미야자키현宮崎縣 히가시모로카타군東諸縣郡 철도공사회사에서 조선인 노동자 51명은 식사 등의 차별 대우에 반대하면서 대장과 사무소를 습격하여 8명이 체포됨

4.4 도쿄, 에도가와구江戶川區 나이가이內外제강소의 조선인 노동자 23명은 주린 배를 채우기 위해 외출하다가 수위에게 구타당하면서 전원이 외출 자유 등을 요구하며 파업, 1명이 체포됨

―.10 가나가와현 가와사키시川崎市 일본철관鐵管회사 가와사키제강소에 강제연행된 조선인 노동자 300명은 노무차장이 '반도기능공 육성'이라는 팸플릿에 조선인을 모욕하는 발언을 기재한 것에 항의하며 일제히 파업 돌입, 38명은 귀국을 요구하고, 15명이 체포되었으며, 팸플릿은 발행금지 처분이 됨

―.16 홋카이도北海道 소라치군空知郡 비바이쵸美唄町 미쓰이三井비바이광업소의 조선인 노무자 34명은 계약기간이 지나도 귀국시켜주지 않자 파업에 돌입, 5월 중에 귀국시킨다는 약속으로 해결함

―.18 사가현佐賀縣 히가시마쓰우라군東松浦郡의 가이지마이와야貝島岩屋탄광 제2갱내에서 강제연행된 조선인 노동자가 일본어를 몰라 일본인 발파계에게 구타당하면서 전치 1주의 부상을 당하자, 이를 목격한 조선인 노동자 25명이 항의하고 파업에 돌입

―.20 가나가와현 쓰쿠이군津久井郡 가와시리무라川尻村 구마야구미熊谷組의 조선인 노동자 45명은 함바장의 경질을 요구하며 파업에 돌입, 1명이 체포됨

―.22 가나가와현 가와사키시에서 공산주의자의 조선독립운동 관련 용의자로, 강제연행된 조선인 노동장 조창기趙昌基, 김선재金善在 등이 일본강관鋼管에서 파업을 선동했다는 이유로 체포 송검

―.23 교토부 요세군與瀨郡 요세무라與瀨村 오에야마大江山 니켈광산회사의 조선인 노동자 70명은 술을 차별 배급하는 등 불공평함에 항의하고 회사 측에 술을 더 배급할 것을 요구해서 8명이 체포되고 송환됨

―.25 사할린에서 기하라구미木原組의 조선인 노동자 28명은 자유노무자보다 임금이 낮다며 대우개선, 용돈의 가불을 요구하다가 9명이 체포됨

1943년

재일동포
一.25 니가타현[新潟縣]의 미쓰비시[三菱]광업회사 사토[佐藤]광업소에서 강제연행된 조선인 노무자 김정치[金政治]가 도망치다가 체포되어 노무조정령 위반으로 송검됨
一.28 사이타마현[埼玉縣]에서 조선독립운동을 하던 조선인 오가타 광일[緒方光一](센슈대[專修大] 중퇴, 교사), 김연진[金硯珍](요코하마상업 교사) 등 체포 송검됨
一.28 도쿄에서 조선독립운동 관련 조선인 다케다 야스노부[武田康信](메이지대)를 체포
一.29 교토에서 리쓰메이칸대학 조선인학우회가 신입생 환영회를 개최
一.30 이시카와현[石川縣]의 4고 조선인학생민족주의그룹사건으로 박응포[朴應包], 조옥래[趙玉來]에 징역 2년, 집행유예 4년, 최동명[崔東明], 김기억[金基億]에 징역 1년 6개월, 집행유예 3년, 김기중[金璣中]에 징역 1년, 집행유예 2년, 조영수[趙永洙]에 징역 1년, 집행유예 2년 판결 선고
5.8 사가현 니시마쓰우라군[西松浦郡] 야마시로쵸[山代町] 우라노사키[浦之崎]조선造船의 조선인 노동자 60명은 외출 허가가 거부된 것을 감독에게 항의하다 9명이 체포됨
5.10 기후현[岐阜縣] 요시나리군[吉成郡] 미쓰이 가미오카[神岡]광업소에서 조선인 노무자가 계원[係員]에게 구타당하자, 동료 200명이 사무와와 보도원[補導員] 등에게 항의하면서 싸워, 조선인 노무자 전원 250명이 체포됨
一.12 도야마현[富山縣]의 일본카바이트공업주식회사 우오쓰[魚津]공장에서 강제연행된 조선인 노무자 스즈키 고준[須々木甲順] 외 12명이 도망, 그중 7명을 체포하여 노동조정령 위반으로 송검
一.13 오사카에서 일본의 패전을 예기하고 조선독립운동을 하기 위해 '조선독립연맹' 결성
5.— 일제, 재일조선인의 황민화를 강력하게 추진하기 위해 각 가정에 '아마테라스오미카미[天照大神]'를 모시는 '가미다나[神棚]'를 설치하고 아침저녁으로 예배할 것을 강요
一.20 후쿠오카현 고쿠라시[小倉市] 고쿠라제강회사에서 조선인 노동자 48명은 지하 덧신 배급이 불평등한 데 항의하며 파업
一.22 후쿠오카현의 후루카와[古河]광업주식회사 요시도메[好留]광업소에서 강제연행된 조선인 노무자의 집단폭력 행위로 상해치사 사건 관련자 270명을 취조 과정에서 170명이 상해치사 및 폭력행위 등 처벌에 관한 법률 위반으로 송검
一.22 효고현 히메지[姬路]역 구내 공중화장실 내의 판벽에 "조선이여, 독립하라, 일본의 속박에서 벗어나라"는 낙서
一.22 일제, 재일조선인을 침략전쟁에 동원하기 위해 '근로보국대정비요강' 발표
一.25 사가현 오기군[小城郡] 히가시타쿠무라[東多久村] 오기탄광에서 조선인 노무자 50명은 식사 차별 대우에 강하게 항의하다 13명이 체포됨
一.30 도쿄에서 조선독립운동 관련 노인규[盧仁圭](조치대[上智大] 졸업), 이응재[李膺宰](호세이대[法政大]), 윤객후[尹客厚] 이원호[李源鎬], 국이남[鞠二南] 등이 체포됨
5.— 후쿠오카현 가호군[嘉穂郡] 닛테쓰후타세[日鐵二瀨]광업소 우루노[潤野]탄광의 조선인 노무자 68명은 동료가 경관에게 폭행당하는 데 저항, 그중 53명이 체포됨
6.3 교토부에서 조선인 학생 마쓰나가 가즈오[松永一夫]에게 치안유지법 위반 사건으로 징역 1년의 실형 판결을 선고

1943년

재일동포
—.5 지바현[千葉縣] 후나바시시[船橋市]에서 고학생민족주의그룹의 허문현[許文現](주오대[中央大]), 김길용[金吉龍](쇼헤이중[昌平中]), 고다 은파[神田恩波](신학교), 구니모토 정웅[國本正雄] (신문배달) 등이 체포 송검
—.6 야마구치현[山口縣] 오노다시[小野田市] 모토야마[本山]탄광의 조선인 노동자 30명은 동료가 노무계원에게 구타당하자 싸우고 7명이 체포됨
—.8 교토부에서 영화를 통해 민족의식을 고취하고 독립운동으로 결집시키고자 획책한 김도한[金道漢]은 치안유지법 위반 사건으로 징역 1년 6개월의 실형 판결을 선고
—.9 이와테현[岩手縣]에서 일본제철주식회사 가마이시[釜石]제철소에 강제연행된 조선인 노무자가 조선독립운동을 획책하고 직장 감독에게 반항적 선동, 치안유지법 위반으로 검거된 남창영[南昌寧]에 징역 1년 6개월의 실형 판결 선고
6.12 후쿠이현[福井縣] 오노군[大野郡] 시모아나우마무라[下穴馬村] 일본아연공업회사의 갱내 사고로 조선인 노동자가 사망하였는데, 장례 집행에 회사 측이 참석하지 않은 무책임함을 추궁하기 위해 100명이 노무계 집을 찾아갔다가 10명이 체포됨
—.15 나가사키현[長崎縣] 닛테쓰 기타마쓰[北松]광업소에서 강제연행된 조선인 노무자 51명은 즉시귀국을 요구하다가 10명이 체포됨
—.17 홋카이도 이와미자와[岩見澤] 역내의 화장실 벽에 "조선인이여, 결속하라, 독립을 위해"라는 낙서 발견
—.18~19 도쿄의 요쓰야[四谷]에 있는 조선인악단 영창사 연예부는 "출정병사 유가족 감사 위안과 국방헌금" 목적이라는 명목으로 요코하마의 연예장에서 공연하여 2369명의 관객 앞에서 금지되어 있는 조선어로 연출했기 때문에 현 당국으로부터 엄중한 경고를 받음
—.18 사할린의 모토도마리역[元泊驛] 구내 화장실 벽에 "조선민족을 위해 일어나라, 우리 동지"라는 낙서
—.23 사할린의 오치아이군[落合郡]에 있는 오지[王子]제지주식회사의 가라후토[樺太]공장에서 강제연행되었던 조선인 노무자 80명이 가혹한 노동과 차별에 대해 대우개선을 요구하여 불온한 상태에 있었다가, 주모자 4명이 체포됨
—.27 후쿠오카현 구라테군[鞍手郡] 미야타쵸[宮田町] 다시마오노우라[田島大之浦]광업소의 조선인 노무자 260명은 동료가 경관에게 연행당하는 것을 저지하려고 하다가 13명이 체포됨
—.28 홋카이도의 도코로군[常呂郡] 루베시베초[留辺蘂町] 노무라[野村]광업회사 홋카이도광업소에 강제연행된 조선인 160명은 저축 증액에 반대하며 파업
7.1 야마구치현 시모노세키시[下關市]에서 조선인 창촌[唱村]가요극단(오사카시 니시나리구[西成區])의 연극 내용에 '레코드가수 시험 풍경'은 민족성이 짙기 때문에 '황민화'의 동화를 어지럽힌다고 하여 당국으로부터 엄중 경고를 받음
—.7 교토에서 조선인독립운동 민족주의그룹 송몽규[宋夢奎](교토대), 윤동주[尹東柱](도시샤대[同志社大]), 고희욱[高熙旭](제3고) 등이 체포 송검
—.7 나가사키현의 오무라[大村], 나가사키의 각 탄광 지대를 순회 중이던 조선가요극단(오사카시 고노하나구[此花區])은 연출 내용이 조선어인데다 민족성이 짙고 '황민화'에 비협조적이라며 당국으로부터 엄중 경고를 받음

1943년

재일동포
一.12 가나가와현에서 조선독립운동을 하던 한문상韓文相, 김연철金淵喆은 "김일성은 만주국에서 조선독립국을 조직하고 활동하고 있다. 앞으로 총통은 김일성이며, 우리는 그의 뒤를 따라야 한다"고 주장하면서 계몽활동을 하다가 체포 송검
一.12 도야마현의 도야마구 재판소에서 강제연행된 조선인 훈련대장 도요시마 다이산豊島大크은 소속대원을 선동하여 도망쳤다는 이유로 징역 3개월의 실형 판결을 선고받음
一.12 홋카이도 도코로군 도코로 철산궤도 공사장에서 조선인 노무자 35명은 취로시간 12시간을 단축하도록 요구하며 파업
7.12 가나가와현에서 공산주의운동을 하고 당 재건과 관련 있는 강대창姜大昌(도쿄대 졸)이 체포됨
一.15 야마구치현 미네군[美祢郡]의 일본광업회사 산요무연[山陽]무연無煙광업소 조선인 노동자 80명은 동료가 사감에게 구타당하자, 이에 동정하여 파업
一.15 오사카에서 조선독립 민족운동그룹 김상래金尙來(직공), 하덕태河德台(직공), 김귀준金貴俊(운전사), 사쿠라키 하루오[桜木春雄](직공) 등 체포 송검
一.15 도쿄에서 조선독립운동의 김창능金昌能, 마쓰야마 히로시[松山洋], 다니하라 도쿠슌[谷原德俊] 등을 체포
一.15 오사카에서 조선독립운동 관련 김후정金後正, 다마야마 세이요[玉山性鎔] 등을 체포
一.18 지바현 후나바시시 조선인 고학생 민족독립운동 그룹의 김창식金昌植, 안문규安文奎, 오하라 린즈이[大原麟瑞], 다무후미 후미오[玉文文雄], 시로야마 히로타다[城山弘忠] 등이 체포되고, 치천신우治川信禹, 길허명치吉許命治, 치천급길治川及吉 등은 조선에서 체포 송검
一.20 일제, 재일조선인을 침략전쟁에 협력시키기 위해 '국민징용령' 개정 발표
一.22 일제, 재일조선 청년학생을 침략전쟁에 동원하기 위해 '학도전시동원체제확립요강'을 발표
一.26 야마구치현 우베시[宇部市] 홍산회사 오키노이와[沖之岩]광업소의 조선인 노동자 190명은 지도원이 백미를 반출하는 현장을 발견하고, "지도원 전원을 면직시키라"고 요구하면서 분쟁, 일제히 태업에 들어가 5명이 체포됨
一.28 일제, 재일조선 청소년을 침략전쟁에 동원하기 위해 '해군특별지원병제'를 실시
一.30 일제, 재일조선인 여학생을 침략전쟁에 동원하기 위해 '여자학도동원령'을 발표
一.31 나고야[名古屋]에서 조선독립민족운동그룹은 합법단체로서 '화화속진대和和進隊'라는 위장단체를 결성하려고 획책한 김초웅金初雄, 오타 마사유키[太田政行], 이와모토 다케오[岩本武雄] 등을 체포 송검
一.31 도쿄에서 미쓰모토 사다시게[光本禎重], 가네무라 사다조[金村禎三], 다니하라 쇼노[谷原省農], 다카하라 가모이치[高原鴨一], 오타 고토쿠[太田康德](와세다대) 등이 가고시마현[鹿兒島縣]에서 민족독립운동을 하다가 체포 송검됨
8.3 도쿄에서 조선독립운동 관련 김상렬金相烈, 박상일朴相鎰, 마쓰바라 헤이이쓰[松原炳逸], 오야마 다쓰오[大山達男], 하나마야 게이[華山奎] 등이 아이치현에서 체포 송검됨
一.4 사이타마현에서 조선독립운동 활동으로 히라누마 류타로[平沼龍太郎](주오대), 야마다 기이치[山田義一](다이쇼대[大正大]) 등이 체포 송검됨

1943년

재일동포
一.5 나고야에서 조선독립운동그룹 '와룡회'의 고해일高海日 외 5명이 치안유지법 위반으로 체포 송검(독립운동에 나설 때에는 내외 동지가 회장의 지령으로 일제히 무력으로 궐기)
一.9 니가타현 나카우오누마군[中魚沼郡] 시나노가와[信濃川]발전소 공사의 구리하라구미[栗原組]에서 조선인 노무자가 차별대우에 불만을 품어 17명이 집단 도망
8.11 후쿠오카현 가호군[嘉穗郡] 가쓰라가와쵸[桂川町] 아소[麻生]광업회사 요시쿠마[吉隈]탄광의 조선 노동자 수십 명이 배가 고파 식사 문제로 사감과 대립하자, 경찰 17명과 재향군인, 마을 청년단 80명을 동원하여 18명을 체포하고 진압
一.16 야마구치현 미네군 신요무연광업소의 조선인 광부 686명 중에 일본인 광부로부터 모멸적인 언동으로 희롱 당하자 난투가 벌어졌고, 이에 일본인 광부 582명과 경방단[警防團] 50명, 근로보국대 40명이 가세하여, 갈고리, 봉을 들고 무장하기까지 이르러, 일본인 사망자 1명, 중경상자 조선인 6명, 일본인 3명이 발생, 조선인 41명 체포, 일본인 42명 출두, 송검(조선인 상해치사살인 용의 12명, 상해죄 20명, 일본인 상해죄 11명, 조선인 광부 등 야마구치형무소로 강제 수용)
8.— 도쿄 아다치[足立]에서 강극종姜克鐘 등 4명, 니시아라이바시[西新井橋] 난간 116개 전부에 조선독립만세라고 써서 체포됨
一.19 구마모토현에서 조선독립운동을 하던 마키 반스케[槇判介] 외 4명이 체포되어 구마모토 헌병대에 인도됨
一.22 오카야마현 구메군[久米郡]의 후지타구미[藤田組] 다나하라[棚原]광산에서 강제연행된 조선인 노무자 50명은 배가 고픈 나머지 취사장에 들어가 잔반을 훔치고, 상사에게 "잔반을 썩히려면 왜 우리에게 주지 않는 것인가" 하면서 싸움으로 번졌다가 훈련대장의 중개로 해결됨
9.8 교토에서 도모야마 선재[巴山璇濟](신문배달)는 올다리에 "일어나라 반도민족이여, 독립을 향해. 지금이야말로"라고 썼다가 체포되었고, 그가 독립운동을 지도한 최창욱[崔昌旭](오사카 제1철도 야간생)도 독립운동 용의로 체포 송검
一.8 오사카에서 민족운동을 하던 사쿠라키 하루오 등 2명을 체포
一.8 도쿄에서 민족독립운동을 한 아라야마 병두[新山炳斗] 등 3명 체포 송검
一.11 야마구치현에서 민족독립운동을 계몽한 동사東司 등 4명을 체포
一.11 가나가와현 요코하마전문학교를 중심으로 조선독립운동을 계몽한 강상호姜相湖, 이전李塡 등을 체포, 조선석趙瑄錫도 같이 체포 송검
一.15 나고야에서 조선독립민족운동그룹 '와룡회'의 김반한金伴漢, 스기무라 충승[杉村忠勝] 등 다시 체포
一.17 도쿄에서 우리조선독립그룹 관련의 치안유지법 위반 사건으로 센슈대학생 현창연玄昌硯, 정종락鄭鐘樂, 김원식金源植, 권오찬權五燦 등이, 센슈대학 교실에서 수십 회에 걸쳐 회의를 가지고 조선독립운동에 우선 민족의식의 고취를 꾀했으며, 차별대우, 지원병, 창씨개명을 비판하면서 동지들을 모아 호기가 오면 조선인 대중을 규합하여 격문을 뿌리고 조선독립에 궐기하도록 선동했다고 체포되었고, 21명 중 5명이 기소됨

1943년

재일동포

—.25 가나가와현에서 조선독립운동을 한 김창섭[金昌燮], 히라누마 찬영[平沼贊永]은 "미국에는 조선독립당이 있고, 하와이에는 흥사단이 있으며, 충칭[重慶]에는 조선 임시정부가 있고, 만주에는 김일성이 독립을 위해 활동하고 있는데, 조선독립을 위해서는 조선민족의 문화를 향상시키고, 이들과 연대하고 또 소련 등의 원조를 받아야 한다"고 하여 조선이 독립은 소련의 참전을 기회로 삼아 봉기해야 한다고 체포 송검

9.— 도쿄에서 김영우[金英祐], 다케하시 에이치[竹橋榮一], 효고현에서 신수명[申守命], 강만사[姜萬仕], 장세영[張世永], 아야베 료세이[綾部良政], 히로시마[廣島]에서 오타 야스쓰네[太田康經] 등이 독립운동 관련으로 체포

10.4 효고현에서 치안유지법 위반 사건의 신동하[辛東夏]에 징역 2년, 집행유예 5년의 판결을 선고

—.7 야마구치현에서 민족독립운동을 하던 박석우[朴錫祐], 박병하[朴炳夏], 도쿠야마 히데모토[德山英基], 도쿄에서 도요카와 에이시[豊川英志], 가네모토 요하치[金本洋八], 야스하라 마사오[安原正雄] 등을 체포

—.12 오사카부에서 치안유지법 위반으로 체포된 성심야학교사건의 조선인 호시야마 호슌[星山奉春], 가네하라 세이코[金原成鎬]가 기소되고, 류세이 주산[龍井柱三], 다카다 유키치[高田勇吉]는 기소유예가 됨

—.13 사가현에서 강제연행된 조선인 노동자 민족주의그룹의 도요다 사네히코[豊田實彦] 등 3명의 광산 노동자를 지도해서 체포 송검

—.15 오사카에서 독립운동그룹 황희열[黃熙烈], 김명수[金明秀], 신노 세이타로[神農政太郎](이상 간사이[關西]공업학교), 이와모토 슈가쿠[岩本洙學](제상제국[帝國]) 등을 체포 송검

—.15 오사카부에서 치안유지법 위반 사건의 조선인 료산 문전[稜山文典], 돗카와 규식[鳥川圭植]은 기소

—.15 사할린에서 가네야마[金山] 함바의 노무계원이 도주하는 조선인 노동자에게 린치를 가하여 살해, 동료 조선인 102명은 사체 인도를 요구하였으나 거부당하자 사무소를 습격함

—.26 기후현 오노군[大野郡] 시라카와무라[白川村] 일본수연[水鉛] 히라세[平瀬]광산에서 일본인 사무 주임이 촌장에게 구타당하자, 조선인 노동자 몇 명이 "주임을 구하자"라며 촌민과 난투

10.— 도쿄에서 민족독립운동을 한 가나야 겐지[金谷健次](메이지가쿠인[明治學院]) 외 2명은 귀국해서 독립 봉기를 준비함. 또 "우리는 어떠한 인물이라도 통수자가 나오면 그와 함께 매진해야 한다"고 계몽하던 중 체포 송검

—.29 오사카에서 민족독립운동 관련 마쓰다 다이쇼쿠[松田泰植] 등 3명을 체포 송검

—.30 오사카에서 조선독립운동그룹 지원호[池源鎬](간사이대), 시미즈 종보[清水宗輔], 오하라 태선[大原太善](신문배달) 등은 "독립은 조선의 민중이 무력으로 봉기해야 한다"고 운동을 펼치다가 체포 송검

11.11 오사카부의 치안유지법 위반으로 체포된 조선독립기도그룹 사건의 조선인 마쓰오카 하루모토[松岡春基], 료산 후미노리에 징역 3년, 도리카와 게이슈[鳥川圭種]에 징역 1년 6개월의 형을 선고

1943년

재일동포
11.— 가나가와현에서 민족독립운동의 쓰키가와 무동[月川茂東]은 "조선민족에게 독립을 부여하지 않는 것은 불합리하다" "우리는 특별지원, 징병을 피하고 독립에 대비하여야 한다"고 주장하다가 체포됨
11.— 일제, 재일조선인 청년학생을 침략전쟁에 동원하기 위해 '학도병제' 공포
—.12 홋카이도에서 체포된 강제연행되었던 조선인 노무자 사이모토 상근[崔本相根]에게 군기보호법사건으로 징역 1년 6개월, 집행유예 3년형을 선고
11.18 도쿄에서 민족독립운동을 하던 아라이 희성[新井熙盛] 등 2명 체포
—.19 홋카이도에서 치안유지법을 위반한 오타루시[小樽市] 시청 사무원 조선인 모모키 경수[桃木京洙]에 징역 3년의 실형을 선고
—.20 오사카에서 민족독립운동그룹의 마쓰다 동흥[松田東興](전기공업), 마쓰야마 주식[松山周植](산요상업) 등을 체포 송검
—.29 지바현에서 사립 간토[關東]중학생 민족주의그룹의 은전실[恩田實] 등 20명이 반도학도보국회 결성에 반대하고, 일본 패전을 예기하고 독립운동을 전개하던 중 체포 송검
12.10 아이치현에서 "조선에 독립운동 발발"운운의 유언비어를 유포했다는 이유로 언론출판집회결사 등 임시단속법 위반으로 박만수[朴萬壽] 등 3명에 징역 4개월, 집행유예 2년을 판결
12.— 조선독립운동을 이유로 도쿄에서 기무라 기지[木村喜爾], 기후에서 김재갑[金在甲], 효고에서 마쓰야마 규원[松山圭元] 등을 체포
—.20 교토에서 동아연맹을 이용하여 조선독립운동을 한 사건으로 이시야마 영주[石山寧柱](조영주)에 징역 2년, 안도 은제[安藤恩濟]에 징역 1년 6개월의 실형을 선고
—.20 도쿄외어外語 출신 공산주의 그룹 김광지[金廣誌](산세이도[三省堂]), 성갑덕[成甲德], 다카야마 미쓰로[高山光郞](일본무선), 쓰야마 도시오[津山俊雄](도쿄외어) 등을 체포 송검
12.— 후쿠오카현 가스야군[糟屋郡] 시메마치[志免町] 도호[東邦]탄광 가메야마[龜山]1갱에서 강제연행된 조선인 노동자와 일본 노무자가 언어 소통이 잘 되지 않아서 생긴 오해로 충돌하여 6명이 체포됨
—.24 구마모토현[熊本縣]에서 조선독립운동 협의 사건으로 체포되어 헌병대에 인도된 마키노 후미오[牧野文雄] 외 4명은 모두 기소유예 처분이 됨
—.24 일제, 침략전쟁에 동원하기 위해 재일조선 청년의 '징병 적령 1년 인하' 결정
—.24 아이치현에서 "조선독립만세사건이 일어나고 있다" 운운하는 유언비어를 퍼뜨렸다하여 가네시로 다케오[金城武雄]에게 언론출판집회 등 임시단속법 위반으로 징역 6개월, 집행유예 2년 판결
12.— 오사카조선인고학생민족주의그룹 충성회사건으로 다나카 영수[田中永秀] 외 10명이 치안유지법 위반으로 체포되어 취조 결과, 전년 12월부터 비밀결사 충성회를 결성, 조선독립운동을 추진하고 "김일성이 본격적으로 반기를 휘날릴 때에는 그에 호응해서 감연敢然히 들고 일어날 것"을 맹세하고 "과거의 독립운동 실패는 모두 실력 결핍" 때문이므로 그 양성에 노력할 것을 목표로 독립운동을 전개하고 있던 것이 판명되어 송검됨

1943~44년

재일동포
—.25 오사카에서 조선독립운동을 하던 김재형金載亨(펜치 제작공)은 "국경 쪽에서는 김일성 군이 활약 중이며 용감하고 싸우고 있다. 우리도 똑바로 해야 한다"고 주장하다가 체포 송검
—.30 도쿄에서 조선 해방에서 공산주의사회로의 이행의 필연성을 주장하면서 독립운동을 전개하던 배재화裵在華(니혼대), 김정희金正熙(니혼대) 등이 치안유지법 위반으로 체포 송검
12.— 재일동포 수는 188만 2,456명이 됨
1944
1.1 사할린의 일본제철회사 도마리키시[泊岸]광업소에 강제연행된 조선인 노동자 863명에게 지도원이 린치를 일상적으로 가하고 있었는데, 위안회 개최 중에 전등을 소등 당하자 조선인 노무자들의 반감이 폭발하여 사무소를 습격함
—.4 홋카이도[北海道] 아바시리쵸[網走町] 아라마키구미[荒卷組]의 하청인이 조선인 25명의 임금을 가로채 도망쳤기 때문에 일제히 파업, 새 관리인이 지불하여 해결
—.7 아이치현[愛知縣]에 동아연맹을 이용한 독립운동그룹 가네야마 도토[金山東倒], 이와모토 교스케[岩本亨介](농고 졸), 이노우에 요시로[井上義郎], 수공정균水共正均(메이린중[明倫中] 졸)을 체포
—.18 일제, 재일 조선 청년을 침략전쟁에 동원하기 위해 '긴급국민근로동원방책요강'을 결정
—.21 오사카국민학교 조선아동독립운동그룹 '조선독립연맹'의 김낙중金洛中, 박수연朴壽硯, 문명진文命辰, 김봉철金鳳喆, 요시하라 태순[義原泰順], 가야마 가즈야스[香山一泰], 아키야마 용업[秋山龍業] 등을 체포 송검
—.24 가나가와현[神奈川縣]에서 공산주의운동을 하던 최응석崔應錫(도쿄대 졸업 의사) 및 도쿄에서 쓰야마 도시오[津山俊雄](도쿄의전)을 체포
—.25 도쿄에서 공중전화 부스에서 "일본이 지면 조선 만세 독립"이라는 문서를 발견
2.3 사할린에서 미쓰이[三井]광산 우치카와[內川]탄광 엔도구미[遠藤組]의 조선인 37명은 임금 지급과 대우개선을 요구하며 파업
—.5 도쿄에서 공산주의운동을 하던 가네다 히데오[金田秀雄](니혼대[日本大] 졸)가 치안유지법 위반으로 체포
—.5 홋카이도에서 치안유지법 위반 사건과 관련하여 시라카와 윤용[白川尹用]는 전쟁에 협력하지 않기 위해 석탄 감산減産을 책동했다는 이유로 징역 2년의 실형 판결
—.6 나라현[奈良縣]에서 민족독립운동을 하고 있던 다마야마 다로[玉山太郎]를 체포
—.7 이시카와현[石川縣] 가나자와[金澤]에서 사립 긴조[金城]중학생 민족주의그룹의 권영환權永煥, 김원봉金元鳳 등 10명을 체포 송검
—.8 일제, 재일조선인을 침략전쟁에 총동원하기 위해 '국민징용령'을 발효
—.15 도쿄에서 공산주의운동의 호시하라 도쿠슈[星原德洙] 등 2명을 체포
2.— 도쿄에서 민족독립운동을 한 마쓰미야 기요타카[松宮淸隆](주오대[中央大] 졸), 홋카이도에서 히라누마 시게오[平沼繁男]를 체포

1944년

재일동포
—.18 야마가타현[山形縣]에서 체포되었던 조선인 광부 조선독립운동 사건의 야마모토 상철[山本想鉄]에 대해 징역 2년의 실형 선고
—.22 교토부에서 전년 7월에 치안유지법 위반 사건으로 체포되었던 조선인 무네무라 몽규[宗村夢奎], 윤동주(히라누마 동주[平沼東柱])를 기소
—.23 민족독립운동을 한다는 이유로 오사카의 요시다 영준[吉田英俊], 나가타 영준[長田英俊], 효고[兵庫]에서 장세영張世永(니혼대), 덕영건德永建을 체포
2.24 효고현에서 미쓰비시이쿠노[三菱生野]광업소에서 도망한 징용 조선인 노무자 야스모토 산세이[康本三正] 외 2명은 노무조사정령勞務調査整令 위반으로 징역 3개월 판결
3. 1 나가사키현[長崎縣] 니시소노기군[西彼杵郡] 미쓰비시 다카시마[高島]광업소의 조선인 노무자 13명이 배가 고파서 일을 할 수 없다며 파업
3.13 후쿠오카현[福岡縣] 다가와군[田川郡]의 후루카와[古河]광업소 오미네[大峯]탄광 제2갱에서 지도원에게 조선인 노동자가 맞아죽었기 때문에 동료들 45명은 사무소로 몰려가 110명이 가세하였고, 경관 40명과 검을 휴대한 무장병과의 대결에서 조선인 노동자 45명과 지도원 10명을 체포
—.18 일제, 재일조선인 청소년, 여학생을 침략전쟁에 동원하기 위해 '학도군사교육강화요강, 학도동원비상조치요강, 여자정신강화에 관한 안' 공포
—.21 후쿠오카현 야하타시[八幡市] 구로사키[黒崎]요업회사에서 부대장이 백미를 먹고, 조선인 노동자에게는 대용식도 감식減食하는 부정 배급에 반대하면서 55명이 파업
—.26 야마구치현[山口縣], 관부연락선 고안마루[興安丸]의 3등 침실 천정에 '조선독립대장 김일성'이라고 크게 적힌 것을 발견
—.27 효고현 아마가사키시[尼崎市]의 고베[神戸]제강소 아마가사키공장에 강제연행된 조선인 노동자 고용[高龍] 외 3명은 동료를 선동煽動해서 집단 도망하려고 하나가 발견되어 체포, 미성년으로 기소유예
—.27 도야마현[富山縣]에서 조선독립운동의 강완범姜完凡, 김행도金幸道가 치안유지법 위반으로 체포 송검
—.28 도쿄에서 도조[東條] 수상에게 "우리 천지신명에게 맹세하고 조선독립운동을 일으키겠다" 운운하는 투서가 보내짐
4. 3 홋카이도 미쓰비시광사 무라마쓰구미[村松組] 갱외의 히라누마 성신[平沼性新]은 "우리에게는 조선을 독립시키지 않으면 자유는 없다"고 머지않은 대소련 개전 시에 독립을 위해 봉기하도록 동료를 계몽하다가 체포 송검
—. 6 후쿠오카현 이즈카시[飯塚市] 미쓰비시 이즈카광업소의 조선인 노동자 68명은 계약 만기로 귀환을 요구하며 파업
4.— 일제, 재일조선인을 침략전쟁에 강제동원하기 위해 '징병검사' 실시를 시작
—.11 기후현[岐阜縣]의 미쓰이광산 가미오카[神岡]공업소에서 식사량이 줄어, 조선인 취사부炊事夫와 조선인 노동자의 난투, 80명이 사무소로 몰려가고 7명이 체포됨
—.15 도쿄에서 조선독립운동의 민족주의그룹 오야마 보쿠[大山穆] 등 4명은 독립 달성을 위해 전쟁에 협력하지 않는 계몽운동 중에 치안유지법 위반으로 체포 송검

1944년

재일동포
—.17 도쿄에서 공산주의운동그룹이 독립 달성을 위해 기도 봉린[木戶鳳麟] 등 5명의 공학 교생 및 기요하라 요시모토[淸原義本](공학교 졸), 다카시마 수명[高島秀明](물리학교), 야마모토 춘화[山本春化](동아학원) 등이 운동을 전개하다가 치안유지법 위반으로 체포 송검
—.20 와카야마현[和歌山縣]에서 민족독립운동을 하던 최명호[崔鳴浩] 등 3명이 치안유지법 위반으로 체포
4.20 도쿄에서 민족독립운동을 하던 도요야마 히사오[豊山久雄](와세다대[早稻田大]) 등 2명을 체포
5.4 야마구치현 우베시[宇部市] 히가시미조메[東見初]탄광회사의 조선인 노동자 95명은 계약이 만료되자 귀환을 요구하며 파업
—.17 홋카이도에서 조선독립운동을 하던 최연호[崔蓮鎬](토공) 등 5명이 치안유지법 위반으로 체포 송검
—.20 교토에서 민족주의그룹의 가나자와 히로카[金澤宏佳] 등 5명 치안유지법 위반으로 체포 송검
—.24 나고야[名古屋]에서 조선독립민족주의그룹 조국위안회 사건—임원갑[林元甲], 임형섭[林亨燮], 고주세[高周洗], 히야마 기영[檜山琪英], 사토 이사무[佐藤勇] 등이 독립운동에 궐기할 준비를 계몽하던 중 치안유지법 위반으로 체포 송검
—.27 후쿠오카현 가스야군[糟屋郡] 시메마치[志免町] 규슈[九州]광업소로 가던 강제연행된 조선인 노동자 37명은 연행 도중에 36명이 도망
—.29 야마구치현 우베시 우베흥산[興産] 히가시미조메탄광의 조선인 노동자 150명은 취사계의 부정 등으로 계원과 관계자를 추궁했다가, 폭행을 이유로 3명을 체포
6.4 교토에서 민족독립운동 토공민족그룹의 미치시로 노무마사[至城信正], 김춘남[金春男], 야마모토 쇼분[山本相文], 이토 마사오[伊藤正雄], 김미경[金未慶] 등이 독립 달성을 위해 일본을 패전으로 이끌 것을 결의하고 운동을 전개하던 중 치안유지법 위반으로 체포 송검
—.13 사가현[佐賀縣]에서 체포된 생산방해사건의 김용택[金容澤] 외 2명은 징역 1년의 실형 판결
—.14 도쿄에서 공산주의운동의 그룹이 김태서[金泰西], 평창석호[平昌錫浩], 오야마 찬모[大山燦模], 김석마[金錫磨], 기무라 종범[木村鐘範], 오카야마 흥진[丘山興振], 히라우미 히로타쓰[平海溥龍], 이와무라 동희[岩村東熙] 등이 치안유지법 위반으로 체포 송검
—.17 지바현[千葉縣]에서 조선독립운동 민족주의그룹 사건으로 간다 은파[神田恩波], 구니모토 마사오[國本雅雄], 야마시로 히로타다[山城弘忠]는 징역 2년 6개월, 가네야마 기치류[金山吉龍]에 징역 2년의 집행유예 판결
—.19 효고현의 일본정광[精鑛]회사 나카세[中瀨]광산에서 도망한, 강제연행되었던 조선인 노동자 안경호[安京鎬] 등 4명과 미쓰비시광업회사 아케노베[明延]광산에서 도망한, 강제연행된 조선인 노동자 히라누마 재돈[平沼載敦] 등 2명은 각각 노무조정령 위반으로 체포 송검

1944년

재일동포
一.19 홋카이도에서 강제연행된 조선인 노동자로 변장 도일한 아라이 대용(新井大湧)(토공)는 동료 토공에게 "우리는 일치단결하여 사업소와 내지인에게 대항해야 한다, 우리 조선인 독립하지 않으면 행복은 없다"는 등을 발언을 하면서 독립운동 계몽활동을 하다가 체포 송검
一.19 홋카이도 소라치군(空知郡) 아카히라(赤平)광업소의 조선인 노동자 60명은 귀환을 요구하면서 분쟁, 3명 체포, 다음날 1200명은 동료의 석방을 요구하면서 경관, 경방단(警防團) 192명과 싸워 조선인 노동자 57명이 체포
6.20 홋카이도 가야베군(茅部郡) 오토시베무라(落部村) 탄화광업회사 가야누마(茅沼)광업소의 조선인 노동자가 사망한 사건의 둘러싸고 "기숙사장 등의 린치로 죽었다"면서 조선인 노동자 250명이 항의, 기숙사로 몰려가 조선인 노동자 400명이 파업, 98명 체포
一.21 도쿄에서 민족독립운동을 하던 표상태(表尙泰), 우에무라 나리유키(植村成之), 기하라 베이쿤(木原米勳), 마쓰바라 하루노리(松原治德) 등이 치안유지법 위반으로 체포
一.22 아이치현에서 동아연맹을 이용하여 독립운동을 했던 김종봉(金宗奉), 김덕언(金德言), 야마다 고유(山田廣裕) 등이 치안유지법 위반으로 체포
6.— 구마모토현(熊本縣) 아라오시(荒尾市) 요쓰데(四ッ出)탄광에서 조선인 노동자 60여 명은 대장에게 폭행 린치 당한 데 대해 보복을 가하다가 11명이 체포됨
7.4 홋카이도 가야베군 오토시베무라 철도공사장 지자키구미(地崎組) 배하의 오야구미(大矢組) 함바에서 감독이 조선인 노동자를 구타했기 때문에 조선인 노동자 80명이 간부들에게 보복하다가 전원 체포
一.5 사할린에서 조선독립운동을 계몽했다는 이유로 임금석(林金石), 히야마 겐(檜山健), 미야코야미 호준(都山浩淳), 아마시타 문이(山下文伊)(모두 토공) 등을 체포 송검
一.9 한반도 출신 군속 182명이 '다이헤이마루(太平丸)'에서 홋카이도 오타루(小樽)에서 지시마열도(千島列島)로 향하던 도중, 미군의 어뢰 공격으로 침몰하여 전원 사망했다고 일본 정부가 공식 발표(『아사히신문(朝日新聞)』 2002년 5월 10일자)
一.14 미야기현(宮城縣) 미야기군 다가조무라(多賀城村) 요코스카성(橫須賀城) 공사장 스가와라구미(菅原組) 배하 신카와구미(新川組) 다가조출장소의 조선인 노동자 360명은 기간 만료로 귀환을 요청하다가 사업주, 경관과 분쟁, 해군 및 헌병의 강압으로 1년간 강제로 연장당하고 6명을 체포
一.16 아이치현에서 치안유지법 위반으로 체포된 조선인 하나야마 광규(華山鑛奎)에 징역 2년의 실형 판결
一.19 홋카이도 시베쓰무라(標津村) 해군공사장 스가와라구미(菅原組)의 조선인 노동자 87명은 기간만료로 귀환을 요청하며 파업, 헌병과 육군부대 42명과 경방단 40명의 강압에 의해 6개월간 연장
一.19 홋카이도 앗케시군(厚岸郡) 오타무라(大田村) 호마카이 군(軍) 관리 채석사업장 스가와라구미의 조선인 노동자 317명은 계약기간 만료로 귀환을 요구하는 파업, 헌병과 경찰 78명에게 저지당하여 6개월간 연장을 강제 당함

1944년

재일동포
1.29 아이치현에서 체포된 치안유지법 위반 사건의 와룡회 관계자 조선인 가네하라 하쓰오[金原初雄], 오타 마사유키[太田政行]는 징역 2년 6개월, 다카야마 가이니치[高山海日]는 징역 2년의 실형 판결
1.30 오사카, 간사이공학하교 학생 안영웅[安英雄] 외 2명은 일본의 패전을 예측 "김일성의 독립운동에 호응해야 한다"고 주장하면서 독립운동을 전개, 계몽하던 중 체포 송검
8.― 일제, 재일조선인을 침략전쟁에 총동원하기 위해 '여자정신대근로령' 공포
8.16 오사카부에서 체포된 치안유지법 위반 사건의 조선인 나카노 길웅[中野吉雄]에 징역 3년, 마쓰야마 주식[松山周植]에 징역 2년의 실형 판결이 내려짐
8.― 홋카이도 유바리쵸[夕張町] 유바리탄광 사카이구미[酒井組]의 조선인 노무자 33명은 계약기간 만료 후 귀환을 1년간 연장을 강제 당하자, 일시적 귀환이라도 허가하도록 요구하며 파업
1.19 홋카이도의 탄광에서 침략전쟁에 반대하면서 석탄 생산 감량을 유지했다는 이유로 치안유지법 위반으로 체포된 조선인 다하라 고조[田原耕藏]에 징역 4년, 최원정[崔元貞]에 징역 3년의 실형 판결
1.23 야마구치현에서 조선기독교 목사 등, 독립운동으로 마쓰무라 마사하루[松村正治] 등 7명을 체포 송검
1.25 홋카이도에서 체포되었던 홋카이도대 강좌파 그룹의 치안유지법 위반 사건 관계자인 조선인 방산열[方山烈]에 징역 3년의 실형 판결
1.29 사할린에서 민족독립운동의 조선인 시바사키 방춘[柴崎芳春](기숙사 노무계), 오자와 신지[大澤新次](채탄부), 오야마 무준[大山武濬](어업상) 등이 치안유지법 위반으로 체포 송검
9.13 도쿄에서 조선독립운동 민족주의그룹의 조선인 다카야마 노부오[高山宣雄], 긴카이 소타로[金海宗太郎], 요시타케 가쿠슈[吉竹赫周] 등이 치안유지법 위반으로 체포 송검
1.16 사가현 기시마군[杵島郡] 기타가타마치[北方町] 기시마탄광회사 기타가타탄광의 조선인 노무자 56명은 기간 만료로 귀환을 요구했다가, 6명이 체포되고, 경찰의 압력으로 52명이 1년간 연장을 강제당함
1.19 구마모토현에서 조선독립운동 민족독립운동그룹 채탄부 김재근[金在根] 등 10명이 치안유지법 위반으로 체포 송검
1.25 이바라키현[茨城縣]에서 조선독립운동 자금을 모으던 요네다 미노루[米田稔] 등 2명을 식량관리 및 해군형법 위반으로 송검, 요네다에 징역 4년, 히라[平]에 징역 3년의 실형을 판결
1.30 홋카이도에서 조선독립운동을 하던 장복성[張福成], 가네무라 고지[金村光二](요리점주), 김갑순[金甲順], 문종달[文鐘達], 가네다 마사오[金田正夫] 등이 치안유지법 위반으로 체포 송검
10.5 가나가와현에서 민족독립운동을 하던 가네사카 난료[金坂南龍]가 치안유지법 위반으로 체포
1.6 야마구치현에서 치안유지법 위반 사건 '우리들그룹' 관계자 김창옥[金昌沃], 고에 요시모토[神江壽元], 박석우[朴錫祐] 등에 징역 3년, 도쿠야마 히데모토[德山英基]에 징역 3년의 실형 판결

1944~45년

재일동포

—.6 효고현에서 아마가사키 조선인민족주의그룹 협화훈련대 특별청년회 사건—치안유지법 위반으로 취조 결과, 아마가사키시의 오타니(大谷)중공업주식회사 아마가사키 공장에 이 해 3월에 강제연행으로 끌려온 조선인 노동자 히로다 헤이키(廣田炳奎) 외 6명이 합법적 조직으로 청년회를 결성했는데, 실제는 "김일성의 조선침공에 호응해서 일제히 봉기한다"는 목적에서 독립운동을 전개하고 있던 사실이 판명되어 송검
10.16 홋카이도에서 조선독립운동을 하던 김영원(金永遠), 김동옥(金東玉), 송종만(宋鐘萬), 장우섭(張禹燮), 히라야마 슈주쓰(平山主戌), 가네비시 사다하루(金菱貞治), 구와타 마사오(桑田正雄), 마쓰무라 다카하루(松村隆春) 등의 강제연행된 조선인 노동자가 치안유지법 위반으로 체포 송검
—.31 가나가와현에서 조선독립운동으로 인해 치안유지법 위반 용의자 니모토 재길(新元在吉), 가가와 정광(香川貞廣), 가가와 지카요시(香川周義), 구스하라 태경(楠原太京), 가즈야마 창렴(壹山昌濂) 등 조선인 토공을 체포 송검
11.14 아이치현에서 조선독립운동을 하던 허양권(許陽權), 다마야마 영주(玉山永誅), 관광삼출(光廣三出)을 체포
—.20 홋카이도에서 공산주의운동을 전개하던 오이중(吳利重, 토공 간부)를 체포
—.20 도야마현에서 치안유지법 위반 사건의 조선인 김행도(金幸道)에 징역 2년, 집행유예 5년 판결
12.30 조선독립운동으로 치안유지법을 위반한 사건의 히로시마현(廣島縣) 구레시(吳市) 고분(興文)중학 4학년 조선인 시마즈 혜길(島津惠吉)은 친구들에게 조선 독립 계몽활동을 했다는 이유로 송검
12.— 재일동포 수는 193만 6,843명이 됨

1945

1.— '지하공장건설 일심회一心會'가 결성되어 회장 정연학(鄭演學), 임원 권혁주(權赫周)(권일權逸), 조영주(曹寧柱), 장양세(張良世), 김광순(金光淳), 강경옥(康慶玉), 손해규(孫海奎), 이능상(李能相), 주기영(朱箕榮) 등이 결정되고, 일제의 침략전쟁에 협력
1.— 일제의 친일단체 '협화회'는 명칭을 '흥생회興生會'로 개칭하고 조선인에게 전쟁 협력을 강제함
—.8 히로시마현(廣島縣) 히로시마시의 미쓰비시(三菱)중공업주식회사 히로시마조선소에서 강제연행 노무자 마쓰모토 용진(松本容鎭)이 조선독립운동을 했다는 용의로 송검됨
—.12 고베시(神戸市) 사립육영상업학교 5학년 사카히라 도홍(坂平道洪)은 이공우(李公雨), 오하라 종수(大原鐘守), 황보석(皇甫石) 등과 조선독립운동에 궐기하는 밀담을 중학생, 근로보국대에 출동하면서도 계속하여 치안유지법 위반으로 체포됨
2.4 도쿄 조선독립기도협의사건의 치안유지법 위반으로 체포된 와세다(早稻田大) 상과 1학년 원종온(元鐘穩), 서길수(徐吉洙), 이태용(李泰龍) 등은 십수 회에 걸쳐 비밀회합을 갖고, 조선독립을 기도하고 실행할 불온한 움직임을 보여 신병을 본적지로 송환
—.16 시인 윤동주(尹東柱), 후쿠오카(福岡)형무소에서 의문사

1945년

재일동포

—.26 조선에서 강제연행된 노무자 요네자와 한택(米澤漢澤) 외 4명이 이시카와현(石川縣) 고마쓰시(小松市)의 고마쓰제작소 아와즈(粟津)공장에서 조선독립운동을 전개하여, 강제연행된 50명의 노무자 중 29명을 조직적인 방법으로 도망시키고, 나머지 21명도 태업 등의 방법으로 침략 전쟁에 반대하면서 생산에 협력하지 않았기 때문에 체포 송검됨

2.28 삿포로(札幌) 조선인 토공 민족주의그룹은 치안유지법 위반 사건으로 체포되고 취조 결과, 징용 연행된 조선인 토공 후미야마 종달(文山鐘達)이 삿포로시 군 공사장에서 일하면서 동료 40여 명에게 조선독립운동에 참가하도록 유도하고, 그 밖에 3명의 동지와 함께 "김일성이라는 사람은 위대한 사람이다. 그 사람은 …조선을 독립시켜서 직접 조선을 지도해 나갈 사람이다, 조선에도 그러한 위대한 사람이 있으니 걱정하지 말라. 이 사람은 많은 부하를 거느리고 부대를 조직했다고 한다. 나도 그 부대에 들어가 독립운동을 해보고 싶다고 생각하고 있다"고 말하고 동지를 모으는 조직 활동을 전개한 사실이 밝혀짐

3.3 기후현(岐阜縣) 다지미시(多治見市)의 게이오대(慶應大) 문학부 1학년 조선인 간다 호일(神田浩逸)은 나고야(名古屋), 기후 방면에서 지인, 학생들과 회합을 갖고, 학도지원병 제도 반대와 조선독립운동을 전개한 용의로 치안유지법 위반으로 체포

—.24 홋카이도 하코다테시(函館市)의 동일본목조선회사에서 조선독립운동을 전개한 치안유지법 위반 사건은 이 회사 직장대장 김제정(金祭貞)이 체포되어 취조 결과, 김제정은 대장의 지위를 이용하여 강제연행된 조선인 노무자에게 대우개선, 민족의식 앙양, 조선독립 선전 선동을 하여 동지 확대를 꾀한 것이 밝혀져 송검

—.28 오사카시의 고노하나(此花)상업학교 학생 김한수(金漢壽)는 언론출판집회결사등임시단속법 위반으로 체포되어 취조 결과, 야간에 학교에 가고 낮에는 인쇄공 일을 하면서 지인에게 "조선은 독립한다. 일본은 패전한다"고 말했다 하여 유언비어죄로 송검

—.31 니가타현(新潟縣)에서 징용공인 조선인 노무자 집단 도주에 관한 조선독립운동 사건에 관하여, 치안유지법 위반으로 이창준(李昌俊)이 조선에서 체포(관련 사건 내용 1945년 6월 25일 참조)

4.1 오사카시에서 가네미쓰 히데오(金光秀雄)가 치안유지법 위반으로 체포되어 취조 결과, 유언비어로 인심을 어지럽혔다는 이유로 1년의 징역을 선고

—.10 히로시마현 구레시(吳市)에서 치안유지법 위반 사건으로 이덕(李德)이 체포되어 취조 결과, 조선독립운동을 선동했다는 이유로 송검

—.15 히로시마현 히로시마시에서 치안유지법 위반 사건의 미쓰비시중공 히로시마조선소 강제연행 조선인 마쓰모토 요친은 조선독립운동에 궐기하여 싸우기 위해 동료 2명을 계몽하고 운동을 전개했다는 이유로 체포

—.18 나가사키현(長崎縣) 니시소노기군(西彼杵郡) 후쿠다무라(福田村)의 미쓰비시 나가사키 조선소에 강제연행된 조선인 노무자 170명은 식사 배급 반감(半減)에 반대하면서 분쟁, 13명이 체포 송검

4.— 일제, 패전 직전에 처하여 재일조선인 인텔리의 대량 검거, 학살을 계획함

1945년

재일동포

―.28 일제, 침략전쟁에 재일조선인을 강제적으로 동원하기 위해 '근로보국대정비요강'을 만듦
5.10 가나가와현(神奈川縣) 요코하마시(橫浜市)의 일본강관鋼管 쓰루미(鶴見)조선소에서 강제연행 조선인 하리무라 기량(張村起亮)을 중심으로 강제연행 조선인 노무자의 집단도망을 선동하고, 민족의식 앙양과 조선독립을 위해 생산저해전술을 취하여, 집단도망 속출, 주모자를 체포 송검
5.12 도쿄의 센슈대학(專修大學) 정경 1학년 이주영(李宙榮)은 전년 3월부터 아오키(靑木)모와 자주 회합을 갖고 조선독립을 기도하고 실행을 협의하던 중 체포
―.13 홋카이도의 아사히카와(旭川)토건 조선독립운동사건의 조선인 마쓰무라 다카하루(松村隆春) 외 4명은 전년 11월 16일에 체포, 취조 결과 기소됨
―.21 도쿄의 메이지대(明治大) 출신 정영표(鄭永杓)는 전년 10월부터 공산주의사상에 따른 조선독립을 목적으로 하여 도쿄 내의 각 곳에 동지 마쓰바라 히로시(松原博史) 등과 연구회를 열고 협의하다가 체포
―.21 가라후토(樺太) 도요하라시(豊原市)에서 조선민족독립운동사건으로 조선인 철도직원 하나다 대호(花田大浩) 외 6명을 조사한 결과, 전년 11월경부터 "독일은 올해 안에 멸망한다" "일본 제국은 내년 3월까지 멸망한다"는 문서를 배포, 7명이 청년그룹을 결성하고 독립운동을 전개하다가 체포
6.2 도쿄 도시마구(豊島區)의 이케다 기요시(池田泓)(조선인)는 도시마구장區長인 야마다 잇페이(山田市平) 집을 방문하여 조선 독립 등을 기재한 정전조건서를 게재하고 찬동을 구했다가 거부당하고 밀고로 인해 체포됨
―.7 가라후토 오토마리군(大泊郡)의 오치아이(落合) 나이호로쵸(內幌町) 거주 조선인, 북성조北星組그룹 조선민족독립운동사건으로 역술인 김용남(金龍男) 외 10명을 체포
  ※ 북성조그룹은 전년 1월부터 민족의식 앙양과 조선독립을 위해 비밀 회합을 가지고, 일본 패전이 가까워졌다며, 미군의 가라후토 상륙과 소련의 대일참전을 기회로 조선독립운동을 획책하다가 체포됨
―.20 관부연락선, 미군의 공격 격화로 항로 폐쇄를 결정
―.25 니가타에서 강제연행된 조선인 노무자 집단 도망에 관련된 조선독립운동사건―주모자인 조선인 한천수봉(漢川守奉)은 숙부 이창준(李昌俊)에게 계몽되어 김일성의 항일유격대원이 되었고, 강제연행자들과 함께 니가타 철공소에 잠입, 동지를 모아 김일성의 항일유격대에 입대할 목적으로 동지 88명 중 24명을 집단 도망시켰다가 체포됨
  ※ (1) 피의자 한천수봉은 조선에서 1944년 6월 28일 "의숙부 이창준으로부터 지도 계몽 받아 '김일성대'라는 조선독립운동단체의 존재를 알게 되었고, 거기에 조선민족의 진정한 행복은 조선의 독립에 있다고 생각하고, 그 실현을 위해서 단체인 '김일성대'를 지지하고 독립운동에 정신挺身할 것을 결의하여, 이원준(李員俊)에게 '김일성대'에 가입 절차를 의뢰하고 자기의 반신 사진 1매와 30엔을 교부"하여 김일성의 항일 빨치산 대원이 됨
  (2) 피의자는 1944년 12월 초순 강제연행 직전에 이창준으로부터 임무를 받아 일본으로의 연행자와 함께 연행됨―그 내용은 (ㄱ)…머지않아 일본은 패전으로 끝난다, (ㄴ) …조선은…독립한다, (ㄷ) … (ㄹ) 독립 후 조선의 최고지도자는 '김일성'이다, (ㅁ) 징용으로 '내

1945년

재일동포

지'(일본)로 도항한 경우는 그 대원 중에서 우수분자를 물색하여 동지로 획득하고 함께 도망하여 귀선歸鮮한 다음 '김일성항일유격대에 가입시켜야 한다' 등의 임무를 받음. 그를 위해 일본어가 능통한 자를 선두로 "…88명 중 24명이라는 다수를 도망시키기"에 이르렀다(특고비선特高秘鮮 제6174호)

6.25 일제, 패전 직전이 되어 재일조선인 '국민의용병역령'을 공포하고, 15세~60세 남자와 17세~40세 여자를 침략전쟁에 동원

7.6 조선독립기도 '붕우朋友강좌회' 사건으로 나고야의 이근도李根道 외 7명이 체포됨
　※ (1) 이근도 등은 자주 회합을 가지고 조선독립운동을 전개하기로 협의, 20명의 동지들이 붕우강좌회를 결성
　　　(2) 일본의 패전은 확실하며, 조선독립은 필지必至라고 계몽운동을 추진

―.8 사이타마현[埼玉縣]에서 대동포회大同胞會라는 비밀결사를 조직하고 조선독립운동을 전개하던 중 김호윤金浩允 외 20명이 체포됨

―.9 조선독립운동으로 인해 교토시의 오인상吳仁象 외 4명이 치안유지법 위반으로 체포됨

7.― 오사카부 니시요도가와구[西淀川區]의 가와키타[川北]국민학교 고등과 2학년을 중심으로 하여 7명이 '조선독립연맹'을 결성하고 조선독립운동을 전개

8.6 미군이 히로시마에 원폭을 투하하여 조선인 사망자 4만 명, 피폭자 약 4만 8,000명(히로시마원폭협의회), 나가사키에서는 1만 3,000명(나가사키시 원폭자료계)의 피해

8.― 타라와 섬(적도 바로 아래의 키리바스공화국)에서도 조선인 군부軍夫 1,500명이 전사함(아사히[朝日] 1991년 12월 3일)

8.― 오사카부 해군시설부 공사장의 강제연행 조선인 노무자 300명 중, 58명이 집단 도망

8.― 일제, 나가노현[長野縣] '마쓰시로대본영[松代大本營]' 방공호 공사에 조선인 약 1만 명(총 35만 3,932명)이 동원되어, 그중 천황의 침실공사를 담당했던 노무자 180명 이상이 '비밀유지'를 구실로 학살당함
　※ 이 무렵, 이와 같은 종류의 사건이 각지에서 일어남. 일제, 미군 상륙 전에 다수의 조선인 애국자를 학살할 계획을 세움

8.15 조선 해방의 날, 조선인에게 있어 36년간의 암흑의 식민지 지배에서 해방된 역사적인 날이 됨

―.16 일본전시건설단본부 등 관계기관, 군수성 명령으로 조선인, 중국인 강제연행 관련 자료를 소각

―.17 가라후토, 조키톤[上氣とん]사건―강제연행 조선인 광부 17명이 학살당함

―.17 구와나시[桑名市]의 방공호에서 조선인 노동자 학살 사건―구 일본군 장교가 조선인 징용공을 학살하고 사체를 매장함. 각지에 유사한 사건 속출

―.18 재류조선인대책위원회가 스기나미[杉並]에서 권일權逸, 정인학鄭寅學, 이재동李在東 등이 결성

―.20 일본간토[關東]지방조선인회를 가나가와현[神奈川縣]에서 한덕수韓德銖 등이 결성

―.20 재일조선인대책위원회를 스기나미구에서 이해삼李海三 등이 결성

―.22 재일조선동포귀국지도위원회가 시부야[澁谷]에서 결성됨

1945년

재일동포
一.22 재일조선인거류연맹이 간다[神田]YMCA에서 결성됨
一.22 재일조선인대책위원회가 이타바시[板橋]에서 최학림崔學林 등을 중심으로 결성됨
8.— 일본 각지에서 재일조선인이 자주적 강습회, 학교를 만들어 민족교육 시작
8.— 재일조선인이 해방된 조국으로 자주적으로 귀국을 시작
※ 해방 당시의 재일동포 수는 약 240만 명이었고, 1945년 8월부터 46년 3월까지 8개월간 정규 루트로 귀환한 사람의 수는 하카타[博多] 42만 5,713명, 센자키[仙崎] 32만 517명, 사세보[佐世保] 5만 5,306명, 마이즈루[舞鶴] 2만 5,676명, 하코다테[函館] 8만 6271명, 기타 2만 6,955명, 합계 94만 438명(『귀환원호국사歸還援護局史의 자료』, 후생성 인양원호국引揚援護局 조사), 비정규 노선으로 귀환한 사람은 약 81만 명으로 추정됨. 잔류자의 실제 수는 GHQ가 계획수송을 위해 지령을 내려 실시한 조사로 1946년 3월 18일까지의 등록자 수 64만 7,000명, 그중 귀국 희망자는 51만 460명이라고 발표
※ 재일조선인은 해방의 기쁨으로 조국으로 돌아가기를 일일천추의 마음으로 하루하루를 살아 왔으므로 귀국자가 쇄도, 9월 말 시모노세키[下關]에 약 2만 명, 하카타에 약 1만 명이 2주 이상이나 노숙을 하면서 승선 순서를 기다렸고, 계속해서 모여들었기 때문에 무질서와 환자가 다수 발생, 혼란이 수습되지 않아 곤란해짐
一.23 마이즈루항에서 일본해군수송함 '우키시마마루[浮島丸]'가 폭파 침몰, 귀국하기 위해 승선해 있던 조선인 549명 사망
一.24 오사카에서 고려인중앙협의회를 김민화金民化, 김달관金達寬 등이 결성
一.27 도쿄에서 귀국지도위원회와 재류조선인대책위원회가 합류하여 '재일조선인회'를 결성
一.27 지바[千葉]의 조시[銚子]사건 일어남—경찰관이 미군 상륙을 환영하던 조선인 3명을 학살
一.28 오사카에서 조선인협의회결성준비위원회를 김민화, 김달관 등이 결성
9.1 일본 정부 당국은 '조선인 집단 이입 노동자 등의 긴급 조치의 건'에 대해서 지방장관에게 통달함
一.4 재일조선학생청년동맹이 간다YMCA에서 결성됨
一.4 재도쿄 조선인전국협의회가 요요기[代々木]에서 60명이 참가하여 결성됨
一.5 재일본거류조선인연맹을 간다YMCA에서 김두용金斗鎔, 조희준曹喜俊 등이 결성함
一.6 조선인연맹 간사이[關西]준비위원회를 60명이 결성
9.— 재일조선인공업회 결성
一.10 재일본조선인연맹 중앙준비회가 도쿄에서 결성됨
一.10 조선건국촉진청년동맹준비회를 서종실徐鐘實 등이 조직함
一.10 GHQ, 언론 및 신문의 자유에 관한 각서를 발표
一.10 재일조선과학기술단을 김두용, 주기영朱基榮, 박철재朴哲在 등이 결성함
一.14 재일본조선학생동맹을 김규성金奎成 등이 결성함(후에 재일본조선인유학생동맹으로 개칭)
一.15 조선인연맹 돗토리현[鳥取縣]본부를 이원영李元榮 등이 결성
一.16 조선인연맹 가나가와현본부를 한덕수 등이 결성
一.16 재일조선청년학도유지대회를 간다YMCA에서 400명이 참가하여 개최
一.24 도쿄에서 정치범석방추진동맹을 김두용 등이 결성

1945년

재일동포
—.24 조선인연맹 교토부본부를 임조강林曹康 등이 결성
9.— 정치범석방추진동맹 간사이지부를 송성철宋性徹, 김민화, 송경태宋景台 등이 결성
9.27 GHQ, 신문 및 언론의 자유에 대한 추가 조치 각서를 발표
—.29 조선인연맹 중앙준비위원회 기관지『회보』발행
10.2 조선인연맹, 나라현(奈良縣), 이와테현(岩手縣) 각 본부 결성
—.4 GHQ, 치안유지법 폐지, 정치범 석방, 내무대신 특고경찰 폐지와 파면을 지령
—.6 조선인연맹 간사이총본부 결성
—.8 홋카이도(北海道) 유바리(夕張)탄광에서 조선인 노동자 7,000명이 노동조건 개선, 귀국 시에 의류, 임금 지급 등 14개 항목을 요구하며 파업에 돌입, 이를 전후로 후쿠시마(福島), 규슈(九州) 등 각지의 탄광지대에서 귀국 촉진, 대우개선을 요구하는 조선인 노동자의 파업이 속출함
—.10 일본 정부, 재일조선인귀국취급요강을 발표
—.10 김천해金天海 등의 출옥전사 환영회가 비행회관(다무라쵸[田村町])에서 조선인 2,000명이 참가한 가운데 열림
10.10 조선인연맹 오사카부본부를 김달관 등이 결성
—.10 조선인연맹 아오모리현(青森縣), 미에현(三重縣) 각 본부를 결성
—.10 『조선신보』창간 (당시,『민중신문』『대중신문』『우리신문』이라는 명칭 변경을 거쳐『해방신문』『조선민보』라고 개칭 후, 1961년 1월에『조선신보』가 됨. 372쪽 참조)
—.11 재일본조선인상공회가 도쿄를 중심으로 결성됨
—.15~16 재일본조선인연맹(이하 조련으로 약칭)이 히비야(日比谷)공회당(15일)에서 결성됨—대회는 4,000명이 참가한 가운데 열렸고, 2일째인 16일은 료코쿠(兩國)공회당에서 열려, 위원장 윤근尹權, 부위원장 김민화, 김정홍金正洪이 선출됨(연맹의 강령은 부록에 게재)
—.16 조련 제1회 중앙위원회가 열려, 귀국자를 원조하기 위해 출장소(하카타, 부산, 서울)를 개설할 것과 친일파 민족반역자의 조사와 숙청 문제를 토의 결정
—.18 아오모리, 산본기(三本木)사건 일어남—30년 이상 이 지역의 거주자 이외 새로운 거주자인 조선인은 전부 추방한다고 한 사건
—.19 정치범석방촉진연맹 등이 '자유의사출옥환영민대회'를 나카노시마(中之島)공회당에서 개최
—.20 조련, 각지에 청년대, 자치대, 보안대, 자위대를 조직함
—.22 조련, 사이타마현(埼玉縣) 본부를 정순제鄭淳悌 등이 결성
—.25 조련, 니가타현(新潟縣) 본부, 야마가타현(山形縣) 본부를 결성
—.25 홋카이도 아시베쓰(芦別) 미쓰이(三井)탄광에서 조선인 1300명이 분쟁을 일으켜, 사망자 1명, 중상자 10명 발생
—.25 오사카역전 우메다(梅田)에서 조선인과 일본인 각 수 명이 난투를 벌여, 흥생관興生館(구 협화회관)에 있던 조선인 약 400명이 체포되자, 그 체포자의 인도를 요구하면서 분쟁이 일었고, MP가 출동하면서 진정됨
—.27 박열朴烈, 아키타(秋田)형무소에서 출옥
—.28 조련, 후쿠이현(福井縣) 본부를 결성

1945년

재일동포
—.28 후쿠시마현에서 조반(常磐)탄광의 조선인 노무자가 귀국을 요구하며 파업에 돌입하자, 경관대와 미군이 탄압, 귀국하는 날까지 노동을 강제당함
10.29 조련, 오사카부 본부가 『오사카아사히신문』에 「귀국하는 동포에게 고함」으로 귀국 상담, 편의 등의 광고를 냄
—.30 조련, 아키타현 본부를 김재화(金載華) 등이 결성
11.1 GHQ, '일본 점령 및 관리를 위한 연합국 최고사령관에 대한 항복 후에 있어서의 초기의 기본지령'에 입각하여 "조선인은 군사상의 안전이 허락하는 한 해방국민으로 취급하지만, 필요한 경우에는 적국민으로서 취급할 수 있다"고 발표
—.1 GHQ, 일본 정부에 재일조선인 귀국의 계획 수송을 지령
—.1 GHQ, 일본 및 조선에 주둔하고 있는 미군의 연료 확보를 위해 홋카이도탄광의 조선인, 중국인의 노동력 확보에 관한 포고를 발표
—.2 조련, 이시카와현(石川縣) 본부를 이심철(李心喆) 등이 결성
—.2 조련, 오이타현(大分縣) 본부를 강윤범(康倫範) 등이 결성
—.8 도쿄의 가쓰시카(葛飾)사건 일어남—경관과 현지 불량배들이 조선인 1명을 학살한 사건이 발생
—.10 조련, 군마현(群馬縣) 본부를 고창호(高昌浩) 등이 결성
—.10 가나가와현 야마토(大和)사건 일어남—경관이 조선인의 가재(家財)를 모두 몰수한 사건이 발생
—.11 교토일가참살사건—조선에서 귀환한 일본의 복원군인(復員軍人), 교토 거주 조선인 일가 6명을 참살하고 도망
—.13 GHQ, 미군 수송선으로 조선인, 중국인의 귀국수송계획(11월 18일~12월 30일 사이에 매일 1,000명)을 발표
—.13 귀국자가 출항지에 쇄도하여 이질, 장티푸스 발생, 현지 미군의 요구로 귀국사업을 일시 중단
—.13 조선인귀환수송계획 증명성 발행은 중앙흥생회가 해산했기 때문에 일본 정부 지방 장관 명으로 변경
11.— 조련, 청년부와 부인부를 조직
—.16 조선귀국촉진청년동맹(이하 건청으로 줄임)이 다무라쵸(田村町)비행회관에서 결성됨(위원장 홍현기(洪賢基), 부위원장 서종실(徐鐘實)·허운룡(許雲龍))
—.18 조련, 제10회 확대 상임위원회에서 본국 민주단체와의 연락, 징용 노동자의 귀국여비 등을 지급, 친일파, 민족반역자로서 상애회 및 협화회 8명, 일심회 12명, 동아연맹 3명, 기타 민족반역자 13명, 합계 36명의 추방을 결정
—.20 일본공산당 제1회 전국협의회에서 김천해가 조선부 대표로 보고함
—.22 건청 중앙청년훈련소를 스기나미구(杉並區)에 설치
11.— 조련, 조선장학회 이사회를 새로 구상하기 위해, 이사를 선임하고, 재산의 인계 관리를 행함
11.— 오사카, 고베(神戶), 교토, 나고야(名古屋)의 각지에서 조선인상공회 또는 실업회가 결성
—.28 GHQ, '고용정책에 관한 건'에서 일본에 잔류하는 조선인은 일본인과 같은 고용 기회를 보장해야한다고 지시

1945~46년

재일동포
12.1 김천해, 일본공산당 제4회 대회에서 중앙위원으로 선출됨
―.4 조련, 자치대와 건청 회원 사이에 쌍방 약 200명이 난투를 벌인 사건 발생
12.8 도쿄에서 '전쟁범죄인추궁인민대회'가 조련 및 5개 단체에서 열리고, 11월 18일에 조련 중앙에서 결정한 36명의 민족반역자를 전쟁범죄인으로 지정하고, GHQ에 명부를 제출
―.9 조련, 나가사키현[長崎縣] 본부를 조연식趙連湜 등이 결성
―.10 조련, 야마구치현[山口縣] 본부를 결성
―.12 일본공산당 확대중앙위원회에서 조선부장에 김천해, 부부장 김두용, 간토부장에 박은철朴恩哲, 간사이부장에 송성철 등을 선출
―.15 도쿄 조선 제1초중급학교(당시는 국어강습소의 초급부) 창립
―.15 조선건국축하대회가 조련 긴키[近畿]지방협의회 주최로 도쿄 마루야마[円山]공원에서 개최됨
―.17 재일조선인 선거권은 일본법률 제42호, 중의원의원선거법의 부칙에 "조선인의 선거권은 당분간 정지"라고 됨
12.― 재일조선인의 귀국자 수는 4개월 동안 63만 9,151명
12.― 조선인상회가 조선인공업회를 흡수 합병하여 '조선인상공회'로 개칭
―.31 재일동포의 수는 98만 635명이 됨(내무성 경보국 인구조사에 따름)

1946
1.1 『KIP통신』 창간, 사장은 김윤중金允中
―.5 후쿠시마현[福島縣] 유모토[湯本]사건―경찰관이 테러단을 선동하여 조련 임원을 다치게 한 사건
1.― 조련, 청년부에 '보안대'와 '자치대'를 조직
―.6 야마구치현[山口縣] 도쿠야마[德山]폭동사건―경찰관이 테러단을 선동하여 조선인들을 때리고 다치게 한 사건
―.20 도쿄에서 신조선건설동맹(이하 건동으로 줄임) 결성, 위원장 박열朴烈, 부위원장 이강훈李康勳, 사무국장 원심창元心昌
―.21 건청, 신탁통치반대민중대회를 간다[神田]공립강당에서 개최, 대회 후에 대모, 일본 외무성에 돌입, 차관과 담판, 아오야마[青山]육군대학 건물을 접수, 본부로 정함
―.30 조선학생동맹(위원장 김규성金奎成) 임시 총회를 열어, 정식 명칭을 '재일조선학생동맹'으로 하고 중앙본부를 신주쿠[新宿]・조선장학회에 도고, 간토[關東]・간사이[關西]・도호쿠[東北]의 3현에 지방본부를 두기로 결정
―.31 조련 중앙, 불량조선인대책, 학원學園 설립을 결정
―.31 건동, 삼국외상회의 결정 반대 성명
2.2 조련, 제2차 중앙위원회가 개최됨. '제2회 임시대회 소집의 문제'
―.7 조선장학회의 이사로 조선인 윤병옥尹炳玉 외 4명, 일본인 후모토 야사타카[麓保孝] 외 1명을 등기함―재일조선학생동맹의 사업 수행에 필요 경비 공급을 추진
―.9 GHQ, '조선인의 귀환 문제'를 각 지방별로 지시

1946년

재일동포
一.15 남조선민주주의민족전선결성대회에 조련 대표로 서울위원회의 배철裵哲, 고순흠高順欽 등 20명이 참가하여, 중앙위원회에 김천해金天海, 김두용金斗鎔 등 10명을 선출
2.17 GHQ, 재일조선인 귀국 희망자의 등록을 일본 정부에 지령, 3월 18일까지 "귀환자의 등록 실시와 일본 정부의 지시에 따라서 출발하지 않는 조선인은 귀한 특권을 상실한다"는 뜻을 통지
一.18 후쿠오카[福岡], 도바타[戶畑]사건—도바타경찰에서 부당하게 유치 중이던 조선인이 고문을 이기지 못하고 유치장에서 자살한 사건
一.19 이봉창李奉昌·윤봉길尹奉吉·백정기白貞基 3명의 열사 추도회가 건청 주최로 간다공립강당에서 거행됨
一.19 조련, 전국청년부대표자대회가 도쿄에서 개최됨
一.24 조선인상공연합회결성준비위원회가 열림
一.24 조선인간토상공회 결성
一.24 김천해, 일본공산당 제5회 대회에서 중앙위원에 재선, 송성철宋性徹, 김두용, 박은철朴恩哲은 중앙위원 후보로 선출됨
一.26 재일본조선인상공연합회 본부가 도쿄 간다교육회관에서 결성됨
一.26 조련, 제3회 임시 중앙위원회를 개최—조련임시대회의 개최 준비를 토의
一.27~28 조련, 제2회 임시대회를 나가타쵸[永田町]국민학교에서 개최—첫날 의사 진행 중 정찬진丁贊鎭 등이 권총을 발사하여 의사를 방해, 이튿날 김재화金載華 등을 제명처분, 민족교육 문제, 귀국동포의 원조대책, 친일파, 민족반역자의 조사 등을 토의 결정
一.28 민중영화사가 도쿄에서 창립됨
3.1 3·1기념대회가 도쿄에서 3,000명이 참가한 가운데 열림
一.1 조련, 제4회 중앙위원회를 개최—임원 부서 결정 등 대회결정 사항 집행을 위한 토의, 인사는 위원장 윤근尹權, 부위원장 김정홍金正洪, 김민화金民化, 등을 선출
一.1 건청 기관지『조선신문』창간
.11 오사카에 건국소, 중 고등학교 설립
一.11 조련, 도쿄 기타구[北區] 오지[王子]지부 청년자치대 200명과 건청 조호쿠[城北]지부 청년이 난투사건을 일으킴
3.— 3·1정치학원 개설(초대 원장 박은철)
3.— 조련, 노동부가 재일조선인이 탄광, 회사, 사업소 등에서 귀국을 위해 퇴직하는 퇴직금, 위로금 등 4,306만 엔을 취업처에 요구하여 359만 엔을 획득
一.15 도쿄 YMCA사건—경찰관 다수가 간다YMCA에 난입하여 파괴 폭행을 한 사건
3.— 월간 잡지『민주조선』창간
一.16 건국학원, 소·중학교 설립
一.16 GHQ, 조선인 귀국자는 일본으로의 재입국을 금지한다는 뜻을 발표
3.— 오사카에서 8·18청년학원 설립
一.18 GHQ의 지령으로 일본 정부 당국, 재일조선인의 '귀환희망자등록'을 실시, 재일조선인 총수 64만 7,006명 중, 51만 4,060명이 귀국 희망
一.19 GHQ, '38도선 이북에 본적을 갖는 재일조선인의 귀환 정지'를 발표

1946년

재일동포

—.24 오사카 미군 정부, 조련 오사카보안대에 해산을 명령함(4월 10일 조련, 전국자치대장회의에서 해산을 결정)
—.25~26 조련, 제5회 중앙위원회 개최—귀국희망자의 대책을 토의
 3.26 GHQ, 민간정보교육국은 "귀환을 희망하는 재일조선인은 일본 정부가 지시하는 시기에 출발해야만 한다(그러지 않으면 비용 부담의 특권 등을 상실)"고 발표
—.27 GHQ는 재일조선인의 귀환은 4월 1일 이후, 1인당 짐 250파운드까지 허가한다고 발표
—.29 도야마현[富山縣] 이스루기[石動]사건—경찰관이 열차 내에서 조선인을 사살한 사건이 발생
 4.2 GHQ, '일본에서의 비일본인의 입국 및 등록에 관한 각서' 발표—이날부터 일본 정부, 내무성을 중심으로 외국인등록, 불법입국 단속에 대한 검토가 시작되어 입국관리령과 외국인등록령은 이 각서에 입각하여 만들어짐
—.4 조선인 초·중급학교 도쿄에서 설립
—.7 시데하라[幣原]내각타도인민대회가 도쿄 히비야[日比谷]공회당에서 개최되어 조선인 2,000명이 참가, 시위 행진하는 데모대에 경관이 발포
—.9 야마구치현 시모노세키[下關]살인사건—경찰관이 불법 발포하여 조선 청년이 사살되는 사건이 발생
—.10 조련, GHQ의 해산명령으로 전국자치대장회의를 열고 자치대의 해산을 결정
—.11 효고현[兵庫縣], 오쿠보[大久保]형무소사건—오쿠보형무소에 수용 중이던 조선인 46명이 영양실조 때문에 석방되고, 1명은 얼마 지나지 않아 사망한 사건이 발생
—.13 재일본조선인 13개 단체 대표, 일본 정부 관계 관청, GHQ 각 국장의 3자 회의가 GHQ 회의실에서 열림
—.13 군마현[群馬縣], 오사카무라[小坂村]사건—경찰관이 테러단을 선동하여 조련자치대를 습격한 사건이 발생
—.18 재일본조선인교육회(당시는 재일본조선인학교관리조합) 결성
—.18 도쿄도 내의 조련초등학원연합 학예회 개최
—.19 도쿄, 에도가와[江戶川]사건—에도가와의 일본인 불량단 10여 명이 철봉을 휘둘러 조선인 4명에 상해를 가한 사건이 발생
—.19 조련, 일본 정부 후생성, 운수성에 대해 '귀국조선인의 가불운임 환불청구 진정서'를 제출, 귀국무임수송 발표 전에 귀국한 조선인 99만 3,558명분의 여비(1인당 37엔 50전) 3,725만 425엔을 청구
—.30 GHQ, '조선인 불법행위에 관한 총사령부 각서'를 발표. 그 결과, 일본 정부는 조선인 단속의 완전한 근거를 갖게 됨
 5.1 메이데이가 도쿄인민광장(니주바시마에[二重橋前])에서 열려, 조선인 3,000명이 참가하여 시위행진
—.3 효고, 니시와키[西脇]사건—경찰관이 조련대회를 미 군정청에 허위보고한 사건
—.5 재일조선학생동맹정기대회가 열려 약 200명이 참석(위원장 이용李鏞)
—.7 조련, 서울에서 재일동포실정보고회가 열려, 김정홍 등 5명을 파견

1946년

재일동포
—.7 GHQ, '재일조선인 귀환에 관한 각서'에서 조선인연맹은 향후 일절 일본 정부가 행하는 송환업무에 개입하는 것을 금지하는 뜻을 발표
—.10 조련, 전국청년부장회의를 소집, 자치대 해산과 함께 '민주청년동맹' 결성
5.13 도쿄, 세타가야[世田谷]사건—야쿠자인 야스다[安田]조직원이 조선인을 사살하고, 조련의 자치대가 범인을 추궁했다는 이유로 경찰이 불법행위로 보아 분규
—.16 도쿄의 '암시장' 단속으로 조선인 30명과 일본인 100여 명이 경찰에 연행되어, 조선인 100명과 일본인, 중국인 등 약 200명이 경찰에 몰려감
—.19 반미飯米획득인민대회가 도쿄에서 열려, 조선인 300명이 참가
—.20 GHQ, 조련에 자치대 해산과 집단 데모를 금지하는 지령을 발표
5.— 일본 정부, 남조선으로부터의 조선인 불법 입국자를 센자키[仙崎], 하카타[博多]에서 송환
—.25~26 조련, 제6회 중앙위원회가 교바시[京橋]공회당에서 열림—조직 강화, 생활권과 민족교육의 강화, 조선민중영화사 창립 및 문화단체 조직 문제를 토의
—.30 우에노[上野]의 노점가에 무장경관 500명이 출동하여 발포, 트럭 16대분의 물품 압수 중 조선인 노점상의 물품도 다수 포함됨
6.5 야마가타[山形]에서 암상인 무고誣告사건—야마가타현의 쌀 매출은 80%가 조선인이 사는 것이라고 발표한 데 대해 사실무근의 중상이라고 문제화함
—.10 조련, 도쿄에서 남조선민주임시정부수립촉진인민대회를 열자, 이에 호응해서 전국적으로 대회를 개최, 3국 외상회의 결의 지지, 민족적 반역자(친일파) 배격 등을 결의
—.12 GHQ, '일본으로의 불법입국 억제에 관한 각서' 조선으로부터의 불법입국자가 급증하고, 콜레라 등의 방역적 입장에서 불법입국을 방지하기 위해, 불법입국선의 수사 체포를 일본 정부에 지령하고, 체포 후 미군에 인도할 것을 지령
—.12 GHQ 지령으로 사세보[佐世保]귀환원호국 내에 불법입국자 수용소를 개설
—.12 GHQ, 일본 정부에 점령 목적으로 유해한 '저해행위처벌에 관한 칙령'을 공포시킴
—.13 일본 정부, 사회질서 유지 성명
7.1 조선건설동맹 기관지『신조선』창간
—.2 히로시마[廣島], 사에키[佐伯]살인사건—현지 경방단장警防團長이 일본도로 조련 자치대장을 참살하는 사건 발생
—.4 순국열사(윤봉길·백정기·이봉창 등 민족투사) 7구의 유골을 본국으로 송환하기 위해 이강훈·박근세朴根世·김정주金正柱·오기문吳基文 등 16명이 호송
7.— 일본 정부, 조선인 밀항자를 이전까지 센자키(야마구치현) 및 하카타에서 송환하던 것을 바꾸어 하리오[針尾](나가사키현[長崎縣])에서 송환하기 시작
—.13 조련, 센자키에 있는 조선인구호회를 해산
—.13 『신조선신문』은『아사히[朝日]신문』사설「조선인의 취급에 대해서」에서 조선인이 암시장에 뿌리를 내리고 물가를 교란시킨다는 등의 기사에 반론—그 골자는 조선인은 일본인보다 암시장 상인이 적으며, 자본도 없음, 암시장의 상거래는 자본주의 경제기구의 기형아이며, 전시 중에 막혀 있던 경제가 만들어낸 것, 조선인은 일본인과 마찬가지로 살기 위해서 필요에 의해 암거래를 하는 것이며, 고의로 경제교란을 하기 위함이 아니라고 반론

1946년

재일동포
7.15 일본 정부는 차관회의에서 '불법밀수입, 불법입국 사범에 관한 건'으로 각 성의 분담과 협력을 결정
—.15 조련, 도쿄도의 지부원이 건청 조난[城南] 사기사건이 원인이 되어 건청 회원과 난투사건이 일어남
—.18 히로시마, 메이지야[明治屋]살인사건—경찰관이 저항하지 않는 조선인 1명을 사살한 사건이 발생
—.20 가와사키시[川崎市]에서 조련 회원과 건청 회원 간에 충돌이 발생. 이날 도쿄, 가나가와[神奈川]에서 십수 건의 충돌사건이 있었으며, 미 헌병 사령부는 조련, 건청의 두 대표에게 경고
—.24 일본 정부 기무라[木村] 내무대신은 중의원 본회의에서 '재일조선인에 대한 단속방침'을 밝힘
—.29 GHQ, '재일조선인에 대한 과세권 행사를 일본 정부에 허가하는 각서'. 이후 재일조선인은 일본인과 동일한 납세 부과의 의무를 지게 됨
—.30 GHQ, '식량배급에 관한 각서'에 의해 재일조선인은 일본인과 동일 기준이 됨
8.1 조련, 제7회 중앙위원회가 교바시공회당에서 열림—민주민중통일정부 수립 촉진, 청년부와 부인부를 독립하여 단일 조직체를 만드는 문제, 3전대회, 생활권 옹호 등을 결정
—.8 GHQ, '조선으로 및 조선으로부터의 귀환'의 귀환업무 완료를 11월 15일까지 하라고 지시, 특수한 사정이 발생한 자는 12월 31일까지로 규정
—.9 후쿠오카현[福岡縣] 도고[東鄕]사건—도고경찰에 유치 중이던 조선인 밀항 용의자 41명이 원인 불명으로 사망하는 사건 발생
—.15 조련, 해방 1주년기념 중앙대회를 간다공립강당에서 개최
—.15 건동·건청 공동 주최로 해방 1주년 기념대회를 히비야공회당에서 개최
—.15 후쿠오카현[福岡縣] 하코자키[箱崎]사건—경찰관과 경방단원이 밀항조선인 10명을 부상당하게 한 사건이 발생
—.17 일본진척당 스이 구마사부로[椎熊三郞], 중의원 본회의에서 재일조선인을 엄중하기 단속하라고 발언, 요시다[吉田] 수상, 오무라[大村] 내무장관, 기무라[木村] 법무장관 등의 정부 각료는 조선인을 경찰력을 동원해 철저하게 탄압할 필요가 있으며, 또한 이를 실행할 용의가 있다는 뜻을 극명하게 표명
8.— 8월 방침—일본공산당이 재일조선인 당원에게 재일조선인운동에 대한 관점을 지시한 방침으로, 재일조선인을 소수민족으로 규정하고, 참정권 문제를 제기
—.27 나가사키, 밀항사건—조선인 밀항자 수용소의 설비 대우가 혹독하여, 361명의 아사자, 병사자가 발생
—.28 일본 정부 '외국인등록령' 특히 조선인을 대상으로 공포하는 법령이 각의 결정, 10월 1일 시행은 연기됨(GHQ, 1945년 9월 2일 이전부터 재류 조선인을 외국인으로 간주하는 것은 부당하다고 지적)
—.31 건동, 제2회 전국대회에서 거류민단 결성 문제를 토의
9.1 미에현[三重縣] 욧카이치[四日市]사건—경관의 불법 발포로 인해 조선인 1명이 부상당한 사건이 발생

1946년

재일동포
—.3 오사카역 동쪽 출구에서 경관에게 조선인 2명이 학살당함
9.4 미 제8군으로부터의 지령으로 귀환자가 가지고 갈 수 있는 짐 및 가재는 1인당 500 파운드라고 공표
—.18 재일본조선인민주청년동맹 시즈오카현[靜岡縣] 본부 결성
—.20 재일본조선인민주청년동맹 가나가와현 본부 결성
—.22 니가타현[新潟縣] 이와후네군[岩船郡] 시게오무라[重尾村]에서 식량을 사러갔던 조선인과 중국인에게 경관 여럿이 주식 단속을 구실로 탄압하고, 경방단, 미군이 출동하면서 15명을 체포
—.22 니가타일보사사건—중국인과 경찰관의 충돌을 조선인이라고 오보한 기사를 게재하여, 기사 취소와 사죄를 요구하는 교섭 위원을 상해죄로 체포하는 사건이 발생
—.27 미야자키[宮崎], 교에이마루[共榮丸]·긴피라마루[金比ら丸]사건—조선으로 귀국하는 사람이 귀국을 위해 자기 소유의 선박에 화물을 싣고 항행 중, 밀항선으로 불법 몰수되는 사건이 발생
—.28 오사카의 우메다[梅田], 히가시나리[東成], 이쿠노[生野]살인사건—경찰관이 불법 발포하여, 조선인 청년 3명을 연속 학살한 사건이 발생
—.29 니가타현에서 조선인 주식主食 단속 탄압 사건과 관련하여『니가타일보』의 기사에 사실에 반하는 내용이 있었기 때문에 19명의 조선인이 신문사에 취소를 요구했다가 경관대에게 전원 탄압 체포됨
—.30 GHQ, '조선인연맹발행의 철도여행승차권 금지에 관한 각서'에서 조련은 일본 국내에 어떠한 치외법권적 지위를 갖지 않는다고 발표
10.3 재일조선인민주청년동맹 군마현본부 결성
10.— 재일조선인 각급학교의 수가 525교, 아동 수는 4만 2,000여 명이 됨
10.— 우에노경찰서 방범포스터의 도안에 조선국기와 유사한 것을 발견, 조련 및 각 단체가 항의운동을 전개
—.3 재일본조선거류민단(이하 민단으로 줄임)이 히비야공회당에서 결성됨—대회는 2,000명이 참가하고 대의원 218명이 출석한 가운데 열려, 단장 박열, 부단장 이강훈, 의장 고순흠, 사무총장 원심창이 선출되었고, 건청 본부를 본부로 하고, 건동은 해산을 결정
10.— 일본공산당원 조선인 프렉션대표자회의 열림
—.5 도쿄 주조[十條]에 조선중급학교(현 도쿄조선중고급학교) 창립—32명의 학생과 11명의 교원으로 발족
10.10 『해방신문』, 발행 1주년 기념으로 주간으로 바뀜(1949년 2월 3일부터 3일 격일)
—.14~17 조련, 제3회 전국대회가 오사카 나카노시마[中之島]공회당에서 열림—조련조직기구의 개편, 생활옹호투쟁의 전개, 학교경영 등을 결의
—.14 일본 정부는 차관회의에서 '불법입국자의 단속에 관한 건'을 결정하고, 각 성의 임무분담, 밀항감시소를 야마구치, 후쿠오카, 나가사키, 돗토리[鳥取], 시마네[島根]에 설치
—.16 GHQ, "조선인의 귀국은 12월 15일까지 완료시키라"고 지시
—.16 나가사키, 하이키[早岐]살인사건—경찰관이 조선인을 불법으로 학살하고 불기소된 사건

1946년

재일동포

—.17 민단, GHQ조선국에 등록
10.19 민단, 일본 정부에 등록
—.20 민청, 나가노현[長野縣]본부 결성
—.20 조선장학회의 이사장에 윤근尹權이 취임
—.27 민단 도쿄서본부 결성
—.27 민청, 사이타마현[埼玉縣]본부 결성
11.2 GHQ의 알선으로 조련, 민단의 합동회의를 열어, 두 단체의 합병 문제를 토의했다가 결렬
—.4 오사카, 사카이[堺]형무소사건—형무소에 수용 중이던 조선인 23명이 불법적인 학대에 반항했다는 이유로 간수에게 살상 당함
—.7 민단 나가사키현본부 결성
—.12 GHQ, "연합국 최고상령관의 송환계획에 따라 귀국을 거부하는 재일조선인은 정통적인 조선 정부가 세워지고 조선인이라는 것이 인정되기까지는 일본 국적을 유지하는 것으로 간주한다"는 견해를 발표
—.15 민단 가나가와현본부 결성. 민단 니가타현본부 결성
—.20 재일본조선인민주부녀동맹 오사카본부 결성
—.20 GHQ 섭외국, 일본에 재류하고 있는 재일조선인은 어떠한 국적의 어떠한 기본적 권리에 대해서도 간섭할 의도는 없지만, 일본의 법률에 치외법권을 창조하는 것 같은 일은 허용할 수 없다는 내용을 발표
—.27 재일본조선인민주부녀동맹 교토본부 결성
12.8 민단 중앙본부, 도쿄도 신주쿠구[新宿區] 와카마쓰쵸[若松町] 21번지(구 일본육군경리학교)로 이전
—.8 도쿄조선인교육자동맹 결성
—.10 재일본조선민주청년동맹 중앙본부 결성 준비를 위한 민청 각 현 대표자회의가 도쿄에서 열려 윤봉구尹鳳求 외 위원 38명을 선출
—.10 GHQ, '일본으로의 불법입국 억제에 관한 각서'를 공표하고, 선박항행허가증의 발행은 미 군정청 해상수송국이 하게 됨
—.13 도쿄·히비야공회당, '생활 위기 돌파·재일조선인거류민대회'를 민단·건청에서 공동 개최. 연합군 사령부와 각국의 대표단에 결의문 전달
—.19 민단 후쿠오카현본부 결성
—.20 재일조선인생활옹호인민대회가 도쿄인민광장(니주바시마에)에서 1만 명이 참가한 가운데 열림—김천해, 윤근의 연설, 시위행진, 전정을 위해 국회와 수상 관저로 데모대가 들어가자, 경관대와 미군 MP가 출동하여 진압, 권총으로 실탄을 발사하면서 대회선출교섭위원을 체포함(이듬해 3월 8일에 군사재판에서 중노동 5년, 남한으로 강제송환 판결)
12.— 재일조선과학기술단(45년 9월 10일 결성)을 재일조선과학기술협회로 개칭(후에 『과학과 기술』이라는 기관지를 강귀범康龜範 등이 발간)
12.— 4월 이후 조선인 밀항자 1만 7,733명이 됨
—.25 민단 효고현본부 결성. 민단 사가현[佐賀縣]본부 결성

1947년

재일동포

1947
- 1.3 조련, 재일조선해방운동자구원회 결성준비회를 조직
- ―.5 민단 오사카부본부 결성
- ―.10 민단 교토부본부 결성
- ―.15 재일조선인생활옹호인민대회 피검자(46년 2월 20일)구출운동연락회의는 GHQ에 체포자의 석방을 요청하는 진정서를 제출
- ―.25 민단 사가현(佐賀縣)본부 결성, 민단 초등학원 개교, 학생 80명, 교사 4명
- ―.26 남한, 과도입법원 상무가 '재일조선인의 자산반입 제한'을 발표
- ―.28~29 조련, 제9회 중앙위원회를 교바시(京橋)공회당에서 개최―3전대회 4대 기본방침의 일본 민주세력과 공동투쟁, 희생자의 구원운동, 문화활동이라는 5대 기본목표, 중앙기구의 개혁을 토의 결정
- 2.― 재일조선문학자협회 결성
- ―.9 조련, 후쿠시마현(福島縣) 히라에다부(平枝部)와 요시마(好間)분회가 일본인 불량분자 약 80명에게 습격당하여, 사무소가 파괴되고 간부 6명이 중상을 입음. 경찰 당국은 범죄행위를 단속하려 하지 않고 방관한 사건
- ―.11 국회의원 히라노 리키조(平野力三), 일농중앙위원회의 석상에서 "일본 국내에서 제삼국인인 조선인, 중국인의 대규모 경제행위는 일본의 인플레이션 촉진에 크게 작용하고 있다"고 재일조선인을 비방함―조련 도쿄본부가 항의
- ―.20 재일본조선문화단체연합회가 전직(全稙) 등에 의해 결성
- ―.21 『민단신문』창간
- ―.24 재일본조선민주녀동맹 도쿄본부를 서경숙(徐慶淑) 등이 결성
- ―.28~3.2 재일본조선민주부녀동맹 중앙본부 결성준비회를 조직하기 위해, 전국조선민주부녀동맹자 현(縣) 대표자회의가 개최됨
- ―.28 민단 도쿄본부 결성
- ―.29 조련, 남조선민주민족전선 확대중앙위원회에 임원을 참가시킴
- 3.1 3·1독립운동기념일에 조련, 민단 쌍방이 합동 개최를 논의했는데, 의견 차이로 결렬되었고, 조련은 21개 산하단체에서 약 1만 5천 명이 모여 히비야(日比谷)야외음악당에서 기념대회를 개최함(그 밖에 산타마(三多摩), 교토, 오사카, 시가(滋賀) 등 전국 각지에서 7만 명이 모여 대회를 엶)
- ―.1 민단 도치기현(栃木縣)본부 결성
- ―.1 아이치현(愛知縣) 나카무라(中村)사건―경찰 당국이 시내의 조선인을 탄압하여, 1명을 살해, 300명을 체포
- ―.5 민단 이와테현(岩手縣)본부 결성
- ―.6~7 재일본조선민주청년동맹(민청)이 도쿄에서 결성됨(위원장 윤봉구(尹鳳求), 부위원장 정일(鄭一))
- ―.10 국회의원 하세가와 다모쓰(長谷川保)가 지바현(千葉縣) 기사라즈(木更津)의 각 정당 정책을 듣는 모임에서 "일본의 인플레이션의 원인은 제삼국인에게 있다" "그 제삼국인은 조선인이다"라는 폭언을 함―조련 지바현 기미쓰(君津)지부가 항의성명서를 발표

1947년

재일동포

―.19 일공중앙위원회 지령 71호 '조선인과의 사이의 활동방침'에서 일본의 혁명운동과 일체화를 촉진하는 방침을 발표
3.23 재일범아시아회의가 조련회관에서 열려, 조선대표 외 중국, 인도, 필리핀, 베트남 각국 대표 20명이 참가
―.26 사카모토(坂本)사건―건청 전국대회에서 남북협상 지지파와 단독정부 지지파가 난투를 벌여, 중립파인 김광선金光宣(사카모토)이 사망
4.1 조련, 민족교육의 소, 중, 고 조선학교체계가 편성됨
―.4 조련, 세계노련勞連 대표회의에 대표 참석
―.5 재일아시아민족연락위원회가 결성되어, 조선인 대표 임원에 은무암殷武岩을 선출
―.12 재일조선인체육회 창립
―.12 일본 정부, 문부성 학교교육국장 '조선인 아동의 취학 의무에 관한 건'을 통달(잡학雜學 123호)―일본에 재류하는 조선인은 일본의 법령에 따라서, 일본인과 같이 취학시킬 의무가 있다는 것을 분명히 함과 동시에 "조선인학교의 인가도 상관없다"고 언명
―.15 재일조선인거류민단 생활공동조합이 창립총회를 엶
―.17 일본 정부, 지방자치법의 부칙에 조선인 선거권은 "당분간 정지"라고 함
―.28 일본 정부 각의에서 '외국인등록령'(포츠담정령 207호)의 공포를 결정
―.28 민단 야마나시현(山梨縣)본부 결성
5.2 외국인등록령(쇼와昭和 22년 칙령 207호)이 공포 즉일卽日 시행됨
　※ (1) 일본 정부, 포츠담칙령 207호, 외국인등록령(구) 시행으로 인해 "재일조선인은 당분간은 외국인으로 규정되고, 외국인등록법의 국적란에 『조선』이라고 기입하도록 지시함
　　 (2) 외국인등록령은 일본에 재류하고 있는 조선인의 단속이 목적으로 불법입국자, 조선인의 단속관리를 위한 벌칙 및 강제퇴거를 규정한 탄압법
―.2 외국인등록령 시행규칙(내무성령 제28호)이 공포됨, 즉일 시행
―.2 조련, 재일조선인을 탄압하기 위한 외국인등록령 반대투쟁을 결의
―.2 민단, 외국인등록령반대적정화운동위원회를 결성
―.6~10 조련, 해방기념주간운동을 전개
―.10 건청, 임시대회를 열어 남한 단독선거에 반대하고 남북협상회의 지지를 결의
―.15 조련, 제10회 중앙위원회가 교바시공회당에서 열림―문화활동 문제 등의 제 문제를 토의 결정
―.16 재일조선인생활옹호위원회 전국대표자회의가 열림
―.17 재일조선인전재자戰災者동맹 대표자회의가 열림
―.17 민단 지바현본부 결성
―.20 재일조선학생동맹 제3회 정기총회가 열림―학생 수 3,262명(그중 여학생 238명)
―.20 민단 야마가타현(山形縣)본부 결성
―.23~24 민단 제2회 전체중앙대회가 민단 대강당에서 열림―대의원 180명 출석, 제2대 단장 박열朴烈, 부단장 원심창元心昌, 이강훈李康勳, 의장 고순흠高順欽 선출, 의제 3기관 분립, 규약 개정

1947년

재일동포

6.5 조련, 일본 정부 내무성 조사국장이 외국인등록령 시행에 협력하기를 의뢰한 데 대해 "정당한 등록령이라면 실시에 응한다"고 하여 원칙적으로는 응하지만, 5항목의 요구조건이 받아들여지는 것이 전제라고 회답함
  ※ 요구조건 "(1) 조련은 기성 등록에 따라 자주적으로 일괄 실시한다, (2) 인권유린 등 법의 남용이 우려되는 등록증명서의 휴대·정시呈示 의무의 성문成文을 삭제한다, (3) 외국인으로서의 정당한 처우 보장, (4) 경창관은 개입하지 않는다, 무국적자 취급에 있어 조련인 확인하고 증명서를 교부한다, (5) 사진 첨부는 성년자들을 대상으로 하고, 사진은 공정가격으로 촬영하게 한다" 이상과 같이 국제공법에 따라 정당한 것이라면 거부할 이유가 없다고 하면서 5항목 조건을 제출
―.6 조련, 조선학교관리위원회가 결성됨―민족교육확충체제 확립
―.7 재일조선인 교토상공회의 제1회 정기총회가 열려, 민족 공통의 기업권을 지키기 위해 사상을 초월해서 결집한다―가맹단체는 산업사, 조선인요리조합, 조선인소비조합, 조선인섬유조합, 조련생활협동조합, 거류민단생활협동조합, 국제상사, 조선인고무제품조합, 조선인공업조합, 조선인고물상조합, 조선제재조합, 니시진西陣직물조합 등
―.10 건청, 국제연합의 한국총선거안을 남한 단독선거라 하는 등의 규정에 대한 반대 결의
―.14 재일본조선민주문화단체총연맹(재일문단련)이 결성됨
―.16 조련, 각 현 본부에 일본 정부 당국과 외국인등록 문제로 협의한 결과, 재일동포의 생활권 옹호를 무기로 전용해야 한다면서, 그 실시에 협력하는 방법의 기본에 대해서 지령
  ※ 조련 중앙, 각 하부조직에 '외국인등록에 관한 건'에서 (1) 국제공법에 따른 차별적이지 않고 정당한 것이라면 거부할 필요는 없음, (2) 등록령의 본질에 따라서 일본 정부는 재류조선인을 외국인으로서의 모든 권익을 확보할 것, (3) 신청 실행 방법은 일본 정부가 일방적으로 결정하기 전에 조련의 각 하부조직을 통해서 상호 협의할 것 등 6항목을 지령
―.21 일본 정부 내무성 조사국장이 각 현의 지사에게 보낸 통달 '외국인등록사무취급요령 송부에 대해서'에서 '조선'의 범위를 지시하고, 조선호적령의 적용을 받아야 되는 자라고 함
7.1 조련의 회원 수는 61만 4,178명, 부현 본부 49, 지부 633, 분회 1,417이 됨
―.1~10 조련, 외국인등록을 실시하던 중 시행세칙에서 '조선'을 '본방本邦'(일본 영토)로 보는 것은 근본적인 오류라고 반대운동 일어남
―.1 『해방신문』은 외국인등록증에 관해서 7월 10일부터 「외국인등록 실시에 대처해야 하는 우리의 방침」이라는 사설을 게재하고, 조련의 원칙적 입장 고수를 강조함
―.5 민단 아키타현秋田縣본부 결성
―.21~27 민청 기관지 『민청시보』가 창간됨
―.21~27 민청 제2회 중앙위원회가 도쿄 조선학생동맹 강당에서 열림
―.27 고 여운형 추도회가 민청 주최로 간다神田공립강당에서 열림
―.28 민청 주최로 청년예능제가 공립강당에서 열림

1947년

재일동포
—.31 일본의 불량청년 및 폭력단 30여 명이 사이타마현[埼玉縣] 오사토군[大里郡] 하나조노무라[花園村] 길거리에서 "조선인을 베라"는 호령號令에 조선인 김창근金昌根 등 2명을 즉사시키고, 1명에게 중상을 입힌 사건에서 현지 경찰 당국이 범인 조사에 소극적이어서, 조련 후카야[深谷]지부가 범인 조사에 나서자, 월권행위라고 하여 위원장 이하 15명의 간부를 부당 체포 8.1~9.5 조련, 조국해방기념운동 주간을 설정하여 외국인등록 실시 반대를 선전, 미소공동위원회 진상보고 등의 활동을 전개 —.4 일본 정부는 재일조선인에 대한 규정을 '연합국, 중립국, 적국, 특수지위국 및 지위 미결국의 정의에 관한 건'에서 조선은 '특수지위국'이라고 규정하고, 재일조선인에 대응한다고 발표 —.8 민단 시즈오카현[靜岡縣]본부 결성 —.15 조련 기관지『조련중앙시보』(한글판)을 창간 —.16 아시아민족문화교환회交歡會가 민청의 주최로 간다공립강당에서 열림 —.18 조련, 일본 정부 내무성에 조선인의 국적 문제 및 외국인등록령 위반과 일반 범죄의 단속을 명확하게 분리해 달라고 요청했다가 거부당하자, 다시 요청 —.20 민단과 건청, 일본 정부 내무성이 외국인등록령에 협조하지 않겠다고 성명 —.22 GHQ, "외국인등록령의 목적은 일본에 거주하는 외국인의 수와 거주를 알기 위한 것이며, 결코 소수민족의 권리를 제한하는 것이 아니다. 오히려 외국인의 권리를 옹호하는 것이다"라고 지적하면서, 이 법의 부분적 내용과 벌칙에 대한 반대 의견에 대해서는 신중하게 고려하겠다는 담화를 발표 —.26 GHQ, 조련의 외국인등록령 문제에 관한 주장을 정당하다고 인정하고, 일본 정부 내무성에 "최근 재일조선인의 국적 문제는 이 등록에 따라 운운할 것이 아닌, 국적 문제를 떠나서 외국인등록령의 취지에 따라 8월 31일까지 실시하도록 조선인단체에 통고하라"고 지령 —.26 조련, 민단 및 건청의 민족적 배신행위를 철저하게 규탄하는 성명을 발표 —.28 조련, 일본 정부 내무성과 의견을 교환하고, 경찰관의 불개입, 무국적자의 취급은 조련에서 확인하고 증명서를 교부, 등록증명서의 남용·악용은 하지 않음, 기한 경과 후의 등록 신청자는 편의 조치에 따라 원만하게 등록함 등의 7개 항목의 내용을 상호 확인 —.28 조련, 전국에 긴급 지령 "8월 31일까지 등록신청을 완료하도록" —.28 재일조선인전국교육자동맹(현재의 재일본조선인교직원동맹)을 결성하고, 기관지『민족교육』을 창간 9.1 민청 중앙기관지『성우星友』창간 —.1 재일본경금속공업조합이 도쿄에서 결성됨 —.6~8 조련, 제11회 중앙위원회가 교바시공회당에서 열림—중앙위원 86명, 산하단체 대표 35명으로, 8월 16일의 쓰키시마[月島]로 형무소를 이전할 것을 보고, 외국인등록 문제, 기관지 발행 문제, 조련의 성격 규정(조련은 일본에서의 재일조선인 민주민족통일전선체이며, 본국 민적의 일익을 담당한다), 중앙상임기관의 개편(의장단과 서기장제도로 바꾸어, 1국 8부제가 됨), 조선회관 건설 등을 토의 결정

1947년

재일동포

―.7 일본공산당, 140호 지령 '조선인운동의 강화를 위해서'에서 재일조선인운동과 일본의 민주혁명과의 결합은 불충분, 통일 문제에 대해서 "민족주의인지 계급주의인지 조국혁명이 제일인지 일본혁명이 제일인지 칼을 댄 듯이 사물을 보는 것은 잘못", 또 "조국의 완전독립 관철에 대한 민족의 치열한 열정을 무시"하면 안 된다고 지령

9.10 쓰베쓰[津別]사건—홋카이도[北海道] 쓰베쓰쵸[津別町]에서 조선인습격사건이 일어나, 사망자 2명, 중경상자 다수가 발생

―.20 재일조선민주부인회가 오사카에서 결성됨

9.― 재일본조선민주문화단체총연맹 제4회 대회가 열리고, 기관지 『문련文連 뉴스』창간

10.1~3 민단 제3회 정기 전체대회가 오사카 나카노시마[中之島]공회당에서 열림—대의원 139명 출석, 제3대 단장 박열, 부단장 고순흠·황성필黃性弼, 의장 서상한徐相漢, 감찰위원장 김종재金鐘在 선출

―.3 도쿄도 교육국 '조선인학교취급요강'에서 조선인의 소·중·고교의 신설은 '각종학교'로서 인가할 방침을 내세움

―.5~6 재일조선민주청년동맹 제2회 임시대회가 도쿄의 나가타쵸[永田町]소학교에서 열려, 위원장 허준許準 선출

―.6 건청, 국제연합의 한국선거안은 남한 단독선거를 지지하는 안이라고 반대를 결의

―.13~14 재일본조선민주여성동맹이 교바시공회당에서 결성됨(위원장 전은순소恩順, 부위원장 강광숙姜光淑), 기관지 『조선여성』창간

―.13 GHQ, 민간정보교육국장이 일본 정부에 "조선인 제 학교는 정규 교과서의 추가과목으로서 조선어를 가르치는 것이 허가되는 것의 예외를 인정하는 외에는 일본 정부 문부성의 모든 지령을 따르게 하도록" 통고

―.15~17 조련, 제4회 전체대회가 교바시공회당에서 열림—의장단 윤근尹權, 한덕수韓德銖, 김정홍金正洪, 신홍식申鴻湜, 김민화金民化 선출, 5대 기본방침, 재류동포의 생활위기 타개, 민주문화와 민족교육의 급속한 향상, 세계 민주세력과의 제휴, 조국의 완전한 자주독립 쟁취 등을 토의 결정

―.15 민단 아이치현본부 결성

―.18 조련, 제12회 중앙위원회를 개최—제4회 대회 결정을 집행하는 문제 토의, 백무白武를 서기장으로 선출

―.18 재일본조선인상공연합회가 결성됨

―.20 민단 후쿠시마현본부 결성

―.27~28 히로시마[廣島]사건—무장경관과 미군 MP 등 500여 명을 동원하여 통제품, 쌀, 밀주를 단속한다는 이유로 조선인이 거주하는 600호에 불법 침입하여 폭행함—11월 11일 조련은 임시 민중대회를 열고, 사건의 책임을 추궁, 내무성이 자죄하고 히로시마현 경부장警部長은 면직 당함

11.5 민단, 계약 개정으로 중앙의사회제 결정

―.19 GHQ, '미등록 혼인으로 인해 일본인과 관계가 있는 조선인 및 기타 외국인의 일본으로의 입국에 관한 각서'에 따라 일본인 남자와 혼인하여 남편과 함께 입국하는 외국인 여자를 일본인으로 등록하는 것을 인가하고, 처가 일본인인 경우는 남편의 출국은 허가하지 않게 됨

1947~48년

재일동포
―.27 조련, 중앙상임위원회는 12월 20일 기념투쟁 주간(12월 15일~25일)을 결정 11.― 민청, 세금 문제, 문맹 퇴치 등의 운동을 전개 12.5 조련, 이승만 방일訪日반대투쟁을 전개 ―.6 민단, 조선의 국제연합 감시 하에서의 총선거 지지 성명으로 건청과 대립 12.10 조선민주사회동지회를 결성 ―.12 에히메[愛媛]사건―에히메현 경찰은 점령군의 지시라는 명목으로 사복 경관 50여 명과 세무서원 약간 명을 동원하여, 밀주 단속이라 하여 에히메현 내의 동포 밀집 부락을 일제 조사, 다시 무장경관을 동원하여 탄압, 폭행하면서 다수를 체포한 사건으로, 조련은 경찰 당국에 엄중 항의하는 대회를 열어 조·일 공동투쟁을 전개 ―.17 일본 정부 인양引揚원호국장은 각 도도부현 지사에 '조선인, 류큐인[琉球人] 등의 송환에 관한 건'을 통달, 귀환은 연합군 최고사령부에 의한 허가가 있을 것, 여비도 본인 부담으로 바뀜 ―.18 최저생활권확보민중대회가 니주바시[二重橋]민중광장에서 열려, 조선인 3,000명이 참가함 ―.23 GHQ, '일본으로의 불법입국의 억제에 관한 각서'에서 송환되는 자의 수하물은 1회에 휴대할 수 있는 한도라고 발표 ―.31 재일동포의 수는 59만 8,507명이 됨(1947년~1979년까지의 자료는 법무성) **1948** 1.17 재일본조선문학회가 결성됨―재일조선문학자회, 청년문학회, 예술가동맹, 신인문학회, 백민사가 합류 ―.23 건청·민단 중앙본부가 신주쿠구[新宿區] 와카마쓰쵸[若松町](구 육군경리학교 터)로 이전 ―.24 문부성 교육국장은 각 도도부현都道府縣 지사에게 '조선인학교 설립의 취급에 대해서'라는 지령으로 조선인학교 설립 불승인, 조선어를 정규과목에서 제외하고 일본 교과서를 사용하게 할 것을 내용으로 해야 한다고 통달 ※ 통달의 구체적인 내용은 "재일조선인은 일본의 법령에 따라야만 한다. 일본의 학교교육법에 따라 행해져야 하며, 조선인학교의 설치는 지사의 인가가 필요하다. 교과서, 교과 내용 등에 대해서도 일본 교과서에 따라 교육하는 학교교육법의 규정이 적용된다. 또 조선어 등의 교육을 과외로 행하는 것은 상관없다"고 되어 있음 ―.26 문부성 적격심시실장, '조선인의 교직원 적격심사에 대해서'에서 조사표를 제출하지 않은 조선인 교직원은 벌칙 적용을 받는다고 통달 ―.27~30 조련, 제13회 중앙위원회를 개최―백무白武 서기장의 파면 문제를 토의 결정 ―.31 귀환동포, 총 206만 8,073명이라고 발표 2.― GHQ, 조선인학교의 폐쇄명령을 내리고, GHQ가 조선인학교를 관리하고자 교과서의 선정 실시, 문부성 학무국에 조선인학교의 감독을 지령 2.6 민단 히로시마현[廣島縣]본부 결성 ―.15 일본 정부 각 부현은 조선인학교의 책임자에 대해 문부성의 단속 방침을 전달―문부성은 인가 절차를 권고하고, 응하지 않을 경우 학교를 폐쇄한다는 통달을 전달함

1948년

재일동포

―.16 조련, "재일조선인의 민족교육에 일본의 법률(교육법)을 무리하게 적용하겠다는 것은 역사와 현실을 무시한 처사"라고 강변하며 비난 성명을 발표
―.20 민단 제4회 임시 전체대회를 개최―제4대 단장 박열朴烈, 부단장 고순흠高順欽·황성필黃性弼, 의장 빈현기浜賢基, 감찰위원장 김종재金鐘在를 선출
2.20 『해방신문』의 논설 "빼앗긴 우리의 문화를 되찾아 조국을 모르고, 모국어를 모르는 조선인 아동에게 조선적인 모든 교육과 신조선 건설에 기여할 긴급하고 중대한 교육을 실시하는 것은 무엇보다도 큰 우리의 사명"이라 주장
―.29~3.1 조련, 3·1기념투쟁 주간을 설정「조선민주주의인민공화국헌법초안」을 배포하고 대중 토의, 일공의 민주민족전선결성방침의 대중 토의 등의 운동방침을 결정
3.1 3·1운동 29주년 기념 효고현[兵庫縣]인민대회가 고베공전[神戸工專] 운동장에서 조선인 4,000명이 참가한 가운데 열려, 민족교육의 자주권 확보를 호소함
―.1 민단 오이타현[大分縣]본부 결성
―.1~2 조련, 중앙에 교육대책위원회를 조직하고, 민족교육의 실정과 부당성을 선전 계몽, 내외 언론에 대해 어필「일본 민중에게 호소한다」「교육문제의 중대화에 대해 재일 60만 동포에게 호소한다」를 배포함
―.7 민단 미야기현[宮城縣]본부 결성
―.10 건설통신사 창립(1948년 10월 1일에 조선통신으로 개칭)
―.12 조련과 민단, 도치기현[栃木縣] 가타오카[片岡]의 이순득李順得 살인사건으로 공통투쟁을 전개함
―.15 조련, 문부성 1월 24일자 통달(조선인학교의 취급에 대해서)에 대해서 도都 교육국에 항의
―.17 조련, 재일조선인에 의한 학교폐쇄 반대의 교육투쟁을, 민족교육을 지키는 사활이 걸린 문제로 전국 각지에서 전개
―.24 문부성, 1월 24일자 통달에 복종하지 않는 조선인학교는 학교를 폐쇄한다고 통고
―.30 일본 정부, "조선인에게 과세의 의무를 부과하는 것은 일본인과 완전히 동일한 취급을 받아야 한다는 것"을 분명히 한다는 미 제8군 지령을 통달
―.31 재일조선인 약 1만 명이 야마구치현[山口縣] 지사에게 조선인학교의 폐쇄 연기를 강력하게 요청하고 승인하게 만듦
―.31 미 군정부, 야마구치현에서 조선인학교에 폐쇄를 명령
4.1 민단 도야마현[富山縣]본부 결성
―.4 하마마쓰[浜松]사건 발생―조선인과 일본인 각 200명이 시즈오카현[静岡縣] 하마마쓰시에서 '연예회' 개최를 둘러싸고 충돌, 총기를 사용한 난투로 인해 사망자 3명, 중상자 5명이 발생
―.5 오사카, 효고, 오카야마[岡山] 각 부현의 지사, 조선인학교에 폐쇄를 명령
―.6 민단 아오모리현[青森縣]본부 결성
4.8 민단 와카야마현[和歌山縣]본부 결성
―.10~12 조련, 제14회 중앙위원회를 개최―조선민주주의인민공화국헌법 초안을 만장일치로 채택
―.10 건청 중앙위원회에서 남북협상 지지, 남한 단독선거 반대를 결의하고 성명을 발표

1948년

재일동포
—.11 고베의 조선인학교 내 각처에 "4월 10일 효고현 지사의 지령에 따라 허가를 받지 않은 학교를 폐쇄하게 되었기 때문에, 본일 이후 조선인의 교실 사용을 금지한다"고 게시
4.14 조련 대표 70명이 학교 폐쇄 항의를 위해 효고현 지사에게 면담을 요청, 학무과장이 대리로 교섭에 응하고, 15일에 지사에게 면회를 요구했다가 전원이 체포됨
—.15 재일조선인교육 부당탄압 반대 부형대회가 도쿄 교바시[京橋]공회당에서 개최됨
—.15 도쿄도 지사, 조선인학교에 폐쇄를 명령
—.15 도쿄도 지사, 조선인학교에 일본의 교과서 사용, 사립학교 설립 절차를 밟도록 통고—조선인의 의무교육으로서 각종학교는 인정되지 않는다, 4월 19일까지 사립학교 설치 절차를 밟도록 지시
—.15 조련, 4가지 조건의 승인을 조건으로 설치 절차를 밟는다고 회답한 데 대해 도쿄도는 전면 거부하고, 폐쇄를 강행할 의도로 고압적 자세로 나옴
※ 조련 대표가 제시하였던 4가지 조건이란 (1) 교육 용어는 조선어로 한다, (2) 교과서는 조선인교재편찬위원회가 만들고, GHQ 민간정보국 교육부의 검열을 받은 것을 사용한다, (3) 학교의 경영관리는 학교관리조합에서 행한다, (4) 일본어는 정규과목으로 채용한다
※ 일본 정부 당국은 재일조선인 자제에 대해 일본의 학교교육법에 따른 의무교육을 시키기 위한 사립학교 절차를 밟고, 조선어로 민족교육을 하는 것은 모두 과외교육으로 하며, 일본의 교과서, 교과내용을 정규과목으로 교육시키도록 지령하고, 그에 응하지 않는 경우는 학교를 폐쇄한다고 통달
—.16 민단 중총中總, 남한 단독선거를 지지하는 성명, 기관지 『민주조선』에 발표
—.19 조련 대표, 오카야마현 지사와 협상하여 체포자의 석방과 학교폐쇄 연기를 승인시킴
—.20 GHQ, 도쿄의 조선인학교 폐쇄를 명령
—.20 도쿄도 지사, 도내 14개 조선인학교에 폐쇄를 지령(4월 27일에 도내 14개 조선인학교장이 체포됨)
—.20~5.10 조련, 남한 단독선거, 이승만 정권 반대 구국투쟁 주간을 설정
—.23 조선인학교 폐쇄 반대, 교육자주권 옹호를 위한 민중대회가 오사카부청 앞 광장의 오테마에[大手前]공원에서 조선인 약 3만 명이 참가해서 개최, 데모 행진 중, 경관대에게 탄압 받아 70명이 부상, 5명이 생명 위독, 200명이 체포됨
—.23 도쿄 미군정부 교육 담당관 "조선인은 일본의 법률에 따르라"고 성명
—.23 민단 아이치현[愛知縣]본부 결성. 민단 사이타마현[埼玉縣]본부 결성
—.24 오사카의 조선인, 23일에 체포된 사람들의 석방을 요청하기 위해 오사카부청에 모여 조선인 대표들이 오사카부 지사에게 면회를 요청했다가, 다시 경관대에게 탄압 당하여 다수의 부상자와 체포자가 발생함
—.24 고베교육투쟁사건(4·24 한신[阪神]교육투쟁사건)—미군과 일본 정부 당국의 재일조선인 민주주의적 민족교육의 탄압에 반대하여 수만 명이 효고현 지사에게 진정, 조선인학교 폐쇄 명령 철회와 체포자 석방을 요구하면서 승인됨
—.24 민단 중총, '한신지구교육사건대책위원회' 결성. GHQ 아이켈버거 중장, 재일조선인에 대한 모욕적 발언에 성명 발표

1948년

재일동포

- 4.25 효고현 미군 군정부, 재일조선인 민족교육의 장인 학교의 폐쇄반대운동을 탄압하기 위해 고베지구 일대에 비상사태의 계엄령을 선포하고, 제8군 사령관 아이켈버거 중장의 직접 지휘하의 미군 헌병대와 일본 경찰대가 '조선인 사냥'을 시작함(4월 28일까지 효고현에서만 1,732명이 체포됨)
- —.26 오사카교육투쟁사건(한신교육투쟁 김태일金太一학살사건)—조선인학교의 폐쇄 반대와 체포자의 석방을 요구하면서 오사카부청 앞 광장에 4만 명의 조선인이 모여 진정을 하던 중 경관대의 탄압으로 김태일 소년(16세)이 살해당하고, 소녀 등 8명이 중상을 입음
- —.28 일본 정부 모리토 다쓰오(森戸辰男) 문부대신, 중의원에서 학교교육법, 교육기본법은 민주적이기 때문에 조선인 그 법을 따르더라도 부당한 점은 없다고 언명
- 5.1 중의원 본회의에서 스즈키(鈴木) 법무총재는 김태일사건에 관해서 "…특히 경찰 측이 말하는 바에 따르면 고의로 그 소년을 겨냥해서 총을 쏜 것이 아니라고 합니다만, 위협하기 위해 쏜 총알이 소년에게 맞아서 16세의 소년이 그만 사망했다"고 변명
- —.2 민단 군마현(群馬縣)본부 결성
- —.3 조선인교육대책위원회 최용근(崔溶根) 대표와 일본 정부 모리토 다쓰오 문부대신 간에 학교교육법에 따를 것, 사립학교로서 자주성을 인정받는 범위 내에서 조선인의 독자적인 교육 등을 인정하는 각서를 교환(5월 5일에 조인)
- —.5 일본공산당 서기국, 한신교육투쟁에 관해 일공 간사이(關西)지방위원회의 책임을 추궁, 당원에게 조련의 행사에 70일간 참가 금지 등의 처분에 부침
- —.10 민단 홋카이도(北海道)본부 결성
- 5.— 『조선상공시보』 창간(1957년 1월 『조선상공신문』으로 개칭)
- —.26 미군 발표, 조선인 밀입국자 1945년 10월부터 현재까지 3년 동안 2만 3,758명이 본국으로 송환되었다고 『아사히신문(朝日新聞)』에 보도
- 6.7 민청, 일본청년회의의 강령, 규약 초안 송부의 건, 인권유린 반대투쟁에 관한 건으로 3호 자료 통달
- —.15 조선해방구원회 결성(위원장 강귀범康龜範, 부위원장 김은순金恩順), 기관지 『구원정보』 창간
- —.21 GHQ, 조선은 연합국도 적국도 아닌 '특수지위국'이라고 다시 규정함
- —.28 민청, 기관지 『전위대前衛隊』 창간
- —.28 조련, 후쿠이(福井) 지진의 구원활동을 전개함
- 7.1 일본 정부 법무행정장관, 농림성 식량관리장관이 통달, '외국인등록과 식량 배급의 연결에 관한 조치에 대해서'에서 외국인등록증과 주식구입통장의 조회를 지시
- —.14 민단 기후현(岐阜縣)본부 결성
- —.20 민단 미에현(三重縣)본부 결성
- —.26~28 조련, 제15회 중앙위원회를 교토문화회관에서 개최—1. 단독정권 분쇄粉碎통일정부 수립, 2. 민주통일전선 강화, 3. 민족교육방위투쟁 강화, 4. 문화활동의 강화 등 12항목의 활동방침을 결정
- 7.26 조련, 프랙션회의를 '조선인당그룹회의'로 개칭—일공 5·5비판에 대한 불만 의견 폭발

1948년

재일동포
8.1 재일본조선인불교도연맹 결성
—.4 반파쇼민중대회가 히비야[日比谷]야외음악당에서 열려, 조선인 2,000명이 참가하였고, 조련 대표로 김훈金薰이 연설
—.7 민단 돗토리현[鳥取縣]본부 결성
—.11 민단 중앙 박열 단장 이하 재일대표단이 대한민국정부 수립 축전에 참가하기 위해 서울로 출발
—.15 조련, 조선중앙정부수립촉진민중대회가 히비야야외음악당에서 열림
—.15 조련, 8·15대회 참가자가 일본 전노련 주최 '생활권방위반파쇼민중대회'에 합류 참가, 조련 대표 김천해金天海가 연설—민주주의방위동맹의 결성을 결의함
—.27 일본민주주의옹호동맹 준비위원회에 조련이 참가함
8.— 일공 중앙과 김천해의 서명을 넣어 지령 '조선인그룹의 활동에 대해서' 속에서 조선인그룹은 독립한 것이 아니다, 조선인 당원만의 회합은 피하고, 일본인 당원 지도자의 참여와 일본어 사용, 조선인 당원은 무리하게 획득할 필요가 없다는 내용
9.1 민단 도쿠시마현[德島縣]본부 결성
—.8 간토[關東]지방조선인당원회의가 열려 정동문鄭東文 보고 '새로운 단계에서의 재일조선인운동과 공산주의의 임무'에서 "민족적 편향을 시정하고 …조련 자체를 일본의 민주혁명을 지향하게 하도록"운운(당내 자료) 등 사대주의 편향의 오류를 범함
—.8 민단, 대한민국(한국)으로부터 '재일동포 공인단체'로서 공인을 받음
—.9 북한 건국 축하대회가 간다[神田]공립강당에서 열림—조국에 축하대표단 신홍식申鴻湜 등 12명을 선출(전국 각지에서 축하대회 열림)
—.15 조련, 북한 건국을 축하하고 지지를 표명하기 위해, 산하단체에 '북한 국기 게양'을 지시
—.18 재일본조선인상공회연합회 주최로 경제 3단체가 합병하여 도쿄조선인상공회가 결성됨
※ ① 조선인상공회(45.12 결성) ② 재일본경금속공업조합(47.9.1 결성) ③ 조선인간토상공회(46.2.24 결성) 등 경제 3단체 합병
—.18~19 재일조선교육자동맹 제2회 대회에서 일교조에 가입할 것을 결의
—.21 민단 구마모토현[熊本縣]본부 결성
9.— 민청, 이론 지도 월간지 『청년회의』가 창간되어 『민청시보』, 전위대와 함께 선전 활동을 강력하게 전개
—.28 민단 후쿠이본부 결성
10.1 민단 나라현[奈良縣]본부 결성
—.1~3 민청, 제3회 대회를 교바시공회당에서 개최—세계민주청년동맹에 가입을 결정
—.1 『건설통신』을 창간하고, 건설통신사를 조선통신사로 사명을 변경
10.4 도쿄조선중급학교에 고급부 신설(현재의 도쿄조선중고급학교)
—.4~5 민단 제5회 정기전체회의를 중총강당에서 개최—대의원 381명 중 339명 출석, 제5대 단장 박열, 부단장 황성필·고순흠, 의장 서상모徐相模, 감찰위원장 이원경李元景 선출. 의제 '재일본조선거류민단'을 '재일본대한민국거류민단'으로 개칭하고, 5대 강령을 채택 결의

1948년

재일동포

―.5 북한에서 재일조선인 동포대표를 초청하는 정부 서간이 발송됨
―.5 민단 시가현(滋賀縣)본부 결성
―.8 『해방신문』, 북한 정부가 조련 대표를 초청한다는 국제 전보를 보도
―.8 평양방송, 북한 정부가 재일조선인 대표를 평양에 초청하는 서간을 보냈다고 보도
―.8 조련 가나가와현(神奈川縣)본부의 북한 건국 경축대회준비위원회에 일본 정부 당국에서 국기 게양 금지를 통고 받음
―.8 일본 정부 경찰본부 장관이 조련에 대해 "북한 국기 게양 금지"를 통달
―.8 조선민주통일동지회가 도쿄에서 결성됨. 위원장 이강훈李康勳, 부위원장 문동건文東建, 황갑성黃甲性(남북협상 지지파)
―.11~12 여동女同, 제2회 대회에서 북한 국기게양에 일본 경관대에게 강하降下를 강제당함
―.11 도호쿠(東北)대학 운동장(센다이시(仙台市))에서 북한 건국 경축대운동회개최, 이미 게양되어 있던 국기의 강하 명령을 받고, 항의하는 조선인에게 미 헌병이 피스톨을 발사하여 김사암金四岩이 중상, 5명이 체포됨
―.13 GHQ 도쿄 미군정부, 경시청에 보낸 각서에서 "북한 국기 혹은 그를 표시한 포스터 등도 일본 국내에서 어떠한 때일지라도 게양하지 말 것"을 지령
―.14~16 조련 제5회 전체대회를 교바시공화당에서 개최. 이미 게양되어 있던 북한 국기를 경찰관이 강제 철거함―의장단, 윤근尹槿, 한덕수韓德銖, 강신창姜信昌, 신홍식, 김민화金民化를 선출, 이심철李心喆 서기장이 사회, 활동지침, 생활권의 보호, 문교文敎 활동 강화, 조직 선전 강화 등 토의, 북한 지지를 결정함
―.16 조련, 제16회 중앙위원회가 열림―북한 건국 경축 조국방문단에 김천해金天海 등 50명을 선출
―.17 북한 건국 경축 재일조선인중앙대회가 간다공립강당에서 열리고, 북한 긴국 재일조선인 축하단이 결단됨
―.19 민단 미야자키현(宮崎縣)본부 결성
―.21~22 민청, 오사카본부 제5회 정기대회를 개최
―.22 오사카 히가시나리(東成)지부 국기사건―북한 건국 경축대회가 오사카 히가시나리지부에서 열려, 대회 단상에서 북한 국기를 1분 동안 보여주었다는 이유로 3명이 체포되었고, 지부 임원 안민식安民植, 이영문李英文. 여동女同지부 임원 윤옥선尹玉仙 등은 군사재판에서 중노동 3년에서 5년, 벌금 5만 엔을 판결, 복역 후 한국으로 강제송환
―.23 민단 미야기현본부 결성
―.25 재일본조선인통일동지회 결성
―.28 건청대회가 열려 "한국정부 지지를 결정"―정책에 따라 비판적으로 임한다는 부대조건을 부여
11.1 오사카에서 민청 이쿠노(生野)지부 주최로 북한 건국 경축대회 직전에 무장경찰 200명이 대회장을 포위하고, 포스터 및 책임자를 수사한다면서 회장으로 난입, 민청 오사카본부 위원장 윤상철尹相哲 등 2명을 체포
―.4 민단, 중총집행부 총사퇴. 박열 단장, 임시집행부의 구성을 발표

1948~49년

재일동포
—.10 조선학생동맹국기사건—재일조선학생동맹이 10월 11일 북한 건국 축하대운동회를 신주쿠의 조선장학회 그랜드에서 열고, 북한 국기를 게양했다는 이유로 위원장 강이문姜理文, 상임위원 이철수李喆洙가 체포되었다가 군사재판에서 3년의 중노동 실형을 선고받음
—.10 민단 나가노현[長野縣]본부 결성
11.— 조련 중앙은 북한 국기 사용 금지에 대한 제소문을 대일이사회의 영국, 미국, 중국 등 대표부에 제출, 포츠담선언 및 기본적 인권에 대한 중대한 불법행위라고 제소하면서 북한 국기 사용과 검속자 즉시석방을 요청
12.3 조련 야마구치현본부 결성 3주년 기념대회가 시모노세키[下關] 조련소학교에서 개최되었다가, 북한 국기를 게양해서 무장경관대에게 국기 강하를 강요당했으나, 조선인의 단결로 깃발을 끝까지 지켜냄
—.7 민단 야마구치현본부 결성
—.9 야마구치현 우베[宇部]국기사건—재일조선인생활권옹호 야마구치현대회가 우베시민회관에서 열리면서 북한 국기를 게양했기 때문에 무장경관대와 비행기, 장갑차까지 동원하여 조련 야마구치현본부 위원장 최민환崔民煥을 체포, 현내 조선인은 여러 일본인들의 지원을 받아 위원장을 탈환하고자 경관대와 충돌, 조선인 1명이 경관의 총탄에 복부를 관통당하고 쓰러지고, 20여 명이 중상을 입는 사건이 발생, 국기를 소지했다는 이유로 최민환은 10년의 징역형
—.21 민단 오카야마현[岡山縣]본부 결성
—.23 김일성 수상, 북한 건국을 축하하기 위해 조국을 방문한 재일조선인 축하단을 회견
—.31 재일동포의 수는 60만 1,772명이 됨
1949
1.1 주일한국대표부 설립
1.— 시가현[滋賀縣]의 조련소학교 교원이 북한 국기 모양 배지를 달았다는 이유로 체포되어 군사재판에서 3년의 중노동형과 복역 후 한국으로 강제송환 판결을 선고받음
—.14 GHQ, '일본에서 비일본인의 사업활동에 관한 각서'에 따라, 재일조선인의 재산권을 박탈할 목적으로 외자 투입에 관해서 법률화를 획책하기 위한 정령
—.18 GHQ, 일본에서 출입국할 때의 휴대 재산을 10만 엔 이내로 한정한다는 지령
—.21 조련, 중앙산업주식회사가 윤근尹權을 사장으로 하여 설립됨
—.25 마스다[益田]사건—시마네현[島根縣] 미노군[美濃郡] 마스다쵸[益田町]에서 밀수입 물자의 적발로 조선인 150명이 경관대와 충돌하여 난투가 벌여지고 48명이 체포됨
1.26 법무청 민사국장, 일본 국내 거주 조선인은 평화조약 발효 시까지 일본 국적을 갖는다는 견해를 표명
—.27 인사원 법제부 심의과장 '외국인을 국가공무원으로 채용할 경우의 처리'에서 평화조약 체결까지 신분 보유하는 것으로 함

1949년

재일동포
2.1~3.1 민청, 북한 인민군 창건 기념 돌격 월간을 설정
2.— 조련, 일본 정부의 '외국인재산취득령' 적용에 반대하는 궐기대회 등 전국적으로 운동을 전개
—.12~14 조련, 제17회 중앙위원회가 열림—"직장 획득과 부당 탄압 반대, 대중과세철폐 운동, 중소기업에 대한 정치적 압박 반대" 등을 결의. 김일성 수상의 사진을 배포, 슬로건에는 "민족의 영원한 지도자이면 절대적인 애국자인 김일성 수상을 받들고, 조선민주주의인민공화국의 깃발 아래에 굳게 결집한 60만"이라고 되어 있음—이 회의의 긴급동의動議에서 '외국인재산단속령'을 반대하는 항의문을 일본 정부에 전달하는 대표단 선출
3.1 오사카에서 사립 조선인학교 24개 학교의 설립 인가를 획득
—.3 조련, 아시아 각국 대표와 문화제를 간다[神田]공립강당에서 공동개최함
—.6 3·6기념돌격대회를 김일성 초상화를 걸고 오사카 나카노시마[中之島]공회당 앞에서 개최하고, 5,000명이 데모에 참가
—.10 민단 시마네현[島根縣]본부 결성
—.15 일본 정부 당국 '외국인 재산 취득에 관한 정령'(쇼와[昭和] 24년 정령 1호) 공포—(1945년 9월 2일 이전부터 거주하는 조선인이 제외되었던 것은 재일동포 반대운동에 의한 성과)
4.1~2 민단 제6회 임시 전체대회가 교토시 한국회관에서 개최—대의원 275명, 제6대 단장 정수경鄭輸景, 부단장 원심창元心昌·고순흠高順欽, 의장 김광남金光男, 감찰위원장 김종재金鐘在 선출. 무기명투표선거
—.1 조련 중앙, 하부기관에 4·24교육사건 1주년 기념투쟁으로서 민주민족문화교육을 사수, 생활권옹호투쟁, 북한 인민으로서의 긍지를 가질 것 등을 통달
—.1 해빙구원회, 4·24교육사건 1주년 기념 월간투쟁의 구원활동으로 서명 94만 명, 모금 54만 엔을 거둠
—.6 도쿄 에다가와[枝川]사건—도쿄 후카가와[深川] 에다가와쵸[枝川町]의 조선인 거주지를 탄압하기 위해 무장경관대 600명을 동원하여 습격, 16명이 체포됨
4.— 『재일조선문화연감』 발간(조선문예사)
—.18 한신[阪神] 4·24교육사건 1주년 기념 중앙대회—재일조선인 자제에 대한 교육비 지급의 명문화와 즉시 지급 등을 중의원에 청원(5월 23일 중의원 본회의에서 채택됨)
—.24 민청, 교육투쟁 기념집회가 열림
—.28 재단법인 조련학원 설립 인가
—.28 일본, 최고재판소 사무총장, "종전 전부터 일본에 거주하는 조선인은 강화조약 체결까지는 일본 국적을 갖는다"는 견해를 표명
5.1 제20회 메이데이에 재일조선인 2,000명이 참가하여 개최됨(전국 각지에서 메이데이에 참가한 재일조선인은 1만 명에 달함)
5.5 학우서방學友書房 창립
—.8 『아사히신문[朝日新聞]』의 사설 「재류조선인의 생활문제」에 대한 기사에 조련에서는 "구래의 일본인의 우월감을 드러내서 조선인을 모욕한 것이다"라고 항의

1949년

재일동포
—.8 학동學同 5·8사건—조선학생동맹 간토[關東]지부 제5회 정기대회가 메이지대[明治大] 강당에서 열림—우파 학생 40명이 사이렌을 울리면서 의사를 방해하면서 분열, 우파 학생이 폭력단 150명을 끌고 학동 본부(신주쿠[新宿] 조선장학회회관) 습격—위원장으로 강원주康元周 선출(9월 임시총회에서 위원장 이동성李洞成을 선출)
—.10 민청 중부지부 회원 수 명이 공안조례 반대 전단을 붙이던 중 폭력단 관계자에게 습격 받아 민단 본부로 끌려가서 폭행당함
—.15 민단 중앙, 학동사건에 성명 발표
—.16 일조日朝친선협회 발족
—.17 조선학생동맹 간토본부, 5·8학동사건 진상보고회가 열림
—.18 우파 학생과 폭력단이 학동본부 건물(현재 조선장학회, 신주쿠빌딩)을 점거하려고 하면서 습격, 학생동맹원과 충돌함
—.23 우파 학생은 폭력단을 끌고 100명이 조학동朝學同 본부를 습격하였고, 옥상에 '태극기'를 세우고 또 다시 본부 건물을 점거하려고 하면서 학동맹원들과 충돌, GHQ의 명령으로 경찰이 개입, 건물 사용을 금지하고 경찰의 관리를 받게 됨(조학동 본부는 우시고메야마기쵸[牛込柳町]의 여동女同 중앙본부로 일시 이전)
—.25~27 조련, 제18회 중앙위원회가 열림—교육 문제와 학동사건 문제, 일조협회日朝協會 조선인 이사理事 문제 등을 토의 결정
—.28~30 조련 간부 학습을 3·1 정치학원에서 58명이 참가한 가운데 열림
—.31 조학동의 우파, 재일한국학생동맹을 결성(본부는 신주쿠 와카마쓰쵸[若松町], 민단 중앙에 설치)
6.2 기고무라[木鄕村]사건—후쿠이현[福井縣] 오이군[大井郡] 기고무라 파출소 순사가 호구조사에서 방문처의 조선인과 차별 문제로 분규, 조선인 200명이 와카사[若狹]경찰서에 몰려가 항의하면서 5명이 체포됨
—.6 건청, 임시대회가 열려 이승만 정권의 단독정부에 반대파인 서종실徐鐘實 등이 집단 탈퇴했기 때문에 건청은 분열
—.9 민단 제7회 정기전체회의가 중총中總강당에서 열림—대의원 393명 중 322명 출석, 제7대 단장 조규훈曺奎訓, 부단장 김구연金九淵·이원경李元景, 의장 김광남, 감찰위원장 김두수金斗銖 선출
—.15 재일본대한부인회가 민단 중총강당에서 결성됨(회장 오기문吳基文, 부회장 한옥순韓玉順·허정숙許貞淑)
—.22 GHQ, 일본 정부에 '출입국관리사무국 설치에 관한 각서'를 지시
—.25 조국통일민주주의전선 결성대회가 평양에서 열려, 재일조선인연맹 대표로서 송성철宋性徹이 참가하고, 한덕수韓德銖가 중앙위원에 선출됨
—.29 일본 정부 문부성 관리국장, 재일조선인학교에 보조금 교부는 불가능하다고 통달
6.30 다이라[平]사건—일본공산당 지구위원회 앞에 있는 게시판 철거 문제로 일본공산당이 후쿠시마현[福島縣] 히라시 경찰서에 연일 항의, 조련과 일본공산당이 300명(그중 여자 200명)이 데모로 경찰서 내의 피의자 탈환을 꾀하여, 소요죄로 100여 명이 체포됨

1949년

재일동포
7.4 조련 중앙상임위원회에서 조국통일민주주의전선 가입을 결정
—.5 민청, 주식회사 '청년의 회사'가 박용구朴龍九 외 26명으로 발기인회를 개최
—.14~30 시오가마[塩釜]사건—미야기현[宮城縣] 센다이[仙台]에서 조련과 민단 각 수백 명을 동원하여 분쟁, 전단, 포스터의 파기 문제로 대립, 1명 사망, 수 명이 민단 측의 린치로 부상
—.14 일본 정부 법무성 법제 의견 제1국장이 농림성 농지국장에게 보낸 회답 '외국인 및 조선인의 시정촌 농지위원회의 선거권 및 피선거권에 대해서' 속에서 농지위원의 선거에 조선인의 참가를 인정함
—.15 미타카[三鷹]사건—미타카역 구내에서 무인전철이 폭주하여 6명이 사망한 사건으로 근처의 조선인 여러 명이 취조를 받음
—.21 민단 중총, 국민등록 실시를 각 지방본부에 게시(8월 1일 한국 정부 '재외국민등록령' 공포)
—.25 재일본조선인상공연합회 제2회 이사회에서 조국통일민주주의전선의 결의를 지지 (회장 명이정明利禎, 부회장 문동건文東建)
—.27 오카야마[岡山]역에서 소련 귀환자 마중 인파 중에 북한 국기를 가진 조선인을 경관이 체포함으로써, 200명의 조선인이 경관대와 난투, 1명이 체포됨
8.2~3 민청, 제8회 중앙위원회가 교바시[京橋]공회당에서 열림
—.5 조련 중앙상임위원회에서 일본의 우익 대화당大和黨이 조선인의 강제송환운동, 조련 해산을 요구하고 있는 문제를 토의
—.10 일본 정부 '출입국의 관리에 관한 정령'(정령 299호) 공포
—.15 북한 건국 경축인민대회가 간다[神田]공립강당에서 열림—김천해金天海가 연설 '조국통일전선과 우리의 임무', 대회명에서 조국경축사절단으로서 윤근, 김원일金源一 등의 파견을 결의
—.19 조련 중앙상임위원회가 열림(제6회 전체대회준비위원회를 겸해서 개최)—북한 건국 1주년 축하단에 의장단 윤근 이하 5명 파견, 제6회 전체대회 의안 문제, 제19회 중앙위원회 소집 문제 등을 토의 결정
—.20~27 시모노세키[下關]에서 조련계 조선인과 민단 간에 항쟁, 경찰은 소요사건으로서 조선인 131명을 체포
—.30 민단, 시모노세키사건으로 조련, 민청의 해산을 일본 당국에 요청
9.8 조련, 민청탄압강제해산사건—일본 정부 당국, 미군의 지령에 따라 단체 등 규정령 제4조를 남용하여, 조련과 민청을 탄압, 강제적으로 해산시킴. 조련 중앙 및 48도도부현 본부, 620지부, 1,214분회와 민청 중앙 및 48도도부현 본부, 458지부, 306분회의 재산을 몰수하고, 조련 중앙간부 윤근, 한덕수, 신홍식申鴻湜, 김민화金民化, 김천해 등 9명, 민청 중앙간부 남정양南廷楊 등 9명을 공직에서 추방
9.8 민단 미야기현본부, 건청 시오가마본부 강제해산사건—조련·민청과 같은 단체 등 규제령 4조에 따라 강제 해산시키고 마찬가지로 재산을 몰수함
—.8 미국은 일본을 한국 침략의 발판으로 삼기 위해 군사 기지를 강화하고 일본에 있는 모든 민주세력을 탄압하려는 음모 하에 조련과 민청을 강제 해산, 조선인학교의 폐쇄를 강행하고 모든 재산을 불법으로 몰수함

1949년

재일동포
※ 조련 해산 시, 야마구치현 시모노세키에서 특히 내외반동의 폭거가 노골적으로 드러난 '진상폭로문'에는 "이 폭상을 보라! 조선인연맹에 대폭압, 간부를 비롯하여 44명 영장 없이 불법 체포, 곤봉으로 소녀의 머리를 깨뜨리다!"라고 되어 있음
—.8 조련 중앙은 각 부현본부에 "해산에 기하여 절대로 도발에 넘어가지 말라, 냉정하게 대체하라"고 전보로 지령
—.9 일본공산당 기관지 『아카하타』, 일본 정부에 의한 조련과 민청의 부당 탄압을 규탄하는 당의 성명을 발표
—.10 일본공산당, '조련과 민청의 해산에 대해서' 총리 요시다 시게루(吉田茂)에게 항의문을 제출
—.11 북한의 평양방송, "조련과 민청의 해산은 파쇼적 제국주의의 재현이며, 미 제국주의자와 이승만의 깡패들이 이 해산 처분을 조종하고 있다. 끝까지나 민주주의와 조국통일을 위해 싸우자"
—.12 재일조선민주주의문화연맹이 도쿄에서 결성되고, 기관지 『문화시보』가 창간됨
—.18 일본공산당원 북일합동회의가 열림—조련, 민청 해산 후의 투쟁 방침을 토의, 부당탄압투쟁위원회를 조직
—.20 북한의 민주청년동맹 현정민(玄正民) 위원장 성명, "조련, 민청 탄압 반대투쟁을 전개하면서 해산의 철회, 재산의 반환, 간부 추방의 해제를 요구"하는 성명을 발표
—.20 북한의 직업총동맹, 여성동맹, 농업동맹에서도 항의 성명을 발표
—.20 민단, 주일대표부로부터 영사 사무의 일부 '국민등록' '귀국신청'을 이양 받음
9.— 일본 정부 우에다(植田) 법무총재 "조선인학교는 조련의 재산이더라도 접수하지 않는다"고 언명
10.5 재일조선인해방구원회 전국대표자회의가 열림—생활방위, 조련 재산 몰수 반대를 위한 진정, 공판투쟁 등 토의
—.6 재일조선인해방구원회가 조련간부 윤근 등의 공직추방 취소를 제소
—.6 재일조선인해방구원회, 조련과 민청의 해산 지정의 취소를 제소
—.13 일본 정부 문부성 관리국장과 법무청 특심(特審)국장은 '조선인에 대한 조치에 대해서'라는 통달에서 조선인학교의 개조, 폐교 처분을 재확인, 조련에 의해 유지 경영되어 온 학교는 구 조련과의 연결을 단절하고, 일본의 학교교육법에 복무하도록 요구함
—.18~19 민단 제8회 정기대회가 중총강당에서 열림—대의원 393명, 제8대 단장 조규훈, 부단장 이희원(李禧元)·김재화(金載華), 의장 김광남, 감찰위원장 김두수 선출. 결정사항, 규약 개정, 3기관제 확립
—.19 일본 정부, 재일조선인학교에 대해서 '학교폐쇄령'을 발령함
10.19 일본 정부는 교육기본법, 학교교육법을 난용, 확대해석하여, 그를 위반했다는 이유로 조선인학교 92개 학교에 폐쇄명령, 245개 학교에 개조명령, 토지 건물 등의 재산을 몰수함
—.20 재일본조선인상공연합회 상임이사회에서 조련 해산의 폭거에 대해 일본 정부 관계 당국에 항의 성명
—.21 한국 정부, 재일동포학교의 폐쇄에 대해서 일본 정부에 항의

1949년

재일동포

11.1 일본 정부 문부성 사무차관, 사실상 조선어교육을 금지하는 '공립학교에 있어서의 조선어 등의 취급에 대해서'를 통달
　※ ①조선어는 소학교에서는 금지, ②중학교에서는 외국어로 인정하나 교과서를 제한, ③교원의 채용에는 일본의 교원면허 소지자일 것, ④ 교장 및 분교 주사主事는 일본 정부 관계 당국에서 부임시킬 것이 조건, ⑤ 각종 학교 인가를 필요할 것 등으로 수업의 정규과목에서 민족교육 과목을 제외할 것을 지시
—.1 민단, 재외국민등록을 실시
—.1~2 도야마현[富山縣] 도야마시, 구 조련 간부들과 "조선학교를 공립분교로 하고, 조선인 교사의 채용과 조선어, 조선역사를 정규과목으로 하는" 문제로 대책을 협의하고 결정함
—.2 오사카의 조련학원, 오사카의 조선학원으로 개칭하는 등 소정所定의 개조를 완료하고, 오사카부 당국에 신고서를 제출
—.2 주일대표부, 재일한국인의 등록 실시로 영사 사무의 일부 대행을 민단에 위촉
—.3 GHQ, '일본으로의 불법입국 억제에 관한 각서'를 발표, 기존의 불법입국 각서를 폐지하고, 11월 이후의 불법입국 예방의 책임을 일본 정부로 이관함
—.4 일본 정부 당국은 조선인학교를 탄압하고, 폐쇄 접수에 항의한 학부형을 후쿠이현[福井縣]에서 9명, 시마네현[島根縣]에서 2명을 체포
—.5 오사카부 지사, 오사카조선학원 설립 허가를 취소하고, 24개교에 폐쇄명령
—.5 오사카부 당국, 재단법인 오사카조선학원 및 조선인학교 24개교의 인가 취소에 대해 각 부현에 거주하는 조선인들이 항의하여 학교 강제 폐쇄가 불가능해짐
—.10 오사카조선학원 대표, 조선학교 폐쇄명령 취소 청구를 오사카지방재판소에 제소
—.15 민단 고치현[高知縣]본부 결성
—.15 일본 정부 문부성 차관 통달 '조선인 사립학교의 설립 인가에 대해서'는 구 조련의 색을 일소하기 위해 구 조련계의 학교 신설을 승인하지 않는 것을 전제로 하는 ①조련계는 인가하지 않음, ②이미 인가받은 것도 엄격하게 규제하여 취소하는 방향, ③인가한 경우에도 '감독청의 계관係官이 행하는 실지조사가 필요하다면 거부하지 않을 것을 서약하고, 위반했을 경우에는 폐쇄 처분함
—.25 문부성 초등중등교육국장, 관리국장의 통달 '조선인 아동, 학생의 공립학교 수용에 대해서'에서 경우에 따라서는 조선인 아동에 대한 징계, 등교 정지도 있을 것이라고 지시
11.— 오사카에서 일본의 기타쓰루하시[北鶴橋]소학교 PTA회장 등이 조선인학교 폐쇄를 반대하는 전단을 뿌림
11.28 민단 중총, '국민등록위원회' 설치
—.30 오사카고등재판소, 조선학원의 항고를 기각
12.1 12·1사건—경찰이 간토지방의 재일조선인 부락 51개소를 급습하여 82명을 체포
12.— 일본공산당, 민족대책부(이하 민대民對로 줄임)를 설치(중앙위원 야마베 겐타로[山邊健太郞]가 조선부장을 담당)

1949~50년

재일동포

—.3 외국인등록령 일부를 개정하는 정령(쇼와 24년 정령 381호) 공포—등록 전환 실시, 재류유효기간의 설정 3년으로 되고, 전국이 일련번호제로 바뀜—위반에 대한 벌칙 강화 등 외국인등록제도의 치안입법성을 확충(1950년 1월 16일 시행)
—.3 민단, 조련·민청 해산에 관해 일본 당국에 항의하는 경고 성명 발표
—.13 재일조선인동포인권옹호공동투쟁위원회가 결성됨(24개 단체 가입)
12.— 도쿄도 조선인학교 PTA를 윤덕곤尹德昆 등이 결성
—.16 민단 중총, 민족자주교육강화촉진실시요강 발표
12.— 재일본한국경제동우회 결성
—.20 도쿄도 교육위원회규칙 제13호에서 조선인학교를 도립학교로 인가 절차를 강제—도쿄도 내의 소학교 12개(외에 분교 1개), 중학교 1개, 고교 1개
—.21 도쿄지방재판에서 조련의 해산 지정 취소 청구(10월 5일 제소) 제1회 공판 개정, 비공개
12.— 도쿄, 가나가와神奈川, 오사카, 교토, 고베神戸, 오카야마岡山 등에 공립조선인학교의 인가 절차를 34개교에 강제—다른 지방에서는 일본인학교 내에 특설 학급을 설치, 민족과목은 과외교육으로 하는 조치를 취함
12.— 도쿄 및 각 부현에서 조선인 아동과 일본인교원 간에 분쟁이 일어나, 수업 거부 등으로 조선인 교원 부활을 요구하면서 수금이 어려워짐
—.31 재일동포 수는 59만 7,561명이 됨

1950
1.4 해방신문 오사카지국 주최로 '동포위안시국대강연회'가 나카노시마中之島공회당에서 열림
—.11 GHQ, 일본 정부에 외국인등록 국적란에 '한국' 또는 '대한민국'이라는 용어를 사용하도록 하라는 '한국대표부'의 희망을 전달함
—.12 이승만 대통령, 주일대표부, "공산폭력혁명을 지향하는 등의 재일조선인을 강제송환할 용의가 있다"고 성명
—.16 민단 이시카와현石川縣본부 결성
—.18 도쿄도 조선인 각급학교 PTA연합회가 도쿄조선중고학급학교에서 결성됨
—.18 민단 군마현群馬縣본부 결성
—.23 일본 외무성 '한국' 또는 '대한민국'이라는 용어 사용은 부적당하다고 미군 총사령부에 회답
—.25 민청의 부당해산 취소 소송 제1회 공판 연기에 관해서, 도쿄지방재판소에 조선인 200명이 항의
—.25 민단 중총, 외국인등록 국적란에 대한민국으로의 통일을 일본 정부에 요청
—.28 일본 정부 당국, 외국인등록 전환에 대해 기한 연장을 하지 않는다고 지령
2.2 도쿄도립 조선인학교 교직원조합 결성
—.6 해방구원회 중심으로 '3·1기념운동 실행위원회'를 조직
—.14 민단, 주일대표부에서 영사 사무의 일보를 위촉받음

1950년

재일동포
—.15 전간토[全關東]조선인청년학생회의가 조선학생동맹 본부에서 열려, 조국통일전선 제2회 중앙위원회의 통일호소문을 지지할 것을 결의
—.15 민단 가고시마현[鹿兒島縣]본부 결성
—.17 민단, 이승만 대통령 환영 민중대회를 개최
—.20 재일동포의 『해방신문』 독자위안회(제2회), 간다[神田]공립강당에서 열림
—.20 GHQ, 일본 정부 외무성에 '한국' 또는 '대한민국'이라는 용어의 사용을 다시 요망
—.23 일본 정부, 국적 문제에서 "단순한 용어의 문제이며 실질적인 국적의 문제나 국가의 승인 문제와는 전혀 관계가 없고, 조선인, 한국인, 대한민국인 중 어느 것을 사용하는가에 따라 그 법률상의 취급을 달리하는 것은 아니다" "…조선의 국호國號에 대해서, 이번 GHQ의 권고에 입각하여" "본인의 희망에 따라 한국 또는 대한민국이라는 호칭을 채용해도 지장이 없게 되었다"고 표명하는 한편으로 "…조선민주주의인민공화국으로 하는…신청에는 응하지 않을 것"으로 함(민사국장 통달 제554호·외국인등록 사무 취급에 관한 건)
—.26 해방구원회 제2회 임시대회에서 재일동포의 기본적 인권 옹호와 구원활동, 또 국제적 구원사업단체와 제휴를 결의—위원장 조인수曹仁洙, 부위원장 이오달李五達
—.27 도쿄지방재판소, 조련의 해산 지정 취소 청구 사건에 대해, 일본에 재판권이 없다는 이유로 각하함
3.1 3·1 기념 재일조선인대회가 히비야[日比谷]음악당에서 열려, 인권과 생활 옹호, 전쟁 반대, 강제추방 반대, 이승만 정권 타도를 결의
—.3 민단 가가와현[香川縣]본부 결성
—.6 반식민지투쟁 재일조선청년학생궐기대회가 히비야공회당에서 5,000명이 참가한 가운데 열림—건청의 우파도 참가하여 아시아침략을 위한 일본 재무장 반대를 결의
—.20 외국인등록 전환기간 갱신 설차 거부 및 미신정자 및 능록 문제 등의 탄압으로 인해 체포되었던 조선인이 5,000명에 달함
—.20 다이토[台東]회관사건—도쿄도 다이토구의 조련재산 다이토회관의 접수에 반대한 조선인 400명이 방위 중이던 회관에 무장경관 600명이 습격하여 탄압, 130명이 체포되고, 문재련文在連 외 45명이 구류, 25명이 기소됨
—.24~25 민단 제9회 임시전체대회를 중총강당에서 개최—출석 대의원 알 수 없음. 제9대 단장 김재화金載華, 부단장 백무白武·이원경李元景, 의장 김광남金光男, 감찰위원장 김두수金斗銖 선출
※ 1949년 6월 9일 민단 제7회 임시전체대회에서 분열이 시작되어, 민단 통일파가 남북통일촉진회를 결성했고, 또 1950년 8월 29일에 대한청년단의 결성대회에서 단장 조영주曹寧柱 선출
—.28 이승만 대통령, 미군과 일본 정부가 재일조선인의 강제송환을 협의 중이라는 이승만 정권 채蔡 육군병기행정본부장의 이야기를 『아사히신문[朝日新聞]』이 보도
4.2 재일조선인단체협의회 결성
—.4 조국통일전취월간실행중앙위원회가 도쿄조선인열성자대회에서 조직됨—중앙위원 27명을 선출하고, 월간투쟁기간 4월 5일~6월 30일간 설정
—.15 일본 정부 공직선거법이 공포되고, 부칙에 "조선인의 선거권은 당분간 정지한다"고 기재

1950년

재일동포
一.20 재일조선인해방구원회가, 일본 전국 각지에 조선인단체협의회가 결성됨—재일조선인은 북한 공민으로서의 자각 하에 민족권리 옹호, 조국통일, 조일 친선 추진을 결의
一.24 재일조선인단체중앙협의회가 해방구원회 본부에서 결성됨
一.29 건청 교토본부를 해소하고 '대한청년단 교토본부'를 결성
5.1 재일조선인단체 중앙협의회, 한국 빨치산 지원과 한국의 군사기지에 반대하는 서명운동을 전개
一.4 5·4기념 아시아청년학생총궐기대회가 히비야음악당에서 조선학동동맹, 전학련, 일본민주청년단, 중국인동학회, 도쿄도 일본학생연합회, 중연련中研連의 공동개최로 열림—전쟁 반대, 미 점령군 즉시 철수 등을 결의하고 7500명이 시위 행진
一.6 메이지대[明治大]조선유학생동창회 정기총회가 열리던 중 이승만 정권 지지파인 우익 학생 및 폭력단에게 습격당하는 사건이 발생
※ 각 대학의 조선유학생동창회 정기총회에 비슷한 습격사건이 빈발함
一.6 재일조선인강제추방반대교토인민대회가 아라시야마[嵐山]공원에서 5,000명의 조선인이 참가한 가운데 열려, 김일성 초상화를 선두로 데모
一.14 한국 문교부장관, '대한청년단' 단장 안호상安浩相 방일, 재일한국청년운동의 방향 제시
一.16 '일즈(Eells) 성명(반공反共 내용) 반대' 도쿄청년학생 총궐기대회를 조선학생동맹, 도쿄도 일본학생연합회, 조선청년조국통일전선 등이 공동개최
一.21 학동법대學同法大사건—재일조선학생동맹 제6회 정기총회가 호세이대[法政大] 강당에서 열림—대회를 방해 파괴하려는 목적으로 이승만 정권을 지지하는 우익 학생과 폭력단 백 수십 명이 회장을 습격했다가 이상석李相錫이 사망하고 여러 명이 부상, 경찰 당국은 피해자인 대회 주최자 측의 십수 명을 체포—위원장으로 매동호孟東鎬 선출
一.31 일본 정부 후생성, 복원국復員局 법무조사부에서 일제의 전쟁에 협력한 조선인 전범 147명이라고 발표
6.2 GHQ의 지시로 일본 정부 경시청, 도쿄도 내의 집회, 데모를 6월 5일까지 금지, 6월 5일 이후에도 당분간 금지를 계속한다고 발표
一.6 주일공사 김용주金龍周 취임
一.10 김천해金天海, 김계담金桂淡 등이 몰래 일본 국외로 탈출함
一.15 재일조선인 당원 전국대표자회의가 가마쿠라시[鎌倉市] 역전의 여관에서 30명이 참가하여 열림—간토 18명, 간사이[關西] 8명, 기타 4명
一.16 제1회 민전결성준비회는 전국조국통일전취월간운동이 강력하게 전개되던 중 조선인단체중앙조직의 민전결성준비로서의 전국대표자대회가 가와사키[川崎] 조선인학교에서 열림—7개 단체 대표, 방청객 등 약 100명이 참가하여 8·15기념일까지를 목표로 재일조선민주민족전선중앙준비회가 결성됨
6.25 한국전쟁 발발, 남북 간에 전면 전쟁이 일어남
一.27 GHQ, 외자위원회, '쇼와昭和 24년 정령 51호(외국인의 재산취득에 관한 정령)에서의 외국인의 명확화에 관한 각서'에서 재일조선인 처우 문제의 최종적 견해를 발표

1950년

재일동포
※ (1) 1945년 9월 2일 이후 계속해서 일본에 거주하는 조선인은 일본 국적을 유지하는 동시에 조선 국적을 취득할 권리를 가짐 (2) 미군의 정책 수행과 일본 정부의 조치는 재일조선인에게 국적으로 부여하려고 하는 것이 아님 (3) 국적의 최종 결정은 조선 정부와 일본 정부의 평화회의 또는 그에 종속하는 조건에 일임한다는 내용임 —.28 민단, 북한군 서울 입성에 '비상대책위원회' 구성 —.28 민대民對중앙회의에서 조국방위중앙위원회를 노재호盧在浩를 책임자로 조직됨—각 지방에 조국방위위원회(조방위)와 조국방위대(조방대)를 조직하고, 조방위가 조방대를 지도함 —.28 도쿄철판凸版인쇄회사 주변에서 "남한으로의 무기 수송, 미군의 한국 침략 반대, 미제美帝는 한국에서 철수하라"는 전단을 뿌리던 중 조학동의 박인식朴麟植 등 4명이 체포됨 —.28 히가시카나가와東神奈川 역전에서 한국으로의 무기수송 반대 연설을 하던 조선인 4명이 체포됨(이후 재일조선인의 반전운동이 활발해짐) —.30 도쿄지방조선통일민주민족전선결성준비위원회를 나카노[中野] 역전 구 조련사무소에 민대 책임자 김충권金忠權(이대우李大宇) 등이 소집—회의에서 조국방위위원회 도쿄본부가 이희경李喜慶을 책임자로 하여 조직됨. 각 지역에 조국방위대를 조직할 것을 결의 7.1 야마토시[大和市]사건—가나가와현 고자군[高座郡] 야마토쵸[大和町](쇼와 34년에 야마토시가 됨)에서 처음으로 조국방위대가 결성됨으로써 민단과 대결 3개월간 계속 —.2 민단, 전국단장회의, 39현 본부가 참가. 비공개회의, 적방기금赤防基金·위문품을 모집, 의용군의 접수를 결의 7.— 한국군에 일본인 150명이 종군함 7.— 조선청년단체전국협의회가 오사카에 열림 7.— 조국방위위원회에서 조국방위대(조방대)를 결성하고, 기관지 『신조선』, 『조방 뉴스』 발간 —.5 재일대한민족총궐기대회, 민단·건청·한학동 공동개최로 간다공립강당에서 열림 —.15 민단 비상대책위원회, '38도선의 사변에 기하여' 성명 발표. 의용군에 지원자가 쇄도. 747명. —.20 제2회 민전결성중앙준비위원회가 열림—'8·15를 목표로 민전 결성을 호소하는 격문'을 결정하고 전국에 당부함 8.1 도쿄조선통일민주전선이 각 단체지역 책임자와 일반 동맹 260명이 참가하여 결성됨 —.2 『해방신문』(훗날『조선신보』)이 418호에서 미군과 일본 경찰의 파쇼적 탄압으로 인해 정간 당함(1952년 5월 20일 복간) 8.8 민단 중앙본부, 재일한교자위군을 결성하고, 민단 중앙에 '자원군지도본부' 설치 —.27 민대전국대표자회의를 박은철朴恩哲, 정동문鄭東文 등이 열고—청년행동대, 조국방위대 등을 동원하여 한국에 보낼 무기탄약의 제조, 수송을 중지, 방해할 것을 결의함

1950년

재일동포
1.28 제3회 민전결성중앙준비회가 오모리[大森]해안에서 열려, 의장단에 이강훈[李康勳], 김훈[金薰], 윤덕곤[尹德昆] 등이 선출됨—명칭을 재일조선통일민주민족전선으로 결성을 준비하는 방침을 결정
1.28 건청, 전국대회를 열어 해산함
1.29 건청 우파, 재일본대한청년단을 결성(단장 조영주)
1.29 조국방위재일조선청년전선이 교토에서 결성됨
1.31 민단, 조국방위지도본부 설치
9.3 일본공산당 '재일조선인운동에 대해서'의 지령(415호)을 내림
1.13 재일자원군 제1진 출진, 출항. 제2진 9월 18일 출진, 자원군 총 641명이 참전
1.13 조선청년단체 전국대표협의회가 도쿄에서 열림—박은철, 안흥갑[安興甲], 안팔용[安八龍] 등이 참가해서 한국전쟁 발발에 대처하여 재일조선청년의 역할에 대해 토의함
1.15 인천상륙작전, 재일청년학도의용군 제1진 참가
1.15 GHQ, '출입국에 관한 각서'를 발표—불법입국자 단속기구와 체제의 강화를 촉진
1.20~10.20 조국방위 재일조선청년 총궐기 월간을 설정
1.29 조국방위 재일조선청년전선 결성대회가 교토의 조선사[朝鮮寺]에서 개최됨—조국방위 '월간'의 총괄대회를 결성대회로 전환한 것이기 때문에, 여기에서 '재일조선청년의 임무와 방향'이 분명해짐. 김일성에게 메시지를 보낼 것을 결의
1.30 일본 정부 출입국관리청설치령 공포
10.1 일본 정부, 출입국관리청을 설치
1.3 민단, 서울 탈환을 경축, 38도선철폐요청 민중대회가 간다공립강당에서 열림
1.18 대한부인회 도쿄본부가 민단 중총강당에서 결성
1.20 민단 제10회 정기전체대회가 중총강당에서 열림—출석 대의원 불명, 제10대 단장 김재화, 부단장 이원경·박종근[朴宗根], 의장 김광남, 감찰위원장 김두수 선출, 결정사항, 규약 개정, 4국제로 편성
11.8 조선장학회, 기부행위에 대한 규약의 일부를 개정, 이사 및 감사는 "문부대신의 안가를 받아 이사회가 이를 호선[互選]한다"고 개정됨
11.— 조방재일조선청년전선은 '재일조선청년전국대표자회의결정서'를 배포
1.9 GHQ, "금일 이후 비일본인의 자발적 귀환은 본인의 책임이다"라고 지령
1.15 조방중앙위원회 기관지『신조선』창간
1.24 고베시[神戶市]에서 소중학생을 포함해서 조선인 동포 약 900명이 구청에 생활고를 호소하며 진정했다가, 경관대에 탄압을 받아 26명이 체포됨
1.25 반전운동 조선인 체포 투옥자가 도쿄에서만 약 70명에 달함
11.27 고베조선인탄압사건—고베시에서 조선인 약 1,000명, 이미 체포되었던 사람들의 석방을 요구하면서 데모 행진 중, 미군과 경관대에게 다시 탄압받았고, 이 날도 176명을 체포하고 소란죄를 적용
12.1 오쓰[大津]사건—시가현[滋賀縣] 오쓰 직업안정소에 조선인과 일본인 300명이 월동자금을 요구하면서 교섭하던 중 4명이 체포되자, 석방을 요구하는 조선인 200명이 오쓰 지검으로 몰려가 43명이 체포됨

1950~51년

재일동포
—.4 일본 정부 후생성 인양원호국장, '비일본인의 송환업무의 폐지'를 통달
—.11 일본 정부, 하리오지마[針尾島]수용소에 수용 중이던 밀입국자 955명을 제1차 강제송환 강행
—.19 재일대한교육자동맹 결성
—.25 제5회 재일조선통일민주민족전선중앙준비위원회가 개최됨—민전 결성을 전국에 통달하기로 결정
—.28 일본 정부 당국, 밀입국자수용소를 나가사키현[長崎縣] 하리오지마에서 오무라[大村] 로 이전, 오무라수용소 발족
12.— 이 해의 한국으로의 강제송환자는 1,058명이 됨
—.31 재일동포의 수는 54만 4,903명이 됨
1951
1.1 조방전국중앙위원회는 '재일조선인운동의 당면한 투쟁방침'을 발표—비합법활동을 올바르게 합법활동으로 결합시키려고 노력함. 조방위는 그 성격으로 보아 자기 활동을 대중단체의 활동이라고 명확하게 분리하고, 게릴라적 성격의 저항 투쟁을 탈출하여 조국방위사상으로 발전시킴
—.9 재일조선통일민주민족전선(민전)이 도쿄에서 결성됨. 의장단 김훈金薰, 서영호徐泳鎬, 이강훈李康勳, 김성률金性律 외 1명, 중앙위원 25명을 선출—에도가와[江戶川]에서 대표 약 80명이 참여하여 결성. 한국전쟁을 '조국해방전쟁'으로 규정하고 "조국의 해방은 멀지 않았다"고 낙관적 정세 분석을 바탕으로 재일조선인의 조국방위투쟁을 전개한다고 언명, 또 강령에는 "조선민주주의인민공화국을 사수한다"고 규정하여 사상 신앙, 감정을 배제하고, 소수의 매국분자를 제외하고 민전의 깃발 아래 결집할 것을 강조함
—.10 민전 제1회 중앙위원회가 열림—임원 부서의 결정과 강제송환반대월간운동 전개를 결정
—.12 한국 주일대표부 공사, 김용주金龍周는 "좌우를 논하지 말고 악덕한惡德漢은 강제송환한다"고 성명서를 발표—민단, 사전협의가 없었다며 반대 성명
—.21 건청 통일파와 민주통일동지회, 전국대회에서 민전 조직에 가입을 결의함
—.23 욧카이치[四日市]사건—미군과 일본 정부 당국이 조련 재산을 수탈하기 위해 조선인 욧카이치회관 접수 반대 투쟁에서 15명이 체포됨
2.1~3.1 민전 중앙, 강제송환반대돌격월간투쟁 기간을 설정
—.10 민전 중앙기관지 『조선중앙시보』 창간(7월 30일에 정간 처분)
—.10 민단 제12회 중앙의사회를 열어 주일대표부의 강제송환방침에 대해 민단의 태도를 토의, 공관자문위원(단장 이하 35명) 사임
—.13 민단 중총, 김용주 공사 추방운동. 민단의 혁신운동이 대두, 본국전재민구제운동 전개. 자원군귀환병 재편 출진, 요코하마항[橫浜港]
2.23 일본공산당은 제4회 전국협의회(4전협)을 열고, 일본공산당의 당면 기본방침 가운데 "재일 소수민족과의 연대 강화"를 주장하면서 조방조직의 무장강화방침을 결정

1951년

재일동포
一.24 오무라(大村)수용소에서 경비관의 폭력사건으로 수용 중이던 조선인이 항의 파업을 일으켰기 때문에 경관대가 출동하여 탄압함
一.28 일본 정부, '불법입국자등퇴거수속령'(정령 제33호)을 제정 공포—재일조선인의 추방령으로서 체제 강화
一.28 도쿄 중고급학교탄압사건—도쿄 주조(十條)의 조선중고급학교 내에 반전 전단 인쇄소가 있다고 날조하여 무장경관대 560명을 동원하여, 새벽녘의 습격으로 강제 조사함
3.1 민단, 전국 각지에서 3·1 기념행사, 도쿄는 히비야(日比谷)공회당에서 2,000명이 참가
一.2 오무라수용소에 수용 중이던 조선인 남녀 450명에 대해 제2차 강제송환을 강행, 남자는 부산에 도착하자마자 한국군으로 편입되었다고 『마이니치신문(每日新聞)』이 보도
一.7 도쿄중고 2·7사건—도쿄조선중고급학교 탄압사건 보고 PTA집회가 도쿄중고 PTA 주최로 학부형 3,000명, 학생 1,000명이 참가하여 열림. 이 집회에도 무장경관 약 3,000명이 학내를 습격, 부당한 탄압에 항의하는 학생들 9명이 체포되고, 곤봉으로 구타당하여 중태 3명, 중경상자 300명에 달함(일본의 뉴스카메라맨도 경관의 곤봉에 머리가 깨짐)
一.15 일공 간토(關東)지방위원회, '당면의 소수민족대책(초안)'을 발표—조선인 자신에 의한 완전한 통일과 독립을 위해서 등, "소수민족은 일본 혁명의 동맹군이며, 주력 부대와의 동맹관계를 긴밀하게 하도록 지도"
一.21 도쿄아사쿠사(淺草)국제마켓미군살상사건—미군의 만행으로 지나던 조선인과 다툼이 일어 1명이 사망한 사건으로 부근 거주 조선인 40명이 체포됨
4.3 민단 제11회 임시전체대회가 중총강당에서 열림—출석의원 불명, 제11대 단장 원심창元心昌, 부단장 권일權逸·노영한盧榮漢, 의장 김광남金光男, 감찰위원장 김영준金英俊 선출, 규약개정, 감찰원을 감찰위원제로 하고, 위원장을 호선제互選制로 결정
一.5 오무라수용소에 수용 중이던 조선인 1명이 목매달아 자살하려다가 미수에 그친 사건이 일어남
一.7 대한청년단, 중앙훈련소 설치, 스기나미구(杉並區) 아마누마(天沼)(소장 강인석姜仁錫)
一.10~11 민전 제2회 중앙위원회를 미토시(水戶市)에서 개최—민족교육, 메이데이대책, 민전 조직의 확립, 인권옹호투쟁 문제를 토의 결정
一.18 조방위원회 기관지 『신조선』이 일본어판으로 발간
一.24 조은朝銀도쿄신용조합의 출반은 간토신용조합에서 설립인가 신청, 9월에 '경우經友신용조합'을 통합하여 동화同和신용조합으로서 설립 인가를 받은 후, 조은으로 명칭을 변경함
一.30 일본 정부 문부성 조사에서 재일조선인학교에서 민족교육을 받고 있는 학생 수 8만 8,524명(소학생 7만 273명, 중급학생 1만 5,409명, 고급학교 2842명), 교원 173명이라고 발표
5.2 오무라수용소에 수용 중이던 조선인 사이에서 '물자배분 문제'로 난투사건 발생, 3명이 징역형과 벌금형을 부과받음
一.10 일공민족대책부(민대) 전국대표자회의, '재일조선인운동의 당면 임무에 대해서'를 발표

1951년

재일동포
—.11 일본 정부 당국, 재일조선인 16명을 스파이 용의로 꾸며서 미 군사재판에 회부했다고 각 신문에 보도
—.24 도쿄조선중급학교 남녀 학생들 도내 여러 곳에서 반전 전단을 뿌리다가 경관대에 탄압받아 10명이 체포됨
—.25~6.25 '6·25 1주년 기념투쟁월간'운동에서 5대국평화조약 체결 서명운동을 전개
—.26 재일조선인학교 PTA전국연합회가 결성됨—회장 윤덕곤尹德昆, 부회장 권방득權邦得, 박정현朴靜賢이 선출됨
5.— 조방 기관지『신조선』이 '조방투쟁의 강화와 당면 임무'를 발표—조방대의 확립이 급무라고 주장
5.30 한학동韓學同 제8회 총회가 열림—대표위원, 이원범李元範 선출
6.5 일본 정부 당국, 오무라수용소 조선인 479명의 제3차 강제송환을 강행
—.7 민단, 전재원호사업위원회를 설립, 위원장 원심창
—.16 재일대한부인회 중앙총본부가 중총강당에서 결성됨(회장 오기문吳基文)
—.16 주일 김용주 공사, 본국 소환
—.17 민단 제12회 전체대회가 열림—단장단제團長團制로 바뀜(원심창·김광남·김재화金載華), 대회 중단
—.25 민단, 한국전쟁 1주년 '멸공민중궐기대회'가 히비야공회당에 2,500명이 참가한 가운데 열림
—.25 주고쿠(中國)지방조선인통일민주전선결성대회가 히로시마(廣島)에서 열림
—.25 일본공산당 임시중앙지도부가 '조선인지도부에 대한 지령'
—.30 주일 수석공사에 신성모申性模 취임
—.30 민단, 38도선 정전에 관한 기본 태도를 성명
7.8 재일조선통일동지회, 긴급상임간부회 열림—민전 가입을 결의, 남북통일촉진으로 성명 발표
—.13 오무라수용소, 피수용자궐기대회를 열어 '대당국과의 투쟁'을 선언
—.31 건청, 전국확대집행위원회를 열고, 민전 가입을 결정함
—.31 일본 정부 당국, 오무라수용소에 수용 중이던 조선인 365명, 제4차 강제송환을 강행시킴
7.— 조방중앙위원회가 '조방청년조직의 당면한 투쟁지침'을 지시
7.— 재일조선청년전선 제1회 전국위원회가 개최됨—'평화전취구국투쟁월간'운동, 베를린 제3회 세계청년학생평화제에 호응하여 '조방조선청년학생평화제'의 개최를 결정
8.1 조선학생동맹 제9회 확대중앙위원회가 도쿄에서 열림
—.4~5 민전 제3회 중앙위원회가 열림—조국통일전취월간투쟁, 평화서명운동 문제를 토의 결정함
—.10~9.10 조국통일전취월간투쟁 기간을 설정하고 운동을 전개
—.14『조선학생신문』발매금지 처분
8.15~9.9 9·9기념평화서명운동을 전개

1951년

재일동포
—.15 조방, 전국위원회를 개최—재일조선인조국방위대를 조직하고, 규약, 선언, 강령을 채택 제정
—.15 재일한교재향군인회가 결성, 회장 김학봉金學鳳
—.16 재일조선통일민주동지회 제2회 전국대회가 롯코산六甲山에서 열림—민전에 가입을 결의
—.21~22 재일조선청년전선 제2회 전국위원회가 열려, 평화전취구국투쟁월간총괄과 조선청년학생평화제전의 건 등 토의
—.23 민단, 한국에 출장소 설치(부산). 소장 강경옥康慶玉
9.9~12 민대전국대표자회의가 열림. '평화전취구국월간투쟁의 성과와 결함, 조선인운동에 있어서의 민대의 성격과 그 임무에 대해서'를 토의 결정
—.13 민단, 재일자원군전사자 39명, 합동위령제를 거행함
—.21 민전 중앙, 제3회 전국대표자회의를 도쿄 이케부쿠로[池袋]조선인협동조합에서 개최—월간투쟁보고, 평화애국영웅상 제도 등을 토의
—.22 재일조선인해방구원회 제3회 전체대회를 도쿄에서 개최—구원활동, 강제추방반대투쟁을 결의, 회장에 이강훈을 선출
—.23 민전중앙월간투쟁총괄전국보고대회가 사이타마현[埼玉縣] 고마[高麗]신사에서 열림—이계백李季白이 보고, 대회 후 북한 최고인민회의 의장 허헌許憲의 추도회를 거행
—.25 민전 제4회 확대중앙위원회가 도쿄조선중고급학교에서 열림—강제추방 반대, 조방활동의 강화, 일조협회日朝協會의 조직, 교육투쟁, 중앙위원 보선 등 토의 결정
10.1 『KP통신』 창간, 사장 한응렬韓應烈
—.4 일본 정부, 출입국관리령(정령 319호) 및 입국관리청설치령을 제정 공포. 재일동포에 대한 퇴거령(11.1 실시)
—.5 민단 중총, '한국 국적 문제·출입국관리령에 대한 기본 태도'의 성명 발표
—.6 주일대표부·민단 중총·동본東本·한청韓靑·한학동 대표 연석회의에서 국적·출입국관리령 적용 문제를 협의
—.7 조선인 강제추방 반대투쟁 전국위원회 결성
—.9 GHQ, 재일조선인의 국적 문제에 대해 관계 당국에 회담한다고 통보
—.11 일본 정부 당국, 오무라수용소에 수용 중이던 조선인 415명, 제5차 강제송환을 강행
—.12 조선인 강제추방 반대투쟁 도쿄위원회—출입국관리법안으로 국회, 각 정당에 요청
—.15 조방위원회 전국위원회를 개최—강제추방 음모 분쇄를 위해 조방위는 선두에 설 것을 결의
※ 전국 각지에서 강제추방반대인민대회를 열어 강제추방하기 위한 출입국관리령 반대 '한국적' 강요 반대의 진정 및 서명운동이 전개되어, 조방대를 중심으로 비합법적 실력투쟁으로 전개되어 갔음
—.20 일본 정부 외무성 니시무라[西村] 조약국장, 중의원 특별위원회에서, 안보 평화조약 "제2조의 규정에 따라 조선독립을 승인한다. 따라서 재일조선인은 조선 국적을 회복한다"고 답변(1952년 4월 28일 이후, '일본 국적 상실')
10.20 민단, 재일동포기득권확보민중대회가 전국적으로 개최됨, 영주권, 출입국관리령에 대한 관여 결의

1951년

재일동포

—.22 효고현[兵庫縣] 시모사토무라[下里村] 촌사무소사건—조선인 200명이 효고현 가사이군[加西郡] 시모사토무라 촌사무소에 생활고로부터의 보호와 한국으로의 강제송환에 반대하여 진정하던 중, 경찰 탄압을 받아 15명 체포
—.22 일본정부 당국, 오무라수용소에 수용중인 조선인 508명에 대해 제6차 강제송환 강행
—.27 재일조선인과학기술협회 기관지『조선월보』발행금지 처분
—.29 조은 도쿄신용조합(당시는 동화신용조합, 좌우 합동)의 창립총회가 열림
11.3 조선학생동맹 임시 제8회 전국대회 열림—위원장, 염태영[廉泰泳] 선출
—.4~5 재일조선청년전선 제2회 전국대회가 도쿄 다치가와[立川]에서 청년대표 263명 등 약 300명이 참가한 가운데 열림—조국방위투쟁의 강화 등을 결의
—.5 조방 도쿄위원회, 재일조선인의 강제송환 문제로 미군 사령관 리지웨이 및 일본 정부 요시다 내각에 공개 질문장 발표
—.24~28 야마토쵸[大和町]사건—가나가와현[神奈川縣] 고자군[高座郡] 야마토초(쇼와[昭和] 34년에 야마토시로 바뀜)에서 북한을 지지하는 조선인과 한국을 지지하는 조선인의 충돌사건으로 30명이 체포됨
12.1 오사카시 히가시나리구[東成區]경찰서에 보호 중이던 조선인 원인불명으로 사망한 사건에 항의한 부근의 조선인이 탄압을 받아 3명이 체포됨
—.6 오사카시 다쓰미쵸[巽町] 오니시[大西]지방 빈민가 부락에서 약 100세대에 밀주 적발을 구실로 무장경관이 습격
—.11 효고현 한다[半田] 이치노미야시[一ノ宮市]에서 조선인에 대한 부당 탄압에 반대한 조선인이 시청에 물밀듯이 몰려가 항의 데모
—.12~13 민전 제2회 전국대회가 고베[神戸] 나가타니시[長田西]조선인학교에서 열림—조국해방전쟁은 "제국주의자와의 침략전쟁이며, 조국에 무장 침공한 자를 격퇴하고 조국의 통일과 독립을 위해 일제의 세력을 결집해서 싸운다"는 장기적 전망의 정세 분석을 바탕으로 "당면한 적은 조국의 침략자인 미제[美帝]와 그 앞잡이, 이승만 정권 및 요시다 내각이다"라고 하고, 향후 활동으로 조국의 통일전취와 평화옹호 반파쇼투쟁과 민족권리 옹호, 조직 강화의 4대 방침이 결정됨. 강령 중 "조선민주주의인민공화국을 사수한다"는 1항을 삭제하자는 이강훈 등의 제안을 민대파가 지지하여 삭제되자, 한덕수[韓德銖]가 강령 수정안에 "우리는 조국 조선민주주의인민공화국이 있음으로써 존재하지 않는가", 또 "3반[反] 투쟁은 반요시다는 내정간섭이다"라고 반대하면서 격론이 오고 갔으나, 조방대에 의해 강제퇴장 당함
※ 일본공산당 정치국 야마나카 히로시[山中宏](시가 요시오[志賀義雄]) 이름으로 '민전 제2회 대회 강령 초안에 붙여'라는 서한을 발표
—.16 독립운동의 희생자 안중근[安重根] 위령제를 오사카 민전 주최로 지냄. 종료 후에 민단계 조선인이 경영하는 죽음의 상인·한국으로 보낼 폭탄(오야코[親子]폭탄) 제조공장 등으로 시위행진
—.17 주일수석공사, 김용식[金溶植] 취임
—.18 히노[日野]사건—시가현[滋賀縣] 가모군[蒲生郡] 히노쵸[日野町]에서 강제송환 반대 조선청년 행동대 80명의 자전거 데모에 '신고하지 않은 데모'라는 구실로 경찰대가 권총 실탄을 발사하면서 탄압, 35명 체포

1951~52년

재일동포
12.20 오사카민전, 강제송환반대공동투쟁을 민단 측에 제안함 —.26 재일조선인강제추방오사카대책위원회, 10월 4일 출입국관리령제도 이후의 오사카부 거주 조선인에 대한 탄압과 히가시나리경찰서에 의한 안중용(安重鎔)학살사건의 진상에 대해서 발표하는 등 항의운동 전개 —.31 재일동포의 수는 56만 700명이 됨

1952

 1.1 『신조선』(조방 기관지)이 "조방대는 적의 조직된 무장력에 대한 조선인 무장조직의 기초형태이다"라고 주장
—.1 『북극성』에서 "이론의 무장을 강화하라"라고 발표
—.3~4 다카사고(高砂)사건—효고현(兵庫縣) 가코군(加古郡) 다카사고쵸(高砂町)에서 북한을 지지하는 조선인과 민단계 조선인 간에 충돌이 일어, 30명이 체포되어 공업용 뇌관, 총검, 기관총탄 등 압수당함
—.10 북한조선직업동맹 중앙위원회가 "굴욕적 한국인 등록의 음모를 단연코 분쇄하라"라는 성명 발표
—.17~20 조방위원회 전국회의가 나고야시(名古屋市) 구 조련 미즈호(瑞穗)지부에서 전국대표 52명이 참여한 가운데 개최됨. 이 회의는 조방대의 임무, 군사방침을 적극적으로 지지하고 조방조직의 기초를 확립하는 중요한 대회가 되었음
—.30 민전 중앙 "한일회담을 단연코 분쇄하라"는 호소문을 발표
 2.1 조방, 전국위원회 '당 강령에 입각한 재일 제 민족의 당면 강령에 대해서'를 발표
—.1~3.15 민전 중앙 '한일회담, 강제송환반대투쟁월간'을 설정하고 운동을 전개
—.13 조방위, 긴급하게 본부의 일부를 홋카이도(北海道)로 이전
—.15 조방위, '지방방위대를 2월 말까지 조직'을 지령
—.17 조방재일조선청년전선 중앙상임위원회 확대지방의장회의에서 '강제송환반대월간투쟁'을 설정
—.28 효고현 히메지시(姬路市)에서 조선 청년들이 여러 명, 시내의 파출소를 습격하여 21명이 체포됨
 3.1 3·1 기념대회가 민전으로 중심으로 전국 128개소에서 1만 2천 명이 참가하여 시위행진, 당일 일부 청년들이 고베시(神戶市) 미군 캠프 등에 처음으로 화염병을 투척하는 실력투쟁을 전개함
—.1 민단, 3·1 기념민중대회가 히비야(日比谷)공회당에서 1,000여 명이 참가하여 열림
—.4 오사카시에서 이쿠노(生野)경찰서의 숙사에서 원인 모를 화재, 부근의 조선인이 범인으로 체포됨
—.7 민전 중앙, 재일조선인을 강제소환하려고 하는 출입국관리령 개악 반대운동이 전국대표 약 3,500명을 동원하여 국회 및 관계 당국에 진정, 항의운동을 전개함
—.11 일본 정부 당국, 오무라(大村)수용소에 수용 중이던 조선인 508명, 제7차 강제송환을 강행함
—.20 민단, 규약개정검토회, 의장·집행부·유지들이 중총회의실에서 개최

1952년

재일동포

3.26~30 오사카부 센난군(泉南郡) 다나가와쵸(多奈川町)에서 밀주 단속으로 9명이 체포됨. 현지 조선인들이 체포자의 석방을 요구하면서 500명이 경찰에 몰려가 27명이 체포됨
—.27 오쓰(大津)사건—이즈미오쓰(泉大津)조선초급학교를 점거하려고 한 민단 간부들, 학교를 습격하고 난투가 벌어져 3명 사망, 4명 부상
3.— 민전 내부, 재일조선인운동의 기본문제에서 의견대립이 표면화됨
  ※ 『인방(人防) 뉴스』에서 민전 중앙이 한덕수(韓德銖)의 비판 논문에 대해서 반론 「민전 제2전대회에서의 토론을 둘러싸고 주요 대립점과 그것이 현재의 민전 통일에 미치고 있는 문제에 대해서」라는 제목으로 "강령 초안을 둘러싼 의견의 대립을 분명히 하기 위해, 재일조선인운동의 당면한 주요 적은 미제(美帝)의 침략에 대한 투쟁이다. 그러기 위해서는 조선민주주의인민공화국을 승인하고 싶어하지 않는 세력이 있더라도, 반미세력의 전부를 민전으로 결집시켜야 한다는 당 중앙의 의견"에 대해서 한덕수가 다시 반론하여 "조선민주주의인민공화국을 승인하지 않는 자는 그것이 반미, 반이승만, 반요시다 세력이라 하더라도, 민전의 구성원으로 삼지 말아야 하며, 또 반요시다는 내정간섭이다"라고 비판하면서 논쟁이 전개됨
4.1 고베조선고급학교 창립
—.1 히가시오사카(東大阪)조선제3초급학교가 창립됨
—.3 민단 제12회 전체대회가 열림—출석대의원 불명, 임원 단장단제(團長團制)로 단장단원 심창(元心昌)·김재화(金載華)·김광남(金光男), 의장 홍현기(洪賢基), 감찰위원장 정찬진(丁贊鎭) 선출
—.4 민전 중앙 '제23회 메이데이총궐기월간설정'을 지령, 외국인등록법, 입국관리령법의 개악탄압정책에 반대하고 전국 관계 관공서에 항의 진정을 전개함
—.10 오사카조선고급학교가 창립됨
—.17 민전 중앙 '한국전쟁에서 세균을 사용한 미제에 대한 항의투쟁'을 지령
—.19 일본 정부 법무청 민시국장이 법무국장, 지방법무국장에게 평화조약 발효 전, 조선인과의 혼인양자결연 등으로 호적에서 제적되었던 일본인은 조약 후에는 조선인으로서 취급됨
—.24 4·24 교육투쟁기념 재일조선인의 항의진정집회가 전국 48개소에서 11만 명이 참여한 가운데 열리고, 25명이 체포됨
—.24 민단, "통일이 없는 휴전에 반대한다"는 성명 발표
—.25 제1차 한일회담, 재산청구권, 어업 문제 등으로 대립하다가 결렬
—.26 주일대표부사건조사단 방일
—.28 백수봉(白水峯) 논문, 「애국 진영의 순화와 강화를 위해—사회민주주의자의 노선과 경향을 배격한다」는 제목으로 민전의 강령에서 "조선민주주의인민공화국을 사수한다"를 삭제한 민전의 운전 방침에 대해 내부 비판의 10항목에 걸친 긴 논문이 발표됨
  ※ "① 애국적인지 민중적인지는 공화국과 그 중앙정부의 정책과 시정을 내세우고 싸울지 말지에 달려 있다, ② 공화국과 그 정부를 배격 파괴하고, 별도의 '조선공화국'을 수립하려고 하는 단체와 개인은 민전에 포함할 수는 없다, ③ 역사를 부인하는 것은 올바른 역사를 반전도 창조도 할 수 없다, ④ 재일조선민중은 고립되어 있는 것도 아니라면 조국이 없는 민족도 아니고 유랑 민족도 아니라면, 일본에 있는 소수민족도 아니다, ⑤ 조선민중은 자기의 국가와 정

1952년

재일동포
권을 가진 민중으로서 조국해방전쟁을 수행하고 있다, ⑥ 우방 제국諸國에 대한 성의 음은 조국의 정부의 시정과 국책에 상반하는 반민중적이며 비애국적이다, ⑦ 국제주의라는 미명 하에 민족자결과 민족을 부인하고, 말살해서는 안 된다, ⑧ 민전은 절충적, 협조적 중간노선을 위해서가 아니라, 조선민중이 자기 권력을 수호사기 위한 애국민주세력의 동맹체이다, ⑨ 정치적 견해의 자유와 국가 수립의 자유를 혼동해서는 안 된다, 국가는 자기보전의 권리이다, ⑩ 당이 지도적 역할을 수행한다고 해서, 당은 국가와 정부 위에 군림하는 일당독재가 아니다"라고 반론

—.28 일본 정부, 외국인등록법(쇼와 27년 법률 제125호) 기존의 외국인등록령을 개악하여 즉일 공포 시행—포츠담선언의 수락에 동반하여 발하는 명령에 관한 건에 입각한 외무성 관계 제 명령의 조치에 관한 법률(법률 제126호)로, 재일조선인이 지문 날인 의무 및 벌칙 조문에 반대하는 운동 전개
—.28 민전 중앙 '소위 강화 발효에 대해서'의 긴급 지령
—.28 '일미안보조약'의 발효에 따라 일본 정부는 재일조선인에 대한 기본적 입장을 발표
　※ ①재일조선인의 일본국적 상실, ②조선인 구일본군 상이군인, 군속의 은급법원호법 적용 중지, ③재일조선인의 민족교육을 폐지하고, 일시적으로 일본인으로서 동일한 의무교육을 강제해 왔는데, 강화조약 발효와 동시에 태도를 일변하여, 재일조선인은 일본의 학교에 입학할 의무는 없다, 조약의 은혜로서 일본학교 입학을 허가하는 방침을 취한다고 바꿈 ④미 군사재판 관련 조선인은 일단 석방하고, 동시에 전원을 다시 체포함
4.— 해방구원회 4전대회가 열림
4.— 재일조선인상공연합회본부 제7회 대회 열림—연합회본부를 연합회로 개칭
4.— 일본공산당 민족대책부에서 '재일조선민족의 당면 요구(강령 초안)' 지령
5.1 데이데이사건—제23회 메이데이에서 니주바시마에二重橋前 인민광장에 결집한 민중에 대해서 5,000명의 무장경관대가 실탄 사격을 하여, 2명 사살, 부상자 다수, 조선인 체포자 140명(일본인은 1,078명)—지방에서도 교토, 나고야名古屋 등 각지에서 다수의 조선인이 참가함
—.5 민전 중앙 '메이데이사건에 관한 호소문'을 발표
—.5 해방구원회, 메이데이사건으로 체포된 조선인의 석방운동, 법정투쟁을 전개
—.9 민단, 메이데이사건에 성명서 발표
—.11 오무라수용소에 수용 중이던 조선인들이 즉시석방을 요구하며 파업
—.12 일본 정부 오무라수용소에 수용 중인 조선인 410명, 제8차 강제송환을 강행
—.14 이승만 대통령, 제8차 강제송환자 중 해방 이전부터 일본에 거주했던 형벌법령 위반자 125명을 역송환하고, 역송환자는 오무라수용소에 재수용됨
—.20 조선민주주의인민공화국 조국통일민주전선의 김천해金天海「재일동포에 호소한다」에서 "제군은 조선민주주의인민공화국의 인민이다. 제군은 이 사실을 잘 인식하고 조국의 통일, 독립과 명예를 위해서 모든 것을 바쳐야 한다"고 호소
—.20 『해방신문』 복간
—.20 오무라수용소에서 조선인 50명이 역송환자의 석방을 요구하면서 시위 항의를 하다가 12명이 체포됨

1952년

재일동포
—.26~28 민전 6회 확대중앙위원회가 나고야시 노동회관, 미즈호[瑞穗]조선인학교, 기후[岐阜] 제2공민관을 전전하면서 비밀리에 123명 참가로 열림—"조선민주주의인민공화국을 사수방위한다"는 조항을 재삽입하기로 결정, 제2회 전체대회에서 결의된 4대 방침을 재확인하였으며, 또 6월 15일~8월 15일 사이에 조국해방전쟁 2주년 구국월간을 설정
5.27 도쿄 에다가와[枝川]사건—도쿄 고토구[江東區] 에다가와쵸[枝川町]에 메이데이에 참가한 용의자를 수사한다는 구실로 경관대 1,000명이 에다가와초를 포위, 조선인 21명을 체포
—.30 신주쿠[新宿]역전사건—5·30기념집회에서 조방대, 중핵자위대를 중심으로 한 재일 조선인, 학생 노동자들 약 3,000명이 신주쿠역전에서 경관대와 충돌
—.30 이와노사카우에[岩之坂上]사건—이타바시[板橋] 이와노사카우에 파출소 앞에서 400명 의 조선인이 경관대와 충돌, 3명 사망, 30여 명 부상, 36명이 체포됨. 나고야 가나야마바시[金山橋]의 집회에서도 경관대에게 탄압 당함
—.31 재일조선민주애국청년동맹(민애청民愛靑)이 결성됨
6.5 재일조선민주애국청년동맹 야마구치현[山口縣]본부가 우베시[宇部市]에서 결성됨. 무 장경관대 1,000명이 집회 금지를 이유로 회장을 습격하여 61명을 체포
—.10 백수봉의 비판 논문 「(4월 28일) 애국진영의 순화와 강화를 위하여」가 『북극성』 제7 호에 게재됨
—.10 동화同和신용조합사건—동화신용의 창립을 두고 민단계와 조련계가 대립하여 우에 노[上野]에서 격돌
—.10 민전 중앙 '해방전쟁2주년총궐기구국평화월간'을 설정함
—.12 조국통일민주주의전선 14차 중앙위원회의 성명을 발표
—.15 대한부인회 제1회 전체회의가 민다 중총강당에서 열림—제2차 세계대전의 희생자 인 동포 전범 석방운동을 강력하게 추진하기로 결의
—.16 파괴방지법破壞防止法반대집회가 도쿄 시부야[澁谷] 역전에서 열림. 경관대의 탄압에 화염병 등으로 대항, 다수의 조선인이 체포됨
—.17 시즈오카현[靜岡縣]인민대회에 민전이 참가하여, 오무라수용소에 조선인 역송환자 의 석방을 요구하면서 데모
—.17 오사카, 나카노시마[中之島]공회당에서 조선인과 일본인이 국민총궐기대회를 열고, 경관대에 탄압당함
—.20 조은朝銀도쿄신용조합(당시 동화신용조합) 창립
—.20 조선학생동맹활동지침 제5호에서 '조선해방전쟁 2주년구국월간에 관한 투쟁방침'
—.24 스이타[吹田]사건—오사카부 이케다[池田], 스이타, 도요나카[豊中]에서 '이타미[伊丹]기지 분쇄 평화와 독립의 밤'이라는 집회가 종료 후, 스이타시에서 한국전쟁에 군수물 자 수송을 저지하기 위해 군용 열차를 세우고 경관대와 충돌하여 탄압받고, 250명 중 92명의 조선인이 체포됨
—.25 히라카타[枚方]사건—한국전쟁반대집회 후에 데모로 12명이 체포되고, 그 후 한국전 쟁을 위해 탄약 제조를 한 고마쓰[小松]제작소에 화염병을 던졌다는 이유로 100명 이 체포됨

1952년

재일동포

―.25 6·25기념으로 전국 각지에서 미군의 한국침략 반대, 정전요구민중대회와 평화월간서명운동 등 집회 수 141건, 조선인 참가자 약 2만 6,000명, 항의투쟁 동원 7,104명으로 68명이 체포됨

―.25 민단, 6·25동란 2주년 기념, 한국군·유엔군 및 일반 희생자 위령제와 민중궐기대회가 히비야공회당에서 열림

6.30 후쿠오카[福岡] 와카마쓰[若松]사건―후쿠오카 와카마쓰쵸에서 북한을 지지하는 조선인과 민단과의 대립이 생겨나, 56명이 체포됨

7.1 일본 정부, 오무라수용소에 수용 중이던 조선인 221명이 제9차 강제송환을 강행함

―.3 북한을 방문하고 귀국한 중의원 의원 호아시 게이[帆足計] 환영대회가 오사카민전 주최로 2만 5,000명의 조선인이 참가한 가운데 열림

―.5 민전 중앙 '스가모[巢鴨]사건 야쿠자의 강제추방과 일본의 각 신문의 폭론에 대하여'의 성명

―.6 민전 중앙 '일본공산당 창립 30주년을 맞이하여'에서 실력투쟁으로의 편중, 정치투쟁의 경시를 시정하도록 지령

―.7 오스[大須]사건―북한을 방문하고 귀국한 중의원 의원 호아시 게이 환영대회가 민전 아이치현[愛知縣]본부를 중심으로 아이치현 일본민주단체 77개 단체와 공동주최로 열리고, 대회 종료 후, 전날 관헌의 탄압에 항의한 데모에서 다시 무장경관과 대결, 경관의 권총에 맞아 조선 소년이 사망, 20여 명이 부상, 조선인 150명이 체포됨(일본인 111명 포함 261명이 체포)

―.7 도요하시[豊橋]세무서에서 재일조선인의 불공평 과세에 항의하여 9명이 체포됨

―.13 민전 중앙, '조국해방전쟁 2주년 총궐기구국평화월간중간보고 제출에 관하여' 지령에서 다시 실력투쟁으로의 편향 시정과 정치투쟁을 중심으로 전선 확대를 지시함

―.15 일본 정부의 치안대책회의에서 조선인강제수용소의 설치와 조선인의 검거 제일주의를 결정

―.15 조방전국위, 당의 창립 30주년 기념을 축하하면서 "재일조선인은 대담하게 입당하여 당의 지도 하에 조선인운동의 강화와 발전에 노력하라"고 성명

―.26~27 재일조선청년전선 제4회 중앙위원회가 도쿄에서 열림―8·15구국평화월간투쟁에서 9·9투쟁을 강화하는 데 대해 결정

―.28~30 민전전국서기국장회의가 도쿄에서 열림―민전의 주도권을 "민대, 조방그룹에서 잡게 되어 자주성을 상실한 상태를 자기비판"하고 실력투쟁 편중의 시정을 결의

―.31 일본 정부, 오무라수용소에 수용 중이던 조선인 228명, 제10차 강제송환을 강행

8.3 재일조선민주애국청년동맹(민애청) 16부현[府縣]에서 결정

―.21 조은 효고신용조합(당시는 공화共和신용조합) 설립

―.22 민전 중앙 '조국해방전쟁 2주년 총궐기구국평화월간' 투쟁의 총괄전국대회가 도쿄 산별[産別]회관에서 열림―전술 전환을 도모하여 평화적 방법으로 투쟁을 강화할 것, 구 조련 재산반환운동 전개 등을 결의함

―.27 효고현 아마가사키시[尼崎市] 하마다[浜田]의 조선부락에 밀주를 단속하는 이유로 무장경관 400명이 습격, 18명을 체포

1952년

재일동포
9.1 후쿠시마[福島]조선초중급학교 창립
—.1 일본 정부 오무라수용소에 수용 중인 조선인 161명, 제11차 강제송환 강행
—.5 재일한교재향군인회, 기관지『청년전선』을 발행
9.6 『해방신문』복간 15호부터 한글로 발간
—.8 『조선학생신문』을 복간
—.9 북한 건국 4주년 경축기념식전에 '김일성 장군에게 보내는 메시지'를 채택
—.9~10.31 교동(教同)과 PTA가 '조선인학교폐쇄반대운동월간'으로서 서명 100만 명 목표와 모금 100만 엔 운동을 전개
—.11 홋카이도 지토세[千歲]에서 미군 병사가 조선인에게 중상을 입힌 폭행사건 발생
—.12 홋카이도 무로란[室蘭]경찰에서 구류 중이던 조선인 5명에 대해 일단 석방하고, 50명의 경관이 출동하여 다시 체포한 데 대해 민전은 부당 체포라고 하여 항의운동 전개
—.16 후쿠오카현 미야지마[宮島]의 조선 부락에 무장경관, 세무서원 등 180명이 습격하여 탄압함
—.20 조련재산회수위원회가 설립됨—조련 해산 무효를 주장하는 대중항의운동과 법적 절차를 준비하고, 호소문, 투쟁 방침을 발표(시즈오카, 미에[三重], 기후 각 현에서 조련재산회수위원회의 간판을 게시)
—.21 일본 정부 당국, 오무라수용소에 수용 중이던 조선인 196명의 제12차 강제송환을 강행
—.23 히로시마현[廣島縣] 구레시[吳市]에서 조선인 아동이 호주군의 지프에 치여 사망한 사건으로 조선인항의대회를 열어 재판권, 보장 문제 등을 요구하는 결의
—.24 집단밀입국사건—가고시마현[鹿兒島縣] 사타쵸[佐多町]에서 집단밀입국을 한 조선인 28명이 체포됨
—.25 재일조선인불교도연맹, 제2회 세계불교도대회(도쿄 쓰키지[築地] 혼간지[本願寺])에서 한국전쟁 즉시정전을 각국 정부에 요청한다는 제안을 결의
—.26 민전 중앙, "외국인등록의 재등록 음모에 대해서 거부와 항의를 하는 대중투쟁을 조직하도록" 지령—(한국적 강요와 징병제 실시 기도가 있다고 반대)
—.27 도쿄도 교육장 통달로 '조선인 자제의 공립 소·중학교 및 고등학교로의 취학에 대해서' 조선인은 의무교육을 받는 권리를 상실, 또 입학 허가에 엄격한 조건을 내세울 것을 지시함
10.1 이와테현[岩手縣] 모리오카시[盛岡市]에서 조선인대운동회가 500명이 참가한 가운데 열림—종료 후 재일조선인 군중대회를 열어, 조련 재산 탈환과 외국인등록 갱신 반대를 결의(이러한 종류의 운동이 각 도도부현에서 전개됨)
—.1 재일본한교재향군인회 제1회 전국대회(회장 김학봉金學鳳)
10.4 민단 제13회 전체대회가 중총강당에서 열림—출석대의원 불명, 제13대 단장 김재화, 부단장 홍현기·장세량張世良, 의장 김광남, 감찰위원장 김종대金鐘在 선출, 결정사항 단장단제 폐지하고, 단장제로 복귀
—.10~11 조학동朝學同, 니혼대[日本大], 메이지대[明治大]를 비롯하여 30개 학교에서 대학제大學祭에서, 조국해방전쟁 사진전, 연극 공연 등을 열어, 30만 명이 참가

1952년

재일동포

—.15 가나가와(神奈川)조선신용조합(당시 대동(大同)신용조합) 창립
10.18 재일본조선민주애국청년동맹(민애청) 결성(위원장 윤상철(尹相哲))
—.19 민단 이와테현본부, 조방대와 3주간 대결
—.20 민전 대표와 일본사회당 대의사(大義士) 등은 법무성 입국관리국에 "등록은 이승만의 징병제에 협력하기 위해서가 아니다. 선량한 조선인을 강제송환하는 것을 중단한다"는 것을 조건으로 하여 등록 갱신에 협력하겠다고 제안함
—.21 해방구원회 전국대회가 열림—조선인 애국자, 1년간의 피검거자는 1,475명이 됨. 11월 1일~12월 31일을 '애국자구원월동(越冬)기간'으로 설정
—.23 민전 대표, 법무성 스즈키(鈴木) 입국관리국장과 등록갱신 문제로 회관, ①이승만 정권의 징병제에 이용하지 않는다, ②국적 선택의 자유, ③1945년 이전부터 거주자에게 거주권을 설정하고, 강제추방하지 않는다, ④악질적인 범죄자 이외에는 등록법을 적용하지 않는다는 등의 확약을 얻음
—.24 도쿄조선인학교 PTA연합회 주최로 추계연합대운동회가 메이지신궁 외원(外苑)경기장에서 열림. 참가자 도내 13개교 학동 4,000명, 학부형 2만 명—이러한 대운동회가 전국적으로 조직됨
—.24 민전, 제7회 중앙위원회가 열림—등록 갱신에 협력할 방침을 결정, 전술 전환, 일본 국민과의 행동의 통일, 조직 통제의 강화, 간부의 양성과 구 간부의 재교육, 선전활동의 강화 등을 결의
—.25 『해방신문』 사설에 「재차 등록 갱신 거부 투쟁에 대해서」가 게재됨
—.31 일본 정부 당국, 오무라수용소에 수용 중이던 조선인 250명, 제13차 강제송환을 강행
—.31 일본 정부 법무대신이 담화 "외국인등록 갱신은 강제송환과 징병의 자료로는 절대 쓰지 않는다"고 발표
11.1 민전 야마구치현위원회, 시모노세키(下關)에 조선인 강제추방을 위한 입국관리사무소 설치 계획에 항의운동을 전개
11.6 김재화 단장, 본국 방문, 재일동포의 국회 파견·재일거류민단구매위원회 설치·재일포중소기업지원융자 등을 요청
—.6~7 국제평화대체육제전이 조·중·일의 공동개최로 오사카시 사나다야마(眞田山)공원에서 열림
—.7 후쿠오카현 쇼나이무라(庄內村), 아카이타(赤板) 등의 조선인 집에 기관총으로 무장한 경관 600명과 세무서 직원 100명이 습격, 밀주 조사라는 이유로 탄압, 지역 조선인의 항의로 사죄와 직업 알선, 생활보호 적용을 확약
—.8 효고현 아마가사키조선초중급학교 신교사 낙성
—.8 도치기현(栃木縣) 다누마쵸(田沼町) 일본의 소학교 4학년에 재학 중인 조선 소년을 같은 학교의 4학년에서 6학년 학생 십수 명이 "조선은 모두 죽여버리자"고 하면서 폭행 중상을 입혀, 지역의 조선인들이 학교 당국에 항의
—.9 오무라수용소의 조선인에게 수용소의 임원들이 야만적 학대를 가하여 조선인 28명 사상, 수용소 내 12명의 조선인 대표가 협의를 요청했으나, 수용소 측이 12명의 대표를 구금했기 때문에 항의운동을 전개, 그에 대해 수용소 측은 경관대와 소방대를 끌어 들여 다시 탄압을 하고 37명이 체포됨

1952년

재일동포
11.11 민단 간토[關東]지구 각 현 본부 단장·사무국장 및 각 단체책임자회의가 중총강당에서 열려, 외국인등록갱신 문제, 임시정부사건, 일부 지일파에 의한 이근李根 전하 옹립 획책   —.13 한국전쟁에 일본인이 참전한다고 일본의 각 신문이 보도   —.15 민전 중앙, 오사카에서 일본의 극우단체 기쿠스이[菊水]동지회가 조선인 추방 서명운동을 하고 있는 데에 대해 일본 정부 당국에 항의   —.19 일본 정부 당국, 오무라수용소에 수용 중인 조선인 232명, 제14차 강제송환을 강행   —.20 아오모리현[青森縣] 기타군[北郡] 이타야나기쵸[板柳町]의 조선인 24세대에 밀주를 이유로 무장경관과 세무서 직원 440명이 습격, 2명 부상, 10명을 체포   11.— 야마구치현 시모노세키시에 조선인 강제송환을 목적으로 한 '조선인수용소' 건설 계획에 일본인 시민, 노조가 반대하면서, '수용소건설반대기성동맹'을 결성   11.— 시모노세키시 의회에서도 조선인수용소 건설 반대를 결의   11.— 모란봉극단, 조선연극연구소로 개칭   11.— 후쿠오카현 이즈카[飯塚] 우라타[浦田]에서 외국인등록의 '한국'을 '조선'으로 변경시킴   12.12 민단 중총, 임시정부사건은 풍문이라고 성명 발표   —.15 조선인동포위안회가 도쿄민애청 주최로 히비야공회당에서 열림   —.15 재일조선인문화인총회를 '재일조선문학예술가총회'로 개칭   12.— 아오모리현에서 조선인을 남편으로 둔 일본인 부인을 중심으로 '조선인강제추방반대위원회' 결성   —.18~19 민전 제3차 전체대회를 도쿄 시바[芝]공회당에서 개최—조국 방위·통일 전취, 평화 옹호·반파쇼 투쟁, 민주민족권리 옹호, 민전의 조직 확대 강화라는 4대 방침의 재확인을 결의—강령을 "조선민주주의인민공화국 주위로 굳게 단결한다"고 개정하고, 또 규약에 "조국통일민주주의전선으로 직결"과 가입을 주장하면서, 동시에 일본공산당이 지도하는 민족해방민주통일전선에 참가할 것을 표명   ※ 민전 제3차 전체대회의 특질은 기존에 비공개였던 것이 공개되고, 광고, 포스터가 사전에 붙고, 민전이 합법적 동포지도기관으로서 출발함   —.19 전 조련 오카야마현[岡山縣]본부 서기장이 출옥 직전에 오무라수용소로 이송됨—11월 25일에 강제송환   —.20 민전 제9차 중앙위원회가 열림—한일회담반대투쟁(이승만의 제3회차 방일에 대한 투쟁)과 조일친선평화월간 설정이 결정됨   —.24 민애청 아오모리현본부 제2회 대회에서 민단 아오모리현본부 단장이 민전에 가입 성명   —.25 일본 정부 당국, 오무라수용소에 수용 중이던 조선인 217명에 대해 제15차 강제송환을 강행   12.— 조선학생동맹 정기총회가 열려, 민전 가입을 결의   12.— 본년도 조선인의 강제송환자 수는 3,208명이 됨   12.31 재일동포의 수는 53만 5,065명이 됨

1953년

재일동포

1953
- 1.5 이승만 대통령이 방일, 6일에 요시다(吉田) 수상과 클라크의 3자회담
- —.6 한국전쟁 확대를 책모하는 이승만, 클라크, 요시다의 '한미일 3자회담'에 대해서 재일조선통일민주전선의 각계 대표들이 참가한 항전대회가 열림
- —.10~3.1 한일회담에 반대하여 '조일친선평화월간' 서명운동이 전개됨
- —.15 민전의장 이강훈(李康勳), 민전 탈퇴 성명 발표
- —.30 민족교육에 대한 탄압정책에 반대하여 도쿄조선학교 PTA대표들이 문부성과 교육청을 상대로 대중청의를 전개함
- 2.10~11 재일조선인전국문화제, 음악콩쿨대회가 히비야(日比谷)공회당에서 열림
- —.11 일본 정부 문부성 통달—특별한 사정을 고려하여 일본의 엄률을 엄수할 것을 조건으로 조선인의 입학을 허가
- —.12 조선인교육방위전국대회가 열림
- —.19 북한의 조국통일민주주의전선에서 재일조선인에 대해 '호소문'을 보내, "공화국 인민으로서의 영예를 지키고 전진하자"고 당부함
- —.21~4.24 '평화로 교육을 지키는 월간'을 설정하고 교육탄압 반대투쟁을 전개
- —.23 재일조선통일민주전선과 각 산하단체, 조국통일전선의 호소문을 지지하는 성명 발표
- 3.1 3·1운동 34주년 기념대회가 각지에서 열림
- —.1 민전 아키타(秋田)본부 "재일동포는 공화국 정부와 김일성 원수의 주위에 굳게 단결하여, 미국, 일본의 반동 재군비정책과 파쇼적 탄압, 이승만과 요시다 간에 책모한 강제송환의 음모와 민중들 사이에 피를 흘리는 것 같은 책모를 폭로, 분쇄하기 위해 싸우고 있다"는 서한을 조국전선중앙위원회가 보내왔다고 발표
- —.6 시나가와(品川)사건—민단 시나가와지부원과 일본 우익단체 순국청년대가 난투를 벌임
- —.7 한국 정부, 민단 요청의 200만 달러 융자를 승인
- —.16 '한일매국협정' 반대, 일본국민조선출병반대투쟁위원회가 조직됨
- —.16 '한일협정반대' 재일조선인 도쿄대회가 약 1,000명이 참가한 가운데 열려, 시위행진을 전개
- —.20 민전 중앙 '재일조선인의 통일선거강령'을 발표하고, 반미, 반요시다, 반재군비의 3반 슬로건과 조일친선월간운동을 결합한 운동을 전개함
- —.30 이승만 정권, 재일조선인에게 징병령을 적용한다고 서울의 각 신문이 보도
- 4.1 민전 중앙, 한국 정전의 즉시 실현을 요구하는 성명서를 발표
- —.1 아이치(愛知)조선중급학교에 고급부가 신설됨(현재 아이치조선중고급학교)
- —.1 히가시오사카(東大阪)조센제 제1초급학교 창립
- —.12 이와테현(岩手縣) 오하시(大橋)광산에서 전쟁 중에 학살당한 조선인의 사체가 발견됨
- —.12 민단 제14회 전체대회가 오사카본부강당에서 열림—출석 대의원 220명, 제14대 단장 김재화(金載華), 부단장 김병욱(金炳旭)·배동호(裵東湖), 의장 김광남(金光男), 감찰위원장 정찬진(丁贊鎭) 선출

1953년

재일동포

- ―.14 '한일회담' 반대운동이 전국 각지에서 전개됨
- 4.15~7.23 제2차 한일회담 시작―대일청구권, 어업 문제로 대립한 상태로 자연 휴회, 이승만 정권 대표 김용식(金溶植), 주일대사, 일본 측 대표, 구보타 간이치로(久保田貫一郎) 외무성 참여
- ―.15 가나가와현(神奈川縣) 쓰루미(鶴見)조선학교에 유아원이 개설됨
- ―.15 히가시오사카조선 제2초급학교가 창립됨
- ―.19 민전과 조방은 '반미, 반요시다, 반재군비'라는 슬로건으로 조일친선을 기조로 한 운동이 전개됨
- ―.24 민단 중총, '통일 없는 휴전' 반대를 성명
- ―.24 4·24 교육투쟁기념중앙대회가 오사카 나카노시마(中之島)공회당에서 7,000명의 조선인이 참가한 가운데 열림
- 5.18 교토조선중고급학교가 학교법인으로서 인가받음
- ―.20 민단, 중소기업융자기본방침 수립
- ―.22 간토(關東)지방 조선인, 한국전쟁정전촉진총궐기대회가 5,000명이 참가하여 도쿄 요쓰야(四谷) 소토보리(外堀)공원에서 열림
- ―.25~29 민전 제10차 중앙위원회가 열림―조국통일전선 호소문에 관한 문제를 비롯해 한국전쟁 정전회담과 재일동포의 민족적 권리 확보 및 '한일회담' 반대 등을 토의함
- ―.28 민단 고치현(高知縣)본부 '금융협동조합 발족' 자본금 2,100만 엔
- ―.29 가시마(鹿島)지검, 조선인 피의자를 한국으로 강제송환할 목적으로 조선인 피고의 공소를 취소함
- 6.2 모스크바방송, 일본 정부는 재일조선인의 강제송환되었던 인원은 1952년 7월부터 1953년 5월까지의 약 10개월 동안 1,900명 이상에 달했다고 보도
- ―.6 조선중앙통신, 도쿄 거주의 조선인과 학교 관계자 30명의 대표를 도쿄도 교육국에 파견하여 조선인교육에 대한 일본 당국의 부당한 탄압에 항의했다고 보도
- ―.10 도쿄도 다이토구(台東區) 아사쿠사(淺草) 국제마켓의 조선인 거주지에 사복 경관을 포함한 경관 350명을 동원, '외국인등록법' '출입국관리법'을 구실로 습격하여 조선인 23명이 체포됨
- ―.12 민전 중앙, 일본 정부 외무성에 '한일회담'을 중지하도록 항의
- ―.15 민단 미야기현(宮城縣)본부 협동신용조합을 설립
- ―.16 재일조선인조선전쟁정전촉진대회가 오사카에서 열림
- ―.25 민단, 6·25동란 3주년 민중궐기대회가 히비야공회당에서 열리고, 대회 후 데모 행진
- ―.25 재일조선인, 조국해방전쟁 3주년을 맞이하여 전국 각지 10곳에서 4만 4,700명이 참가하여 한국전쟁 정전을 즉시 실현하도록 하는 요구대회가 열리고, 시위행진이 전개됨
- ―.27~28 도쿄조선중고급학교 교동(敎同), PTA대회가 열림
- 7.1 민전 중앙, 서일본 수해구제대책위원회가 조직됨
- ―.12 조선대학교건설위원회가 조직됨

1953년

재일동포

―.18 재일조선자연과학자협회가 게이한신[京阪神] 중심으로 결성
―.20~21 민전 중앙상임위원회가 열러 사범학교기성위원회를 설치하는 문제를 토의함
7.23 제2차 한일회담 무기휴회에 청구권·어업권 문제로 대립
―.27 한국 정전경축 재일본조선인중앙대회가 히비야공회당에서 4,000명의 참가로 열림
―김일성에게 보내는 메시지를 채택
―.27 민단, 휴전협정 반대 성명을 발표
―.28 조선중립화운동위원회를 김삼규金三奎 등이 발족
―.29 스이타[吹田]사건, 제29회 공판에서 재판장, 한국전쟁 정전 '휴전협정'에 조인을 기념하여 피고인들이 묵도하는 것을 허가하여 후일 국회 등에서 문제화됨
8.1 조은朝銀 이바라키[茨城]신용조합이 창립됨
―.4~6 재일조선인상공업자 전국정기대회가 열림
―.10 조은 도쿄신용조합(당시는 동화同和신용조합)에서 조합원의 일부가 탈퇴함
―.10 후쿠오카[福岡]조선신용조합이 창립됨
8.― 한국해방전쟁 정전을 축하하는 조·중·일 국민대회가 열림
―.15 민단, 광복절 및 정부 수립 5주년 기념 경축 민중대회를 중총강당에서 열고, 자주통일전취를 결의
―.25 한국 국회 의장 신익희申翼熙가 방일하여, 특별강연회가 민단 중총강당에서 열림
―.25~27 민전 제11차 중앙위원회가 열림―3반투쟁을 확인, 조국의 부흥 건설을 위한 귀국과 시찰단 파견, 조선종합대학 설치, 11월 중순 제4회 전체대회를 오사카에서 개최 예정 등을 토의 결정
9.1 조은 도쿄신용조합에서 탈퇴한 조합원들이 동아신용조합을 창립함
―.4 오사카지검, 조선인 피의자를 한국으로 강제송환할 목적으로 스이타사건 조선인 피고의 공소 취소를 결정
―.7 민단, 아키타현[秋田縣] 한구인상공협동조합 발족
―.8 오무라수용소의 수용자들 부당한 제23차 강제송환에 반대하여 항의투쟁 전개
―.8 후카야[深谷]사건―사이타마현[埼玉縣]경찰관, 사이타마현 후카야에서 조선인을 학살한 사건 발생함
―.9 주일대표조선장학회이사회(민전계)를 공인公印 위조로 고소
―.10 민단 중총, '평화라인은 양국의 위해 조기해결을 바란다"고 성명 발표
―.25 민전, 반미·반요시다·반재군비의 3반투쟁, 종합대학 설치, 일본의 민족해방민주통일전선과의 연대 등의 결정을 운동으로 전개
10.10 조은아이치[愛知]신용조합(당시는 대영大榮신용조합)이 창립됨
―.12 민대 중앙, 지도연락지指導連絡紙 『하치스노트』에서 기존 당에서 추진하는 3반투쟁에 대해 재일조선인의 정치적 슬로건인 반미·반요시다·반재군비 외에 '반이승만'을 더해서 4반투쟁의 슬로건이 옳다고 주장
―.15 '한일회담'에서 일본대표 구보타 간이치로, "일본의 조선통치는 조선인에게 은혜를 주었다. 대일강화조약이 성립되기 전에, '한국'이 독립한 것은 국제법 위반이다"라는 망언을 하여 분규(그 후 4년 반 동안 회담은 중단)

1953년

재일동포

―. 17 조국통일민주주의전선에서 재일조선인동포조국방문단을 환영한다고 발표
―. 20 전간토조선인학교연합대운동회가 긴시쵸(錦絲町) 운동장에서 열려, 다수의 조선인이 참가함
10. 23~24 민단 제15회 전체대회가 중총강당에서 열림―대의원 196명, 제15대 단장 김재화, 부단장 김병욱·장총명張聰明, 의장 김광남, 감찰위원장 정찬진 선출
―. 31 가나가와조선중고급학교가 인가됨
11. ― 일본공산당은 '또 한 번 정세와 임무에 대해서'라는 팸플릿을 배포하고, 3반통일전선의 강화를 강조함
―. 5 와세다(早稻田大) 교수 오야마 이쿠오(大山郁夫) 등 조선 정전축하 일본인민 평화친선 사절단 평양에 도착, 해방 후 첫 일본인 방문
―. 9 김일성이 조선 정전 축하 일본인민 평화친선사절단 회견, 석상에서 "재일 조선 동포들은 일본 반동의 박해와 탄압에도 불구하고 자기의 진정한 조국, 조선민주주의인민공화국을 옹호하고, 이승만 정권에 반대하여 싸우고 있는 애국주의적 헌신성에 경의를 표하고 조국에 대해서 지니고 있는 임무의 영예를 수행할 것으로 확신한다"고 연설
―. 10 민전 제12회 중앙위원회가 오사카시립노동회관에서 열림―민전 제4회 전체대회 준비 문제를 토의
 ※ 민전 4전대회 직전의 민전그룹회담에서 민대의 의견에 따라 반이승만을 더하여 4반투쟁 방침을 결정
―. 11 조선인해방구원회의 조사로 11월 현재 공안사건 관련 조선인 피고는 약 1,500명이라고 판명
―. 11~13 민전 제4회 전체대회가 오사카시 오테마에(大手前)회관에서 열림(대의원 589명, 방청자 400명)―5대 방침 결정, 4반투쟁을 채택, 민족의 권리 옹호, 정전협정 실시, 5대국 평화조약 체결과 평화운동 등 토의, 김일성에 편지 보낼 것을 채택함
―. 14 민전 제13회 중앙위원회가 오사카 이쿠노(生野) 제1조선학교에서 열림―4반투쟁 추진을 결정
―. 23 재일본조선신용조합협회가 결성됨
―. 25 민단, 본국 정부와 협상 중이던 재일동포 중소기업자금(200만 달러 융자 문제)에서 먼저 50만 달러를 인가
―. 26 민단, 부산 큰 화재에 구원물자를 수집하여 발송
12. 4 조국통일민주주의전선에서 민전중앙위원회의장단에게 재일동포 대표단 파견 초청장을 보냄
―. 5 민대 기관지『북극성』제14호에「4반통일전선의 강화를 향해 나아가는 재일조선인운동」이라는 제목의 지도 논문을 게재
―. 8 오야마 이쿠오 귀조歸朝 환영회가 민전 주최로 열림
―. 8 도쿄도 교육위원회는 재일조선인 PTA 도쿄도연합회 회장 오임화吳任化를 호출하여 '도립조선인학교 운영에 대한 각서'에 따른 6항목의 통고를 문서로 회답할 것을 요구함

1953~54년

재일동포
※ 도쿄도 교육위원회가 통고한 6항목이란 "①이데올로기 교육을 하지 말라, ②민족교육은 과외로 하라, ③아동을 정원 이상은 받지 않는다, ④학생의 집단 진정을 중지하라, ⑤미채용 교원은 교단에 세우지 않는다, ⑥정규 교직원 이외의 자는 교원회의에 참가시키지 않는다"는 것 —.10 김일성이 북한을 방문한 재일동포 대표 황봉구黃鳳九와 회견 —.15 이강훈, 민전의장 사임 —.17 북한에서 재일조선인 동포에게 편지 800통이 옴 —.18 재일조선인조국방문단, 외무성에 여권을 요청했다가 거부당하였기에 항의 —.19 아이치현 조선중고급학교가 인가받음 12.19~2.15 민전 중앙, 한국전쟁의 휴전협정에 따라 조국부흥자금모집운동월간이 설정됨 　※ 당시의 재일조선인은 생활고와 자제교육을 위해, 북한의 부흥 시작에 큰 희망을 걸고 있었던 재일조선문학예술인들이 선두에 서서 조국부흥기금모집운동이 전개되어, 나가노현長野縣 오마치大町에서 근로봉사를 통해 모은 자금으로 조국부흥기금 모집에 참여하고, 교토의 니시진西陣에서는 농악대를 편성해서 조국부흥기금모집운동에 참여함 12.31 재일동포의 수는 55만 6,084명이 됨

1954
1.1 일본공산당은 『아카하타』와 『전위前衛』 제89호에 「평화와 민주주의를 지키는 국민의 대통일행동을 향해서」를 발표
—.7 재일조선인 PTA 도쿄도연합회, 도 교육위원회에 회담을 요청했으나 거부당함
—.8 교토조선신용조합(당시는 상공신용조합)이 창립됨
—.9 도쿄한국학원, 설립기성회 결성
—.1.19~3.26 8회에 걸쳐 한일 비공식 회담
—.31 재일조선인 PTA전국이사회 제8차 회의와 교동敎同중앙위 제13차 회의가 합동회의로 일본 당국의 교육방침에 대해 투쟁체제를 확립할 것을 결의함
2.3 민전 제14중위中委 G지도부회의가 열려, 민대 중앙의 기관지 『북극성』과 지도부 연락지 『하치스노트』가 폐간됨
—.3 민단, 조국경제시찰단 제1진 46명이 출발
—.9 재일조선인 PTA도쿄도연합회는 도쿄도 교육위원회에 6항목은 교육기본법 및 헌법에 위반된다고 생각하기에 수락할 수 없다고 회답
—.13 통일민주동지회, 임시 제3전대회에서 민전 지지를 성명, 위원장 문동건文東建
—.13 2월방침—일본공산당은 조직자 2월 13일자 호외에서 「재일조선인운동에 대해서」를 발표하고, 재일조선인의 요구는 일본 국민의 요구와 본질적으로도 현실적으로도 일치한다는 기본적 입장에서 3반투쟁(반미, 반요시다吉田, 반재군비)을 통해서 조국의 통일과 독립 지지를 쟁취한다는 관점에서 민전의 강화방침 6항목, 조방위와 조방대의 성격 및 민전과의 관계를 분명히 하고, 민전 및 민대의 4반투쟁 방침을 민족주의적 편향이라고 비판하고, 재일조선인운동을 일본공산당의 지도권 하에 종속시키기 위한 방침을 내세움
—.20 민단 규슈九州지방협의회 결성됨

1954년

재일동포

—.20~21 민전 제14차 중앙위원회가 도쿄 산라쿠[三樂]호텔에서 열림—규약 수정, 5대방침의 검토, 이강훈李康勳 문제, 3반투쟁 문제 등을 토의 결정
—.26 민전 중앙, 요시다 의옥疑獄 내각 타도 구국국민대회실행위에 참가를 거부
　　※ 이른바 2월방침에 따라 4반투쟁에서 '반이승만'을 제외하고 3반투쟁으로 전환함
3.5 한성漢城신용조합이 설립됨
3.11 도립 제1조선인소학교 분쿄[文京]분교에 경관대 50명이 침입, 강제수사를 하고 교원 5명을 연행
—.13 재일본한국인교육자연합회 결성대회가 열림
—.15 도쿄도 교육위원회가 재일조선인 PTA도쿄도연합회에 대해 재차 "3월 20일 오후 5시까지 6항목을 수락하지 않으면 즉시 폐교한다"고 통고(PTA 대표는 학교를 지키기 위해 6항목을 수락)
3.17 민전 「제14차 중위中委 결정서 침투사업 추진에 대해서」를 배포, 이 내용은 4반투쟁에서 3반투쟁으로의 전환, 이강훈을 민족반역자로 규정하는 것 등을 토의 결정
—.19 일본 정부 통산정무차관은 중의원 통산위원회에서 4월 28일자로 재일조선인의 '광업권, 선박권'을 박탈한다고 선언함
—.26 오무라[大村]수용소에서 피수용자 약 1,850명, 무조건 석방을 요구하면서 연좌농성 중에 탄압 당함
—.31 조국통일민주주의전선의장 김천해金天海, 평양조선중앙방송을 통해 재일조선인 동포에게 북한 공민으로서 일본 국민과 단결할 것을 호소함
4.1 구월서방九月書房 창립됨
—.4 일본공산당 도쿄도위, 민족대책부, 교육부 명의의 「민족문제의 학습 총괄—간부교육에 있어서의 문제에 대하여」라는 팸플릿을 배포함
—.5 가나가와[神奈川]조선중급학교에 고급부가 신설됨(현재는 가나가와조선중고급학교)
—.7 도쿄도 교육위원회는 재차 재일조선인 PTA도쿄도연합회에 6항목 수락 직후, 30개조의 세목을 수락하지 않으면 신학기 개교를 시키지 않는다고 최후 '통고'를 함
　　※ 도쿄위로부터 최후 통고를 받은 30개조 세목은 "①아동의 정원은 중학 22, 고교 6학급으로 하고, 입학지원자가 정수를 넘으면 추첨하여 정수를 채운다, ②미채용 교원은 교단에 설 수 없다, ③정과正課는 일본어로 일본인 교원이 담당하고, 민족교육은 과외로 조선인 교원이 담당한다, ④게시는 일본어로 하며, 조선어의 경우는 교장에게 번역문을 제출하여 허가를 받는다" 등의 것으로 민족교육 말살을 목적으로 하는 내용임. 또 4월 9일 도청은 장갑차와 무장경관에게 포위된 가운데 PTA대표가 학교를 지키기 위해 울면서 수락을 회답함
—.8 재일조선인 PTA도쿄도연합회 긴급회의가 열려, "도쿄도의 교육이법안教育二法案은 MSA재군비에 관련된 반동정책이다. 우리는 단호히 투쟁한다"고 성명을 내고 진정운동을 전개
—.26 도쿄한국학원이 설립됨(초등부 24명, 중등부 24명, 교직원 8명)
—.28 민전의장 이호연李浩然에게 일본 정부 법무성이 재입국허가증을 교부
5.3 민단 중총, 기관지 『중앙시보』 발행
—.5 민전 제15회 긴급임시중앙위원회가 시바[芝]아동회관에서 열림—조국해방전쟁승리 경축 재일동포사절단의 파견 문제를 토의 결정

1954년

재일동포

—.18 이호연 민전의장, 고베(神戶)에서 승선 출국을 위해 도쿄 출발
—.22 민전 관계자 출국 거부 사건(파머사건)—재일조선인통일민주전선 이호연 의장의 출입국허가증을 취소하고 승선 불허가를 일본 정부 당국이 발표하고 출국을 거부함
5.22 조선인동포 약 7,000명, 고베 입국관리사무소에 집합, 이호연 민전의장 출국 거부의 책임을 입국관리사무소장에게 추궁
5.— 재일조선인자연과학자기술협회(간토關東)가 결성됨
—.27 참의원 문교위원회 가가야마(加賀山) 위원장 이하 13명의 위원이 도쿄조선중고中高학교를 시찰함
—.28 도쿄도 교육위원회에서 가토(加藤) 교육장, 도립 조선인학교 폐지 방침을 언명
—.30~6.3 일본교직원조합 제11회 정기대회가 삿포로(札幌)에서 열려, 오사카, 도쿄 대표가 재일조선인의 민족교육을 지킬 것을 제안, 그를 위해 조합 본부에 조선인교육대책부를 설치하기로 결의함
—.31 도쿄 조선인중고학교 야스오카(安岡)교장(도쿄도 측 파견 교관), 조선인 교관 6명을 부당한 이유를 구실로 파면함
6.5 민단 도쿄본부 옥사屋舍의 낙성식이 열림
—.11 민단 제16회 임시전체대회가 중총강당에서 열림. 대의원 198명, 제16대 단장 김재화金在華, 부단장 정찬진·홍현기洪賢基, 의장 김광남金光男, 감찰위원장 양병두梁炳斗 선출
※ 이 대회에서 이승만 대통령을 규탄하는 결의 채택
—.22 민단, 융자금에 관한 3자회의가 민단·대표부·한은韓銀 대표 간에 열림
—.25 민단 6·25동란 기념, 민족총궐기민중대회가 히비야(日比谷)공회당에서 열림
—.28 민단, '재경청년유지협의회'가 발족, 청년운동 강화와 쇄신을 위한 추진위원 김학봉金學鳳·안기백安基伯·이원범李元範·김치순金致淳·박권희朴權熙 등이 선출됨
—.28 도쿄도 교육장은 도쿄조선중고급학교의 조선인 교원에 대해 일본의 교원자격증을 소유하고 있는 교원 26명이 절차를 밟게 되고, 다른 30명은 무자격자로서 유보된다고 통고함
7.— 한국 정부, 강제송환자의 수용 거부—한국 정부 당국이 형벌법령 위반자 외, 불법입국 피퇴거강제자의 수용을 거부함
7.— 간사이(關西)조선인사회과학자협회가 결성됨
—.3 재일본조선인체육연합회가 결성됨
—.27 민전, 전국 각지에서 정전 1주년 기념집회—조선 문제 토의 즉시 재개를 결의
8.6 오다치(大達) 문부대신, "조선인학교는 폐교해야 하며, 조선인의 집단교육은 인정하지 않는다"는 내용의 담화를 발표
—.21~23 민전 제2회 전국서기장회의가 열림—이른바 2월방침의 정당함을 확인, 결정한 것에 따라, 민전은 내부 분열하고, 이강훈 전 의장, 야마나시(山梨) 의장, 시모노세키(下關) 서기장 등 1770명이 탈퇴, 이 사건으로 민단 도쿄본부까지 개입함
—.27~28 민대 전국대표자회의가 도쿄에서 열림
—.30 북한 남일南日 외상은 일본 정부에 대해 "재일조선인의 공화국 공민으로서의 정당한 권리를 인정하고, 조국의 자유와 통일, 독립을 위한 자유를 보장하며, 강제 추방 등의 부당한 박해를 중지하기를"이라는 성명을 발표

1954년

재일동포
※ 남일 외상 성명은 일본의 주권 존중과 재일조선인 문제는 일본의 국내 문제가 아니라 국제적 문제라는 것을 분명히 한 것임(성명의 전문은 부록에 게재)
9.1 관동대지진 희생 동포 위령제가 도쿄의 한교韓僑회관에서 거행됨
9.— 민단, 『주간 아사히[朝日]』의 필화筆禍사건에 항의 성명, 『주간 아사히』 편집장 등이 진사陳謝
9.— 북한을 방문한 히라노 요시타로[平野義太郞], 북일 간의 경제 교류를 제기함
—.20 도쿄도 교육장, 도립 조선학교 15개 학교를 1955년 3월을 마지막으로 폐교하고, 각종학교로 한다고 발표
—.27~28 민전 제16회 중앙위원회가 도쿄 산라쿠[山樂]호텔에서 열림—이른바 2월 방침을 실행하기 위해
10.1 민단, 『민주신문』 354호 국문판을 발행
—.4 도쿄도 교육위원회는 재일조선인 PTA도쿄도연합회에 돌연 "도립 조선인학교는 쇼와[昭和] 30년(1955년) 3월 31일을 마지막으로 폐교한다"고 통고받음(1955년 4월 1일, 도교도로부터 '학교법인 도쿄조선학원'의 설립을 인정받아, 사립 각종학교로서 다시 조선인에 의한 자주적인 경영으로 바뀜)
—.5 민전, PTA, 교동敎同, 민애청民愛靑, 여동女同 등이 합동회의를 열어 PTA 성명과 항의 운동을 전개하기로 결정
—.14 재일본조선언론출판인협회가 결성됨
—.25 조은朝銀 기후[岐阜]신용조합(당시는 대성大成신용조합)이 설립됨
—.28 10월 방침—재일조선인운동을 추진하는데 일본에서의 평화 공존과 조국통일 독립과의 연관성, 또 평화옹호운동과 민족권리옹호투쟁을 통해서 동일한 적에 대한 일본인과의 공동투쟁의 필연성을 명확히 하고, 모든 평화세력을 결집하고 미일반동 세력과의 앞으로의 결전을 준비하는 것이 목적이라고 함
※ 10월 방침이란 8월 27일~28일 민대전국대표자회의의 결정서를 말한다. 이른바 2월 방침이 나오고 나서 제네바회의를 중심으로 한 국제정세에 호응하여, 2월 방침의 실천 성과와 결함을 검토하고 향후의 운동 방침에 대해서 새롭게 토의한 결정서임(10월 12일자 『평독平獨』 제378호에 전문 게재, 10월 28일자 『평독』 제379호에 일부 보충 게재)
—.28 민단, 북한 남일 외상의 '남북협상회의' 제안 서한이 북한 통일전선 이름으로 재일동포 유력자 136명에게 전달된 건에 반대 성명
11.— 월간 잡지 『새로운 조선』 창간됨
—.7 민전 제17회 중앙위원회가 열림—제5회 전체대회의 준비문제를 토의 결정
—.8~10 민전, 제5회 전체대회가 시바공회당에서 열림—북한 최고인민회의의 '남북통일호소문'을 지지하는 어필 결의, 중앙정치학원 설립, 조선중앙회관 건설 문제 등 토의 결정
※ 남북통일의 호소문은 재일조선민족회의 소집, 남북한의 대표자회의에 재일 전대표의 참가 등을 제안한 것이며, 이러한 민족적인 문제는 일본공산당으로부터 신랄한 비판을 받아서 골자가 모두 빠져버리게 됨
—.27 제2고베사건—생활권옹호대회가 열렸다가 경관대에게 탄압 당함
—.30 민전 중앙, 의장단의 이름으로 재일동포 인사 136명에게 북한의 남북통일 호소문을 지지하도록 서한을 발송함

1954~55년

재일동포
11.30 재일동포남북평화통일촉진준비회를 박춘금朴春琴, 권일權逸, 원심창元心昌, 백무白武, 이북만李北滿, 이수섭李守燮, 남호영南浩榮, 정인훈鄭寅勳, 배정裵正 등이 발족함
12.5 남북통일운동준비회—김삼규金三奎 등이 결성. 16일에 선언문과 강령을 발표
12.— 조선민주주의인민공화국통일전선, 재일동포 유지에게 조국통일의 호소문이 송부됨
—.8 북한통일전선의 호소문으로 각계 유지 간담회가 도쿄에서 열림
—.16 한일무역촉진대회가 도쿄호텔에서 열림
—.31 재일동포 수는 55만 6,239명이 됨

1955

1.1 일본공산당, '재일조선인운동에 대해서' 발표, 기존의 재일조선인운동 지도에 대한 방침 전환—중국, 저우언라이[周恩來] 수상의 평화 5원칙 발표 이후, 일본공산당은 3반투쟁의 운동방침을 철회함
—.21 민단, 시국대책청년협의회가 와카마쓰쵸[若松町] 도쿄한국학원에서 열림
—.25 민전 중앙, 북한 최고인민회의의 남북통일 호소문을 왜곡해서 『해방신문』에 게재
—.26 도쿄한국학원이 도쿄 도지사로부터 학교법인으로서 인가 받음
—.30 재일조국남북평화통일촉진협의회(통협) 결성대회가 시모야[下谷]공회당에서 열림—민단 측에서 결성대회에 반대하여 폭력으로 대회를 중단시키려고 회장의 습격, 난투사건으로 변함
—.31 통협 제1회 중앙협의위원회가 동화同和신용조합회의실에서 열림
2.5 민단 제21회 중앙의사회가 열려, 통협 대책을 세우고, 통협 참가자 권일權逸·원심창元心昌 등의 제명 처분을 결정
—.25 북한 남일南日 외상, 일본과의 정당한 외교관계 수립에 관한 제안 성명
※ 1954년 8월 30일의 남일 외상 성명과 이번의 성명은 재일조선인운동을 북한과 직결시키는 중요한 의미를 지니고 있으며, 총련 결성의 촉진을 도모하고, 재일조선인운동을 전환시키는 원동력이 됨
—.25 민단 중총의 정동화鄭炯和 조직국장 외 간부 다수가 '통협 1·30사건'의 폭력과 관련하여 체포됨
—.26 민단 간토[關東]지구단장회의가 '통협 1·30사건' 피검자 대책을 토의
3.1 민전 중앙, 통협과 공동개최로 3·1절 기념 중앙대회를 료코쿠[兩國]국기관國技館에서 개최—조국평화통일 등을 결의
—.3 일본공산당, 민족대책부(민대) 확대회의가 열림—조선인 당원의 탈당 문제로 격론
※ 회의에서 재일조선인운동의 노선 전환은 평화 5원칙에 따라, 북한 공민으로서 조국통일을 촉진하기 위해 당적을 이탈. 남일 외상의 성명과 조국전선의 호소는 전술상의 방향으로 파악한다고 결론
—.5 일본 정부, 외국인등록법 제14조 및 제18조 제1항 제8호의 규정 시향 기일을 정하는 정령(쇼와昭和 30년 정령 25호) 공포
—.5 민단, 3기관의 연석회의에서 '통협 1·30사건' 문제를 토의

1955년

재일동포
3.11~13 김일성이 1954년에 명시한 노선전환 방침을 올바르게 구현하기 위해, 민전 제19회 중앙위원회가 열려, 조국통일민주전선 중앙위원 한덕수韓德銖가 '재일조선인 운동의 전환에 대하여' 연설
3.— 한덕수 논문 지지는 기후[岐阜], 아이치[愛知], 이바라키[茨城], 오이타[大分], 미야기[宮城], 도야마현[富山縣]으로 확산됨
—.14 민단이 통협·민전 측에 협의를 제안하여 화해한 결과, '통협 1·30사건'의 피검자를 석방시키기 위한 공동요청서를 제출, 서명자는 민단 측 정찬진丁贊鎭·박권희朴權熙, 통협 측 이희원李禧元, 민전 측 이호연李浩然·고성호高城浩·박재노朴在魯
—.17 '통협 1·30사건' 주모자, 정동화·장총명張聰明·안기백安基伯·김철金哲 등 4명이 석방됨
4.1 교토조선중급학교에 고급부가 신설됨(현재는 교토조선중고급학교)
—.1 도쿄 도지사, 도쿄조선학원을 준학교법인으로 설립 인가, 도쿄조선 제1, 2, 3, 4, 5, 6, 7, 8, 9초급학교가 인가 받음
—.1 미에현[三重縣] 욧카이치[四日市]조선초중급학교가 창립됨
—.1 산타마[三多摩]조선 제1, 제2초급학교가 인가됨
—.1 이바라키조선중급학교에 고급부가 신설됨(현재는 이바라키조선중고급학교)
—.13~14 민단 제17회 전체대회가 민단 중총강당에서 열림—대의원 198명 중 150명 출석, 제17대 단장 정찬진, 부단장 김희명金熙明·양병두梁炳斗·의장 김광남金光南, 감찰위원장 김두수金斗銖 선출. 결정사항, 하부조직을 중앙직할제도로 규정함
—.18 북한 평양에서 재일조선인 동포에게 방송 시작, 김천해金天海, 재일동포에게 북한 공민으로서의 영예와 자부심을 가지도록 방송
—.20 오사카한성신용조합을 설립, 인가 받음
—.27 일본 정부, 외국인등록법의 지문에 관한 정령(1955년 정령 26호) 및 외국인지문날인규칙(1955년 법무성령 46호)을 시행함
5.9 통협, 남북통일촉진서명운동 시작됨
—.15 교토조선 제1초급학교 준공
—.18 총련 결성 준비위원회 위원장 한덕수가 8대 강령 초안 발표(전문은 부록에 게재)
—.24 민전 해산의 제6회 임시대회가 열림—서기장 이대우李大宇(김충권金忠權)가 총괄 보고에서 과거의 오류에 대해 자아비판하고 "민전을 해산하고 새롭게 재일본조선인총연합회를 조직한다"는 것을 제의하면서 민전 해산 선언
—.25~26 재일본조선인총연합회(이하 총련)가 도쿄 아사쿠사[淺草]공회당에서 결성대회를 개최, 대의원 468명, 방청자 470명, 선언, 총령, 규약을 채택, 8·15해방 10주년 기념행사와 조국방문단 파견 문제, 평화옹호운동과 원자력전쟁준비반대서명운동 등을 토의 결정, 의장단, 한덕수·이심철李心喆·신홍식申鴻湜. 윤덕곤尹德昆, 김은순金恩順·김성율金性律(1명 미정), 사무국장 이계백李季白, 중앙위원 167명 선출
5.— 재일조선인해방구원회 제10회 전체대회를 열고, 해산함
6.3 총련 중앙, 각 지방에 각급 단체의 결성방침을 통달
6.4 재일조선민주여성동맹, 재일조선학생동맹 등, 각 단일단체가 새로운 노선으로 사상통일하고 대회를 준비함

1955년

재일동포
—.6 　재일조선중앙예술단(당시 중앙예술극장) 결단
—.7 　조은(朝銀) 후쿠시마(福島)신용조합 설립
—.16 총련 오사카부본부 결성
—.17 총련 아이치현본부 결성
—.18 총련 가나가와현(神奈川縣)본부 결성
—.18 재일조선학생동맹대회가 개최되어, 새로운 노선전환을 지지하고 총련에 가입할 것을 결의
※ 당시 조선학생은 조선전쟁으로 인해 본래의 목적인 학문의 탐구보다도 전쟁반대투쟁을 전개하는 정치주의적 편향에 빠져들 수밖에 없었다.—총련의 결성은 이처럼 극좌적 과오를 청산하고 학문의 탐구의 조직으로서 재출발하게 되었다.
—.19 총련 나가사키현(長崎縣)본부 결성
—.20 총련 홋카이도(北海道)본부 결성
—.22 총련 오이타현본부 결성
—.24 총련 히로시마현(廣島縣)본부 결성
—.24 통협 주최로 '재일조국평화통일촉진 전국협의회' 제1회 전국협의회가 국철노동회관에서 열림. 사무국장 원심창, 대의원 200명 출석
—.25 총련 사가현(佐賀縣)본부 결성. 총련 오카야마현(岡山縣)본부 결성. 총련 후쿠이현(福井縣)본부 결성. 총련 시즈오카현(靜岡縣)본부 결성. 총련 군마현(群馬縣)본부 결성. 총련 니가타현(新潟縣)본부 결성. 총련 미에현본부 결성
—.25 6·25기념 전야제에 방북에서 귀국한 아베(阿部) 씨가 조국에서 보낸 선물 '소년단 넥타이'를 재일조선인소년단에 전달함
—.25 6·25기념 민중대회가 히비야(日比谷)공회당에서 열려, 민단 간부 조용수(趙鏞壽) 등이 '주일대표부 유태하(柳泰夏) 추방' 전단을 살포
—.26 재일조선인문화단체협의회 결성
—.28 총련 도쿄도본부 결성
—.30 북한 남일 외상, '일본 정부 당국의 재일조선인 동포 탄압을 위한 책모에 관하여' 성명 발표
7.2 　재일조선인학교 PTA 제2차 대회가 열렸다가 해산함
—.2 　재일조선인중앙교육회 결성
—.2 　재일조선인교육자동맹 해산
—.2 　재일조선인교직원동맹 결성
—.4 　통협, 8·15서명운동과 북한에 대표 6명(박춘금朴春琴·정인훈鄭寅勳·남호영南浩榮·권일權逸·이희원·원심창) 파견을 결정
—.10 총련 야마구치현(山口縣)본부 결성
—.11 총련 이와테현(岩手縣)본부 결성
—.12 총련 야마나시현(山梨縣)본부 결성
—.15 재일조선인귀국희망자 도쿄대회가 열림
—.15 총련 중앙, 조국의 '8·15 해방 10주년 기념축전 준비위원회'에 재일동포를 파견하기로 결정, 조국방문단 결성

1955년

재일동포
—.15 민단 제23회 중앙의사회, 『신세계신문』의 통협운동에 경고, 민단사民團史 편찬을 결정
7.16 『해방신문』이 "총련 중앙에서 재일동포실태조사사업의 조직에 관하여 하부조직에 통달"한다고 보도
—.16 민단 전국단장·사무국장회의 개최
—.17 총련 야마가타현(山形縣)본부 결성
—.17 아이치현 조선교육회, 교직원동맹 결성
—.21 조청朝靑 후쿠이현본부 결성
—.24 총련 아키타현(秋田縣)본부 결성
8.1 민애청民愛靑 제4차 임시대회가 열려 해산을 선언
—.1 재일본조선청년동맹(조청) 결성
—.6 총련 대표가 북한 위임 대표로서 제1차 원수폭 금지 세계대회에 참가
—.8 8·15 조국해방 10주년 기념 조국평화통일촉진체육문화중앙축전이 오미야(大宮)공원에서 개최됨
—.12 조국통일전선평화옹호위원회가 8·15 조국해방 10주년을 기해 재일동포에게 축전을 보냄
—.15 8·15 해방 10주년 경축대회가 각지에서 열림
—.16 재일조선중앙학원 폐지, 총련중앙학원 창립
—.17 한국 정부 "당분간 재일한국인의 고향 방문을 금지"한다고 발표
—.17~23 민단, 제1회 교사연수회를 오사카 금강학원金剛學園에서 개최
—.18 한국 정부, 대일통상 및 왕래를 전면 금지한다는 성명(1956년 3월 25일에 해제)
—.23 민단, 전국교육기관장연석회의를 오사카 금강학원에서 개최
—.28 8·15 조국해방 10주년 축하 재일동포대표단(단장 임광철林光澈)이 조국으로 출발함
—.29 조은 오사카신용조합 창립
—.30 북한 남일 외상, 재일조선인 문제에 대한 북한 정부의 태도를 언명
9.8 9·9 북한 건국 7주년 경축대회가 중앙과 각 지방에서 열림—대회에서는 김일성이 행한 조선 문제 해결을 위해 극동회의 소집에 관한 제안과 남북협상 실현에 전력을 다할 것을 결의함
—.9 총련, 오무라(大村)수용소에서 신음하고 있는 조선인 동포를 구출 위문하기 위해 대표단을 파견
—.17 재일본조선인학생자치회연합회 제2차 임시전국대회가 나고야(名古屋)에서 열림
—.24~26 총련 중앙위원회 제2차 회의가 열림—'총련 중앙회관과 조선대학교 건설 문제'를 토의 결정
10.1 니가타의 대화재로 민단 니가타본부가 소실
—.10 일조협회 준비회, 재일조선인강제송환 문제에 관한 성명 발표
—.15 민단, 한국 제36회 민단체육대회에 재일동포 선수단 80명이 참가
—.19 총련 교과서편찬위원회 발족
—.20 김일성이 북한을 방문한 일본 국회의원과 회견

1955~56년

재일동포
—.26 주일대표부, 일본 외무성에 구상서(영해 침범에서 어부의 인도적 대우·오무라수용소의 동포 즉시 석방을 요구) —.27 총련 중앙회관과 조선대학건설실행위원회를 조직함 11.10~12.10 민단 '계몽강화운동월간'을 설정 —.15~1.14 총련 중앙, '간토생활옹호월간'을 설정 —.15 건청建青 창립 10주년 기념 청년운동희생자위령제가 중총강당에서 거행됨 —.19 한일무역 재개 결정 —.29 조선 문제에 관한 27일 북한 남일 외상의 성명을 지지하는 총련 중앙 성명 발표 12.11 재일조선사회과학자협회 결성 —.12 총련 중앙, 일본 국회에 요청—오무라수용소의 수용자를 즉시 석방, 조국에서 보내온 교육원조비를 인가할 것, 재일동포의 귀국 문제 등에 대하여 —.21 오무라수용소 내, 반동분자의 책동으로 인해 충돌사건이 발생하여 다수의 부상자가 나옴 —.28 민단, 조선장학회 이사에 김득낙金得洛·송기복宋基復·최선崔鮮 파견 —.29 북한 남일 외상, 재일조선 공민의 문제에 관한 성명 발표 —.31 재일동포의 수는 57만 7,682명이 됨

1956
1.10 총련 중앙, 일본 당국에 "재일전체조선인은 남일 외상 성명 실현을 요구한다, 일본 당국의 성의 있는 노력을 요청"함
—.16 '민청 결성 10주년을 기하여' 북한 내각 결정 제7호 발령—재일조선청년들은 조국에서의 학업을 보장하고 생활할 수 있도록 한다고 발표
—.20 민단 중총, 국세확장운동요강을 발표
—.23 남일南日 외상 성명 지지 중앙대회, 전국 각 지방에서 대회가 열림. 남일 외상 성명 실현을 위해 연일 재일조선인이 일본 당국에 요청운동을 계속함
—.31 민사동(민주사회동맹) 결성. 위원장 권일權逸, 상임고문 이강훈李康勳
2.1~16 총련 중앙위원회 제3차 회의 열림—'박헌영朴憲永의 최고재판소 판결 지지' 등을 토의 결정
—.14 재일조선인 대표, 중의원 외무위원회에서 조선인 귀국 문제, 유골 송환, 북한으로부터의 교육 원조 자금 취급 등에 대해 요망함
—.26 평양에서 북한 국제무역촉진위원회와 일조日朝협회 무역전문위원회가 '북일무역의 촉진 및 상품 교역의 일반적 조건에 관한 담화록' 발표, 조일문화 교류 공동 성명
—.27 북한과 일본적십자회담—재일조선동포의 귀국 문제와 북한 잔류 일본인 귀국 문제에 대해서 회담
3.1 총련 중앙상임위원회에서 '조일적십자평화회담공동성명' 지지 성명
—.6 일조무역협회 결성
—.7 총련 중일본지방협의회 제5차 회의가 열림—총련 중앙 결정 지지, 이대우李大宇 일파에게는 투쟁 결의

1956년

재일동포
—.10 조선적십자회, 오무라(大村)수용소에 억류중인 동포 석방 문제로 성명
—.15 도쿄 다이토(台東) 우에노(上野) 오카치마치(御徒町) 조선인 거주지에 무장 경관 1,000여 명이 동원되어 부당한 탄압으로 32명을 체포—생활권 옹호를 위한 투쟁 전개
3.22 간토(關東)조선인평화활동가회의에서 "세계평화특별총회에 재일조선인 60만의 평화로의 외침을 반영"하겠다는 결의
4.6 북한 귀국 희망자, 귀환선을 요청하면서 일본적십자사 앞에 연좌
—.6~7 민단 제18회 임시전체대회가 중총강당에서 열림—대의원 198명, 제18대 단장 정찬진丁贊鎭, 부단장 김희명金熙明·양병두梁炳斗, 의장 김광남金光男, 감찰위원장 이유천李裕天 선출. 결정사항, 규약 개정으로 위원장 호선제(감찰위)를 직선제로 변경
—.10 조선대학교가 도쿄(주조(十條))에 창립됨—재일동포 자제의 초급부터 대학에 이르기까지 민주주의적 민족교육체계가 확립됨
—.10 규슈(九州)조선중고급학교 창립
—.23 조선노동당 제3차 대회 중앙위원회 사업총괄 보고에서 김일성은 "재일조선학생들이 공화국 북반부 지역에 와서 공부하기를 희망한다면 언제라도 환영하고 국가 비용으로……의식주와 학비 일체를 무상으로 제공하는 것을 정부가 결정했다"고 보고
—.23 김일성이 조선노동당 제3차 대회 중앙위원회 사업보고 가운데 "……조국평화적 통일을 위해 투쟁에 나서 남조선 청년 학생들과 재일본조선 청년 학생들과의 연대를 강화하고 그들을 구국투쟁에 연속 지지 성원해야한다"고 연설
5.7 총련 중앙상임위원회, 조선노동당 제3차 대회 결정을 지지하는 성명
—.7 민단 중총, 한국 대통령선거에 대한 기본적 태도에서 특정 정당·개인을 지지하지 않을 것을 제시
—.12 민사동, 제2회 임시대회가 우에노 사쿠라테이(櫻亭)에서 이승만 대통령의 3선 반대 결의, '민주사회동맹'으로 개칭
—.28~30 총련 제2차 전체대회가 도시마(豊島)공회당에서 열림—출석 대의원 499명, 방청자 800명, 일반 정세와 활동방침에 관한 보고, 이대우, 이시협李時俠의 제명 문제, 중앙회관과 조선대학교 건설 문제, 규약과 강령의 일부 수정 문제를 토의, 이 대회는 김일성의 혁명사상을 내세워서 조선노동당 제3차 대회 결정을 관철하고 재일조선인운동을 더욱 발전시킬 것을 결정, 의장단, 한덕수韓德銖·이심철李心喆·윤덕곤尹德昆·김민화金民化·노재호盧在浩·황봉구黃鳳九, 중앙위원 146명 선출
6.17 민주통일동지회, 제6회 전국대표자회의가 열림
—.25 민단, 6·25기념 한일회담촉진중앙민중대회가 히비야(日比谷)공회당에서 열려, 주일대표부 유태하柳泰夏 참사관의 추방을 결의
6.— 북한, 조선무역회사와 일본의 4상사 대표 사이에 첫 거래계약 성립
7.5 북한으로 귀국자 제1차 귀국집단 도쿄를 출발
—.7 북한으로 귀국 희망자 약 50명 오무타항(大牟田港)에서 귀국 허가가 나지 않아 항구에서 연좌하여 항의운동 전개
—.9 총련 중앙, 귀국집단에 승선을 중지당한 것과 관련하여 즉시 승선시킬 것을 일본 정부 당국에 요구하는 성명 발표

1956년

재일동포

—.12 재북통일촉진협의회 남북통일선언을 재일조선인 각계각층이 지지함
—.16~17 총련 중앙위원회 제6차 회의 열림—"조국의 평화적 통일 촉진을 위한 몇 가지 문제와 원수폭금지세계대회 참가대표 5명 선출" 등을 토의 결정
7.18 총련 대표, 민단 중총을 방문하여 민족 공통의 문제에 대해 의견교환
—.23 일본 문부성, 조선장학회 이사회, 재건안 제출. 민단 측 3명, 총련 측 3명, 일본 측 3명으로 구성
8.8 총련 중앙, 8·15를 향해 '남조선수해동포구원금갹출운동' 전개
—.25 조선중앙회관이 도쿄도 신주쿠[新宿] 시나노마치[信濃町]에 준공
9.12 총련 중앙, 민단 중총에 외국인등록법을 일본정부 당국이 악용하는 데 관해 공동 투쟁을 제기
—.20 총련 중앙, 민단 중총에 동포에 대한 일본 정부 당국의 생활 탄압, 등록법 악용에 대해서 민족적으로 단결하여 우리의 권리를 지키자고 다시 제기함
—.27 총련 중앙, 일본의 각 민주단체와 간담회를 열고, 일본 정부 당국이 재일조선인의 생활 탄압과 외국인등록법의 악용에 반대하는 투쟁에 협력을 요청
—.28 총련 중앙, 일본 정부 관계 당국에 생활 탄압과 외국인등록법 악용을 즉시 중지하도록 항의
10.5 주일대표부에서 '한일회담' 재개를 일본 정부 당국에 제기하여, 비공식회담이 시작됨
—.10 재일한교공업품수출협동조합 결성
—.17 민단 제25회 중앙의사회, 유태하 참사관 송환 문제를 협의, 신집행부 선임, 진용을 일신
11.~30 재일조선인생활권옹호월간 설정
—.6 민단, 조선장학회대책실행위원회 구성, 중총강당에서 대표위원, 정인석鄭寅錫·임봉금林奉琴·이태훈李泰勳 선출
—.10 규슈조선중고급학교 신교사 낙성식 거행
—.15 재일조선인 동철銅鐵업자들, 영업권을 지키기 위해, 협동조합을 강화하는 운동을 전개
—.19 조선적십자회 위원장, 일본적십자 시마즈[島津] 사장에게 전보를 보내, 재일동포 자제에 대하여 교육원조비와 장학금을 보내는 데 협력을 요청
—.21 총련 중앙, 일본 당국에 외국인등록에 지문 등록을 폐지하도록 요청
—.27 총련 중앙, 일본의 각 정당을 방문, 총련이 일본 국회에 제출한 요청 실현에 대한 협력을 의뢰하고, 재일조선인의 생활 안정을 위해 직장 알선, 생활보호의 부당 폐지 등을 중지하도록 협력 요청하였으며, 또 중소기업에 대한 융자, 북한으로부터 교육원조비와 장학금을 받아들이도록 해줄 것을 요청
12.5 민단 중총, '문호개방운동' 전개(~57년 2월 24일)
—.6 북한으로의 귀국자 제1진 23명이 노르웨이선으로 모지항[門司港]을 출발(상하이, 베이징을 경유하여 14일에 평양 도착)
—.9 아이치[愛知]조선중고급학교 신교사 준공

1956~57년

재일동포
—.10 『민주신문』 복간
—.11 총련 중앙, '한미통상항해조약'에 반대하여 성명 발표
—.25 평양 거주 재북평화통일촉진협의회의 전 민단 단장 박열朴烈, "재일동포는 조국의 평화적 통일에 노력하자"는 연설을 방송
—.28 조선장학회 임시 이사 3명의 추가 신청 허가. 김득용金得溶·송기복宋基復·최선崔鮮, 정식 취임
—.31 재일동포의 수는 57만 5,287명이 됨
1957
1.1 『해방신문』이 『조선민보』로 개칭
2.7 총련 중앙, 사회당 국회의원단에 재일조선인에 대한 정부자금 대여에 대해 협력을 요청
—.13 도쿄를 중심으로 전국적으로 조국으로부터 교육원조비와 장학금의 수용, 조국에 진학 등의 인정을 요구하는 학부형들, 일본 정부에 진정활동 전개
3.1 자료『조선문제연구』 창간됨(조선문제연구소)
—.1 3·1운동 38주년 기념 '한일회담' 분쇄 재일조선인중앙궐기대회 열림
—.5 총련 40도도부현 대표 1,500명, 귀국 문제 등 7항목을 국회, 일본적십자 등에 진정
—.6 일본 정부 간다 아쓰시[神田厚] 장관, 중의원 예산위에서 태평양전쟁 중 전사한 조선인 유골 약 2만 체 중에 1만 체의 유골은 이미 본국으로 송환했다고 언명
—.7~9 총련 중앙위원회 제8차 회의 열림—"총련의 애국사업을 더욱 강화 발전시키기 위한 통일관 단결을 쟁취하는 방향으로 (1) 교육 문제 (2) 조선예술극장 재건 문제 (3) 3전대회 소집 준비 문제 (4) '한일회담' 재개 반대투쟁 (5) 감사위원회의 보고" 등에 따른 제 문제의 토론과 부흥기금을 유용하고 마구 쓴 이대우李大宇, 김시협金時俠 등의 자아비판 및 의견서의 검토 등 토의 결정
—.11 조선대학교 제1차 졸업식 거행
—.13 한국 조 외무장관, 동포 북송의 부당함을 일본 정부에 강경 성명
—.21 총련 중앙, 제2차 세계대전 중에 전사한 조선인 동포의 유골 문제에 대해 후생대신에게 요청문을 전달함
4.1 기타오사카[北大阪]초중급학교가 창립됨
—.6 민단 제19회 전체대회가 중총강당에서 열림—대의원 212명, 제19대 단장 정찬진丁贊鎭, 부단장 양병두梁炳斗·홍현기洪賢基, 의장 김광남金光男, 감찰위원장 이유천李裕天 선출
—.16 김영길金永吉 등을 중심으로 고려예술인집단 결성—기념 공연
—.19 북한에서 첫 번째 교육원조비 및 장학금 1억 2,109만 9,086엔 송금됨
—.20 효고현[兵庫縣] 아마가사키[尼崎]조선중급학교 창립
—.30 제2차 세계대전 중의 조선인 전범 도쿄에서 전원 석방
5.7 제2차 세계대전 희생자 위령제를 다이교지[大行寺]에서 거행
—.19 김유택金裕澤 주일대사에 취임, 김용식金溶植을 주불대사로 전임

1957년

재일동포
―.27~29 총련 제3차 전체대회가 시나가와(品川)공회당에서 열림―대의원 634명, 방청자 300명, 조국으로부터의 교육원조비에 대한 감사 결의, 일반 보고 '총련조직을 파괴하려고 하는 내외 반동의 책동을 분쇄하고, 주체사상을 기초로 한 총련의 강령과 대열의 통일 단결을 고수하면서 조직을 강화 발전시키는 데 대해' 토의 결정―의장단 한덕수韓德銖·이심철李心喆·윤덕곤尹德昆·김민화金民化·노재호盧在浩·황봉구黃鳳九, 중앙위원 166명 선출
―.29 민단 중앙교육위원회를 개최하여 조선장학회 대책위원회를 발전적으로 해소하고, 그 사무를 승계
6.4 북한 적십자회로부터 적십자사 국제위원회를 통해 조국의 동포들이 오무라(大村)수용소에 수용 중인 동포에게 위문금 484만 엔(일본 엔)을 보냄
―.10 총련 중앙, 한국 절량絶糧 농민을 구원하는 건에 관한 호소문을 발표
―.15 이승만 대통령, 한일회담 재개에 수용 중인 상호석방문서 수정을 요구하면서 회담 결렬
―.15 민사동民社同, 제3회 전국대회가 국철노동회관에서 열려, '한국민주사회동맹'이라고 개칭, 위원장 권일權逸, 부위원장 이북만李北滿을 선출
―.24 6·25 7주년 기념 도쿄대회가 도쿄 신바시[新橋] 스타디움에서 열려, 미국의 한국정전협정의 일방적 파기와 한국으로의 핵무기 반입에 반대하는 재일조선인의 항일집회로 바뀜―대회 후 미국 대사관 앞에서 항의 데모
―.25 도쿠야마(德山)조선초중급학교 창립
―.29 미국의 한국정전협정파기반대재일조선인대회 개최
7.1 총련 중앙, 남조선절량농민구원중앙실행위원회가 통협을 포함하여 결성됨
―.28~31 재일본조선인학교교육연구중앙집회 제1회 대회가 열림
8.12 민단, 3기관 유공자 본국시찰단 제1진 21명 출발
―.17 일본 당국의 하마마쓰[浜松]수용소 내에서 수용 중이던 재일동포들, 대우 개선을 요구하면서 수용소 내에서 데모를 일으켜 항의
―.25 민단, 재일중고교 2세 학생의 조국, 한국방문단 일행 33명 출발
9.1 구라시키[倉敷]조선초중급학교 창립
―.2 민단, 본국수해구제대책준비위원회 개최
―.3 총련 중앙, 조선학교 교육을 향상시키기 위해, 시학視學제도(4명) 창설
10.10~12 총련 중앙위원회 제11차 회의 열림―"공화국 최고인민회의 제2기 제1차 회의 결정을 옹호하고 간부가 사상 의지 행동의 통일을 강화하고, 민주주의적 중앙집권제 원칙을 보다 강화하는 문제"를 토의 결정
―.10 총련 중앙, 10년간 민족교육 근속자 32명에게 표창장을 수여함
―.15 재일본조선인민주여성동맹 창립 10주년 기념 축전이 열림
―.30 총련 중앙, 한국에서 미군의 만행에 관해 민단 간부들에게 공개서한을 보냄
―.31 총련 중앙의 일부 기구 개혁, 수석의장 및 1국 5부제로 변경
11.28 미군의 한국에서의 만행규탄재일조선인도쿄군중대회가 열림
12.3 한국 정부, 도쿄한국학원 외 4개 학교에 교육보조금을 분배

1957~58년

재일동포
—.11 조국통일민주주의전선 제2차 대회가 평양에서 열려, 총련 중앙 한덕수 의장이 전선의 의장단으로 선출됨 —.13 재일조선인사회과학자협회, 미군의 한국에서의 만행을 미 대사관에 항의 —.20 총련 중앙, 조국통일민주주의전선의 호소문을 지지하는 성명 발표 —.23 조선문제연구소 제2차 대회가 열려, "조선연구소를 조선문제연구소 안으로 해소"한다는 것이 결정됨 —.25 재일조선문학예술인들, 조국의 예술인들의 서한을 받고 궐기대회가 열림 —.26 총련 대표, 제2회 아시아 아프리카 제국 민중회의에 참가함 —.28 효고현 세이반[西播]조선초중급학교가 인가받음 —.31 총련 중앙, 일본 정부의 '한일회담' 각서에서 억류자 석방은 정치적 음모라고 하는 성명 발표 12.31 민단 중앙, 일본 국민에게 한일회담 촉진을 호소하는 성명 발표 —.31 재일동포의 수는 60만 1,769명이 됨
1958 1.7 이승만 대통령, 일본 정부로부터 문화재 반환, 재산권 관련 비밀협정조인 —.11 남일[南日] 외무장관의 성명을 지지하는 재일조선인의 대중적 운동이 도쿄를 비롯해 일본 각지에서 전개됨 —.19 민단, 본국수해구제대책위원회, 구원물자를 본국 보건사회부에 반입, 요코하마[橫浜]에서 출항 —.20~22 총련 중앙위원회 제12차 회의 열림—"조국통일민주주의전선 제2차 대회의 호소를 지지하고 조국의 평화적 통일 촉진과 세계 평화를 유지하는 시업에 재일동포를 조직 동원하는 데 대해" 토의 결정, 회의에서 '재일조선인 전체의 사회활동가에 고함'이라는 호소문을 발표 —.22 오무라수용소에 수용되어 있는 조선인이 한국으로 강제송환 되는 것을 반대하고, 북한으로의 귀국을 요청하면서 단식투쟁에 돌입 —.23 원수폭 금지, 한국에서 미군 철수를 요구하는 평화서명운동 시작(~2월 28일) —.23 구월서방[九月書房] 사옥 준공 —.27 남가라후토[南樺太] 섬 억류 동포 일부 귀환. 1957년 8월 1일부터 4차에 걸쳐 1,083명 —.29 조국통일민주주의전선의 호소에 호응하여 '원수폭 금지, 미군의 남조선에서의 철수를 요구하는 서명운동의 중앙추진위원회'가 조직됨 2.1 총련 중앙, "오무라수용소 안에 이승만 특무분자들이 침투하여, 한국으로의 강제송환에 반대하고, 공화국으로의 귀국을 희망하는 자들에게 위해를 가하여, 생명에 위험이 생겨나고 있다"고 발표 —.4 총련 중앙, '핵무기'와 '한일회담'에 반대하여 일어나도록 호소하면서, 민단 간부들에게 공개 서한을 발송함 —.4 민단, 3기관연석회의. 한일회담대책위원회 구성

1958년

재일동포
—.5 일본사회당 국회의원단, 오무라수용소를 조사하고 수용소 안에서 북한공민자치회 대표와 면담, 자치회 대표로부터 북한으로의 귀국 희망자에게, 수용소에 잠입한 이승만 특무분자가 강박, 테러를 가하여 북한으로의 귀국 신청을 방해한 실정을 들음
—.13 일본 정부, 오무라수용소 수용자 가운데 북한 귀국 희망자 중 474명을 일본 국내에 석방함(1월 19일~2월 13일)
—.15 민단, 한일회담성공촉진운동월간을 설정(~3월 15일)
—.16 남일 외무장관 성명을 지지하고, 그를 실현하기 위해 오무라수용소에 수용 중인 동포들이 궐기대회를 개최
—.20 일본 당국, 오무라수용소에 수용 중인 동포를 공륙 경계 속에 제16차 249명을 한국으로 강제송환을 강행
2.22 일본 중의원 예산위원회에서 후지이[藤井] 공안조사청 장관, 총련과 일본공산당은 파괴방지법의 단속 대상 단체라고 표명
3.4 일본 당국, 오무라수용소에 수용 중인 동포 252명을 한국으로 제17차 강제송환하는 것을 강행함
—.20~21 재일본조선인상공연합회 이사회, '한일회담'에 반대, 업종별 협동화 추진을 토의 결정함
—.31 총련 중앙상임위원회, 평화서명운동을 총괄하여 29만 4,173명이 됨
4.1 도요하시[豊橋]조선초중급학교가 창립됨
—.11 제4차 한일회담, 북송 문제를 학생혁명을 통해 중단
—.11 교토한국중학교가 학교법인의 인가를 획득함
—.15 제4차 한일회담이 열림
—.17 조청朝靑 중앙기관지『조선청년』국어판이 발간됨
—.25 민단 제20회 전체대회가 시바[芝]공회당에서 열림—대의원 298명, 제20대 단장 김재화金載華, 부단장 김금석金今石·이능상李能相, 의장 박근세朴根世, 감찰위원장 이유천李裕天 선출
5.1 메이데이에 조선인 국제 연대성을 강화하기 위해, 또 한국에서 미군의 철수를 요구하기 위해 일본 각지의 행사에 재일조선인이 참가함
—.2 민단, 전 도쿄본부 부단장 이옥동李玉童, 한국 국회의원에 당선, 재일동포로는 최초
—.6 민단, 한일회담에서 청구권, 어업의 이승만 라인, 재일한국인의 법적지위 등의 위원회를 설치함
—.23 일본 정부 당국, 오무라수용소에 수용 중인 동포 251명을 한국으로 제18차 강제송환하는 것을 강행함
—.27~29 총련 제4차 전체대회가 시나가와[品川]공회당에서 열림—대의원 552명, 구성원 630명, 방청자 323명, " '한일회담' 반대, 생활권옹호투쟁 전개를 결의, 중앙기구는 정·부의장제로 하고, 사무국의 폐지와 7부제, 도도부현 본부는 위원장제로 개편, 민주주의중앙집권제의 실시" 등을 토의 결정—의장 한덕수韓德銖, 부의장 이심철李心喆·황봉구黃鳳九·이계백李季白, 중앙위원 127명 선출
6.8 미나미오사카[南大阪]조선중급학교 창립

1958년

재일동포
一.11 '한일회담' 석상, 일본 측 사와다(澤田) 수석대표, "일본이라면 세 번 일어나서라도 38선을 압록강 바깥 쪽으로 밀어 붙인다"고 망언
一.24 총련 중앙, '사와다 망언'을 규탄하는 성명 발표
一.25 미군 철수 요구와 '한일회담' 반대 재일조선인군중대회가 열림
一.26 오무라수용소에서 북한 귀국 희망자, 귀국을 요청하면서 96명(법무국은 81명이라고 발표) 무기한 단식투쟁에 돌입함—총련 대표가 법무성에 항의
一.28 오사카조선인상공회 제5회 정기대회가 열려, 총련 산하에 가입하고 상공전선의 통일 단결을 결의함
7.1 민단, 가나가와현(神奈川縣)본부, 동포실태조사원간을 설정(8월 31일까지)
一.3 조은(朝銀) 사이타마(埼玉)신용조합 창립
一.5 일본 정부, 오무라수용소에 수용 중인 조선인, 북한으로의 귀국 희망자 일부를 석방할 방침을 확인
7.7 유태하(柳泰夏) 주일공사, 오무라수용소에 수용 중인 북한 귀국 희망자의 석방에 대하여 외무성에 항의
一.7 오무라수용소에 수용 중인 조선인들이 북한으로 귀국을 요구하면서 단식투쟁을 전개함
一.8 총련 중앙, 일본 정부 당국에 오무라수용소의 조선인 동포를 석방하도록 성명 발표
一.10 민단 중앙, 분쿄구(文京區)의 새 건물로 이전(가스가쵸(春日町) 2-12)
一.12 민단 중앙, 오무라수용소 내 사건으로 진상조사단을 파견, 7월 14일, 일본 정부에 항의문을 보냄
一.14 총련 중앙, 오무라수용소 내 사건으로 일본 정부 당국에 항의문을 보냄
一.15 오무라수용소 내에서 민중대회 열림
一.17 총련 긴키(近畿)학원이 창립됨
一.18 총련 중앙, 한국의 미군 기지 시설에 반대하고 배격하는 성명 발표
一.21 재일조선청년학생들 "조선 문제는 조선인들에게 맡겨라"라고 미국 대사관에 항의
一.27 민단 제29회 중앙의사회. 북송 결사 반대·저지운동 결정
8.1 총련 가나가와현 가와사키(川崎)지부 나카도메(中留)분회 사람들은 귀국에 대한 절실한 심정을 담아 김일성에게 편지를 보냄
一.11 총련, 가나가와현 나가사키지부 관내의 조선인들이 집단 귀국 희망을 철한 편지를 김일성에게 보냄
一.15 민단, 제13회 광복절에 한국 정부 수립 10주년 기념 축하식전이 열림
一.15 8·15 해방 13주년 재일본조선인중앙대회가 간다(神田)공립강당에서 열려, 대회결의에서 재일동포의 귀국 희망을 철한 편지를 김일성에게 보냄
一.17 고마쓰가와(小松川)여고생살인사건—같은 학교 조선 학생 이진우(李珍宇)가 체포됨(1961년 8월 16일 최고재판소에서 사형 확정)
9.8 북한 외무성, 일본 정부 당국에 오무라수용소에 억류 중인 조선인 동포를 이승만 정권으로 강제송환하는 데 대해 항의 성명
一.8 총련 후쿠이현(福井縣)본부의 조선회관 준공

1958~59년

재일동포
—.21~10.4 총련 중앙, 재일동포의 기업권을 옹호하기 위한 세금 및 금융관계 강습회가 열림
—.25 한국국악예단이 방일, 창극 '춘향전'을 신주쿠[新宿] 쇼치쿠자[松竹座]에서 공연
—.30 대한청년단의 전국대회가 분쿄[文京]공회당에서 열림
10.— 일본 전국 각지에서 귀국 희망자의 귀국촉진재일조선인궐기대회가 열림
—.5 고베[神戶]조선중고급학교 준공
—.8~10 총련 중앙위원회 제15차 회의 열림—귀국 실현을 위한 투쟁과 대열 확대 등을 토의 결정
—.16 북한 김일金— 제1부수상, 북한 정부는 재일동포의 귀국에 필요한 일체의 부담과 귀국선을 일본에 보낼 것을 조선통신사 기자에게 보낸 담화에서 분명히 밝힘
—.30 총련, 전국 각지에서 북한으로 귀국요청운동을 전개, 제1차 전국통일행동 실시(586곳에서 7만여 명의 조선인이 요청운동에 참가)
11.1 귀국실현서명운동이 11월 1일부터 1959년 1월 31일까지로 설정되어 전국적으로 운동 전개
—.14 와카야마[和歌山]조선제1초급학교 준공
—.17 재일조선인귀국협력회, 일본자유민주당 중의원 의원 이와모토 노부유키[岩本信行] 등을 중심으로 결성됨
12.6 제4차 한일회담 휴회
—.10 아마가사키[尼崎]조선초급학교 준공
—.18 도쿄도 의회—재일조선인의 북한으로 귀국을 촉진하는 결의(이후 각 부현 시정촌 의회에서 귀국 촉진 결의가 이루어짐)
—.18 재일한국기자단이 이승만 정권의 보안 개정 반대 결의
—.25 조선금강협동무역상사, 일본무역 3단체에 대하여 직접 무역의 거래 제안을 타전
—.26 이와테[岩手] 조선초급학교 준공
—.30 남일 외무장관, 귀국 문제에 관하여 일본 정부의 부당성을 추궁하고, 신속한 선처를 요구하는 성명을 발표
—.31 재일동포 수는 61만 1,085명이 됨
1959
1.1 김일성이 1959년 신년 축하연회 연설 가운데 "일본에서 고생하고 있는 전 재일동포에게 새해 축하를 보내며, 조국에 돌아가려고 하는 그들의 염원이 신속히 실현되기를 기대한다"고 언명
—.1 북한 남일南日 외무장관의 일본 정부에 대한 재일공민의 귀국 건으로 성명 발표
—.1 이영근李榮根 등이 중심이 되어 『조선신문』(일본어판)을 창간—(11월 20일 『통일조선신문』으로 개칭)
—.7 총련 중앙, 남일 외무장관의 성명을 지지하면서 일본 정부에 책임 있는 조치를 요구하는 성명 발표
—.9 남일 외무장관의 거듭된 성명 발표를 환영하는 '귀국 실현을 위한 재일조선인 도쿄대회'가 개최됨

1959년

재일동포
一.10 민단 중앙, 일본적십자사에 북송 반대 결의문 및 공개 질문장을 전달함
一.15 도쿄조선제1초중학교 신교사 준공
一.20 오이타(大分)조선신용조합 창립
一.20 이승만 대통령, 재차 한일회담의 무기연기를 결정
一.23 총련계는 이승만 정권의 민중을 탄압하기 위한 악법 '신국가보안법'반대투쟁위원회를 조직함
一.25 재일조선무용가협회 결성
一.26 재일중앙예술단후원회 결성
一.29 재일조선인귀국대책위원회, 귀국 희망자 수는 11만 7,000명이라고 발표
一.29 일본 정부, 후지야마(藤山) 외무장관은 "재일조선인으로 북한으로 귀국을 희망하는 자에게는 허가할 생각"이라고 담화 발표
一.30 총련 대표 600명은 조선 공민의 북한으로의 귀국을 요청하기 위해, 요청서와 서명부를 일본 정부에 제출
1.31 재일조선인귀국대책위원회, 조선공민의 귀국 실현에 협력하는 일본 각 지역자치단체, 일본 인구의 60.8%에 달한다고 발표
2.2 민단 중앙, '북한송환반대투쟁위원회'를 결성
一.3 이승만 정권의 신국가보안법 반대, 재일한국인민중대회가 도쿄 국철회관에서 열림
一.3 북한 조선국제무역촉진위원회, 조선금강협동무역상사의 일본 무역 3단체로의 거래 제안 지지 타전
一.5 민단, 북송반대민중궐기대회를 개최. 주일대표부, 북송에 대하여 일본 정부에 항의
一.12 주일대표부, "재일동포의 북송을 강행하면 외교 단절도 불사한다"고 경고. 민단전국조직대표단, 북송 반대 데모 진행, 일본 외무성과 국회에 진정 데모
一.13 일본 정부 후지야마 외무장관, 재일조선인의 북한으로의 귀국 희망자를 귀국시킨다는 뜻을 한국 정부에 통고
一.13 일본 정부, 재일조선인의 귀국 희망자에게 "기본적 인권의 거주 지역 선택의 자유라는 국제 통념에 따라 처리한다"는 입장에서 귀국 조치를 강구하는 건에서 후지야마 외무장관 보고를 각의 요해了解
一.13 이승만 대통령, 유태하 주일공사, 일본 정부에 대해 "한일회담 중단, 이승만 라인 감시 강화, 북한 귀국 저지" 결정을 통고
一.16 북한 적십자회위원장, 일본적십자사에 대하여 양국 적십자 대표의 실무회담 개최를 제기
一.22 조선평화옹호전국민족위원회 위원장의 '총련 대표의 조국으로의 귀국 실현'을 세계평화이사회에 호소함
一.22 오사카항 조선초급학교 준공
一.25 민단, 북송반대투쟁중앙민중대회를 히비야(日比谷)공회당에서 개최. 대회 후에 데모, 전국 45곳에서 집회 참가 인원 9만 5,000여 명
一.26 후쿠시마현(福島縣) 조선회관 준공
一.27 민단, '조봉암曺奉巖구명위원회'를 조직

1959년

재일동포
3.1 재일조선인의약학협회 결성
—.2 민단, 북송 반대 자전거대가 도쿄에 도착, 3일에 외무성에 진정
—.3 귀국 실현 재일본조선인중앙궐기대회가 개최됨—전국 각지 58곳의 귀국군중대회에 10만 명 이상이 참가
—.3 조봉암구명운동위원회—구명서명운동 시작
—.11~13 총련 중앙위원회 제16차 회의가 열림—'귀국운동에 관한 총괄보고와 당면 과제'를 토의 결정
—.11 총련 중앙, 일본 정부 당국에 대하여, 재일조선공민의 귀국을 신속하게 실현하도록 요청서를 제출함
—.17 총련 대표, 조일적십자회담의 즉시 개최를 요청
—.20 유태하柳泰夏 주일대사 취임
—.24 효고현[兵庫縣] 니시코베[西神戸]조선초급학교 인가 획득
—.24 효고현 한신[阪神]조선초급학교 인가 획득
—.24 효고현 고베[神戸]조선중고급학교 인가 획득
—.24 효고현 오자키[尾崎]조선중급학교 인가 획득
3.24 효고현 니시와키[西脇]조선중급학교 인가 획득
—.25 도쿄지방재판소—단체등규정령에 다른 구 조련朝聯의 재산 몰수는 위법이라 하여 국가에 손해배상금의 지급을 명하는 판결을 내림
4.1 도쿄조선제1중급학교 창립
—.1 도치기현[栃木縣]조선중급학교 창립
—.1 미나미오사카[南大阪]조선중급학교 창립
—.1 야마구치현[山口縣] 시모노세키[下關]조선중급학교 창립
—.1 사카이[堺]조선초급학교 창립
—.7 안익태安益泰 지휘 ABC교향악단 연주회가 히비야공회당에서 열림
—.10 도치기현 우쓰노미야[宇都宮]조선중급학교 창립
—.13 북일 양 적십자사, 재일조선공민의 귀국 문제를 해결하기 위해 제네바에서 제1회 회담 개최
—.25 민단, 북송반대민중대회를 히비야공회당에서 개최
5.9 북한과 직접 무역 실현을 위해 일본 무역 3단체 관계자들 전국대회를 도쿄에서 개최
—.13 총련 중앙, '북선北鮮, 북조선'이라는 호칭을 폐지하고, 정식 명칭 '조선민주주의인민공화국'을 사용하도록 각 방면에 강력히 요망함
—.15 도쿄재일조선인귀국자궐기대회 개최—조일적십자회담의 성공 촉진을 결의(이후 전국 각지에서 궐기대회 열림)
—.20 민단, 제30회 정기중앙의사회가 시바[芝]공회당에서 열려, 북송 결사반대를 재확인
—.21~22 민단 제21회 전체대회가 시바공회당에서 열림—대의원 불명, 제21대 단장 김재화金載華, 부단장 김금석金今石·이능상李能相·의장 박근세朴根世, 감찰위원장 이유천李裕天 선출
—.30 오사카부경이 오사카의 동포를 부당한 이유로 사살한 사건 발생

1959년

재일동포

6.1 미야기현[宮城縣] 조선인귀국자궐기대회가 열려, 귀국 준비를 완료하고 귀국하기 위해 6월 27일에 니가타항[新潟港]에 집결할 것을 결의(귀국 희망자 300명 집결 예정)
—.3~12 재일조선인귀국실현요청자전거행진대, 일본 정부 당국에 귀국 실현 요청을 위해 고베에서 도쿄 간 자전거 행진을 시작함
—.7 재일본조선문학예술가동맹 결성
6.— 기록영화『총련시보總聯時報』제1호 제작됨
—.10 조일적십자사 제네바회담 타결
—.10~12 총련 제5차 전체대회가 시나가와[品川]공회당에서 열림—대의원 664명, 방청자 704명, "귀국에 관한 실무협정 체결 문제, 모범분회창조운동, 사회주의애국주의교양 문제" 등 결의—의장 한덕수韓德銖, 부의장 이심철李心喆·이계백李季白·황봉구黃鳳九, 중앙위원 140명 선출
—.13 조선대학교 철근 4층 건물 신교사 준공
—.15 재일조선인상공연합회 제13차 대회 개최—총련 산하단체로 정식가입 결의
—.15 민단 중총, 3기관 대표가 한국 정부에 불신임을 선언, 단장 김재화, 의장 박근세, 감찰위원장 이유천, 부의장 장총명張聰明, 감찰위원 이상태李相台·김두수金斗銖 외 김영준金英俊 등이 서명함
6.18 총련, 민단에 대해 반미, 반이승만의 통일행동을 제안
—.18 총련 중앙, 민단 3기관 성명과 관련하여 반미, 반이승만 통일행동에 관한 성명을 발표
—.21 민단 중총, 3기관 대표들의 추방민중대회 실행위원 10명 선출, 김광남金光男·오우영吳宇泳·정인석鄭寅錫·홍현기洪賢基·김인수金仁洙·최인주崔寅柱·이근복李根馥·양상기梁相基·최윤삼崔允三·김산호金珊湖 등이 선출됨
—.24 조일 두 적십자사 제네바회담—재일조선인 귀국협정에 가조인假調印
—.25 미군의 한국에서의 철수를 요구하는 재일조선인중앙대회가 열림
—.25 민단, 북송반대민중대회를 히비야공회당에서 개최
—.27 기타칸토[北關東]조선초중급학교 준공
—.29 재일본조선인과학자협회 결성—기존의 사회과학자협회, 자연과학자협회, 과학기술자협회, 의약학협회 등 4개 단체를 합병
7.1 총련 간토[關東]학원 창립
—.7 일본적십자사, 일본 정부 외무성의 지시에 따라 귀국협정에 조인을 거부(그 후 국제적십자의 협력으로 조정)
—.12 일본 외무성, 전시 중의 조선인 강제연행자, 노무에 관한 자료를 공표
—.14 민단, 제31회 임시중앙의사회가 나고야시[名古屋市] 상공회의소에서 개최되어, 니가타시에 '북송반대투쟁본부'를 설치하기로 결정
—.14 민단 제22회 임시전체회의가 나고야시 상공회의소에서 개최됨—대의원 266명, 제22대 단장 정인석, 부단장 오병수吳炳壽·정태주鄭泰柱, 의장 김광남, 감찰위원장 김금석 선출
—.17 귀국협정 조인 요구 재일조선인의 궐기대회가 전국 각지 120곳에서 열림

1959년

재일동포

―.22 일본 전국 도도부현 의회 의장회의 임시대회가 만장일치로 재일조선인의 귀국을 조기 실현시키도록 결의하고, 정부에 요청함
―.24 총련, 일조협회, 귀국협력회 등 3단체가 귀국업무연락회의를 결성
―.26~8.4 재일조선청년학생대표단이 빈에서 열린 제7회 세계청년학생축전에 참가함
―.27 이바라키[茨城]조선중고급학교 준공
―.31 총련 중앙, 일본적십자사는 귀국 문제를 정치적으로 이용하지 말라고 성명을 발표
 8.1 제5회 원수폭금지세계대회에 북한의 위임 대표로 재일조선민족대표단 50명 참가
―.1 야마구치현 우베[宇部]조선초급학교 창립
―.8 민단, 북송반대투쟁위원회를 중총강당에서 개최
―.12 오무라[大村]수용소 내에서 소요사건 발생—수용소 내에 이승만 정권 특무분자가 잠입, 북한으로의 귀국을 방해한 것이 원인이 되어 데모, 항의운동 전개
―.13 조일 두 적십자사 대표, 재일조선인의 귀국에 관한 협정을 캘커타에서 조인
―.18 '한일회담'에서 한국 대표, 재일조선인의 법적지위 문제의 우선적인 토의를 주장함
―.25 민단원, 조선인의 북한으로의 귀국에 반대하여 일본 적십자사에 난입
 9.1 후쿠오카현[福岡縣] 다가와[田川]조선초급학교 창립
―.1 후쿠오카현 오무타[大牟田]조선초급학교 창립
―.2 기록영화「조선시보朝鮮時報」완성
―.3 일본적십자사, 북한으로 귀국자의 면회와 환영 금지 조항을 제시한 귀국자의 의지 확인 등의 귀환 안내를 작성
―.8~10 북한 건국 11주년 기념 재일조선인중앙경축대회 및 체육축전이 열림
―.10 총련 규슈[九州]학원 창립
―.18 총련 중앙, 일본 정부와 일본 적십자사에 귀국협정 위반의 '귀환안내'조항철회요구대회를 전국 2백 수십 곳에서 개최
―.18 김일성이 세계청년학생축전에 참가한 재일조선청년학생대표단과 회견
―.19 민단, 북한으로 귀국 반대, 실력 저지 방침을 결정. '북송반대투쟁청년특별위원회'를 조직함
―.21 총련 중앙, 귀환안내의 부담조항을 폐지하도록 성명 발표
―.26 총련 중앙, 한국 풍수해 이재민에게 구제금을 보내기로 결정
―.27 오이타현 분고타카다시[豊後高田市]에서 민단 지부를 폐지하고 전원이 총련에 가입하여 총련 지부를 결성
10.2 총련, 일본적십자사의 귀환안내철회요구대회를 다시 전국 각지에서 개최
―.15 총련 중앙 한덕수 의장, 세계 84개국 적십자사에 서한을 보내 귀국사업에 협력해 줄 것을 요청
―.18 이승만 대통령, 한일회담 수석대표 허정許政에게 북한으로의 귀국을 저지하도록 지령
―.21 일본문화인 아오노 스에키치[青野季吉] 등 33명, 귀국 업무에 일본적십자사의 귀환안내는 부당하다고 항의
―.27 일본 외무성, 일본적십자사, 귀국자집단의 3단체와 협의 '귀환안내'의 실질적 수정에 합의

1959~60년

재일동포
—.21 가나가와(神奈川)조선중고급학교 인가 획득
11.7 오사카, 조호쿠(城北)조선초급학교 창립
—.7 북한으로 귀국자집단, 니가타시에 귀국기념 버드나무를 식수—니가타현은 식수한 장소를 버드나무거리(ボトウナム通り)이라고 명명
—.16 총련 중앙, 귀국실현축하대회를 도쿄에서 열었으나, 민단 측이 수백 명의 청년들을 동원하여 대회를 방해
—.18~20 총련 중앙위원회 제20차 회의가 열림—"공화국 최고인민회의가 제기한 조국통일방안지지운동을 강화하는 데 대해"를 토의 결정
—.20 이영근이 대표로 있는 『조선신문』이 『통일조선신문』으로 개편
—.22 민단 전국단장회의에서 북송반대투쟁 방침을 토의
12.4 니가타시의 일본적십자사 귀국센터 폭파계획이 사전에 발각되어, 용의자로 민단원 2명을 체포
—.5 총련 중앙, 귀국자를 위해 니가타출장소를 개설하고 총련 중앙의 직할 하에 둠
—.9 한국 국회, 재일동포의 국회 옵저버 6명을 승인
—.11 민단, 북송반대결사단 약 450여 명이 철로에 연좌하여 북송급행열차를 정지시키고 경찰대와 난투
12.12 이승만 대통령은 재일조선인의 귀국 문제로 국제사법재판소에 재소할 것을 일본에 제기했으나, 일본 정부 당국에게 거부당함
—.13 조선적십자대표 환영, 귀국자환송대회가 니가타시에서 니가타 시장 외 저명인사가 참석한 가운데 개최됨—귀국 희망자가 있는 한 귀국협정대로 실행하겠다는 뜻을 니가타 어필로 채택
—.14 제1차 귀국선 238세대 975명이 니가타를 출항
—.15 북한, 일본과의 민간무역 방법에 대해서 일본으로부터의 수출품에 대해서는 직접 북한으로 입항을 인정하고, 북한에서 일본으로의 수출품은 홍콩을 경유하게 됨
—.17 일본 정부, 통산 당국은 금수품(禁輸品)이 아닌 정부 승인 불필요 품목에 대한 수출품에 한하여 북한 직행을 금지하지 않는다는 태도를 표명
—.31 일본 정부로부터 북한으로의 직수출 허가 후, 제1선이 처음으로 북한을 향해 출항
1960
2.8 재일조선인 공안사관 관계자 단체인 재일조선인전국피고단협의회는 공소사건을 취소한 다음에, 북한으로의 귀국을 실현하기 위해 관계기관에 요청함
—.8 도쿄조선제1초중급학교 신교사 준공
—.10 월간지 『새로운 세대』 창간
3.23 총련 대표, 아시아·아프리카연대 베이징대회에 참가
—.28 일본 정부, 오무라(大村)수용소에 수용 중인 조선인 1,003명을 3회에 걸쳐 한국으로 강제송환
4.1 도쿄조선제5중급학교 창립
—.1 도쿄조선제7중급학교 창립

1960년

재일동포
—.1 기타오사카(北大阪)조선중급학교 창립
—.1 히로시마(廣島)조선중급학교 창립
—.1 후쿠오카(福岡)조선중급학교 창립
—.1 야마구치현(山口縣) 우베(宇部)조선중급학교 창립
—.5 도쿄조선제6중급학교 창립
—.10 조선대학교 기숙사 준공
—.10 히로시마조선중급학교에 고급부를 신설(현재는 히로시마조선중고급학교)
—.13 마산민중봉기지원 재도쿄한국인궐기대회가 개최됨
—.14 구라시키(倉敷)조선중급학교 창립
—.19 이승만 파쇼통치 반대 및 한국민들의 애국투쟁 지원을 위한 재일동포중앙궐기대회가 열림
※ 한국민의 봉기에 호응한 재일동포들은 중앙대회, 집회 등에 2월부터 50일간 일본 전국적으로 2,650회 40여만 명을 동원하여 이승만 독재정권 타도 집회를 열고, 한국청년학생과 민중에게 성원을 보냄
—.19 '한일회담' 중단
—.22 민단 중총, 본국 '학생의거사건' 환영과 성명을 발표
—.24 시가(滋賀)조선초중급학교가 창립
—.30 재일동포 4·19의거학생합동추도회가 도쿄에서 열림
5.25 총련 중앙, 한국민중봉기지원궐기대회가 도쿄에서 열림—민단과의 공동투쟁을 결의함
—.25~26 민단 제23회 전체대회가 도쿄복지회관에서 열림—제23대 단장 정인석(鄭寅錫), 부단장 윤치하(尹致夏)·박성진(朴性鎭), 의장 김광남(金光男), 감찰위원장 이수성(李壽成) 선출. 규약 일부 수정, 제3차 선언을 채택
—.30~31 총련 각 현 본부 위원장 및 단일단체대표자회의가 열림
6.15 이승만 처벌을 요구하는 재일동포의 중앙대회가 열림
—.18 총련 중앙, 미국 대사관 앞에서 아이젠하워 미 대통령의 한국 방문 반대 항의집회가 열림
—.19 조선중앙회관(신주쿠(新宿) 시나노쵸(信濃町))이 누군가의 방화로 소실
—.25 총련 중앙, 한국에서 미군 철수를 요구하면서 국제공동투쟁데이 열림—전국 60여 곳에 11만 명 참가
—.28 총련 중앙위원회 제23차 회의가 열림—'방화로 인해 소실된 총련 중앙회관을 재건하는 문제'를 토의 결정, 조선중앙회관재건위원회의 구성 방법에 대해서 전 동포에게 협력을 요청하는 호소를 채택함
—.29 민단 중총 정인석 단장, 본국의 선거에 출마하기 위해 사임
7.1 주일공사 대리 이재문(李載汶) 취임
—.2 조선중앙회관 소실로 인해 '총련 중앙'을 조선민보사 신사옥으로 이전함
—.3 조선대학교, 조학동(朝學同), 일본 대학 15곳에서 조일학생우호회를 결성
—.11 미에(三重)조선신용조합 창립

1960년

재일동포
—.20 조선민보사(현재의 조선신보사) 신사옥 준공
—.20 귀국협정갱신요구도쿄귀국희망자대회가 열림
—.24~25 민단 제24회 임시전체대회가 다쿠쇼쿠[拓殖]대학 강당에서 열림—대의원 273명, 제24대 단장 조영주[曹寧柱], 부단장 이수성·이능상[李能相], 의장 김광남, 감찰위원장 박종[朴鐘] 선출. 토의사항 ①본국 정부와의 관계는 시시비비의 태도로 대응할 것, ②남북통일문제전문위원회의 설치 결정
—.29 8·15 조국해방 15주년 기념 재일조선청년학생 자전거행진단이 북한을 향해 일본을 출항
8.5 총련 중앙, 8·15 해방 기념행사를 공동으로 추진할 것을 민단에 제안했으나 민단 측 거부
—.13 민단, 한국에서의 8·15경축사절단 일행의 제1진이 하네다[羽田]를 출발
—.15 조국해방 15주년 기념 재일조선인대회가 도쿄를 비롯한 전국 48곳에서 열림
—.15 민단, 8·15 광복절 및 제2공화국 탄생 축하 기념식이 분쿄[文京]공회당에서 열림
—.20 군마[群馬]조선초급학교 창립
—.26 조일 적십자 대표, 니가타[新潟]에서 예비회담을 개최
9.12 주일공사 엄요섭[嚴堯燮]이 취임
—.16 한국에 일본 경제사절단 방문
—.17 조일 적십자 대표의 니가타에서의 귀국협정무수정연장회담 결렬
—.19 총련 중앙, 귀국사업 파괴 책동을 규탄하고, 일본 측의 반성을 촉구하는 성명 발표
10.1 민단, 한국 신정부 수립 축하 파티를 춘산장[椿山莊]에서 개최
—.2 도쿄조선제9초급학교 교사 신축 준공
—.7 오사카부 조선상공회관 준공
—.8 재일대한청년단대회가 나고야[名古屋]에서 열려, 한국청년동맹(한청)이라고 개칭하고 4·19정신을 계승 발전시킬 것을 결의
—.8 귀국협정 무수정 연장을 요구하면서 일본 전국 530곳에서 11만 5,000여 명이 참가하여 일제히 통일행동을 시작함
—.15 규슈[九州]조선중고급학교의 신교사 준공
—.25 제5차 한일회담이 재개됨. 한국 수석대표 유진오[俞鎭午], 일본 수석대표 사와다 겐조[澤田謙三]
—.27 북한 적십자회 대표, 일본 적십자사 대표와 니가타시, 니가타항의 귀국선 토보리스크 호 내에서 귀국협정 연장에 대해서 합의함
11.1 민단, 국제적십자와 일본 적십자사에 북송 연장을 반대하는 항의문 전달
—.6 이승만 정권 당시의 내무부 장관 장경근[張暻根], 일본에 밀항하여 가라쓰[唐津]경찰서에 자수, 망명을 희망
—.11 조은[朝銀] 시즈오카[靜岡]신용조합 창립
—.22 북한 최고인민회의 제2기 제8차 회의에서 채택된 조국통일촉진을 위한 과제를 내세워 간토[關東], 간사이[關西]에서 재일조선인궐기대회가 개최됨

1960~61년

재일동포
—.26~29 총련 중앙위원회 제24차 회의가 열림—"조국의 평화적 통일을 강력하게 촉진하는 데 대하여 최고인민회의 제2기 제8차 회의의 결정을 전민족적 단결을 통해 실현하기 위한 문제"를 토의 결정 11.29 한국 4·19 학생문화사절단이 일본 방문, 12월 10일 환영회 12.1 부산과 하카타(博多) 사이에 해상 정기항로가 개설됨 —.1 민단, 『재일한국50년사』를 출판 —.15 지바(千葉)조선신용조합 창립 —.19 이케다(池田) 수상, 중의원에서 "한반도에 두 개의 정부가 있다는 인식 하에 한일회담에 임한다"고 답변 —.27 '일한경제협회' 발족, 회장 우에무라 고고로(植村甲午郎) —.31 재일동포의 수는 58만 1,257명이 됨

1961

1.1 『조선시보』(일본어판) 도쿄에서 창간
—.1 『인민조선』(영어판) 도쿄에서 창간
—.1 『조선민보』를 『조선신보』로 개칭
—.15 제1회 재일본조선인유도선수권대회가 열림
—.19 평화통일을 위한 남북협상의 기운이 고조되는 가운데 호소한 '조국통일민주주의전선의 성명'에 대해서 총련 중앙이 담화 발표
—.24 총련 중앙, '한일회담'을 배격하는 성명 발표
—.25 구 조련(朝聯)의 재산 접수에 관하여 도쿄지방재판소에서 '합헌' 판결
—.27 민단, 제4차 초행자조국방문단 제1진 257명이 모지항(門司港)을 출발
1.27 한국에서 민단으로 정부융자금 200만 달러 도착
—.28 총련 산하 언론인과 민단 언론인들의 간담회가 열림
2.9 민단 제33회 중앙의사회, 통일문제 전문위원회 구성(~10일)
—.17 총련 중앙, 민단 중총에 3·1기념대회의 합동 개최 제기, 민단 측은 거부
—.17 총련 중앙, '한미경제 및 기술합작'의 협정에 대해서 성명 발표
—.17 민단 통일문제전문위원회, 한일회담촉진분과위원회가 중총강당에서 열림
—.20 민단, 200만 달러 융자대책위원회가 중총회의실에서 열림
—.25 월간지 『월간 조선자료』가 창간됨
3.9 일본 정부, '한일청구권' 문제에 관하여 미국 국무성 구성서'를 발표
—.16 총련 중앙, 민단에 대하여 4·19혁명 기념행사를 공동으로 추진할 것을 제안, 민단 측 거부
—.21 총련 중앙, 한국의 절량(絕糧) 농민의 구원에 대한 북한 내각결정 제42호를 전면적으로 지지하는 성명을 발표
—.26 재일본조선인언론출판협회와 재일한국인기자단이 공동성명 발표
—.27 남조선인민투쟁지지 재일조선인중앙대회가 열림
—.28 조선작가동맹의 위임으로 아시아·아프리카작가회의 도쿄대회에서 재일조선문학예술가동맹 대표가 참가함

1961년

재일동포
3.29 오사카에서 한국민의 악법반대투쟁 지지 재일조선인대회가 열림
4.1 일본 당국, 북일 간의 직접 무역을 인가
—.1 기후[岐阜]조선초중급학교 창립
—.1 나카오사카[中大阪]조선초중급학교 창립
—.1 와카야마[和歌山]조선초중급학교 창립
—.3 시가[滋賀]조선초중급학교 인가를 획득
—.6 사이타마[埼玉]조선초중급학교 창립
—.11 일본 정부 방위청, 한국문제특별회의를 열어 한국의 남북통일운동은 일본에 대한 간접, 직접 침략의 육성 증대라는 스기타[杉田] 육상막료장 보고
—.11 홋카이도[北海道]조선초중급학교 창립
—.18 총련, 민단 두 산하의 문화인연락회가 공동개최하여 4·19 봉기 1주년 기념 '조국평화통일, 남북문화교류촉진문화제'가 열림
—.19 『통일평론』(일본어판 월간잡지) 창간
—.19 재도쿄 유지 4·19 민주혁명 1주년 기념식을 지요다[千代田]공회당에서 개최
5.5 조청朝靑, 유학동留學同은 한국 '민주통일학련'의 남북 학생회담 제기를 지지하면서 성명 발표
—.10 조국의 평화통일을 추진하기 위해, 남북한 학생회담의 제안을 지지하는 재일조선청년학생궐기대회가 열림
—.15~16 민단 제25회 전체대회가 묘가다니[茗荷谷]홀에서 열림—대의원 333명 중 297명 출석, 제25대 단장 권일權逸, 부단장 윤치하尹致夏·장총명張聰明, 의장 김광남金光男, 감찰위원장 김금석金今石 선출
—.16 한국에서 5·16군사쿠데타가 일어남. 제5차 한일회담 중단, 민단, 군사쿠데타 지지 성명을 의장명으로 발표
—.16 총련 중앙 한덕수韓德銖 의장, 한국의 군사정변에 관한 담화 발표
5.17 조선학생동맹과 한국학생동맹이 공동주최로 졸업생 및 신입생 환송영회를 열고 공동성명 발표
—.20 도쿄한국인상공회 결성. 회장 이태우李泰友 선출
—.23~25 총련 제6차 전체대회가 시나가와[品川]공회당에서 열림—대의원 753명, 방청자 400여 명, "주체사상을 총련사업의 지침으로 하고, 주석이 창조하신 청산리정신, 청산리방법을 구현한 총련 사업을 사람과의 활동으로 전환시키는 데 대해" 토의 결정—의장 한덕수, 부의장 이계백李季白·이심철李心喆·노재호盧在浩, 중앙위원 164명 선출
—.25 조선통신사(도쿄)에서 조선중앙통신사(평양)으로의 발신이 시작됨
—.27 한학동韓學同 제20회 대회—박정희 군사정권 타도를 결의
—.27 학우서방學友書房의 신사옥 준공
—.29 남북평화통일문화교류촉진재일문화인회의가 열림
6.8~9 조국무역실현재일조선인대회가 열림
—.8 민단계 재경유지간담회가 신주쿠[新宿] 도쿄회관에서 열림

1961년

재일동포
—.15 민단계, 재경경제인간담회가 다카노[高野]회관에서 열림
—.25 전 주일대사 유태하柳泰夏가 송환되어 29일에 구속
—.25 한국에서의 미군 철수 요구, '장도영張都暎 도배의 군사 파쇼독재반대' 재일조선인중앙대회가 열림
7.4 한국 국가재건최고회의가 우방친선사절단 보냄, 단장 최덕신崔德新 일행이 방일하고 한국학원에서 강연회가 열림
—.5 도쿄조선중고급학교 신교사 준공
—.5 한국청년동맹, 한국 군사정권에 반대하는 성명을 발표
—.9 산타마[三多摩]조선제1초중급학교 신교사 준공
—.11 조·소우호협력 및 상호원조조약 지지 재일조선인중앙대회가 열림
—.11 아이치[愛知]조선중고급학교 신교사 준공
—.15 주일공사에 이동환李東煥 취임
—.17 조중우호협력 및 상호원조조약 지지 재일조선인중앙대회가 열림
—.22 조국의 평화통일 촉진을 위해 총련, 민단 문화인들의 '공동연구의 밤' 집회가 열림
—.24 한국학생문화사절단이 방일
—.25~28 교토에서 평화와 군축 원수폭 금지(제1회) 세계종교인회의에 재일조선불교도연맹 대표단이 참가함
—.28~30 재일조선인교육열성자 제1차 대회가 열림
—.31 조일 두 적십자사, 귀국협정 1년 연장을 전문電文으로 교환
8.2 나카오사카조선초중급학교 인가 획득
—.7 동해상사주식회사 창립
—.10 조선노동당 제4차 대회에 재일동포 축하단이 평양에 도착
—.14 총련과 민단 민주파, 각 단체가 8·15 조국해방 16주년 기념 공동축하회를 개최— 조국의 평화적 통일에 사상을 초월하여 노력하겠다고 선언
—.14 조은 아이치신용조합 본점 준공
8.20 총련과 민단 문화인 유지들 공동개최로 8·15 해방 경축문화제를 열고, 재일동포의 사상을 초월한 민족적 단결을 결의
—.21 조국평화통일, 남북문화교류촉진재일동포문화인회의가 열림
—.25 재일조선축구단 결성
—.28 조용수 등에 대한 사형 판결에 재일본조선언론출판인협회가 규탄 성명을 발표
—.28 잡지『백엽白葉』등 조국평화통일남북문화교류촉진재일문화인회의가 항의 성명 발표
—.29 총련 중앙, 민족일보 사장 조용수 등에 대한 사형 판결에 미국과 군사 파쇼 도당을 규탄하는 성명 발표
—.30 일본 저널리스트회의, 민족일보 사장 조용수 사형 판결에 항의하여 성명 발표
—.31 재일동포조용수구명운동위원회 결성
9.3 도쿄조선제1초중급학교 신교사 본관 준공
—.5 민족일보 사장 조용수 등 사형 판결을 규탄하는 일본인 저명 정치, 문화, 언론인 500여 명이 구명운동에 궐기함

1961년

재일동포
一.5 김유택金裕澤 한국정부 특사, 민단 중총·3기관장과 간담회 개최
一.7 한국학생동맹, 민족일보 사장 조용수 등 구명운동재일한국학생위원회가 조직되어 '주일한국대표부'에 항의 데모
一.8 아이치조선제2초급학교의 신교사 준공
一.9 『조선신보』가 일간지로 바뀜
※ 『조선신보』는 1945년 10월 10일에 『민중신문』으로 창간, 1946년 8월 15일에 『대중신문』과 통합하여 『우리신문』으로 명칭 변경, 같은 해 9월 1일이 『해방신문』이 됨. 1950년 8월 2일에 정간, 1952년 1월 1일에 복간하여, 1957년 1월 1일에 『조선민보』로 변경, 1961년 1월 1일에 『조선신보』가 되었음
一.10 히가시오사카[東大阪]조선중급학교 창립
一.11 김일성 수상, 조선노동당 제4차 대회에서 행한 중앙위원회 활동보고에서 "공화국 정부는 재일동포에게 공민으로서의 권리와 귀국한 동포에게 생활 보장을 하고 있으며, 앞으로도 귀국은 계속될 것이다"라는 뜻을 언명
一.20 '한일회담'반대대책연락회의 재일조선인중앙궐기대회가 열림
一.23 미국과 한국 군사정권의 애국적 청년학생에 대한 파쇼탄압반대재일조선학생중앙궐기대회가 열림
一.23 도쿄조선제5초중급학교의 신교사 준공
一.28 총련 중앙, 애국적 청년학생들에 대한 '군사재판'을 즉시 중지하고, 그들의 석방을 요구하는 성명을 발표
一.29 미국과 군사파쇼정권에 의한 '군사재판'을 규탄하는 재일본조선청년학생중앙대회가 개최됨
10.3~4 제1차 총련분회열성자대회가 도쿄조선문화회관에서 열림
一.3 민단, 창단 15주년 기념식전을 중총 강당에서 개최
一.3 도쿄한국학원 신축공사로 준공
一.7 일본 정부 고사카[小坂] 외무장관, 중의원 예산위원회에서 대일평화조약의 대일청구권을 가진 것은 남측뿐이며, '북한'은 별도 방식으로 처리한다고 답변
10.18 총련 중앙, 범죄적 '한일회담'을 배격한다고 성명을 발표
一.19 총련 중앙, 태풍 피해를 입은 간사이[關西]의 이재동포에게 구원금 보냄
一.20 제6차 한일회담 열림. 한국 수석대표 배의환裵義煥, 일본 수석대표 스기 미치스케[杉道助]
一.20 민단정상화유지有志간담회 결성
一.23~25 총련 중앙위원회 제28차 회의가 열림—"조국의 평화적 통일을 위한 조선노동당 제4차 대회를 지지하고, 민족의 단결과 반미구국투쟁 강화"를 토의 결정
一.23 조은 야마구치[山口]신용조합 창립
一.26 조은 히로시마[廣島]신용조합 창립
一.30 한국, 수해의연금을 주일대표부에 보냄
11.4 총련 중앙, 라스크 미 국무장관의 한국 방문에 관한 성명 발표
一.10 세계청년데이 조·일·중 청년평화집회가 도쿄에서 열림

1961~62년

재일동포
—.10 총련 중앙, 박정희의 방일 반대 항의 성명을 발표
—.11 박정희 최고회의 의장이 방일, 12일에 이케다 수상과 회담
—.11 박정희 방일에 반대하는 재일동포 1만 2천 명이 하네다(羽田)에서 궐기집회를 개최
—.11 총련과 민단 유지들, 박정희 일파의 방일과 '한일회담'에 반대하는 대회를 도쿄에서 개최—총련, 민단 유지, 문화인들이 도내 각 역에서 박정희 방일 반대 전단을 살포
—.16 한청(韓靑) 창립 15주년 기념축하회가 도쿄대반점에서 열림
—.23 재일문화인총연합회 결성
—.24 민단, 창단 15주년 기념행사가 구단(九段)회관에서 열림
—.25 기타오사카(北大阪)조선회관 준공
—.28 한일회담촉진민중대회가 아라카와(荒川)공회당에서 열림
12.2 민단 중앙 3기관이 오사카본부 직무를 임시로 대리 집행함
—.6 기후조선중급학교 창립
—.6 기후조선초중급학교 신교사 준공
—.11 민단, 한국학생동맹 전체 임원에게 권리를 정지한다고 통고
—.11 일한친화회, 한일경제협회, 한일무역협회, 아세아우지회(亞細亞友之會) 등 6개 민단 단체가 합동 주최로 한일회담의 성립을 요망하는 강연회를 지요다(千代田)공회당에서 개최
—.11 민단 중총, 한학동(韓學同) 집행부 전원을 권리정지 처분
—.13 한학동, 제22회 임시전국대회가 한국 YMCA에서, 한학동재건동지회 총회가 열려, 한학동이 분열
—.15 총련 중앙, 『조선신보』 100% 배증 방침을 제기
—.17 '한일회담'에 반대 배격하는 재일본조선인중앙대회가 열림
—.20 민단 중총 기관지 『민주신문』 격일간 발행
—.21 총련 중앙, 미국과 박정희 군사정권이 조용수, 최백금(崔白今)을 처형하는 범죄행위에 항의하는 성명을 발표
—.22 북한 무역선 제1선이 도쿄항 시바우라(芝浦) 부두를 출항
—.31 재일동포의 수는 56만 7,452명이 됨
1962
1.16 북한 무역선 굉상환(宏尙丸)이 요코하마(横浜)에 입항
—.23 민단 중앙기관지 『민주신문』을 『한국신문』으로 개칭
—.29 효코하마상은(商銀)신용조합, 창립총회
2.1 총련 중앙, 히가시오사카(東大阪)에 집중지도 1개월간 운동 전개함
—.1 『한국신문』의 일간 발행을 단행
—.2 이바라키(茨城)조선중고급학교 내에 일본 무장경관대 150명이 난입, 외국인등록증명서를 휴대하지 않은 학생을 조사한다는 구실로 학교를 강제수사
—.6 재경청년유지(有志)간담회가 한청(韓靑) 본부를 습격
—.10 총련 쓰시마(對馬)본부에 일본 쓰시마 이즈하라(嚴原)해상보안대가 '관세법 위반'을 구실로 불법 조사를 함

1962년

재일동포
一.16 오사카금강학원 고등부가 화재로 전소됨
一.18 오무라[大村]수용소에 수용 중인 조영록趙永錄이 한국강제송환에 반대한 자살미수사건 일어남
一.19 김종필金鐘泌 중앙정보부장이 방일
一.20 재일한국인상공연합회 결성대회가 시바[芝]공회당에서 개최됨
一.24 조선공민의 귀국운동 스파이사건으로 사토 기센[佐藤義詮] 일본적십자 오사카지사장은 총련 조직에 사죄함
一.25 북한에서의 경락經絡 연구 성과를 축하하는 재일조선인과학자중앙집회가 열림
3.1 이바라키조선중고급학교가 누군가에 의해 방화되어 전소
一.10 한국, 최덕신崔德新 외무장관 방일
一.17 제6차 한일회담, 공동성명을 발표하고 중단
4.1 지바현[千葉縣]조선중급학교 창립
一.1 시가[滋賀]조선초급학교 창립
一.4 조선상공회관 준공
一.6 민단 중앙, 한청 위원장 곽동의郭東儀 문제 조사결과를 발표
一.10 도쿄조선제1중급학교 인가 획득
一.10 도쿄조선제5중급학교 인가 획득
一.10 도쿄조선제6중급학교 인가 획득
一.10 도쿄조선제7중급학교 인가 획득
一.10 산타마[三多摩]조선제1중급학교 인가 획득
一.13 민단 중앙, 한청 문제로 곽동의를 권리정지 처분
一.25 총련 중앙, '일본경제사절단' 한국 방문에 관해 이를 규탄하는 담화 발표
一.30 전 민족일보사 사장 고 조용수趙鏞壽의 추도회가 도쿄역 야에스구치[八重洲口] 국철회관에서 북일 양국의 언론문화인들의 발기로 거행됨
5.5 조선대학생들이 자력으로 기숙사 2호관 준공
一.9 총련 중앙 상임위원회 제6기 33차 회의에서 '모범교원집단' 및 '모범교육회' '모법교원'에 대해 표창하기로 결정
一.21~22 민단 제26회 전체대회가 고베[神戸]해원海員회관에서 열림―대의원 300명 중 296명 출석, 의제가 한청·한학동韓學同 문제와 곽동의 권리정지 처분 문제로 분규하면서 토의 중에 정해진 시간이 종료되자 대회는 중단됨
6.5 총련 중앙과 동포 대표, 귀국협정 재연장을 일본적십자에 요청
一.8 한국에서의 미국의 만행을 규탄하고, 한국 청년학생들의 반미구국투쟁을 지지하는 재일본조선청년학생궐기대회가 열림
一.11~12 조선 청년들이 도쿄 미국 대사관에 항의하는 운동을 전개
一.19 총련 중앙, 일본 경찰청과 경시청에 재일조선동포들이 민군의 만행에 항의하는 운동을 전개하는 데 대해 부당한 탄압을 하는 것을 즉시 중지하도록 요구
一.21 일본 정부 당국, 오무라수용소에 수용 중인 동포 168명을 한국으로 강제송환한다고 발표

1962년

재일동포

—.24 북한 최고인민회의 제2기 제11차 회의 보고 '남조선에서 미군을 철수시키기 위해 전민족적 투쟁을 전개하는 데 대해'를 지지하는 재일본조선인중앙대회가 열림
 7.1 헬싱키에서 열린 제8회 세계청년학생제전에 참가하는 재일조선청년학생대표단이 요코하마항을 출발
 7.3 민단 제26회 전체대회가 속회, 구단(九段)회관에서 열림—대의원 300명 중 294명 출석, 제26대 단장 권일權逸, 부단장 윤치하尹致夏·장총명張聰明, 의장 김광남金光男, 감찰위원장 정동화鄭炯和, 집행부 신임투표, 164 대 134, 기권 3으로 신임, 규약수정안 가결
—.3 조선대학교 교사(제1연구동)에 대해 1962년도의 '일본건축연감상' 수여식이 도쿄국제문화회관에서 열림
—.4 북한 최고인민회의 보고를 지지하는 조선상공인중앙대회가 열림
—.19 귀국협정무수정연장재일조선인중앙대회가 열림. 또 오사카, 가나가와(神奈川)를 비롯하여 각 현에서 군중집회가 열림
—.20 오카야마(岡山)조선신용조합 개설
 8.4 효고현(兵庫縣)의 공화共和신용조합 본점 준공
—.7 재일본대한전우회, 후생연금회관 홀에서 개최하고, 발전적으로 해산. '대한민국재향군인회 일본지부'를 결성. 기관지 『전우』를 『재건』으로 개칭
—.14 아이치현(愛知縣) 도요하시(豊橋)조선초중급학교 증축공사 준공
—.15 이바라키조선초중급학교 신교사 준공
—.20 재일한국인정치난민대책위원회가 원심창元心昌 등을 중심으로 결성됨
—.21 한일예비회담, 5개월째에 재개. 제6차 한일회담, 청구권의 구체적 금액을 상호 제시
—.27 민단, 전남 순천지방의 수해구제 모금운동을 전개
—.30 일본 사회당 중앙위원회는 '한일회담'의 즉시 중지를 강력하게 요구하는 특별결의를 채택함
 9.15 와카야마(和歌山)조선초중급학교 인가 획득
—.17 한국으로의 일본 경제시찰단(단장 우에무라 고고로(植村甲午郎)) 일본 출발
10.6~12 총련 중앙, '한일회담'을 반대 배격하고 귀국협정의 무수정 연장을 요구하는 제1차 통일행동을 개시
—.8 최고인민회의의 제3기 대의원선거에서, 일본에서 귀국한 3명의 동포가 대의원으로 선출됨
10.27 히가시코베(東神戸)조선초중급학교의 신교사 준공
—.31 민단, 한일회담타결촉진중앙민중대회. 5,000명 참가, 데모 행진
—.31 한국 농어촌에 라디오를 보내는 운동이 시작됨
11.1 총련 중앙, 귀국협정 무수정 연장에 관한 성명 발표
—.3 야마구치현(山口縣) 시모노세키(下關)조선중급학교 신교사 준공
—.3 호세이(法政)2고등학교 살인사건—도쿄조선학교 고등학생 신영철辛英哲(고1)이 호세이2고등학교 문화제에 초대되어 사격전시실에서 참관하던 중 총으로 구타당하여 두개골 골절 뇌 좌상으로 사망한 사건이 발생함

1962~63년

재일동포

—.5 민단, 제1회 규약개정위원회. 3기관이 제출한 원안을 심의. 사무국장 중앙임명 문제를 토의
—.8 북한으로의 귀국선 100차 선박까지 귀국자 8만 명 축하 재일본조선인중앙대회가 니가타[新潟]에서 열림
—.8 조일 적십자사 대표 간에 재일조선 공민의 귀국협정을 무수정 연장하는 데 합의함
11.12 11월 10일 방일한 김종필과 오히라[大平] 외무장관이 회담, 일본으로부터의 청구권은 한국 독립의 축하금으로, 대일배상금은 유상 2억 달러 무상 3억 달러로 합의함
—.18 조일 두 적십자사는 귀국협정의 무수정 1년 연장에 조인
—.24 '한일회담'을 배격하는 제6회 통일행동이 각 현에서 일제히 전개됨
—.29 지바상은신용조합 창립총회
11.— 북일 간에 화물선 정기항로가 개설됨
12.4 총련 아이치조선회관 준공
—.5 민단 제37회 중앙의사회. 법적지위대책위 설치·규약 개정·재정 확립 등을 토의
—.5 오무라수용소에 수용 중인 동포 135명이 차별 등 처우 개선을 요구하면서 동棟을 이탈하여 수용소 내에서 데모 등을 통해 항의운동을 전개
—.8 도쿄조선제3초급학교 신교사 준공
—.10 이수길李秀吉사건 발생—한국에서 1951년 4월경 일본으로 밀항하여 반박정희운동을 전개하다가 체포
—.12 민단, 재일동포법적지위대책위원회 제1차 회의
—.23 총련 의장 한덕수韓德銖, 청산리정신, 청산리방법을 총련 조직 내에 구현하기 위해 도쿄도 오타[大田]지부 마고메[馬込]분회를 방문, 모범운동을 지도—모범운동이 전국으로 확대됨
—.31 새일동포의 수는 56만 9,360명

1963
1.1 『조선신보』 축소판을 발행
—.8 간토[關東]경제학원 창립
—.9 시가[滋賀]상은商銀신용조합 설립
—.10 지바[千葉]조선초중급학교 신교사 준공
—.12 총련 중앙, 일본 경찰의 총련 기관에 대한 스파이행위에 대하여 경시청에 엄중 항의
—.26 총련 중앙, '재일조선인 인권 박해에 관한 좌담회'를 학사회관에서 개최
2.4 민단, 한일회담촉진·법적지위요구관철민중대회
—.4 재일조선인상공연합회가 간토·간사이[關西]지방상공인에게 세금문제강습회를 개최
—.14 세계남녀스피드스케이트선수권대회에 참가한 북한 선수단(한필화韓弼花 선수 이하 108명)을 환영하는 재일본조선인중앙대회가 공립강당에서 열림
—.14 홋카이도[北海道]한국학원 하코다테[函館]분교 낙성
—.25 일조협회는 관동대지진조선인희생자조사위원회를 설치
—.27 북한조선국제무역촉진위원회는 일조무역회와 '조일 양국 상사 간의 상품 거래에 관한 일반 조건'에 합의

1963년

재일동포
3.13 민단 제2회 전국지방본부단장회의
―.13 대한항공, 일본항공과 제휴, 서울과 도쿄 노선의 정기편을 개설
―.13 총련 중앙, 일본 총평總評을 비롯하여 각 노조간부와 '한일회담' 및 한국 정세에 대하여 간담회를 개최
―.15 민단 중앙, 『한일회담 경위 10년사』를 발행
―.20 주조역[十條驛]에서 사복경관이 조선중학생 1명에게 외국인등록증 제시를 요구하고 교내 내부에 관한 질문을 하면서 대답을 강요
―.28 우구이스다니역[鶯谷驛]에서 사복경관이 조선고등학생 1명에게 외국인등록증의 부당한 제시와 학교 내부에 관한 질문에 대한 대답을 강요
4.6 재일동포 간(조선국적과 한국국적)의 단합집회운동이 전국 각지에서 전개
―.13 일본의 우익, 불량분자들 약 18명이 집단으로 아침 8시경 도쿄조선중고급학교를 습격하고 맥주병, 나무토막, 돌멩이를 던지는 도발사건이 발생
―.15 조선중앙회관(지요다구[千代田區] 후지미쵸[富士見町]) 준공
―.15 시대사時代社가 창립되어 월간 잡지 『조국』 창간
―.20 재일본조선인통신교육협회 결성
―.25 주일대표부, 일본 각지 21곳에서 한국교육문화센터를 설치
―.28 고라쿠엔[後樂園]에서 조선고등학생 1명에게 경관이 외국인등록증 제시를 요구하면서 도미사카[富坂]경찰서로 연행하여 5시간이나 등록증을 소지하지 않았다는 이유로 학교 내부에 관한 질문에 답할 것을 강요
5.1 5·1절 재일조선인중앙대회가 열림―대회에서 '조국 왕래의 자유를 실현하기 위한 결의'가 채택됨
―.2 시부야[澁谷]역전사건―도쿄조선고등학생 변광식卞光植 외 4명이 하교 도중 시부야역에서 고쿠시칸[國士舘]고등학생 약 25명에게 습격당하여, 변광식은 칼에 찔려 1개월 입원, 양군은 고막이 찢어지는 등 전원이 부상당함
5.5 나가노[長野]조선신용조합 창립
5.5 도쿄조선고등학생에 대한 집단폭행사건이 4월 25일에 야마노테선[山手線] 전철 내에서, 4월 28일에 세이부선[西武線] 네리마역[練馬驛]에서, 5월 3일 야마노테선 오쓰카역[大塚驛]에서, 5월 5일에 조반선[常磐線] 미카와시마역[三河島驛]에서 발생
―.6 조선중앙회관 낙성 축하에 상공인 600여 명이 참가
―.8 총련 중앙 한덕수韓德銖 의장, 일본 각 정당 및 사회단체에 조국 자유 왕래를 지원해 줄 것을 요청
―.9 일본 정부 나카가키[中垣] 법무장관은 국회에서 재일조선인의 조국 자유 왕래는 '한일회담'에 영향을 주기 때문에 승인할 수 없다고 답변
―.10 도쿄의 조선인들 일본의 단체 316곳을 방문하여 조국과의 자유 왕래 실현을 위한 운동에 지원해 줄 것을 요청
―.13 이바라키[茨城]조선중고급학교 내에 일본의 경관대가 일방적으로 침입하여, 교내에서 외국인등록증 휴대 실태를 수사한다는 이유로 신성한 교육의 장소를 더럽히고, 수업 중인 여성 교사를 외국인등록증 미소지未所持로 연행

1963년

재일동포
—.13 조국자유왕래요청위원회 대표, 일본 내각 구로가네[黑金] 관방장관에게 조국 왕래의 자유를 요청
—.14 사이타마현[埼玉縣] 도코로자와시[所澤市] 의회가 재일조선인의 조국 자유 왕래 지지를 결의
—.17 도쿄, 무사시[武蔵] 고가네이역[小金井驛]사건—조선고등학생 권종호[權宗鎬] 외 2명이 하교 도중 주오선[中央線] 무사시 고가네이역 홈에서 다쿠쇼쿠대[拓殖大] 제1고등학교 학생 5명에게 칼로 습격당하여, 권종호는 간까지 찔리는 자상으로 빈사 상태의 중상, 나머지 2명도 부상당함
—.21 총련 중앙, 일본 나카가키 법무장관의 총련 비난 중상에 항의 성명 발표
—.24 총련 중앙 한덕수 의장, 세계 각국 정부 및 정당, 사회단체에 재일조선인의 북한 자유왕래운동 지지를 호소하는 서한을 보냄
—.24 민단, 군정연장반대민중대회를 개최
—.24 총련 중앙, 일본 우익분자, 불량학생이 반발하는 조선 공민에 대한 폭행사건에 대하여 성명을 발표
—.24~25 민단 제27회 전체대회가 도쿄 구보[久保]강당에서 열림—대의원 300명, 제27대 단장 김금석[金수石], 부단장 박성진[朴性鎭]·김영준[金英俊], 의장 배동호[裵東湖], 감찰위원장 김인수[金仁洙] 선출. 중앙위원제 확립, 규약개정 결정
—.25 재일본조선인영화운영위원회 설립
—.25 민단, 제29회 정기대회가 열려 박정희 군정 연장 반대를 결의
—.30 재일조선인의 조국 자유 왕래 실현을 위한 서명운동과 가두선전이 전국 각지에서 일제히 전개
6.8 한학동[韓學同], 제24회 정기총회가 통일대회로 바뀌어 선언문 발표
—.12 조국 자유 왕래의 실현을 요구하는 재일본조선인중앙대회가 열림
6.— 조선고등학생에 대한 집단폭행사건이 빈발하여, 5월에 5건, 6월에 들어 14일에 시모키타자와역[下北澤驛]사건, 15일에 우메가오카역[梅ケ丘驛], 17일에 오쓰카역사건, 18일 다시 오쓰카역사건, 21일 신주쿠[新宿] 오다큐[小田急]백화점사건 등이 연속으로 발생
6.19 민단, 한국인장학회 설립위원회를 구성
—.25 한국에서 미군의 철수를 요구하는 재일조선인중앙대회가 열림
7.2 총련 중앙, 한국 절량[絕糧] 농민과 이재민들에게 백미 1,000석을 보내고 나머지 구원미 백미 10만 석을 포함하여 구제하는 건에 관하여 북한 내각 결정을 지지하는 성명을 발표
—.2 총련 중앙, 한국 절량 농민을 공동으로 구원하는 문제를 민단 중총에 제기, 거부
—.4 닛포리역[日暮里驛]부근사건—조선고등학생 홍투천[洪鬪千]이 하교 도중 닛포리 역전 버스정류장에서 도카[東華]학원 학생들에게 칼로 등을 찔려 폐까지 다치는 빈사의 중상
—.5 도쿄조선중고생비상대책위원회, 조선학생에 대하여 살상폭행사건과 경찰 당국의 부당한 태도를 규탄하는 호소문을 발표

1963년

재일동포
1.11 총련 중앙, '한국 농림부장관'에게 북한에서 보내온 백미 10만 석과 총련에서 보내는 백미 1,000석의 구원미를 받아달라고 전문電文을 보냄
1.12 도치기[栃木]조선초중급학교 인가 획득
1.15 총련 중앙, 한국 절량 농민과 이재민에게 보내는 구제 원조를 받아들이도록 한국 각 정당, 사회단체 인사들에게 서한을 보냄
1.23 총련 중앙, 재일동포에 대한 폭행, 살인, 습격 등 불법행위에 관한 북한 남일南日 외무장관의 성명을 지지하면서 성명 발표
1.27 한국전쟁 정전 10주년 기념, 한국에서 미군의 즉시 철수를 요구하는 도쿄조선인대회가 열림—대회에서 민단과의 대동단결을 결의하고 호소
1.28 민단, 재일한국교육후원회 창립총회
8.2 조일 두 적십자사는 쌍방 간에 귀국협정을 1년간 연장하는데 합의
1.7 북한으로 왕래의 자유를 요청하면서 각 현에서 일제히 가두선전과 서명 등의 제4차 통일행동을 전개
1.14 민단 도쿄본부 건물의 부정사건
1.15 후쿠이[福井]조선신용조합 창립
1.19 총련 조국자유왕래중앙대회, 자유왕래 결의의 요청문을 국회의원에게 전달
9.3 한국분인회 중앙총본부, 도쿄본부 회장 김신삼金信三을 제명처분
1.4 가나가와현[神奈川縣]에서 요코하마[橫浜]조선인건설사업협동조합 설립
1.4 민단 중총, 법적지위 문제에 대하여 각 지방본부에서 순회 공청회
1.15 제10기 조선청년학교가 각지에서 일제히 개교
1.25 와카야마현[和歌山縣] 조선신용조합 창립
1.29 일조협회 및 제 단체에서 북한으로의 자유왕래실현연락회의를 결성
10.5 북한 건국 15주년 기념 평양시 경축대회에서 발표한 북한 최고인민위원회 최용건崔庸健 위원장 보고를 지지하는 재일조선인 강연회, 각지에서 열림
1.9 북한 국적법 제정 공포
1.10 조은朝銀 군마[群馬]신용조합 창립
1.26 총련 도쿄도본부, 일본의 우익 학생의 조선중고학생 폭행사건으로 아라카와[荒川]경찰 등 관계 당국에 엄중 항의
10.26 재일조선인의 인권을 지키는 모임 결성
11.3 히로시마[廣島]조선중고급학교 신교사 준공
1.3 가나가와사건—가나가와조선고등학교의 신영철辛永哲 외 1명, 호세이대[法政大] '이고 제二高祭' 참관 중, 호세이대 2고 학생에게 공기소총으로 구타당하여 두개골절 뇌좌상으로 사망
1.14 재일본조선청년동맹반열성자 제1차 대회가 열림
1.19 재일본조선여성동맹열성자 제1차 회의가 열림
1.21 민단 제1회 중앙위원회. 규약 개정·중앙의사회 폐지, 중앙위원회 변경, 규약수정위원회 구성, 단기團旗 승인
12.16 민단, 전국 지방본부 단장 일행, 박정희 대통령 취임식 참가를 위해 한국으로 출발

1963~64년

재일동포
―.17 남북한이 협상과 합작을 통하여 조국의 자주적 통일을 실현하는 데 대한 제기를 지지하는 재일본조선인중앙대회가 열림 ―.21 도쿄도 의회, 재일조선공민의 북한으로의 자유 왕래를 지지하는 결의 채택 ―.22 아이치[愛知]조선제3초급학교의 신교사 준공 ―.25 조선장학회 별관 준공 ―.31 재일동포의 수는 57만 3,284명이 됨

1964
1.1 『조선체육신문』 창간
―.1 월간 잡지 『조국』 창간
―.21 민단 규약 개정을 위해 제1회 중앙위원회를 신주쿠[新宿] 야스다[安田]생명 홀에서 중앙위원 118명이 참석하여 토의, 특별위원회 설치 등을 결정
2.1 민단 긴키[近畿]지협, 법적지위요구관철민중대회를 열고, 박정희 정권 대일 굴복 반대·자주 자립 조국 건설을 요구하면서 데모, 오사카 나카노시마[中之島]공회당
―.8 '한일회담' 반대 재일본조선인중앙대회가 열림
―.12 총련 중앙, 쓰시마 본부를 습격한 경찰 당국의 부당한 탄압에 항의
―.14 한청韓靑, 주일대표부에 일본에서 퇴거할 것을 요구하면서 항의
―.14 민단 간토[關東]지협, 한일회담 법적지위요구관철 중앙민중대회가 열림―주일대표부의 일본 퇴거, 박정희 정권의 대일 협상 반대를 결의하고 데모
―.16 도쿄조선제2초등학교 신교사 준공
―.17 재일조선인조국자유왕래실현요청중앙대회가 열림
―.17 오사카부 교육위원회는 조선인 아동의 이름을 일본 이름으로 하면 교과서를 일본인 아동과 함께 무상으로 배부한다고 언명
―.20 총련 중앙, 민단 중총에 대하여, 3·1운동 45주년 기념대회를 공동으로 개최할 것을 제기, 거부
―.24 총련 도쿄도본부가 민단 도쿄도본부에 3·1운동 45주년 기념대회를 공동으로 개최하자고 제기, 또 각 지방에서도 공동 개최를 제안함
―.25 총련 중앙, 민단 중총에 올림픽 도쿄대회에 참가하는 조국 남북반부 양 선수들을 환영하는 위원회를 공동으로 조직하는 데 대해 제기
2.26~27 총련 중앙위원회 제22차 회의가 열림―"재일동포의 민주주의적 민족권리를 옹호하는 활동을 한층 강화하는 데 대해"를 토의 결정
―.28 올림픽 도쿄대회에 참가하는 북한선수단 환영위원회 제1회 회의가 열림
3.1 3·1운동 45주년 기념 재일조선인중앙대회가 열림―각지에서 '한일회담' 반대 군중대회가 열림
―.1 민단, 3·1절 중앙민중대회 개최―법적지위에 있어 한국 정부에 간접 진정을 결정
―.4 조국무역촉진재일조선인위원회 주최로 조선과 일본 간의 무역 확대를 위해 강연회와 영화의 밤이 도쿄에서 열림
―.5 일본의 철학자 무타이 리사쿠[務台理作] 외 1207명의 학자들이 서명을 모아서, 북일 간 자유 왕래, 북일 학술 교류를 오히라[大平] 외무장관에 요구

1964년

재일동포
—.11 '한일회담'에 반대하는 재일본조선인중앙대회가 열림
—.12 재일조선유학생 교토기숙사 준공
—.12 한국 수석대표회담 시작
—.16~4.21 재일조선인 조국 왕래 실형 요청 오사카~도쿄 간 720km 보도행진단이 오사카 출발
—.16 한학동(韓學同), 재일한국학생 '한일회담' 반대투쟁위원회 결성
—.20 재일본조선인 남녀 제1회 농국선수권대회 개최
—.20 히로시마(廣島)조선제1초급학교 신교사 준공
—.21 재일한국유학생과 재일한국학생 '한일회담' 반대투쟁위원회 주최로 '한일회담' 법적지위요구관철 청년학생중앙궐기대회가 열림
—.21 한일회담·법적지위요구관철·청년·학생중앙궐기대회. 재일한국유학생·재일한국학생한일회담반대투쟁위원회를 결성
—.24 '한일회담' 반대 재일본조선인중앙대회가 히비야(日比谷)야외음악당에서 열리고, 데모
—.24 총련 중앙, 일본 각 경찰과 법무성에 일본의 불량분자와 경찰관의 재일동포에 대한 인권 침해에 관하여 항의성명을 발표
—.25 총련 중앙, '한일회담'에 반대하면서 한국 민중의 애국투쟁을 지지하는 성명 발표
—.28 도쿄조선음식업협동조합 설립
4.1 도쿄조선제2초중급학교 중급부 창립
—.1 도쿄조선제4초중급학교 중급부 창립
—.1 시즈오카(靜岡)조선초중급학교 중급부 창립
—.1 센슈(泉州)조선초급학교(이즈미오쓰시(泉大津市)) 창립
—.3 민단 중앙, 한일회담·법적지위전문위원회에 '고문(顧問)' 참가를 취득
—.7 북한 최고인민회의 제3기 제3차 회의를 지지하는 재도쿄조선인대회가 열림
—.7 민단, 도쿄올림픽 재일한국인후원회 결성(회장 이유천(李裕天))
—.9 재일조선인사격선수권 제1회 대회가 열림
—.15 4·19 민중봉기 4주년 기념대회를 조청, 유학동과 한청, 한학동이 공동으로 열자고 한청에 제기
4.19 '한일회담'에 반대하여 4·19 민중봉기 4주년 기념, 재일조선청년학생궐기대회가 열림
—.19 에히메현(愛媛縣)조선중고급학교의 교사 증축과 기숙사 준공
—.21~22 제1회 재일조선인야구선수권대회가 열림
—.21 조국왕래요청재일본조선인중앙대회가 열림—전국 각지에서 일제히 같은 재일조선인대회가 열림
—.30 재일조선인청년학교 전국 950여개 학교의 개교식이 거행됨
—.30 조일합작기록영화 '천리마조선'이 완성됨
5.2~3 총련 중앙상임위원회배 쟁탈전 제1회 재일조선인남녀탁구대회가 열림
—.6 총련 중앙, 재일조선공민에 대한 인권침해사건에 관하여 일본 경찰청에 항의
—.8 히가시오사카(東大阪)조선제1초중급학교의 교사 증축 준공

1964년

재일동포
―.19~20 재일조선인골프대회가 열림
―.23 도쿄조선제2초중급학교 중급부가 인가를 획득
―.23 도쿄조선제4초중급학교 중급부가 인가를 획득
―.25 '조선통신'의 영문판이 창간됨
―.25~27 총련 제7차 전체대회가 분쿄[文京]공회당에서 열림―대의원 837명, 방청자 1200명, "김일성 수상이 조선노동당 제4차 대회에서 제기한 강령적 과제를 총련 사업에 구현하고 총련사업에서 새로운 고양을 일으키는 데 대해" 토의 결정―의장 한덕수韓德銖, 부의장 이심철李心喆·이계백李季白·노재호盧在浩·윤봉구尹鳳九, 중앙위원 173명 선출
―.27 민단 도쿄본부 옥사소송 판결
―.28 조선대학 강당 및 제2연구실 준공
―.29 북한 올림픽시찰단 방일
6.1 오무라[大村]수용소에 수용 중이던 문오영文五瑛이 한국으로 강제송환되는 것에 반대하여 목을 매어 자살
―.2 오무라수용소에서 문오영자살사건으로 임석균任錫均을 중심으로 180명이 항의집회를 열고 당국의 책임규명을 결의
―.3 '한일회담' 반대 재일본조선인중앙대회 개최, 항의 데모
―.6 한학동, 본국 학생의 총궐기에 대하여 재일한국인학생지원대회가 열림
―.7 민단계 문화단체 백엽白葉동인회, 박정희 정권의 하야를 요구하면서 성명 발표
―.8 민단 비상대책위원회 구성, 유지간담회에서 38만 엔 문제 토의
―.14 교토조선제1초급학교의 교사 준공
―.16 오무라수용소에 수용 중인 조선인들, 처우개선투쟁위원회를 결성하고 임석균을 대표자로서 5개 항목의 요구를 제시하며 파업
―.16~17 민단 제2회 중앙위원회가 닛쇼[日消]호텔에서 96명이 출석하여 개최―괴문서怪文書사건·조선장학회 문제를 토의
―.16 총련 중앙이 니가타[新潟]지진으로 인해 현지에 대책본부를 설치
―.17 총련 중앙, 일본적십자에 니가타지진의 위문위로금을 보냄
―.17 총련 야마가타현[山形縣]본부의 조선회관 준공
―.22 총련 중앙, 민단 중총에 니가타지진 이재동포를 공동으로 구원하자고 제기
6.23 총련을 비방 중상한 일본 정부 가야[賀屋] 법무대신의 망언에 관하여 총련 중앙 윤상철尹相哲 외무부장이 담화 발표
―.24 총련 각계의 동포 '니가타지진' 이재동포에 대한 구원활동을 전개
―.25 한국 민중의 애국투쟁을 열렬히 지지하고, 미군과 박정희 정권에 반대하는 재일본조선인중앙대회가 열림
―.25 재일본조선인체육연합회가 제18차 올림픽선수선발 전국종합체육대회 제2회 경기(평양)에 참가하는 재일조선체육인 조국파견 선수단을 발표
―.26 지바[千葉市]시 조선고교생폭행사건―조선고교생 9명이 하교 도중 지바시 해안에서 일본 우익학생 이십여 명에게 습격을 당하여 부상, 사건을 알게 된 시내의 조선동포가 지바현 경찰에 군중항의

1964년

재일동포

7.1 재일대한부인회, 중총과 도쿄 본부가 반목에서 화해로 전환할 것에 합의
—.4 재일조선인산악회
—.6 총련 중앙, 일본 저명인사를 초청하여 '조선영화특별시사회'를 도쿄 신주쿠 아사히 생명홀에서 개최
—.11 총련 한덕수 의장, 모국어를 사랑하고 말하기를 배우고 정확하게 쓰는 것에 대한 강연회를 도쿄조선문화회관에서 개최
—.12 민단 제28회 임시대회가 도시마[豊島]공회당에서 열림―대의원 390명 중 371명 출석, 제28대 단장 권일權逸, 부단장 한회준韓檜俊·정동화鄭炯和, 의장 박현朴玄, 감찰위원장 윤치하尹致夏 선출, 규약 일부 수정
—.13 재일조선체육연합회는 조국에서 진행되고 있는 올림픽선수 선발경기에 참가 희망을 요청하는 서한을 국제올림픽위원회 및 각국 국내 올림픽위원회에 보냄
—.27 조선적십자회와 일본적십자회 간에 귀국협정 1년 연장 합의를 확인
8.6 총련 중앙, 민단 중총에 8·15 해방 19주년 경축행사를 공동으로 주최할 것을 제안
—.6 도쿄도 내의 조선동포, 일본 당국의 '반조反朝' 선전에 반대하여 도쿄경시청에 항의
—.16 재일조선유학생동맹, 박정희 정권이 한국학생을 탄압하기 위해, 이른바 '학원보호법'에 반대하는 성명 발표
—.28 올림픽 도쿄대회에서 조국선수단 환영위원회 한덕수 의장은 도쿄올림픽 재일한국인후원회 회장에게 '올림픽 도쿄대회에 참가하는 조국 선수를 환영하는 사업을 공동으로 조직하는 데 대해' 제안
—.29 재일본조선상공업연합회와 재일본조선신용조합협회 대표, 재일조선상공인조직을 비방 중상하는 기사를 날조 게재한 일본평사 발행의 잡지 『경제왕래』에 항의하면서 정정기사 게재를 요구
—.31 민단 중앙 권일 단장, 본국 정부에 교민국 설치를 건의
9.2 시가[滋賀]조선신용조합이 개설
—.3 재일본조선인체육연합회, 가네포참가선수들에 대해 북한 올림픽위원회와 관련 체육단체의 남북통일팀을 통한 참가 주장을 지지하면서 성명
—.5 총련, 오후야간학교가 전국에서 일제히 개교
—.6 총련 산타마[三多摩]본부의 산타마조선회관 준공
9.8~9 민단 제1회 전국지방본부단장회의, 44본부 대표 출석
—.9 총련 도치기현[栃木縣]본부의 도치기조선회관 준공
—.12 국제육군의 부당한 '제재'조치의 즉시 철폐를 요구하면서 산하 각 단체에서 담화를 발표
—.13 재일유학생동맹, 올림픽 남북통일팀 실현운동을 전개
—.29 총련 도쿄도 신주쿠지부 가시와기[柏木]분회 관하 조선인, '강제철거'를 저지하고 거주권을 획득
—.30 재일조선공민의 조국왕래의 자유를 지지하고 결의한 일본 지방자치체가 1,000곳을 돌파
—.30 도쿄조선인협동조합연합회는 불경기 속에서 동포 상공인의 기업권을 지키기 위해 융자활동을 전개

1964~65년

재일동포
10.3 니가타조선신용조합 개설
―.5 북한올림픽선수단, 제1진 144명이 니가타에 도착
―.7 올림픽 도쿄대회에 참가하는 북한 선수단을 환영하는 재일본조선인중앙대회가 열림
―.8 민단 '대한민국대표선수권중앙환영대회', 히비야공회당에서 열림. 본국초청가족 제1진 501명, 규슈[九州] 고쿠라[小倉]에 입항
―.9 북한 올림픽선수단, 신흥국 가네포대회에서 참가정지처분에 항의하면서, 귀국 성명
―.9 북한 올림픽선수단 신금단辛金丹(여) 선수, 한국에 있는 아버지와 도쿄에서 재회, 그 배후에서 KCIA의 신금단 선수 납치미수사건이 폭로됨
―.17 민단, 본국초청가족, 3083명 방일
―.22 올림픽 도쿄대회 북한선수단 환영위원회 한덕수 회장, 한국올림픽선수단 선수들에게 기념품을 보내고 싶다는 서한을 한국올림픽선수단 단장에게 보냄
―.26~27 재일조선중앙예술단, 도쿄 아사쿠사[淺草]국제극장에서 예술공연이 열림
11.13~18 도쿄민예작품전이 도쿄에서 개최
―.15~18 재일조선초중급학교 학생예술경연대회 열림
―.20~21 총련 중앙위원회 제7기 제2차 회의 열림―총련 중앙 한덕수 의장의 보고 '재일동포의 민주주의적 민족권리를 옹호하고 각계각층의 동포와의 사업을 한층 강화하는 데 대해' 토의 결정
―.29 시코쿠[四國]조선초중급학교의 신교사 준공
12.3 제7차 '한일회담' 본회담 시작에 관하여 총련 중앙이 성명 발표
―.5~6 민단, 제2회 전국지방본부단장회의
―.8~29 일본 각지의 조선인, 조국왕래의 자유 실현을 위해 계속해서 일본 적십자사에 요청하는 운동을 전개
―.10 군마[群馬]조선초중급학교의 신교사 준공
―.16 도쿄 거주 조국왕래 희망 조선인 10여 명이 일본 법무성에 재입국 신청
―.28 나라[奈良]조선신용조합 창립
―.31 재일동포의 수는 57만 8,545명이 됨
1965
1.1 민단 중앙 권일權逸 단장, 신년 담화에서 한일 국교정상화 촉진을 강조
―.7 '한일회담' 일본대표 다카스기 신이치[高杉晉一], 기자회견에서 "일본은 조선을 지배했지만, 우리나라는 좋은 일을 해 왔다"는 망언
―.11 도치키[栃木]조선신용조합 개설
―.11 다카스키 망언에 대하여 총련 중앙 윤상철尹相哲 외무부장이 담화 발표
―.13 총련 중앙 한덕수 의장, 한국 '국군'을 월남에 파견하는 것을 공동으로 반대하자고 민단 중총에 제기
―.14 조청朝靑과 유학동留學同은 한청, 한학동韓學同에 대해 한국 '국군'을 월남에 파견하는 것을 공동을 반대하자고 제기
―.15 민단, 한일회담촉진도쿄지구대회 개최

1965년

재일동포
—.15 재일조선연극단 결단
—.15 한국 청장년들을 월남으로 파견하려는 박정희 정권의 매국적 행위에 반대하는 도쿄조선인대회가 열림
—.20 민단 중앙 권일 단장, 본국 정부에 법적지위 처우 문제에 관한 요구사항을 제출
—.22 민단 민주파, 다카스기 망언 규탄, '한국군' 월남파견반대항의집회 개최
—.24 욧카이치[四日市]조선초중급학교 신교사 준공
—.24 재일조선인, 전국 각지에서 다카스기 망언을 규탄하는 집회 개최
—.30~31 총련 결성 10주년 기념 재일조선인 제2회 스키대회 개최
2.1 김일성 수상이 재차 제안한 조국통일 방안을 해설 침투시키기 위한 대중강연회가 전국 각지에서 열림
—.4 총련 중앙, 오사카에서 화재를 당한 이재동포에게 위문금을 보냄
—.8 다카스기 발언 규탄 재일한국인민중대회를 교바시[京橋]공회당에서 개최
—.11 총련 중앙, 베트남민주공화국에 대한 미국의 무력침공을 규탄하는 성명 발표
—.13 재일조선인상공연합회 대표, 국세청에 재일조선상공인에 대한 부당한 세금 수탈을 중지하도록 요청
—.17 재일조선인 '한일회담' 반대 투쟁위원회 위원장이 일본 정부 시이나[椎名] 외무장관의 한국 방문에 관한 담화 발표
—.19 총련 중앙, 민단 중총에 3·1절 46주년 기념대회를 공동으로 개최하도록 제기
—.23 일본의 우익, 일본혁신위원회는 재류조선인을 배격하는 전단을 뿌림—'호소한다'는 제목으로 "전조선인을 조선의 국토에서 추방하라, 조선인의 가게에서 물건을 사지 말라, 조선인에게 물건을 팔지 말라, 조선인을 고용하지 말고 조선인에게 고용되지 말라"는 중상 전단을 배포
—.26 총련 오사카 히가시나리[東成]지부 관내에서 조청의 활동가에게 경찰관이 집단폭행을 가한 일에 대해서 조선인 동포가 엄중하게 항의
3.3 민단, 법적지위요구관철 전국대표자회의를 개최. 일본 정부에 한일조약 비준 요구할 것을 결의
—.9 총련 중앙, 일본 방위청의 '미쓰야[三矢]작전' 계획에 관한 성명을 발표
3.9 한학동·한청[韓靑] 공동개최, 법적지위요구관철·이승만라인 사수 중앙궐기대회
—.12 범죄적 '한일회담' 반대, 박정희 정권을 규탄하는 재일조선인중앙대회가 열림—대회에서 요청문을 채택하고 내각관방 부장관에게 전달함
—.18 구월서방[九月書房] 신사옥 준공
—.21 아이치[愛知]조선제10초급학교 신교사 준공
—.23 도쿄조선가무단 결성
—.24 민단, 법적지위요구관철·평화선사수중앙민중궐기대회
—.25 민단, 법적지위·평화선 굴욕적 가조인에 반대하는 중앙민중궐기대회를 열고, 주일대표부에 진정
—.29 범죄적 '한일회담'에 반대하고, 박정희 정권을 규탄하는 재일조선인중앙대회가 열림

1965년

재일동포
一.30~31 총련성인교육열성자 제1회 대회가 도쿄에서 열림—이후 전국 각지에서 같은 종류의 대회가 열림
4.1 총련 중앙, 총련 결성 제10주년 기념행사에 조국인민의 축하단을 초청하기로 결정하고, 조국통일민주주의전선 중앙위원회에 전문電文으로 알림
一.1 사이타마[埼玉]조선초중급하교 중급부 창립
一.1 호쿠리쿠[北陸]조선초중급학교 중급부 창립
一.1 교토조선제2초급학교 창립
一.1 도슌[東春]조선초중급학교 중급부(아이치현 가스가이시[春日井市]) 창립
一.3 한일회담, 법적지위·청구권·어업 문제에 관한 가조인. 민단 중앙, 한일협정 가조인에 불만 성명 발표
一.3 총련 중앙, 박정희 정권과 일본 정부 사이에서 3가지 '합의안건'에 가조인한 데 관한 성명 발표
一.11 조국통일민주주의전선 중앙위원회, 일본 정부의 재일조선 공민에 대한 살상, 폭행과 재일 총련에 대한 탄압과 책동을 규탄하는 성명을 발표
一.15 도쿄조선중고급학교 본관인 신축 착공
一.19 한국 민중의 애국투쟁을 지지 지원하는 재일조선인중앙대회가 열림—전국 각지에서 같은 종류의 대회가 열림
一.25 도호쿠[東北]조선초중급학교 창립
一.28 일본 정부 법무성, 외국인등록증 국적란의 '한국'에서 '조선'으로 바꾸는 것에 응하지 않도록 재차 통달
5.1~2 재일동포 장기·바둑대회 개최
一.2 한국 외무부·국방부 두 장관, 재일동포에게 징병을 면제하는 데 관한 공동 성명
一.7 민단 제4회 임시중앙위원회. 법대위 총괄보고, 한청·한학동의 분파행동 징계를 결의. 민단 제4회 임시중앙위원회 명의로 한일회담 가조인에 대한 성명을 발표
一.14 '한일회담'에 반대하고, 박정희 정권을 규탄하는 재일본조선인중앙대회가 열림
一.20 재일조선중앙예술단(훗날 금강산가극단) 회관 준공
一.22 총련 결성 10주년 기념 전국주산대회 개최
一.23 총련 결성 10주년 기념 재일본조선인 전국우량아심사대회와 표창식이 거행됨
一.23 총련 결성 10주년 기념, 사이타마현조선인경로위로회가 열림
一.25 총련 결성 10주년 축하대회가 열림—총련 결성 10주년 축하연회 개최
一.25 『인민조선』 스페인어판 창간
一.27 총련 결성 10주년 축하회가 전국 각지에서 열림
一.28 총련 결성 10주년을 축하하면서 「조국에 바치는 노래」 대집단 매스게임이 8,000여 명의 조선학교 학생 연출로 고마자와[駒澤]경기장에서 전개
6.1 오무라[大村]수용소에 수용 중인 조선인 소년이 부당하게 한센병(나병) 취급을 당하여 항의 자살한 사건 발생
一.10 총련 중앙, 오무라수용소에 수용 중이던 조선인 소년이 자살한 사건에 대해 일본 정부에 항의

1965년

재일동포
―.19 북한 최고인민회의 제3기 제4차 회의 결정을 지지하고 범죄적 '한일회담'에 반대하는 재일본조선인중앙대회가 열림
―.20~23 한청, 법적지위 요구 관철 단식투쟁
―.22 한일기본조약 및 4협정 등 정식 조인. 민단은 한일협정 조인을 환영하여 "대국적 견지에서 이를 환영한다"고 성명, 한청 중앙은 "오늘 성립된 한일회담은 한국 정부의 패배외교이며 전 국민의 실망과 비판을 피할 수 없는 것이다"라는 성명 발표
―.22 총련 중앙, '한일 제협정' 조인에 관하여 규탄하는 성명을 발표
―.22 한청, '한일조약' 협정 조인에 비판 성명 발표
―.24 교토 조선 제2초급학교 신교사 준공
7.1 북한 적십자회에서 일본 적십자사에 재일조선 공민의 북한으로의 귀국협정을 1년 연장하도록 요청
―.12 민단, 한일협정 본조인 환영 축하회
―.18 '한국민족민주통일동맹' 일본지부가 이영근李榮根 등에 의해 결성됨
―.20 민단, 수해피해동포구원운동을 전개
―.26 7·27 한국전쟁 정쟁 12주년을 맞이하여 한국에서 미군의 즉시철수를 요구하고, 매국적 '한일조약'에 반대하는 재일조선인중앙대회가 개최됨
―.29~31 총련 결성 10주년 기념 재일본조선인교육방법연구중앙대회가 열림
―.31 일본 내각조사실 발행 『조사월보』지에 "재일조선인의 민족교육 문제는 문교 문제로서보다도 학교 폐쇄의 실력행사를 어떻게 할까 하는 치안 문제로서의 처리를 생각해야 한다"는 논문이 게재
8.2 일본 전국에서 재일동포의 자제에 대해 모국어 등 습득 하계학교가 일제히 개교
―.2 조은朝銀 후쿠오카[福岡]신용조합 본점 신사옥 준공
―.3 군마[群馬]조선초중급학교가 인가를 획득
―.10 간토[關東]경제학원 신학사 준공
―.11 총련 중앙, 민단 중총에 8·15 조국해방 20주년 기념행사를 공동으로 개최할 것을 제기
―.15 재일본조선축구단 100전 100승 기록을 수립
8.16 한국군 군인 김동희金東希, 군대를 탈주하여 일본에 망명을 요구하면서 밀입국 자수
―.20 조선대학교 통신학부 제1회 졸업식이 조선대학교에서 거행됨
―.22 북한 일본무역회 간에 새로운 '조일양국상사 간의 상품 거래에 관한 일반조건'을 체결
―.25 조은 니가타[新潟]신용조합 본점 신축 준공
―.26 총련 니가타출장소회관이 신축 준공
9.1 하마마쓰[浜松]조선초중급학교의 신교사가 준공
―.4 도쿄조선가무단 결성
―.4 오사카조선가무단 결성
―.4 일본 정부가 이춘익李春益, 강달봉姜達奉 두 청년을 한국으로 부당하게 강제송환을 강행한 데 대해 총련 중앙 윤상철尹相哲 외무부장이 담화 발표

1965년

재일동포
—.5 재일본조선인수영대회가 열림
—.7 민단 제5회 정기중앙위원회, 동의보건회관에서 열려, 한학동은 중앙직할로, 총련 산하 동포에게 호소문, 한국민족민주통일동맹을 적성단체로 결정
—.8 홋카이도[北海道] 조선신용조합 개설
—.15 교토조선중고급학교 고급부의 학교법인 인가를 획득
—.16 총련 중앙, 조선민주여성동맹 중앙위원회 김은순[金恩順] 부위언장(재평양)의 죽음에 조전을 보냄
—.21 총련 중앙, 간사이[關西]지방 태풍 피해로 고베[神戶]조선중고급학교 건설기금 1,000만 엔을 원조하고, 효고현[兵庫縣], 오사카부의 조선인 이재민에게 위문금을 보냄
—.21 가나가와현[神奈川縣] 조선교육회의 학교법인 조선학원이 인가를 획득
—.27 기후[岐阜]조선초중급학교 초급부가 인가를 획득
—.28 재일본조선인왕래요청대회 개최, 총련 중앙 이계백[李季白] 부의장이 보고
10.9 조선노동당 창건 20주년 경축중앙대회가 열림
—.9 총련 아이치현본부에 대한 무장스파이침입사건에 관하여 총련 중앙 외무부장이 담화 발표
—.15 매국적 '한일조약'에 반대하여 동포 상공인의 기업권 옹호를 위해 재일조선상공인대회가 도쿄에서 열림
—.16 교토조선제1초급학교의 신교사가 준공
—.18 조선노동당이 걸어온 20년의 사진전람회가 조선중앙회관에서 열림
—.19 삿포로[札幌]상은신용조합 창립
—.24 재일조선인 '조선국적요청자연락회' 결성
—.25 조선국적요청자대회가 도쿄에서 열림—대회 대표를 선출하고, 일본 정부에 강력하게 요청
—.26 일본 정부, 재일조선인의 국적 문제로 '조선'은 부호[符號], '한국'은 실질 국적이라는 정부 통일견해를 발표
—.27 총련 중앙 한덕수[韓德銖] 의장, 재일조선 공민의 조국 왕래 염원이 실현될 수 있도록 지지 성원을 세계 각국 단체와 인사에게 요청하는 서한을 보냄
—.28 총련 중앙, 재일조선인 국적변경 문제에 대한 일본 정부의 '통일견해'에 관하여 성명을 발표
11.2 민단, 일본사회당 간부의 폭언을 규탄하는 중앙항의대회가 히비야[日比谷]야외음악당에서 열리고, 전국 각지에서 항의대회 개최
—.3 아이치한국학원 낙성
—.3 다카라즈카[寶塚]조선초급학교(효고현 다카라즈카시) 신교사 준공
—.10 시즈오카[靜岡]상은신용조합 창립
—.10 북한 건국 17주년을 축하하면서 집단 매스게임 '영광 있으라, 우리 조국'이 고마자와경기장에서 전개
—.10 사이타마조선초중급학교가 인가 획득
—.12 총련 중앙, '한일조약'을 일본 국회에서 강행 체결한 데 관해 성명 발표

1965~66년

재일동포
12.17 일본 정부, 협정에 의한 '출입국관리특별법'을 실시. 주일대사관, 대일청구권 및 경제협력사절단 업무를 개시
—.17 지바(千葉)조선초중급학교가 인가 획득
—.18 방희(方熙) 주일대리대사가 취임. 오사카 총영사관·후쿠오카총영사관을 설치, 민단 중앙, 한일 국교정상화에 성명 발표
—.18 총련 중앙, '한일조약' 비준서 교환에 항의하여 성명 발표
—.24 가와사키(川崎) 조선초중급학교의 초급부가 인가를 획득
—.24 요코하마(橫浜)조선초급학교가 인가 획득
—.24 난부(南武)조선초급학교(가와사키시(川崎市))가 인가 획득
—.24 쓰루미(鶴見)조선초급학교(요코하마시)가 인가 획득
—.24 요코스카(橫須賀)조선초급학교 인가 획득
—.28 교토조선제2초급학교 인가 획득
—.28 일본 정부, 두 개의 문부성 차관 통달로 재일조선인의 자제교육을 자주적으로 운영하고 있는 조선인학교를 각종학교로도 인가하지 않는다는 방침을 지령
—.29 총련 중앙, 재일조선 공민의 민주주의적 민족교육을 탄압하려고 하는 일본 정부의 통달에 관하여 성명을 발표
—.29 일본 정부 법무성, 재일조선인의 북한으로의 자유왕래 신청자 1,000명 중 2명이 해방 후 처음으로 북한으로 왕래하는 것을 인정받음
—.30 제1차 재일동포조국방문단(2명)이 야하타항(八幡港)에서 일본을 출발
—.31 재일동포의 수는 58만 3,537명이 됨
1966
1.13 한일수교 후, 초대 주일대사 김동조(金東祚) 착임
—.14 민단, 전국 지방본부 사무국장회의, 영주권에 대한 실시요령을 협의
—.17 총련 중앙외무부장, 일본 당국 '영주권 신청' 수리 시작에 관한 담화 발표
—.17 일본 정부, '한일조약' 법적지위협정 발효에 따라 영주권 신청 수리 시작
—.17 민단 중앙 권일(權逸) 단장, "영주권 신청은 조총련 산하 동포도"라는 담화를 발표. 재일한국인 법적지위협정을 비롯한 한일협정 발효, 영주권 신청 접수를 시작
—.18 도쿄도 아라카와구(荒川區) 내에 거주하는 한국적 동포 30여 명이 '한국적'을 조선국적으로 즉시 변경하도록 아라카와 구청에 요청함. 이후 전국 각지에서 요청운동이 일제히 전개됨
1.19 아마가사키(尼崎) 중앙결찰서, 재일조선인 세대에 대한 특별 순회를 실시한다는 비밀훈령을 내림
—.22 총련 중앙, 한일회담 체결을 계기로 문부성 당국이 재일조선인의 민주주의적 민족교육에 대한 노골적인 파괴책동을 강행하고 있는 데 관해 요청문을 전달함
—.28 민단 중앙, 김동조 주일대사에게 일반 영주자 취급·계속 거주 등 5항목의 요망서를 제출
—.29 북한으로 처음 자유왕래로 방문하고 귀환한 2명의 재일조선인이 총련 중앙을 방문하여 귀환 보고

1966년

재일동포
2.2 후쿠오카[福岡]조선초중급학교 인가 획득
—.4 재일조선인중앙교육회, 교직원동맹은 일본 정부 문부성에 일본 정부는 재일조선인의 민주주의적 민족교육의 정당한 권리를 침해하지 않도록 강력하게 요청
—.12 조선대학교 창립 10주년 기념으로 일본인 저명인사 1,700명이 참가하여 집회를 개최
—.18 총련 중앙, 민단 중총에 3·1운동 47주년 기념대회를 공동으로 개최하자고 제기
—.21 재일본조선인상공연합회 결성 20주년 축하대회가 열림
—.22 민단, 법적지위처우대책위원회. 운동 촉진 방침을 결의
—.23 조선중고생, 신오쿠보역[新大久保驛], 신주쿠역[新宿驛], 시나가와역[品川驛]에서 불량 일본 고등학생(고쿠시칸[國士舘], 나카노[中野]전파고)들 약 40명에게 집단폭행을 당함
—.28 제1회 재일조선인학교모범교육집단열성자대회가 열림
3.1 3·1운동 47주년 기념, 미국과 박정희 정권을 규탄하는 재일본조선인중앙대회가 열림
—.3 총련 중앙위원회 제7기 제5차 회의가 열림—"재일동포의 공민권을 비롯하여 민주주의적 민족권리를 옹호하기 위한 활동을 한층 강화하는 데 대해" 토의 결정
—.3 오사카조선고급학교 인가 획득
—.3 히가시오사카[東大阪]조선중급학교 인가 획득
—.3 나카오사카[中大阪]조선초중급학교 초급부 인가 획득
—.3 기타오사카[北大阪]조선초중급학교 인가 획득
—.3 미나미오사카[南大阪]조선중급학교 인가 획득
—.6 조선신보사 사옥 증축공사 준공
—.6 조선통신사 사옥 증축공사 준공
—.17 민단, 법적지위대우대책위원회, 주일대사관에 '법직지위대책공동위' 설치 요망을 결의
—.20 민단 중앙감찰위원회, 『통일신문』편집위원 4명을 제명 처분
—.25 총련 중앙 윤상철尹相哲 외무부장, 효고현[兵庫縣] 아마가사키 중앙경찰서의 "재일조선인에 대한 특별조사 실시" 비밀통달에 대해 담화 발표
—.25 효고조선가무단 결단
—.29 '한국'적을 '조선'국적으로 변경할 것을 요구하는 동포의 중앙대회가 열림
4.1 호쿠리쿠[北陸]조선초중급학교 인가 획득
—.1 도슌[東春]조선초중급학교(가스가이시[春日井市]) 인가 획득
—.1 니시코베[西神戶]조선초중급학교 인가 획득
—.1 소노다[園田]조선초급학교(효고 아마가사키시) 인가 획득
—.1 다카사고[高砂]조선초급학교(다카사고시) 인가 획득
—.1 도쿄·오사카·교토의 민족학원 3개 학교를 한국학교로 개칭
—.9 총련 중앙, '외국인학교제도'를 창설하기 위해 책동하는 일본 정부에 대해 성명을 발표
—.10 다카라즈카[寶塚]조선초급학교 인가 획득
—.15 호쿠리쿠조선초중급학교 신교사 준공

1966년

재일동포
—.15 가나가와(神奈川)조선가무단 결단
—.21 아카시(明石)조선초급학교 인가 획득
—.22 민족교육의 권리 옹호를 위한 재일조선인중앙대회가 열림
—.23 조선 고등학생이 하교 중이던 고쿠시칸 고등학생 50명으로부터 4월 14일에 신주쿠 역, 4월 23일에 시부야역(澁谷驛)에서 70명에게 집단폭행을 당하여 3명이 중상
5.1 5·1절 축하 조국왕래요청재일조선인중앙대회가 열림—전국 각지에서 같은 종류의 대회가 열림
—.4 북한에서 보낸 전통악기 22종 97점의 전달식을 도쿄조선제1초중급학교에서 거행
—.7 조은(朝銀) 도쿄신용조합(당시 동화(同和)신용조합) 본점 신축 준공식이 거행
—.8 총련 중앙 한덕수(韓德銖) 의장, 일본 정부가 재일조선 공민의 민주주의적 민족교육을 탄압하려 하는 데 관해 국제단체 세계 각국 인사에게 서한을 보냄
—.11 민단 중앙, 일본 법무성에 협정영주자 재입국 제한 철폐를 요구
—.13 일본 정부, 각의에서 '외국인학교제도 창설안을 포함한 학교교육법 일부 개정안'을 승인
—.15 조선대학교 창립 10주년을 맞아 일본의 96개 대학, 학생 1,650여 명을 조선대학교에 초청하여 조일학생축하회를 개최
—.17 민단 창립 20주년 기념식전이 열림
—.25 한학동(韓學同) 제27회 정기대회가 도시마(豊島)진흥회관에서 열림, 위원장 양동준(梁東準) 선출, 민단 직할을 해제
—.25 조선신보사, 프랑스어판 『인민조선』 창간 및 『사진속보』를 창간
—.29 도쿄조선제4초급학교 신교사 준공
6.2 니시코베조선초중급학교 신교사 준공
—.4~5 민단, 제7회 중앙위원회 활동방침. 영주권신청운동을 전면적으로 전개
—.5 고베조선고급학교 신교사 준공
—.6 민단 제29회 임시전체대회가 도시마공회당에서 열림—대의원 324명, 제29대 단장 권일, 부단장 장총명(張聰明)·김태섭(金泰燮), 의장 이희원(李禧元), 감찰위원장 이유천(李裕天) 선출. 제4차 선언을 채택
—.9 한국 삿포로(札幌)영사관 개설
6.24 한국 센다이(仙台)영사관 개설
—.25 한국 요코하마(橫浜)영사관 개설
—.25 6·25 16주년을 맞아 미군 침략군의 즉시 철수를 요구하고, 박정희 정권을 규탄하는 재일조선인중앙대회가 열림
7.8 한국 김동조 주일대사, 일본 외무성에 "북송협정 연장 반대"를 강조
—.11 총련 중앙, 재일조선 공민의 귀국에 관한 권리를 무조건 1년 연장하도록 일본 정부에 요청
—.14 총련 중앙 귀국대책위원회, 재일조선 공민의 귀국에 관한 협정의 무조건 연기에 대하여 지지 성원을 요청하는 호소를 일본의 각 정당, 사회단체 및 각계 인사에게 요청

1966년

재일동포
一.15 미야기[宮城]조선신용조합 개설
一.18 '한국'민족자주통일청년동맹 결성
一.20 태평양전쟁몰한국인위령제
一.27 도호쿠[東北]조선초중급학교 인가 획득
一.29 재일조선인체육연합회, 북한 체육대표단이 일본 정부의 부당한 정치적 차별로 국제배구심판원 강습회에 참가하지 못하게 된 사태에 관하여 담화 발표
一.29 민단의 한국하계학교, 재일동포 학생 482명이 한국 방문
一.30 총련 나가노현[長野縣]본부의 나가노조선회관 준공
8.6 귀국협정 수정 연장을 요구하면서 도쿄도 내 재일조선인 귀국희망자 대표들이 일본 정부에 강력하게 요청, 그 후 각지에서 같은 종류의 요청이 계속해서 전개됨
一.11 총련 중앙, 민단 중총에 8·15 해방 21주년 경축대회를 공동으로 개최할 것을 제기, 거부 답변
一.15 일본 정부, "한일관계에 지장이 있다"는 이유로 북한 기술자의 입국 비자 발급을 무기한 연기
一.23 귀국협정 폐지 반대, 무조건 연장을 요구하는 재일본조선인중앙대회가 열림
一.25 일본 학자, 교육자 집회에서 재일조선인의 민족교육에 관한 견해를 발표하고, 정부에 요청
一.26 북한 적십자회 대표, 일본 정부가 현행 귀국협정을 1년간 연장하고, 그 이후에는 폐지한다는 방침의 전문電文을 받고, 내외신문 기자들과 회견하여 성명을 발표
一.31 한국 정부, 대사관을 통해 총련 조직의 파괴를 목적으로 한 총련 산하 조선인의 조직에서 분리하는 책동을 행하도록 민단에 지령
9.4 총련 홋카이도[北海道]본부 조선회관 준공
一.17 평신호平新號사건—북한 어선이 일본 시모노세키항[下關港]에 입항한 사건
一.21 민단 제8회 정기중앙위원회. 법대위法對委 강화·20주년 기념행사 추진 등을 토의
一.26 '평신호'와 승조원을 북한으로 즉시 돌려보내도록 요구하는 간토[關東]지방조선인대회를 개최
9.29~10.15 민단 주최, 한국국립국악원 일본 공연, 각지 순회공연
一.30 북한 어선 '평신호'의 승조원 9명, 재일조선인 동포 3,000명이 환송하는 가운데 북한으로 귀국
10.5 김일성 수상, 조선노동당대표자회의 '현 정세와 우리당의 임무' 보고에서 "재일조선인 동포에 대한 일본 정부의 탄압과 박해를 철저하게 규탄하고, 재일동포의 정당한 투쟁을 항상 지지 지원한다"고 언명
一.21 재일조선상공인의 권리옹호를 위한 중앙대회가 열림
一.23 도호쿠조선초중급학교 기숙사 준공
一.27 북한으로 왕래를 실현하기 위한 도쿄도, 산타마[三多摩], 도치기현[栃木縣]의 재일조선인이 일본 정부에 대하여 요청운동을 전개—이후 각 현에서 계속해서 요청운동을 전개

1966~67년

재일동포
—.29 도치기현조선학교가 학교법인 조선학원으로 인가 획득 —.30 후쿠오카조선가무단 결단 11.12 재일본조선신용조합학원 창립 —.19 욧카이치[四日市]조선초중급학교 인가 획득 —.22 북한 외무성, 재일조선 공민의 민주주의적 민족교육을 말살하려는 일본 정부의 책동이 노골화하는 데 관하여 성명을 발표 —.25 조선대학교 인가를 요구하면서 '조선대학교인가촉진서명발기인회'가 결성되어, 일본의 각 대학 학장, 교수들 179명이 발기인이 됨 —.27 재일조선인 민족교육 문제로 긴키[近畿]지방의 각 대학 총장, 학장 및 교수들이 오사카에서 간담회를 개최 —.27 민단 나가노현본부 신관 낙성 12.5 제1회 재일본조선인축구선수권대회가 열림 —.9 재일본조선인체육연합회와 그 산하단체인 재일본조선인배구협회는 일본배구협회가 제5회 세계배구선수권대회에 참가하는 북한 배구선수단에 대하여 부당하게 명칭 변경을 요구하는 책동을 규탄하면서 성명을 발표 —.13~14 재일본조선인 중등교육 실시 20주년 기념, 간토지방 조선학생과 예술가 3,000명이 출연하여 음악무용서사시 「조국의 영광 하에」가 도쿄체육관에서 상연 —.20 민단 구마모토현[熊本縣]본부 한국회관 낙성 —.24 히로시마[廣島]조선중고급학교 인가 획득 —.24 히로시마조선제1초급학교 인가 획득 12.— 재일조선인민족교육문제간담회 결성 —.31 재일동포의 수는 58만 5,278명이 됨
1967 1.7 조청(朝靑), 여동(女同), 상공회, 교육회 조신협(朝信協), 학우서방(學友書房) 등의 총련 산하단체 대표가 일본배구협회에 북한 배구선수단의 선수권대회 출전 방해에 대하여 항의 —.9 미국 워싱턴에 있는 조선문제연구소 소장 김용중(金龍中)에게 보낸 김일성 수상의 회답 서한이 재일조선인 각계에서 열렬히 지지 받음 —.16 한국, '재외국민취적임시특별법, 법률 제186호' 공포 1.21 일본 정부, 한일협정에 따라 국민건강보험법 일부 개정을 공포하고, 영주허가 한국인에게 '국민건강보험' 적용을 결정 2.4 아이치[愛知]조선제10초급학교 인가 획득 —.7 재일조선 공민의 조국 자유 왕래 실현을 요구하는 간토[關東]지방 거주 조선인이 일본 정부에 요청함—전국 각지에서 요청운동이 계속 전개됨 —.13 재일본조선인과학자협회가 세계과학자연맹(WFSW)에 가입 —.12~13 민단 제9회 정기중앙위원회. 조직체계·사무체계 확립에 관한 결의문 채택, 규약심의위원회 상설 결정 —.14 아이치조선제1, 2, 3, 4초급학교 인가 획득

1967년

재일동포
一.18 총련 중앙 윤상철尹相哲 외무부장, 일본 당국이 김동희金東希 청년을 불법으로 한국 정부에 인도하려고 획책하는 데 관해 담화 발표
一.18 시모노세키[下關]조선초중급학교 인가 획득
一.24 총련 중앙, 3·1운동 48주년을 맞이하여 민단 중총에 공동으로 기념행사를 개최하자고 제기, 거부 회답
一.26 재일조선상공인의 기업권을 옹호하기 위한 도쿄조선상공인대회가 열림―일본 전국 각지에서 같은 종류의 대회가 열림
3.1 민단 중앙, 본국 정부·일본 정부에 법적 지위 대우에 관한 공동위원회 설치를 요청
一.3 북일 양국의 학술문화교육과 재일조선인 민족교육에 관한 일본 각 대학 학장의 간담회가 열림
一.7 일본 정부, 국회에 '학교교육법 일부 개정안'을 상정하고, '외국인학교제도의 창설'을 강행하겠다는 뜻을 언명
一.7 총련 홋카이도[北海道] 하코다테[函館]지부 유정렬柳楨烈 위원장에게 부당한 이유로 강제퇴거령이 입국관리국에서 송부됨
一.9 재일본조선인민족교육대책위원회, 일본 정부가 재일조선 공민의 민족교육을 억압하기 위해 '외국인학교제도'의 창설 획책에 대하여 성명을 발표
一.10 재일조선인민족교육대책위원회, 일본의 각 정당 및 사회단체를 방문하고, 일본 정부가 재일조선인의 민족교육을 탄압하려고 하여, '외국인학교제도' 창설을 획책하고 있다는 것에 반대운동을 하고 있는 재일조선인에게 지원을 요청
一.11~15 재일조선인의 대음악무용서사시「조국과 수상에 바치는 노래」가 오사카에서 상연됨
一.18 민족교육과 귀국의 권리를 옹호하기 위한 재일본조선인중앙대회가 열림
一.22~23 재일조선인협동조합 대표자회의가 열림
一.24 박정희 정권의 매국매족 행위를 규탄하고, 교육권을 비롯하여 제반 권리를 옹호하기 위한 재일본조선상공인대회가 열림
一.25 민단 중앙 권일權逸 단장, 일본 정부에 한국인학교를 사립학교로 인정하도록 요청서를 제출
一.27 재일조선인민족교육대책위원회 이계백李季白 위원장, '외국인학교제도'의 창설을 일본 국회에 상정하지 말도록 일본 정부 문부대신에게 요청
一.28 민단 시가현[滋賀縣]본부 한국회관 낙성
一.28 재일조선인 민족교육 지지 결의를 한 지방의회는 244개 자치체에 달함
3.31 재일본조선민족교육대책위원회, 민단 중총에 재일동포의 민주주의적 민족교육을 옹호하기 위해 '외국인학교제도' 창설에 반대하는 투쟁을 공동으로 전개할 것을 제기
4.1 하마마쓰[浜松]조선초중급학교 인가 획득
一.1 이바라키[茨城]조선초중고급학교 창립
一.1 도쿄조선제3초급학교 인가 획득
一.1 영주권을 취득한 재일한국인에게 일본 국민건강보험법을 적용, 실시

1967년

재일동포
—.3 조청 및 교직동教職同, 유학동留學同, 체련體連, 세계학생경기대회 도쿄조직위원회의 부당한 처치로 인해 출전하지 못한 데 관하여 공동성명 발표
—.5 조선대학교에 4년제 공학부를 설치
—.13 총련 시마네현島根縣본부의 조선회관 준공
—.15 일본 정부, 김원태金元泰 청년이 "금고형에 처해졌다는 이유"로 강제퇴거령, 신병을 입국관리소에 수용
—.16 사이타마현埼玉縣조선초중급학교 신교사 준공
—.17 총련 중앙 외무부장, 김원태 청년의 정당한 요구가 실현될 수 있도록 광범한 민중과 세계평화애호인민에게 적극적인 지원을 호소하는 담화 발표
—.19 4·19봉기 7주년 기념, 미국·박정희 정권 규탄 재일본조선인중앙대회 열림
—.21 일본 정부는 각의에서 북한으로의 귀국협정을 11월을 기점으로 파기할 것을 결정
—.23 니시와키西脇조선초급학교(효고현兵庫縣 니시와키시) 신교사 준공
—.24 귀국협정의 무수정 연장을 요구하고, 민족교육의 권리를 옹호하기 위한 재일본조선인중앙대회가 열림
—.24 이바라키조선초중고급학교 신교사 준공
—.29 북일 양국의 학술 교류를 촉진하고 재일조선인의 민족교육을 옹호하기 위해 홋카이도 지방의 일본 대학 학장, 교수들의 간담회가 열림
5.5 도슌東春조선초중급학교(아이치현 가스가이시春日井市) 신교사 준공
—.12 총련 와카야마현和歌山縣본부 조선회관 준공
—.22 총련 중앙, 총련 제8차 전체대회에 참가하는 조국통일민주주의전선대표단의 일본 입국을 허가하도록 일본 정부에 강력하게 요청
—.25~27 총련 제8차 전체대회가 시부야澁谷공회당에서 열림—대의원 1455명, 방청자 1068명, "역사발전에서의 정치적 수령의 결정적 역할과 재일조선인운동에서 주체사상 체계를 수립하는데 있어 사상을 이론적으로 명확하게 내세우는 문제"를 토의 결정—의장 한덕수韓德銖, 부의장 이계백·윤봉구尹鳳求·김병식金柄植·허남기許南麒·정재필鄭在弼, 중앙위원 169명 선출
—.27 조선대학교 기숙사 제4호관 준공
—.29 재일조선인아마추어사진가 유지의 '조국통일을 위한' 사진전람회가 도쿄에서 개최됨
6.1 전 민단 단장 김재화金載華, 박정희 정권의 선거에 신민당에서 국회의원선거에 입후보, 운동 중에 반공법 위반 용의를 구실로 KCIA에 체포됨
—.3 총련 중앙 대표단, 일본 수상관저에 기무라木村 관방부장관을 방문하여 일본 정부는 재일조선 공민의 귀국 권리와 민족교육 권리를 비롯하여 제반 민주주의적 민족 권리를 보장하도록 요청
6.12 민단 제10회 임시중앙위원회. 김재화사건 대책위원회 설치 등 결의
—.12 일본 정부, 법무성 내에 출입국관리령 개정준비회를 설치
—.12~13 민단 제30회 임시전체대회가 항일소港日消 홀에서 열림—대의원 375명 출석, 제30대 단장 이유천李裕天, 부단장 정동화鄭炯和·김평진金坪珍(9월 10일 일부 개선), 의장 김광남金光男, 감찰위원장 김인수金仁洙 선출

1967년

재일동포

—.13 오무라[大村]수용소에 수용 중인 한국 군인 김동희에 대한 면회 요구 97건, 전보 2,247건, 편지 538통이 됨
—.15 박정희 일파의 부정선거를 규탄하여 궐기한 한국 청년학생의 애국투쟁을 지지 성원하는 재일본조선청년학생중앙대회가 열림
—.15 총련 에히메현[愛媛縣]본부 조선회관 준공
—.19 총련 중앙, 사토 에이사쿠[佐藤榮作] 수상의 한국 방문에 관한 성명 발표
—.25~27 총련 중앙, 한국에서 미군 철수를 요구하는 통일행동월간 설정
7.1 총련 시즈오카현[靜岡縣]본부 조선회관 준공
—.1 시즈오카조선초중급학교 신교사 준공
—.5 민단 중앙 이유천 단장, 본국 정부에 12항목 요청서 제출
—.12 총련 중앙, 태풍 피해를 입은 효고현의 조선인 동포에게 구원금 100만 엔을 보냄
—.13 북한에서 태풍 피해를 입은 효고현 조선인 동포에게 구원금 500만 엔을 보냄
—.15 총련 중앙 한덕수 의장, 일본공산당 창립 45주년 기념에 초대되어 참석
—.18 귀국 권리를 지키기 위한 재일본조선인중앙대회가 열림—귀국협정 연장을 요청하는 시위운동 전개
—.27 총련 중앙 외무부장, 일본 자유민주당 아이자와[相澤] 치안대책특별위원장이 재일조선 공민과 총련에 대한 악의적인 중상을 하고 있는 데 관해 담화 발표
—.28 총련 중앙, 히로시마현[廣島縣] 히로시마 시내에서 화재를 당한 조선인 동포 50세대에 구원금 50만 엔을 보냄
8.1 재일동포 하기학교 개교식이 일본 전국 각지에서 열림
—.2 국제대학생체육경기에 참가하는 북한선수단을 맞이하여 환영위원회가 열림
—.8 총련 중앙 귀국대책위원회, 일본 적십자사에 북한 적십자회의 제안을 즉시 수용하라고 제안, 거부당함
—.12 일본 정부, 재일조선인의 북한 귀국 신청 수리를 일방적으로 중단함
—.20 총련 나라현[奈良縣]본부 조선회관 준공
—.26 조선 적십자회, 일본 적십자사와의 회담이 모스크바에서 열림
—.28 총련 중앙, 조에쓰[上越]지방에서 수해를 입은 동포 피해자에게 구원금 보냄
9.3 아이오이[相生]조선초급학교(효고현 아이오이시) 신교사 준공
—.5 현행 귀국협정의 무수정 연장을 요구하는 재일본조선인중앙대회가 열림—대회 후 시위행진으로 요청운동을 전개
—.7 민단 중앙 이유천 단장, 미노베[美濃部] 도쿄 도지사와 회견. 조선대학교 허가 반대에 대해 항의
9.9 재일조선인민족교육대책위원회, 일본 정부와 한국 위정자가 조선대학교 인가를 제한하기 위해 도쿄 도지사를 비롯하여 관계자에게 압력을 가하고 있는 데 대해, 민단 산하 인사와 동포에게 서한을 보냄
—.11 미노베 도쿄 도지사, 조선대학교 인가 문제로 사학심의회에 자문
—.18 총련 중앙, 현행 귀국협정을 무수정 연장하는 것과 북일 양국 적십자회담에 총련 대표를 참가시킬 것을 요구하는 성명을 발표

1967년

재일동포

- ―.20 조선대학교 한덕수 학장, 조선대학교의 법적 인가 문제를 해결하는 데 관해 세계 각국의 학자문화인 및 사회활동가, 국제단체에 관해 서한을 보냄
- 9.24 쓰루미[鶴見]조선초급학교(가나가와현[神奈川縣] 요코하마시[橫浜市])의 신교사 준공
- ―.25 귀국사업 파기책동에 반대하여 현행 귀국협정의 무수정 연장을 요구하는 재일본조선인중앙대회가 열림―대회 후 요청 데모
- 10.4 일본 당국의 귀국사업 파괴 책동을 규탄하고 현행 귀국협정의 무수정 연장을 요구하는 재일본조선인중앙대회가 열림―대회 후 요청 데모
- ―.4 재일본조선민주여성동맹이 국제민주부인연맹(IFDW)에 가입
- ―.9~10 총련분회열성자대회 제6차 대회가 히비야[日比谷]공회당에서 열림―조선노동당대표자회의에서의 주석의 연설을 실현하는 총련 제8차 전체대회 결정을 관철하고자 함
- ―.13 민단 조선대학허가저지중앙민중대회. 5,000명의 데모 행진, 일본 관계 성청省廳에 항의
- ―.19 엄민영嚴敏永 주일대사 착임
- ―.22 아이치조선제7초급학교 신교사 준공
- ―.23 귀국협정 무수정 연장을 요구하고, 기업권 옹호를 위한 재일조선상공인대회가 열림
- ―.24 북일 적십자회담의 즉시 재개와 현행 귀국협정의 무수정 연장을 요구하는 재일본조선인중앙대회가 열림―대회 후에 요청운동 데모
- ―.31 일본 자위대, 조선대학교 앞에서 군사훈련을 강행
- 11.3 민단 후쿠오카[福岡]한국회관 낙성
- ―.6 일본 당국의 귀국사업 파괴 책동을 폭로 규탄하고, 북일 적십자회담의 즉시 재개를 요구하는 재일본조선인중앙대회가 열림―대회 후 요청운동 데모
- ―.10 조은朝銀 이바라키신용조합 본점 신축 준공
- ―.10~11 민단 제11회 중앙위원회. '법적지위대우대책위원회'를 '재일한국인법적지위위원회'로 개편
- ―.10~11 총련 중앙위원회 제8기 제2차 회의가 열림―"귀국 권리를 비롯하여 제반의 민주주의적 민족 권리를 철저하게 옹호하는 문제"를 토의 결정
- ―.20 민단의 김재화에게 한국에서 유죄판결, 추징금 3064만 원과 징역 1년 6개월
- ―.22 북한 최고인민회의 대의원선거가 실시되어, 총련과 재일조선인 각계의 대표 7명이 대의원에 선출
- ―.25 '가라후토[樺太]억류귀환한국인회', 가라후토 억류 동포의 구출을 한국에 호소
- 12.1 『사진으로 보는 민단 20년사』 발행
- ―.9 귀국실현 8주년을 맞이하여 북한 적십자회의 새로운 제안을 일본 당국은 즉시 수용하라고 요구하는 재일본조선인중앙대회가 열림
- ―.13 국세청, 조은 도쿄신용조합(당시는 동화同和신용조합) 본점 및 우에노[上野]지점에 무장 경관대 수백 명을 동원하여 부당한 강제사찰을 강행
- ―.14 총련 중앙, 조은 도쿄신용조합에 대한 일본 당국의 부당한 강제사찰사건에 관하여 담화 발표

1967~68년

재일동포
—.14 재일조선인상공연합회와 재일조선신용조합협회는 조은 도쿄신용조합에 대한 일본 정부의 부당한 강제수사에 항의하여 공동성명을 발표   —.16 김일성 수상, 북한 최고인민회의 제4기 제2차 회의에서 발표한 정부 10대 정강 "국가활동의 모든 분야에서 자주, 자립, 자위의 혁명정신을 한층 철저하게 구현하자" 속에서 "60만 재일조선 동포는 조선노동당과 북한 정부의 주위로 굳세게 단결하고 총련의 지도하에 일본 당국의 부당한 민족적 박해, 탄압에 반대하면서 민족 권리를 옹호하고 싸우고 있는 것을 성원한다"고 언명   —.16 총련 중앙, 한국 애국자에 대한 미국과 박정희 정권의 파쇼적 탄압을 규탄하는 성명을 발표   —.22 김일성을 수반으로 하는 북한의 새로운 내각을 열렬히 지지하는 재일본조선인중앙대회가 열림   —.26 히로시마조선가무단 결성   —.26 사이타마현조선학원의 학교법인 인가를 획득   12.— 재일동포의 수는 59만 135명이 됨
1968   1.4 박정희 정권이 재일조선인의 북한으로의 귀국을 저지하기 위해, 일본에 저지사절단을 파견   —.12 민단 법적지위위원회 제2회 총회. 각 지방본부 단위에서 법적지위위원회 설치를 결정   —.14~25 김일성 수상이 제시한 10대 정령과 신년 축전에 대하여 대중강연회가 전국 각지에서 일제히 열림   —.14 민단 군마현(群馬縣)본부 회관 준공   —.14 기타오사카(北大阪)조선초급학교의 신교사 준공   —.16 조선대학교 인가를 요구하면서 도쿄 도내 80여 정당 및 사회단체 대표의 집회가 열림   —.17 콜롬보에서의 북일 양국 적십자회담을 결렬시키고자 하는 일본 정부를 규탄하는 재일본조선인중앙대회가 열림   —.18 기타큐슈(北九州)조선초중급학교의 신교사 준공   —.23 재일조선상공인 대표들, 일본 정부에 귀국의 권리와 민족교육의 권리, 기업권 보장을 요청   —.25 총련 중앙, 일본 당국이 북일 적십자의 콜롬보회의 결렬을 발표한 데 관해 성명을 발표   —.26 총련 중앙, 무장스파이선 '푸에블로 호'를 북한 영내에 깊숙이 침투시킨 미국과 박정희 정권의 새로운 전쟁도발 책동에 관하여 성명 발표   1.26 일본 정부, 재일조선인의 북한으로의 귀국자집결소로 되어 있던 일본적십자 니가타(新潟)센터를 폐쇄   —.26 한국 군인 김동희(金東希) 밀입국사건, 일본 정부가 소련으로 망명을 승인하여 출국

1968년

재일동포
―.26 재일조선인이 귀국의 권리와 교육의 권리를 옹호하기 위해 일본 전국 각지에서 일본 정부에 요청운동을 전개
―.29 대사관·민단협의회를 상설화. 월 1회 정기적으로 회합
2.2 조선에서 전쟁 도발을 하는 미국에 엄중항의하고 규탄하는 재일조선인대중강연회가 각지에서 열림
―.5 총련 중앙, 민단 중총에 대하여 미국의 새로운 전쟁도발 책동을 공동으로 반대할 것을 제안, 거부당함
―.12 일본 문화인 대표들, 조선대학교를 인가해야 한다고 도쿄 도지사에게 요청
―.13 한국에 자본투하 촉진을 위한 합작 문제로 '한일경제인간담회'가 열림
―.17 총련 중앙, 민단 중총에 대하여 3·1독립운동 49주년 기념행사를 공동으로 개최하자고 제안, 거부당함
―.21 김희로金嬉老사건―민족차별 문제가 원인으로 재일동포 김희로, 시즈오카현[靜岡縣] 스마타쿄[寸又峽]의 여관에 일본인 투숙객 13명을 인질로 경찰과 대치하는 사건이 발생
―.21 재일조선인의 민족교육과 귀국 권리를 지키기 위한 재일조선인중앙대회가 열림―대표단이 선출되어 요청을 전개
―.29 일본 정부, 오무라[大村]수용소에서 부당하게 재일동포 107명을 한국으로 강제송환
3.1 총련 중앙, 일본 정부가 '외국인학교법안'을 국회에 상정하기로 결정한 데 관하여 성명
―.1 3·1독립운동 49주년 기념, 미국과 박정희의 새로운 전쟁도발 책동과 파쇼적 폭압을 규탄하고 미군의 철수를 요구하는 재일본조선인중앙대회가 열림
―.7 재일한국학생동맹(한학동), 민족교육 사수·외국인학교법안 분쇄투쟁 선언
―.7 재일조선학생동맹, 민족교육 사수, 외국인학교법안 분쇄 선언을 발표
―.11 재일본조선인중앙교육회, 북한에서 보내고 있는 교육원조비 및 장학금 지급을 한국학원을 망라한 학생과 교직원이게도 같이 실행하고 싶다고 도쿄한국학원에 제의서를 보냄
―.12 총련 중앙, 일본 정부는 재일조선인의 귀국사업을 계속하기 위해 조일적십자회담을 즉시 재개하도록 성명 발표
―.12 일본 정부 '외국인학교법안' 국회제출(3번째·1969년 8월 5일 폐지)
―.12 『민족통일신문』이 도쿄에서 창간됨
―.14 민족교육과 귀국 권리를 지키기 위한 재일본조선인중앙대회가 열림
―.25 재일한국청년동맹과 재일한국학생동맹의 공동개최로 민족교육 사수, 외국인학교법안의 국회 상정 반대 재일한국인청년학생궐기대회가 열림―대회에서 외국인학교법안반대결의문과 청원문을 채택
―.27 조국통일을 촉진하고 기업권을 옹호하기 위한 간토[關東]지방 조선상공인대회가 열림
4.1 니가타[新潟]조선초중급학교 창립
―.1 니시나리[西成]조선초중급학교(오사카시 스미노에구[住之江區]) 창립
―.1 도쿄조선제2초중급학교 중급부 창립

1968년

재일동포
—.4 재일조선인이 도쿄의 국철 주요 역두驛頭에서 가두선전, 조선대학교의 즉시 인가, '외국인학교법안'의 철폐를 요청하면서 운동 전개
—.6 총련 중앙, 민단 중총에 민족교육을 지키기 위해 '외국인학교법안'에 반대하는 투쟁을 공동으로 전개하도록 제안, 거부당함
—.8 도쿄, 가나가와(神奈川), 산타마(三多摩) 각 본부 관하의 조선인이 조선대학교의 인가와 '외국인학교법안'의 즉시철폐를 관계 당국에 요청
—.17 민단 중앙, 조선대학인가대책 간토지구대표자회의. 4월 18일, 대표단이 도쿄도청을 방문하여 인가 반대 성명문을 전달함
—.17 조선대학교, 각종학교로 설립 인가를 획득
—.20 민단, 민족교육사수 교토지구 청년학생궐기대회가 열려, 교토한국학원학교 건설공사 중지에 대해 교토시장에게 항의
—.24 4·24교육투쟁 20주년 민족교육의 권리 옹호를 위해 재일본조선인중앙대회가 열림
—.26 민단, 조선대학인가규탄민중대회
—.30 엄민영嚴敏永 주일대사, 한국대학 설립을 고려 중이라고 언명
5.1 5·1절 기념 미국과 박정희 정권의 새로운 전쟁도발 책동을 규탄하는 재일본조선인중앙대회가 열림
—.10 민주주의적 민족교육과 귀국 권리를 옹호하기 위한 재일본조선인중앙대회가 열림
—.11 신주쿠(新宿)시모오치아이(下落合)히쿄(秘境)공원사건—도쿄조선고등학교 학생 6명이 하교 도중 고쿠시칸(國士館), 나카노(中野)전파電波 학생 약 60명에게 집단 폭행당하고, 히쿄공원으로 끌려가서, 단도, 철봉, 쌍절곤으로 전원이 전치 2개월의 중상을 입고, 또 같은 날 이케부쿠로역(池袋驛), 이케부쿠로 니시구치(西口)공원 등에서도 같은 종류의 사건이 발생
—.16 신주쿠역사건—신주쿠역 홈에서 전철에서 내리는 조선고등학교 학생 4명을 고쿠시칸 학생 약 20명이 습격하여 전치 3주의 타박상, 또 당일 제2신주쿠역사건이 발생
—.17 이바라키(茨城)조선초중급학교 초급부 인가
—.18 총련 중앙, 조선고등학생에 대한 집단폭행사건을 일본의 우익에 의한 계획적 민족교육 파괴를 목적으로 한 사건이라고 하여 경시청에 엄중 항의
—.30 센다이(仙台)한국회관 준공
6.1~5 북한 건국 20주년 경축 대음악무용 서사시「위대한 수령에게 영광을 바친다」가 공연
—.1~9.9 북한 건국 20주년 '100일간 혁신운동' 시작
—.8 재일본조선축구단이 218전 200승을 기록
—.12 민단 법적지위위원회, 「재일한국인의 법적지위 및 대우 문제에 관한 현황과 문제점」 발표
—.13 총련 중앙, 민단 중총에 6·25 18주년 행사를 공동으로 개최하자고 제안, 거부당함
6.25 6·25 18주년을 기념하여 한반도의 새로운 전쟁도발 책동에 반대하고 미군의 즉시 철수를 요구하는 재일본조선인중앙대회가 열림
—.30 니가타조선초중급학교 교사 준공

1968년

재일동포
—.30 『조선주보朝鮮週報』창간
7.7 민단 전국사무국장 본국연수단 42명 출발
—.12 귀국의 권리를 옹호하기 위한 재일본조선인중앙대회가 열림
—.14 산타마조선제2초급학교 신교사 준공
—.22 재일조선인 귀국신청자들, 귀국선을 받아들이도록 일본 정부에 연일 요청운동을 전개
—.25 대한항공이 서울-도쿄 간 운항 개설
—.26 재일본조선인체육연합회, 북한 올림픽위원회가 북한 선수단의 명칭을 마음대로 '북조선'이라고 바꾸려고 하는 국제올림픽위원회의 책동을 규탄한 7월 17일자 성명을 지지하면서 성명 발표
—.27 7·27 조국해방전쟁 승리 15주년, 미국의 새로운 전쟁도발 책동을 규탄하고, 한국에서 미군의 즉시철시를 요구하는 재일본조선인중앙대회가 열림
—.28 민단 아이치현[愛知縣]본주 감찰위원회, 최재수崔載壽 제명처분 문제로 7월 29일에 규탄대회를 개최
—.29 한청韓靑, 최재수사건을 규탄하는 대회를 개최
—.31 총련 중앙, 민단 중총에 8·15해방 23주년 기념행사를 공동으로 개최할 것을 제기, 거부당함
—.31 일본 정부 법무성 입국관리소는 재일조선인 이순자李順子가 생활보호를 받았다는 이유로 강제퇴거령을 통해 가족 전원의 신병을 오무라수용소로 보냄
8.3 사이타마[埼玉] 조은朝銀신용조합 본점의 신사옥 준공
—.8 민단, 한국 한해旱害구호위원회를 구성하여 구호운동을 전개
—.8 총련 중앙, 한국농민한해구원운동을 전개
—.15 조국해방 23주년 기념 경축재일본조선인중앙대회가 열림
—.16 재일조선인의 북한 방문과 재입국에 관한 행정소송사건(이른바 허남기許南麒사건)—재일조선인 허남기 외 11명은 재입국허가신청을 방해하고자 묵살을 통해 불허가처분한 것을 취소하라는 소송을 제기
—.17 총련 후쿠시마현[福島縣]본부 조선회관 준공
—.27 제2차 한일각료회의
—.28 총련 중앙, "4,000만 조선인민의 진실의 조국—조선민주주의인민공화국의 깃발 아래 힘차게 전진하자"는 제목으로 재일조선인강연회가 열림—이후 전국 각지에서 같은 종류의 강연회가 일제히 열림
—.30 도쿄조선제1초중급학교 민족음악실 및 유아부 교사 준공
9.1 히가시오사카[東大阪]조선제4초급학교 신교사 준공
—.2 총련 중앙, 북한 건국 20주년 재일조선인축하단의 재입국허가를 내주지 않는 일본 정부의 부당한 조치를 규탄하면서 성명 발표
—.2 나카오사카[中大阪]조선초중급학교 신교사 준공
—.3 히가시오사카조선중급학교 신교사 준공
—.4 야마구치현[山口縣]조선가무단 창립

1968년

재일동포

9.6 뉴스영화「총련시보總聯時報」제50호 제작
—.6 가나가와조선중고급학교 신교사 준공
—.9 북한 건국 20주년 재일본조선인중앙경축대회 열림
—.9 민단과 국제승공勝共연합의 교환간담회가 선박진흥회관에서 열림
—.27 총련 중앙, 일본 정부가 '한국적'과 '영주권 신청'을 공공연하게 권유하고 있는 데 관하여 일본 정부 법무성에 항의
10.2 하교 중이던 도쿄조선고등학생 3명을 시나가와역(品川驛) 구내에서 고쿠시칸 학생 수십 명이 기다리고 있다가 습격하여 1명이 등 근골 골절의 전치 2개월 중상, 다른 2명이 같은 정도의 부상을 당하고, 또 9월 27일에는 오지역(王子驛), 9월 30일에 신주쿠역에서 숨어서 기다리다가 폭행하는 사건이 발생
—.2 민단 중앙 이유천李裕天 단장 이하 대표 76명, 박정희 대통령을 방문하여 삼남지방의 한해구호재일동포성금 7만 달러를 전달
—.2 한국에서 손귀달孫貴達(히로시마(廣島) 원폭 피폭자) 등 4명, 원폭증 치료를 위해 밀입국하여 일본 정부에 원폭피폭자수첩을 인정해 줄 것을 요구했다가 거부당하고, 신병이 오무라수용소에 구류되어 강제송환
—.11 도쿄 지방재판소, 북한 건국 20주년 재일조선인축하단에 대한 일본 정부의 재입국 불허가처분은 취소한다는 판결을 선고하여 총련이 승소—일본 정부는 여전히 북한 방문을 저지
—.12 총련 중앙, 북한 건국 20주년 재일본조선인축하단의 재입국 불허가 취소를 요구하는 행정소송에 대한 도쿄 지방재판소의 판결에 관하여 성명 발표
—.16 조은가나가와신용조합(당시는 대동신용조합) 본점 사옥 준공
—.25 재일본조선인통일동지회 결성 20주년 기념집회가 열림
—.26 민단 제13회 정기중앙위원회. 법적지위운동 촉진·중앙위원회 운영규정을 제정
11.5 민단 법적지위관계문제 한일실무자회의. 영주권 신청절차 간소화·신청자조사 완화 등을 확인.
법적지위전국대표자회의, 재일실무자회의에 항의
—.6 재일조선인조국왕래요청대회가 열림—결의문 채택, 일본 정부에 요청
—.13 민단 아이치현본부에서 회의하던 중 말다툼을 하다가 단장 김용환金龍煥이 최재수에게 칼을 찔려 사망
—.23 한청 중앙위원회에서 폭력 배격을 결의
—.26 교토조선신용조합(당시는 상공신용조합)의 본점 사옥 준공
—.30 니가타조선초중급학교 인가를 획득하여, 학교법인 니가타조선학원이 됨
12.1 니시나리조선초중급학교 신교사(오사카시 스미노에구) 준공
—.1 한민자통韓民自統 중앙대회가 열림
—.3 총련 효고현(兵庫縣)본부 조선회관 준공
—.5 한국 애국자에 대한 미국과 박정희 정권의 파쇼적 탄압을 폭로 규탄하는 재일본조선인중앙대회가 열림

1968~69년

재일동포

—.7 재일조선 공민의 귀국 문제로 일조협회 외 77개 단체 대표자회의가 일본 정부에 조일 두 적십자사회담의 재개를 요청하기로 결의
12.12 홋카이도[北海道]조선초중급학교가 인가를 획득하여, 학교법인 홋카이도조선학원이 됨
—.13 총련 야마나시현[山梨縣]본부 조선회관 준공
—.18 총련 중앙, 도쿄고등재판소가 북한 건국 축하대회 참가대표단의 일본 재입국 불허 처분 취소 판결에 대해, 일본 정부의 공소 기각으로 인해 총련이 승소
—.18 총련 대표단 8명에게 일본 정부 법무성 당국이 2개월 기한을 조건으로 조국왕래를 정식 허가
—.20 민단 이유천 단장, "총련계의 재입국 허가에 한일협정기본정신 위반 조치"라는 담화를 발표
—.20 아오모리[青森]조선신용조합 창립
—.28 시가[滋賀]조선학원이 학교법인 인가를 획득
—.29 밀입국한 김현선[金賢善], 오사카입국관리사무소 사무실에서 강제송환을 선고받은 것을 비관하여 한국에 있는 모친과 박정희 대통령에게 유서를 남기고 분신자살
—.31 재일동포의 수는 59만 8,076명이 됨

1969
1.10 도쿄도 이타바시구[板橋區] 조선인이 그 지역의 불량분자에게 학살당함. 1월 8일에도 가쓰시카구[葛飾區]에서 같은 종류의 사건이 발생
—.21 조선청년 노응만[盧應萬]이 후쿠오카현[福岡縣] 하카타시[博多市] 경찰서 오하마[大浜]파출소에서 살해된 사건 조사를 위해 '노응만청년변사사건진상조사단'이 결성됨
—.22 제2차 재일동포조국방문단(6명)이 일본을 출발
—.23 이와테[岩手]조선신용조합 창립
—.25 한국에서 밀항으로 정치망명한 한국군 군인이었던 윤수길[尹秀吉]이 강제퇴거령을 취소하고 정치난민으로서 인정받음
—.25 니가타현[新潟縣] 아라이시[新井市]에 사는 조선인이 현지의 불량분자에 의해 살해당함
—.27 에히메[愛媛]조선초중급학교가 인가를 획득하여 학교법인 에히메학원이 됨
—.27 시코쿠[四國]조선초중급학교가 인가를 획득하여 학교법인 시코쿠조선학원이 됨
—.31 한국 혁명가와 애국자들에 대한 미국과 박정희 정권의 파쇼 폭압을 폭로 규탄하는 재일조선인중앙대회가 열림
2.4 총련 중앙, 민단 중총에 3·1인민봉기 50주년 행사를 공동으로 주최하자고 제기, 거부
—.7 민단, 한국 한해[旱害]구원운동 완료
—.10 조선신보사 기숙사 준공
—.14 일본 정부, 각의에서 출입국관리법안의 국회 제출을 결정
—.15 박정희 정권에 처형당한 한국 통일혁명당 전라남도위원회 고[故] 최영도[崔永道] 위원장의 추도집회가 거행됨
2.15 한청[韓青] 중앙, 『재일한국인의 기본적 인권』을 발간

1969년

재일동포
一.15 한국 통일혁명당의 서울시 위원장 김종태金鐘泰를 비롯하여 애국자들에 대한 사형에 반대하는 재일본조선인중앙대회가 열림
一.15 총련 중앙, '한국 통일혁명당 김종채를 비롯하여 애국자들에 대한 사형반대투쟁 월간'이 제정되고, 추진위원회에서 한국통일혁명당의 애국자들에 대한 파쇼적 폭압을 규탄하는 성명을 발표
一.20 일본 정부, 재일조선 공민의 북한으로의 귀국 재개를 결정
一.24 일본의 혁신정당, 사회단체 대표는 일본 정부 외무성, 법무성에 출입국관리법안의 국회 제출에 반대하면서 항의
一.24 일본의 법률단체 대표는 "출입국관리법안의 국회 상정과 그 입법의 즉시 철회를 요구한다"는 성명을 발표하고 운동을 전개
一.27 한국 국회의 '재일동포실태조사단 의원 일행'이 민단 중앙본부에 방문하여 간담회. 간담에서 무책無策을 노정하여, 민단 측은 실망
3.1 '3·1인민봉기 50주년 기념' 재일본조선인중앙대회가 열림
一.1 민단, 제50회 '3·1절' 법적지위요구관철중앙민중대회가 히비야日比谷공회당에서 열려, '법적지위 요구 관철' '입국관리령 개악 분쇄'를 슬로건으로 하여 데모
一.1 한청 전국대표자회의, 입국관리법 개정 저지 '법적지위요구관철투쟁위원회'를 설치
一.8 기록영화『고려촌』완성
一.12 총련 중앙, 북한 적십자회가 일본 적십자사에 보낸 답전答電을 지지하는 성명을 발표
一.14 총련 중앙, 일본 정부가 출입국관리법안의 국회 상정을 결정한 데 관해 성명 발표
一.15 한국에서의 미국의 새로운 전쟁도발 책동에 반대하는 재일본조선인중앙대회가 열림—대회 후 시위행진
一.25 민단 제14회 정기중앙위원회. '재일한국인교육헌장' 채택
一.26 민단 제31회 중앙대회가 지요다千代田공회당에서 열림—대의원 361명, 제31대 단장 이희원李禧元, 부단장 윤달용尹達鏞·지창남池昌男, 의장 박근세朴根世, 감찰위원장 장총명張聰明 선출
一.27 범죄적 출입국관리법안의 책동에 반대하여 민족교육과 귀국의 권리를 옹호하기 위한 재일본조선인중앙대회가 열림
一.29 도쿄도 의회 및 각 지방자치체 지방의회에서 출입국관리법안 개악 반대 의견서가 채택됨
一.31 일본 정부, 국회에 '출입국관리법안'을 상정
一.31 구월서방九月書房 창립 15주년 기념집회가 열림
一.31 '베트남에 평화를! 시민연합'의 오다 미노루小田實 등 57명이 오무라수용소 해체투쟁 데모를 오무라수용소로 향하여 감행
4.1 나가노長野조선초중급학교 개교
一.1 나라奈良조선초중급학교 개교
一.2 총련 중앙, 민단 중총에 일본 정부의 출입국관리법안의 책동에 반대하고 민주주의적 민족 권리를 옹호하기 위한 투쟁을 공동으로 하자고 제기

1969년

재일동포

4.3 총련 중앙, 한국 '적화공작단사건'을 날조하여 한국 애국자들을 처형하려는 미국과 박정희 정권의 범죄행위를 규탄하는 성명 발표
—.3 도쿄조선제3초급학교의 신교사 준공
—.6 아카시[明石]조선초급학교(효고현[兵庫縣] 아카시시) 신교사 준공
—.8 조은朝銀 오사카신용조합 본점의 신사옥 준공
—.10 이시카와[石川]상은商銀신용조합 개점
—.12 총련 군마현[群馬縣]본부 조선회관 준공
—.15 이시카와조선신용조합 창립
—.16 재일대한기독교회 총회에서 출입국관리법안 개악 반대 성명을 발표
—.16 이와테상은신용조합 창립
—.18 한청, 한학동韓學同이 4·19봉기 9주년 기념 '출입국관리법안' 반대, '법적지위 요구 관철' 청년학생중앙대회가 전전소電통신회관에서 열림
—.21 총련 중앙학원 신교사 준공
—.24 총련 중앙, 'FC-121형' 스파이정찰기사건에 관하여 발표한 북한 정부 성명을 지지하는 성명을 발표
—.26 미국의 새로운 전쟁도발 책동을 규탄하고, 한국에서 미군의 즉시철수를 요구하는 재일본조선인중앙대회가 열림
5.1 주조[十條]역전사건―도쿄조선고등학생 문무영文武英이 하교 중에 주조역 앞에서 숨어서 기다리고 있던 데이쿄[帝京]상공고등학교 학생 40~50명에게 습격당해 후두부 열상, 요골 골절로 중상을 입은 사건이 발생
—.1 재일동포 윤유길尹酉吉이 KCIA에 의해 도쿄에서 서울로 납치됨―후에 일본 여론의 고조로 석방
—.1 5·1절 기념 조선에서의 미국의 새로운 전쟁도발 책동을 규탄하는 재일본조선인중앙대회가 열림
—.20 범죄적 출입국관리법안 책동에 반대하고 민족교육과 귀국의 권리를 옹호하기 위한 재일본조선인중앙대회가 열림―대회 후에 시위행진을 전개
—.22 여권법 개악 반대, 북한으로의 여권 발급을 요구하고 일본우호무역업 관계자가 집회를 엶
—.30 김종태를 비롯하여 한국 애국자들에 대한 미국과 박정희 정권의 파쇼적 탄압을 폭로 규탄하는 재일본조선인중앙대회가 열림
6.1 한신[阪神]조선초급학교(효고현[兵庫縣] 니시노미야시[西宮市])의 신교사 준공
—.2 민단 산하 동포들이 출입국관리법안에 반대하는 중앙민중대회를 엶
—.2 도쿄조선고등학교생이 하교 중에 나카노[中野]전파, 데이쿄상공, 야스다[安田]고등학교 학생들이 숨어서 기다리다가 집단 습격하는 사건이 속출, 5월 19일 신주쿠역[新宿驛], 6월 22일 이케부쿠로역[池袋驛], 6월 1일에 주조역전, 6월 2일에 가메이도역[龜戸驛]에서 습격사건이 일어남
—.5 민단, 본국연락사무소 폐쇄
—.9 민단 중앙법적지위위원회, 입국관리법 개정의 문제점·반대의사를 발표

1969년

재일동포
—.10 민단 중앙, 「출입국관리법안에 대하여 재일한국인은 왜 반대하는가」라는 팸플릿을 발행
6.12 교토부 조선상공회관은 교토지방검찰청과 오사카국세국이 소득세법 위반, 탈세 협의 등의 부당한 구실을 날조하여 사찰
6.— 출입국관리법안 분쇄, 오무라수용소 해체투쟁이 전국 각지에서 전개됨. 오무라수용소에서도 '베트남에 평화를! 시민연합', 후쿠오카지구 반전단체 등 약 410명이 오무라수용소 해체투쟁 데모로 오무라를 향해 행진하고 기세를 드높임
—.16 민단, 입국관리법 반대 긴키[近畿]지방 민중궐기대회
—.19 민단과 중화민국거류민단이 출입국관리법안분쇄합동궐기대회를 개최
—.20 조선특산물판매주식회사 설립
—.20 재일한국인신용조합협회 총회가 열려, 총련계 신용조합과 금전 거래를 금지한다고 결의
—.24 민단 중앙법적지위위원회, 입국관리법 반대 단식투쟁을 결의
—.25 6·25, 19주년 조선에서의 미국의 새로운 전쟁도발 책동에 반대하고, 한국에서 미군의 즉시 철수를 요구하는 재일본조선인중앙대회가 열림
—.25 재일조선인의 강제송환 반대 저지로 후쿠오카 '베트남에 평화를! 시민연합', 나가사키대[長崎大] 반제反帝 학생들 약 60명이 오무라수용소를 향해서 데모
—.27 한청, 한학동이 출입국관리법안 개악에 반대하여, 무기한 결사단식투쟁을 도쿄 스키야바시[數寄屋橋]공원에서 시작—13일간 단식항의투쟁을 전개
7.4 재일조선인들이 출입국관리법안 개악에 반대하여 법무성에 항의하면서 경찰기동대와 충돌
—.5 재일본조선언론출판인협회, 미국과 박정희 정권의 김종태에 대한 '국제기자상' 수여 방해에 관하여 그를 즉시 석방할 것을 요구하면서 성명 발표
—.5 재일본조선인교직원동맹이 세계교원동맹(FISE)에 가입
—.9 박정희 정권의 장기 '집권' 책동에 반대하여 궐기한 한국 청년학생들의 투쟁을 지지 성원하는 재일본조선청년학생중앙대회가 열림
—.11 일본 정부 '출입국관리법안 5항목 수정안'을 제출
—.13 민단 중앙 고문 등 5유지, 대표위원들 권일權逸망언규탄위원회 결성, 20일 한청·한학동 성명 발표
—.15 『한국신문』, 국문판 발행(매월 15일호)
—.16 민단 중앙, 입국관리법 수정안에 불만 성명
—.16~17 한국 통일혁명당 서울시위원회 김종태 위원장을 추도하는 재일본조선인집회가 열림—일본 각지에서 재일조선인들의 추도집회가 열림
—.16 총련 후쿠오카현본부 외무부장 등 7명이 일본 경찰 당국의 부당한 탄압으로 인해 체포됨—8월 12일에 무죄 석방
—.18 나라조선학원이 학교법인으로서 인가를 획득
—.26 민단, 권일망언규탄대회가 일상회관日傷會館에서 열림
8.1 총련 중앙, 조선어를 모르는 청소년들을 위해 여름학교를 전국 각지에서 일제히 개교

1969년

재일동포
―.4 오사카만국박람회 재일한국인후원회 발족
―.5 국회에서 파쇼적인 출입국관리법안, 여권법 개정안, 외국인학교법안 등의 제 법안의 수정법안이 폐안됨
8.9 귀국협정 체결 10주년을 기념하고 귀국사업의 즉시 재개를 요구하는 재일본조선인중앙대회가 열림
―.10 오무라수용소 해체투쟁 데모를 전학련全學連 중핵, 반전위, '베트남에 평화를! 시민연합' 등 약 300명이 감행하여, 30명은 수용소 내에 들어가 유리창 등을 파괴하고, 3명이 체포됨
―.15 도호쿠(東北)조선가무단 결성
―.17 한민자통(韓民自統)을 중심으로 박정희 정권의 3선개헌반대재일한국청년학생간토(關東)지구협의회대회가 열림
―.19 총련 중앙, 한국 애국자를 다시 학살한 미국과 박정희의 범죄행위를 규탄하는 담화 발표
―.19 '한일 법무장관회담'이 영주권 자격 등, 전후戰後 입국자에 대한 법무대신의 특별재류허가 문제로 공식성명을 공동으로 발표
―.23 미국과 박정희 정권의 장기 '집권' 책동에 반대하여 일어난 민중들의 투쟁을 적극적으로 지원하는 연설회가 도쿄 등 전국 각지에서 열림
―.29 총련 중앙, '제3회 한일각료회의'의 범죄적 책동에 관하여 담화 발표
―.29 민단을 박정희 정권의 직할로 두기 위해 서울에 민단사무소를 개설
9.1 관동대지진 46주년 재일조선인 희생자에 대한 추도집회가 일조협회 등을 중심으로 열림
―.1 민단, 영주권신청촉진계몽운동을 전개
―.2 재일조선인기자대표단, 평양에서 개최하는 반제국제기자회의에 참가하기 위해 일본을 출발
―.3 한청 중앙, 한일정기각료회의 공동성명에 대한 견해 발표
―.9 민단, 고문 등 유지 9명의 대표위원으로 이루어진 '3선개헌반대 재일한국인투쟁위원회'가 결성되어 개헌 반대 성명을 발표
―.14 재일한국청년학생전국협의회, 박정희 정권의 3선개헌반대 궐기대회 개최
―.15 민단, 본국수해구호위원회 결성. 긴급 모금 강화, 촉진
―.26 총련 중앙, 미국과 박정희 정권이 파쇼적 재판으로 한국 혁명가와 애국자에게 극형을 내린 데 관해 담화 발표
10.4 총련 사가현(佐賀縣)본부 조선회관 준공
―.4 재일동포 김창국金昌國, 제네바국제음악콩쿨, 플루트 부문에서 2위 입상
―.5 도쿠야마(德山)조선초중급학교(야마구치현(山口縣) 도쿠야마시) 신교사 준공
―.12 니가타조선중고급학교 기숙사 제2호 준공
―.17 민단 제15회 중앙위원회. 영주권신청촉진운동, 『한국신문』 일간화 등 4대 사업목표를 수립
―.17 일한문화협회 토지매각사건 특별조사위원회 구성

1969년

재일동포
—.20 한국정권 파견 재일한국인위문민속무용단 방일
—.30~11.3 북한 건국 21주년 기념 재일본조선인중앙예술축전 개최
11.1 전국 민단·각 산하단체·기관, 영주권촉진계몽운동 총력집중운동 전개(11월 1일~70년 2월 28일)
—.3 광주학생운동 40주년 기념 재일본조선청년학생 간토대회가 열림
—.11 총련 사이타마현[埼玉縣]본부 조선회관 준공
11.11 민단 아이치[愛知]한국회관 준공
—.20 내외반동의 박해를 피하고, 기업권을 지키기 위한 도쿄조선상공인대회가 도조[東條]회관에서 열림—대회 후에 도내의 각 세무서에 항의운동을 전개
—.24 민단 아키타현[秋田縣]지방본부회관 준공
—.27 오무라수용소에 수용 중이던 강승권[康承權]이 한국으로의 강제송환에 반대하여 자살을 시도한 사건이 발생
—.28 조은 교토신용조합 본점 준공
12.1 니시나리[西成]조선초중급학교 신교사 준공
—.1 사토[佐藤] 수상이 일본 국회에서 이른바 '전반[全般] 안전'에 편승하여 조선에 대한 재침 의도의 발언을 함
—.1~2 재일본조선인중앙예술축전의 가무단 부문 경연대회가 열림
—.5 총련 효고현본부 조선회관 준공
—.10 총련 중앙, 재일조선 공민의 귀국사업을 계속 보장할 것을 요구하면서 발표한 북한 적십자회 성명을 지지하는 성명을 발표
—.12 일본 정부, 북한에 보내는 소포 등의 소련 경유 취급을 허가한다고 발표
—.12 현지의 불량분자가 다치바나[立花]조선인초급학교 교원을 단도로 찔러 중상을 입힌 사건 발생
—.13 귀국실현 10주년 기념 귀국의 권리 옹호를 위한 재일본조선인중앙대회가 열림
—.15 국제민주법률가협회 회의에서 조선에 관한 결의와 재일조선 공민의 정당한 투쟁을 지지하는 결의를 채택
—.16 민단 중앙문교분과위원회, 재일한국인문화상 제정을 결의
—.19 미야기[宮城]조선신용조합 본점 준공
—.21 효고현 니시노미야시에서 그 지역의 불량분자가 재일동포 청년을 살해하는 사건 발생
—.26 도쿄조선제2초중급학교가 인가를 획득
—.28 도쿄조선제3초급학교가 인가를 획득
12.— 도쿄조선고등학생에 대한 집단폭행사건—9월 19일 게이세이아오토역[京成靑砥驛], 9월 26일 도조선[東上線] 전철 내에서, 10월 7일 주조역 부근, 10월 8일 아카바네역[赤羽驛], 10월 18일 주조역, 10월 22일 주조역 부근에서, 11월 3일 오지역[王子驛], 11월 10일 지바[千葉]공원, 11월 11일 이케부쿠로역 니시구치[西口]지하도, 같은 날 다시 이케부쿠로역과 신주쿠역, 12월 6일 주조역 부근, 12월 7일 시부야[澁谷] 역전 식당에서 발생
—.31 재일동포의 수는 60만 7,315명이 됨

1970년

재일동포

1970
2.1 총련 중앙, 내외 반동의 '영주권 신청'과 '한국 국적' 강요책동을 분쇄하기 위한 대중정치선전사업활동을 전국 지부에서 일제히 전개
―.1 총련 중앙, 영주권신청강요책동규탄군중대회가 전국 각지에서 열림
―.2 홋포마루(北邦丸)사건―일본 해상보안청, 북한으로 가는 일본 선박 홋포마루를 검색
2.2 오무라(大村)수용소에 수용 중인 강신홍(姜信洪)이 한국으로의 강제송환에 반대하여 자살을 시도
―.7 조은(朝銀) 아키타(秋田)신용조합 창립
―.7 민단 기관지 『한국신문』 주간으로 결정
―.7 재일한국학생동맹 출입국관리 반대투쟁위원회가 출입국관리법안에 반대하는 성명을 발표
―.8 한민자통(韓民自統), 남북 평화의 교류촉진 서명운동이 전국적으로 전개
―.9 총련 중앙, 민단 중총에 3·1운동 51주년 기념행사의 공동개최를 제기
―.9 이후락(李厚洛) 주일대사가 착임
―.22 히메지(姬路)조선초급학교 신교사 준공
―.23 한국에서 밀입국한 군인 정훈상(丁勳相) 청년을 '공화국으로 망명시키고자 지키는 모임' 결성
―.24 총련 중앙, 출입국법안을 비롯하여 일련의 탄압법안에 반대하는 재일조선인의 투쟁에 일본의 각 정당, 사회단체에 적극적인 지원을 요청
―.26 와카야마현(和歌山縣) 조선학원이 학교법인의 인가를 획득
―.28 3·1봉기 51주년, 재일본조선인중앙대회가 열림
3.1 나가노현(長野縣)조선인상공협동조합 설립―각지에 동종의 조합이 설립됨
―.6 조선대학교 부속 조선어연구소 설립
―.13 오사카만국박람회 '한국관' 개관식
―.13 아카바네역(赤羽驛)사건―조선고등학생 홍남호(洪南昊)(고3)가 아카바네역 홈에서 데이쿄(帝京)고등학생 수십 명에게 습격당해 저항하지 못한 채 집단폭행을 당하여 생명위험, 절대안정, 빈사의 중상
―.18 도쿄·오사카·교토·백두의 한국학교 고등학생 312명, 합동으로 한국방문 수학여행단 제1진 출발
―.18 민단 중앙, 금년도 본국, 한국대학으로의 사비유학생은 117명이라고 발표
―.19 재일조선인 6명, 일본 정부로부터 북한으로의 왕래 인가 획득
―.19 히가시코베(東神戶)조선초급중급학교의 중급부가 인가를 획득
―.19 니시와키(西脇)조선초급학교(효고현(兵庫縣) 니시와키시)가 인가를 획득
―.20 재일조선인 자제를 조선학교에 취학시키기 위한 제5차 통일행동이 전국 각지에서 일제히 전개
―.22 구라시키(倉敷)조선초중급학교의 신교사 준공
―.23 민단 미에현(三重縣) 지방본부 신축회관 낙성
―.25 나라(奈良)상은(商銀) 본점 신축 낙성

1970년

재일동포
—.30 조은도쿄신용조합의 예금총액이 1,000억 엔을 돌파
3.— 제3차 재일동포조국방문단(6명)이 일본을 출발
4.2 이후락 주일대사, 기자회견에서 "민단조직 운영에 개입 안 한다"고 표명
—.5 마이즈루[舞鶴]조선초중급학교 창립
—.10 도호쿠[東北]조선초중고급학교의 고급부가 인가를 획득
—.10 재일동포 히로시마[廣島]원폭희생자위령비 제막식 거행됨—해방 전, 히로시마에 조선인이 약 10만 명 재류, 원폭 투하로 인해 사망자 약 4만 명, 피폭자 약 4만 8,000명 이라고 하는데, 해방 후 한국으로 돌아간 사람들은 치료를 받지 못하고 방치된 상태라고 함
4.15~17 김일성 수상 탄생 58주년 축하음악무용 서사시「영광에 빛나는 우리조국 조선민주주의인민공화국」이 오사카에서 상연됨
—.22 총련 중앙 외무부장, 월남 민중을 대량으로 학살하고 있는 캄보디아 우익반동의 만행을 규탄하는 성명을 발표
—.27 총련 이바라키현[茨城縣]본부 조선회관 준공
—.28 일본사회당 나리타[成田]위원장, 재일조선 공민의 귀국사업을 재개하도록 정부와 일본 적십자사 당국에 요청
5.2 도호쿠조선중고급학교의 신교사 및 기숙사 준공
—.5 도쿄도 시나가와[品川]경찰서의 경찰관이 조선청년에게 스파이를 강요
—.8 우베[宇部]조선초중급학교(우베시)의 신교사 준공
—.10 히로시마[廣島]조선중고급학교 제2호관 준공
—.10 한민자통, 재일한국청년학생전국위원회 결성 대표자회의가 열림—남북평화교류촉진서명운동의 실시를 결의
—.11 도쿄 도의회 대표, 아이치현[愛知縣] 각계 대표가 정부 당국에 재일조선 공민의 귀국 실현을 요청
—.13 총련 제9차 전체대회가 5월 25일 예정을 무기한 연기한다는 취지의 총련 중앙상임위원회 결정에 대한 기사를『조선신보』가 게재
—.15~10.31 북한 상품전람회가 도쿄 우에노[上野]의 조선상공회관에서 개최 ※ 관람자는 66개국, 총 72만여 명에 달했고, 북한 생산 원료, 기술 및 사회주의 생산방법의 기계공업제품에서 일용품에 이르기까지 200종류 4,800여 점의 제품 진열
—.16 북한을 방문한 동포 6명의 귀환 보고회가 열림(5월 12일 후쿠이현[福井縣]에 재입국)
—.20 가나가와[神奈川]조선중고급학교의 신교사 준공
—.20 한국의 각 신문, 재일 '한국적' 보유자 중 '영주권을 취득한 사람에게 병역 소환 면제' 기사가 문제화
—.21 이후락 주일대사 특별성명 "재일동포는 병역 면제"라고 강조
—.22 긴시초역[錦糸町驛]사건—도쿄조선고등학생 6명이 긴시초역 부근에서 주오[中央]상고, 지바[千葉]상고 학생 약 15명에게 둘러싸여 목검 등으로 구타당해 전치 3개월의 중상을 당함
—.25 총련 결성 15주년 기념 재일본조선인중앙대회가 열림

1970년

재일동포

—.25 아시아·아프리카, 라틴아메리카 민중단결기구에서는 매년 5월 25일을 '재일조선공민과의 국제적 연대의 날'로 하기로 결정
5.— 1970년에 들어가 도쿄조선고등학생에 대한 일본 우익 불량학생의 집단폭행사건은, 신주쿠역[新宿驛] 1월 17일, 30일, 2월 11일, 료고쿠역[兩國驛] 1월 21일, 아키하바라역[秋葉原驛] 2월 22일, 이케부쿠로역[池袋驛] 2월 27일, 5월 14일, 18일, 아카바네역에서 3월 11일, 13일, 주조역[十條驛] 3월 12일, 13일, 오다큐[小田急]신주쿠역에서 5월 12일, 14일, 다카다노바바역[高田馬場驛] 5월 15일, 오지역[王子驛] 5월 16일, 요요기역[代々木驛] 5월 18일, 25일, 시부야역[澁谷驛] 5월 18일, 히라이역[平井驛] 5월 31일, 긴시초역에서 5월 22일에 발생하는 등 21건이나 있었고, 경찰에 피해 신고를 하지 않은 것을 포함하면 그 몇 배가 됨
5.26 총련 중앙, 일본의 불량학생들의 조선학생에 대한 집단적 폭행사건이 연일발생하고 있는 데 관해 성명 발표
—.27 조선학생에 대한 연속집단폭행사건에 대해 도쿄조선인학부형대회가 열림—대회에서 일본 경찰에 차별 없는 공정하고 철저한 가해자 취조를 요구하는 항의문을 일본 정부에 제출. 학교는 학생들을 조퇴시키고, 교사 및 부형들은 각 현에서 경계를 설 것을 결의
—.28 총련 중앙, 조선 학생의 연속집단폭행사건에 관하여 일본 법무성에 항의
—.28 아이치조선제1초급학교가 방화로 전소됨
—.29 도쿄도 아라카와[荒川] 닛포리[日暮里]에서 일본의 불량중학생 30여 명이 도쿄조선제1초중급학생이 하교하기를 기다렸다가 집단폭행사는 사건 발생
—.29 가짜조선고등학생사건—총련 직원 박청수[林淸水]가 지하철 에도바시[江戸橋驛] 개찰구에서 조선고등학생의 배지를 단 학생을 보고 조선어로 "너 조선고등학교생이냐"는 질문에 답이 없어, 가짜조선고등학교생이라는 것이 판명되자 동료 5명과 도망치는 것을 역무원의 도움으로 중앙경찰서에 인도함
6.1 조선문제연구소 신사옥 준공
—.2~5 총련 결성 15주년 기념으로 음악무용 서사시「조국의 영광 아래에」가 재일조선인예술가·학생들 수천 명이 출연한 가운데 개최됨
—.5 경시청이 소부선[總武線] 연선에 있는 일본의 각 고등학교에 집단폭행을 당한 조선고등학생의 복수가 있을 것이라는 유언비어 정보를 모략적으로 흘림
—.6 총련 중앙, 경찰청과 경시청에 조선고등학생의 복수가 있을 것이라는 유언비어 정보를 흘린 책임을 따지면서 항의
—.8 재일조선인의 '한국적'에서 '조선적'으로의 기재 변경을 인정하도록 전국혁신시장회 총회가 일본 정부에 요청
—.9 참의원 법무위원회에서 사회당 고바야시 다케시[小林武] 의원이 조선고등학생에 대한 집단폭행사건과 관련하여 복수가 있을 것이라는 유언비어를 흘린 경시청을 추궁
—.12 베트남 외무성, 재일조선인에 대한 일본 정부의 탄압책동을 규탄하는 성명 발표
—.13 일본의 교원(도쿄 교직조[敎職組] 6개 지부)이 일본 고등학생의 조선 학생에 대한 연속 집단폭행사건을 방지할 것을 집회에서 토의

1970년

재일동포
一.15 도치기[栃木]조선초중급학교 신교사, 체육관 및 기숙사 준공
一.16 총련 중앙, 영주권 신청의 가용책동에 관하여 법무성에 항의
一.18 재일동포 청년을 강제징병하려고 하는 박정희 정권을 규탄하는 재일동포청년학생 중앙대회가 열림
一.19 재일조선인의 귀국과 민족교육을 지키는 연락회의 결성
一.19 재일조선인권리옹호위원회 위원장이 내외기자회견에서 재일조선 학생에 대한 집단폭행과 모략책동을 하고 있는 관계 당국의 부당성을 규탄하는 담화를 발표
一.22 재일조선민주여성동맹 가나가와 난부[南武]지부 기타카세[北カセ]분회에서 성인학교(야간학교)가 3년간 무휴·무결석으로 운영
一.26 규슈[九州]조선중고급학교가 정체불명자에 의한 방화로 전소
6.26 일본사회당, 조선고등학생에 대한 우익 불량학생의 연속집단폭행사건에 대하여 정부에 단속 책임을 추궁
一.29 아이치조선제2초급학교 인가 획득
一.30 재일조선인의 귀국과 민족교육을 지키는 연락회, 우익 불량학생의 조선고등학생에 대한 집단폭행사건의 진상보고회를 개최
7.1 총련 중앙, 7월 1일~10월 30일까지 '120일간 혁신운동'을 전개하기로 결정
一.2 민단 중앙, 영주권 신청 촉진에 '선전몽반宣傳蒙班', '가두순회선전반' 파견
一.3 자유법조단들 일본의 민주적 변호사단체가 우익 불량분자학생에 의한 조선고등학생 집단폭행사건에 대하여 성명을 발표하고 경시청에 항의
一.6 총련 중앙, 한덕수韓德銖 의장, 김규남金圭南, 박대인朴大仁 등 애국자에 사형과 중형을 부과하려는 미국과 박정희 파쇼정권을 규탄하는 담화를 발표
一.12 총련 미야기현[宮城縣]본부 조선회관 준공
一.18 나라조선초중급학교 인가 획득
一.28 일조무역회 임원 2명에게 법무성이 북한으로 무역업무를 위한 여권 발급을 인정함
一.30 도쿄조선제1초중급학교 민족악기합주단 및 도쿄조선제7초중급학교 천리마축구팀이 북한 방문을 위해 일본 정부에 재입국허가 신청을 7월 23일에 제출했다가 각하 당함
一.31 총련 중앙, 민단 중총에 8·15 조국해방 25주년 기념행사를 공동으로 개최하자고 제기
一.31 일본 정부, 외국인등록증 '국적란' 기재변경은 인정하지 않는다는 방침을 발표
8.1 민단 중앙, 영주권취득촉진위원회 결성
一.2 이희원李禧元 중앙단장 귀임, 한국 정부 200만 달러 특별자금 융자 확약
一.4 이후락 주일대사, 일본 정부 아이치[愛知] 법무장관에게 영주권 신청 촉진에 대한 일본 정부의 협력을 요청, 아이치 법무장관은 협력을 약속
一.5 한일협력위원회 제4회 상임회에서 일본의 사토[佐藤] 총리는 '한국 대표'에 대해 "영주권 신청의 촉진에 중앙 관청뿐 아니라, 지방자치체에도 협력을 철저히 시키라"는 취지를 약속함
一.7 오무라 수용소의 해체투쟁 데모로 '베트남에 평화를! 시민연합', 규슈대생들 140명이 수용소로 몰려감

1970년

재일동포
一.7 재일본조선청년상공인의 집회가 열림
一.9 오무라수용소의 해체투쟁 데모로 나가사키대[長崎大], 규슈대와 나카사키·후쿠오카[福岡] 반전고교생반전청년위의 '베트남에 평화를! 시민연합' 등 400여 명이 수용소로 몰려감
一.10 '영주권신청' 강요책동에 반대하여 '한국적'에서 '조선적'으로 고칠 것을 요구하는 오사카조선인집회가 열림
一.14 후쿠오카현 다가와[田川] 시장[市長], 재일조선인 14명이 '한국적'에서 '조선적'으로 바꾸는 것을 허가하기 시작
一.17 일본 정부 법무성은 지방자치체인 후쿠오카 다가와시가 시장의 권한으로 '한국적'에서 '조선적'으로 변경 취급을 허가한 것은 위법이라고 통달
8.19 민단 중앙 이희원 단장, 총련 중앙 한덕수 의장에게 "민족적 양심으로 회담하자"는 서한을 보냄
一.20 총련 중앙, '한국적'을 '조선적'으로 고치려는 재일동포의 권리 요구를 인정하지 않는 일본 정부를 추궁하는 성명을 발표
一.21 후쿠오카현 다가와시의 시 의회는 의회에서 시장의 국적 변경 인가를 전면적으로 지지하기로 결의
一.21 일본공산당과 사회당의 혁신정당은 일본 정부에 국적 변경 문제에 관한 법무성 통달에 항의
一.23~24 민단 전국본부 단장·사무국장·산하단체 기관장·신용조합 이사장의 긴급연석회의를 하코네[箱根] 난푸소[南風荘]에 소집, 영주권 신청 목표 달정에 제3차 활동계획을 결정
一.24 영주권 신청을 분쇄하고 '한국적'을 '조선적'으로 고치는 운동을 전개하기 위한 오사카조선인연설회가 열림
9.5 일본의 고등학교에 재학 중인 동포 학생들이 교토조선학생회를 결성
一.7 일본 법무성, 후쿠오카현 지사에게 "다가와 시장에 대해 이미 실시되고 있는 국적 변경 조치를 기한부로 직부집행명령을 내리도록" 통달
一.8 일본전국혁신시장회, 재일조선인의 '조선적'으로의 변경 신청을 일본 정부에 넘김
一.16 민단 시즈오카[靜岡]상은신용조합 본점 낙성
一.20 오무라수용소의 해체투쟁 데모로 나가사키대, '베트남에 평화를! 시민연합'. 나가사키·후쿠오카의 중핵파 학생들 239명이 수용소로 몰려감
一.24 세이반[西播]조선초중급학교(효고현 히메지시) 신교사 준공
一.26 일본 정부 법무성, 국적 변경 신청 제출서류와 법무성으로부터의 심사요령을 제시, 본인의 의사가 아니라 제3자에 의해 '한국적'으로 바뀐 경우만으로도 국적을 변경 기재를 인정한다고 통달
一.28 후쿠시마[福島]조선초급학교(오사카시 니시요도가와구[西淀川區]) 신교사 준공
一.30 니시나리[西成]조선초중급학교(오사카시 니시나리구) 인가 획득
一.30 오무라수용소에서 한국으로 강제송환된 사람의 수는 1950년 12월부터 현재까지 1만 6,391명이 됨

1970년

재일동포
10.1 일본 정부, 외국우편 환전업무 시작으로 북한으로의 송금이 일본 국내 각 우체국에서 500달러까지 가능하다고 발표
—.2 일본 정부 호리[保利] 관방장관, 이후락 주일대사에게 '한국적'을 '조선적'으로 변경하는 것을 인정하지 않겠다고 언명
—.4 시모노세키[下關]조선초중급학교의 중학생이 시모노세키경찰서의 경찰관에게 폭행당해, 100여 명의 학부형이 시모노세키경찰서에 엄중 항의
—.8 민단 오사카지방본부, 국적변경 문제로 다카쓰키[高槻] 시장에게 엄중 항의
—.11 총련 중앙, 일본의 요코타[橫田]기지에 있는 미 공군을 한국으로 이관하려고 하는 미국의 새로운 전쟁도방 책동을 배격하면서 담화 발표
—.18 북한으로 망명하기 위해 한국 '국군'에서 탈주하여 일본으로 밀입국한 정훈상鄭勳相에 대해 법무국 입국관리 당국은 정치망명은 인정하지 않고, 단순한 밀입국자라는 판단으로 강제송환을 결정
10.22~24 북한 건국 22주년 기념 재일본조선중앙예술축전이 열림
—.27 한일 법무차관회의, 영주권 취득자의 우선대우에 합의
11.6 가나가와현 가와사키시[川崎市]가 '한국적'에서 '조선적'으로 변경하는 것을 인정함
—.7 '한국적'에서 '조선적'으로 변경한 시정[市町]은 45개 시, 12개 정으로 1,360명이 됨
—.10 북한 상품전람회의 관람자 수는 40만여 명을 돌파
—.11 오사카흥은[興銀]신용조합은 창업 15주년 기념축전, 예금고 220억 엔 돌파
—.13 후쿠오카현 가메이[龜井] 지사, 다가와시 사카다[坂田] 시장에게, 11월 24일 최종기한으로 '조선적'으로 변경한 원표原標 등을 정정하도록 직무집행명령을 내림
—.20 '한국적'에서 '조선적'으로 변경한 재일본조선인중앙대회가 열림
—.28 가와사키조선초중급학교 신교사 준공
—.28 민단 오키나와현[沖繩縣]지방본부 결성
12.1 계간 『조선문학』지 창간
—.3 국제승공勝共연합이 국적변경 문제로 '혁신시장규탄대회'를 도조[東條]회관에서 개최
—.4 재일조선인의 귀환과 민족교육을 지키는 연락회의, '조선적'을 되찾는 운동과 다가와 시장을 지원하는 대표자의 집회를 개최함
—.8 박종석朴鐘碩 청년, 히타치[日立]제작소 소프트웨어공장을 상대로 재일동포의 취직차별 소송을 제기(74년 6월 승소 판결)
—.8 조국왕래 신청 재일조선인, 일본 정부에 조국 왕래의 자유를 즉시 인가하도록 요청
—.13 구라시키[倉敷]조선초중급학교 신교사 준공
—.14 도야마[富山]조선신용조합 창립
—.15 마이즈루[舞鶴]조선초중급학교의 신교사 준공
—.16 총련 중앙, '영주권 신청'을 거부했다는 이유로 오무라수용소에 억류되었던 김 청년의 즉시 석방을 요구하면서 엄중 항의
12.— 재일동포 작가 김달수金達壽 『일본 속의 조선문화』 간행 시작('귀화인歸化人사관'의 왜곡에 대한 안티테제)
—.18 총련 이와테현[岩手縣]본부 조선회관 준공

1970~71년

재일동포
—.19 아이치조선중고급학교가 누군가에 의한 방화로 전소
—.20 아마가사키[尼崎]한국학원 창립
—.22~1971.4.13 북한 상품전람회가 오사카의 조선회관에서 개최됨
—.25 도쿄한국학교의 토지 불하 문제를 해결, 일본 대장성 간토[關東]재무국과 가계약
—.25 마이즈루조선초중급학교 인가 획득
—.31 재일동포의 수는 61만 4,202명이 됨

1971
1.2 북한 올림픽위원회조사단을 환영하는 재일조선인 집회가 열림
—.16 일본 정부, 한일법적지위협정에 입각한 5년간에 걸친 협정영주권의 신청 중단됨
—.16 총련 중앙, '영주권 신청'과 '한국적' 강요책동이 내외반동에 의해 수단을 가리지 않고 행해지고 있는 데 관해 성명 발표
—.19 도쿄조선중고급학교 체육관 준공
—.20 오사카조선회관에서 개최 중인 북한상품전람회장에 '승공勝共연맹'원들이 침입하여 전시품 및 집기 비품을 파괴
—.22 재일조선인체육연합회, 북한 선수와 '한국' 선수를 공동으로 환영하고 성원할 것을 '대한체협'에 제기
—.29~31 총련 제9차 전체대회가 공립강당에서 열림—대의원 1153명, 방청자 864명, "조선노동당 제5차 대회 보고와 대회에 보내진 축하문을 구현하기 위해, 재일조선인 운동에서 주체사상체계를 확립하고 사업을 한층 높이 축적해 가는 계기가 되는" 대회로 "민족권리 옹호, 출입국관리법, 외국인학교법안 반대" 등을 토의 결정—의장 한덕수韓德銖, 부의장 김병식金柄植·이계백李季白·허남기許南麒·정재필鄭在弼·홍봉수洪鳳壽, 중앙의원 245명 선출
—.30 북한 동계올림픽 선수단을 환영하는 재일본조선인중앙대회가 열림
2.6 민단, 홋카이도[北海道] 한국인회관 낙성
—.6 민단, 홋카이도지방본부, 프레올림픽한국인후원회 발족
—.8 조은朝銀 시마네[島根]신용조합 창립
—.10 삿포로[札幌] 동계올림픽 북한선수단 송길천宋吉千 단장, 북한 선수에 대한 악랄한 모략책동과 도방책동을 규탄하는 성명을 발표
—.15 총련 중앙, 민단 중총에 3·1운동의 행사를 공동으로 개최하고 민족적 단결을 도모하자고 제기
—.15 민단 제16회 법적지위위원회, 영주권 신청자 수 35만 이상이라는 일본 법무성 발표를 확인, 중앙본부회의실
—.20 삿포로 동계올림픽에 참가한 북한 한필화韓弼花 선수와 서울에 있는 오빠가 35분간 국제전화를 했다는 기사가 게재됨(『조선신보』)
—.24 재일본조선인권리옹호위원회 이계백 위원장, 일본 정부의 출입국관리법안 상정 책동을 규탄하는 담화 발표
—.27 재일본조선인상공연합회 결성 25주년을 축하하는 재일조선상공인의 대회가 열림

1971년

재일동포

- 2.— 재일조선상공 2명의 탄압을 획책하고 사행유기장법射倖遊技場法과 풍속관계영업법의 시안을 발표. 6월 12일 국회 제출을 획책(반대운동에 부딪쳐 폐안됨)
- 3.6 일본 외무성이 북한으로의 여권에 북한 국호를 기입함
- —.11 출입국관리법안과 외국인학교법 일부 개정안의 입법화 책동에 반대하는 총련의 활동가와 대중의 가두선전운동가 일제히 전개됨
- —.13 민단 중앙 기관지 『한국신문』 창간 1,000호 기념호 발행
- —.15 조은 야마구치[山口]신용조합 본점의 신사옥 준공
- —.16 총련 중앙, 출입국관리법안과 외국인학교법 일부 개정안의 입법화 책동에 반대하면서 성명
- 3.18 제61회 일본 국회에서 폐안되었던 '출입국관리법안', 다시 국회에 상정됨
- —.18 파쇼적 악법 출입국관리법안에 반대하는 재일조선인중앙대회가 열림
- —.21 북한 탁구선수단을 환영하는 재일조선인대회가 열림
- —.25 민단 제32회 중앙대회가 일본소방회관에서 열림—제32대 단장 이희원李禧元, 부단장 윤달용尹達鏞·신용상辛容祥, 의장 장총명張聰明, 감찰위원장 이수성李壽成 선출
- 4.1 가와사키[川崎]조선초급학교에 중급부가 병설됨
- —.3 오사카조선회관에서 개최 중인 북한 상품전람회가 폐관
- —.4 히가시코베[東神戸]조선초급학교에 중급부 교사가 준공됨
- —.14 김일성 수상이 재일본조선인상공연합회 결성 25주년을 맞이하여 애국적 동포 상공인들에게 보낸 표창장과 선물을 수여하는 집회가 열림
- —.14 한국 대통령령 제5596호 '대일민간청구권신청법령' 공포, 주일한국대사관이 해당 재일동포 해당자는 신고하라고 통달
- —.15 훗카이도조선초중급학교 신교사 준공
- —.19 북한 최고인민회의 호소문을 지지하고 한국 민중의 반미구국투쟁을 지원하는 재일본조선인중앙대회가 열림
- —.20 재일한국유학생 서승徐勝 형제, 한국정보부(KCA)의 반공법 위반을 조작하여 체포
- —.25 도쿄조선문화회관(기타구[北區] 주조[十條]) 준공
- —.30 민단 중앙, 한국신문 운영위원회 설치
- 5.1 외국인등록법 재교부 시의 열 손가락 지문을 폐지
- —.2 총련 교토부본부 조선회관 준공
- —.7 김재권金在權 공사, 재일한국신문 통신기자회견에서 배동호裵東湖(한국통신 사장) 녹음 문제, 중앙감찰위원장 반국가적 발언 녹음사건 진상조사
- —.7 시코쿠[四國]조선초중급학교 기숙사 준공
- —.9 히로시마[廣島]조선중고급학교 기숙사 준공
- —.10 파쇼적 출입국관리법안에 반대하는 재일조선인중앙대회가 열림
- —.12 귀국재개 제1선의 귀국선 '만경봉호'(북한건조선)가 니가타[新潟]에 입항
- —.12 후쿠오카현[福岡縣]의 조선중고급학생이 지역의 불량고등학생에게 집단폭행을 당함
- —.25 재일조선인인권옹호투쟁위원회 이계백 위원장, 출입국관리법안이 폐안된 것과 관련하여 담화 발표

1971년

재일동포
—.26 총련 후쿠이현(福井縣)본부 조선회관 준공
—.27 한국 국회의원에 권일權逸, 김재화金載華 당선
—.29 나가노(長野)조선초중급학교 신교사 준공
6.2 총련 오사카부본부 조선회관 준공
—.4 아이치현(愛知縣) 나고야시(名古屋市) 나카가와구(中川區)에서 동포가 지역의 불량분자에게 살해당함
—.11 민단 중앙본부 감찰위원회, '녹음 문제'로 담화 발표
—.14 요코스카(橫須賀)조선초급학교(가나가와현(神奈川縣))의 신교사 준공
6.16 민단 중앙집행위원회, '배동호사건' 반민단적·반국가적, 이적행위라고 판단
—.16 오사카에서 지역의 불량분자가 동포 여성과 딸을 비수로 찔러 중상을 입힌 사건이 발생
—.17 시마네(島根)상은신용조합 개점
—.18 민단 자주수호위원회가 배동호, 정재준鄭在俊 등에 의해 결성됨
—.21 가와사키(川崎)조선초중급학교 인가 획득
—.21 나가노(長野)조선초중급학교 인가 획득
—.30 총련 중앙, 사토(佐藤) 수상이 박정희의 대통령 취임에 참석한다는 구실로 한국에 대해 재침략 책동을 한다고 규탄하며 성명 발표
7.3 민단 도쿄본부 감찰위원회 전원을 해임
—.5 민단 중앙, 도쿄지방본부의 직할을 통고
—.10 재일본조선인민족교육대책위원회 이계백 위원장, 일본 우익 불량학생에 의한 조선고등학생에 대한 집단폭행사건의 연속 발생에 관하여 담화 발표
—.13 민단 전국지방단장·사무국장 회의, 직할의 규약상 정당성을 확인
—.15 정재준 민단 도쿄본부단장·민영상閔泳相 의장 등이 민단의 민주화를 위해, 민주자주수호위원회를 결성
—.17 재일한국인신용조합협회, 전국예금고 1,000억 엔 돌파 축하회 개최
—.25 제6회 재일동포 모국 하기학교 입학생 773명 한국으로 출발
8.1 돗토리현(鳥取縣)조선상공회 결성
—.2 민단 도쿄본부(단장 정재준 '민주계') 사무소에 박정희 직할의 '유신민단'원이 습격
—.3 민단 중앙본부 고문·3기관 임원·중앙집행위합동회의 긴급소집. '8·2사건' 대책 검토, 이희원 중앙단장, 전조직에 '비상사태'를 선언
—.3 민단 중앙에 조직방위대책위원회 설치
—.5 총련 중앙국제국장, 표류한 북한 선원을 조국으로 귀국시킬 것을 요구하는 담화 발표
—.10 총련 중앙, 민단 중총에 8·15조국해방 26주년 기념행사를 공동으로 열자고 제기
—.14 김일성 수상의 역사적인 8월 6일 연설을 열렬히 지지하는 재일본조선인중앙대회가 열림
—.17 총련 중앙, '남북적십자회담 지지 환영대회'를 공동으로 주최할 것을 민단 중총에 제기

1971년

재일동포
—.20 하마마쓰(浜松)조선초중급학교 신교사 준공
—.20 민단 중앙집행위원회, 총련의 공동집회 제의를 거부하는 회답
—.25 고 원심창元心昌 의사義士 재일한국인사회장이 구단(九段)회관에서 열림
—.28 총련 중앙, 민단 중총에 '남북적십자회담을 열렬히 지지 환영하는 재일동포의 대회'를 공동으로 열 것을 다시 제기
9.2 총련 중앙, 남북적십자단체 간의 회담을 지지하는 대화를 공동을 진행시키자고 민단 중총에 제기했으나 다시 거부당하고, 재고할 것을 요망하는 담화를 발표
—.3 도쿄 국세국, 법인세 탈세를 명목으로 상공연합회 부회장 이李 씨의 사업소 등을 사찰
9.10 후쿠시마(福島)조선초중급학교 신교사 준공
—.10 총련 도쿄, 군마(群馬), 도치기(栃木), 이바라키(茨城) 각 현 본부의 조선상공인이 세무당국의 부당한 사찰에 반대하면서 항의운동을 전개
—.11 민단 비상대책위원회 기관지 『민단 시사時事』 창간
—.12 나라(奈良)조선초중급학교 신교사 준공
—.13 정월에 북한에 갔다 올 수 있게 각지의 조선인이 일본 정부에 조국 왕래와 해외여행의 자유를 실현할 수 있도록 계속해서 요청운동을 전개
—.18 남북적십자회담을 열렬히 지지하는 재일본조선인중앙대회가 열림
—.20 재일본조선언론출판인협회, 남북조선적십자예비회담을 취재하기 위한 재일조선인 기자단이 재입국할 수 있도록 일본 정부에 요청
—.20 삿포로(札幌) 동계올림픽대회의 재일한국인후원회가 호텔 오쿠라에서 결성, 회장에 정건영鄭建永 선출
—.20 민단 중앙의 3기관, 민단 파괴 분열을 기도하는 '민주개조보' 반대 성명
—.26 오사카에서 민단계 청년 학생들이 남북적십자단체 간의 예비회담을 지지하는 집회를 엶
10.4 민단 야마구치현 한국회관 낙성
—.5 김일성 수상 160차 귀국선에서 조국으로 돌아간 애국적인 상공인들과 회견
—.9 히가시오사카(東大阪)조선제5초급학교(오사카시 이쿠노구(生野區))의 신교사 준공
—.10 히가시오사카(東大阪)조선제3초급학교(오사카시 이쿠노구)의 신교사 준공
—.12 시즈오카(靜岡)조선초중급학교 강당과 기숙사 준공
—.18 도쿄조선고등학생에 대한 일본 우익 불량학생의 집단폭행사건이 각지에서 빈번하기 일어남
—.22 재일조선인 237명이 외국인등록령 위반 및 출입국관리법에 의해 자비로 북한으로 귀국
—.23 민단 제19회 정기중앙위원회 유회. 일부 학생·청년의 입장 방해로 인해(오사카홍은 홀)
—.23 총련 도쿄도본부 및 재일도쿄조선인들, 조선고등학생에 대한 집단연속폭행사건을 규탄하면서 경시청에 항의
—.24 홋카이도(北海道) 아사지노(淺芽野)비행장건설공사에서 동포 순난자殉難者위령비 제막
—.25 홋카이도조선초중급학교의 신교사 준공

1971~72년

재일동포
—.27 민단 중앙 장총명張聰明 의장, 제19회 정기중앙위원회와 제33회 임시중앙대회의 연기를 발표
11.1 김일성 탄생 60주년을 맞이하기 위해 총련 중앙은 11월 1일~1972년 3월 31일까지의 '150일간 혁신운동'을 제기
—.8 도쿄상은신용조합 본점 준공
—.8 민단 중앙 이희원 단장, 일련의 조직을 혼란시킨 책임을 지고 사직
—.10 총련 오사카부본부, 한국에서 대학생 간첩사건을 날조하고 한국학생운동을 탄압하는 박정희 파쇼정권을 규탄하고, 관내에서 일제히 가두선전운동을 전개
—.21 삿포로 동계올림픽 북한 선수단 환영위원회 결성
11.26 총련 구마모토현(熊本縣)본부 조선회관 준공
—.29 민단 제19회 중앙위원회가 중총회관에서 열림—이희원 단장이 사임하고, 단장대리 윤달용尹達鏞, 부단장 신용상辛容祥·서영호徐永昊, 의장 장총명, 감찰위원장 이수성李壽成, 단장대리제를 신설해서 선출
12.7 총련 중앙, 파쇼적 박정희 정권이 '국가비상사태'를 선언한 것을 폭로 규탄하는 성명을 발표
—.8 총련 미에현(三重縣)본부 조선회관 준공
—.13 민단 윤용달 중앙단장대리, '국가비상사태선언' 지지를 표명
—.15 『조선신보』 5,000호 발간 기념집회가 열림
—.19 교토조선제2초급학교 부속 유아원 신교사 준공
—.21 조선과 일본의 노동자교류연대연락회의가 결성됨
—.23 도쿄도 조후시(調布市) 의회에서 재일조선인에 대한 국민건강보험이 적용될 것을 채택
—.24 재일조선언론출판인협회, 총련 조직을 파괴하려고 하는 일부 전향자의 범죄행위를 규탄하는 성명 발표
—.27 오사카부 의회, 북일 양국 간의 국교회복에 관한 결의를 채택
—.28 후쿠시마현조선인교육회가 학교법인의 인가를 획득—이상으로 이제까지 30현의 조선인교육회 중 29현의 교육회가 학교법인 인가를 획득
—.30 『조선신보』, 박정희 정권이 '국가방위에 관한 특별조치법'이라는 파쇼법을 국회에서 전격적으로 통과시킨 데 관해 논설을 게재
—.31 재일동포의 수는 62만 2,690명이 됨
1972
1.10 월간잡지 『오늘의 조선』 창간
—.10 김일성 수상, 요미우리신문(讀賣新聞) 기자가 제기한 질문에 대한 답변 「조선민주주의인민공화국의 당면 정치, 경제정책과 몇 가지 국제 문제에 대하여」 속에서 "재일동포 발생의 본질적 문제와 총련의 한덕수韓德銖 의장을 중심으로 민족권리를 지키고 단결하는 것, 그리고 조국으로의 자유왕래의 실현을 기대"한다고 언명
—.10 한국 문교부 민장남閔長男, 도쿄 한국학교에 정부보조금을 보냄

1972년

재일동포
1.14 총련 중앙, 민단 중총에 대해 삿포로[札幌] 동계올림픽에 참가하는 남북선수단을 공동으로 환영하자고 제안
1.— 재일동포 이회성李恢成, 『다듬이질하는 여자』로 제66회 아쿠타가와상[芥川賞] 수상
1.16 조일수출입상사 창립
1.18 아오모리[青森]조선신용조합 본점 사옥 준공
1.22 삿포로 동계올림픽 한국선수단 도착, 환영회를 엶
1.23 북한, 올림픽위원회 대표단 및 동계올림픽 선수단을 환영하는 재일조선인의 집회가 열림
1.27 한국 삿포로 동계올림픽 참관단 초집招集사업 제1진 방일, 이후 2월 13일까지 총 1987명 참관
2.3~13 제2회 삿포로 프레올림픽대회에 북한 선수 한필화韓弼花 이하 11명 참가
1.13 북한 외무성, 일본이 박정희 정권과 간첩사건을 날조하여 공판에서 죄 없는 재일동포에게 중형을 내리는 만행을 규탄하는 성명을 발표
1.17 효고[兵庫] 아마가사키[尼崎]한국학교가 학교법인 인가를 획득
1.22 총련 중앙, 민단 중총에 3·1 운동을 민족 공통의 기념행사로 하여 공동으로 개최하자고 제안
1.23 김일성 탄생 60주년을 맞이하여, 재일 60만 조선공민이 열정 넘치는「충성의 편지」와『충성의 깃발』을 전달하는 자전거부대 행진이 오사카를 출발—3월 6일 도쿄를 경유하여 4월 26일 평양 모란봉경기장에 도착
1.29 3·1운동 53주년 기념 재일본조선인중앙대회가 열림
3.5 북한이 재일동포의 조선학교 학생에게 교과서 무상 배포와 취학장려금을 지급하고, 일본 고등학교에 다니고 있는 조선 학생에게 장학금을 보내는 데 대해, 총련 중앙이 감사의 선문電文을 보냄
1.6 김일성 탄생 60주년을 축하하고 주석에게 충성의 편지를 전달하기 위한 재일본조선인조선중앙대회가 열림
1.11 민단 중앙집행위원회, 3·1절 기념대회에서 정재준鄭在俊 일파의 반민단·반정부 언동에 대하여 비난 성명
1.14 일본 정부 각의에서 '출입국관리법안'을 금번 국회에 재제출하기로 결정
※ 1951년 10월 4일 정령 319호 출입국관리령이 재일동포를 탄압하는 법률로 제정 공포된 후, 악법이라 하여 두 번이나 출입국관리법안을 국회에 상정하고 폐안되었으므로, 일본 정부가 이번에는 개정 법안으로서 국회에 상정을 결정
1.14 총련 중앙, 출입국관리법안을 국회에 상정하려고 하는 일본 정부의 범죄적 책동을 규탄하면서 성명 발표
1.18 민단, 일본 정부에 일본 국외로 나간 재일조선인에게 재입국 허가를 내주지 말도록 항의
1.20 민단 중앙 윤달용尹達鏞 단장대리, "본국 내의 정쟁을 재일동포 사회에 파급시키지 말라"는 경고 성명을 발표
3.— 김일성 탄생 60주년을 축하하여 재일조선상공인들, 사회주의 건설에 기여하는 기계, 의료기 등 여러 가지 선물을 보내는 운동을 전개

1972년

재일동포
—.26 나라현[奈良縣] 아스카무라[明日香村]의 다카마쓰[高松]고분에서, 극채색 벽화가 발견되어 한반도에서 건너온 벽화라는 설이 유력
—.27 조은[朝銀] 지바[千葉]신용조합의 본점 사옥 준공
—.30 우베[宇部]조선초중급학교 인가 획득
—.30 도쿠시마[德島]조선초급학교 인가 획득
—.30 이와쿠니[岩國]조선초중급학교 인가 획득
4.1 기후[岐阜]조선초중급학교 신교사 준공
—.1 야마구치[山口]조선고급학교 창립
—.5 사카이[堺]조선초급학교(사카이시) 신교사 준공
—.7 요코스카[橫須賀]조선초급학교 신교사 준공
—.8 파쇼적 악법 '출입국관리법안'에 반대하는 재일본조선인중앙대회 개최—대회 후에 시위행진
4.15 김일성 탄생 60주년 기념 재일본조선인중앙경축대회가 도쿄조선문화회관에서 열림
—.15~17 김일성 탄생 60주년 기념대음악무용서사시「조국의 태양 아래에」를 공연
—.15 재일본조선인 금융기관인 조선신용조합의 명칭을 '조은'으로 전국적 통일
—.15 민단 중앙, 한국민족자주통일동맹·한국민족자주통일청년동맹의 적성단체 규정을 해제
—.20 민단 도쿄본부, 한청[韓靑], 한학동[韓學同] 3단체 간부들이 박정희의 유신 민단 간부 중앙 3기관 책임자들과 협상하였으나 조정이 이루어지지 않아, 민단은 사실상 분열
—.28 총련 중앙, 민단 중총에 대하여 출입국관리법안에 반대하기 위해 공동으로 행동하자고 제안
5.2 한청, 민단 중앙 현 집행부의 난투규탄대회가 분쿄[文京]구민센터에서 열림—민단 중앙에 대회 결의문을 전달함
—.11 파쇼적 악법 '출입국관리법안'에 반대하는 재일본조선인중앙대회가 열림—대회 후에 시위 데모
—.14 김일성이 일본 전국혁신시장회 대표단과의 회담 가운데 "조일우호친선 강화와 인사의 교류 강화"를 언명
—.15 민단 윤달용 중앙단장대리, "오키나와[沖繩] 일본 복귀에 기하여 재류동포의 권익 옹호를 본국 정부·일본 정부에 요청한다"고 표명
—.16 민단 도쿄본부 관하의 13개 지부, 신집행부가 선출되기까지 도쿄본부의 지시에는 응하지 않는다고 표명
—.29 민단 전국단장회의
—.30 민단 중앙, 도쿄본부에 불온한 집회를 중지하도록 지시
—.30 민단 도쿄본부 주최로 민단자주수호민중대회가 열림
—.30~31 김일성 탄생 60주년 기념 대매스게임「수령님께 바치는 영광의 노래」가 도쿄 고마자와[駒澤]경기장에서 개최됨
—.31 재일조선인 가무단의 공연 관람자가 창립 이래 현재까지 200만 명을 기록
6.2 민단 조직정비위원회 발족

1972년

재일동포
―.6~8 헝가리에서 열린 청년 교원 문제에 관한 국제직업연맹회의에 재일조선인교직원동맹 대표단이 참가함―재일조선인의 제3국으로의 자유왕래가 처음으로 실현됨
―.10 군마[群馬]조선초중급학교의 신교사 및 체육관, 기숙사 준공
―.14 일본 경찰 당국, 부당하게도 민단 도쿄본부, 한청, 한학동 각 본부와 간부의 집 등을 수사
―.16 외국인학교법안, 일본 국회에서 7번째로 폐안됨
―.26 민단 중앙, 도쿄지방본부에 재직할을 통고
―.27~30 총련 중앙위원회 제9회 제3차 회의가 열림―"150일간 혁신운동의 성과를 총괄하고 조국통일을 비롯하여 총련의 애국사업을 발전 확대시키는 데 대해" 토의 결정
7.4 '7·4 남북공동성명' 발표
―.4 민단 중앙 윤용달 단장대리, '남북공동성명' 발표를 환영하는 성명
7.4 총련 중앙 한덕수 의장, 7·4 남북공동성명을 열렬히 지지하는 담화 발표
―.5 총련 중앙, 민단 중총에 남북공동성명을 지지 실현하는 운동을 공동으로 전개하자고 제안
―.6 민단 중앙, 조총련의 공동집회 요청에는 자중하라는 공보문 발표
―.6 조국의 자주적 평화통일을 위해 남북공동성명을 열렬히 지지하는 재일본조선인중앙대회 열림
―.7 민단 제20회 중앙위원회, 남북공동성명에 관한 결의문 채택, '한청'·'한학동'의 산하단체 인정 취소를 결정. 13일 통고
―.10 니가타[新潟]조선초중급학교의 체육관 준공
―.13 총련 중앙 한덕수 의장, 한국의 애국인사 김규남[金圭南]이 처형된 데 관해 담화 발표
―.13~18 재일조선민주여성동맹 대표단 5명이 몽골에서 열린 제2회 아시아·아프리카여성회의에 참가
―.15 유신민단감찰위가 민주화를 추진하는 민단 도쿄본부 정재준 단장, 곽동의[郭東儀]와 7명의 간부들을 정권[停權] 처분한다고 발표
―.16 민단 가나가와현[神奈川縣]본부 임시대회를 열고, 현 집행부를 불신임
―.21 도쿄도 미노베[美濃部] 지사, 총련 도쿄도본부를 실질적인 외교기관으로 인정하는 조치를 강구하여 본부의 고정자산세 및 부동산취득세를 면세로 할 것을 결정
―.23 김일성 수상, 태풍으로 규슈[九州]지방의 동포가 수해를 입은 데 관해 총련 중앙 한덕수 의장에게 위로 전문을 보냄
―.23 총련과 민단이 공동주최로 7·4 남북공동성명을 지지하는 도쿄도 오타[大田]지역 동포의 집회가 열림
―.27 도쿄조선중고급학교 축구클럽 회원 및 요코하마[橫浜]조선초급학교 음악무용클럽 회원이 북한 방문을 위해 일본을 출발
―.27 한국에서 미군의 즉시철수를 요구하고 남북공동성명을 실현하기 위한 재일본조선인중앙대회가 열림
―.28 조청[朝靑]과 한청이 공동주최로 7·4 남북공동성명을 지지하는 도쿄도 시나가와[品川]지역의 동포청년학생집회가 열림

1972년

재일동포
—.29 총련 산하의 청년단체와 민단 산하의 청년단이 공동으로 7·4 남북공동성명을 지지하는 중앙대회를 개최하는 데 합의하고 두 단체 대표가 공동으로 기자회견
8.1 민단 전국지방본부 3기관장 및 사무국장 회의를 소집하고, 남북공동성명에 대한 민단의 자세를 확인
—.2 총련 도쿄도 가쓰시카[葛飾]지부와 민단 도쿄도 가쓰시카지부가 7·4 남북공동성명을 지지하는 재일동포집회를 공동으로 개최
—.6 7·4 남북공동성명을 지지하는 규슈, 주고쿠[中國], 시코쿠[四國]의 각 지방이 공동으로 재일동포의 대회가 개최됨
—.7 조청 중앙과 한청 중앙에서 7·4 남북공동성명을 열렬히 지지하는 재일동포청년학생중앙대회를 공동으로 개최
—.7 총련 도쿄도본부위원장과 민단 도쿄도본부 단장이 7·4 남북공동성명을 지지하는 재일동포의 도쿄대회를 공동으로 개최하는 것에 동의
8.8 민단 제33회 임시중앙대회가 구단[九段]회관에서 열림—대의원 411명, 제33대 단장 김정주金正柱, 부단장 강학문姜學文·이재이李彩爾·김진호金振浩, 의장 박태환朴太煥, 감찰위원장 김태섭金泰燮 선출. 결정사항, 한청·한학동의 산하단체 인정을 취소하는 등 규약 일부 수정
—.15 총련 도쿄도본부와 민단 도쿄도본부가 8·15해방 27주년을 기념하고 7·4남북공동성명을 지지하는 재일도쿄도 전 동포의 대회가 공동으로 개최
—.15 제2차 세계대전 당시 오키나와에서의 조선인 강제연행 학살 진상을 재일조선인 조사단이 조사에 착수
—.18 총련 중앙, 민단 중총에 남북적십자단체의 본회담을 공동으로 지지 환영하는 대회를 열자고 제안
—.26 조청 교토부본부와 한청 교토부본부가 7·4 남북공동성명을 열렬히 지지하고 남북적십자 본회담을 축하하는 교토부전동포청년학생대회가 공동으로 개최됨
—.31 재일대한부인회 중앙본부, 양경지梁炅芝 도쿄본부 전 회장 등 5명에게 정권 처분
9.1 남북적십자단체의 본회담 개최를 열렬히 지지하는 재일조선인중앙대회가 열림
—.3 김일성 수상, 남북적십자 본회담 자문위원의 총련 대표와 재일조선인기자단과 함께 혁명가극「피바다」를 관람
—.3 총련 가나가와현본부와 민단 가나가와현본부가 남북적십자 본회담을 축하하고, 7·4 남북공동성명을 지지하는 가나가와현전동포대회를 공동으로 개최
—.3 조청 오사카부본부와 한청오사카부본부가 7·4 남북공동성명을 지지하고, 남북적십자 본회담을 축하하는 오사카부전동포청년학생대회를 공동으로 개최
—.4 조은 도쿄신용조합이 일본 정부계 금융기관, 상공조합 중앙금고의 대리업무 권리를 위임
—.6 총련 오키나와현본부 결성
—.6 총련 미야기현[宮城縣]본부 조선회관 준공
—.8 조국을 방문한 도쿄중고급학교 축구클럽과 요코하마조선초급학교 음악무용클럽 회원의 보고집회가 열림

1972년

재일동포
一.11 민단 중앙, 『주간 요미우리』의 횡포기사에 대해 엄중 항의. 민단 오사카본부부인회 등, 요미우리신문 오사카본사에 항의
一.14 민단, 7·4 공동성명, 남북적십자 본회담 지지 격려·환영중앙민중대회, 간다[神田]공립강당에서 열림
一.14 민단 중앙, '요미우리언론횡포규탄중앙투쟁위원회' 설치. 요미우리신문 도쿄본사에 항의, 전국 각지로 확산
一.17 김일성 수상, 마이니치신문[每日新聞] 기자가 제기한 문제의 회답 "우리 당의 주체사상과 북한 정부의 대내외정책의 몇 가지 문제에 대하여" 속에서 "재일동포가 조국에 자유왕래의 완전한 실현과 민족적 권리의 보장, 조국의 평화통일 실현"의 문제에 대해 언급
一.18 요미우리신문사, 민단 중앙본부에 사과문
一.24 세이반[西播]조선초중급학교(효고현 히메지시[姫路市]) 신교사 준공
9.28 7·4 공동성명을 지지하는 재일조선인 가나가와상공회와 재일한국인 가나가와상공회가 공동주최로 집회를 엶
一.29 일본 다카마쓰총 종합학술조사사업에 참가하는 북한 사회과학자 대표단을 환영하는 재일본조선인중앙대회가 열림
10.1 총련 중앙, 모든 부문에서 '재일조선인을 찾는 운동'을 전개하고, 조선학생의 수를 늘리기 위한 월간사업을 설정
一.1 조청 효고현본부와 한청 효고현본부가 7·4 공동성명을 지지하고, 남북적십자 본회담을 축하하는 효고현전동포청년학생대회를 공동으로 개최함
一.13 남북적십자 본회담 제3~4차에 참가하는 자문위원과 재일조선인 기자단이 일본을 출발
一.20 민단 중앙본부, 제1회 문화상, 김정주 한국사료연구소장에게 수여
一.21 재일본한국청년회 효고현본부의 결성대회가 고베[神戸] 이쿠타[生田]공회당에서 열림
一.22 재일본한국청년회 도쿄본부 결성대회가 스기나미[杉並]공민회관에서 열림
一.22 북한 국가무역촉진위원회 대표단을 환영하는 재일본조선인중앙대회가 열림
一.26 조선대학교 기숙사 7호관 준공
一.30 민단, 김정주 중앙단장, "헌법 개정 적극 지지" 담화문 발표
11.5 재일본한국청년회 가나가와현본부의 결성대회가 요코하마시 교육회관에서 열림
一.6 민단 중앙감찰위원회, 민단 파괴를 기획한 불순분자 19명에게 제명·정권 등의 징계처분을 공고
一.9 민단 본국사무소 개소식
一.12 민단 전국지방단장 본국연수회
一.21 재일한국청년회 산타마[三多摩]본부가 다치가와[立川]교육회관에서 열림
12.1 재일금융기관 조선신용조합의 명칭을 '조은신용조합'으로 기본적으로 통일
一.3 북한 최고인민회의 대의원 후보로 총련 중앙 한덕수 의장 및 간부, 재일조선상공인, 여성 대표, 교육자 대표들이 등록
一.4 민단 도쿄본부, 제30회 직할본부대회에서 정동순[鄭勳淳] 집행부 출발, 조직 정상화. 다음날, 중앙본부의 직할 해제

1972~73년

재일동포
—.12 총련 중앙 제1부의장 김병식(金炳植) 해임
—.14 민단, 전국대표 250명의 새마을운동 참관단을 본국 파견
—.18 일본 정부, 북한 최고인민회의 제5기 제1차 회의에 참가하는 재일조선공민 출신 대의원의 일본 재입국을 인정하지 않을 것을 결정
—.24 총련 중앙, 미군의 베트남민주공화국에 대하여 야만적 포격을 강행하는 데 대해 미국 대통령 닉슨에 항의 전문을 보냄
—.25 김일성 수상, 북한 최고인민회의 제5기 제1차 회의에서 "우리나라의 사회주의제도를 보다 강화하자"에서 "재일동포가 주체사상의 깃발 아래 총련을 중심으로 단결하고, 민족 권리를 지키도록, 북한 정부는 자기의 의무로서 지원한다"고 언명
—.27 북한 사회주의헌법 중 "제15조와 제65조에서 재일동포의 공화국 공민으로서의 권리와 법적 보호를 받을 수 있다"고 명문화
12.30 김일성 수상이 북한 최고인민회의 제5기 제1차 회의에서 국가주석에 추대된 데 대해 축하하는 재일본조선인중앙대회가 열림
—.31 재일동포의 수는 62만 9,809명이 됨
1973
1.13~25 재일본조선인교직원동맹 대표단이 인도에서 열리는 아시아교직원단체 토론회에 참가
—.16 민단 중앙, '제1기 전국순회 간부교양강좌' 군마현(群馬縣)지방본부에서 강의
—.25 총련 도쿄도본부와 민단 도쿄도본부가 공동으로 신년 집회를 개최
—.30 총련 중앙, 민단 중총에 조국의 자주적 평화통일을 앞당기기 위해 북과 남 사이에 다방면으로 합작과 교류를 촉진하고 운동을 전개하자고 제의
2.1 '재단법인 한국교육재단'을 일본 문부성이 정식으로 인가
—.8 조은(朝銀) 에히메(愛媛)신용조합 성립
—.10 재일본조선인 제1기 성인학교 및 청년학교가 전국 각지에서 일제히 개교
—.10 재일대한부인회 중앙본부, 전국적으로 유신계몽강습회를 시작
—.11 조은 히로시마(廣島)신용조합의 본점 신사옥 준공
—.13 총련 중앙, 민단 중총에 3·1 독립운동 54주년의 기념행사를 공동으로 개최할 것을 제의
—.21 총련 중앙이 전국적으로 강연회를 제도화하기 위한 시범강연회를 한덕수(韓德銖) 의장을 변사로 하여 도쿄에서 개최함
—.24 일조사회과학자연대위원회에서 김일성의 '프롤레타리아독재에 관한 사상과 이론에 대하여'의 연구회가 열림
3.1 3·1 독립운동 54주년을 기념하여 총련 도쿄도본부와 민단 도쿄도본부가 공동주최로 대회를 개최함(총련 가나가와현(神奈川縣)본부와 민단 가나가와현본부에서도 3·1 기념행사가 공동개최됨)
—.1 민단 3·1절 본국기념식전에 재일동포 대표단 686명이 참가
—.10 북한방송기술대표단이 일본에 도착

1973년

재일동포
一.11 아이치[愛知]조선중고급학교의 신교사 준공
一.16 총련 중앙, 출입국관리법안을 국회에 제출하는 데 관해 성명을 발표
一.16 제5차 남북적십자회담에 참가하는 자문위원과 재일조선인 기자단 및 제8차 재일동포 조국방문단이 일본을 출발
一.17 '출입국법안'이 다시 국회에 상정, 제71회 국회에 상정되었다가 한 번 심의가 이루어졌을 뿐 심의 미료未了로 폐안됨
一.17 민단 중앙회관 건설 발기인이 건설위원회를 발족, 위원장 윤달용尹達鎌을 선출
3.22~23 민단 제21회 정기중앙위원회가 일상日傷회관에서 열려, 민단 중앙회관 건설안을 가결, 유신민단새마을체제가 확립됨
一.27 민단 권일權逸 전 중앙단장, 강길만姜佶滿 전 오사카한청본부 위원장이 한국 국회의원에 당선
4.2 파쇼적 출입국관리법안에 반대하는 재일본조선인중앙대회가 열림
一.3 총련 중앙, 민단 중총에 출입국관리법안에 반대하기 위한 투쟁을 공동으로 전개하자고 제안
一.11 민단 후쿠시마[福島]한국회관 낙성
一.11 북한 최고인민회의 제5기 제2차 회의에서 채택된 조국의 자주적 평화통일을 촉진시킨다는 결정을 지지하는 재일본조선인중앙대회가 열림
一.11~29 홋카이도[北海道]조선인강제연행진상조사단이 현지에서 조사를 시작
一.12 '한국교육재단' 창립총회가 도쿄상은 본점에서 열림
一.13 기록영화 「총련시보總聯時報」 제100호 제작 기념집회가 열림
一.22 민단 중앙본부, 일본 국회에 제출되어 있는 '출입국법안'에 대한 통일견해를 결정
一.29 와카야마[和歌山]조선초중급학교 신교사 준공
5.3 재일한국인의사회, 모국방문의료단을 구성
一.4 총련 중앙 한덕수 의장, 미국 국회 상원의장과 하원의장에게 조선의 자주통일 문제로 편지를 보냄
一.8 민단 중앙감시위원회, '나스[那須]사건' 주모자 곽동의郭東儀·김용원金容元·윤혁효尹爀孝의 제명 처분을 공고
一.8 파쇼적 악법 출입국관리법안에 반대하는 재일본조선인중앙대회가 열림
一.12 일조사회과학자연대위원회의 주최로 '주체사상의 세계사적 의의'에 대해 연구토론회가 열림
一.13 북한 기자동맹 대표단을 환영하는 재일본조선인중앙대회가 열림
一.15 지쿠호[筑豊]조선초중급학교(후쿠오카현[福岡縣] 이즈카시[飯塚市]) 신교사 준공
一.16 민단 가나가와현 한국인상공회관 낙성
一.18 제1차 재일동포상공인조국방문단이 일본을 출발
一.26 김일성이 총련 결성 18주년 기념 재일동포상공인조국방문단을 접견하고, "재일조선상공인은 조국을 위해 진력하고 있는 "애국적 상공인, 진보적 상공인"이라고 평가
一.29 총련 중앙, 민단 중앙에 대하여 남북공동성명 발표 1주년 기념대회를 공동으로 개최하자고 제의

1973년

재일동포
6.5 김일성이 남북적십자회담에 자문위원으로서 참가한 총련 대표와 재일조선인 기자단을 접견
—.8~9 민단 제1회 전국지방본부 청년부장회의가 다이에이(大榮)호텔에서 열림
—.11 미노베(美濃部) 도쿄도지사가 조선대학교를 방문
—.12 고쿠시칸(國士館)고등학교 학생에 의한 도쿄조선고등학생 연속집단폭행사건이 다시 속출
—.14 총련 중앙상임위원회, 일본 우익 폭력학생의 조선고등학생에 대한 집단폭행사건이 연속해서 발생하고 있는 데 관해 성명
6.15 루마니아에서 제10회 세계교직원동맹대회에 참가하기 위해 재일본조선인교직원동맹 대표단이 일본을 출발
—.17 북한 외교부, 재일조선인학생에 대한 일본 불량학생의 집단폭행사건의 발생에 관하여 성명 발표
—.21 한국 재외국민 취적에 관한 임시특례법을 개정, 공포·시행
—.26 민단 중앙 '재일국민등록에 관한 업무 지침'을 발표
—.27~29 총련 중앙위원회 제9기 제5차 회의가 열림—"총련이 민주주의적 민족교육사업을 전 동포적 운동으로서 확대발전시키는 데 대해" 토의 결정
7.1 조국통일 5대강령을 열렬히 지지하는 재일조선인중앙대회가 열림
—.2 민단 중앙 '6·23 평화통일외교선언'의 적극적 지지를 표명
—.3 7·4 남북공동성명 1주년을 기해 조청 중앙과 한청 중앙이 공동으로 성명 발표
—.4 7·4 남북공동성명 1주년을 기념하여 도쿄와 가나가와에서 총련 각 본부와 민단 각 본부가 공동주최로 집회를 엶
—.5 남북적십자회담에 참가하는 자문위원과 재일조선인 기자단 및 재일조선상사 대표단이 일본을 출발
—.6 조선교육문화인직업동맹 대표단을 환영하는 재일본조선인중앙대회가 열림
—.11 김일성이 6월 23일에 연설한 조국통일 5대 방침을 해설하는 강연회가 총련 전 기관에서 일제히 열림
—.12 파쇼적 악법 출입국관리법안에 반대하는 재일본조선인중앙대회가 열림
—.13 파쇼적 출입국관리법안 책동을 규탄하는 평양시 군중대회가 열림
—.14 조선설비수입상사기술대표단이 일본에 도착
—.16~17 민단 새마을지원사업·민단 새마을 자매결연 결단식. 122개 새마을이 참가, 민단 대표 500여 명 참가
—.17 김일성이 지시한 조국통일 5대 강령을 실현하기 위한 재일본조선인중앙대회가 열림
—.19 재일동포상공인조국방문단의 귀환보고집회가 열림
—.21 제10회 세계청년학생축전에 참가하는 재일조선청년학생 대표단이 일본을 출발
—.23 북한에서 제50회 교육원조비와 장학금 3억 3,472만 5,000엔을 보냄
—.26 총련 중앙, 대민족회의를 신속히 실현하는데 대해 조국통일민주주의전선중앙위원회의 제기를 지지하는 성명을 발표

1973년

재일동포
—.28 재일한국학생이 제8회 한국 하기夏期학교에 513명이 참가하여 시모노세키항[下關港]을 출항
—.30~9.13 북한 국립평양만주대예술단 일행 220명이 일본에 도착
—.31 조선언론출판회관 준공
8.6 민단 중앙, 『요미우리신문[讀賣新聞]』의 한국 비방기사(8.4)에 엄중 항의
—.8 김대중金大中사건 발생—'한국중앙정보부'(KCIA)에 의해 백주 도쿄의 그랜드호텔에서 김대중을 납치
8.9 총련 중앙, 김대중납치사건에 관한 표명 발표
—.11 조선방송기술대표단이 일본에 도착
—.13 한국 민주회복통일촉진국민회의 일본본의(한민총)가 도쿄에서 결성됨—파쇼적 박정희 정권에 반대하여 민주주의를 지키기 위한 조직으로서 활동 전개
—.15 한민총이 결성되고 이어서 '김대중 선생 납치 규탄 재일한국인 민중대회'를 열고 데모
—.17 민단 중앙, '김대중사건'에 관한 우쓰노미야[宇都宮] 의원의 일반적 견해에 항의
—.22 '두 개의 조선'을 획책하고 김대중을 납치 감금한 박정희 일파를 규탄하는 재일본 조선인중앙대회가 열림
—.29 총련 중앙, 남북조절위원회 북한 측 공동위원장의 성명을 지지하면서 성명 발표
—.31 재일조선인 각 현 가무단의 공연이 5,000회를 기록
8.— 총련 중앙, 김일성의 조국통일 5대 방침을 받들어 내외 반동의 조국 영구 분열을 위한 두 개의 조선 유엔 동시 가입에 반대하고, 단일 국호로 가입할 것을 주장한 성명운동을 적극적으로 추진하는 결의를 한 서명은 25만 명에 달한다고 발표
9.2~7 제10회 세계과학자언맹내회에 참가하기 위해 재일본조선인과학자협회 대표단이 불가리아로 향해서 출발
—.15 국립평양만수대예술단을 환영하는 재일본조선인중앙대회가 열림
—.20 재일본대한부인회 중앙본부, 김대중 일파를 규탄하는 도쿄지구 성토대회가 지요다[千代田]공회당에서 열림
—.21 민단 제22회 정기중앙위원회. 한민총·자주수호·민통의 3단체를 적성단체로 규정
—.23 조선직업총동맹 대표단을 환영하는 재일본조선인중앙대회가 열림
—.26 파쇼적 출입국관리법안이 국회에서 4번째 폐안된 데 관해 재일조선인인권옹호위원회 위원장이 담화 발표
—.30 오사카조선문화회관 준공
—.30 오사카조선고급학교 신교사 준공
—.30 조은신용조합 예금액이 2,000억 엔 돌파
10.6 조선대외화학기술교류협회 대표단이 일본에 도착
—.9 총련 중앙 한덕수 의장 '2개의 조선'에 반대하면서 하나의 조선으로서 유엔에 가입할 것을 요구하는 재일조선인 25만 명의 서명부를 유엔에 송부하는 데 관해, 유엔 사무총장 앞으로 전문電文을 보냄

1973년

재일동포

—.10 한국인 전시 순난자 237주柱의 유골봉환위령제를 나가사키현[長崎縣] 일한친선협회의 주선으로 나가사키 국제문화회관에서 거행
—.15 히로시마상은 본점 신축 낙성
—.16 손진두孫振斗사건—한국에서 원폭증 치료를 목적으로 1970년 12월 3일 밀입국한 사건
—.22 한국 청년학생의 애국투쟁을 지지 성원하기 위한 재일조선유학생들의 집회가 전국 각지에서 열림
—.24 총련 중앙 한덕수 의장 오사카에서 유엔은 미국과 박정희 정권의 '2개의 조선' 획책을 중지시켜야 한다는 담화를 발표
10.25 유엔 총회에서 한국 문제가 토의되는 데 관해 재일조선인 대표단이 재입국 허가를 신청
—.28 김일성이 불가리아인민공화국 당과 정부 대표단을 환영하는 평양군중대회에서 연설, "두 개의 조선의 책동에 반대하며, 조국의 평화통일을 위해 재일동포 및 해외동포가 사상, 신조를 넘어 일어나자"고 호소
—.29 총련 중앙, 박정희 정권과 일본 정부와 공모하여 김대중사건을 부당한 정치적 도구로서 이용하려고 하는 책동을 규탄하는 성명을 발표
11.1 조선시멘트기술대표단이 일본에 도착
—.13 박정희 정권의 파쇼적 독재에 반대하고, 민주주의와 자유와 조국의 통일의 위해 한국 학생과 민중의 투쟁을 지지 성원하기 위한 재일본조선인중앙대회가 열림
—.15~16 총련 중앙위원회 제9기 제6차 회의가 열림—북한 건국 25주년 기념 100일간운동으로 달성한 성과를 총괄하고 조국통일 촉진을 비롯하여 총련의 모든 애국사업 활동을 더욱 높이 쌓아가는 문제를 토의 결정
—.17 총련 중앙, 조선노동당 및 조선민주당, 조선천도교청우당이 남북한의 대민족회의를 개최하는 것에 대한 제기를 지지하면서 성명을 발표
—.19 미국과 박정희 정권의 두 개의 한국의 유엔 가입 책동에 반대하고, 한국에서 미군의 즉시철수를 요구하는 재일본조선인중앙대회가 열림
—.22 조선석재주식회사 설립(1980년 7월 15일 융흥隆興무역주식회사로 변경)
12.2 김일성이 제시한 조국의 자주적 평화통일방안을 지지하고, 실현하기 위한 재일본조선인중앙대회가 열림
—.13 민단 중앙회관 기공식
—.14 한국 청년학생의 정의 투쟁을 지지 성원하는 재일본조선유학생중앙대회가 열림
—.22 총련 중앙, '한일각료회의'를 강행하려고 하는 일본 정부와 박정희 정권의 범죄적 책동을 규탄하는 성명 발표
—.31 재일동포의 수는 63만 6,346명이 됨

1974년

재일동포
1974
1.8 고베[神戶]한국학원 학교법인 인가
—.9 총련 중앙, 한국에서 박정희 정권이 파쇼 테러 통치를 강행하고, '긴급조치'라는 법령을 만든 데 관해 성명 발표
1.10 한국 민중의 민주주의와 애국운동에 대한 박정희 정권의 야만적 폭압을 규탄하는 재일본조선인중앙대회가 열림
—.17 조선교육문화인직업동맹 대표단이 일본에 도착
—.22 한국 주일대사에 김영선金永善 취임
—.22 민단 오사카본부, 입학원서 접수 거부 사건에 항의
—.24 다나카 가쿠에이[田中角榮] 수상이 국회에서 "일본의 병합시대(식민지시대)의 의무교육 제도는 현재에도 행해지고 있는 위대한 것"이라는 망언이 문제시됨
—.27 재일한국청년회 에히메현[愛媛縣]본부의 결성대회가 열림
—.31 총련 중앙, 박정희 정권과 일본 정부가 '한일대륙붕개발협정'에 조인한 데 관해 성명을 발표
—.31 오사카 오테마에[大手前]여자단대, 한국인 학생의 입학원서 수리거부 사건으로 민단 오소카본부에 사과
2.1 민단 중앙, 박열朴烈 의사 유골 반환을 국제적십자사에 진정
—.1 총련 영화제작소 설립
—.3 박정희 정권의 '긴급조치'와 파쇼 폭압을 규탄하는 재일한국인대회가 열림
—.3 한민통韓民統, 박정희 정권의 '긴급조치권' 발효를 규탄하는 재일한국인민중대회를 열고, 종료 후 데모
—.4 한국 청년학생과 민중에 대한 박정희 정권의 야만적 폭압을 규탄하는 재일본조선청년학생중앙대회가 열림
—.6 한국 청년학생과 민중의 투쟁을 열렬히 지지 성원하고, 박정희 정권의 파쇼적 폭압 반대를 위한 총련 간부와 대중의 가두선전과 전단 배포 등의 운동이 전개되기 시작
—.9 북한 공기조화空氣調和설비기술대표단이 일본에 도착
—.18 북한 영화대표단이 일본에 도착
—.18 총련 중앙, 박정희 정권의 간첩사건 날조 행위를 규탄하는 성명 발표
—.21 제2차 재일동포상공인 조국방문단, 하수도河秀圖를 비롯하여 변절 탈락분자가 상공인 조국방문단의 이름을 도용하여 괴문서를 배포한 데 관해 성명 발표
—.23~25 총련 제10차 전체대회가 도쿄조선문화회관에서 열림—대의원 2,000명, '총련 조직 내에 주체사상체계, 김일성주의 사상체계의 확립을 구현하는 방침'을 토의 결정—의장 한덕수韓德銖, 부의장 이진규李珍珪·이계백李季白·정재필鄭在弼·홍봉수洪鳳壽·박재노朴在魯, 중앙위원 303명 선출
—.26 북한 평양 4·25 축구대표단이 일본축구연맹의 초대로 일본을 방문
3.1 미국과 박정희 정권의 파쇼적 탄압에 반대하고, 한국 민중의 반파쇼민주화투쟁을 지지 성원하는 3·1민중봉기 55주년기념 재일본조선인중앙대회 열림

1974년

재일동포
—.1 민단, 중앙 고 박열 의사 추도식을 일본청년관에서 거행
—.6 일본인 대학생 약 50명, 도쿄한국공관에 침입하여 난투
—.15 조선대학교 식당을 3층의 철근건물로 신축준공
—.16 삿포로[札幌]지방재판소, 재일조선인인 원고가 친동생의 불법입국을 도왔다는 이유로 강제퇴거 명령서가 발송된 유정렬柳禎烈사건에 대하여 취소 판결을 얻어냄
3.22 총련 중앙 한덕수 의장, 북한 최고인민회의에서 세금제도를 완전히 폐지한 법령을 채택한 데 관해 담화 발표
—.22~23 민단 제23회 정기중앙위원회가 일상日傷회관에서 중앙위원 130명이 출석한 가운데 열림—중앙회관의 환지換地 문제로 토의
—.24 제34회 중앙대회가 구단[九段]회관에서 열림—대의원 404명, 제34대 단장 윤달용尹達鏞, 부단장 김인수金仁洙·이종명李鐘鳴·서영호徐泳昊, 의장 박태환朴太煥, 감찰위원장 정태주鄭泰柱 선출
—.26 총련 중앙, 조선에서 긴장상태를 완화하고 조국의 자주적 평화통일을 촉진시키기 위한 전제조건을 만드는 북한 최고인민회의 제5기 제3차 회의 결정을 지지하는 성명 발표
—.26 총련 중앙, 북한의 평화협정을 체결하는 안을 지지하는 가두선전운동을 전국적으로 전개
—.28 야마구치[山口]조선고급학교의 신교사 준공
—.29 제2회 아시아탁구연맹 총회에 참가하기 위해 북한 탁구협회 대표단이 일본에 도착
—.29 조선산업주식회사 설립
—.30 북한 최고인민회의가 미국에 대한 평화협정을 체결하는 제안을 지지하고, 새로운 전쟁 도발과 민족 분열에 광분하는 박정희 정권을 규탄하는 재일본조선인중앙대회가 열림
—.30 야마구치조선고급학교 인가 획득
—.30 후쿠오카[福岡]조선초중급학교 중급부가 인가 획득
—.30 지쿠호[筑豊]조선초중급학교 중급부가 인가 획득
4.1 조선대학교 부속 민족교육연구소 설립
—.1 도노[東濃]조선초중급학교(기후현[岐阜縣] 도키시[土岐市]) 창립
—.3~4 재일본조선청년동맹 제10차 대회가 열림—아시아, 아프리카, 라틴 아메리카, 유럽 등 18개국 청년학생 대표단이 참가
—.3 효고현[兵庫縣] 제화협동조합를 효고현 내 조선인 케미컬슈즈생산업자들이 설립
—.4 한국 청년학생의 투쟁을 야만적으로 폭압하는 박정희 정권을 규탄하는 재일본조선청년학생중앙대회가 열림
—.4 총련 중앙, 박정희 정권이 4월 3일 긴급조치 제4호를 발령한 데 관해 성명 발표
—.6 민단 윤달용 중앙단장, 긴급조치 제4호 발동에 지지 성명
—.9 북한 여자탁구선수단이 일본에 도착
—.10~30 규슈[九州]지방 조선인 강제연행 진상조사 시작
—.15 유신민단 가나가와현[神奈川縣]지방본부가 '민주파민단간부규탄민중대회'를 개최

1974년

재일동포
一.25 총련 중앙 한덕수 의장, 이유 없이 총련을 비방 중상하는 박정희 정권의 정책적 모략책동에 관하여 담화 발표
4.— 효고현 가와니시시[川西市]의 손민남孫敏男, 외국인 일반직 지방공무원 제1호가 됨
4.25 한국에서 일본인 유학생 하야카와 요시하루[早川嘉春], 다치카와 마사키[太刀川正樹] 등이 긴급조치 제4호 위반으로 체포됨
一.27 민단 중앙, 도쿄·오사카·교토의 각 한국학교에 장학금을 보냄
一.29 히로시마[廣島]원폭희생동포 손진두孫振斗, 후쿠오카현고등재판소에 공소
5.5 총련 가나가와현본부 조선회관 준공
一.5 학우서방學友書房 창립 25주년 기념집회가 열림
一.7 한국 주일대사관, 본국으로부터의 제반 철차로 재일동포는 여권·국민등록에서 주민등록증으로 대체할 수 있다고 발표
一.7 헝가리에서 열린 국제학생동맹 제11회 대회에 재일본조선인학생위원회 대표단이 참가
一.7 재일한국기독협회여성연합회, 일본의 히타치[日立]제작소에서 민족적 차별에 항의하면서 불매운동을 전개
一.8 민단 중앙본부, 도쿄교육대 부속 고교 입시 문제에서 한국 비방에 항의
一.9 북한 여성대표단이 일본에 도착
一.12 후쿠오카조선초중급학교 신교사와 체육관 준공
一.14 국제민주여성동맹평의회의에 참가하는 재일본조선민주여성대표단이 바르샤바로 향해 출발
一.15 북한 설비수입상사 대표단이 일본에 도착
一.17 북한 인쇄기술 대표단이 일본에 도착
一.18 총련 중앙, 조국의 자주적 평화통일을 촉진하는 애국운동월간을 설정하고 각 본부, 단체 책임자회의가 열림
一.24 북한 과학문화대표단을 환영하는 재일본조선인중앙대회가 열림
一.26 재일본조선유학생동맹이 국제학생동맹에 가입
6.1 민단 윤달용 중앙단장, 총련의 "민단 단합공자 120일간 운동을 분쇄"하겠다고 전국단장에게 격문
一.1~9.30 조국의 자주적 평화통일을 독촉하는 애국운동월간 시작
一.2 북한 무역선 '만경봉호'가 재일조선상공인생산품 '케미컬슈즈' 100만 켤레를 선적하여 북한으로 출항
一.3 박정희 정권의 야만적 폭압을 규탄하고 한국 민중의 반파쇼민주화투쟁을 지지 성원하는 재일본조선인중앙대회가 열림
一.18 총련 중앙, 민단 중총에 대하여 7·4 남북공동성명 발표 2주년 기념행사를 공동으로 개최하자고 제안
一.19 재일청년 박종석朴鐘碩, 히타치제작소 입사거부사건 재판에서 승소—민족차별적 해고는 노동기준법 위반이라는 판결
一.20 민단 중앙본부, 새마을운동추진요강 발표(1974년 6월 20일~9월 10일간을 설정)

1974년

재일동포
一.21 중외여행사 설립
一.24 재일조선 각 종교를 망라한 통일적 상설기구 재일조선종교인협의회 결성
一.25 한국에서 미군의 즉시철수를 요구하고 박정희 정권을 규탄하는 재일본조선인중앙대회가 열림
6.27 조국통일 촉진을 위한 가두선전, 전단배포운동이 도쿄를 비롯한 각지에서 일제히 전개됨
一.30 오카야마[岡山]조선초중급학교 신교사와 체육관 준공
7.2 총련 도쿄도본부는 민단 도쿄도본부에 7·4 공동성명 발표 2주년 기념 공동집회를 개최할 것을 제안
一.4 7·4 남북공동성명 2주년 기념 조국의 자주적 평화통일을 촉진하기 위한 재일본조선인중앙대회가 열림
一.9 민단 중앙본부, 일본 법무성에 입국관리사무 간소화를 요청
一.10 총련 중앙, 박정희 정권이 애국적 한국 민중에게 극형과 중형을 구형한 데 관해 성명
一.11 민단, 편향 보도에 전국적으로 항의운동. 제1차 항의단. 『요미우리신문[讀賣新聞]』에 항의
一.13 북한 함경남도 경제문화시찰단이 일본에 도착
一.16~27 재일본조선인학생위원회 대표단, 호주에서 개최되는 아시아학생협회 제4차 대회에 참가하기 위한 일본 제포
一.21 총련 히로시마현본부 조선회관 준공
一.21 재일한국청년회 와카야마[若山]본부 결성
一.21 세이반[西播]조선초중급학교(효고현 히메지시[姬路市]) 체육관 준공
一.25 원폭증 신영수[辛泳洙]에게 피폭자건강수첩 교부
一.25~26 재일본조선인체육연합회 결성 20주년 기념, 지방체육선수단 경기대회 열림
一.26 미국과 박정희 정권의 새로운 전쟁도발 책동과 한국 애국자에 대한 파쇼적 폭압을 규탄하는 재일본조선인민중대회가 열림
一.27 재일대한부인회 '150일간운동' 첫날의 도쿄민중대회가 지요타[千代田]공회당에서 열림
一.28 재일한국청년회 오카야마현본부 결성
一.28 재일한국청년회 미에현[三重縣]본부 결성
一.31 재일본조선언론출판인협회, 박정희 정권의 파쇼적 만행을 합리화하고 있는 일본의 문화인 대변의 망언을 규탄하는 성명 발표
8.2 재일본조선상공인생산품의 상설전시장을 도쿄조선상공회관 내에 개설
一.5 재일한국청년회 구마모토현[熊本縣]본부 결성
一.5 재일한국청년회 이와테현[岩手縣]본부 결성
一.6 재일본조선연극단이 634회 공연으로 관람자 30만 3,000명의 동원 기록을 달성
一.7 북한 건설자재 대표단과 공기조화설비기술대표부가 일본에 도착
一.7 총련 중앙, 김대중사건이 발생하고 1년이 지난 데 대해 성명 발표
一.7 총련 중앙, 조국통일민주주의전선 호소문을 지지하면서 성명 발표

1974년

재일동포
—.15 박정희 대통령 저격사건으로 육영수陸英修 여사 서거, 일본에서 온 문세광文世光을 범인으로 체포
—.15 북한 냉동운반선 '장형제호'가 일본에 도착
—.15 8·15 조국해방 29주년을 기념하여 대민족회의를 소집하는 데 대해 조국통일전선의 호소문을 지지하는 재일본조선인중앙대회가 열림
—.18 총련 중앙, '박정희 8·15저격사건'의 죄를 북한과 총련에 씌우려고 하는 박정희 정권의 모략책동을 규탄하는 성명 발표
8.19 민단, 국민장으로 전국적으로 고 육영수 여사의 추도식을 거행
—.19 재일조선중앙예술단 공연 3,200여 회의 관람객 590여만 명 동원 기록
—.25 재일본조선인, 내외의 분열주의자들의 두 개의 조선 책동에 반대하고, 대민족회의 소집을 연내에 실현시키고자 일본 각지에서 가두선전, 서명운동을 일제히 전개
—.27 재일동포 박종석의 히타치제작소 입사
—.29 금강산가극단 결단(재일조선중앙예술단이 발전적으로 해소)
9.1 아이치[愛知]한국학원에서 민단본부가 '민족교육 50시간 이수의무제' 제1기를 개강
—.3 총련 중앙, 박정희 정권이 일본 정부의 총련 탄압에 노골적으로 관여한 데 관해 일본의 각 정당, 단체에 요망서를 보냄
—.3 고 육영수 여사 추도 중앙민중대회가 도쿄체육관에서 3만 명이 참석한 가운데 열림—추도 행진. 일본 정부 관계기관에 대회 결의문, 항의문, 요청서를 송부. 이후 각지에서 규탄대회 개최
—.3 총련 중앙, 박정희저격사건을 총련과 연결지어 총련 조직을 탄압하도록, 박정희 정권이 일본 정부에 각서를 보낸 데 관하여 성명 발표
—.4 총련 조직에 대한 모략 분쇄 오사카부 이쿠노니시[生野西]지부 궐기집회가 열림
—.8 재일한국청년회 야마구치현본부의 결성대회가 열림
—.9 북한 건국 26주년 경축, 재일본조선인중앙대회가 열림
—.9~11 금강산가극단의 가극 '금강산의 노래' 특별공연이 도쿄에서 열림
—.10 금강산 가극단 후원회 결성
—.12 총련 중앙, 박정희 정권의 요청으로 총련을 탄압하려고 하는 일본 정부의 친서를 규탄하는 성명을 발표
—.12 민단 중앙본부, 단기대학창립건의안을 주일대사관에 제출
—.14 일본 정부, 시이나[椎名] 외무장관을 특사로 한국에 보내, 모략적인 '문세광사건'을 구실로 조선총련을 탄압하는 약속의 정식 외교문서를 박정희 정권에 전달함(시이나 메모)
—.17 박정희 정권의 정치적 모략책동을 규탄하고 총련 조직을 옹호하기 위한 재일본조선인중앙대회가 열림
—.18 총련 중앙, 전국 각지에서 일제히 가두선전운동을 전개
—.19 민단, 전국에 '조총련 분쇄·김일성 타도 민중대회'를 개최. 간토[關東]지구대회는 시미즈다니[清水谷]공원에서 열림
—.20 박정희 정권의 정치적 모략책동을 규탄하고 총련 조직을 옹호하기 위한 재일본조선인 긴키[近畿]지방대회가 열림

1974년

재일동포
—.21 총련 중앙, 총련을 파괴하려는 박정희 정권과 일본 정부의 모략책동을 규탄하면서 성명
—.23 북한 외교부는 북한 정부와 북한 인민은 누구나 총련에 함부로 탄압을 가하는 것을 용인하지 않는다는 것을 재차 엄중히 경고하는 성명을 발표
—.29 북한 최고인민회의 대표단이 열국회의동맹(IPU) 제61회 총회에 참석하기 위해 일본에 도착, 총련 대표도 북한 대표단원으로서 회의에 참석
10.9 김일성이 에콰도르의 보른타투출판사 사장과의 담화 가운데 '8월 15일 저격사건에 대하여' 언명
—.13 김일성의 혁명사상을 김일성주의라고 부를 것을 일본의 '주체사상과학토론전국집회'에서 선언
—.25 오사카부 경찰은 이른 아침, 박정희저격사건으로 체포한 문세광이 도쿄 아다치[足立]의 아카후도[赤不動]병원에 입원하고 "병원 내에서 학습과 사격훈련"(8월 17일 『요미우리신문[讀賣新聞]』에 게재)하였다는 사실무근의 사유로 병원을 수사. 26일에 다시 같은 병원을 수사하고, 환자의 차트 등을 압수
—.30 재일조선인의 대중강연회가 "김일성 주석의 주위에 단결하고 한국 민중의 투쟁을 지원하며 조국통일을 위한 애국운동에 힘차게 일어서자"는 연제로 일본 전국에서 일제히 열림
11.1 북한 선박구입대표단과 시멘트설비대표단이 일본에 도착
—.1~3 인도에서 열린 아시아평화촉진불교도 제3회 대회에 재일본조선인불교도연맹 대표단이 참가
—.3 재일한국청년회 나가노현[長野縣]본부 결성
—.3 히가시오사카[東大阪]제2초급학교 신교사 준공
—.3 재일본조선청년동맹 대표단이 불가리아의 세계민주청년연맹대회에 참가하기 위해 일본을 출발(11월 10일~17일)
—.4 김일성이 호주기자가 제기한 질문의 답변 속에서 "재일동포는 북한 국적법에 따라 국적으로 갖고 있는데 외국인으로서 대우를 받지 못하고 있다"고 언명
—.5 민단 도쿄본부 부단장 진두현[陳斗鉉]이 간첩사건을 날조당하여 박정희 일파에게 체포됨
—.8 제3차 전아프리카학생동맹대회에 참가하는 재일본조선인학생위원회 대표단이 개최 이집트를 향하여 출발(11월 12일~19일)
—.10 재일한국청년회 니가타현[新潟縣]본부 결성
—.10~17 불가리아에서 열린 세계민주청년동맹 제9회 대회에 조청[朝靑] 대표단이 참가
—.20~24 재일본조선청년학생 대표단, 유고슬라비아 사회주의청년동맹 제9차 대회에 참가
—.21 민단 오사카부본부 제20회 정기지방위원회를 본부 강당에서 열고, 문세광사건에 관하여 감찰기관에 사표를 철회
—.22 재일조선상공인생산판매협동조합 설립(현재의 조선상공협동조합의 전신)
—.24 조선총련 규슈학원의 신교사 준공

1974~75년

재일동포
—.24 민단 중앙, 새로운 민단(유신민단) 시범지부의 발기인회가 도쿄 고토[江東]지부에서 열림—이후, 새로운 민단(유신민단)운동이 전국적으로 전개됨
—.24 재일한국청년회 교토본부 결성
—.24 재일한국청년회 군마현[群馬縣]본부 결성
—.28 오키나와[沖繩], 한국인위령탑설립위원회 발족
12.1 재일한국청년회 기후현본부 결성
—.8 재일한국청년회 사이타마현[埼玉縣]본부 결성
12.9 총련 중앙, 한국 민중의 민주주의운동을 적극적으로 지지 성원하고, 박정희 정권의 파쇼적 탄압을 규탄하는 표명을 발표
—.14 북한으로의 귀국실현 15주년을 기념하는 재일본조선인중앙대회가 열림
—.15 재일한국청년회 나가사키현본부 결성
—.15 재일한국청년회 미야기[宮城]본부 결성
—.17 재일한국청년회 후쿠시마현[福島縣]본부 결성
12.— 재일동포의 민족차별과 싸우는 연락협의회(민투련) 결성
—.20 제2차 대전의 전몰동포 유골 922주를 봉환하고 등산령원[登山靈園]에 안치
—.23 재일한국청년회 미야기현[宮城縣]본부 결성
—.26 민단 중앙, '새로운 민단운동'(이후는 유신민단) 실시의 기본방침을 전국에 통달
—.26 총련 중앙, 일본 정부가 '박정희저격사건 수사본부'를 해산했다는 성명에 관하여 성명 발표
—.31 재일동포의 수는 63만 6,346명이 됨
1975
1.1 일본 정부 법무성, 협정영수자 자제(협정 2세)에 대하여 영주허가신청의 간소화를 시행
—.1 총련 중앙, 총련 결서 20주년 기념, '충성의 혁신운동'을 시작
—.15 재일한국청년회 아키타현[秋田縣]본부가 결성
—.20~2.15 조선학교에 학생을 취학시키기 위한 통일행동이 전국 각지에서 일제히 전개
—.20 한국 언론인과 민중의 반파쇼 민주화투쟁을 지지 성원하는 재일본조선인중앙대회가 열림
—.20 컬러 장편 기록영화 '꽃 피는 민족교육'이 전국 각지에서 상영됨
—.23 민단 중앙, 유신민단체제의 신임을 국민투표로 지지 성명
—.25 재일한국청년회 시가현[滋賀縣]본부 결성
—.25 내외의 우익이 문세광사건으로 다시 총련 오사카부 이쿠노니시[生野西]지부를 습격
—.26 조은[朝銀] 후쿠이[福井]신용조합의 본사 사옥 준공
—.31 나고야[名古屋]한국학원 학교법인 허가
2.1 민단 전국지방본부 3기관 책임자와 중앙산하단체 책임자가 합동회의를 도쿄상은홀에서 열고, 규약 개정·국민투표로 견해를 통일
—.4 민단 도쿄본부 감찰위원회는 민단 민주파의 36명을 제명처분

1975년

재일동포

- —.5 총련·민단 가나가와현(神奈川縣) 상공인 공동 주최로 조국의 자주적 평화통일을 촉진하기 위한 신년회가 열림
- —.5 한국의 특수분자와 일본의 우익분자, 총련을 탄압시키는 수단으로 총련 오사카 이쿠노니시지부에서의 가무단 공연장에 난입하여 공연을 방해
- —.6 민단 중앙, 전국 문교부장회의를 열고 아동의 50시간 의무제, 일본학교 취학에 대하여 민족차별 철폐 문제를 토의
- —.6 재일본조선상공련, 조신협(朝信協), 조선과학자협회가 공동으로 경제정세연구집회를 개최
- 2.8 재일본조선 젊은 상공인협회 전국대표자회의가 열림
- —.10 박정희 정권의 유신헌법 찬반 주민투표 강요를 규탄하는 재일본조선인중앙대회가 열림
- —.12 북한 선박대표단이 일본에 도착
- —.14 총련 무료법률상담소가 개설됨
- —.14 재일한국청년회 이바라키현(茨城縣)본부 결성
- 2.— 계간잡지 『삼천리』 발간(1987.5에 폐간)
- —.20 북한 사회주의노동청년동맹 대표단을 환영하는 재일본조선인중앙대회가 열림
- —.21 북한 통신기술대표단이 일본에 도착
- —.25 민단 중앙, 외국인 취학 아동을 민족 차별하는 서약서 문제의 실태조사를 지시
- 3.1 재일한국청년회 이시카와현(石川縣)본부 결성
- —.7 북한 어선단에 대하여 박정희 정권의 야만적 행위를 규탄하는 재일본조선인중앙대회가 열림
- —.7 외국인등록법의 일부 개정법안이 국회에 제출되었다가 부결됨
- —.14 일본 정부 각의, 한일대륙붕협정을 국회 비준하는 협정 실시 특별조치법안을 이번 국회에 상정할 것을 결정
- —.14 총련 중앙 국제국, 일본 정부가 한일대륙붕협정의 국회 비준을 각의 결정한 데 관해 담화 발표
- —.19 도쿄한국인생활협동조합의 설립총회가 도쿄상은(商銀)에서 열림
- —.20 총련 중앙, 박정희 정권이 헌법개정안을 국회 채결한 데 관해 성명 발표
- —.25 총련 지방가무단 창립 10주년 기념집회가 열림
- 4.1~8 민단 중앙, 조국녹화청년봉사단 230명, 한국에서 식림(植林)사업
- —.2~6 재일본조선민주법률가협회 대표단, 알제리에서 열린 국제민주법률가협회 제10차 대회에 참가
- —.4 한국에서 재일동포 청년 김달남(金達南) 등 7명이 간첩 용의로 체포됨
- —.5 산인(山陰)조선초중급학교가 창립
- —.5 도노(東濃)조선초중급학교가 인가를 획득(이것으로 전국조선학교 161개 학교 중 159개 학교가 학교시설 인가를 획득)
- 4.— 통일혁명당 재일한국인연대위원회가 결성됨
- —.11 민단 제25회 정기중앙위원회, 규약개정 논의

1975년

재일동포
—.14 유신 민단, 가나가와현 가와사키[川崎]에서 총련 산하 동포성묘단 16명이 하네다[羽田]공항을 출발—총련 산하 동포성묘단의 시초가 됨. 4월 15일 오사카에서도 32명이 출발, 후에 가와사키에서 상록회를 결성
—.18 『조선상공신문』 발간 1,000호 기념집회가 열림
5.2 도쿄한국인생활협동조합이 도쿄도에서 인가 받음
—.11 도쿄조선제7초중급학교 신교사 준공
—.12 조선신보사의 사옥이 증축 준공
—.14 총련 중앙, 박정희 정권이 긴급조치 9호를 발령한 것을 규탄하면서 성명발표
—.15 북한 영화 상영이 5만 회를 기록하고, 관람자 수는 700만 명을 기록
5.18 재일한국청년회 아이치현[愛知縣]본부 결성
—.20 김일성에 충성하는 재일조선청년 자전거행진대표단이 일본을 출발
—.20 총련 중앙, 총련 결성 20주년 기념행사에 참가하는 외국대표의 입국을 거부한 일본 정부의 부당한 조치를 규탄하면서 성명 발표
—.21 민단 제35회 임시중앙대회가 오사카 나카노시마[中之島]중앙공회당에서 열려, 대의원 450명 중 402명 출석. 임원 임기 3년제, 지방사무국장의 중앙임명제 등 규약 개정, 임원 계속
—.25 북한 중앙인민위원회, 총련 결성 20주년을 맞이하여 '총련 결성 20주년 기념 메달'을 발행할 것을 제정
—.25 총련 결성 20주년 기념 재일본조선인중앙대회가 도쿄조선문화회관에서 열림
6.9 가나가와·가와사키 총련 산하 동포성묘단 참가자 '상록회' 결성
—.10 재일조선인성인학교 사업을 대중적으로 발전시키기 위한 총련 오사카부열성자대회가 열림
—.12 조은[朝銀] 에히메[愛媛]신용조합의 본점 신사옥 준공
—.13 총련 중앙, 한국에서 미군을 철수시키기 위한 반미공동투쟁월간이 6월 25일부터 7월 27일까지로 설정되어, 일본의 정당, 사회단체의 각계 인사에게 호소문을 보냄
—.15 유신 민단, 각 지부에서 '유신민단운동'의 발기인회가 일어남
—.25 6·25, 25주년 미국과 박정희 정권의 새로운 전쟁책동과 파쇼폭압을 규탄하는 재일본조선인중앙대회가 열림
—.25 유신민단, 전쟁 반대·평화수호중앙민중대회가 히비야[日比谷]공회당에서 열려 정국 각지에서 궐기대회를 엶
—.26 북한에서 교육원조비와 장학금 200억여 원의 송금에 감사하는 재일본조선인대표단이 일본을 출발
—.30 한일의원연맹 발족
7.4 7·4 남북공동성명 발표 3주년을 기념하여 조국의 자주적 평화통일을 촉진하는 재일본조선인중앙대회가 열림
—.4 유신민단 윤달용[尹達鏞] 중앙단장은 '7·4 남북공동성명 3주년에 조총련 산하의 동포에게 보내는 호소문'을 발표하고, 총련 산하의 동포성묘단 사업을 추진하겠다고 기자회견

1975년

재일동포
—.6 재일한국학생회 오사카본부가 결성됨
—.11 총련 중앙, '조국통일 촉진과 총련분회 강화 3개월운동'을 시작
—.15 유신민단(이후는 민단 중앙) 전국단장·사무국장·산하단체장 합동회의가 하코네[箱根] 난푸소[南風荘]에서 개최됨. 반班 조직 전국화·총련 산하 동포의 추석성묘단 사업을 확인
—.17 미국과 박정희 정권의 새로운 전쟁도발책동과 파쇼적 악법책동을 규탄하는 재일본조선인중앙대회가 열림
—.25 도호쿠[東北]지방 조선인 강제연행 진상조사를 시작
—.25 조선 총련, 민단 중총에 대하여 8·15 해방 30주년 기념행사를 공동을 개최하자고 제안
7.27~8.31 "조선에서의 핵전쟁 반대, 한국에서의 미군 철수 요구, 조국의 자주적 평화통일을 위한 도보행진과 500만 서명운동" 시작
8.1 산인조선초중급학교(마쓰에시[松江市])의 신교사 준공
—.3 도노조선초중급학교(기후현[岐阜縣] 도키시[土岐市]) 신교사 준공
—.3 재일한국청년회 야마나시현[山梨縣]본부가 결성대회
—.5 조은 도쿄신용조합의 예금 500억 엔 달성 기념집회가 열림
—.10 북한 공기조화대표단이 일본에 도착
—.15 8·15 해방 30주년 기념 재일본조선인중앙대회가 열림
—.15 한민통[韓民統], 광복절 30주년을 기념하고, 박정희 정권의 분단고정화 책동을 규탄하는 재일한국인대회를 열고, 종료 후 데모
—.15 북한 일용품상사 대표단이 일본에 도착
—.23 나가사키 한국회관 준공
—.25 이와테[岩手]조선신용조합의 본점 사옥이 준공
—.26 영국에서 열린 열국의회동맹 제62회 총회에 참가하기 위해 북한 최고인민회의 대표단 성원으로서 총련 중앙 부의장이 일본을 출발
—.31 아이치조선제3초급학교(나고야시) 유아원 신사옥 준공
9.1 미국과 박정희 정권의 핵전쟁 도발책동 반대, 한국에서 미군 철수를 요구하고 조구의 자주적 평화통일촉진 재일본조선인중앙대회가 열림
—.3 '오키나와[沖繩]한국인희생자위령탑'의 제막식을 오키나와 마부니[摩文仁]에서 거행
—.16 조국통일대행진과 핵전쟁 반대서명 515만 명이 모여 총괄
—.25 재일한국청년회 도치기현[栃木縣]본부 결성
—.29 조은 오카야마[岡山]신용조합의 본점 사옥이 준공
—.30 재일본조선신용조합협회 관하 예금 총액 3,000억 엔을 돌파
10.9 도쿄한국학교, 최초의 '국어급수검정시험' 실시
—.9 기타규슈[北九州]한국학교가 고쿠라[小倉]에서 3개교
—.17 '국제 부인의 해' 세계대회에 참가하기 위해 재일본조선여성대표단이 일본을 출발
—.18 총련 이시카와현본부 조선회관 준공
—.19 호쿠리쿠[北陸]조선초중급학교(후쿠이현[福井縣])의 신교사 준공

1975~76년

재일동포
—.20 도쿄도조선인의 야유회가 무라야마(村山)저수지에서 열림
—.25 아시아민족예능제에 한국 국악원 공연, 도쿄·NHK 홀
—.28 아마가사키(尼崎)조선초중급학교 신교사 준공
11.3 광주학생사건 46주년 기념 한국에서 미군을 철수시키고 조국의 자주적 평화통일을 실현시키기 위한 재일본조선청년학생중앙대회가 열림
—.10 냉동차집단불법입국사건—냉동차로 밀항자를 반송 중에 불법 입국 한국인 40명과 일본인 밀항 브로커 3명이 체포됨
—.18 나가노(長野)상은신용조합의 창립총회를 개회
—.20 산인조선초중급학교가 학교법인 인가를 획득
—.21 오사카부 의회, '조선의 자주적 평화통일 촉진을 결의'에 민단 오사카본부가 즉시 철회를 요구
12.2 총련 중앙, 유엔 총회에서 조선 문제에 관한 43개국안이 승리한 것으로 축하연 집회가 열림
—.7 총련 중앙, 김대중납치사건이 2년이 지나도 해결되지 않는 데 관해 성명 발표
—.9 유신민단 전국지방본부 단장회의에서 총련 산하 동포의 성묘단 사업에 총력을 기울일 것을 결의
—.10 재일한국신용조합협회, "총련 산하 동포에 대하여도 융자하도록" 전 상은에 지시
—.11 총련 중앙, 미군이 일본의 군사기지에 침략무기를 집결시키고, 한국에서 긴장상태를 만들고 있는 데 관해 성명
—.11 와카야마(和歌山)조선신용조합의 본점 사옥 준공
—.15 나고야지방재판소 도요하시(豊橋)지부, 재일동포 장금순(張今順)의 사고사에 대하여 국가배상법 적용의 판결. 배상금 지불됨
—.24 총련 중앙, 재일교포 유학생에 대하여 박정희 정권의 만행을 규탄하는 성명 발표
—.31 재일동포의 수는 64만 7,156명이 됨
1976
1.13 총련 중앙 한덕수(韓德銖) 의장, 일본 정부는 조선의 통일을 방해하는 일체의 행동을 중지해야 한다는 담화 발표
—.15 북한의 학교에 동포 자제를 취학시키는 제3차 통일행동이 전국 각지에서 일제히 전개
—.21 북한 교육문화직업동맹 대표단이 일본에 도착
—.21 나가노(長野)상은(商銀)신용조합 개점
—.21 한신협(韓信協), '탄생일예금'운동을 전개
—.25~26 한민통(韓民統), 제3회 중앙위원회가 열려, 75년의 총괄로 박정희 독재정권의 살인적 파쇼 폭압에 저항하여 궐기한 본국 민중의 투쟁과 일체화할 운동방침을 결정
2.2 한국 고전민화 「심청전」 공연이 아사쿠사(淺草)국제극장에서 공연 시작됨
—.6 유신민단, 총련 산하 동표성묘단사업의 관계로 서울에 방문 중이던 중앙 단장 등 일행은 청와대를 예방

1976년

재일동포

- 一.7 북한 화물선 '애국선' 5,200톤이 북일무역을 위해 일본의 조선소에서 건조됨
- 一.13 총련 아이치현(愛知縣)본부 관하에서 "박정희 정권의 모략적인 고향방문 책동을 철저하게 분쇄하고 조국통일사업을 힘차게 전개하자"는 제목으로 강연회가 열림―이후 전국 각지에서 강연회가 열림
- 一.16 이희원李禧元 전 민단 중앙단장 사망, 중앙회관에서 민단장이 치러짐
- 一.19 일본 정부, 재일동포의 간이생명보험 가입을 인정
- 一.26 재일본조선인상공연합회 결성 30주년 기념 중앙대회가 열림
- 一.27 북한과 제3국을 방문하기 위해 재일동포상공인대표단이 일본을 출발
- 3.1 총련 중앙, '민주구국선언'을 발표하고, 용감하게 들고 일어난 한국 민주인사와 민중의 투쟁을 열렬히 지지 성원하는 성명 발표
- 3.1 유신민단 가나가와현(神奈川縣)본부, 민주파 민단세력에 불법점거 당함
- 一.1 북한 무역선 '만경봉호'가 오사카항에 입항, 동포 3,000명이 환영집회를 엶
- 一.6~7 재일본조선인상공연합회 결성 30년 기념 재일조선인중앙골프대회가 열림
- 一.8 '민주구국선언'을 발표하고 반파쇼민주화투쟁에 나선 한국 민주인사와 민중의 투쟁을 지지 성원하기 위한 재일조선인중앙대회가 열림
- 一.12 재일동포를 입거시키지 않았던 현영縣營 주택 입거자격의 '국적조항'을 효고현(兵庫縣)에서도 폐지하기로 결정
- 一.12 민단 중앙본부(유신민단), 중앙회관이 신축(미나토구港區) 미나미아자부(南麻布)) 이전
- 一.14 김대중金大中 등의 민주구국선언을 열렬히 지지하고 총련 오사카부와 효고현본부에서 선전활동을 전개하여 30만 장의 전단을 일제히 배포
- 一.18 유신민단 중앙, 김대중 등의 '한국민주구국선언'을 규탄하는 성명 발표
- 一.24 『조선신보』 1,000호 발간기념 축하회가 열림
- 一.28 재일한국청년회 오사카본부가 결성됨
- 一.31 민단 제35회 임시중앙대회가 오사카 나카노시마(中之島)공회당에서 열림―대의원 435명 중 395명 출석, 제35대 단장 조영주曺寧柱, 부단장 김정주金正柱·김인수金仁洙·박성준朴成準, 의장 장총명張聰明, 감찰위원장 윤달용尹達鏞 선출, 의결사항 제5차 선언 채택, 규약 개정, 국제국·기획조정국을 신설, 임원 임기를 3년제로 하고, 지방사무국장을 중앙임명제로 함. 민단의 현상, 국민등록 수 32만 8,725명, 지방본부 49, 지부 338, 분단 601, 반班 4,678, 재일한국인신용조합협회 산하 34조합, 총예금고 3099억 엔(3월 말 현재)
- 4.3~4 재일본조선인상공연합회 결성 30주년 기념생산품직매회가 도쿄, 우에노(上野)의 조선상공회관에서 열림
- 一.6~7 재일본조선인상공연합회 결성 30주년 기념 골프대회가 열림
- 一.9 총련 중앙, 재일전체동포는 박정희 정권의 모략적인 '재일동포호적정리사업'을 철저히 분쇄하겠다는 담화를 발표
- 一.25 제3회 아시아탁구선수권대회가 평양에서 개막되어, 재일조선탁구선수단이 북한 선수로서 출장
- 一.25 제2회 재일도쿄동포대야유회가 열려 2만 5,000여 명이 참가

1976년

재일동포
—.25 제8회 '주체사상사회과학토론 전국대회'가 오사카에서 열려 일본의 학자 29도부현 48개 연구소 대표가 참가
—.26 총련 도쿠시마현[德島縣]본부 조선회관이 준공됨
—.27~5.27 한국미술 오천년전, 후쿠오카[福岡]전이 후쿠오카문화회관에서 열림
—.29 박정희 정권, 민단에 재일조선인의 민족적 분열을 꾀하는 '동포모국방문단'의 조직을 지령
—.30 제3회 아시아탁수선수권대회에서 재일조선탁구선수단이 여자 8위, 남자 11위를 차지함
5.2 한민통, '민주구국선언' 관계자의 석방을 요구하면서 항의 단식 투쟁
5.— 한국 연예인 입국 문제—한국 여성 연예인을 재경在京 한국요정 '비원秘苑' 등에 입국시킨 것이 국회에서 취급, "비원은 한국 KCIA의 아지트이며, 전 입국관리소장이 퇴직 후 그곳에서 일한 사실이 있다"면서 추궁당하여, 매스컴에서 떠들썩하게 다루어짐
—.9 오사카부와 효고현에서 재일동포대야유회가 열려 "전 동포가 힘을 합쳐 조국통일을 촉진하자"고 오사카에서 5만여 명, 효고에서는 3만 5,000여 명이 참가
—.16 재일한국인 인권옹호협의회는 박정희 정권과 '유신민단'을 다시 고발하는 문서를 발표
—.23 재일한국청년회 오키나와[沖繩]본부 결성
6.7~7.25 한국미술오천년전이 도쿄국립박물관에서 개막
6.9 한국 국회 법제사법위원회 의원단, 재일동포 호적 실태조사를 위해 방일. 이전에도 2회에 걸쳐 재일동포호적정리봉사단으로서 방일하여 전국 순회
—.15 재일 전 한국유학생 권말자權末子가 벨기에서 박정희 정권을 규탄하고, 한국의 민주화를 위한 호소문 발표
—.15 총련 중앙 이계백李季白 부의장이 재일동포 유학생에게까지 탄압의 손을 뻗으려 하는 박정희 정권의 범죄적 책동에 반대 배격하며 담화 발표
—.18 조선신보사 사설로「모두가 모범분회 창조운동을 더욱 확대 전개하자」가 게재됨
—.18 총련 중앙은, 일본 관계 당국에 북한 무역선 '만경봉호' 선원을 일본의 육상에 무조건 상륙을 보장하도록 요청
—.20 일본 전국의 50여 구원조직이 결속하여 '재일교포정치범구원회'의 전국 조직을 결성
—.22 총련과 재일동포, 일본 정부가 재일조선 공민의 재류권을 보장하도록 일본의 각 지방자치체에 요청운동을 전개
—.22 중국 상하이 경곡기단[輕曲技團] 특별공연이 총련의 주최로 도쿄조선문화회관에서 열림
—.25 6·25, 26주년, 미국과 박정희 정권의 새로운 전쟁 도발책동을 규탄하고 한국에서 미군의 즉시 철수를 요구하는 재일본조선인중앙대회가 히비야[日比谷]야외음악당에서 2만여 명이 참가한 가운데 열림—대회 후 시위행진(각 지방에서도 같은 종류의 대회가 일제히 열림)
7.4 7·4 남북공동성명 발표 4주년을 맞이하여 조국의 자주적 평화통일을 촉진하기 위한 재일본조선인중앙대회가 열림

1976년

재일동포

—.4 유신민단, '조총련동포모국방문추진중앙연합회'를 조직. 회장 한창수韓昌洙
—.5 유신민단, 전국 지방본부 사무국장의 임명식을 중앙회관에서 거행하고, 7월 6일~12일에 한국에서 연수회를 개최함
—.5 총련 중앙, 조국통일 촉진을 위한 대민족회의 소집의 실현을 위한 조국통일민주주의전선중앙위원회와 남북조절위원회 북한 측과의 연합 성명을 지지하면서 성명 발표
—.11~10.10 총련 중앙 상임위원회에서 '조국통일촉진, 분회강화 3개월 운동'을 전개하기로 결정
—.17 민단 나라[奈良]한국인회관이 낙성
 7.— 아키타현[秋田縣] 경찰과 공안조사국이 총련 아키타현 간부에 스파이를 하도록 강요한 사건에 대해, 총련 아키타현 본부와 동포, 일본의 각계 인사가 관계 당국에 항의
—.18 총련분회사업에 주인다운 자각을 고취하고 혁신을 일으키기 위한 총련 도쿄도 다이토[台東]지부 우에노 2분회에서 문답식 학습토론회가 열림—이후 각지에서 문답식 학습토론회가 열림
—.24 총련 중앙, 조국통일민주주의전선의 대민족회의를 소집하는 것에 대한 제기를 지지하면서 성명 발표
—.26 아시아불교도 평화회의 제14차 회의에 재일본조선불교토연맹이 참가
 8.4 총련 중앙, 한국 민주인사에 중형을 구형한 박정희 정권의 파쇼적 만행을 규탄하는 성명 발표
—.7 총련 중앙, 미국과 박정희 정권이 직접 전쟁의 도화선에 불을 붙이려고 책동하고 있는 데 관해 북한 성명을 지지하는 성명을 발표
—.10 나가사키현[長崎縣] 이키[壹岐] 섬 근해에서 징용한국인의 유골 264주 발굴
—.14 민단 기후[岐阜]한국인회관 낙성
—.15 민단 사가[佐賀]한국인회관 낙성
—.20 총련 중앙, '8·18 판문점사건'에 관하여 미군의 무모한 전쟁도발행동을 규탄하는 성명 발표
—.24 미국은 무모한 전쟁 도발을 중지하고 한국에서 군대를 즉시 철수하라는 총련과 재일동포가 전국 각지에서 일제히 가두선전운동을 전개, 전단을 도쿄와 오사카에서 55만 장 배포
—.25 미국의 새로운 전쟁도발 책동을 규탄하고 한국에서 미군의 즉시 철수를 요구하는 재일본조선인중앙대회가 열림—시위행진운동 전개 1만 6,000여 명이 참가
—.28 총련 중앙, 박정희 정권은 민주인사에 대하여 탄압을 즉시 중지하고 정권에서 물러나야 한다고 성명 발표
 9.9 김대중을 비롯하여 한국 민주인사에게 중형을 내린 박정희 정권을 규탄한 재일본조선인중앙대회가 열려, '3개월운동'을 힘차게 전개
—.12 미국의 새로운 전쟁도발 책동을 분쇄하고 조국의 자주적 평화통일을 촉진하기 위한 가나가와동포대야유회가 열려 1만 2,000여 명이 참가
—.17 총련 후쿠오카현과 기후현 각 본부에서 태풍과 수해에 의한 피해자를 구원하기 위한 전동포적 구원활동이 전개됨

1976년

재일동포
—.19 민단 산하의 동포와 청년이 한국의 전 정치범의 석방을 요구하며 100만 명 서명운동을 전개
—.20 재일본조선언론출판인협회가 국제저널리스트상을 수상
10.2 일본에서 사망한 동포의 유골을 매장하는 공원묘지 '망향의 언덕' 준공, 합동위령제를 지냄
—.6 조선미술연구소 창립
—.9 총련 및 산하단체는『아사히신문[朝日新聞]』,『주간 아사히』에 게재되었던 미국과 박정희 정권의 근거 없는 반북한 선전 기사에 항의
—.9 총련 중앙, 일본 정부에 "두 개의 조선정책을 중지하라"고 항의
10.12 조선에서 미군의 전쟁 도발을 규탄하고 항의하기 위한 오키나와현 민족궐기집회가 열려 1만 2,000여 명이 참가
—.12 후쿠오카현 지쿠호[筑豊]탄단[炭團] 징용공 희생자의 위령제를 이즈카[飯塚]문화센터에서 치러짐
—.16 '재일조선인의 인권옹호결의'를 제9회 긴키[近畿]변호사회연합회 인권옹호대회가 채택함
—.21 10·21 반전데이에 일본 전국 349곳에서 73만 명의 일본인 노동자가 미군은 조선에서 손을 떼라고 규탄 결의
—.26 재일본조선불교도연맹이 아시아불교평화회의에 가입
—.29 야마가타현[山形縣] 사카타시[酒田市]의 대화재로 피해를 입은 재일동포에게 위문금을 보냄
11.3~5 총련 중앙위원회 제10기 제5차 회의가 열림—"총련활동가의 활동방법과 작풍을 개선하고 분회를 강화히여 조국통일에 직극직으로 공헌하는 데 대해" 토의 결정
—.7 간토[關東]지방조선인예술경연대회가 도쿄조선문화회관에서 열림
—.12 총련 중앙, 두 개의 조선을 책모하기 위한 일본 정부의 일련의 발언에 관한 성명을 발표
—.13 한민통 등 8개 단체, 일본 정부 당국자의 주한미군 철수 반대 발언을 규탄하는 성명문을 발표
—.15 총련 중앙, 재일동포 자제를 조선학교에 취학시키기 위한 제2차 통일행동 개시
—.18 총련 중앙 이계백 부의장, 청년 학생에 극형을 내리는 한국 파쇼적 만행을 규탄하는 담화 발표
11.— 재일조선인상공연합회와 일본의 국세청과의 협의로 세금 문제 해결 등 5항목의 '합의사항' 성립
—.18 재일조선인경제대표단이 북한 방문을 위해 일본을 출발
—.20~23 1976년도 총련 지방가무단예술경연대회가 열림
—.20 민단 아이치[愛知], 민족교육 50시간 이수자 수료생 1,000명 돌파기념 심포지엄 개최
—.21 재일본조선인중등교육 실시 30주년 기념 모범교원집단운동 제5차 열성자대회가 열림

1976~77년

재일동포

—.22 11·22 학원침투간첩사건 1주년을 기하여 통일혁명당 재일한국인연대위원회가 가두선전을 전개하고, 성명을 발표
—.23 재일조선상공인생산판매협동조합이 결성됨
—.23 100만 명 서명 초과 달성, 3·1 민주구국선언을 지지, 전정치범의 즉각 석방을 요구하는 집회가 한민통과 한청韓靑 외 8개 단체의 민단계 단체와 일본의 민주단체에서 한일연대연락회의 공동개최로 열림
—.26 오사카 시립 야타미중학교에서 조선민족학교와의 문화교류집회가 열림
—.28 총련 중앙 대표, 일본 정부에 총련에 대한 파괴활동을 중지하라고 항의
12.3 민단 창단 30주년 기념식전이 500여 명이 참석한 가운데 중앙회관에서 열림—조직공로자에게 시상, 기념축하회를 엶
12.8 조청朝靑과 유학동留學同, 서울대생들의 정의의 반파쇼민주화투쟁에 전력을 다해 지지 성원한다는 성명 발표
—.11 한국청년학생의 애국투쟁을 적극 지지 성원하기 위해 재일본조선청년학생 1,500여 명이 참가하여 집회를 개최
—.13 조선의 자주적 평화통일 지지 일본위원회가 '한국'의 민주화투쟁, 조선의 통일지원 강연회를 일본 각계 인사 500여 명의 참가를 얻어 개최함
—.16 총련 영화제작소, 다큐멘터리 민족교육을 생각하는 재일조선인의 2세, 3세 문제를 주제로 하여 제작
12.20 한국 민주인사의 투쟁을 적극 지지하고 모든 정치범의 즉시 석방을 요구하는 오사카집회가 한청과 일본의 15개 단체의 공동개최로 2,300여 명이 참가하여 열림
12.— 조은도쿄신용조합의 예금고가 11월 말 현재 600억 엔을 돌파
—.24 '박정희 정권 중앙정보부 미국지부 특파원'들이 재미교포의 강박행위를 '로스앤젤레스 타임즈'가 보도
—.27 홋카이도[北海道]에 일조우호회관 건설을 위한 조일연대도민회가 발족함
—.27 금강보험상회가 설립, 재일동포의 재산과 신체의 안전을 지키는 것을 사명으로 발족
12.— 박정희 정권에 의해 한국에 유치되었던 유학생들의 즉시 석방을 요구하면서 48시간 단식투쟁의 운동을 가족과 일본 인사들이 전개
—.29 총련 중앙, 박정희의 유신독재를 철폐하고 퇴진을 요구하는 성명 발표
—.31 재일동포의 수는 65만 1,348명이 됨

1977
1.15 재미한국인, 로스앤젤레스에서 '반박反朴한국민주화연합' 운동을 시작
—.26 총련 중앙, 북한에서 제시한 조국통일 방침을 구현하는 제 정당, 사회단체 연석회의의 애국애족 구국대책을 열렬히 지지 환영하면서 성명 발표
—.26 민단 중앙 김정주金正柱 국제국장, 북한의 정치협상회의 제안은 '한미 간 협상에 잡음을 넣는 일'이라고 담화 발표
—.27 민단 중앙, 『주간 현대』 『월간 현대』의 한국 비방의 기사에 대하여 항의

1977년

재일동포

- 1.29 평양에서 개최한 제 정당, 사회단체 연석회의의 제의를 지지하는 재일본조선인중앙대회가 열림
- 1.29 총련 및 산하단체는 민단과 산하단체 교포인사에게 북한 제 정당과 사회단체연석회의가 제기한 조국통일구국방안을 실현하기 위한 공동대회를 개최할 것을 호소문으로 보냄
- 1.31 민단 중앙 조영주曺寧柱 단장, "조총련은 남북대화의 재개에 노력하도록"이라는 담화를 발표
- 2.8 총련 중앙이 "민족의 영구분열과 전쟁의 위험성을 방지하고 조국통일을 촉진시키기 위한 전민족적 애국운동에 힘차게 전진하자"는 제목으로 일제히 강연회 개최
- 2.10 재일본조선인과학자협회와 재일본조선인민주법률가협회, 박정희 정권의 인체 내장 수출 만행을 규탄하는 성명 발표
- 2.12 재미 한국 저널리스트 문명자文明子가 도쿄에서 김대중납치사건은 박정희의 지시에 따라 실행되었다는 사실관계를 밝힘
- 2.13~14 한민통 제4회 중앙위원회가 열려, 유신민단의 악질분자들 박정희 독재정권의 추종자에 대한 투쟁을 전개하고, 3·1민주구국선언의 지지 등 결의
- 2.15 조국통일구국방안을 실현하기 위한 재일조선인이 전국 각지에서의 가두선전운동을 일제히 전개
- 2.17 재일젊은조선동포강좌가 전국 각지에서 열림
- 2.17 김종필金鍾泌 한국의원연맹 회장이 방일
- 2.18 총련 중앙, 제6차 '한일의원연맹총회'를 열고, 공동성명을 발표한 박정희 정권과 일본 친한그룹의 결탁을 규탄하는 표명 발표
- 2.20 히로시마현[廣島縣] 조선상공인이 남북정치협상회의를 실현하기 위한 자동차 시위 행진을 전개—이후 전국 각지에서 같은 운동이 전개됨
- 2.21 오이타[大分]상은商銀신용조합 설립 총회
- 2.24 오무라[大村]수용소 조선인구원대책연락회의가 결성됨
- 2.27 재일한국청년회 중앙본부가 민단 중앙회관에서 결성, 회장 윤융도尹隆道
- 3.1 3·1절 운동 58주년 기념, 한국에서 미군의 즉시 철수를 요구하고 조국의 자주적 평화통일을 촉진하기 위한 재일본조선인중앙대회가 열림
- 3.1 3·1절 58주년, 민주구국선언 발표 1주년 기념, 박정희 독재정권의 퇴진을 요구하는 재일한국인대회가 열림
- 3.1 민단 제58회 3·1절 기념, 남북대화 재개·불가침협정 체결 촉진을 요구하고, 재일한국인중앙대회가 국제극장에서 열림—전국 각지에서 기념대회
- 3.2 총련 중앙대표, 오무라수용소에 장기 수용되어 있는 동포의 즉시석방을 강력하게 요구하면서, 법무성을 방문, 관계 당국자에게 요망서를 전달함
- 3.2 재일본조선축구단 500승 기념, 스리랑카 축구협회의 초청을 받아 원정경기를 위해 일본을 출발(3월 4일~9일까지의 시합, 5전 4승)
- 3.8 '간첩사건'을 날조하여 재일한국인 서울유학생 이철李哲에게 사형을 선고
- 3.9 총련 중앙 이계백李季白 부의장, 박정희 정권이 재일동포 유학생 이철에 사형을 구형하는 파쇼 행위를 강행한 것을 규탄하면서 담화 발표

1977년

재일동포
—.13 박정희 정권의 퇴진을 요구하고 반파쇼민주화투쟁에 나선 민주인사와 민중의 투쟁을 지지 성원하는 재일본조선인중앙대회가 열림
—.17 민단 중앙, 민단을 적시·비방 중상한 일본사회당 도이[土井] 의원에 대한 공개 질문장 발표
—.18 민단 중앙, 김경득金敬得 사법연수생 채용을 불허가한 문제로 최고재판소에 요망서를 제출
3.— 최서면崔書勉 문제—한국 한민당 정치부장 살해범으로 미 군사법정에서 사형판결을 받았는데, 한국을 탈출, 일본으로 불법 입국하여, 특별재류허가를 받아 도쿄에 있으면서 한국연구원 원장으로 제반 활동을 통해 한일 유착 등의 의혹으로 제84, 87 국회에서 문제가 됨
—.22 총련 중앙, 박정희 정권이 김대중을 비롯하여 민주구국선언을 행한 민주인사에게 5년의 중형을 구형한 것을 규탄하면서 성명 발표
—.23 재일동포가 "박정희 정권의 퇴진을 요구하고 반파쇼민주화투쟁에 나선 한국 민주인사와 민중의 투쟁을 적극적으로 지지 성원하자"는 제목으로 전국 각지에서 일제히 강연회가 열림
—.24 재일한국인기업가 11명이 간첩단사건 용의로 한국 KCIA에 체포됨
3.24 민단 중앙, 법적지위위원회를 중앙회관에서 개최하고, 명칭을 '재일한국인권익옹호위원회'로 변경할 것을 결의
—.25 재일조선무역상사대표단이 평양에 도착
—.27 일본문화교류협회의 초청으로 북한 문화대표단 일행이 일본에 도착
—.28 민단 제27회 정기중앙위원회가 중앙회관에서 열려, 청년회의 산하단체를 확인. 의제로 평화통일촉진본부, 재일한국인권익옹호위원회, 조직정비조사위원회 등 설치를 결의, 재일한국인의 인권선언, 평화통일촉진본부의 설치를 선언하고 채택
—.29 금강보험주식회사 설립
—.31 재일조선축구단이 평양에 도착
4.5 이즈미오쓰[泉大津]조선초급학교를 센슈[泉州]조선초급학교로 개칭하고 인가 획득
—.5 센슈조선초급학교 신교사 준공
—.7 김일성 탄생 65주년을 축하하기 위해 총련 중앙 이진규李珍珪 부의장을 단장으로 하는 재일조선인축하단이 일본을 출발
—.10 아이치[愛知]조선제8초급학교의 신교사 준공
—.15 김일성 탄생 65주년을 경축하는 재일본조선인중앙대회가 열림
—.22 총련과 각 산하단체가 '한일대륙붕협정'에 반대하여 관계 당국에 요청운동 전개
—.25 나가사키[長崎]조선신용조합 창립
5.8 조국통일촉진 오사카조선동표야구대회가 모리노미야[森之宮]공원에서 5만 5,000여 명이 참가한 가운데 열림
—.10 도치기[栃木]상은신용조합 설립 총회
—.10 총련 중앙, 한일대륙붕협정이 일본의 중의원 분과위원회를 통과한 데 관해 항의 성명 발표

1977년

재일동포
—.11 조일우호촉진의원연맹의 초청으로 북한 최고인민회의 대표단이 일본 도착
—.14 북한 최고인민회의 대표단을 환영하는 재일본조선인중앙대회가 열림
—.15 '총련 제11차 전체대회를 맞이하는 5개월운동'이 전국에서 일제히 시작
—.16 제3회 도쿄조선동포대야유회가 무라야마[村山]저수지에서 열림
—.19~20 재일조선인이 전국 각지에서 집회를 열고, '한일대륙붕협정' 비준에 반대하는 항의운동이 전개됨
—.23 총련 결성 22주년 기념 재일본조선인중앙대회가 고베시[神戸市] 국제회관에서 열림
—.28 김일성 탄생 65주년을 축하하고, 재일 60만 동포의 편지를 전달하는 자전거 계주단의 귀환보고집회가 열림
6.8 총련 중앙, 일본 정부가 '한일대륙붕협정'을 자연 성립시킨 것을 규탄하는 성명 발표
—.9 통일혁명당 재일한국인연대위원회가 일본 국회에서 '한일대륙붕협정'의 자연 성립에 반대하는 항의 성명
6.15 조국을 방문하고 돌아온 재일본 금강산가극단이 도쿄 히비야[日比谷]공회당에서 기념 공연을 개최함
—.28 재일조선인건설사업 대표단의 일원으로 평양에 들어가 있던 윤봉구[尹鳳求] 조신[朝信]협회장, 6월 11일의 기한이 지나더라도 일본으로 돌아가지 않은 것이 판명
—.29 총련 중앙 "60만 재일동포가 승리를 확신하고 조국통일을 위해 전진하자"라는 제목으로 전국 각지에서 강연회가 일제히 열림
—.30 총련 도쿄도본부는 김대중납치사건에 대한 박정희 정권과 일본 정부가 정치적 거래에 따른 부당한 조치를 취한 것을 규탄하면서 가두선전운동을 일제히 전개
7.2 서일본지방의 조선 각 신용조합 지점장 사업경험교류집회가 조은 오사카신용조합에서 열림
—.4 7·4 남북공동성명 5주년을 맞이하여 내외분열주의자의 두 개의 한국 획책에 반대하고, 조국의 자주적 평화통일을 촉진하기 위한 재일본조선인중앙대회가 열림
—.4 총련 중앙 이계백 부의장, 일본 경찰 당국이 한국 정권과 비밀협정을 맺고, 총련과 재일동포에 대한 파괴모략 행위를 강행하고 있는 사실에 관하여 담화 발표
—.4 '김대중선생 원상회복요구긴급집회'가 재일한국인 4개 단체의 공동주최로 열림
—.5 유신 민단, 7·4 남북공동성명 5주년 기념식이 중앙회관에서 열리고, 집회 후에 유신민단 반대파인 '김대중구출위원회' 주최의 집회에 항의 데모
—.6 총련 대표가 일본경찰청을 방문하여 최근의 일본 불량청년과 학생이 재일조선 학생에게 연속 집단폭행을 가하고 있는 데 관해 항의
—.8 재일동포들이 김대중사건 진상규명과 한일 간의 검은 유착의 폭로와 해명을 요구하는 가두선전운동을 전국 일제히 전개
—.9 동일본지방 조선의 각 신용조합지점장 활동경험교류집회가 조은 도쿄신용조합에서 열림
—.13 민단 중앙, 일본정부 가이후[海部] 문부장관에게 후쿠이[福井]공업대학 입학 차별 철폐 요구서를 제출
—.17 사이타마현[埼玉縣]조선상공인이 조국통일을 위한 자전거 행진운동을 전개

1977년

재일동포
—.20 재일조선유학생동맹이 조국의 자주적 평화통일을 촉진하기 위한 서명운동이 전개되어, 일본의 대학교수가 400여 명, 학생단체 300곳의 자치회가 서명에 참가
—.23 총련 중앙, 일본 정부가 도미한 한민통 대표단의 재입국허가를 거부한 데 관해 성명 발표
—.25 총련 중앙, 일본 정부가 원수폭 금지 세계대회에 참가하는 북한 대표단의 입국 거부를 결정한 데 관해 담화 발표
—.28~30 북한 남녀평등권법령 발표 31주년 기념에 기하여, 일본 전국 각지에서 북일 여성의 친선 집회가 일제히 열림
—.30~8.3 금강산 가극단의 조국방문 기념 오사카공연에서 재일동포와 일본인의 관람자수는 1만 5,000명을 돌파
8.1 민단 중앙, 차별철폐 100일간 운동을 시작
8.4 유고를 방문하는 재일통일평론사(도쿄) 시찰단이 일본을 출발
—.5 재일조선민주여성동맹 후쿠오카[福岡]본부와 후쿠오카현 일본의 부인단체가 공동개최하여 부일친선영화 감상의 모임이 열림
—.12~14 세계 각국에 거류하고 있는 해외교포가 집회를 열고 박정희 정권 반대를 위한 '민주민족통일해외한국인연합'을 도쿄에서 결성
—.12 유신민단 중앙, 일본 정부 후쿠다[福田] 법무장관에게 '민주민족통일해외한국인민주화운동대표자회의'에 참가할 목적으로 입국한 반체제 인사들의 입국 목적 이외의 정치활동에 대하여 엄중조치를 요망
—.13 8·13 이케노하타[池之端]사건—한국 민주화를 위해 구미 각국에 재류하고 있는 한국인 인사들로 '민주민족통일해외한국인연합' 회의를 방해 파괴하기 위해, 유신민단 측이 폭력으로 난입하여, 경찰대에게 76명이 체포, 유신민단 중앙은 대책위원회를 설치
—.15 8·15 조국해방 32주년 기념 재일본조선인중앙대회가 열림
—.15 민주민족통일해외한국인연합의 결성을 지지하는 민단계 동포의 집회가 열림
—.21 재일본조선인의학협회 결성
—.23 총련무역상사 간부 대표단이 평양에 도착
—.26 조일 우호 친선의 노래와 춤의 밤이 총련 도쿄도 아라카와[荒川]지부 미나미센주[南千住]분회에서 조선인과 일본인 약 2500명이 참가한 가운데 열림
—.28 일본에서 배우는 한국인 유학생의 전국조직 '재일한국인유학생회' 발족
9.1 한국의 민주적 시인 및 언론인에 대한 파쇼적 탄압을 규탄하는 재일조선문학예술인들의 집회가 열림
—.6 총련 중앙, 범죄적 제9차 '한일정기각료회의'를 규탄하면서 성명 발표
—.8 재일한국인정치범의 각 구원회, 최철교[崔哲教] 등 5명의 사형 집행을 저지하는 구원 집회 개최
—.17 재일본조선인교직원동맹 결성 30주년 기념집회가 열림
—.21 일본의 최고재판소 재판관회의에서 김경득[金敬得]의 사법수습생으로서의 채용이 인정되고 사법수습생의 국적조항 폐지의 첫 사례가 됨

1977년

재일동포
—.21 국제기자동맹 제8회 대회에서 재일본조선언론출판인협회에 '국제기자상'이 수여됨
—.26~28 총련 제11차 전체대회가 도쿄조선문화회관에서 열림—대의원 2068명 "불멸의 주체사상, 김일성주의의 기치를 보다 높이 내걸고, 재일조선인운동에 있어서 주체사상을 전면적으로 폭넓고 깊게 구현하기 위한 제문제"를 토의 결정, 의장 한덕수韓德銖, 부의장 이진규・이계백・박재노朴在魯・남시우南時雨・윤상철尹相哲・신상대申相大, 중앙위원 327명 선출
10.8 북한 여성대표단이 일본에 도착
—.24 총련 중앙 대표, 일본의 폭력단이 한국에 진출하지 않도록 철저히 단속할 것을 일본 정부에 강력히 요청
—.28 한국 청년학생의 반파쇼민주화투쟁을 지지 성원하는 재일본조선청년학생중앙대회가 열림
11.2 총련 도쿄도 분쿄[文京]・지요다[千代田]지부 센다기[千駄木]지부의 조일 우호 친선의 노래와 춤의 밤에 1200명의 조선인과 일본인이 참가
—.6 호쿠리쿠[北陸]지방 조선의 젊은 상공인들의 사업경험 교류집회가 열림
—.13 재일조선축구단후원회 결성
—.14 한국 청년학생의 애국투쟁을 지지 성원하는 재일본조선청년학생중앙대회가 열림
—.19 조일문화교류집회가 조선의 자주적 평화통일을 지지하는 조선여동女同 오사카본부와 오사카일본부인회의 공동주체로 열림
—.20 일조 산타마[三多摩]연대위원회 주최로 총련 산타마본부 후원의 일조문화교류집회가 열림
—.25 총련 중앙, 북한 최고인민회의 대의원에 선출된 재일조선인 대표에 대한 일본 정부의 재입국 불허가에 관하여 성명 발표
12.4 아이치현 가스가이[春日井]경찰서 경관이 총련 간부의 개별 직장에 침입하여 스파이 활동을 하고 있던 사실이 폭로됨
—.4 민단 중앙(유신민단, 이후는 민단으로 줄임) 제29회 인권주간으로 "일본은 재일한국인에게 내국민 대우를 보장하라"는 성명 발표
—.6 총련 중앙, 아이치현 경찰과 가스가이경찰서의 무장기동대 수백 명이 총련 아이치현본부와 도슌[東春]지부 사무소 및 간부 집에 대한 부당 수사를 행한 것을 규탄하면서 성명 발표
—.6 민단 시마네현[島根縣]본부, 마쓰에시[松江市]교육위원회에 재일한국인 아동의 서약서 문제에 대해 항의, 시 교육위원회는 개선을 약속
—.7 총련 중앙, 아이치현 경찰 당국의 부당한 탄압에 대하여 일본 경찰청에 엄중히 항의함
—.18 김일성이 북한 국가 주석에 추대된 것을 축하하는 재일본조선인중앙대회가 열림
—.27 조선민주주의인민공화국 사회주의헌법 제정일을 기하여 총련 중앙, 전국 각지에서 간부강연회가 열림
—.31 재일동포의 수는 65만 6,233명이 됨

1978년

재일동포

1978
- 1.4 고치[高知]상은신용조합의 창립총회가 열림
- ―.20 사가[佐賀]조선신용조합 창립
- ―.20 민단 중앙, 가나가와세이코[神奈川聖光]학원에 입학차별 철폐를 요구하면서 항의
- ―.21 총련 중앙, 조선학교에 취학을 시키는 제2차 통일행동을 일제히 전개
- ―.31 "조선의 통일을 촉진하는 제2차 세계대회를 성공시키자"라는 슬로건으로 조선의 자주적 평화통일을 지지하는 오사카 집회가 열림
- 2.2 하마마쓰시[浜松市]의 우익조직 '요스이샤[陽水社]' 사주, 하마마쓰조선초중급학교에 침투하여, 가스전[栓]을 열고 폭파를 시도함(6일 체포)
- ―.5 재일본조선인체육연합회 제10차 대회가 열림
- ―.9 야마구치[山口] 현청 주택과, 재일외국인의 현영 주택 입주를 허가
- ―.11 제4회 조일교육교류집회가 도쿄조선 제1초중급학교에서 열림
- 2.15 공동흥업주식회사 설립(설립시 (주)조선건설교역상사, 1980년 1월 25일 공동흥업으로 변경)
- ―.16 조선레코드사 설립
- 3.1 세계 8개국 주일 외국인 기자 30여 명이 참가한 조선문제취재토론회가 요코하마[横浜]에서 열림
- ―.1 민단 '법적지위위원회'를 '재일한국인권익옹호위원회'라고 개칭
- ―.3 한국에서의 군사연습을 규탄하는 재일본조선인중앙대회가 개최되어 1만 6천 명이 시위행진에 참가
- ―.5 무고한 재일청년을 체포하고 처형하려는 박정희 정권의 파쇼적 만행을 규탄하는 재일조선청년학생, 일본 민주세력단체의 집회가 열려 시위운동 전개
- ―.15 도쿄조선중고급학교 교직원주택을 신축준공
- 3.24 일본 국회, 재일동포의 주택 문제·아동수당 문제 등으로 토의
- ―.30 일본 최고재판소, 피폭자수첩 교부 청구소송 상고심에서 재일동포에게도 피폭자 건강수첩을 교부해야 한다는 판결을 선고
- ―.31 제180차 귀국선이 니가타[新潟]를 출항
- 4.9 주체사상국제연구소 창립대회, 총련 중앙 이계백[李季白] 부의장 축하연설
- ―.10 북한 사회주의노동청년동맹 대표단이 일본에 도착
- ―.15 재독일동포 500여 명이 본에서 한국의 민주화와 박정희 정권의 퇴진을 요구하면서 시위
- ―.15~5.15 『조선신보』 및 출판물사업 강화를 위한 통일행동이 일제히 전개됨
- ―.22 민단 시가[滋賀]본부 건축회관 낙성
- ―.23 재일한국청년회의 새로운 마음 100일운동중앙궐기대회에서 재일한국청년에 보내는 결의문을 채택
- ―.24 4·24교육투쟁 30주년기념 재일본조선인중앙대회, 오사카조선문화회관에서 열림
- ―.27 도쿄한국청년상공회의소의 설립총회가 도쿄 게이오[京王]프라자호텔에서 회장 안병원[安秉元]을 선출
- ―.28~29 재일본조선 각급학교의 학생중앙예술경연대회가 열림

1978년

재일동포

- 5.5 북한 평양학생소년예술단을 환영하는 재일본조선인중앙대회가 열림
- 5.8 나가노(長野)조선신용조합의 본점 사옥이 준공됨
- —.15 한국청년학생의 애국적인 민주화투쟁을 지지하는 재일본조선청년학생중앙대회가 열림
- —.26 재일조선축구단과 스리랑카축구단의 2번째 친선경기대회가 열림
- 5.28 제4회 조일학생교류집회에서 36개 대학과 400여 명의 일본대학생이 조선대학교를 방문
- —.30 박정희 정권의 파쇼 만행을 규탄하고, 무고하게 체포된 재일동포 청년의 즉시석방을 요구하는 재일본조선인중앙대회가 열림
- —.30~6.4 조일우호친선운동이 각지에서 전개됨
- 6.3 도쿄도 고다이라(小平) 시내 일본대학 학장들이 조선대학교를 방문, 간담
- —.12 효고(兵庫)한국학원 회관 준공
- —.17 조선대학교 인가 10주년 기념집회에 일본의 학자, 문화인 및 주변의 주민이 다수 참가
- 6.19 후쿠오카(福岡)조선신용조합의 본점 준공
- —.20 6·25 28주년 기념, 내외반동의 두 개의 조선의 획책을 분쇄하고 한국에서의 미군 즉시철수를 요구하는 재일본조선인중앙대회가 열림
- —.22 한국 6·25, 28주년 재일한국인중앙대회가 히비야(日比谷)공회당에서 열림
- —.26 북한 해외동포원호위원회가 미야기현(宮城縣) 근해의 지진으로 피해를 입은 동포들에게 원호금과 위문 전문을 보냄
- 7.1 민단 중앙, 민족교육 50시간 교재『국민교과서』발간
- —.3 총련 중앙, 7·4 남북공동성명 발표 6주년을 기하여 민단의 인사와 동포에게 호소문을 보냄
- —.4 민단 중앙, 7·4 남북공동성명 기념강연회가 중앙회관에서 열림. 각지 순회
- —.12 북한 건국 30주년 '70일 애국운동'을 힘차게 전진시키기 위해 총련 산하의 중앙단체, 사업체 간부의 집회가 일제히 열림
- —.13 도쿄 신주쿠(新宿)의 고마극장에서의 금강산가극단의 공연에서 5,000여 명의 관람객이 입장
- —.17 조일종교인들이 유엔 사무총장에게 미군의 한국에서의 즉시철수와 박정희 정권의 민주인사들에 대한 탄압을 방지하는 것을 요청한 2만 명의 서명과 요청문을 보냄
- —.25 '일본국적'을 이탈하여 '조선국적'을 요구하는 도쿄동포의 모임이 결성됨
- 8.1 북한 건국 30주년 기념영화상영월간을 설정하고, 전국 각지에서 일제히 상영
- —.7 북한 건국 30주년을 기하여 총련 중앙, 전국 각지에서 강연회를 일제히 개최
- —.8 '김대중 씨의 원상회복을—8·8 집회' 한민통 참가의 8·8 실행위원회 주최로 열고, 시위
- —.8 김대중납치사건 5주년을 기하여 총련 중앙 윤상철(尹相哲) 부위원장이 담화 발표
- —.10 일본 경찰 당국, 외국인등록증 미휴대를 구실로 조은(朝銀) 이바라키(茨城)신용조합원을 부당하게 체포

1978년

재일동포
—.15 8·15 광복절 제33주년 정부수립 30주년 중앙경축식전을 도쿄국제극장에서 열고, '조선통일지지세계회의'의 분쇄를 결의
—.25 '일본국적'을 이탈하고 '한국국적'의 취득을 요구하는 도쿄 거주 동포가 법무국에 요청운동을 전개
9.2 도야마富山조선신용조합의 본점 준공
—.4 김일성이 총련 중앙 한덕수韓德銖 의장을 단장으로 하는 북한 건국 30주년 기념 재일본조선인축하단을 접견
—.19 한국청년학생의 반파쇼민주화투쟁을 열렬히 지지하는 재일본조선청년학생이 도쿄 각지에서 가두선전과 전단 배포 등의 운동을 일제히 전개
—.22 사이타마현埼玉縣 와라비시蕨市에 거주하는 재일조선인이 시영 주책 입주권과 아동수당을 받을 권리를 획득
—.30 북한 건국 30주년 기념 조일과학자토론회가 도쿄에서 열림
—.30 오사카흥은신용조합의 예금고 1,000억 엔 돌파
10.13 총련 중앙 대표, 일본 정부에 재일동포가 민주주의적 민족권리를 확고히 보장하도록 요청
—.17 한민통 관계자의 재입국허가 문제—한국민주회복통일촉진국민회의(한민통) 양동호襄東湖 등 5명의 재일한국인이 서독 프리드리히 에베르트재단의 초청으로 서독사민당 브란트 당수 등 서독 정계 관계자와 간담하기 위해 서독에 도항하고 재입국의 허가 신청을 냈으나 부결된 사건
—.18~20 박정희의 내명에 따른 김종필의 방일에 반대하는 재일동포들이 도쿄 도내 각지에서 가두선전운동을 전개
—.21 김일성이 『세계』 편집국장과의 담화, "재일동포는 단결하는 원칙에 서서 대화를 하고 반反박정희 세력을 포함하여 대화를 해야 한다"고 언명
—.30 조청朝靑, 제의서를 가지고 한국청년회 중앙본부 간부들과 회담
11.1 재일한국청년회중앙상임위원회, 조청의 제의서를 받아들이고, 쌍방 대표단 남북지역 상호 방문 등의 3항목을 역제안
—.2 광주학생운동 49주년 기념, 조국의 자주적 평화통일을 촉진하기 위한 재일본조선인청년중앙대회가 열림
—.13 총련 중앙, 조선통일을 위한 제2회 세계대회에 참가하는 북한 대표와 외국대표에 대한, 일본 정부의 부당한 입국방해 책동에 관하여 성명 발표
—.15 조선의 통일을 위한 제2회 세계대회를 방해하려는 일본 정부의 부당한 행위를 규탄하는 총련 간부와 조선인 동포의 가두선전운동이 도쿄에서 전개됨
—.15 총련 중앙, "분열주의자의 두 개의 조선의 획책을 분쇄하고 조국통일을 촉진하자"는 제목으로 대중강습회를 전국 각지에서 일제히 개최
—.25 유신민단 중앙 조영주曹寧柱 단장, 국토 분단의 고정화와 민족분열을 조장하는 세계회의를 규탄하는 성명 발표, 각지에서 항의 활동
—.27 총련 중앙, 조선 통일을 위한 제2회 세계대회의 개최되는 데 관해 성명 발표
—.28 '일본국적'을 이탈하고 '조선국적'을 요구하는 '도쿄 동포의 회의'에 참가한 사람들이 법무국에 요청운동을 전개

1978~79년

재일동포
—.29 총련 중앙, 조선의 통일을 위한 제2회 세계대회에 참가한 각국 대표단을 환영하는 연회를 개최
11.29 민단 조영주 중앙단장, 일본 정부에 대하여 '조선통일을 위한 제2회 세계회의'의 대표의 입국조건 불이행에 대해 엄중한 조치를 취하도록 경고
12.4~10 북한 건국 30주년 기념, 현대조선자수·도기 전시회가 교토 니시진오리[西陣織]회관에서 개최됨
—.8 민단 중앙, 일본 정부에 재일한국인의 국공립대학의 교원 임용에 관한 요망서를 제출
—.12 재일조선 초, 중, 고급학교 학생의 중앙통일시험이 일제히 개시됨
—.17 재일조선인학생위원회가 국제학생연맹(IUS)에 가입
—.19 재일본조선인상공연합회가 국제사업직업동맹에 가입
—.20 북한에서 보낸 교육원조비 제1회부터 제70회까지의 총액은 258억 6,282만 7,033엔이 됨
—.23 총련 중앙, 박정희 정권의 모든 정치범 석방에 관하여 성명 발표
—.31 재일동포의 수는 65만 9,025명이 됨
1979
1.1 김일성이 1979년을 맞이하여 총련 중앙 한덕수韓德銖 의장에게 축전을 보냄—"새로운 세대교체가 일어나고 있는 실정 속에서 청년에 대한 교양을 강화하는 것과 간부의 활동 방법과 작풍을 개선하고, 민족허무주의와 사대주의에 반대하여 한 사람이라도 많이 조국과 민족을 사랑하는 열렬한 애국자가 되어야 한다"고 강조
—.1 김일성이 1979년 신년 연두사에서 "조국의 자주적 평화통일을 위해 남북조선의 인민과 해외에 있는 전 동포는 민족적 대단결의 원칙에 시시 단결하고 '두 개의 조선'의 책동을 분쇄하고 조국의 통일을 실현시켜야 한다"고 연설
—.19 도쿄 조선학원이 도쿄도가 내린 도쿄조선제11초중급학교의 신교사 건축 불허가 처분의 취소를 요구하는 심사신청을 도쿄도 건축심사위원회에 제출
—.24 총련 중앙, 조국통일민주주의전선중앙위원회 성명을 지지 환영하며 성명을 발표
—.26 총련 중앙, 민단 중총에 대하여 조국통일민주주의전선중앙위원회 성명을 지지하는 집회를 공동으로 개최할 것을 제기
—.26 민단 중앙, "북한조국통일전선의 제기는 실현성 없다"는 성명을 발표
—.29 조국통일민주주의전선중앙위원회 성명을 지지하는 재일본조선인중앙대회가 열림
2.3 도쿄도 이타바시구[板橋區]를 비롯하여 각 지구에서 조일우호친선의 집회가 계속해서 열림
—.4 총련 나가노현[長野縣]을 비롯하여 다수의 지방에서 조선학교에 취학하는 운동 목표의 100%를 달성
—.11 아이치[愛知]조선중고급학교 창립 30주년 기념축하회가 열림—기념집회, 축하공연, 축하연 등이 개최
—.13 도쿄조선제11(산타매三多摩)초중급학교의 신교사 건설을 허가하도록 요구하고 일본의 26개 단체 대표와 학부형, 졸업생 대표가 도쿄도청을 방문하여 요청운동을 전개

1979년

재일동포
一.14 조청朝青 중앙, 각 거주지의 반班을 강화 발전시키기 위한 중앙에서 반에 이르기까지 전 회원의 궐기대회가 전국 각지에서 열림
一.15 재일본조선인과학자협회와 재일본조선인의학협회 대표는 재일조선인 학자, 연구자를 일본의 각 국립, 공립 대학의 교수, 조교수에 임용하도록 요구하면서 일본 정부 문부성에 요청
一.16 총련 중앙, 민단 중총에 판문점에서 17일 북측과 남측의 연락 대표의 접촉을 열렬히 지지 환영하는 공동성명 발표 등 4항목을 제기
一.19 재일동포 자제가 북한 대표선수로서 사회주의국 청소년 스케이트대회와 세계스케이트선수권대회에 참가하기 위해 일본을 출발
一.20 한국정보부 KCIA의 대일공작기관의 하나로 되어 있는 '도쿄한국연구원'의 영업회사, 도서문헌센터가 박정희 정권으로부터 원조자금 9,000만 엔 수입 중 4,000만 엔이 용도불명인 것이 도쿄국세국의 조사를 통해 밝혀짐
2.20 재일한국청년회 도쿄본부, 도쿄치과의사회 부속 치과위생사학원의 입학차별에 대하여 항의 성명
一.21 제35회 세계탁구선수권대회를 계기로 남북통일팀을 구성하기 위해 조선체육지도위원회와 조선탁구협회의 제안을 지지하면서 재일본조선인체육연합회 대표가 조선출판회관에서 기자회견을 하고 담화 발표
一.28 한미합동군사연습을 규탄하면서 전국 각지의 재일조선인이 가두선전운동을 일제히 전개
3.1 3·1운동 60주년을 기념하면서 조국통일민주주의전선중앙위원회 성명을 실현하기 위해 재일본조선인중앙대회가 열림
一.1 3·1독립선언 60주년을 기념, 민족의 자주적평화통일촉진중앙대회가 민단중앙회관에서 열림―대회결의문에는 평화통일촉진서명운동 등을 채택, 대표단은 행정차별 철폐요망서를 일본 정부 수상 및 관계 각 성, 각 정당에 보냄
一.23 민단 전국지방본부단장회의가 열려, 제39회 정기 중앙대회에서 결정한 3기관 임원 선출을 단일 후보 추천하는 것 등에 합의
一.24 총련 중앙 한덕수 의장을 단장으로 하는 북한 방문단이 일본을 출발
一.24 북한 건국 30주년 기념 재일조선인전국문화예술작품현상 모집의 입선자에 대한 표창장을 수여하는 집회가 열림
一.27 오사카국세국과 경찰이 백수십여 명의 사찰관과 기동대를 동원하여 효고현[兵庫縣] 미나미코베[南神戸]조선상공인의 자택과 가게를 사찰 명목으로 부당하게 강제수사, 지역의 조선상공인 다수가 당국에 항의
一.28 민단 제36회 중앙대회가 중앙회관에서 열림―대의원 450명 중 407명 출석, 제36대 단장 장총명 張聰明, 부단장 임병헌林炳憲·김치순金致淳·허윤도許允道, 의장 박성준朴成準, 감찰위원장 김인수金仁洙, 중앙위원 160명 선출. 의제, 규약 일부 개정·청년국 폐지·조직국을 162국에 분할
一.29 북한 적십자회 대표단이 귀국사업의 계속 문제를 협의하기 위해 일본에 도착
4.1 아이치현, 아동수당제도를 외국 국적 아동도 대상으로 하여 실시

1979년

재일동포
一.1 시가현(滋賀縣) 오쓰시(大津市), 재일동포의 아동에 아동 수당의 지급을 시작
一.5 재일본조선인상공연합회가 국제상업직업동맹(UIS)에 가입
一.19 4·19 민중봉기 16주년 기념, 조국통일민주주의전선중앙위원회 성명을 지지하고, 전민족대회를 실현하기 위한 재일본조선청년학생중앙대회가 열림
一.23 총련 중앙 "남측이 대회에 성의 있는 답변을 요구하고 조국통일을 위한 내외 여론을 더 환기시키자"는 제목으로 대중강연회가 전국 가지에서 일제히 열림
一.24 미주 지역 해외교포 조국방문단이 평양에 도착
一.24 민단 장총명 중앙단장, 제35회 세계탁구선수권대회에 한국선수단의 입북을 거부한 북한 당국에 항의 성명 발표
一.27 히로시마(廣島)와 도쿄의 조선인 피폭자 대표들이 후생성을 방문하여 생활상태 개선을 보장해 줄 것을 요구
一.28 히로시마현 조선인 피폭자 제2세 협의회 결성
5.1 총련 지바현(千葉縣) 지바지부 대표가 지바시 당국을 방문하여 조선인의 사회보장과 각종 정부제도 융자의 적용을 요구
一.10 한국문화원 개설(도쿄 이케부쿠로(池袋) 선샤인 60)
一.12 미주 지역 해외교포 조국방문단의 일부 인사가 북한의 조선기독교연맹을 방문
一.13 조국통일촉진 재오사카조선동포의 대야유회가 열려 5만 5,000여 명이 참가
一.13 간토(關東)지방 조선청년의 대야유회가 열리 8,000여 명이 참가
一.15 학우서방(學友書房) 창립 30주년 기념집회가 열림
一.19 총련 중앙 윤상철(尹相哲) 부의장, 김대중납치사건의 진범을 밝히는 신자료가 발표된 데 관해 담화 발표
一.20 아이치현 재일동포의 대야유회가 열려 1만 7,000여 명이 참가
一.23 민단 교토본부, 교토부청에 인격존중교육에 관한 요망서 제출
6.1~11.30 민단 중앙, '평화통일·권익옹호·신생활을 위한 180일간 운동'을 전개
一.4 북한 육상선수권의 승리를 축하하고 선수단을 환영하는 재일조선인집회가 열림
一.8 조일수출입상사의 신사옥이 도쿄 다이토구(台東區) 히가시우에노(東上野)에 준공
一.13 북한 친선대표단 일행이 일본에 도착
一.16 총련 중앙, 미국 대통령의 한국 방문에 반대하여 성명을 발표
一.16 일본 건설성, 재일한국에게 주택금융공고(公庫)·공단주택 입주차별 철폐 조치
一.22 재일조선문학예술가동맹 결성 20주년 기념집회가 열림
一.23~7.5 조국통일촉진 전민족대회 실현을 위한 재일조선청년학생들의 오사카-도쿄 간 대행진이 시작됨
一.25 6·25, 29주년 한국에서 미군의 즉시 철수를 요구하고 조국의 평화적 통일을 촉진하기 위한 재일본조선인중앙대회가 열림―시위 행진, 각 지방에서도 같은 종류의 대회가 열림
一.26 민단, 남북의 평화통일을 위한 당국자회담촉진중앙대회가 중앙회관에서 열림. 각지에서 대회를 개최

1979년

재일동포
—.28 조국통일 촉진과 전민족대회 실현을 위한 재일조선인이 가두선전운동을 일제히 전개
7.5 경찰 당국은 조국통일 촉진, 전민족대회 실현을 위한 대행진에 참가하였던 조선청년을 부당하게 연행
7.10 총련 중앙, 경찰 당국의 부당한 조선청년 체포를 인권 침해라고 항의(7월 13일 석방)
—.14 재일본조선인과학자협회 결성 20주년 기념 학술보고회가 열림
—.21 조은朝銀 야마구치[山口]신용조합에 대해 시모노세키[下關]경찰서 간첩사건 진상보고 집회가 열림
—.23 총련 중앙, 일본 방위청 장관이 한국에 가는 것을 반대하여 담화 발표
—.29~30 일본의 불량분자가 고베조선고급학교 학생을 연속적으로 집단폭행
7.31 총련 중앙이 민단 중총에 대하여 8·15 해방 34주년 기념대회를 공동으로 개최하도록 제기
8.1~5 재일조선청년, 일본의 고등학교에 재학 중인 조선학생에게 조선어 등을 가르치기 위한 양상洋上강습회가 열림
—.3 재일본조선인체육연합회 결성 25주년 기념대회가 열림
—.3 총련 중앙, 최근 재일조선인에 대한 인권침해사건이 빈번하게 발생하고 있는 데 관해 일본 정부 관계 당국에 항의
—.12 아시아경기대회에 참가하는 북한 대표단이 일본에 도착
—.14 8·15조국해방 34주년 기념 재일본조선인중앙대회가 열림
—.24 총련 중앙, 일본 전국 각지의 조선인에게 "박정희 살인만행을 규탄하고 싸우는 한국 민중을 적극적으로 지원하자"는 제목으로 강연회가 일제히 열림
—.28 북한에서 재일조선인을 위해 대형 여객선 '삼지연호' 1만 톤급이 처음으로 니가타항[新潟港]에 입항
9.2 사이타마[埼玉]조선초중급학교 신교사 준공
—.3~8 제10회 조일우호친선을 위한 미술전이 열림
—.7 한국학생이 반정부집회와 시위운동을 전개하고 있는 데 관해 조청 중앙, 유학동留學同 중앙, 학생위원회가 공동으로 성명 발표
—.9 사이타마현 가미후쿠오카시[上福岡市] 제3중학교 1학년 임현일林賢一 소년, 왕따와 편견으로 투신 자살, 민족차별에 항의운동 일어남
—.12~13 북한 건국 31주년 기념 재일본조선인종목체육중앙대회가 게미가와[檢見川]에서 열림
—.14 민단 중앙 감찰위원회는 공문서에서 조은과의 거래에 대한 규제를 지시
—.14 상은신용조합강화촉진위원회는 예금 목표를 5,500억 엔, 조합원 18만 명을 확보하고자 운동 발족
—.21 국제인권규약이 일본에서 발효
—.28 총련 중앙, 박정희 정권의 일반 대중의 학살 행위를 규탄하는 성명 발표
—.30 재일본조선신용조합협회 예금이 5,000억 엔을 돌파
10.4 교토한국학원의 신축교사 준공

1979년

재일동포
—.5 총련 중앙, 박정희 정권이 신민당 김영삼金泳三 당수의 국회의원 자격을 박탈한 파쇼적 폭압을 규탄하면서 성명 발표
—.5~9 재일본조선인상공연합회 대표단이 체코슬로바키아의 프라하에서 열리고 있는 국제무역에 관한 공동계약의 국제연구회에 참가
—.6 한국청년학생의 민주화투쟁에 대하여 박정희 정권의 파쇼적 만행에 의한 폭학의 탄압을 규탄하는 간토지방조선청년학생대회가 열림
—.16 금강산가극단 4,000회 공연기념 특별공연회가 도쿄조선문화회관에서 열림
—.16 재일본조선학교의 신학년도학생취학운동 전개를 위한 통일행동이 시작됨
—.18 한국청년학생과 민중의 반정부민주화투쟁을 지원하고 박정희 정권의 파쇼폭압행위를 규탄하는 재일본조선청년학생중앙대회가 열림
—.23 한국 민중의 민주화투쟁을 지지하고 박정희 정권의 파쇼 폭압을 규탄하는 재일본조선인중앙대회가 열림
—.23 총련 중앙, 전국 각지에서 한국 민중의 민주화투쟁을 지지하는 가두선전운동을 일제히 전개
10.26~28 재일조선인이 북한 대표로서 일본에서 열린 국제피겨스케이트대회에 참가
—.29 총련 중앙 한덕수 의장, 박정희사살사건에 관하여 기자회견에서 성명 발표
11.1 총련 중앙 "한국 민중이 유신체제를 철폐하고, 사회의 민주화를 실현할 수 있도록 힘차게 지원하자"는 제목으로 전국 각지에서 일제히 강연회 전개
—.1~10 히로시마·나가사키長崎동포 피폭자 실태 조사
—.2 광주학생사건 50주년 기념 재일본조선청년학생중앙대회가 열림
—.2 민단 중앙, 일본 정부 후생성에 행정차별의 철폐를 요구하는 요망서를 제출
—.6 민단 중앙 장총명 단장 이하 민단 대표, 한국 최규하崔圭夏 대통령 대행을 예방
—.9 오키나와沖繩 '청구靑丘의 탑' 비문을 개정하고, 건비 제막식을 오키나와 가시키고지嘉敷高地에서 거행함
—.10 민단 시마네현島根縣본부의 한국회관 낙성
—.19 히로시마, 나가사키 조선인 피폭자 실태조사단이 후생성 당국에 재일조선인 피폭자에 대한 처우를 근본적으로 개선하도록 요청
—.20 유신체제의 즉시 철폐와 사회의 민주화를 위해 한국 민중의 투쟁을 지지하는 재일본조선인중앙대회가 열림
—.25 조선의 자주적 평화통일을 지지하는 국제부인집회가 도쿄에서 개최되어 재일조선민주여성동맹 대표가 참가
—.29 총련 중앙, 일본 정부에 국제인권규약의 원칙에 따라 재일조선인의 제반 권리를 전면적으로 보장하도록 강력하게 요청
—.29 일본 전국시장회, 재일한국인의 국민연금·아동수당의 적용을 결의
12.2 지바조선초중급학교의 신교사 준공
—.3 총련 중앙, '통일주체국민회의'에 의한 대통령선거를 강행하려고 하는 한국의 현 집권자의 범죄적 책동을 규탄하는 성명을 발표

1979~80년

재일동포
—.8 총련 중앙, 한국 집권자가 긴급조치 9호를 해제하고, 일부 정치범을 석방한 데 관해 성명 발표
—.11 아오모리[青森]상은신용조합 신축 낙성
—.22 오사카 히라카타시[枚方市], 직원채용시험요강의 국적조항을 철폐
—.26 한국 정부, 재일한국인신용조합의 육성자금으로 2,000만 달러를 지급
—.31 재일동포의 수는 66만 2,561명이 됨

1980
- 1.7 재일한국인정치범가족대표 유엔파견단이 미국으로 출발
- —.15 도쿄동포상공인에 "조국통일의 연대, 1980년대를 전망한다"는 제목으로 강연회가 열림—이후 같은 제목으로 전국 각 현의 상공인을 대상으로 한 강연회가 열림
- —.23 도쿄도 내의 다이토[台東] 지역을 비롯하여 각 지역에서 조일우호친선의 집회가 성대하게 열림
- 2.1 총련 중앙 상임위원회 '총련 결성 25주년을 맞이하는 애국혁신운동'을 전개할 것을 재일조선인 동포에게 호소하기로 결정
- 2.1 총련 중앙 대표가 재일동포에게 주택금융공고[公庫] 융자 및 공적 주택에 입주를 실현할 수 있도록 건설성 당국에 요청
- 2.2 총련 중앙, 민단 중총에 대하여 남북의 접촉을 열렬히 환영하고 다각적인 접촉을 실현시키기 위한 운동을 전개하는 것으로 공동성명을 발표하는 등 5항목을 제안
- —.5 민단 제4회 중앙집행위원회가 중앙회관에서 열려, 한국신헌법에 해외국민조항의 신설을 요망하기로 결의
- —.7 총련 중앙, 조신협[朝信協] 대표가 일본 정부 대장성을 방문하여 국민금융금고의 융자를 재일동포에게도 적용하라고 강력히 요청
- —.8 민단 중앙 장총명[張聰明] 단장, 일본 정부 건설성이 재일외국인에 대한 공단주택·주택금융공고의 융자 적용을 통달(4월 1일자 실시)을 평가하는 담화를 발표
- —.10 재일한국청년회, 일본 정부의 민족차별에 대하여 투쟁하는 재일한국청년 전국집회가 사사카와[笹川]기념관에서 열림
- 3.9 고베[神戸]조선고급학교 창립 30주년 기념으로 교사 증축 준공
- —.25 『노동신문』이 논평에서 재일조선인 2세, 3세는 "귀화하여 일본인이 되라"(잡지 『쇼쿤[諸君]』 4월호)라고 공언한 민주공화당 총재 김종필을 비난
- 4.1 재일동포, 주택금융공고와 국민금융공고의 융자 및 주택공단, 주택공급공사 등 공영주택에 입주, 대부자격에 국적조항을 철폐하고 분양 적용
- —.1 사이타마현[埼玉縣] 가스카베시[春日部市]에서 재일외국인에 아동수당 지급을 시작
- —.2 총련 중앙, 한국 집권자가 이른바 남침모략사건을 날조하여 북한에 반대한 반공선전을 하고 있는 데 관하여 성명을 발표
- —.5 규슈[九州]조선고급학교의 증축 공사 준공
- —.13 북한이 제75회째 교육원조비와 장학금 5억 4,600만 원을 보냄
- —.19 '인권과 조선의 통일'이라는 테마로 조선통일문제국제토론회가 도쿄에서 열림

1980년

재일동포
5.4 국립평양예술단을 환영하는 재일조선동포집회가 열림
—.16 총련 중앙, 한국학생이 비상계엄령 철폐와 유신잔당 일소를 요구하면서 대규모 가두시위투쟁을 전개하고 있는 데 관해 성명 발표
—.16 재일본청년, 유학동留學同, 학생위는 한국청년학생의 반정부민주화투쟁을 적극적으로 지지하면서 공동성명 발표
—.18 한민통韓民統, 전두환全斗煥 등 신군부에 의한 17일의 군사쿠데타와 김대중 씨 등 민주인사의 연행에 항의하여 '최규하, 전두환 등의 군사폭압에 항의하는 집회'를 열고 종료 후 데모
5.20 한국 민중에 대한 유신잔당의 파쇼 탄압을 규탄하는 재일본조선인중앙대회가 열림
—.20 한국에서 부당한 이유로 수감된 재일한국유학생 서승徐勝, 서준식徐俊植의 어머니 오기순吳己順이 사망
—.21 총련 중앙, 한국군사 파쇼분자가 비상계엄령을 실시하고, 청년학생과 시민을 총검으로 탄압하고 있는 데 관해 성명 발표
—.24 한국민주화투쟁지원재일청년학생연락회의가 도쿄에서 결성
5.25 민단 도쿄본부, 한청韓靑, 한학동韓學同이 전두환 군정의 반민주반민족군사쿠데타를 단호히 규탄하는 간토關東지구 궐기집회가 국노國勞회관에서 열림
—.25 총련 결성 25주년 기념 중앙대회가 도쿄조선문화회관에서 열림
—.25 재미교포가 뉴욕에서 계엄령 해제 등을 요구하면서 가두시위운동 전개
—.28 외국인등록법 개정, 10·1시행(신규등록기간 연장 60-90, 재입국 시의 등록증반출제 채용 등)
—.30 북한 귀국이 시작된 이후 제184차 귀국선까지 9만 3,250명이 귀국
—.30 군사파쇼파의 야만적 폭압을 규탄하고 한국 민중의 민주구국투쟁을 지지하는 재일본조선인중앙대회가 히비야日比谷야외음악당에서 열림 대회 후 시위행진
6.1 국립 평양예술단이 오사카조선문화회관에서 공연
—.1 한민통, 전국대표자회의가 열려, 전두환 등 신군부 세력에 의한 '5·17 쿠데타'와 광주시민대학살, 연행된 김대중을 생명의 위기에서 구출하는 국제적인 조직을 결성하기로 결의
—.10 민단 전국지방본부 3기관장 및 중앙 산하단체 책임자의 합동회의가 중앙회관에서 열림—광주민주화운동에 대한 한국 정부의 조치의 국가보위조치 지지·국가비상사태에 관한 결의 표명
—.10 광주대학살 규탄, 희생자 추도회가 한민통 외 민단계 8개 단체의 공동개최로 열림
—.12 잔인무도한 살육 만행을 강행하고 있는 전두환 군정을 규탄하는 재일본조선인중앙대회가 열림
—.13 민단 히로시마현[廣島縣]본부의 신회관 낙성
—.26 시가현[滋賀縣] 교육회, 공립학교 교원 채용에 귀화조건을 철폐
7.1 민단, 공제연금제도가 출발, 중앙생활상담실 개설
—.1 총련 중앙 윤상철尹相哲 부의장, 경제사절단을 한국에 파견하고 전두환 군정을 간섭하려고 하는 일본 정부의 책동을 규탄하는 담화 발표

1980년

재일동포
—.5 총련 중앙 한덕수(韓德銖) 의장, 김대중을 비롯하여 37명의 민주인사들을 내란음모, 반공법 위반 등의 명목으로 군사회의에 부쳐 말살하려고 획책하고 있는 데 관해 전두환 군정을 규탄하는 성명 발표
—.6~10 재일본조선인상공연합회 대표단, 국제사업활동가직업동맹 제6회 대회가 헝가리의 부다페스트에서 개최에 참가
—.12 전두환 군정의 폭압무도한 범죄행위를 규탄하는 재일본조선청년학생중앙대회가 열림
—.12 민주화 투쟁으로 희생되었던 광주 학생, 시민을 추도하는 재일동포의 집회가 열림
—.14 한민통을 비롯하여 민단계 8개 단체가 '김대중선생구출위원회'를 설치하고 활동을 시작
—.18 일본 전국지사회, 재외외국인에게 국민연금 가입 요망을 결의
—.26 전두환 군정의 만행을 규탄하고 구속되었던 한국 민주인사의 무조건 석방을 요구하는 재일본조선인중앙대회가 열림
7.29 미국교포조국방문단, 메릴랜드 코핀대학교수 김광훈(金光勳)을 단장으로 하는 일행이 평양에 도착
—.31 일본 정부, 나가사키(長崎)공항에서 항공기로 한국으로 159명 제91회째 강제송환을 강행
—.31 일본정부가 이제까지 한국으로 강제송환한 인원은 1만 9,962명이 됨
8.1 총련 12전대회를 맞이하기 위한 3개월운동(8월 1일~10월 31일) 시작
—.2 총련 중앙 윤상철 부의장, 전두환 군정이 김대중을 비롯하여 한국 민주인사들을 군법회의에 기소한 데 관해 담화 발표
—.2~3 원수폭 금지 1980년도 세계대회 국제회의에 총련 대표단이 참가
—.5 북한 예술영화 「춘향전」 일반 상영
—.8 김대중납치사건 7주년을 기하여 한민통과 김대중선생구출위원회가 성명 발표
—.13~14 김대중 구출과 한국 민주화를 위한 긴급한국인대표자회의가 도쿄에서 열림
—.15 35년간 한국에 주둔하고 있는 미군의 즉시 철수를 요구하는 재일본조선인중앙대회가 열림
—.15 총련 중앙, 전두환 군정이 내외여론의 강력한 지탄을 무시하고, 김대중 등에 대한 살인재판을 전개한 데 관해 성명 발표
—.15 한민통, 광복절 35주년 '김대중선생 구출·전두환 군정 타도 재일한국인대회'를 열고, 종료 후 데모
—.15 민단 도쿄본부, 한민통과 한민련의 반한국적인 책동을 규탄하는 대회를 엶
—.27 총련 중앙, 전두환 일파가 불법으로 대통령의 자리를 획책하고 있는 책동을 민족적 분격을 가지고 규탄하는 성명 발표
9.7 미나미오사카(南大阪)조선중급학교(오사카부 기시와타시(岸和田市))의 신교사 준공
—.9 총련 중앙 윤상철 부의장, 전두환 군정이 비밀리에 김대중의 장남과 동생, 비서 등에게 중형을 과한 만행에 대하여 담화 발표
—.9 민단 중앙 장총명 단장 일행이 전두환 대통령을 예방

1980년

재일동포
—.10 재일동포의 북한 왕래 실현 15주년을 기하여 기념관(니가타시[新潟市]) 준공
—.10 재일동포 한종석韓宗碩, 외국인등록법의 지문 날인을 거부(신주쿠[新宿]구청)
—.11 총련 중앙, 전두환 정권의 살인재판으로 김대중에게 사형을 구형한 데 관해 담화 발표
—.17 총련 중앙, 김대중을 말살하려고 하는 전두환 정권의 무모한 파쇼만행을 규탄하는 성명 발표
—.19 전두환 정권의 파쇼 폭압을 규탄하고 김대중을 비롯하여 민주인사들의 즉시 석방을 요구하는 재일본조선인중앙대회가 열림—대회 후, 시위행진
—.21 도요하시[豊橋]조선초중급학교의 신교사 준공
—.27 재미교포배달신보 발행인으로 국제태권도연맹 총재인 최홍희崔泓熙가 북한을 방문하여 통일에 관한 의견을 교환
9.27 조선대학교 동일본지방동창회 집회가 1,000여 명이 참가한 가운데 열림
—.28 총련 교토부본부 5호 담당 선전원 열성자대회가 열림
10.1 일본 정부, 외국인등록법 일부 사항 개정을 실시, 완화 조치
—.6 『조선신보』 창간 35주년 기념집회가 열림
—.7 민단 이와테[岩手]본부, 김대중 구출을 결의한 모리오카[盛岡]와 기타카미[北上] 두 개 시의회에 공개 질문장을 제출
—.9 미야자키[宮崎]·사이타마[埼玉] 현의회, 재일외국인에게 국민연금제도를 적용하는 것에 관한 의견서 채택
—.10 조선노동당 제6차 대회와 당 창건 35주년을 열렬히 축하하는 재일본조선인중앙대회가 열림
—.17 조은오사카신용조합 창립 25주년, 예금액 1,000억 엔 돌파 기념 축하집회가 열림
—.23 총련 중앙, 전두환 군사정권의 국민투표를 실시하고, 제2의 '유신헌법'을 획책하는 폭거를 강행한 데 관해 성명 발표
—.25 북한 건축가동맹대표단이 일본에 도착
—.26 재일본조선유학생동맹 결성 35주년 기념대회가 열림
11.3 총련 중앙, 전두환 정권의 고등군법회의 판결 공판에서 김대중을 비롯하여 민주인사들에게 사형과 중형을 내린 데 관하여 성명 발표
—.3 광주학생운동 51주년 기념 재일본조선청년학생중앙대회가 열림
—.5 북한 과학문화대표단이 센다이시[仙台市]에서 학술강연회를 개최
—.6 민단 중앙 장총명 단장, 후생장관에게 국민연금 가입을 요청
—.6 총련 중앙 이계백李季白 부의장과 대표단이 일본 정부 후생성을 방문하여, 재일동포에게 국민연금을 비롯하여 일련의 사회보험제도의 문호를 조속히 개방하도록 강력하게 요청
—.11~13 총련 제12차 전체대회가 도쿄조선문화회관에서 열림—대의원 2,051명, "조선노동당 제6차 대회의 역사적 보고와 축하문을 구현하기 위해 총련의 조직 안에 주체사상체계와 유일적 지도체제를 철저하게 확립하는 문제"를 토의 결정, 의장 한덕수, 부의장 이진규李珍珪·이계백·박재노朴在魯·윤상철·신상대申相大, 중앙위원 331명 선출

1980~81년

재일동포
—.13 한국민주화투쟁지원재일청년학생연락회의가 전태일全泰壹 10주기 추도집회에서 성명을 발표
—.15 재일 각국 유학생의 친선교류집회가 재일본조선유학생동맹의 주최로 도쿄에서 열림
—.20 금강산가극단 창립 25주년 기념 공연이 개최됨
—.23 일·조고교생집회실행위원회 주최 일조고교생교류집회가 도쿄조선중고급학교에서 열림
—.29 아시아평화연구국제회의에 참가하는 북한 대표가 일본에 도착
—.29 재일본조선유학생동맹 결성 35주년 동창생축하연회가 도쿄 도텐코[東天紅]에서 열림
—.30 고려민주연방공화국 창립 방안을 지지 실현하기 위한 재일본조선인 후쿠오카현[福岡縣]대회가 열림(각 지방본부와 지부에서 같은 종류의 지지대회가 일제히 열림)
12.5 호주, 브리스번대학교수 부처가 총련 중앙을 방문
12.14 한민통, 민단계 단체의 공동개최로 김대중 석방을 요구하는 총궐기대회를 개최
—.17 도쿄도의회에서 재일동포의 국민연금을 적용하는 것에 대한 의견서 채택
—.18 후생장관은 국민연금에 관하여 내외인 평등의 방침을 시사
—.20 후쿠오카현의회를 비롯하여 현 내의 7개 시 9개 정町에서 국민연금이 완전하게 적용할 것을 결의
—.31 재일동포의 수는 66만 4,536명이 되었고, 남자는 33만 6,787명, 여자는 30만 2,019명임
1981
1.19 총련 중앙 상임위원회, 전두환 정권이 '남북한 당국 최고책임자의 상호방문'을 내세운 데 관해 이를 규탄하는 성명 발표
—.23 총련 중앙 상임위원회, 전두환 정권이 김대중을 비롯하여 민주인사들에게 극형을 과한 데 관해 성명 발표
—.24 총련 오사카본부 제12차 대회가 열림(1월 28일까지 각 현 본부대회가 일제히 열림)
—.24 재미교포 『아시안 아메리칸 뉴스』지가 광주사태는 미국이 한국을 군사기지로만 인정하고, 인권과 인간의 존엄 등에 관심이 없었던 것을 공식적으로 확인했다고 강조(조선중앙통신 보도)
—.26 서독교표단체 민주사회건설협의회는 전두환 독재정권의 김대중에 대한 정치적 살인은 세계의 양심과 인도주의에 대한 반역이라고 강하게 비판
—.29 미국, 로스앤젤레스의 재미교포들이 전두환의 미국 행각을 규탄하면서 항의집회와 시위운동을 전개
—.31 미국, 뉴욕의 재미교포들이 유엔 본부에 들어간 전두환 일파를 규탄하면서 시위운동을 전개
2.1 총련과 산하단체가 한미군의 '팀 스프리트 81' 연습과 레이건의 전두환 초대를 규탄하면서 레이건에게 항의 서한을 발송
—.2 재일본조선인상공연합회 결성 35주년 기념 축하집회가 도쿄 게이오[京王]프라자호텔에 1,580명(일본인사 300여 명)이 참가한 가운데 열림

1981년

재일동포

—.2~3 재일본조선인상공연합회 제20차 정기대회가 도쿄조선문화회관에서 열림
—.3 총련 중앙 윤상철尹相哲 부의장, '팀 스프리트 81' 연습을 규탄하면서 담화 발표
—.5 도쿄조제1초중급학교 창립 35주년 기념집회가 아라카와荒川구민회관에서 열려, 학생의 출연으로 음악무용서사시 '주석의 태양 아래 걸어온 영광의 35년'을 공연
—.6 총련 중앙과 재일본조선민주여성동맹 중앙대표가 재일조선인에 대하여 각종 사회보장제도의 적용에서 차별을 하지 말도록 일본 정부에 요청
—.8 재일본조선신용조합협회 제15차 대회가 열림
—.10 총련 가나가와현神奈川縣본주 임원, 일본 경찰관이 조선학교 교원에 스파이를 강요한 데 대해 현경에 엄중히 항의
—.16 사할린 잔류동포의 귀환청구재판의 제36회 구두변론이 도쿄지방재판소가 열림
—.17 '재일한국인정치범을 구원하는 가족교포의 모임' 대표가 유엔에 재일교포정치범 사형 확정자들의 형 집행을 중지하도록 호소하기 위해 일본을 출발
2.25 총련 중앙, 민단 중총에 고려민주연방공화국 창립방안 실현을 위해 공동으로 노력하는 데 대해 제안
—.27 미국과 전두환 정권의 새로운 전쟁 도발 책동을 규탄하고 전국 각지의 중요한 역전에서 일제히 가두선전운동이 전개됨
—.27 '청년학교 1,000개소 설치운동'의 선두 역할을 맡은 재일조선청년학생의 궐기집회가 열림
3.1 미국과 전두환 정권의 새로운 전쟁 도발 책동을 규탄하고 한국에서 미군의 철수를 요구하는 재일본조선인중앙대회가 열림—대회 후에 시위운동
—.2 니가타新潟조선신용조합의 본점 준공
—.5 한민통韓民統과 민단계 단체, '김대중 씨 구출 일본연락회의'가 5월에 도쿄에서 '한국민주화지원긴급세계대회' 개최를 발표
—.14 미국 워싱턴에서 제3회 민족통일을 위한 범해외동포 학자의 심포지엄이 열림―배달민족회 최덕신崔德新 의장, 센트럴 메소지스트대학 선우학원鮮宇學源 교수, 미시건대학 송석중宋錫重 교수, 뉴욕주립대학 민병휘閔炳輝 교수, 웨스턴 미시건대학 김종익金鐘益 교수가 조국통일을 호소하는 강연을 함
—.20 미국 거주 교포, 미국연합장로회 목사 강은홍姜恩興, 북한 방문을 위해 평양에 도착
—.21 북한 사회주의노동청년동맹 대표단을 환영하는 재일조선청년학생중앙대회가 조선대학교에서 열림
—.24 미국 서워싱턴종합대학 교수 김형찬金炯贊 박사, 북한 방문을 위해 평양에 도착
—.25 북한 조선국제보험회사 대표단을 환영하는 도쿄금강보험상회 참사, 유지의 집회가 열림
—.27~28 민단 제31회 정기집행위원회가 중앙회관에서 열려, 권익 옹호·평화통일 촉진·민족교육 진흥 등의 운동방침 채택
4.6 민단 중앙, 일본 정부 문부성에 한국을 비방하는 일본 소학교의 부교재에 관하여 항의
—.13 고베시神戶市 교육위원회, 교원채용시험에 국적조항을 철폐

1981년

재일동포
—.14 서독에서 발행된 교포지 『민주한국』 4월 8일호는 한국 청년학생과 민중에게 전두환 군사정권의 타도를 사설에서 강조
—.15 북한에서 80번째 교육원조비와 장학금 4억 6,500만 원을 보내옴
—.17 재미교포 미국, 앨라배마주립대학 김기항金基恒 교수가 평양을 떠남
—.18 『통일평론』 창간 20주년 기념축하연이 우에노[上野] 도텐코[東天紅]에서 열림
—.19 재일본조선청년동맹, 4·19사건 21주년 기념대회가 전국 각 본부에서 일제히 열려, 자동차 행진, 시위행진을 전개
—.19 민단계 재일한국청년·학생동맹, 4·19사건 21주년 기념대회가 열려, 시위행진
—.20 재일한국 YMCA회관 개관
4.25 캐나다재류교포지 「뉴코리아 타임스」가 "다시 4·19를 목전에 두고'라는 사설에서 전두환 군사 파시스트의 학살만행을 폭로하는 기사를 게재
—.28 총련 중앙 대표, 일본 법무성을 방문하여, 재일조선인의 재류권 보장, 처우개선을 강력하게 요청
5.3 효고현[兵庫縣]조선동포대야유회가 아카시[明石]공원에서 2만 3,000여 명이 참가한 가운데 개최됨
—.10 조국의 자주적 평화통일 촉진, 오사카부동포대야유회가 오사카가조[雅叙]공원에서 6만여 명이 참가한 가운데 개최됨
—.16 민단, '한국민주화를 지원하는 긴급세계대회'에 항의하는 집회가 열림
—.19 광주민주화운동 1주년 전두환 일파의 살인 만행을 규탄하는 재일본조선인오사카부대회가 열림－전국 각지에서 대회, 자동차·자전거 시위행진, 가두선전 등이 일제히 전개됨
—.21 광주민주화운동 1주년을 기하여 전두환의 살인 만행을 규탄하는 재일본조선인중앙대회가 열림
5.— 재일동포 김수길金秀吉, 『윤潤의 거리』로 제7회 기도상[城戶賞] 수상
5.— 잡지 『씨알의 힘』 창간
—.29 국민연금 등의 개정법안이 경과조치를 인정하지 않고 중의원 법무위원회를 통과
6.5 '출입국관리 및 난민인정법'이 제정(조선적에 대해서도 '특례영주'제도를 신설)
—.6~7 조선대학교 창립 25주년 기념집회 등의 행사에 세계 34개국의 저명인사 1,000여 명이 참가, 또 일본의 대학생도 2,000여 명이 참가한 가운데 열림
—.7 '300일간 애국혁신운동'을 힘차게 전개하기 위해 총련 도쿄도본부 집행위원회 제12기 제2회 확대회의가 열림(이후 총련 전국 각 본부에서 같은 집회가 일제히 열림)
—.8 서독에 있는 해외교포단체의 조국통일해외기독교인회 이화선李華善 회장 외 편집부장, 총무부장 등의 멤버가 평양에 도착
—.11 북한 대의원그룹 친선대표단이 일본에 도착
—.12 아동수당 3법, 국민연금법에서 국적조항을 철폐(1982년 1월 1일부터 적용)
—.16 가나가와조선중고급학교 창립 30주년 기념집회가 열림
—.18~7.7 재미조국통일촉진회 회장이며 한국인교회연합 고문인 김청낙金聽樂 전 한국 숭전대학 총장이 평양에 도착

1981년

재일동포
一.19 미국 펜실베니아주 밀러즈빌주립대학 이만우李滿雨 교수가 평양에 도착
一.22 캐나다 거주 전 한국 외무부장관, 국군 군단장(중장)이며 전 천도교 중앙총본부 교령인 최덕신 배달민족회의 의장이 평양에 도착
一.22~28 북한 현대조선민술작품전이 도쿄센트럴미술관에서 열림
一.27 재스웨덴교포국민연합, 미군이 한국에서 철수하고 한국에 민주정권을 실현하기 위한 운동 전개의 호소문을 발표
一.28~29 범해외동포 학자들 제4회 민족통일심포지엄이 도쿄 선샤인에서 열림
7.3 총련 중앙, 수해로 피해를 입은 이시카와현[石川縣] 고마쓰카가[小松加賀] 다이쇼지[大聖寺]분회 관하의 동포에게 구원금을 보냄
7.10 총련 중앙, 일본 공안조사청에 조사관이 총련 간부에 대한 스파이, 미행, 감시 등 부당한 행위가 연속 발생하고 있는 데 관해 엄중하게 요청문을 제출
一.10 민단 야마구치현[山口縣]본부, 북한의 만경봉호가 시모노세키항[下關港]에 입항하는 것에 항의 집회
一.30 남녀평등권법령 발표 35주년 기념 재일조선여성중앙대회가 열림
8.8 총련 중앙, 민족통일촉진대회를 소집하는 것에 대한, 북한 정당, 사회단체연합 성명을 지지 환영하는 성명을 발표
一.11 청년학교 1,000곳 설치운동 목표를 달성하기 위해 총련 도쿄도본부 활동가와 강사의 합동궐기집회가 열림
一.15 총련 중앙, 8·15해방 36주년을 맞이하여 민단 사하 동포에게 메시지를 보냄
一.24 민단 오사카부 본부, 오사카시에 한국인회관의 고정자산세 및 도시계획세의 면제 조치를 요청
一.25 재일본조선농업과학자대표단, 식량·농업토론회에 참가하기 위해 평양에 도착
9.3~4 북한 건국 33주년, 재일조선인 중등교육 실시 35주년 기념 재일조선중고급학교학생중앙체육대회가 도쿄에서 열림
一.15 재일동포 출자은행 '신한은행' 설립
一.19 재일한국청년상공인연합회가 중앙회관에서 결성되어 회장에 안병원安秉元을 선출
一.24 재일본한국무역인협회가 중앙회관에서 결성되어 회장에 김용태金容太를 선출
一.24 전국 각지에서 "일본 군국주의자를 끌어들인 전두환의 매국매족행위를 규탄한다"는 제목으로 강연회가 열림
一.28 국제태권도연맹 총재, 『배달신문』 발행인인 최홍희崔泓熙 사장이 평양에 도착
10.1 민단 중앙 장총명 단장, 제84차 IOC총회에서 제24회 하계올림픽대회의 개최지가 서울로 결정된 건에 관하여 담화 발표
一.31 제8회 재일조선인의 인권을 지키는 모임 전국활동가회의가 열림
11.3 재일본대한민국학생회가 중앙회관에서 결성되어 회장 정부상鄭富相 선출
一.7 재일조선인중등교육 실시 35주년 기념교육자의 학습토론회가 열림
一.14~15 재일조선인중등교육 실시 35주년 기념, 재일조선학생 중앙예술경연대회가 도쿄조선문화회관에서 열림
一.20 동해상정東海商亭(주) 창립 20주년 기념집회와 축하연이 열림

1981~82년

재일동포
12.8　교토조선상공회관 준공축하집회가 열림 —.14　제8회 재일조선학생영어웅변대회가 열림 —.15　전국 각지에서 청년학생, 성인학교 종료집회가 열림—금년도 각종 성인교육사업에 1만 4,000여 명이 참가 —.31　재일동포의 수는 66만 7,325명이 됨

1982
 1.1　일본 정부, 개정국민연금법 시행(35세 이상 가입)
—.1　'난민조약' 발효(사회복지제도, 내외인 평등이 됨). 입국관리법 개정으로 '출입국관리 및 난민인정법'으로 바뀜. '영주' 허가의 특별조치·간이조치를 신설
—.5　히가시오사카(東大阪)조선동포신년집회가 젊은상공인협의회 '도라지'회의 주최로 성대하게 치러짐
—.19　조일수출입상사 창립 10주년 기념축하회, 이성록(李成祿)을 단장으로 하는 북한 국제무역촉진위원회 대표단의 참가로 열림
—.21　총련 각 지부와 분회 단위로 조일우호친선 모임이 열림
—.21　새롭게 획득한 법적지위와 사회보장의 권리 신청절차의 설명회가 전국 각지에서 열림
—.29　총련 중앙 대표, 일본 법무성을 방문하여 재입국허가제도의 운용에서 재일조선인에 차별을 하지 말도록 강력하게 요청
—.31　총련 도쿄도 아라카와(荒川)지부에서 분회 단위로 '특례영주권' 신청 절차가 시작됨
　　—이후 전국 각지에서 신청 절차 시작
 2.5　북한 '만경봉호'가 원인불명 누전으로 요코하마항(橫浜港)에서 화재
—.6　민단 가나가와현(神奈川縣)본부, 『요미우리신문(讀賣新聞)』의 요코하마상은 사실 왜곡 기사에 항의. 『요미우리신문』, 10일자로 사과문 발표
—.7　김일성 탄생 70주년 기념 재일본조선인중앙장거리마라톤경기대회가 열림
—.7　후쿠오카(福岡)상은신용조합의 설립 총회가 열림
—.10　미국과 전두환 일파의 새로운 전쟁 획책을 규탄하고, 미군의 즉시 철수와 김대중을 비롯하여 한국의 민주인사 석방을 요구하는 재일본조선인중앙대회가 열림—11일은 전국 각지에서 대회가 열림
—.11　총련 중앙 상임위원회, 북과 남, 해외의 100인연합회의를 소집하는 데 대해 조국평화통일위원회의 제기를 지지 환영하는 성명을 발표
 3.17　민단 제32회 정기중앙위원회가 중앙회관에서 열림—규약개정안·선거규정안·학생회 산하단체 인정·88서울올림픽후원회 결성 등을 승인
—.18　민단 제37회 정기중앙대회가 중앙회관에서 열림—대의원 450명 중 436명 출석, 제37대 단장 장총명(張聰明), 부단장 박병헌(朴炳憲)·김치순(金致淳)·김희숙(金熙淑). 의장 박성준(朴成準), 감찰위원장 허윤도(許允道), 중앙위원 175명 선출. 선거규정 개정·규약 개정·88서울올림픽대회 후원회 등 승인
—.21　히메지(姬路)조선초급학교 창립35주년 기념 문예공연이 열림

1982년

재일동포
一.24 조은도쿄신용조합의 예금액 1,000억 엔을 돌파
一.26 총련 오이타현(大分縣)본부 회관 준공
一.31 재일본조선신용조합협회에서 '조신朝信예금 6,800억 엔 달성 300일간운동' 목표를 초과달성
4.7 김일성의 북한 주석 추대를 경축하는 재일본조선인중앙대회가 열림
一.11 교토부와 지바현(千葉縣)의 재일조선인동포대야유회가 열림
4.14 김일성 탄생 70주년을 경축하는 재일본조선인중앙대회가 열림—축하연도 성대하게 거행됨
一.15 총련 나가노현(長野縣)본부 회관 준공
一.18 총련 도야마현(富山縣)본부 회관 준공
一.26 나라(奈良)조선신용조합 본점 사옥 준공
一.29 국제적 기자 월프레이트 바셰트의 "조선과 나"라는 제목의 강연회가 재일본조선인상공연합회 주최로 열림
5.6 아이치현(愛知縣) 교육위원회, 공립학교 교원의 채용시험에 국적조항을 철폐
一.9 총련 아오모리현(青森縣)본부 회관 준공
5.9 조국통일촉진오사카조선동포대야유회가 열림
一.9 가나가와현 동포 강연회가 열림—이후 전국 각지에서 동포강연회가 일제히 열림
一.13 중의원에서 외국인등록법 개정안이 통과되어 등록증 경신을 5년으로 연장
一.15~18 광주민주화운동 2주년 기념으로 한민통 등의 주최로 '한국민주화 지원, 반전, 반핵, 반독재국제연석집회'가 도쿄에서 열림
一.26 김일성 탄생 70주년 경축재일조선인예술의 음악무용종합특별공연 '4월 봄, 명절에 바치는 충성의 노래'가 도쿄조선문화회관에서 열림
6.4 『조선화보』 창간 20주년 기념집회가 열림
一.5 국민연금·아동수당·아동부양수당·특별아동부양수당 등의 국적조항 폐지에 대한 출입국관리령 개정안이 중의원·참의원의 본회의를 통과, 1983년부터 실시
一.24 7·4 남북공동성명 발표 10주년에 총련 중앙이 민단 중총에 공동행사를 제기
一.25 6·25, 32주년, 한국에서 미군의 철수와 핵무기 철거를 요구하면서 조국의 자주적 평화통일을 촉진하기 위한 재일본조선인중앙대회가 열림
一.25 김정주金正柱 전 민단 중앙단장이 별세, 7월 16일 중앙회관에서 민단장
7.2 민족화합민주통일촉진재일한국인중앙대회가 히비야(日比谷)야외음악당에서 열림—대회결의문, 조총련 산하 동포에게 보내는 호소문 채택. 이러한 종류의 대회가 전국적으로 열림
一.3 7·4 남북공동성명 발표 10주년, 조국의 자주적 평화통일을 촉진하기 위해 재일본조선인중앙대회가 도시마(豊島)공회당에서 열림
一.11 조은도쿄신용조합 창립 30주년 기념집회가 도쿄조선문화회관에서 열림
8.3 총련 중앙, 전두환 정권하 미국문화센터 방화사건 재판을 규탄하는 성명 발표
一.3 총련 중앙 대표, 교과서 개찬 문제에 관하여 일본 문부성에 제의서를 제출

1982년

재일동포
—.3 총련 중앙 대표, 외국인등록법의 일부 개정안을 심의하고 있는 일본 국회 참의원 법무위원회에 의견서 진술
—.5 원수폭금지세계대회에 참가한 외국대표와 조선인 피폭자의 연대집회가 열림
—.6 재일본조선인교직원동맹 대표가 교과서 개찬 문제에 관하여 일본 정부 문부성에 요청
8.10 외국인등록법 개정—지문날인 시작은 14세를 16세로 하고, 갱신은 3년을 5년으로 연장 등(10월 1일 시행)
—.11 한민통 등 8개 단체가 전두환 정권의 미군문화센터 방화사건 관련자에게 사형을 비롯하여 중형을 내린 데 관해 연명連名으로 성명을 발표
—.12 재일본조선인과학자협회 대표, 일본의 교과서 검정 및 개찬 문제에 관하여 일본 문부성 당국에 제의서를 제출하여 요청
—.12 재일동포유족 대표 '야스쿠니[靖國]신사'의 '영령' 명부에서 동포 희생자를 뺄 것을 요구하면서 담화 발표
—.14 8·15 조국해방 37주년 기념 재일본조선인중앙대회가 도쿄조선문화회관에서 열림
—.20 총련 중앙, 민단 중총에 대하여 일본 정부의 교과서 개찬 문제에 반대하는 건에 관하여 공동행동을 취할 것을 제기
—.21 재일조선인예술가의 금강산가극단공연이 도쿄 신주쿠[新宿]문화센터에서 개최됨
8.22 재일조선축구단이 요코하마시 시장배 쟁탈 조일친선축구선수권대회에서 일본강관鋼管 축구팀에 4대3으로 이김
—.26 총련 중앙, 일본 정부가 교과서 개찬 문제의 견해 발표에 대하여 규탄하는 성명을 발표
—.27 재일본조선인교직원동맹 결성 35주년 기념 축하집회가 열림
—.29 캐나다에 거주하는 교포가 전두환의 캐나다 방문에 반대하면서 오타와에서 데모 감행
9.1 국공립대학 외국인교원임용법을 시행
—.1 주식회사 근양해운近洋海運 설립
9.— 관동대지진 조선인학살사건 59주년을 맞이하여 도쿄의 아라카와방수로에서 집단 학살된 동포유골 발굴작업이 시작됨
—.4 김정일 서기가 김일성에 보낸 민족고전 『조선왕조실록』 번역본 수여授與 집회가 조선중앙회관에서 열림
—.27 교토 야하타[八幡] 시의회, 외국인등록법의 근본적 개정을 요구하는 의견서를 채택
10.2 제186차 귀국선 '만경봉호'가 니가타[新潟]를 출항(현재까지 귀국자 총수 9만 3,314명)
—.8 한국청년학생투쟁을 탄압하는 전두환 정권을 규탄하는 재일본조선인중앙대회가 열림
—.12 재일본조선민주여성동맹 결성 35주년 기념 재일조선여성중앙대회가 도쿄에서 열림
—.24 오사카조선고급학교 창립 30주년 기념집회가 오사카조선문화회관에서 열림
11.2 광주학생운동 53주년 기념·전두환 정권의 탄압·학살만행을 규탄하고, 한국 청년학생의 반미자주투쟁을 적극 지지하는 재일조선청년학생중앙대회(도쿄)

1982~83년

재일동포
—.6 재일한국문화예술협회 창립총회. 12·10 창립 공연
—.19 북한의 조일우호청년대표단 단장이 초대연(도쿄 데이코쿠[帝國]호텔)
11.19 민단 가가와현[香川縣]본부회관 준공
—.20 민단 고치현[高知縣]본부 회관 준공
—.20 조선대학교에 조선자연박물관 개관
—.23 총련 중앙·하창옥[河昌玉] 사회국장, '모국방문단'의 명목으로 한국에 간 재일동포 13명을 포함한 주민을 '간첩단사건' 관련자라고 날조한 데 대해 규탄, 담화를 발표
—.25 조선사회과학자협회 대표단 환영연(일조사회과학자연대위원회 주최, 도쿄·사학회관)
—.27 위 대표단과 도호쿠[東北]대학의 학자가 일조학술교류회
12.1~2 현대조선화, 도자기, 자수작품전이 오사카에서 개막됨
—.11~13 제27회 학과별연구토론회(도쿄). 13일에는 제9회 영어웅변대회
—.13 총련 중앙 이진규[李珍珪] 부의장, 부산미국문화원방화사건 참가자에게 사형 등의 극형을 내린 전두환 정권을 규탄하면서 담화 발표
—.13 민주민족통일해외한국인 연합도 전두환 정권 규탄 성명을 발표
—.17 총련 중앙 이진규 부의장, 김대중 씨의 병원 이관으로 위기를 모면하려고 하는 한국 정권을 규탄하면서 담화 발표
—.31 재일동포의 수는 66만 9,854명이 됨
1983
1.1 민단, 도호생명[東邦生命]과 제휴하여 민단연금 시작
—.11 총련 중앙 상임위원회, 한미일 3각군사동맹 형성을 획책하는 나카소네[中曾根] 일본 수상의 방한을 규탄하는 성명 발표
—.11 민족민주동일해외한국인연합, 나카소네 일본 수상의 방한을 규탄하면서 성명 발표
—.12 한민통[韓民統], '한일공동성명'을 규탄하면서 항의 성명
—.13 한미일의 새로운 군사적 결탁을 규탄하는 재일조선인중앙대회(도쿄)
—.19 총련 중앙 상임위원회, 북한의 정당·사회단체의 연합 성명을 지지하는 성명을 발표
—.22 북한의 정당·사회단체연합 성명을 열렬히 지지하는 재일조선인중앙대회(도쿄)
—.23 제1회 조선고급학교 선발(재일), 대 도쿄도고등학교 선발(일본) 복싱친선시합(도쿄 슨다이가쿠엔[駿台學園]고교 체육관)
—.29 총련 중앙, 민단 중앙에 북한의 정당·사회단체연합 성명을 지지하고, 그 실현을 위해 애국적 입장에서 함께 노력하자고 제의
2.3 총련 효고현[兵庫縣] 니시코베[西神戶]지부가 긴급활동가회의, '팀 스피리트 83' 연습에 반대하는 가두활동 시작함. 총련 에히메현[愛媛縣]의 각 지부에서는 자동차 행진(4일), 총련 도쿄와 본부와 오사카본부에서는 가두선전, 히로시마현[廣島縣]본부에서는 연좌(7일)
—.4~5 총련 중앙위원회 제12기 제4회 회의, 6월 개최 제13회 전체대회를 뜻 깊게 맞이하기 위한 '120일간 운동'을 추진하기로 결정
—.15 하수도[河秀圖] 등, '주체사상'을 비판하는『조국통일회보』훗날『조선통일연구』를 발간

1983년

재일동포
2.24 총련 중앙·하창옥(河昌玉) 사회국장, '간첩단사건'에 이어 김영희 등 4명에게 극형, 중형을 내린 전두환 정권을 규탄하면서 담화 발표
—.26 총련과 총련 산하 각 단체의 연명으로 미국의 범죄적인 군사연습을 반대·규탄하는 여론을 국제적으로 환기하기 위해 국제기구와 각국 평화·민주단체, 경제·언론·학술·문화 등 각계 저명인사에게 호소문을 보냄
3.4 민단 제2회 권익옹호위원회가 중앙회관에서 개최—지문날인제도 철폐·NHK 한국어강좌 설치 등 토의
—.18 나가사키현(長崎縣)조선인피폭자협회, '팀 스피리트 83' 군사연습과 미 원자력 항공모함 '엔터프라이즈'의 사세보(佐世保) 기항(寄港)에 반대하여 성명. 나가사키현의 동포가 데모(21일)
—.22 조은(朝銀) 군마(群馬)신용조합 본점이 신축 개점, 축하집회
—.30 오사카흥은(興銀) 예금 2000억 엔 달성
4.2 효고한국학원 개교
—.4 평양학생소년예술단, 총련 중앙을 방문, 동 예술단 단장 등이 일조문화교류협회와 NHK를 방문, 도쿄환영위원회가 데이코쿠(帝國)호텔에서 환영연
—.20 NHK, 정례기자회견에서 84년 4월부터 한글강좌 개설을 공표
4.21 제37회 세계탁구선수권대회에 참가하는 북한 선수단이 일본에 도착, 총련 중앙을 방문(22일)
5.10 88서울올림픽대회, 재일한국인후원회 발기인회가 중앙회관에서 열림
—.13 '광주민중봉기 3주년 기념 조선문예의 밤'(도쿄 도시마(豊島)구민센터)
—.20 민단 니가타현본부회관 준공
6.2 한민통 등 민단계 8개 단체가 나가노역(長野驛) 선프라자광장에서 단식투쟁
—.10 총련 아키타현(秋田縣)본부회관 준공
—.27~29 총련 제13차 전체대회가 도쿄문화회관에서 열림—대의원 2,000명, 의장 한덕수(韓德銖), 제1부의장 이진규(李珍珪), 부의장 이계백(李季白)·박재노(朴在魯)·박상대(朴相大)·서만술(徐萬述)·백종원(白宗元), 중앙위원(인원 미상) 선출
7.2~3 제6회 조국통일을 위한 범해외동포 학자의 심포지엄(도쿄)
—.3 민족화합·민족통일 촉진을 위해 재일한국인중앙대회가 도쿄 시바(芝)공원에서 열림—대회 후 데모
—.3 민단의 장총명(張聰明) 중앙단장, 지문날인 거부한 김명관(金明觀)의 체포에 관하여, "체포는 인권유린"이라고 담화 발표
—.4 총련 중앙 대표, 전국시장회를 방문하여 '외국인등록법'의 개정을 요청
—.5 총련 교토부본부 대표, 교토에서 지문등록을 거부한 동포를 경찰이 체포한 것에 항의, 석방을 요구. 총련 중앙·하창옥 사회국장이 담화 발표, 동포 석방됨(7일)
—.8 총련 중앙 대표, 동포의 체포에 관하여 일본 법무성 입국관리국을 찾아가 항의
—.20 총련 중앙 상임위원회, 북한의 조국평화통일위원회 등이 연합 성명(18일 발표)으로 제안한 연석회의 소집안에 대한 한국의 정당·사회단체와 각계 인사의 호응을 기대하는 성명을 발표

1983년

재일동포

—.24 총련 중앙, 홍수피해를 입은 시마네현[島根縣]의 동포에게 구원금
8.1 민단 제9회 중앙집행위원회가 중앙회관에서 개최되어 지문 날인·항시휴대제도의 철폐 100만인 서명운동을 결의
—.1 동화신용조합 탄압사건에 대한 도쿄지방재판소의 1심 판결에 대하여 조합 측이 도쿄고등재판소에 상고
—.2 한민통 등, 경시청의 김대중납치사건수사본부 해산에 관하여 기자회견하여 성명 발표
—.10 조은 가가와[香川]조선신용조합이 업무를 시작
—.14 8·15 38주년·한민통 결성 10주년 기념·한미일군사동맹체제 반대 재일한국인대회
—.14 민단 지바현[千葉縣]본부회관 준공
—.23 관동대지진 시의 조선인 학살 기록영화 「숨겨진 상흔」 완성, 상영
—.27 한민통 일본본부, 일본 경찰 당국의 탄압에 항의하면서 성명 발표
—.30 세리마 게이토쿠(千里馬 啓德, 김계덕), 일본의 프로복싱 미들급 선수권 제2회 방어에 성공
9.1 민단, 외국인등록법의 지문 날인·등록증 상시휴대제도 폐지를 촉구하는 100만인 서명운동을 전국에서 일제히 시작. 11월 28일, 목표 돌파. 12월 13일, 종결 기자회견
9.2 민단 중앙 장총명 단장, 대한항공기 격추사건에 관하여 소련 정부에 항의하는 성명 발표, 도쿄·오사카·홋카이도[北海道] 등 전국 각지에서 연일 항의활동
—.11 총련 오카야마현[岡山縣]본부회관 준공
—.21 NHK 한글강좌의 명칭을 '안녕하십니까'로 결정하여 발표
—.28 한민통이 기자회견, 한국의 각계 인사 24명이 발표한 공동성명을 지지하는 성명을 냄
10.12 총련 중앙 주최로, 재일중국인 인사와 조일우호단체 관련 일본인사 대상으로 김정일 서기의 중국 방문 기록영화 감상회
—.16 오사카에서 제1회 이쿠노[生野]민족문화제 개최
—.20 국민연금 공소심에서 김현균(金鉉鈞), 역전 승소
—.22 도쿄상은(商銀)에서 재일한국과학기술자협회 설립 총회. 회장 박권희(朴權熙)
11.3 광주학생운동 54주년 기념·전두환 군정의 모략책동 규탄·한국 청년학생의 반미자주화투쟁을 적극적으로 지지하는 재일조선청년학생중앙대회(도쿄)
—.5 버마 정부의 부당한 조치를 배격하는 북한 외교부의 성명을 지지하여 총련 각 본부가 대내외 정치선전활동
—.11 미국, 레이건의 한국 행각과 무모한 새로운 전쟁 도발 책동을 엄중히 규탄하는 재일조선인중앙대회(도쿄)
—.16 도쿄고등재판소에서 동화신용조합 탄압사건에 대한 공소심 첫 공판
—.18 총련 중앙본부 습격 권총난사사건 일어남. 총련 중앙 상임위원회가 성명 발표, 각지의 총련 조직이 긴급집회
—.19 조선총련 중앙본부에 대한 권총난사사건 진상조사단과 총련 중앙 대표가 사건의 철저한 수사를 촉구하면서 고지마치[麴町] 경찰서에 요청

1983~84년

재일동포

- —.21 총련 중앙 하창옥 사회국장, 일본의 공안경찰이 지방자치체의 '외국인등록' 사무에 공공연히 개입하고 있는 데 관해 담화 발표
- 11.21 효고현 거주 문동건文東建(상공인)이 아사히신문사朝日新聞社를 '명예훼손죄'로 고베[神戶]지방재판소에 고소.『주간 아사히』가 랭군폭발사건에 관하여 사실무근의 기사를 게재한 것에 대한 것
- —.26 내외반동의 총련 중앙 습격 권총난사의 만행을 규탄하는 재일조선인중앙대회. 29일까지 각 지방에서도 대회가 열림
- —.26 총련 중앙 대표, 위 사건의 배후 관계 규명과 재발 방지를 촉구하면서 일본 수상 관저에 요청
- —.29 총련 효고현본부, 민단의 일부 분자를 이용하여 간첩활동을 한 효고현 경찰에 항의 행동
- 12.1 총련 아이치현[愛知縣]본부, 일본의 일부 우익 폭력단의 폭력에 대한 철저한 단속을 촉구하면서 아이치현 경찰과 나고야시[名古屋市] 서[西]경찰서에 항의 요청 행동
- —.3 총련 중앙, 총련 중앙회관 습격 권총난사범의 엄중 처벌을 요구하면서 도쿄지검에 고소
- —.12 총련 가나가와현[神奈川縣] 쓰루미[鶴見]지부 사무소를 우익 폭력배가 습격
- —.14 총련 쓰루미지부 사무소 습격사건과 조선인 학생에 대한 폭행·살상을 규탄하는 가나가와조선인대회
- —.16 센리마 게이토쿠, 프로복싱 미들급 일본선수권의 3번째 방어에 성공
- —.21 조청朝靑·유학동留學同·학생위원회, 전두환 정권이 반미 반파쇼 투쟁을 전개한 한국의 대학생을 징역형에 처한 데 대해 공동성명을 발표
- —.31 재일동포의 수는 67만 4,581명이 됨

1984
- 1.8 민단 중앙 전 단장 윤달용尹達鏞 사망, 18일 중앙회관에서 민단장 거행
- —.11 총련 중앙, 북한 중앙인민위원회·최고인민회의 상설회의연합회의가 3자 회담을 제의한 데 대해 성명을 발표
- —.14 총련 중앙의 대표가 민단 중앙본부 등의 여러 단체를 방문하여, 3자 회담을 지지하는 대회를 공동으로 하는 등의 제의서를 전달함
- —.15 총련 가나가와현[神奈川縣]본부와 현내의 조선학교 대표가 호베[戶邊]경찰서를 찾아가 14일에 현내의 조선학교 중급부 여학생이 폭력배에게 칼로 상해를 당한 데 대해 범인의 엄중 처벌과 그 배후 관계의 해명을 요구
- —.19 북한 중앙인민위원회·최고인민회의 상설회의 연합회의 제의를 지지하는 재일본조선인중앙대회가 개최됨
- —.20 각지에서 3자 회담을 해설선전하는 대중정치선전활동,『조선신보』호외 수백만 부를 배포
- —.23 민단, 100만인 서명운동 최종 집계 181만 846명이라고 발표
- —.26 이상무李相茂, 쓰쿠바[筑波]대학 조교수에 취임. 국립대학에서는 재일동포 최초

1984년

	재일동포
2.1	북한 건조 귀국선·만경봉호가 도쿄항에 첫 입항, 2,000여 동포와 일본 시민이 환영
2.1	총련 중앙상임위원회, '팀 스피리트 84' 합동군사연습을 강행하는 미국과 전두환 정권을 규탄, 단죄하는 성명을 발표
—.7	도쿄 다이토구[台東區] 동포상공인에 대한 '강제사찰'에 연일 각지에서 항의활동을 해온 동포 150명이 도쿄국세국에 항의
—.7	민단 중앙 장총명[張聰明] 단장, 국세청 장관을 방문하여 올림픽 후원을 위한 모금에 면세 조치 등을 요구
—.29	총련의 대표, 25일 야밤에 정체불명의 무장 폭도가 총련의 중앙학원 습격을 기도한 데 대해 하치오지[八王子]경찰서에 범인의 체포와 재발 방지를 강력하게 요구
3.1	미국의 핵 전쟁 도발책동에 반대하여 북한의 3자 회담 제안을 지지·실현하기 위한 500만인서명운동 시작됨
—.15	재일한국상공회연합회, 전국 각 현 회장단회의가 중앙회관에서 개최, 청상회[青商會]연합회의 민단 산하단체로의 가입 신청을 승인
—.17	조청[朝青] 중앙, 민단 청년회 중앙에 3자 회담을 지지 실현하는 재일조선청년학생연합대회의 공동개최를 제의
4.1	산타마[三多摩]조선제1초중급학교 신교사 준공
—.6	나가노[長野]조선초중급학교에 유치반을 신설
—.13	『주간 아사히[朝日]』의 편향 기사 취소와 사죄를 촉구하며 간토[關東]지방의 총련 활동가와 동포가 항의, 연일 계속됨
5.1	미야자키[宮崎]에서 재일조선인귀국기념비복원 제막식
—.10	『조선신보』 9,000호를 발간
—.10	'외국인등록법' 부당체포사건 진상보고회(총련 도쿄 에도가와[江戸川]지부)
—.13	조국통일촉진 제7회 오사카동포대야유회(오사카성공원, 6만 1,000명 참가)
—.24	오사카중앙우체국, 외무직원 채용의 국적조항 철폐
6.5	'외국인등록증'의 근본적 시정을 촉구하는 재일조선인중앙대회
—.11	총련 중앙회관습격총난사사건 판결 공판(피고에게 7년, 6년의 징역형)
—.12	동 판결에 대해서 총련 중앙·하창옥[河昌玉] 사회국장이 담화 발표
—.17	오사카 마이니치[每日]방송이 '평양냉면의 맛을 찾아서 북한 여행'을 발행
—.26	재일본조선인상공연합회 대표가 중의원지방 행정위원회 위원장을 찾아가 국회에서 심의 중인 '풍속영업 등 단속법 일부 개정안'이 동포의 기업권을 침해하는 것이라고 주장
—.30~7.1	해외거주 동포학자·지성인들이 제7회 민족통일심포지엄 개최(도쿄)
7.6	일본 국회, 중의원 본회의에서 '풍속영업 등 단속법 일부 개정안' 통과
—.22	총련 고치현[高知縣]본부 회관의 준공집회
—.24	기업권을 침해하는 '풍속영업 등 단속법' 개악 반대 재일조선상공인 긴급집회(도쿄 전전통[全電通]회관)
—.27	'외국인등록법'의 근본적 시정을 요구하는 긴키[近畿]지방대회의 총련본부 대표들이 일본 총리 관저와 법무성을 찾아가 요청

1984년

재일동포

- 8.2 총련 중앙상임위원회, 일본 당국이 전두환의 일본 방문을 앞두고 반북한·반총련소동을 악랄하게 벌이고 있는 데 관해 성명 발표. 각지의 총련 활동가와 재일동포가 전두환 방일 반대『조선신보』호외를 호별 방문하여 배포
- 8.4 총련 중앙의 대표, 일본에 입항하는 북한 선박에 대한 부당한 조치의 철회를 일본 법무성에 강력하게 요청
- —.9 나가사키[長崎]원폭조선인희생자 추도집회(나가사키재일조선인의 인권을 지키는 모임 주최, 시내 마쓰야마[松山]공원)
- —.18 한민통[韓民統] 오사카부 본부·한청동[韓靑同] 긴키지방협의회·한학동[韓學同] 간사이[關西]의 세 지방 본부가 전두환의 일본 행각을 단호히 저지하기 위한 무기한 단식을 단행
- —.27 총련 대표, 일본경찰청에 총련과 재일조선인에 대한 파괴 간섭 활동과 인권 침해를 즉시 중지하도록 강력하게 요청
- 9.2 도쿄조선제4초중급학교 신교사·체육관의 준공집회
- —.8 총련 중앙, 전두환의 범죄적인 방일과 '한일공동성명' 발표에 관하여 성명 발표
- —.9 가나가와조선문화회관 준공
- —.19 총련 중앙과 도쿄도본부 대표가 경시청을 찾아가 총련 중앙회관 습격사건에 관하여 항의
- 10.1 총련 중앙·이진규[李珍珪] 제1부의장, 한국의 시해민에 북한으로부터 구원물자를 수송받은 데 대해 담화 발표
- —.5 재일한국부인회·청년회, 도쿄의 아라카와[荒川]구민회관에서 '10·5 외국인등록법 개정투쟁 재일한국청년·부인궐기집회' 개최. 외국인등록법개정투쟁위원회, 지문 110번을 하여 조직적으로 지문날인을 거부할 것을 확인. 데모 행진. 법무성에 요망서 제출. 법무성, 접수거부
- —.11 김일성의 외국방문 기록영화 상영회(도쿄 아사히생명 홀)에 일본의 각계 인사 800여 명이 참가
- —.12 한국수해민구호 재일동포협의회가 구조물자의 송부를 결의, 대한적십자사 총재에 전문, 동 협의회 이계백[李季白] 회장과 박동춘[朴東春] 사무국장이 조선회관(도쿄)에서 기자회견
- —.18 한국수해민구호 재일동포협의회 이계백 회장, 대한적십자사가 구원물자의 접수를 거부한 데 대해 담화 발표
- 10.— 재일동포 김석범[金石範],『화산도』로 제11회 오사라기 지로[大佛次郎]상 수상
- —.22 재일조선민주법률가협회 대표, 제네바의 유엔 인권위원회를 방문하여 일본 정부에 '외국인등록법'의 개선을 요구하도록 청원
- 11.20 문예동[文藝同] 결성 25주년 기념 조선무용의 밤(도쿄 이타바시[板橋]구립문화회관)
- —.23 총련 중앙 백종원[白宗元] 부의장, 미국과 한국 정권에 의한 판문점총격사건으로 북한 경비원이 살상당한 데 대해 담화 발표
- —.30 미국과 전두환 정권의 총격 만행을 규탄하고, 한국 청년학생의 투쟁을 지지 성원하는 재일조선청년학생중앙대회(도쿄 메구로구[目黑區]공회당)
- 12.2 시가[滋賀]조선회관 준공식

1984~85년

재일동포
—.14 총련 대표, 일변련日弁連 인권위원회 제6부회에서 '외국인등록법'의 반동적 본질과 운용의 실태에 대하여 의견 진술 12.24 총련 등의 18단체, 총련 대표단이 647만 명의 서명을 유엔 당국에 직접 제출하지 못하는 데 관해 유엔 사무총장에게 서한 —.26 나가노현 교육위원회, 양홍자梁弘子의 교원 채용 내정을 문부성의 압력으로 인해 취소 —.31 재일동포의 수는 68만 706명이 됨
1985 1.1 일본의 국적법 개정으로 부계주의에서 부모 양계 혈통주의로 바뀌어 재일동포의 '귀화' 경향이 촉진됨 —.10 총련 중앙·한덕수韓德銖 의장과 백종원白宗元 부의장이 고 미노베 료키치[美濃部亮吉]의 합동시민장에 참렬 —.13 총련 결성 30주년 기념 후쿠오카[福岡]조선회관 준공집회 —.18 시민 중앙본부, 양홍자梁弘子의 교육 불채용 결정 철회 요망서 제출 —.21 총련 중앙·하창옥河昌玉 사회국장 등 대표가 일본의 우익폭력분자의 반북한·반조선총련소동을 엄격하게 단속하지 말도록 경시청에 요구 —.27 총련 결성 30주년 기념 다카사고[高砂]조선초급학교 신교사 준공집회 2.13 신조선회관(총련 중앙본부회관)의 기공식 —.17 총련 결성 30주년 기념 기타큐슈[北九州]조선초중급학교 체육관 준공집회 —.20 사이타마현[埼玉縣]과 오사카부의 동포 소년소녀가 현청과 부청을 찾아가, '외국인등록법'의 발본적 개정을 요청 —.27 우리말과 글을 바르게 배우고 사용하는 운동을 전국 동포를 상대로 추진하기 위한 조청朝靑·여성동맹·상공회·교직동敎職同·조신朝信·유학동留學同의 합동회의(도쿄조선문화회관) 3.1 『마이니치신문[每日新聞]』, 61시·구에서 지문날인거부 외국인의 고발 유보, 229시·도쿄 13구의 의회가 지문제도 폐지 요구 중이라고 보도 —.1 제66회 3·1사건 기념 외국인등록·지문 날인·상시휴대제도 철폐 요구 재일한국인 중앙대회가 히비야[日比谷]야외음악당에서 열림—결의문·요망서·항의문을 채택하고, 외무성·법무성에 제출. 데모 행진 —.1 '외국인등록법'의 근본적 개정을 요구하는 '300만인서명운동' 시작됨. 총련 중앙·이진규李珍珪 제1 부의장·박재노朴在魯 부의장·백종원白宗元 부의장·도쿄도 배병두裵秉斗 위원장들과 동포들이 가두선전. 도쿄 거주 동포 소년소녀 대표가 도청을 찾아가 '외국인등록법'의 발본적 개정을 요청 —.9 총련 교토부 본부와 조선인 교토상공회 대표, 교토부 경찰이 심야 주류 제공 음식점을 경영하는 동포업자에 대해 '허가신청서'와 함께 지문란 등 '외국인등록증'의 모든 페이지를 복사해서 제출하라고 요구한 데 관해 교토부 경찰에 엄중하게 항의

1985년

재일동포

—.18 민단 제38회 정기 중앙대회가 중앙회관에서 열림—대의원 500명 중 482명 출석. 제38대 단장 박병헌朴炳憲, 부단장 김치순金致淳·정해룡丁海龍·이행구李幸九, 의장 박태환朴太煥, 감찰위원장 신용상辛容祥, 중앙위원 175명 선출. 재일한국인종합연구기관 설립 등 승인
—.31 사이타마현 재일한국인상공회가 결성됨
—.31 제12회 전국고교축구대회(26일~)에서 도쿄조선고급학교가 우승
4.16 『삼지연三池淵』호가 오사카항에 입항
—.19 총련 중앙의 대표, 북한의 남북국회회담 제안에 대하여 민단 중앙을 찾아가 간담
—.19 4·19혁명 25주년 기념·남북국회단 제안을 지지하는 재일본조선학생중앙대회(도쿄 히비야야외음악당). 규슈[九州], 긴키[近畿]지방에서도 대회
—.21 총련 결성 30주년 기념 재일조선 젊은 상공인중앙대회(도쿄 진잔소[椿山莊])
5.6 총련 중앙, '외국인등록법'의 발본적 개정을 요구하는 서명이 300만 명을 돌파했다고 발표
—.8 민단 중앙, 가나가와현[神奈川縣] 경찰의 가와사키[川崎]임항서가 지문날인을 거부한 이상호李相鎬를 체포한 데 대해 항의 담화. 청년회도 성명문 발표
—.10 오사카부 경찰 외사과장의 지문날인 문제에 대한 망언에 대해 민단 중앙 부단장인 정해룡과 같은 조직 2국장의 윤융도尹隆道, 경찰서에 항의
—.11 총련 중앙 하창옥 사회국장, 오사카부 경찰 외사과장의 망언을 규탄하면서 담화 발표
5.14 총련 중앙 하창옥 사회국장, 일본 당국이 '외국인등록법의 지문에 관한 정령'(5.14 통달)을 일부 개정한 데 대해 담화 발표
—.15 '외국인등록법의 근본적 시정을 요구하는 재일본조선인중앙대회
—.19 기후[岐阜]조선회관 준공
—.20 대음악무용서사시 '5월의 시'가 개막
—.23 재일한국인지문날인제도 철폐요구 간토지구대회가 히비야공회당에서 약 5,000명이 참가한 가운데 열림—데모 행진
—.24 총련 결성 30주년 기념중앙대회. 축하연도
—.29~30 음악무용서사시 '5월의 노래'가 긴키지방 공연(오사카성 홀)
6.8 사이타마현 아게오시[上尾市] 등 10개 시, 지문날인거부자 처벌의 법무성 지시를 무시
—.20 총련 중앙 대표, '외국인등록법'의 발본적 개정을 일본 법무성에 요청
—.30 『조선신보』일요판 발간
7.1 전국적으로 지문날인유보운동 시작. 민단 중앙 간부 등 139명, 집단 유보
—.12 제12회 세계청년학생축전에 참가하는 재일본조선청년학생대표단이 일본을 떠남
—.14 돗토리현[鳥取縣] 재일한국인상공회 결성
—.14 재일본조선과학자협회가 재일본조선사회과학자협회와 재일본조선인과학기술협회로 분할. 각기 결성대회를 행함
—.15 한민통 중앙본부 6명, 한민통을 탈퇴하여 방한
—.26 일본학교 재학 조선인 학생들의 하기 지방별 대강습회 실시(~29일, 간토·도호쿠[東北]·홋카이도[北海道], 28~31일, 긴키·도카이[東海]·호쿠신[北信]·주시코쿠[中四國]·규슈)

1985년

재일동포
8.8 통일혁명당이 '한국민족민주전선'으로 개칭, 강령·규약을 개정한 데 대해 통일혁명당 일본대표부가 기자회견
8.10 총련과 민단의 예술인이 공동을 조국해방 40주년 기념 예술공연(도쿄 일본도시센터 홀)
—.11 8·15 조국해방 40주년 기념 재일조선인중앙축전, 도쿄 사야마[狹山]공원에서 거행(각지에서도)
—.19 남북적십자회담에 참가하는 북한 측 자문위원의 총련 중앙·박재노 부의장과 총련 기자단이 북한으로 출발
—.19 안성우[安聖友] 모란봉 매직쇼 도쿄 아사쿠사[淺草]공회당에서 열림
—.31 재일조선축구단이 조일친선축구시합에서 국체 대표 도쿄도 사회인 선발팀에 승리
9.12 조선고구려문화전 학술대표단이 방일
—.13~25 고구려문화전, 오사카 한큐[阪急]백화점에서 열림
—.14 국제심포지엄 '고구려와 일본 고대문화'. 효고현[兵庫縣] 다카라즈카[宝塚]에서 열림
—.15 재일본조선청년동맹(조청) 결성 30주년 기념 중앙대회, 도쿄조선문화회관에서 열림. 이 축하 전야모임을 14일 도쿄조선문화관 앞뜰에서, 축하연을 17일 도쿄 게이오[京王]프라자호텔에서 옒
9.15 조선대학교동창회 발족 모임, 도쿄대반점에서 개최
—.21 재일본조선인과학기술협회 동일본본부 결성. 서일본본부는 8월 25일에 결성
—.24 조은효고신용조합 준공 축하집회
10.4~9 '현대 고려청자와 회화 명작전', 도쿄 긴자[銀座] 마쓰야[松屋]에서 개최
—.11 민단 제5회 중앙집행위원회. 지문날인유보운동 종결 선언. 유보자 수 1만 3,341명이라고 발표
—.16 총련 중앙·백종원[白宗元] 부의장등 총련 대표가 일본 법무성을 방문하여 '외국인등록법'의 발본적 개정을 요청
—.17~22 시모노세키시[下關市]에서 '현대 고려청자와 회화 명작전'
—.18 『조선신보』 창간 40주년 기념 재일본조선인중앙대회, 도쿄조선문화회관에서 개최. 축하연, 도쿄 진산소
—.26 민단 도야마현[富山縣]본부 회관 준공
11.2 재일본조선유학생동맹(유학동) 결성 40주년 대회와 축하연, 도쿄조선문화회관에서 열림
11.— 계간집지 『코리아연구』가 코리아연구소에서 창간됨
—.4 총련 중앙 백종원 부의장, '북한 간첩단사건' 날조를 규탄하는 담화 발표
—.11 오사카흥은 창립 30주년 기념식전, 예금고 3,000억 엔 달성
—.16~12.22 고베[神戶]에서 고구려문화전
—.17 조은오사카신용조합 창립 30주년 기념집회
—.17 가와사키[川崎]조선추중급학교 창립 40주년 기념집회
—.17 도쿄조선제4초중급학교 창립 40주년 기념집회
—.20 법무성, 재일대한기독교협회가 초청한 한국교단 선교사 5명에게 입국거부 조치. 협회의 지문제도 반대가 원인

1985~86년

재일동포
—.22 금강학원(오사카)가 일조교一條校 인가 받음
11.24 도쿄조선제6초중급학교 창립 40주년 기념집회, 동교에서 개최
—.25 한국의 여성을 사살한 미국의 만행을 규탄하는 조선여성중앙대회, 도쿄조선문화회관에서 개최
12.10 총련과 산하 18개 단체, 스위스에서의 미소 정상회담에 관한 북한의 21개 정당·단체의 연합 성명을 지지하는 공동성명을 발표
—.11~17 동포 기업에 대한 일본 세무 당국의 일련의 강제조사에 대해 총련 활동가와 상공회의 대표, 동포들이 도쿄 국세국에 항의
—.11 총련 사이타마현본부와 군마현(群馬縣)본부 대표, 동포의 '외국인등록의 국적'을 마음대로 '한국적'으로 바꾼 사건에거 기류(桐生) 시청에 항의
—.13 재일본조선인상공연합회 상임이사회, 동포기업에 대한 일본세무당국의 부당한 강제조사행위를 규탄하는 성명을 발표
—.13 총련 구마모토현(熊本縣)본부와 일본 인사, 경관이 총련 동포를 미행·감시·협박하고, 총련 조직 내부의 탐지를 획책한 데 대해 현 경찰에 항의
12.16 일본 당국의 부당한 세금 탄압에 반대, 규탄하는 재일본조선상공인대회, 도쿄에서 개최
—.28 총련 중앙 대표, 일본 국세 당국의 동포 상공인에 대한 부당한 조사에 대하여 국세청에 항의
—.28 '외국인등록법'의 발본적 개정을 촉구하는 의회 결의를 행한 지방자치체가 1011곳에 달함
—.31 재일동포의 수는 68만 3,313명이 됨
1986
1.14 호주 '아시아학생협회연구토론회' 참가로 재일본조선청년학생 대표단 출발
2.12 재일본조선인상공연합회(상공연합회) 결성 40주년 기념대회와 연회, 도쿄에서 개최
—.26 총련 홋카이도(北海道)본부에서 동계아시안게임에 참가하는 북한 선수단을 환영하는 만찬회
—.28~3.2 금강산가극단이 베이징에 공연
3.1 미국과 한국의 '팀 스피리트 86' 합동군사연습을 반대 규탄하는 재일본조선인중앙대회, 도쿄 히비야(日比谷)야외음악당에서 개최. 데모 행진
—.7 총련 중앙 하창옥(河昌玉) 사회국장 등 총련 대표, 일본 법무성을 방문하여 '3세(世) 실태조사'를 구실로 한 '앙케이트조사'의 중지와 '외국인등록법' 개정 등을 요청
—.9 규슈(九州) 고쿠라(小倉)조선유치원 준공집회 개최
—.10 제1회 동계아시안게임과 제41회 비와호(琵琶湖)마이니치(每日)마라톤대회에 참가한 북한 선수단의 환영집회, 조선대학교에서 개최
—.15 고구려문화전, 니가타(新潟)에서 개막
—.17 총련 대표들, '외국인등록법' 위반을 구실로 동포를 부당하게 체포한 데 대해 도쿄 가사이(葛西) 경찰에 항의
4.1 국민연금법 개정법을 시행(재일동포에게 '공기간(空期間)'제도를 적용)
—.2 유학동 중앙 이륭행 위원장, 한국청년학생의 정의로운 투쟁을 지지하고 전두환의 파쇼적탄압을 규탄하는 담화 발표

1986년

재일동포
4.4 금년 초의 재일동포 단기조국방문단을 수송하는 '삼지연'호가 나고야[名古屋]에 첫 입항. 환영집회 열림. 7일에 출항
—.6 후쿠시마[福島]조선초중급학교 창립 15주년 기념 체육관 준공집회 개최
—.6 구라시키[倉敷]조선초중급학교 유치반원사 증축 축하회 개최
—.15 효고현[兵庫縣] 아카시시[明石市], 시 직원 채용의 국적조항 철폐
—.19 4·19사건 26주년 기념 한국청년학생과 민중의 개헌 투쟁을 지지 성원하는 재일조선청년학생중앙대회, 도쿄 시바[芝]공원에서 열림. 오사카에서도 대회와 데모
—.20 민단, '재일한국인의 의식조사' 시작(5월 20일까지)
—.24 여성동맹 도쿄도본부가 도내 각지에서 한국 민중의 개헌투쟁을 지지 성원하는 가두선전
—.24 1,000명의 한국정치범구원집회, 오사카에서 열림
—.26 북한으로부터의 100번에 걸친 교육원조비와 정치금의 배려에 감사하는 재일본조선인중앙대회, 도쿄조선문화회관에서 열림
5.9 지문거부자전국연락회 발족
—.17 광주민주화운동 6주년·미국과 전두환의 파쇼 폭압을 규탄하고, 한국 민중의 투쟁을 지지 성원하는 재일본조선인중앙대회(오사카성야외음악당)와 데모
—.19 민단 창단 40주년 기념사업에 재한일본대사 부부 초청, 제1차 19명 방일
—.22 고구려문화전이 도쿄 다이마루[大丸]백화점에서 개막됨
—.30 3번째 평양학생소년예술단(28일 나리타[成田] 도착)을 환영하는 재일본조선인중앙대회, 도쿄조선문화회관에서 열림
5.31 고구려문화전 기념강연회, 가나가와현[神奈川縣]에서 열림. 동 전시회 학술대표단도 참석
6.1 민단 '조직정비 100일간운동' 시작
—.2 평양학생소년예술단 제3회 일본 공연, 도쿄 우편저금홀에서 시작됨
—.7 고구려문화전, 시마네현[島根縣] 마쓰시마[松島]의 현립박물관에서 개막
—.8 조선대학교 창립 30주년 기념대회
—.9 효고현 오노시[小野市], 시 직원 채용의 국적조항 철폐
—.15 조선대학교 창립 30주년을 기념하여 근처 일본 주민과 교류 모임
—.16 법무성, 지문날인 거부 한국인 유학생, 김명식[金明植]의 재류를 불허
—.16 동 대표단이 오사카부 지사와 오사카 시장을 예방. 동 예술단, 아사히[朝日]방송에 출연
—.16 함영사업연구회 설립 집회
—.16~18 평양학생소년예술단 오사카 공연. 18일에는 오사카 마이니치[每日]홀
—.21 사이타마현[埼玉縣] 한국청년상공회관 창립 총회
—.25 총련 야마가타현[山形縣]본부의 신회관 준공집회
—.25 6·25 36주년·미국과 전두환의 핵 전쟁 도발과 파쇼 폭압책동을 반대 규탄하는 재일본조선인중앙대회, 도쿄 히비야외음악당에서 개최, 데모
—.25 총련 중앙상임위원회, 북한 정부의 한반도 비핵·평화지대화의 새로운 제안을 지지하면서 성명 발표

1986년

재일동포
—.26 평양학생소년예술단 대표가 효고현청을 예방, 고베[神戶]신문사도. 27일에는 고베시청도 방문, 효고현 환영위원회가 환영연(28일)
6.27 민단 중앙 박병헌[朴炳憲] 단장, 총련 중앙 한덕수[韓德銖] 의장에게 서울 아시안게임에 참관 제의서를 제출하고 내외기자회견
—.28 재일조선인육상경기협회 결성집회, 도쿄 조선상공회관에서 열림
7.2 총련 중앙상임위원회, 제24회 올림픽의 남북 공동주최를 지지하는 총련과 민단의 공동성명 발표에 관한 제의서를 민단 중앙에 보냄
—.3 외국인등록법개정투쟁위원회, 전국 일제히 지문 거부. 나아가 경찰에 항의문, 재판소에 진정서를 제출
—.3 『삼지연』호의 100항해 기념연 열림
—.7 평양학생소년예술단이 도쿄조선문화회관에서 특별공연
—.8 평양학생소년예술단을 환송하는 재일본조선인중앙대회, 도쿄조선문화회관에서 열림
—.8~13 총련 제14회 전체대회 기념·재일본조선인중앙미술전(재일본조선문학예술가동맹 도쿄 지부 주최)가 도쿄 센트럴미술관에서 열림
—.16 조국의 평화통일을 위해 올림픽의 남북 공동 주최 실현을 위해 힘을 합치자고 총련이 민단 산하의 동포에게 제안하는 호소문을『조선신보』가 게재
—.17 아시오동산[足尾銅山] 조선인 희생자 진상 조사와 추도식이 열림
—.19 남녀평등권법령 발포 40주년 기념 축하연
7.25 재일본조선민주여성동맹 중앙 박정현[朴靜賢] 위원장, 한국 경찰의 야수와 같은 성고문을 격렬하게 규탄 단죄하는 담화를 발표
—.26 재일동포 장애인이 첫 전국교류회를 엶
—.26 형사법 위반 구실로 경찰에 부당하게 체포되었던 도쿄도 스기나미구[杉並區]의 김대용 동포가 10일만에 무죄 석방
—.30 한국 여성에 대한 미국과 전두환 정권의 야만적인 고문을 폭로 규탄하고, 7·30 남녀평등권법령 발포 40주년 기념 재일본조선여성중앙대회를 중앙문화회관에서 개최
8.1 총련 중앙 백종원[白宗元] 부의장 겸 국제국장, 도쿄에서 '한일협력위원회'와 '일한협력위원회'가 열린 데 관해 담화 발표
—.2 재일조선축구단 결성 25주년 기념 국제친선축구——조선(재일조선축구단) 대 중국(후베이성[湖北省]축구단)이 요코하마 미쓰자와[三ツ澤]경기장에서 열림
—.6 재일본조선언론출판일협회 대표,『산케이신문[産經新聞]』의 오보에 강하게 항의
—.6 일본축구협회 주최 재일조선축구단 결성 25주년 기념 국제친선축구——조선(재일조선축구단) 대 중국(후난성[湖南省]축구단)이 고베중앙구기장에서 열림
—.15 조선신보사,『조선신보 일본어판』을 발행.『조선신보』의 활자를 크게 함
—.20 재일본조선불교도연맹, 한국에서 불교 '법왕청'을 설치하려고 하는 불순한 정치적 음모를 규탄하는 성명을 발표
9.1 관동대지진 63주년을 기념하여, 조선인학살사건 희생자를 추도하는 모임이 간토[關東]지방 각지에서 열림

1986년

재일동포
—.2 총련 중앙 하창옥河昌玉 사회국장, 일본 법무성 당국이 봄에 실시한 '앙케이트조사 결과' 공표에 항의하는 성명을 발표
9.3~5 재일본조선인중등교육 실시 40주년 기념 재일본조선학생중앙체육대회
—.5 오사카에서 고구려문화전
—.5 총련 중앙 백종원 부의장, 전두환의 '간첩사건' 날조에 관하여 담화 발표
—.6 총련 중앙 박재노朴在魯 부의장, 일본 문부성이 시대착오적인 망언을 한 데 관해 담화 발표
—.9 민단 중앙 박병헌 단장, 후지오[藤尾] 망언에 관해 기자회견. 규탄문 발표
—.16 총련 중앙 대표, 『니혼게이자이신문[日本經濟新聞]』이 김포공항폭발사건 관련 기사에서 사실무근의 일방적인 보도를 한 데 대해 해당 신문사에 항의
—.18 외국인등록법 일부 개정법 제정(지문은 1회, 등록증 휴대의무 위반에 대한 징역형을 폐지)
—.18 총련 중앙상임위원회, 김포공항폭발사건을 북한과 총련에 연결하려 하는 전두환의 모략책동을 규탄하는 성명을 발표
—.19 제10회 아시안게임 전야제가 서울올림픽공원에서 개최
—.19 총련 긴키[近畿]학원 신교사 준공집회
—.21 총련 중앙 하창옥 사회국장, 일본의 나카소네[中曾根] 수상이 전두환 대통령과의 회담 가운데 외국인등록의 지문 날인을 원칙적으로 1회로 하는 등의 안을 표명한 것을 규탄하는 담화 발표
—.22 조선합영경제대표단과 총련합영사업연구대표단이 비망록을 작성, 조인
9.25 조선중앙회관 준공
—.26~28 총련 제14회 전체대회가 도쿄조선문화회관에서 열림—대의원 2,000명, 의장 한덕수, 제1 부의장 이진규李珍珪, 부의장 이계백李季白·박재노朴在魯·시민俆萬述·신상대申相大·허종만許宗萬·이말상李末祥·배병두裵秉斗·전연식全演植·문동건文東建, 중앙위원(인원 불명) 선출
10.2~26 고구려문화전, 교토에서 열림. 총련 중앙 한덕수 의장과 신상대, 문동건 부의장 등이 개막식에 참가
—.2 박재노 부의장 등 총련 대표가 일본 수상 관저를 방문하여, 총련 제14회 대회에서 채택된 '일본 정부에 대한 요청문'을 전달함
—.23 조선중앙회관의 준공 축하연, 동 회관에서 열림
—.25 재일본조선인 중등교육 실시 40주년 기념 중앙대회, 도쿄조선문화회관에서 열림
11.2 규슈조선고급학교 창립 30주년 기념관 준공집회, 동교 운동장에서 열림
—.2 교토시 동물원에 평양중앙동물원이 보낸 동물 증정식, 교토에서 열림
—.4 민단 창단 40주년 기념 '전국우리마을변론대회' 개최
—.10 총련 중앙상임위원회, 민통련民統連 등 재야 민주세력과 학생운동을 뿌리째 말살하려는 전두환 정권의 파쇼 폭압을 규탄 단죄하는 성명을 발표
—.19 한국 청년학생과 민주세력에 대한 전두환 정권의 파쇼 탄압과 반북한 모략책동을 규탄하는 재일본조선인중앙대회 열림

1986~87년

재일동포
—.20 재일본조선언론출판일협회 대표, 『요미우리신문[讀賣新聞]』이 한국의 반북한 모략선전에 대한 편향보도한 데 대해 요미우리신문사에 항의 12.28 총련 중앙 대표가 일본 국세당국을 찾아가 동포상공인에 대한 부당 조사에 항의 12.28 '외국인등록법'의 발본적 개정을 촉구하는 결의를 행한 지방자치체의회 수가 1011곳이 됨 —.31 재일동포의 수는 67만 7,959명이 됨

1987
- 1.7 고베[神戶]조선고급학교 학생들, 처음으로 일본의 시 장학금 수급자격자가 되어(전년 12월 23일에 효고현[兵庫縣] 아시야시[芦屋市] 교육위원회가 정식 결정), 아시야시청을 방문하여 장학금 신청 절차를 밟음
- —.14 재일본조선인체육연합회(체련) 간부들, 일본의 체협·일본올림픽위원회·일본조선체육교류협회를 방문
- —.20 법무성, 지문 날일은 원칙적으로 1회로 한정하고, 거부자에 대한 규제는 강화한다는 '외국인등록법 개정안'을 발표
- —.20 총련 중앙 박재노[朴在魯] 부의장, 담화 발표. 법무성이 공표한 금번 국회에 제출된 '외국인등록법 개정안' 골자를 비판
- —.20 박종철 학생을 고문·학살한 전두환 군정의 만행을 단죄 규탄하는 재일조선청년대회 열림
- 1.25 아마가사키히가시[尼崎東]조선초급중학교의 신교사 낙성축하회
- —.28 재일조선인상공연합회, '매상세'대책위원회를 도쿄조선상공회관에서 엶
- 2.2 총련 중앙 박재노 부의장, "3자 회담 제안 3주년·'팀 스피리트 87' 반대! 아시아에 비핵 평화지대를!" 오사카집회에서 강연. 3일에는 효고현에서 대외시국강연회 강연
- —.6~8 재일한국청년회, '21세기를 살아가는 청년을 축하하는 제전'을 오사카한국인회관에서 개최
- —.7 고문 학살 당한 박종철의 재일동포추도회가 도쿄조선회관에서 열림
- —.9 총련 중앙 박재노 부의장이 기자회견, 총련 중앙상임위원회 성명을 발표. 일본에 표착한 북한 선박·선원을 일본 당국이 한국 당국에 인도한 폭거를 규탄
- —.14 고구려문화전 아이치현[愛知縣] 나고야시[名古屋市] 현립미술관에서 개막
- —.17 총련 홋카이도[北海道]본부가 삿포로[札幌] 그랜드호텔에서 기자회견, 일본의 우익 폭도가 백주에 동 본부회관을 습격한 것을 폭로·규탄
- —.18~24 제5회 (재일조선) 청년미술전, 긴자[銀座]의 아사히[朝日]아트갤러리에서 열림
- —.21 재일한국청년회 제8회 정기중앙대회를 개최, '88서울올림픽청년응원단 파견'을 결정
- 3.1 민단, 제38주년 3·1 기념식이 전국 각지에서 개최되고, 서울올림픽 후원사업 등 4항목의 항의문을 채택
- —.13 일본 정부, '외국인등록법 개정안'의 금회 국회 상정을 각의 결정
- —.13 총련 중앙 하창옥[河昌玉] 사회국장, 담화 발표. '외국인등록법 개정안'을 금회 통상국회에 제출하기로 각의결정한 것을 언급, 철회를 촉구함

1987년

재일동포
—.13 일본 정부, 지문날인을 원칙적으로 1회로 한정하는 '외국인등록법 개정안'을 각의 결정
3.16 조은朝銀아이치본부의 신점포 낙성집회
—.16~17 민단 제37회 정기 중앙위원회가 중앙회관에서 열려 '21세기기금'재단의 설립을 승인
—.21~5.10 고구려문화전 오카야마[岡山]에서 개막
—.26 젊은 동포상공인의 모임(총련 중앙 주최), 아타미[熱海]에서 열림. 이진규李珍珪 제1부의장이 참석
4.1 지바[千葉]조선초중급학교 증축 낙성집회 및 '모범학교' 축하집회
—.10 총련 중앙의 대표, 일본 법무성의 출판물 『출입국관리』 속에서 북한에 대한 모욕적인 말이 사용되고 있는 데 대해 법무성 입관참사관에게 엄중 항의
—.12 시모노세키[下關]조선초중급학교 체육관 준공집회, 동교에서 열림
—.14 김일성 탄생 75주년 경축 재일본조선인중앙대회, 도쿄조선문화회관에서 열림. 축하연은 도쿄조선회관에서
—.22 금강보험주식회사 창립 10주년 기념집회와 축하연, 도쿄 조선출판회관에서 열림
5.19 광주민주화운동 7주년 미국과 한국 정권의 파쇼 폭압을 규탄하고, 한국 민중의 투쟁을 지지 성원하는 재일본조선인중앙대회, 도쿄 히비야[日比谷]야외음악당에서 열림
—.31 조은도쿄신용조합 창립 35주년 기념 조합원대야유회, 도쿄 요요기[代々木]공원에서 열림. 오사카, 아이치, 사이타마[埼玉]에서도
6.1~3 제9회 재일조선초급학교 중앙축구대회, 지바현 동대 게미가와[檢見川] 운동장에서 열림
—.4 전두환 정권의 고문 학살과 장기집권 책동을 규탄하는 오사카조선청년대회가 열림. 5일에 도쿄대회
—.9~14 재일본조선인중앙미술전, 도쿄에서 열림
—.10 한민통, 한학동 등이 한국의 박종철 학생 고문살인사건 은폐책동을 규탄하면서 민주헌법을 쟁취하기 위한 집회와 항의 데모를 도쿄에서 개최
—.15 민단, 제6차 권익옹호요망서를 배표. '지방자치 참여'라는 항목을 추가
—.25 6·25 37주년 미국과 한국 정권의 신전쟁 도발책동과 파쇼 폭압을 반대 규탄하는 재일본조선인중앙대회, 오사카성야외음악당에서 개최. 한국 민중의 투쟁을 지원하는 가나가와현[神奈川縣] 조선인대회, 요코하마시[橫浜市] 오도리공원에서 개최
7.— 계간잡지 『우리생활』이 재일동포의 생활을 생각하는 모임에서 창간됨
—.4 민단 '7·4 남북공동성명 15주년 기념대회'가 전국적으로 개최됨. 남북 양측 최고책임자회담을 촉구함
—.9 전두환 정권의 파쇼 폭행에 희생된 이한렬 추도 재일본조선인중앙대회, 도쿄조선문화회관에서 개최. 각지에서도 대회가 열림
—.13~14 재일본조선민주여성동맹 결성 40주년 기념 긴키[近畿]·도카이[東海]·호쿠리쿠[北陸] 지방 동포 여성 상공인의 심포지엄과 교류회, 오사카에서 열림
—.19 도쿄조선제9초급학교의 신교사 낙성집회

1987년

재일동포
—.23 총련 중앙상임위원회, 북한의 새 군축제안을 열렬히 지지하는 성명 발표
7.28 총련 중앙, 북한의 신 군축 제안을 지지하고 각종 공동행동을 펼 것을 민단 중앙에 제의
—.29 북한 정부의 새로운 군축 제안을 열렬히 지지하는 재일본조선인중앙대회, 도쿄조선문화회관에서 열림
—.31 민단 중앙 박병헌朴炳憲 단장, 본국 수해의연금 1차분 2억 2,000만 엔을 본국 중앙 재해대책본부에 송금
8.2 오사카 거주 동포, '8·15 민족·미래·창조·페스티벌' 개최
—.4 외국인등록법의 개악에 반대하는 재일조선인대표자회의가 열림. 총련 대표들이 일본의 중·참의원 의장·법무성·내각 관방장관 등을 만나서 요청
—.26 노동자 이석규를 학살한 전두환을 규탄하는 재일본조선인중앙대회, 도쿄 조선출판회관에서 열림
—.29 재일본조선인교직원동맹 결성 40주년 기념집회와 축하연, 도쿄 조선회관에서 열림
—.29 재일본조선인의학협회 결성 10주년 기념 축하회, 도쿄 학사회관에서 열림
—.30 조은가나가와신용조합 창립 35주년 기념 동포대축전, 요코하마문화체육관에서 열림
9.1 『조선신보』의 1만 호 발간 축하연, 도쿄 조선회관에서 열림. 1만 호 발간 기념 독자의 모임, 총련 오사카부 히가시나리[東成]지부에서 열림(10월 17일)
—.4 민단 중앙 박병헌 단장, '외국인등록법 개정안'의 가결에 관하여 담화 발표. 조기 발본 개정을 요망
9.9 북한 올림픽위원회 명예부위원장의 재일본조선인체육연합회 백종원白宗元 회장, 일본올림픽위원회의 시바타[柴田] 위원장과 만나, 올림픽의 남북 공동주최를 위해 지지·협력해 줄 것을 요청
—.26 외국인등록법 개정. 지문 날인은 1회로 한정하고, 등록증은 카드화. 운용에 있어서는 제반 배려를 추가한다는 뜻의 부대 결의. 1988년 6월 1일부터 시행
10.12 재일본조선민주여성동맹 결성 40주년 기념 중앙대회가 도쿄 조선문화회관에서 열림. 축하연도
—.23 민단 중앙 박병헌 단장, 다케시타 노보루[竹下登] 자민당 간사장을 방문하여 재일한국인의 지위향상을 위해 배려해 줄 것을 요청
—.23 극 영화 「어머니의 소원」 제1회 비동맹 및 발전도상국 평양영화제에서의 '송명' 동상 수상 축하회, 도쿄 조선회관에서 열림
—.28 총련 중앙과 재일본조선불교도연맹 대표, 조선인 태평양전쟁 희생자의 유골을 무단으로 이송한 데 관해 일본 후생성을 방문하여 사건 경위를 추궁
11.13 총련 중앙, 성명을 발표. 조국통일민주주의전선 중앙위원회와 조국평화통일위원회의 연합회의에서 한국의 각 정당·각 파·각계각층의 민중에게 편지를 보내는 데 대해
—.13 『조선여성』(재일본조선민주여성동맹 중앙위원회 기관지) 500호 발간기념 모임, 도쿄 진잔소[椿山莊]에서 열림
—.15 계간잡지 『재일문학민도民濤』 발간(1990년 3월 20일에 종간)

1987~88년

재일동포
11.16~17 도쿄의 핫포엔[八芳園]에서 제1회 해외한민족대표자회의 개최. 세계 31개국 300여 명의 대표가 참가. 17일, 도쿄선언 채택
—.17 조선문제연구소 창립 35주년 기념집회와 축하연 열림
—.22 재일본조선인의학협회 결성 10주년 기념 제10회 학술보고회, 오사카 코로나호텔에서 열림. 21일에 축하연
—.25 조국전선중앙위원회와 조국평화통일위원회가 한국의 각 정당·각계각층에 제의한 민족단결안을 지지하는 재일본조선인중앙대회, 오사카조선문화회관에서 열림
12.2 총련 중앙 박재노 부의장이 담화 발표. 한국이 떠드는 '비행기행방불명사건'은 그들의 날조라고 비판. 4일에는 기자회견을 하여, 한국이 연일 노골적인 모략책동을 하고 있는 것을 지탄하는 담화를 발표
—.12 총련 도쿄도본부 대표, 조선학교의 학생에 대한 폭행사건에 관하여 경시청에 진상규명과 사건 방지를 요구
—.14 총련 중앙 박재노 부의장 등 총련 중앙의 대표, 일본의 수상 관저를 찾아가 한국여객기사건과 연결지은 폭행사건의 진상규명과 대북정책의 전환 등을 요구
—.26 오사카흥은의 예금고 4,872억 엔으로 일본의 신용조합 중에서 1위
—.31 재일동포의 수는 67만 3,787명이 됨
1988
1.8 총련과 산하단체, 김일성이 신년사에서 명시한 남북연석회의 소집의 새로운 방안을 열렬히 지지하면서 공동성명
—.13 재일본조선인체육연합회 백종원[白宗元] 회장(북한올림픽위원회 명예부위원장) 북한올림픽위원회의 성명을 지지하면서 담화 발표
—.14 민단 아오모리현[青森縣]본부 회관 준공
—.15 총련 중앙 박재노[朴在魯] 부의장이 기자회견, 담화 발표. 한국이 발표한 '여객기사건'의 '수사결과'와 '자백' 등의 내용을 비판·규탄
—.24 아이치[愛知]조선초급학교 신교사 낙성집회
—.24 한국여객기실종사건을 구실로 한 총련과 조선학교에 대한 습격 폭행을 폭로하고 규탄하는 산타마[三多摩]조선인대회, 산타마조선제1초중급학교 강당에서 열림
—.25 이바라키[茨城]상은신용조합 점포 준공
2.2 총련 중앙상임위원회가 기자회견. 일본 정부의 북한에 대한 부당한 '제재조치'에 관하여 성명 발표
—.5 재일본조선인체육연합회 백종원 회장이 기자회견을 하고, 담화 발표. 미국 정부가 스피드스케이트선수권대회에 참가하는 북한선수단에 대한 사증 발급을 거부한 것을 비판
—.5 총련 중앙 대표, 일본 정부의 북한에 대한 '제재조치'에 관해 법무성에 항의
—.5 총련의 활동가와 동포들, 신초샤[新潮社]에 북한의 권위를 훼손하는 모략 기사를 게재한 데 대해 계속해서 항의함
—.27 조국과의 합영 추진을 위한 동포상공인의 모임, 아타미[熱海]에서 열림

1988년

재일동포

3.3 　총련 아이치현본부 대표가 기자회견. 자민당의 나고야[名古屋] 시의회 의원의 재일동포에 대한 차별 발언에 항의하고, 자민당 등 관계 부문에 사죄를 요구
—.10 　민단 제38회 정기중앙위원회가 중앙회관에서 열림—규약 개정 : 일본 정부보조금 재배분안 승인, 재일동포 국사범의 특사청원 결의
—.17 　총련 도쿄도본부, '8개월 우리말을 배우는 운동'을 전동포적으로 실시하기 위한 궐기집회 개최. 18일에는 가나가와[神奈川], 19일에는 아이치·후쿠오카[福岡]·야마구치[山口]의 각 본부에서도 집회
—.18 　총련 도쿄도본부, '팀 스피리트 88' 합동군사연습에 반대하고, 한국과 미일 반동의 반북한·반총련 책동을 폭로 규탄하는 가두선전
—.25 　한국의 비행기불명사건에 관하여 북일 학자의 간친회를 도쿄 조스이[如水]회관에서 개최
—.25 　민단 제39회 정기중앙대회가 중앙회관에서 열림—대의원 500명 중 366명 출석, 제39대 단장 박병헌[朴炳憲], 부단장 김치순[金致淳]·정해룡[丁海龍]·김창휘[金昶輝]·김시현[金時顯], 의장 박태환[朴太煥], 감찰위원장 신용상[辛容祥], 중앙위원 175명 선출. 규약 개정으로 조직 2국 폐지
4.8 　총련 도쿄도본부 대표가 법무성을 방문하여, 북한에 대한 '제재조치'의 철회, 북한과 총련에 대한 규제 중지를 요구
—.19 　오사카고등재판, "학생증으로 확인 가능"이라고 하면서 외국인등록증 미소지에 대해 무죄 판결
—.23 　4·24 교육투쟁 40주년 기념 효고현[兵庫縣]조선인대회 열림. 24일에 효고에서 동 기념 심포지엄
—.24 　아이치조선중고급학교 창립 40주년 기념집회
5.6 　오사카지방재판소에서 재일동포 여성의 '외국인등록' 갱신 지연에 대한 부당한 벌금 취소 요구 재판 첫 공판
—.9 　북한 건국 40주년 기념 금강산가극단 공연, 도쿄 우편저금홀에서 열림
—.11 　총련 중앙 박재노 부의장 기자회견. '요도호'사건 그룹 중 1명의 체포에 관하여 일본 당국이 부당한 책동을 한 것을 규탄
—.20 　총련 중앙 박재노 부의장 기자회견. 일본 정부 당국의 부당한 조치로, 북한탁구선수단이 제9회 아시아탁구선수권대회에 끝까지 참가하지 못하고 귀국하게 된 데 관해 총련 중앙상임위원회의 성명을 발표
—.24 　남북학생회담을 위한 재일교포학생연락회의, 도쿄 구단[九段]회관에서 열림
6.1 　민단 중앙 박병헌 단장, 개정 외국인등록법 시행에 대하여 담화 발표, 지문 철폐의 조기 실현을 요망, 민단 중앙본부가 법무성에 '거부자 제재 철폐'를 요망
—.3 　총련 중앙의 김기철[金基哲] 사회국장과 대표들, '개정 외국인등록법'(지문 날인을 원직적으로 1회로 함)의 시행에 관하여 법무성에 발본적 개정을 요구
—.3 　이바라키조선초중급학교 창립 35주년 기념대회, 미토[水戶]시민회관에서 열림
6.15 　총련 야마구치현본부 위원장, '삼지연'호의 입항 거부 자세를 표명한 시모노세키시[下關市] 당국에 항의하는 담화 발표

1988년

재일동포
―.16 국제 이해를 증진하기 위해 가와사키[川崎]후레아이관을 개관
―.20 신한은행 도쿄지점 개설
―.21 '삼지연'호의 시모노세키 입항을 실현하기 위한 재일조선인 야마구치현대회와 데모
―.23 재일한국인신용조합협회 제35회 통상총회가 삿포로[札幌]에서 열림―예금총액 1조 6,188억 엔
―.25 김일성이 명시한 새로운 남북협상방침을 실현하기 위한 재일본조선인중앙대회, 도쿄에서 열림
―.29 재일동포 국사범 수감자 6명이 석방된 데 관해 박병헌 민단 중앙단장이 기자회견을 하고 계속 노력하겠다고 언명
7.3 '삼지연'호가 기타큐슈시[北九州市] 다노우라항[田野浦港]에 입항. 총련 중앙 신상대[申相大] 부의장 등 총련 활동가와 동포가 열렬히 환영. 5일에 후쿠오카·야마구치현 동포들 제120회 단기조국방문단을 태우고 출항
―.3 올림픽 남북공동개최를 촉구하는 해외한국인이 도쿄에서 데모
―.10 어린이의 교육을 보다 잘 하기 위한 재일조선어머니중앙대회, 도쿄조선문화회관에서 열림
―.11 총련 중앙 신상대 부의장, 『산케이신문[産經新聞]』의 날조 기사를 규탄하는 담화 발표. 총련 대표들이 동 신문사에 항의
7.16 오사카조선동포대야유회, 만국박람회 기념공원 엑스포랜드에서 열림. 5만 명 참가
―.18 총련 히로시마[廣島]·오카야마현[岡山縣]본부 대표들이 기자회견. 일본의 경찰이 동포를 부당하게 체포·구속한 것에 엄중히 항의
―.25 북한 건국 40주년 기념 오사카 동포 여성의 1,000인 콘서트 '조선을 빛내야'를 개최
―.28~8.8 일본 고등학교 재학 조선인 학생의 여름방학 강습회, 총련의 7개 지방본부 별로 열림
7.27 남북국회연석회의 개최에 관한 북한 최고인민회의의 제의를 지지하는 재일본조선인중앙대회, 도쿄조선문화회관에서 열림
8.1 8·15 남북학생회담 실현을 위한 재일교포학생궐기집회, 도쿄 전전통슈[電通]노동회관에서 열림
―.2 8·15 남북학생회담에 참가하는 재일교포학생 대표, 법무성에 재입국 허가를 요청. 동 대표들이 법무성 기자클럽에서 기자회견(3일)
―.7 남북학생회담 실현을 위해 효고 동포 청년들이 자전거 행진. 8일에는 가나가와현에서도
―.13 8·15 남북학생회담을 지지하는 재일조선인중앙대회가 열림
―.24 총련 대표, 『산케이신문』이 다시 총련에 대한 근거 없는 날조 기사를 게재한 데 대해 동 신문사를 찾아가 항의
―.26 총련 중앙상임위원회, 일본 정부의 북한에 대한 '제재조치' 7개월에 관하여 성명
8.27 북한 건국 40주년 경축·조은교토신용조합 창립 35주년 기념 교토동포대야유회, 후시미모모야마성[伏見桃山城] 캐슬랜드에서 열림

· 325 ·

1988년

재일동포
—.27 서울올림픽 성화 봉송에 재일한국인 51명이 참가
—.31 총련 중앙·이진규李珍奎 제1부의장, 조선통일지지운동 제7회 전국집회(지바현[千葉縣]에서 개최)에서 연대의 연설
9.2 총련 중앙 대표, 『주간 문춘』이 북한에 대한 허위기사를 게재한 것으로 문예춘추사에 항의
—.4~8 북한 건국 40주년을 기념하는 동포의 대야유회, 각지에서 행해짐
—.8~10 현대조선미술작품전, 지바에서 열림
—.9 북한 건국 40주년 경축 재일본조선인중앙대회가 도쿄조선문화회관에서, 축하연이 도쿄 진잔소[椿山莊]에서 열림. 총련 각 본보에서도 대회와 축하연. 동 경축재일본조선인중앙체육대회, 고마자와[駒澤]경기장 등 도쿄도와 지바현의 경기장에서 열림(8월 31일~9월 2일). 북한 건국 40주년 기념 재일조선학생미술전, 도쿄조선문화회관 소체육실에서 열림(7~9일)
—.14 서울올림픽 개회식 리허설, 재일한국인 1,700명 참가
—.17~10.2 서울올림픽대회
—.17 북한 건국 40주년 경축 니가타[新潟]조선초급학교 창립 20주년 기념대회와 야유회, 동교에서 열림
—.21 동화신용조합(현재 조은도쿄신용조합) 탄압사건에 대한 공소심에서 결심
—.24 북한의 제7회 인민체육대회에 참가한 재일조선체육선수단(단장 백종원 체련회장) '삼지연'호로 니가타 출항
9.27 재일본조선인상공연합회와 총련 니가타현본부가 기자회견. 일본 경찰이 '외국환관리법' 위반을 구실로 상공련과 총련 중앙 니가타출장소를 강제 수색한 것에 항의
—.28 총련 중앙 신상대 부의장, 담화 발표. 일본 경찰의 총련 중앙 니가타출장소와 조선상공연합회 사무소에 대한 강제 수색을 규탄. 총련과 상공연합회 대표가 경찰청을 찾아가 엄중 항의
10.2 북한 건국 40주년 기념 도쿄조선중고급학교 대운동회 열림. 각지의 조선학교에서도 열림
—.2 서울올림픽공원에서 서울올림픽후원사업기념비 제막식
—.4~9 북한 건국 40주년 경축재일조선인중앙미술전, 긴자[銀座]의 센트럴미술관에서 열림
—.19 재일본조선인중앙예술콩쿨, 도쿄 산파르 아라카와[荒川]에서 열림
—.25 교토의 고려미술관이 개관(이사장 정조문鄭詔文)
—.27 『조선상공신문』(재일본조선인상공연합회 기관지) 창간 40주년 기념집회, 도쿄 우에노[上野]의 다카라[寶]호텔에서 열림
—.28 북한 건국 40주년 기념 문예작품 현상모집 입선자의 수상식, 도쿄 조선회관에서 열림
—.29 북한 건국 40주년 기념 주일 각국 공관원과의 야외 친선교류의 모임, 가나가와현 하코네엔[箱根園]에서 열림
11.5 니가타현 쓰난쵸[津南町], 나카쓰가와[中津川] 동포학살사건(1922) 진상보고 집회

1988~89년

재일동포
11.9 총련 중앙상임위원회가 성명 발표. 북한의 중앙인민위원회·최고인민회의·정무원 연합회의가 제의한 평화보장 4원칙과 그에 입각한 포괄적인 평화방안을 지지
—.11 『조선신보』의 컴퓨터화 기념 모임, 동 신문사 강당에서 열림
—.13 북한 건국 40주년 기념·가와사키[川崎]조선초중급학교 체육관 신축·교사 개서 완공 집회 열림
—.16 재일본조선인상공연합회, 유기업遊技業카드문제대책위원회를 엶
—.19 북한이 제안한 평화보장 4원칙과 포괄적인 평화방안을 지지하는 재일본조선인중앙대회, 도쿄에서 열림
—.20 재일본조선신용조합협회 창립 35주년 기념집회
—.24 총련 중앙상임위원회가 성명 발표. 한국 전두환의 '사죄성명'극을 지탄
—.26 동포기업에 대한 일본 당국의 부당한 탄압을 규탄하고, 기업권을 지키기 위한 긴키지방 조선상공인의 집회, 오사카조선문화회관에서 열림
—.28 '재일한국인정치범을 구원하는 가족·교포의 모임', 노태우 대통령의 '특별담화'에 관하여 도쿄 나가타쵸[永田町]의 중의원 제1의원회관에서 기자회견
—.29 '8개월 우리말 학습운동'의 중앙합동총괄집회, 도쿄 조선회관에서 열림
12.1 한국 정부, 총련은 반국가단체라고 재확인
—.3 재일한국청년회, '거주권 심포지엄'에서 91년 재협의에서의 협정영주대책 확대 등 6개 항목 제의
—.5 금강산가극단 공연 5,000회 기념 연회, 도쿄 진잔소에서 열림
—.8~13 제19회 조일우호미술전, 오사카에서 열림
—.13 조선학교 발전을 위한 채리티쇼 음악의 밤, 이바라키에서 열림
—.16 총련 중앙 김기철 사회국장, 일본 당국이 민홍구를 '특별재류허가'한 데 대해 담화 발표
—.23 한일협정 영주3세 이후의 지위를 둘러싼 정식협의회 시작
—.31 재일동포의 수는 67만 7,140명이 됨
1989
1.12 재일동포 작가 이양지李良枝가 『유희由熙』로 제100회 아쿠타가와상[芥川賞] 수상
—.30 재일본조선언론출판인협회 박동춘朴東春 회장, 담화를 발표. 민주언론과 출판활동에 대한 한국 정권의 파쇼적 탄압을 규탄
2.2 총련 중앙 대표가 민단 중앙본부를 방문하여 3·1 운동 70주년을 기념하는 각종 행사의 공동개최를 제의
—.7 조선인상공연합회, 제3회 '유기업遊技業 카드 문제' 대책위원회를 엶
—.8 조선인상공연합회 최일수崔一洙 이사장, 담화를 발표. 니가타현[新潟縣] 경찰과 세관이 재일동포를 '외국환 및 외국무역관리법'과 '관세법' 위반 등의 부당한 구실로 기소·고발한 것에 항의·규탄
—.19 제13회 세계청년학생제전(평양제전)의 재일조선청년상공인상업서비스운영위원회 제2회 총회, 효고현[兵庫縣]에서 열림

1989년

재일동포
—.19 제15회 확대중앙위원회에서 한민통, 재일한국민주통일연합(한통련)으로 개칭하기로 결정
2.21~22 북한의 합영공장에서 생산된 남자 기성복 자켓의 상품전시회, 도쿄에서 열림
—.26 민단 아이치현(愛知縣)본부 한국회관 준공
—.27 재일조선인 육상경기선수인 이순희(李順姬)에게 북한의 신기록 메달과 증명서를 수여하는 모임, 도쿄 조선회관에서 열림
3.6~9.6 민단, '180일간 운동'을 전개
—.9 상공연합회의 제4회 '유기업 카드 문제' 대책위원회, 도쿄 조선상공회관에서 개최
—.11 우리말과 글을 배우고 사용하는 운동을 전동포적으로 힘차게 추진하기 위한 중앙합동집회, 오사카 조선회관에서 열림
—.14 쇠고기 수입 자유화에 관하여 조선음식업자 간담회가 열림
—.28~29 각 현 조선상공회의 상공부 담당자 소비세 강습회, 도쿄 조선상공회관에서 열림
—.30 총련 중앙상임위원회, 북한의 연합성명을 전적으로 지지한다는 성명을 발표
4.2 니시토쿄(西東京)조선제2초중급학교 체육관 낙성집회
—.4 고려서예연구회 결성 총회, 도쿄에서 열림
—.6 재일상공연합회, 유기업 카드 문제 대책위원회 간토(關東)지방협의회가 열림
—.19 문익환(文益煥) 목사와 한국 민주인사를 부당 체포한 노태우 정권을 규탄하는 재일본조선인중앙대회가 열림
—.21 총련 도쿄도본부 대표들이 동일본여객철도주식회사(JR)을 방문하여, 조선학교 학생에 대한 정기권 값 차별을 즉시 시정할 것을 요청. 5월 17일에는 총련 오사카부 본부 대표가 JR 서일본본사를 찾아가 정기권의 할인율 차별을 시정해 줄 것을 요청
4.21 총련 도쿄도본부의 활동가들이 간토공안조사국을 방문하여 일본 공안 당국의 스파이 강요 책동에 대해 엄중 항의
—.24 일본 당국의 부당한 권리 침해에 반대하고 기업권을 지키기 위한 재일조선상공인 중앙대회가 열림
—.26 '89 현대고려청자와 회화명작전', 도쿄 마쓰야긴자점(松屋銀座店)에서 열림. 28일에 파티
—.26 제13회 세계청년학생 평양제전 기념·10만 명 종단 콘서트, 효고현에서 열림. 29일에는 동 중앙 공연, 도쿄 조선문화회관에서 펼쳐짐. 5월 16일에는 오이타(大分), 19일에는 고치(高知), 19일에 히로시마(廣島)에서 공연
—.27 재일한국인상공회연합회 제27회 정기총회에서 '재일한국인유기업중앙협의회'의 설립을 결정
—.28 동포 자녀의 결혼 문제를 보다 잘 해결하기 위한 간토지방 담당자의 협의·간담회가 도쿄에서 열림
5.10 총련 중앙, 제13회 세계청년학생 평양제전과 그 준비 상황에 대해서, 내외의 신문·방송기자를 대상으로 설명회를 개최
—.12 학우서방(學友書房) 창립 40주년 기념·신사옥 낙성집회, 도쿄 이바시구(板橋區)의 학우서방에서 열림

1989년

재일동포
5.13 조청朝靑 중앙 김학수金學銖 위원장, 담화 발표. 남북 6개 단체 대표회담의 제안을 지지·환영
—.22 신용조합 오사카상은의 본점 사옥 준공
—.23 '총련 제15회 전체대회를 빛나게 맞이하기 위한 120일간 운동'(약칭 120일간운동)이 시작됨
6.6 재일본조선문학예술가동맹(문예동) 결성 30주년 기념집회, 도쿄 조선출판회관에서 열림
—.22~25 제2회 해외한민족대표자회의가 워싱턴에서 열려, 36개국에서 312명이 참석
7.10 소련의 스푸트닉 대외문화청년교류회의 초청으로 도쿄조선중고급학교 축구부원이 모스크바로. 21일에 귀국(2승 2패 무승부). 24일에 총련 중앙을 방문
—.12 연속강좌·재일조선인인권센터, 도쿄 오차노미즈(お茶ノ水)의 총평회관에서 열림
—.15 해내외 동포의 조국통일촉진대회 선언과 어필을 지지하는 재일본조선인중앙대회, 도쿄 조선문화회관에서 열림
—.20 한반도의 평화와 통일을 위한 국제평화대행진을 지지하는 재일조선청년학생중앙대회 도쿄 시바(芝)공원에서 열림. 총련과 조청의 각지 조직이 집회·데모·가두선전·연좌 등 여러 가지 방법으로 일제히 선전활동
—.21~22 총련 본부의 사회경제부장과 동포생활상담소 담당자의 강습회, 도쿄에서 행함. 25~26일에는 오사카에서 열림
—.27 국제평회회의와 임수경林秀卿의 애국적 행동을 지지하는 재일조선청년학생중앙대회, 오사카에서 열림
8.3 총련 중앙상임위원회가 성명 발표. 전대협의 임수경 대표가 판문점을 통하여 남쪽으로 돌아가려는 것을 방해하는 미국과 한국 당국의 부당한 책동을 규탄
8.4 간토지방의 총련 활동가와 동포, 일본 운수성과 JR 동일본 본사를 방문하여 조선학교생의 정기권 값 차별의 시정을 요청
—.17 총련 중앙·허만술許萬述 부의장이 담화 발표. 판문점을 통해서 돌아온 임수경 대표와 문규현文圭鉉 신부를 연행·구속한 미국과 한국 당국을 규탄
—.19 제13일 세계청년학생 평양제전의 성과를 축하하는 재일본조선인중앙대회, 도쿄 조선문화회관에서 열림
8.— 계간잡지 『청구』가 발간됨(1966년 2월 종간)
—.24 조선인상공연합회 대표, 『주간 문춘』의 반북한·반총련의 허위가사 게재에 항의
8.28~29 재일본조선사회과학자협회(사협) 결성 30주년 기념집회와 축하연, 도쿄 구단(九段)회관에서 열림. 학술토론회도
9.1 한국대사관에서 심수관의 명예총영사의 인증식 거행
9.7 총련 도쿄도본부의 활동가가 문예춘추사를 방문하여 『주간 문춘』의 모략선전에 엄격하고 항의. 조선인상공연합회와 간토지방의 총년 본부 대표들도 항의(14일)
9.14 총련 도쿄도본부 대표들, 총련의 활동가에 대한 스파이강요사건에 관하여 간토공안조사국을 방문하여 엄중 항의

1989년

재일동포
—.20~22 총련 제15회 전체대회가 도쿄문화회관에서 열림—대의원 2,000명, 의장 한덕수韓德銖, 제1 부의장 이진규李珍珪, 부의장 박재노朴在魯・서만술徐萬戌・신상대申相大・허종만許宗萬・오형진吳亨鎭・이말상李末祥・배병두裵秉斗・전연식全演植, 중앙위원(인원 미상) 연출
—.28 총련 중앙 박재노 부의장 등의 총련 대표, 총련 15전대회에서 채택되었던 일본 정부에 대한 요청문과 재일동포의 권리 보장에 관한 요망서를 내각 관방장관에게 전달함
—.30 총련 중앙상임위원회, 성명을 발표. 민족통일협상회의의 소집에 관한 북한의 새로운 제안을 지지
10.6 총련 중앙 서만술 부의장이 담화 발표. 문익환 목사 일행에게 중형을 내린 노태우 정권의 폭거를 규탄
—.17 총련 중앙이 도쿄 조선회관에서 기자회견. 박재노 부의장, 일본의 당국이 근거 없는 허위선전으로 총련에 대한 모독・파괴 책동을 강행하고 있는 것을 규탄
—.18 총련 중앙상임위원회가 성명 발표. 일본 정부가 '파친코 의혹' 문제와 관련지어 '위험단체' 등으로 칭하고, 총련에 대한 모독・파괴 책동을 강행하고 있는 것을 규탄
—.21 총련 중앙 대표, 일본 법무성을 방문하여 재일조선 공민의 권리 보장과 부당한 민족차별정책의 시정을 강력하게 요청
—.23 조선인상공연합회가 기자회견. 일본 당국이 재일조선상공인의 정당한 기업활동의 권리를 보장하라고 촉구하는 성명을 발표
—.27 총련 교토부본부・시즈오카현静岡縣본부 등 각지의 총련 본부가 기자회견. 이른바 '파친코 의혹과 연결지어 총련을 '위험단체', '감시대상단체', '파괴방지법적용 용의단체' 등으로 단정지으려고 하는 일본의 반동세력의 반총련 모략과 우익 폭력 그룹의 조선학교 학생에 대한 폭행・강박사건이 연일 일어나고 있는 데 대해 여론을 환기. 야마구치에서는 23일, 오카야마岡山에서는 24일, 기타 지방에서는 30일에 회견
11.2 재일본조선인교직원동맹(교직동) 중앙과 재일본조선인중앙교육회가 연명으로 일본의 자민당 의원과 법무장관의 폭언에 항의하는 성명 발표
—.4 일본 당국의 총련에 대한 비방 중상을 규탄하고 동포의 민주주의적 민족권리를 지키기 위한 재일본조선인중앙대회, 도쿄 조선문화회관에서 열림. 동 후쿠오카福岡대회, 기타 지방본부의 대회도 열림(5일)
—.7~8 민단, 아타미熱海에서 '재일한국인생활권확립확대회의'를 개최. 전후보상 문제를 제의
—.9 총련 중앙 박재노 부의장, 총련을 비방하는 괴문서 '정보자료' 문제에 관하여 담화 발표
—.10 일본 당국의 반북한・반총련 책동을 규탄하고 기업권을 지키기 위한 재일동포 상공인의 집회, 도쿄와 사이타마埼玉에서 열림. 이후 각지에서도 열림
—.15 계간잡지 『새누리』 창간
11.20 총련 중앙 박재노 부의장 등 총련 대표, 조선학교 학생에 대한 폭행사건 재발방지를 위해 적절한 조치를 강구하도록 일본 정부 당국에 요청, 수상에게 보내는 총련 중앙상임위원회의 요청문을 내각 관방장관에게 전달함

1989~90년

재일동포
—.25 조선학교 학생의 학부형들, 학생에 대한 폭행·폭언에 분개하여 도쿄·아이치 등에서 긴급집회를 열고, 기자회견. 가두선전도 벌임 —.26 민단 중앙, 전후보상 문제로 학식자 간담회를 개최 12.1~10 민단, 91년 문제로 간토 각지에서 자동차 데모 —.4 민단 규슈(九州)지협, '안정된 지위와 대우를 요구하는 대회'가 후쿠오카시에서 열림. 이러한 종류의 대회가 전국 각지에서 개최됨 —.5 내년에 실시하는 '도쿄동포대음악회 '90'의 발표회를 엶 —.9 재일조선청년학생에 대한 폭행을 폭로·규탄하는 도쿄조선청년학생의 긴급대회, 도쿄 조선문화회관에서 열림 —.31 재일동포의 수는 68만 1,838명이 됨 **1990** 1.21 재일한국인의 전 프로야구선수 장훈張勳(하리모토 이사오[張本勳]), 일본의 야구전당에 입당 —.24 총련 중앙 서만술徐萬述 부의장, 임수경林秀卿에 징역 15년을 구형한 한국 정권을 규탄하는 담화 발표 2.5 한국 정부, 해외 거주 한국인의 북한 방문 지원을 결정 —.13 총련 도쿄도본부, 활동가회의를 열고 총련 결성 35주년 혁신운동에 궐기 —.15 총련 지바현(千葉縣)본부회관의 낙성을 축하하는 집회가 열림 —.20 '새로운 세대의 신춘 콘서트 '90', 도쿄 신주쿠(新宿)문화센터에서 열림) —.20 조국통일 촉진·임수경 석방 요구 50만인 서명운동 시작됨. 3월 31일까지 50만 6,650명 —.25 재일조선인 아동·학생의 교육을 생각하는 심포지엄, 히로시마(廣島)에서 열림 —.26 조일경제인 간담회, 도쿄에서 열림 3.8 북한 국가체육위원회·한필화韓弼花 부국장(제2회 아시아동계경기대회 선수단 임원으로서 방일), 한국에 거주하는 오빠 한필성韓弼聖과 삿포로(札幌)에서 만남 —.14~16 제2회 동계아시안게임 폐막. 북한선수단 중 귀국동포와 그 자제들일 일본에 있는 가족을 방문 —.17 조선역사과학자대표단원의 사회과학원 역사연구소 손영종 실장이 한국에 사는 전 부인과 자식, 형제와 재회 —.29 조국통일 촉진·임수경 석방 요구 50만인서명운동 재일조선청년학생추진위원회가 성명 발표. 임수경의 즉시석방을 요구, 미국·한국 당국이 '팀 스피리트 90' 제2단계 실동훈련에 들어가 도발적인 긴장 격화를 강화하고 있는 것을 규탄 4.4 도쿄조선고급학교 축구부가 브라질 원정을 마치고 돌아옴 —.5 총련 중앙이 기자회견, 재일동포 '3세'의 '법적지위협정' 재협의에 관하여 성명을 발표. 6일에 일본 정부에 요청서를 전달함 4.5 『새로운 세대』(조청朝靑 중앙의 일본어 월간지) 창간 30주년 기념집회, 도쿄 사학회관에서 열림

1990년

재일동포
—.10 조선대학교의 제3연구당·체육관 낙성을 축하하는 집회가 열림
—.13 총련 중앙 대표, 재일조선인을 '치안 문제' 시하는 정책을 중단하도록 일본 법무성에 요청
—.30 한일 양국 외무장관, 재일한국인 자손의 법적지위 문제, 지문날인제도 문제 등 5개 항목에 합의
5.1 총련 중앙 박재노(朴在魯) 부의장, 담화를 발표. 한일 외무장관회의의 '합의'내용을 비난
—.7 총련 중앙상임위원회가 기자회견. 일본의 경찰이 한 동포의 자세한 '외국인등록법 위반'을 구실로 도쿄조선중고급학교 등 8곳을 강제 수색하고 3명의 동포를 체포연행한 데 대해 담화 발표
—.7 조선학교에 대한 일본 당국의 부당한 탄압을 규탄하고 도쿄의 학부모들이 긴급집회. 총련 신주쿠지부의 동포도 집회(8회). 10일에는 총련 조직과 조선학교에 대한 일본 당국의 부당한 탄압을 항의 규탄하는 재일본조선인중앙대회, 도쿄 도시마(豊島)공회당에서 열림
—.15 총련 결성 35주년 도쿄 경축연, 도쿄 신주쿠의 센트리하이아트호텔에서 열림
—.15 총련 중앙 박재노 부의장, 일본의 경찰이 '외국인등록법 위반'이라 하여 부당 체포한 전영래 동포를 석방한 데 대해 담화 발표
—.17 우익단체 적보대, 민단 아이치현(愛知縣)본부에 방화했다고 성명 발표
—.18 민단 중앙 박병헌(朴炳憲) 단장, 히로시마 시장을 방문. '한국인원폭희생자위령비'를 평화공원 내로 이설하는 데 합의
—.19 니시토쿄(西東京)조선회관의 낙성을 축하하는 집회가 열림
—.21 재일본조선인총연합회 결성 35주년 기념 중앙대회(도쿄 조선문화회관)와 축하연(도쿄 조선회관) 열림. 20일은 각지에서 축하하는 동포야유회
—.23 제2회 재일조선인인권센터, 도쿄 전수도회관에서 열림
—.27 총련 결성 35주년 기념 주일 각국 공관원과의 친선교류의 모임, 도쿄조선중고급학교에서 열림
5.30 김일성의 북한 국가주석 추대를 축하하는 재일본조선인중앙대회, 도쿄조선문화회관에서 열림
6.8 총련 효고현(兵庫縣)본부와 현내의 조선학교 교직원 대표들, JR 서일본본사를 방문하여 조선학교 학생에 대한 정기권 값 등 운임차별의 즉시 시정을 재차 요청
—.17 '도쿄동포대음악회 '90' 제4회 합동연습, 북한 지휘자 김일진(15일에 방일)의 지휘로 이루어짐
—.17 민단 니시토쿄본부, 히가시무라야마시(東村山市)의 국립한센병요양소 젠쇼엔(全生園)의 동포 입소자를 위문
—.19 재일교직동 중앙·중앙교육회·여성동맹 중앙의 대표, 일본의 운수성을 방문하여 JR의 조선학교 학생에 대한 운임차별의 즉시 시정을 요청
—.20 국립평양예술단 조사단과 '도쿄동포대음악회'의 지휘자들이 총련 중앙을 방문
6.26 금강산가극단 창립 35주년 기념집회와 연회, 도쿄 진잔소(椿山莊)에서 열림
—.27 조국통일대행진에 참가를 당부하는 유세강연활동, 각지에서 열림

1990년

재일동포

—.28 총련 중앙, 지진으로 피해를 입은 이란에 보내는 구원금을 주일이란대사에 전달함
—.29 오사카조선고급학교 대표와 도쿄조선고급학교 대표, 각각 일본의 고체련高體連을 찾아가 조선고교의 고체련 가입을 요망
—.30 '도쿄동포대음악회 '90', 도쿄 시부야[澁谷]에서 열림
7.2 북한 지휘자 김일진이 간토[關東]지방의 총련 가무단과 조선대학교 사범교육학부 음악과의 학생을 지도하는 모임, 도쿄 조선회관에서 열림
—.5 총련 중앙상임위원회가 어필 발표. 8·15 범민족대회의 성공을 위해 모든 총련활동가와 동포가 일치단결하여 일어나자고 주장함
—.6 조선인강제연행진상조사단, 일본의 해군 관련 군인·군속을 포함한 100여 명의 강제연행자 명부를 공포
—.13 재일조선인 도쿄교육회, '외국인등록법 위반'의 구실로 도쿄조선중고급학교를 강제수색한 경시청 공안부 관계자를 도쿄지검에 고소
—.17 8.15조국해방 45주년 기념 재일동포 여성의 모임, 도쿄 진잔소에서 열림
—.18 '조국통일 촉진 8.15 범민족대회 참가 재일조선인대행진' 출발대회, 오사카성음악당에서 열림. 동 재일조선인대행진단의 오사카-도쿄 간 행진 시작됨. 교토에서는 19일, 시가[滋賀]는 20일, 기후[岐阜]는 21일, 아이치는 22일, 시즈오카[靜岡]는 24일에 출발. 가나가와[神奈川]는 25일에 출발
—.20 제2회 재일본조선인어머니중앙대회 대표들, 일본의 운수성·문부성·고체련을 찾아가 요청
—.23 총련 중앙상임위원회, 성명을 발표. 조국평화통일위원회의 성명(20일자)을 지지
—.27 조국통일 촉진·8.15 범민족대회 참가 재일본조선인중앙대회, 도쿄에서 열림. 1만여 명이 행진
8.1 민단 중앙본부 대표단, 총련 중앙을 방문하여 제의서를 전달함. 민단과 총련의 '연락기구' 설치에 합의
—.3~5 제3회 조선학국제학술토론회, 오사카에서 열림. 북한 대표단이 참가
—.3 조선인전쟁희생자의 위령법요
8.4 재일본조선청년동맹 결성 35주년 기념 중앙대회, 도쿄 조선문화회관에서 열림
—.6 조국의 평화와 통일을 위한 범민족대회에 참가하는 재일조선인대표단이 출발
—.14 민단 중앙 박병헌 단장이 기자회견. 강제연행희생자 한국인의 위령탑을 독립기념관에 건설한다고 발표
—.29 총련 가나가와현본부의 대표, 일본 공안 당국의 총련 활동가에 대한 간첩 강요 책동이 다시 드러난 데 관하여 가나가와공안조사사무소를 찾아가 항의
—.30 총련 아오모리현[青森縣]본부 대표, 히로사키시[弘前市]가 입원 중인 동포여성에게 외국인등록을 위한 지문날인을 강요한 데 대해 시 당국에 엄중 항의
9.7 지바현 야치요시[八千代市]의 간논지[觀音寺] 경내에서 '관동대지진한국인희생자위령탑' 제막
—.9 도쿄조선제5초중급학교의 교사 개축 완공 축하회가 열림
—.9 제11회 아시안게임에 북한 선수로서 참가하는 재일동포 대표단의 격려회, 도쿄 이케노하타[池之端]문화센터에서 열림

1990년

재일동포
—.15 베이징아시안게임의 재일한국인 참관단 출발
—.15 오사카에서 지방참정권 요구 재판 제소
—.16 국립 평양예술단을 환영하는 재일본조선인중앙대회 열림(14일에 도착)
—.17 재일본조선신용조합협회의 제3회 온라인 시작됨
—.19 국립 평양예술단의 일본 공연 시작됨. 교토 공연(29~30일), 오사카 공연(10월 2~5일), 후쿠오카[福岡] 공연(10월 7~8일), 히로시마 공연(10월 9일), 야마구치 공연(10월 11일), 효고 공연(10월 13~14일)
—.22 베이징에서의 제11회 아시안게임에서 남북 공동응원단 결성
—.28 총련 중앙상임위원회, 조선노동당과 일본의 자유민주당과 사회당과의 공동선언(3당 공동선언)을 지지하면서 성명 발표
10.2 『조선신보』창간 45주년 기념 중앙강연회, 도쿄·조선회관에서 열림. 9일에 동 기념 축하연. 14일에 동 기념 국제친선 바둑의 보임, 도쿄 일본기원에서 열림
—.7 가나가와현 상공회 결성 40주년 기념 동포대야유회
—.10 후쿠오카현 기타큐슈[北九州]조선회관 낙성집회 열림
11.14 '민족·청춘·통일 '90 도쿄조선청년제전', 도쿄체육관에서 열림
—.18 조국해방 45주년 기념 여성동맹 아이치음악무용구성시 '우리의 소원은 통일'을 아이치근로회관에서 공연
—.22 재일본조선인상공연합회 결성 45주년 기념 동포기업재산관리세미나 열림
—.25 후쿠오카조선초중급학교 창립 30주년 기념대회 열림
—.25 나라[奈良]조선초중급학교 창립 20주년 기념 교사 증개축 축하집회 열림
—.27 제15회 한일정기각료회의, 서울 신라호텔에서 열림. 재일한국인의 외국인등록 지문날인제도를 원칙적으로 폐지하는 것에 합의
—.28 조선통일지지재일외국인위원회 휴즈 대표위원이 총련 중앙을 방문
—.28 조선고급학교 교장회 대표가 기자회견. 일본의 고체련에 가입을 촉구하는 성명 발표
12.3 조국통일범민족연합 재일조선인본부 결성대회, 도쿄에서 열림
—.3 조국통일범민족연합 임민식[林民植] 사무국장, 총련 중앙을 방문
—.10 재일본조선유학생동맹 결성 45주년 기념 중앙대회 열림. 11월 24일에 동 기념축하연
—.10 재일조선인인권세미나 성명 발표. 재일조선인의 대우 개선·인권 보장 등을 촉구함
—.12 조은지바신용조합 창립 30주년 기념 축하집회, 지바시 다마히메덴[玉姬殿]에서 열림
—.14 총련 중앙·지바현본부·지바현상공회, 폭풍으로 피해를 입은 모바라[茂原]의 동포에게 위문금을 보냄
—.16 조은시즈오카신용조합 창립 30주년 기념페스티벌, 시즈오카산업관에서
12.17 총련 합영사업주진위원회와 조선합영은행의 상임이사합동집회, 도쿄 조선상공회관에서 열림
—.21 민단, 도쿄의 아사히[朝日]홀에서 재일한국인의 전후보상 문제 제1회 심포지엄 '일본의 전후보상을 생각한다'를 개최
—.31 재일동포의 수는 68만 7,940명이 됨

1991년

재일동포

1991
1.9 일본의 가이후 도시키(海部俊樹) 수상 방한. 10일에 노태우 대통령과 회담. 또 외무장관회담에서 재일한국인의 지문날인제도를 2년 이내에 폐지한다는 방침을 확인. 두 외무장관, 한일각서에 서명. 가이후 수상, '재일한국인 문제에 대한 메시지' 발표
—.18 민단 시즈오카현(靜岡縣)본부 회관 준공
—.26~27 1991년 재일조선인인권세미나전국교류집회, 요코하마(橫浜)에서 열림
—.27 총련 니시토쿄(西東京)본부 마치타(町田)지부 조선회관 낙성축하회 열림
—.28 구 일본군 군소가 석성기(石成基), 전상자장해연금 급부를 신청(6.7 각하)
—.28 재일의 전후보상을 촉구하는 모임 발족
—.30 일본 문부성, '과외민족교육인정' 방침을 전국 교육위원회에 통지
—.31 구 일본군 군속 정상근(鄭商根), 전쟁희생자원회의 적용을 요구하면서 오사카지방재판소에 제소
2.19 재일본조선인상공연합회 결성 45주년 기념대회와 축하연, 도쿄 신주쿠(新宿)의 게이오(京王)프라자호텔에서 열림
—.25 민단중앙본부, 총련 중앙본부에 삿포로(札幌) 유니버시아드 남북선수단 공동 응원을 제의
—.26 총련 대표가 민단 중앙본부를 방문
—.27 재일조선인평화통일협회가 성명 발표. 범민련 남측 본부 준비위원회에 대한 탄압을 규탄
3.2 삿포로 유니버시아드 개막. 민단·총련이 합동 응원
—.3 일본의 고교야구연맹이 조선고급학교의 동 연맹 가입을 정식 결정
—.6 총련 중앙과 민단 중앙의 대표, 제41회 세계탁구선수권대회에 참가하는 남북단일팀을 공동으로 환영·응원하기 위해 총련 중앙과 민단 중앙의 제1회 실무회담, 민단 중앙본부에서 열림
—.14 남북단일팀 공동 환영·응원을 위한 총련 중앙과 민단 중앙의 제2회 실무회담, 민단 중앙본부에서 열림
—.22 총련 중앙과 민단 중앙이 공동 기자회견. 제41회 세계탁구선수권대회에 참가하는 코리아탁구단일팀을 총련과 민단이 공동으로 환영·응원하는, '공동환송영위원회'의 발족 등에서 합의서를 발표
—.23~25 제2회 이겨라배 쟁탈 '91 일조친선고교축구페스티벌, 도쿄에서 열림
—.25 민단 제40회 정기중앙대회가 중앙회관에서 열림—대의원 500명 중 469명 출석, 제40대 단장 정해룡(丁海龍), 부단장 김재숙(金宰淑)·김민수(金萬壽)·박성우(朴性祐)·이현제(李鉉濟)·김시종(金時鐘). 의장 신용상(辛容祥), 감찰위원장 김창휘(金昶輝), 중앙위언 175명 선출
3.26 코리아탁구단일팀, 나가노(長野)로열호텔에서 기자회견. 일본 도착(25일) 성명 발표. 단일 팀을 환영하는 재일 나가노현 동포의 연회 열림. 31일에 나가노시 주최 환송오찬회와 동포의 환송연
—.28 코리아탁구단일팀의 김형진 단장, 나가노현 지사와 나가노 시장을 표경 방문
—.31 해외동포음악아 초빙 시리즈 [3] 동향특별연주회 열림

1991년

재일동포
4.1 코리아탁구단일팀, 제2의 연습장 나가오카시[長岡市]에 도착. 나가오카시 주최로 환영오찬회
—.5 코리아탁구단일팀 니가타현[新潟縣] 동포환영연회, 나가오카시에서 열림. 총련 니가타현본부와 민단 니가타지방본부가 공동으로 조직한 환영위원회가 주최
—.8 코리아탁구단일팀을 공동으로 환영하기 위한 총련과 민단의 제2회 환영위원회가 도쿄 아카사카[赤坂]에서 열림. 공동환영연의 개최 등 일련의 문제에 합의
—.11 총련과 민단, 지바시[千葉市]의 뉴파크호텔에서 코리아탁구단일팀선수단의 공동환영회를 개최
—.11 조선대외문화연락협회 대표단, 일본의 자유민주당 중앙본부를 방문. 조일우호촉진의원연맹의 의원들과 환담
—.12 코리아탁구단일팀의 대표, 지바현청·지바시청을 방문. 15일에는 지사와 시장 주최 오찬회
—.21 지바현 동포환영위원회가 코리아탁구단일팀 격려회
—.21 4월의 명절을 축하하는 중앙단체·사업체 조청[朝靑] 회원의 운동회, 도쿄조선제4초중급학교에서 열림
5.7 총련·민단 합동 재일동포공동환영위원회 주최로 코리아탁구단일팀의 환송회
—.8 코리아축구단일팀의 북측 성원들과 북한의 취재기자단이 총련 중앙 방문
—.10 북한과 일본의 직접전화 개설. 총련 중앙 이진규[李珍珪] 제1부의장이 첫통화
—.17 노태우 정권의 반민족적 만행을 규탄하고 한국 민중의 투쟁을 지지 성원하는 재일조선인중앙대회, 도쿄 도시마[豊島]공회당에서 열림. 효고현[兵庫縣]에서도 대회
—.19 '안녕하십니까 오사카조선동포대야유회 – 민족은 하나! 조선은 하나! 연방제 통일로–'가 오사카성공원에서 열림
5.19 '우리의 소원 95 통일의 노래 – 사이타마[埼玉]동포음악회' 오미야[大宮]소닉시티 대홀에서 열림
—.28 민단 오사카부본부, 오사카시에 공무원 시험의 국적조항 철폐를 요망
—.29 효고현 정촌회[町村會], 직원채용의 국적조항을 철폐
—.31~6.1 조선인강제연행진상조사단 전국교류집회, 오사카에서 열림
6.1 조선대학교 창립 35주년 기념 조일학술심포지엄 열림
—.2 사이타마조선유치반 신교사의 낙성집회 열림
—.8 북한올림픽위원회 대표단이 총련 중앙을 방문
6.9 조선대학교 창립 35주년 기념 근린 일본의 주민과 일본 대학생과의 교류집회 개최
—.10 조국통일범민족연합 재일조선인본부, 성명을 발표. 한국 당국의 문익환 목사 재수감 감행을 규탄
6.12 총련 중앙상임위원회, 성명을 발표. 한국에 배치되었던 미국의 핵무기를 철수하고, 한반도를 비핵지대로 하는 것에 대한 북한의 제 정당·단체의 연합성명을 지지
—.22~7.5 '조선영화제 '91' 쿄토에서 개최
—.25 한국에서의 미국 핵무기 철거 요구·한반도의 비핵지대화를 위한 재일본조선인중앙대회, 도쿄 히비야[日比谷]야외음악당에서 열림. 대회 후 데모

1991년

재일동포

―.26 일조 국교정상화 조기실현 기후현[岐阜縣]100인위원회의 멤버가 총련 중앙을 방문. 27일에는 일조 국교정상화 조기 실현을 요구하는 오사카부민의 모임, 시즈오카현 민센터·시즈오카 일조문제 간담회의 멤버가 방문
7.12 북한의 남녀평등권법령 발포 45주년 기념 재일조선여성의 집회, 도쿄에서 열림
―.12 조선기독교연맹 대표단, 총련 중앙을 방문
―.13~14 '재일조선청년체육제 '91' 나고야[名古屋]에서 열림
―.15 민단 제2회 중앙집행위원회, '재일동포교류촉진협의회'를 조직
―.15 재일여성동맹 도쿄도 가쓰시카[葛飾]지부의 등산서클 '백일홍'이 백두산을 향하여 출발
―.16 민단 오사카부본부, 오사카부·시 교육위원회에 민족학급의 제도 보장을 요망
―.18 총련 중앙·이진규 제1부의장이 담화 발표. 민족통일정치협상회의의 소집을 비롯하여 북한의 일련의 제안을 지지 환영
―.19 민단 중앙 본부, 나가사키현[長崎縣] 운젠[雲仙] 후겐다케[普賢岳] 화쇄류火碎流 재해에 의연금 500만 엔을 보냄
―.20 재일본조선인상공연합회 최일수崔一洙 이사장이 담화 발표. 한국 당국이 민족통일정치협상회의 실현과 8·15 민족공동의 통일축전 개최를 위해 모든 조건을 보장하라고 요구
―.27 문예동文藝同 중앙기관지『문학예술』발간 100호 기념집회가 열림
8.11 재일조선축구단 결성 30주년 기념집회와 연회, 신주쿠의 게이오프라자호텔에서 열림
―.15 해외동포 참가 조국의 평화와 통일을 위한 제2회 범민족대회, 도쿄 진잔소[椿山莊]에서 열림
―.18 재일대한유도회와 재일조선유도협회가 오사카에서 친선교류함
9.1 시가[滋賀]조선초중급학교 신교사의 낙성축하회가 열림
―.4~6 재일조선인의 중등교육 실시 45주년 기념 재일조선학생중앙체육대회, 도쿄에서 열림
―.7 신용조합 고베[神戶]상은 본점 신축사옥의 준공축하회가 열림
―.7 사가현[佐賀縣]의 고도쿠지[高德寺]에서 강제연행희생자 한국인 무연불無緣佛의 위령제
―.15 재일동포 경로의 날. 각지에서 다채로운 행사
9.17~18 보촌보경음악단, 도쿄 센다가야[千駄ヶ谷]의 일본청년관에서 일본 첫 공연
―.18~10.2 재일조선인 미국방문 친선축구대표단(재일조선축구단), 미국으로 출발
―.19 조선노동당과 일본의 자민당, 사회당의 공동선언(3당 공동선언) 발표 1주년을 기념하는 보촌보경음악단의 공연, 도쿄 젠닛쿠[全日空]호텔에서 개최
―.19 남북 유엔 동시 가입 축하회가 데이코쿠[帝國]호텔에서 500명이 출석하여 열림
―.20 조국통일범민족연합 북측 본부 대표단이 총련 중앙을 방문
―.20 북한을 방문한 아이치 친선대표단·구노 주지[久野忠治] 단장(조일우호교류촉진의원연맹 전 회장)이 총련 중앙을 방문
―.22 조은 후쿠이[福井]본점 신축 낙성 축하회가 열림

1991년

재일동포
—.24 조은 가나가와(神奈川)본점 신축·이전 축하회가 열림
10.1 총련 중앙, 태풍 18호로 피해를 입은 간토(關東)지방의 동포에게 위문금 보냄
—.5 '출입국관리 및 난민인정법 특별법'을 제정(이에 따라 조선적인 사람에게도 영주권을 주는 '특별영주제도'를 신설하고, 재입국 기한에 대해 4년, 최장 5년까지, 수차(數次)도 허가)
—.5 재일조선인의 중등교육 실시 45주년 기념 도쿄조선학교연합운동회, 도쿄 유메노시마(夢の島)공원에서 열림
—.6 가나가와조선중고급학교 창립 40주년 기념축하회가 열림
—.19 민단 중앙회관에서 '재일한국인전후보상문제위원회' 제1회 회의
—.20 히가시오사카(東大阪)조선중급학교 창립 30주년 기념집회가 열림
—.20 재일조선인의 중등교육 실시 45주년 기념 자녀교육을 보다 잘 하기 위한 제1회 후쿠오카현 어머니대회, 기타큐슈(北九州)조선초중급학교 체육관에서 개최
—.21 도쿄한국학교의 신교사 준공
—.25 재일본조선민주법률가협회가 기자회견, 성명을 발표. 한국 거주 비전향 장기수 이인모(李仁模) 옹의 북한 송환을 촉구함
—.26 민단, 재일동포의 전후보상 문제 제2회 심포지엄 '태평양전쟁의 전후처리를 묻는다'가 긴자(銀座)야마하홀에서 500명이 참석한 가운데 열림
11.1 재일조선인강제연행진상조사단, 피강제연행자·사망자의 명부를 도쿄 조선출판회관에서 일반 공개(~2일). 동 명부의 긴키(近畿)지방 일반 공개, 오사카 조선문화회관에서 열림(4월 16일)
—.1 정주외국인의 특별영주제도 시작. 재입국 기한은 5년으로 연장
—.12 한국·조선인 BC급 전범 7명이 도쿄지방재판소에 제소.
—.14~16 중앙교육 실시 45주년 기념 재일조선학생중앙예술콩쿨, 조선대학교와 도쿄 니시코쿠분지(西國分寺)의 이즈미홀에서 열림
—.22 동해상사 제31기 주주총회와 창립 30주년 기념연회가 열림
11.26 총련 중앙상임위원회가 성명 발표. '한미전시지원협정'을 규탄
—.27 총련 중앙상임위원회가 성명 발표. 미국과 한국 당국이 한반도에서 핵 전쟁의 위험을 제거하기 위해 북한과의 협상에 응해야 한다고 지적
12.4 북일 국교정상화를 바라는 '일본·조선친선무용공연', 도쿄에서 개최
—.5 총련합영사업추진위원회와 조선합영은행의 합동상임이사회, 도쿄에서 열림
—.6 전 종군위안부와 군속의 '태평양전쟁희생자유족회', 1인 2,000만 엔의 보상을 요구하며 도쿄지방재판소에 제소
—.16 조은 도치기(栃木)신용조합 본점의 신축 사옥 준공 축하회가 열림
—.31 재일동포의 수는 69만 3,050명이 됨

1992년

재일동포

1992
- 1.10 조선인강제연행진상조사단, 일본의 외무성을 방문하여 요청서를 제출. 연행자·사망자 명부의 공개 등 8개 항목을 요망
- —.10 재일조선인평화통일협회가 성명 발표. 미국과 한국 당국의 '팀 스피리트' 합동군사연습 중지 등을 요구
- —.16 후쿠이현[福井縣] 쓰루가[敦賀]의 총련·민단이 합동 신년회를 개최
- —.17 민단 도쿄본부의 신회관건설위원회가 결성됨(건설위원장 허필석許弼奭)
- —.17 한일문화예술인의 신춘 모임, 도쿄 이케노하타[池之端]문화센터에서 열림
- 2.11 '종군위안부' 문제를 생각하는 재일동포 여성의 모임, 도쿄에서 열림
- —.15 김정일 서기 탄생 50주년 경축 재일조선인중앙대회, 도쿄조선문화회관에서 열림. 13일에 경축연, 도쿄 조선회관에서 열림 35개국의 550명이 참석
- —.19 조일경제인신춘간담회, 도쿄 게이오[京王]프라자호텔에서 열림
- —.24 조국통일범민족연합 도쿄집회, 우에노[上野] 도텐코[東天紅]에서 열림
- —.25 민단계 본국투자협회, 국산품애용운동을 전개
- 3.8 민단 중앙본부, 일본의 미야자와[宮澤] 수상에게 외국인등록증의 상시휴대제도 폐지에 관한 요망서를 제출
- —.8 요코하마[橫浜]상은신용조합의 창립 30주년 기념 축하회를 요코하마프린스호텔에서 개최
- —.11 북한의 해외영접부 봉사사업소 자동차기술대표단, 총련 중앙을 방문
- —.13 재일본조선불교도협회와 재일본한민족불교도총연합회가 공동선언문을 발표. 남북합의서와 한반도의 비핵화 선언을 지지, 그 실현을 위해 노력할 것을 확인
- —.26 오사카지방재판소, 동포여성 장병주 씨외 외국인등록 변경 지연에 따른 벌금형의 취소 요구를 기각
- —.30 도쿄고등재판소, 동화신용금고(현 조은도쿄신용조합)탄압사건으로 조합 측의 공소를 기각
- —.31 재일본조선인중앙교육회와 조선인교직원동맹의 대표, 운수성에 조선학교 학생의 JR정기권 값 차별 시정을 요청
- 4.1 조국통일범민족연합 제1회 공동의장단회의, 도쿄의 범민련 해외본부에서 열림
- —.7 김일성 탄생 80주년 축하 예술교류의 밤, 도쿄 기타[北]토피아에서 열림
- —.9 한국 법무부, 국적 취득을 부모양계주의로 하는 국적법 개정 시안을 작성
- —.11 기록영화「총련이 걸어온 영광의 길」, 도쿄 조선회관에서 상영
- 4.14~15 김일성 탄생 80주년 경축 재일본조선인중앙대회, 도쿄 조선문화회관에서 열림. 축하연을 조선중앙회관에서, 동 기념 재일조선인중앙미술전을 도쿄 조선문화회관에서 개최
- —.17 민단 중앙 정해룡丁海龍 단장, '외국인등록법 일부 개정'에 관하여 담화 발표
- —.20 외국인등록법의 발본적 개정을 촉구하는 재일조선인대표자회의, 중의원 제1의원회관에서 열림

1992년

재일동포

- 5.1 로스앤젤레스에서 흑인폭동. 재미한국인 상점 600호 이상이 습격·약탈·방화되고, 1명이 사망, 40명 이상이 중경상
- —.9 재일본조선민주법률가협회, 미국에서의 흑인폭동에 관하여 성명 발표. 미 정부가 동포 피해자에 응분의 사죄와 보상을 해야 한다고 주장
- —.9 민단 전국지방단장회의, 개최. 'BUY KOREAN'운동의 추진, 로스앤젤레스폭동 피해 한국인에 대한 의연금 20만 달러 갹출을 결정
- —.16 북한의 사회과학원 세계경제·남북협력연구소대표단, 총련 중앙을 방문
- —.20 재일한국·조선인 등 영주자의 지문 날인을 폐지하는 '개정 외국인등록법'이 성립. 1993년 1월 8일부터 시행
- —.21~23 총련 제16차 전체대회가 도쿄문화회관에서 열림—대의원 2,000명 중 1983명 참석, 의장 한덕수韓德銖, 제1부의장 이진규李珍珪, 부의장 박재노朴在魯·서만술徐萬述·허종만許宗萬·권순휘權淳徽·이성우李成雨·백한기白漢基·오형진吳亨鎭·배병두裵秉斗·전연식全演植. 중앙위원 360명 선출
- —.25 군마群馬동포의 음악무용종합공연 '축하의 봄', 마에바시前橋시민문화회관에서 공연됨
- 6.1 북한 국립교향악단(5월 27일에 '삼지연'호로 니가타新潟 도착)이 도쿄 공연. 총련 중앙을 방문. 2일에는 오사카에서 공연
- —.1 '외국인등록법 개정법'이 제정(특별영주자·영주자의 지문 날인을 폐지하고, 대체조치로서 서명·가족사항의 등록을 도입)
- —.10 오사카부·시 교육위원회, 외국인교육자의 상근강사 채용방침을 발표
- —.12 조청과 한국청년동맹 공동 7·4 남북공동성명 20주년 기념사업실행위원회가 발족
- —.18 『조선신보』 복간 40주년 기념 중앙집회, 조선중앙관에서 열림. 24일에 서일본집회, 오사카조선문화회관에서 개최. 7월 10일에는 주시코쿠中四國·규슈九州지방집회
- —.20 조은도쿄신용조합 창립 40주년 기념축하회, 도쿄 호텔 오타니에서 열림
- —.23 금강보험주식회사 창립 15주년 기념연, 도쿄 게이오프라자호텔에서 열림(제16회 총회도)
- 7.7 총련 시가현滋賀縣본부, '남북합의서의 이행 촉진·민족통일정치협상회의의 소집 지지 서명'의 목표를 200% 달성. 오사카·효고兵庫·가나가와神奈川·야마구치의 각 본부에서도 목표 달성(7월 29일)
- 7.8~17 '코리아통일미술전', 우에노 도쿄도미술관에서 열림
- —.11 민단 히로시마현廣島縣본부, 히라오카 다카히로平岡敬廣 히로시마 시장과 한국인원폭희생자위령비를 평화공원 내로 이전 설립하는 데 합의
- —.16 범민련 해외본부가 기자회견. 한국 당국이 제3회 범민족대회 개최를 거부한 데 대해 성명 발표
- —.19 7·4 남북공동성명 20주년 기념 조국의 평화와 통일을 위한 청년페스티벌, 도쿄에서 열림. 오사카에서는 26일
- 8.13 전 일본 군속 재일한국인, 도쿄지방재판소에서 '행정처분' 취소를 요구하면서 행정소송을 일으킴

1992년

재일동포
—.16 북한의 조선학생소년예술단, 오사카에서의 제2회 아시아·태평양아동예능제 '천재어린이 버라이어티쇼'에 출연(~31일)
—.30 이쿠노[生野]조선초급학교 낙성식
9.2 정찬진丁贊鎭 민단 중앙 고문이 사망. 10월 8일 중앙회관에서 민단장
—.4 조선학생소년예술단, 나고야시[名古屋市]공회당에서 아이치[愛知] 공연(~5일). 7~8일에 도쿄 조선문화회관에서 도쿄 특별공연
—.6 조은효고신용조합 창립 40주년 기념·효고 코리안 페스티벌, 포트아일랜드미나미[南]공원에서 열림. 2만 5천 명이 참가
—.6 사이타마[埼玉]조선초중급학교 개축 축하회
—.18 후쿠이현[福井縣] 쓰루가시[敦賀市], 외국인에게 고령자복지수당의 지급을 결정
—.20 나가노현[長野縣] 동포의 음악무용구성시 '통일의 메아리', 나가노현 마쓰모토[松本]문화회관에서 열림
—.23 민단의 'BUY KOREAN'운동의 'KOREAN PAIR IN TOKYO', 도쿄상은에서 개막
10.4 민단 오사카부본부, 한국가요제전 '10월의 밤'을 오사카성공원에서 개최 1만 명 참가
—.10 민단 효고현본부, 한국가요제전 '10월의 밤'을 본부회관에서 개최, 1,300명 참가
—.10 오사카조선고급학교 창립 40주년 기념집회와 음악무용구성시, 오사카조선문화회관에서 열림
—.15 재일본조선민주여성동맹 결성 45주년 기념 중앙집회와 축하연, 도쿄 진잔소[椿山莊]에서 열림
—.15 조은가나가와신용조합 창립 40주년 기념 축하회, 요코하마에서 열림
—.17 남북합의서와 한반도 비핵화 공동선언의 이행을 촉구하는 해외동포 여성의 모임, 도쿄 진잔소에서 열림
10.19 오사카부·시 교육위원회 주최 공립학교 교원채용 시험에서 재일한국인 4명이 합격
—.20 조선문제연구소 창립 40주년 기념집회와 축하연, 도쿄 조선회관에서 열림
—.24 조은효고신용조합 창립 40주년 기념집회, 고베[神戶]포트피아호텔에서 열림
—.25 조일친선도쿄축전 '평양-도쿄 레인보우 페스티벌', 도민과 동포 2만 5,000여 명이 참가하여 이루어짐
—.25 민단 간토[關東]지협, 민속예능축전 '10월의 밤'을 사이타마 고마[高麗]신사에서 개최, 5,000명이 참가
11.1 도쿄조선제1초중급학교 교사 개축 준공집회 열림
11.8 제3회 '시텐노지[四天王寺] 왓소'축제가 오사카에서 개최됨
※ 시텐노지 왓소의 유래는 1,400년 전부터 고대 한국과 일본의 활발한 교류가 있었고, 가야, 고구려, 신라, 백제, 조선왕조 시대를 거쳐 에도시대의 조선통신사에 이르기까지의 조선의 친선사절을 맞이하고 환영하는 모습을 축제로 재현한 것
—.13 윤이상尹伊桑의 75세 생일을 기념하는 '관현악작품의 밤', 도쿄에서 열림
—.13 동포기업경영자세미나, 도쿄에서 열림
—.15 '조일학생우호제-노래와 춤의 앙상블', 오사카에서 열림

1992~93년

재일동포
—.22 야마구치[山口]조선고급학교 창립 20주년 기념대회. 음악무용구성시 '주체의 빛 아래, 영광의 20년'을 상연
—.24 민단 오이타현[大分縣]본부의 신회관 준공
—.26 총련 오키나와현[沖繩縣]본부 결성 20주년 기념 축하집회, 나하[那覇] 도큐[東急]호텔에서 열림
—.30 일본조선문화교류협회 창립 20주년 기념공연 '일조예술의 밤', 도쿄 간다[神田]의 판세홀에서 열림
12.4 북한의 체육선수단(단장 황인모 국가체육위원회 국장), 총련 중앙을 방문
—.4 조선국제합영총회사 제6회 이사회에 참가한 총련이사대표단의 사업보고, 도쿄 조선상공회관에서 열림
—.5 제37회 재일조선학생 학과별연구토론회, 조선대학교에서 열림(~6일)
—.7 1992년을 보내는 조일여성의 간친회, 도쿄에서 열림
—.7 북한의 조선직업동맹대표단, 총련 중앙을 방문
—.14 우리말운동추진위원회, 도쿄 조선회관에서 열림
—.18 재일본조선불교협회 제22회 정기총회, 도쿄 조선출판회관에서 열림
—.31 재일동포의 수는 68만 8,144명이 됨
1993
1.9 총련 군마현[群馬縣] 세이모[西毛]지부사무소의 낙성집회 열림
—.10 북한의 조선원예교류대표단, 총련 중앙을 방문
—.15 각지에서 1993년도 동포상공인의 신춘강연회 열림
—.18 조일문화인신춘모임, 도쿄에서 열림
—.20 조련합영사업추진위원회 1993년도 제1회 상임이사회, 도쿄 조선상공회관에서 열림
—.22 1993년도 조일체육인신춘간친회, 도쿄에서 열림
—.25 장해월張海月(금강산가극단 부단장 북한 배우) 독창회, 도쿄에서 열림
—.30 민단, 강좌제 민족대학 '오사카교실'이 오사카본부회관에서 개강
2.3 재일동포, 하와이이주 90주년 기념행사에 참석하기 위해 130명이 출발
—.10 민단 나라현[奈良縣]본부, 나라시에 '재일외국인장애인·고령자 등에 대한 특별교부금 지급에 관한 요망서'를 제출
—.21 재일본조선지식인대회, 도쿄 조선문화회관에서 열림. 일본에서는 사상 최초
2.23 민단 중앙 박성우朴性佑 부단장, 로스앤젤레스폭동피해지원금 20만 달러(일본 엔 3,000만 엔 상당)를 로스앤젤레스의 한국 총영사관에 보냄
3.2 한미 팀 스피리트 93 합동군사연습에 반대하는 재일본조선인중앙대회, 동쿄 히비야[日比谷]야외대음악당에서 열림. 27일에는 오사카에서 긴키[近畿]지방대회
—.4 일본의 경찰 당국, 조은교토신용조합을 강제 수색. 직원을 부당 체포
—.8 조은교토의 조사위원회가 기자회견. 강제 수색의 부당성을 폭로
—.12 민단 오사카부본부, '21세기와 내외인 평등을 생각하는 심포지엄—재일한국인의 역사 회복과 내외인 평등' 개최

1993년

재일동포
一.13 총련 중앙상임위원회가 성명 발표. 북한 정부의 핵확산방지조약 탈퇴 성명을 지지
一.20~22 제3회 이겨라배 쟁탈 '93 조일친선고교축구페스티벌 개최
一.24 주간지 『아에라』(아사히신문사[朝日新聞社] 간행)의 모략적인 기사 게재에 각계의 동포가 동 편집부에 항의. 오사카에서도 항의
一.26 해외동포 음악가 초빙 시리즈 [9] '한겨레의 선율──윤이상 특집', 오사카에서 열림
一.26 총련 교토부본부가 기자회견을 하고 성명 발표. 조은교토의 수색 시에 직원이 체포되었다가 석방(25일)된 사건은 근거 없는 부당한 탄압이라고 언명
一.31 일제시대에 시즈오카[靜岡]에 연행되어 희생된 조선인의 유골안치당 완성식·동포위령제, 시미즈시[淸水市]에서 열림
4.1 오사카부 33시 10정 1촌의 전 자치체에서 '외국인고령자·장애자 급부금' 신청을 접수
一.5 일제시대에 일본군 '종군위안부'로 끌려갔던 재일조선 여성, 도쿄지방재판소에 제소
一.8 총련 중앙상임위원회가 성명 발표. 미국과 그 추종세력이 국제원자력기구 관리이사회에서 '핵 문제'를 유엔에 이관하는 '결의'를 억지로 채택한 것을 규탄
一.12 김일성이 제시한 '조국통일을 위한 전민족대단결 10대 강령'을 지지하는 재일본조선인중앙대회, 도쿄 조선문화회관에서 열림. 9일에 총련 중앙 한덕수[韓德銖] 의장이 동 10대 강령을 열렬히 지지 환영하는 담화를 발표
一.13 기록영화 「총련이 걸어온 영광의 길」 제3부 '애국의 대를 이어'. 도쿄 조선회관에서 상영
一.17 젊은동포상공인협의회 도쿄연락회의 결성을 위한 준비위원회 발족집회, 도쿄 조선상공회관에서 열림
一.17~18 아이치현[愛知縣]조선인강제연행진상조사단, 나가노현[長野縣]이 히라오카[下岡]댐과 주변을 현지조사
一.18 조선인강제연행과 일본의 전후처리를 생각하는 집회, 지바현[千葉縣] 오아미시라사토쵸[大網白里町]에서 열림
一.18 한통련, 제5회 중앙위원회의 특별결의문에서 김영삼 대통령의 신정부를 지지 "어느 동맹국도 민족보다 더 좋지는 않다"는 주장에 공명
一.20 『조선상공신문』 창간 45주년 기념집회, 도쿄 우에노[上野] 이케노하타[池之端]문화센터에서 열림
一.21 오카야마[岡山]동포의 이업종 간 교류회 '새날회'의 학습회, 오카야마로열호텔에서 열림
4.23 전일본 미스코리아 콘테스트, 오사카국제교류센터에서 개최. 진 김희수(도쿄), 선 고광대(효고[兵庫]), 미 이회진자(효고)
一.23 재일동포 정건이 선수, 제9회 아시아레슬링선수권대회(~25일, 히로시마[廣島])에 북한 선수로서 출전
一.25~26 오사카부 젊은상공인협의회 간사강습회, 오사카 산파레스 히라카타[枚方]에서 열림
一.26 해외동포 음악가 초빙시리즈 [10] '한겨레의 선율──남북가곡특집', 도쿄에서 열림

1993년

재일동포

—.26 후쿠시마현[福島縣]동포상공인경제세미나(후쿠시마현 청년상공인협의회 주최), 고오리야마시[郡山市] 에미나르아사히에서 열림
 5.1 제1회 재일본조선인동서대항배구대회, 시가[滋賀]현립체육관에서 열림
—.11~13 제4회 해외한민족대표자회의가 서울에서 개최, 28개국 427명 참가 '서울결의' 채택
—.13 '조선인강제연행조사의 기록(오사카편)'의 출판보고회, 오사카부 교육회관에서 열림
—.14 총련 오사카부 관하의 대표들, 오사카부청을 방문하여 동포에 대한 국민연금법 적용 차별의 시정을 촉구함
—.16 오사카 조선동포의 대야유회 '안녕하십니까! '93 페스티벌', 오사카성공원에서 열림
—.24 고치시[高知市], 시 직원 응모자격의 국적조항을 전폐
 6.1 ''조국통일을 위한 전민족대단결 10대 강령'을 지지하는 서명운동' 각지에서 시작됨
—.12 시가현 오쓰시[大津市], '재일외국인 고령·장애인급부금' 신청을 접수
—.24 '조선의 노래와 춤의 밤', 도쿄 스미다구[墨田區]의 히키후네[曳舟]문화센터에서 열림
 7.1 재일한국인계 금융기관의 한신협 산하 5조합(오사카흥은·고베[神戶]상은·시가상은·와카야마[和歌山]상은·나래[奈良]상은)이 통합, 간사이[關西]흥은을 설립. 예금고 1조 2,000억 엔의 대형신용조합이 됨
—.14 총련 중앙 허종만[許宗萬] 책임 부의장이 기자회견. 북한 국가원수(김일성)을 보독하고, 존엄을 훼손하는 일본 외무장관의 망언을 지탄
—.15 총련 중앙, 홋카이도[北海道] 남서부 앞바다 지진으로 피해를 입은 하코다테[函館]지역의 동포에게 위문금을 보냄
—.27~29 '제1회 우정배 '93 국제친선고교축구페스티벌', 미야기[宮城]에서 열림
—.29 총련과 민단의 친선시합 '93재일동포유도선수권대회', 오사카한국인회관에서 개최
—.30 민단 중앙, '조선인노동자에 관한 1946년 후생성 조사보고서 명부 6만 6,941명분'의 일반 공개를 기자회견에서 발표
—.30 도쿄의 어머니들, JR동일본본사를 방문하여 조선학교 학생에 대한 부당한 정기권 할인율 차별의 시정을 촉구하는 10만 명의 서명을 전달하고 조속한 대처를 요청
 8.1 NHK, '조사보고·조선인강제연행 첫 공개 6만 7천 명의 명부'를 방영
 8.4~13 '전민족대단결 실현·조국통일을 위한 재일동포청년학생대행진 축제', 후쿠오카[福岡]를 출발. 13일에 '전민족대단결 실현·조국통일을 위한 재일동포청년학생중앙대축제와 대행진', 도쿄에서 열림
—.8~14 제1회 가와사키[川崎]·조일우호아동회화전, 가와사키시에서 열림
 8.12 민단 중앙본부, 홋카이도 남부 앞바다 지지의 의연금 약 1,000만 엔을 홋카이도청과 민단 하코다테지부에 보냄
—.14~15 ''93 조국의 자주와 평화통일·민족대단결을 위한 제3회 북남·해외청년학생통일제전', 도쿄에서 열림
—.15 조국의 평화와 통일을 위한 제4회 범민족대회 도쿄대회 열림. 동 대회 참가자를 위한 '통일의 밤' 열림. 각지에서 다채로운 8·15 경축행사

1993년

재일동포
—.18 총련 중앙상임위원회, 모든 총련 활동가와 재일동포에게 감사문. '조국통일을 위한 전민족대단결 10대 강령'을 지지 실현하기 위한 서명 목표를 달성한 데 대해
—.24 귀국선 '우키시마마루[浮島丸]'폭파사건순난자[殉難者] 제48회 추도집회가 교토의 마이즈루항[舞鶴港]에서 열림
—.31 관동대지진 조선인학살 70주년 중앙보고집회, 도쿄 조선출판회관에서 열림
9.1~3 재일조선학생중앙체육대회, 도쿄 고마자와[駒澤]경기장 등 각 경기장에서 열림
—.3 민단 오사카부본부, 오사카부 시회[市會]에 '재일외국인 고령자에 대한 특별급부금 지급에 관한 요망서'를 제출
—.4 민단, 강좌제 민족학교 '나고야[名古屋]교실'을 250명 수강으로 개강
—.6 북한 건국 45주년 기념 중앙강연회, 도쿄 조선회관에서 열림. 이후 각지에서 열림
—.6~7 민단 중앙, 규약 개정을 위해 '언론·강령소위원회'와 '규약소위원회'의 합동회의를 중앙회관에서 개최
—.8 북한 건국 45주년 경축재일본조선인중앙대회, 도쿄조선문화회관에서 열림. 7일에 조선회관에서 축하연. 같은 날 사이타마현[埼玉縣] 우라와시[浦和市]문화센터에서 동 기념 제22회 재일본조선학생미술전
—.11 민단, 강좌제 민족학교 '교토교실'을 231명의 수강으로 개강
—.15 재일동포 경로의 날. 각지에서 다채로운 경로의 모임
—.17 민족교육에 대한 차별을 철폐시키기 위한 오사카부조선인대회, 모리노미야[森ノ宮] 청소년회관대홀에서 열림
—.18 제2회 '동포생활상담의 날', 각지에서 열림
—.18~19 제22회 재일본조선인축구선수권대회, 도쿄 고마자와올림픽종합운동공원에서 열림
—.22 조은 시즈오카 누마즈[沼津]지점 신축
—.23 제9회 금상숙작품전, 도쿄에서 열림
10.12 도쿄에서 '코리아통일미술전'(~17일), 간사이전(18~23일)은 오사카부립현대미술센터에서 열림
—.16~17 제18회 총련분회열성자대회, 도쿄 조선문화회관에서 열림
10.23 금강보험지사장 회의. 11월 1일부터 1개월간 '금강보험계약자확대월간사업'을 추진하기로 결정
—.24 '조국통일을 위한 전민족대단결 10대 강령' 실현촉진도쿄동포대야유회 열림
—.26 재일조선여성상공인대표단(5일에 나고야항공을 출발, 평양 도착)의 보고집회 열림
—.26 조은 아이치신용조합 창립 40주년 기념축하회 열림
—.30 조은 와카야마[和歌山]신용조합 창립 30주년 기념집회, 와카야마터미널호텔에서 열림
11.3 총련 교토부본부와 민단 교토부지방본부, 공동으로 원코리아페스티벌 '조국은 하나!'에서 교토 제4회 시텐노지[四天王寺]왓소(헤이안[平安] 천도 1,200년제 기념행사)에도 공동 참가
—.13 히가시오사카[東大阪]조선중급학교, 오사카부중학교 추계종합체육대회(오사카부 중체련 주최)의 축구 부문에서 우승

1993~94년

재일동포
―.13 히로시마조선중고급학교 창립 40주년 기념대회, 히로시마 미나미[南]구민센터에서 열림
―.13~14 제4회 재일본조선인바둑선수권대회, 조은 효고본점에서 열림
―.13~14 제17회 재일본조선인야구선수권대회, 아이치청소년공원에서 열림
―.13~14 제20회 재일본조선인탁구대회, 효고현 니시노미야[西宮]시립 나루오[鳴尾]체육관에서 열림
―.15 재일한국기업연합회 설립
―.20 재일본조선신용조합협회 창립 40주년 기념축하회, 도쿄 호텔센트리에서 열림
―.21 제12회 친선복싱대회에서 재일조선고급학교 선발이 도쿄도 고교선발에 압승
―.28 아이치조선중고급학교 창립 45주년 기념대회, 나고야국제회의장 시라토리[白鳥]센트리홀에서 열림
12.1 민단 중앙본부, 도호[東邦]생명에서 참정권 문제를 중심으로 '재일동포의 생활권' 심포지엄
―.11 재일동포무용제 '통일의 춤', 도쿄에서 열림
―.13 총련의 각 본부, 연말을 맞이하면서 JR 정기권 값 차별의 시정을 JR 4개 본사에 요청
―.15 단군릉 발굴에 관한 재일조선사회과학자의 보고회, 도쿄 조선출판회관에서 열림
―.20 고 전연식仝演植·총련 중앙 부의장 겸 상공연합회 회장의 추도집회, 도쿄 조선회관에서 열림
―.25 총련 중앙·서만술徐萬述 부의장이 담화 발표. 한국 김영삼의 이른바 '성탄절 특사'를 비판
―.25 총련 시즈오카현 동부지부를 비롯하여 각지에서 '사랑의 구원사업'으로 모인 구원금과 구원물품을 대상이 되는 동포에게 보냄
―.31 재일동포의 수는 68만 2,276명이 됨
1994
1.11 민단 중앙 정해룡丁海龍 단장, 일본 사회당 대회에 출석(중앙 단장의 참석은 처음)
―.13 총련 오사카부본부·재일조선인민족교육대책위원회·오사카조선고급학교 학생 각 대표들, JR 서일본본사를 방문하여 정기권 차별의 시정을 요구하는 부민 13만 4,842명의 서명을 제출
―.30 교토조선중고급학교 창립 40주년 기념 음악무용구성시 '조국과 함께 영광의 40년', 교토에서 열림
2.5 재일본조선인인권협회가 도쿄 출판회관에서 결성
―.5~6 재일한국청년회, 제2회 '재일코리아청년의 축제'가 고베시[神戶市]에서 5,000명이 참가하여 개최됨
―.6 교토조선중고급학교 창립 40주년 기념 교사 신증축 낙성집회 열림
―.20 총련 도쿄도본부 권리옹호대회, 도쿄 조선문화회관에서 열림
―.20 한통련, 제2회 대의원대회가 전수도회관에서 열려, 자주·민주·통일운동의 강화 발전을 결의

1994년

재일동포
—.22 JR 각사, 조선학교 학생의 통학 정기권 할인율을 일조교 수준으로 하기로 결정
3.8 일본배구협회가 기자회견. 조선학교 배구부의 전국고등학교배구선발 우승대회 참가를 정식으로 인정
3.— 전국 고체련 이사회, 조선고급학교 등 각종학교에 고교총체 참가를 인정하는 결정. 단, 참가는 인정하지 않음
—.20~21 제1회 조일친선고교 히로시마(廣島)축구대회 '평화배', 히로시마현에서 열림
—.20 재외한국인의 모국유학생을 위한 기숙사 '재외국민학생회관'이 낙성. 한국 정부 보조금과 민단의 지원금(15억 원)으로 건설. 6월 1일에 개관
—.23 '동포결혼상담중앙센터'의 구성원 임명집회, 도쿄 조선회관에서 열림
—.23~25 제4회 이겨라배 쟁탈 '94 조일친선고교축구페스티벌, 도쿄조선고급학교 그라운드와 국립 니시가오카(西が丘)축구장에서 열림
—.26 민단, 강좌제 민족학교 '히로시마교실'을 개강
—.30 재일조선인권리옹호위원회 회의, 도쿄 조선회관에서 열림
4.2 미국과 한국 정권의 핵전쟁도발책동을 규탄하고 나라의 평화통일의 길을 열기 위한 재일조선인중앙대회, 도쿄 조선문화회관에서 열림
4.— 북한의 '핵 의혹'을 배경으로 조선학교의 여학생에 대한 폭언, 폭행사건(치마저고리사건)이 연이어 발생(7월까지의 집계로 160건)
—.11 김일성 탄생 82주년 경축 도쿄 조선회관(총련 도쿄본부회관)의 낙성집회를 엶
—.13 민족대회 소집을 지지하는 총련과 각 단체의 대표자회의, 도쿄 조선출판회관에서 열림
—.14 김일성 탄생 82주년 경축 재일본조선인중앙대회 열림. 도쿄 조선회관(총련중앙회관)에서 축하연(13일)
—.19 4·19 사건 34주년 재일조선청년학생중앙대회, 도쿄에서 열림
4.19 민단 제45회 정기중앙위원회 열림. 재일한국인과학기술자협회의 산하단체를 승인
—.20 민단 제41회 정기중앙대회가 중앙회관에서 열림—대의원 500명 중 463명 출석, 제41대 단장 신용상辛容祥, 부단장 하병옥河丙鈺·김용우金容雨·엄학섭嚴學燮·권병우權炳佑·이춘우李春雨, 의장 박성유朴性裕, 감찰위원장 진원렬陳源烈, 중앙위원 175명 선출. 결정사항 ①명칭변경 '재일본대한민국거류민단'에서 '재일본대한민국민단'으로 고치고, 우호단원제를 신설, ②중앙위원 정원 175명에서 205명 이내로 하고, 중앙대회의 정원은 중앙위원을 포함한 대의원은 500명에서 550명 이내로 결정하고 규약을 대폭 개정
4.21 총련 중앙 백한기白漢基 부의장이 기자회견. 우익 폭도의 일련의 소동에 대해 성명 발표
—.23 도쿄한국학교에서 토요학교가 개강하여 80명이 수강
—.25 총련 중앙 허종만許宗萬 책임부의장이 기자회견, 중앙상임위원회 성명을 발표. 오사카부 경찰, '위력업무방해'를 구실로 총련 오사카부본부 등 8곳을 강제수사, 문서 등 수백 점을 압수하고, 수십 명을 취조

1994년

재일동포

—.28 북한을 방문한 총련노간부활동가 대표단(11일에 북한, 20일에 전세기로 나고야(名古屋)공항 도착)의 조국방문 중앙보고집회, 도쿄 조선문화회관에서 열림. 서일본지방보고회는 5월 10일, 오사카 조선문화회관에서
—.30 일본 당국의 총련 오사카조직에 대한 탄압행위를 규탄하는 재일본조선인중앙대회와 재일조선인오사카부대회, 도쿄 조선문화회관과 나카오사카(中大阪)조선초중급학교에서 열림
—.30 구월서방(九月書房) 창립 40주년 기념대회, 도쿄 조선회관에서 열림
5.2 총련 중앙상임위원회가 성명 발표. 일본의 당국자들이 한반도의 '유사'에 과민반응하며 '유사입버'의 제정을 꾀하고 있는 것을 지탄
—.12 총련 중앙 대표가 일본의 제 정당과 사회단체를 방문하여, 총련 오사카부본부에 대한 일본 당국의 부당한 탄압에 대해 설명, 협력·지원을 요청
—.13 재일본조선인민족교육 오사카부대책위원회의 대표와 어머니회 회장들, 오사카부청을 방문하여 조선학교에 대한 조성금 확충을 요청
—.13 총련 중앙, 한덕수(韓德銖) 의장 명의로 국제기구와 각국의 단체, 저명인사에 어필 보냄. 총련과 재일동포에 대한 박해와 탄압이 심화되고 있는 데 대해 일본 당국에 지탄·재일조선인에 대한 지원을 촉구함
—.13 총련 군마현(群馬縣) 기류(桐生)지부와 민단 군마현본부, 연명으로 재일동포에 대한 고령자·장애인급부금 지급 요망서를 기류시에 제출
—.14~15 제3회 조선인강제연행진상조사단 전국교류집회, 아이치현(愛知縣)노동자연수센터에서 열림
—.16 총련 오사카부본부와 일본의 신문·통신·방송 8개사의 대표와의 간담회, 오사카 시내의 신문협회 사무소에서 열림
—.20 총련 중앙 오형진(吳亨鎭) 부의장(겸 오사카부본부 위원장), 일본 사회당 본부를 방문하여 무라야마 도미이치(村山富一)위원장과 만남. 총련의 조직을 지키는 대중적인 운동에 적극적으로 지지 요청
—.21 재일한국청년상공인연합회, '청상(靑商) 비전 21—힘께 대화하는 재일 심포지엄'이 긴자(銀座)야마하홀에서 350명이 참가하여 개최
5.22 어린이의 권리조약이 일본에서 발효됨
—.26 재일본조선인 지바현(千葉縣)상공회 결성 35주년 기념집회, 호텔 뉴오타니 마쿠하리(幕張)에서 열림
—.27 조청(朝靑) 중앙 대표, 신당시키가케청년국장을 방문하여, 일본 정부에 북한 적시와 재일조선인 탄압의 즉시 중지를 요청
—.28 가나가와(神奈川)에서 '청년의 만남-드림크루징 94' 열림
5.29 아이치조선청년상공인협의회 결성총회, 나고야의 캐슬프라자에서 열림
6.1 민단 가나가와본부, '가나가와현재일정주지방참정권획득촉진협의회'가 회장에 이종대(李鐘大)를 선출하여 발족
—.4 가나가와현의 미이케(三池)공원에 코리아정원 개막. 개막행사로서 코리아가 가든 페스티벌 발족

1994년

재일동포
—.5 인터하이 출전이 결정된 오사카조선고급학교 복싱부와 오사카부고등학교종합체육대회에서 우승한 동교 럭비부 학생을 격려하는 모임, 오사카 조선문화회관에서 열림
—.6 교토부 경찰, '국토이용계획법' 위반을 구실로 총련 교토부본부 등 28곳을 강제수사, 문서 등 수백 점을 압수
—.6 총련 중앙이 기자회견. 총련 교토조직에 대한 경찰 당국의 대대적인 탄압사건에 대해 성명 발표
—.9 일본 사회당의 중앙본부와 교토부본부가 '총련 교토부 본부에 대한 강제수사에 관한 합동조사단'을 편성. 교토시·교토부 경찰·총련 교토부 본부에서 진상조사를 실시
—.14 교토부 경찰이 유감의 뜻을 표명. 총련 교토부 본부는 명확한 사죄와 관계자의 책임 추궁을 요구
—.15 총련 도쿄도본부, 동 본부회관에서 기자회견. 조선학교 학생에 대한 민족배타주의적인 폭행사건에 항의
—.17 민단 중앙본부 최현명[崔賢明] 선전부장, '조선학교생에 대한 폭행'에 관한 담화 발표
—.17 재일본조선인 야마구치현[山口縣]상공회 결성 35주년 기념집회, 야마구치시 유타[湯田]온천의 호텔 마쓰마사[松政]에서 열림
—.21 도쿄조선고급학교 복싱부, 도쿄도 고교선수권대회(인터하이 예선)의 6계급에서 우승, 본선출전권을 획득
—.24 조선학교생에 대한 폭행사건의 방지를 요구하는 재일조선인어머니중앙대회, 도쿄 조선문화회관에서 열림. 동 대회의 대표들, 일본의 수상과 관련 당국에 사건재발 방지를 요청. 7월 2일에는 오사카어머니대회(오사카 조선문화회관)
—.28 '조선인 학생에 대한 인권침해 조사위원회' 제1회 조사회, 도쿄조선중고급학교에서 개최
7.5 히가시오사카[東大阪]민족교육대책위원회 대표들, 히가시오사카시와 후세[布施]경찰서에 조선학교 학생에 대한 폭행사건의 재발 방지 조치를 취하도록 요청
—.5 총련 나가노현[長野縣]본부와 동포·현 내의 일본인들이 『주간 아사히[朝日]』 나가노 지국에 항의
7.7 재일한국상공회의소, 전국회장단회의에서 국산품애용운동의 전개를 결정
—.8 김일성이 급작스러운 병으로 사망
—.9 김일성 사망에 관하여 민단 중앙 신용상 단장이 담화 발표
—.11 민단 중앙, 히로시마 제12회 아시안게임 재일한국인후원회가 히로시마본부회관에서 발족
—.15 도쿄지방재판소, 재일동포 전 일본군 군속의 원호법 청구를 기각
7.17 김일성을 추모하는 재일본조선인중앙추도회, 도쿄 조선문화회관에서 열림. 총련의 각 본부에서도 추도 모임 열림
—.22 민단 중앙 신용상 단장, 야마구치 쓰루오[山口鶴男] 총무청 장관을 방문하여 지방참정권에 관한 요망서를 제출
—.27 민단 중앙 신용상 단장, 본국의 가뭄 피해에 대한 의연금 30만 엔을 MBC방송에 기탁

1994년

재일동포
8.1 스위스 제네바에서 개회 중인 제46회 유엔 인권위원회 차별 방지·소수자보호소위원회에 참가하는 총련 대표 제1진, 일본을 출발
—.6 사이타마현[埼玉縣]조선인강제연행진상조사단 결성
—.7 일본의 인터하이에 출전한 조선고교 선수 3명(김현, 김성주, 안수영)이 3위 획득, 도쿄조선고교는 종합 6위
—.12 재일조선축구단, 대만원정에서 돌아옴
—.14 제5회 범민족대회 전야제와 제4회 조국의 자주·평화·민족대단결을 위한 범청학련 통일대제전, 도쿄 기바[木場]공원에서 열림
—.15 조국의 평화와 자주통일을 위한 제5회 범민족대회, 도쿄 아사히생명 홀에서 열림
—.27 민단, 강좌제 민족대학 '후쿠오카[福岡]교실'을 343명이 수강하여 개강
9.1 유엔에서의 활동보고 – 치마저고리폭행사건을 생각하는 9.1집회, 도쿄 전수도회관에서 열림
—.1 신용조합 간사이[關西]흥은, 기후[岐阜]상은을 구제합병
—.3 민단, 강좌제 민족대학 '가나가와교실'을 147명이 수강하여 개강
—.4 재일본조선인체육연합회(체련) 결성 40주년(8.28) 기념 집회, 도쿄 신주쿠[新宿] 호텔에서 열림
—.8 재일본조선인 사이타마현상공회 결성 40주년 기념집회, 팔레스호텔 오미야[大宮]에서 열림
—.9 재일본조선인 교토부상공회 40주년 기념집회, 교토 그랜드호텔에서 열림. 이진규李珍珪 제1부의장이 참석
—.10 민단, 강좌제 민족학교 '효고[兵庫]교실'을 204명의 수강으로 개강
—.21 총련의 대표와 재일조선인 고령자·장애인 대표, 후생성에 국민연금 차별의 시정을 요청
10.2 민단 전국대표, 히로시마 '한국인원폭희생자위령비'에 참배하고 추도식을 거행
—.3 민단 도쿄본부의 신회관 준공
—.5 후쿠이[福井]지방재판소, 재일한국인 제소의 소송판결에서 "정주외국인의 선거권은 헌법의 허용범위 내에 있다"고 판시
10.6 조선고급학교 교장회의 대표, 조선학교 학생의 일본 국립대학 수험자격 인정을 촉구하면서 국립대학협회에 요청
—.10 민단 효고현본부, 민족문화제 '10월의 광장'에 1,000여 명이 참가하여 열림
—.13~14 총련의 도카이[東海]·긴키[近畿] 등 4개 가무단과 여성동맹의 예술서클, 미에현[三重縣] 이세시[伊勢市]의 아사마[淺間]산록에서 개최 중인 세계축제박람회 '축제박람회 미에 '94'에서 공연
—.16 민단 지바현본부, '10월의 광장'에 1,500명이 참가하여 지바보쓰공원에서 열림
—.18 가나가와현 가와사키시[川崎市], '외국인시민대표자회의'의 설치를 결정
—.21~22 민단 오사카부본부, 조직 간부의 양상연수에 650명이 참가
—.22 도쿄한국학교, '토요학교' 후기에 96명이 입교하여 개강
—.23 재일조선인도쿄체육협회(도쿄체협) 결성 40주년 기념 도쿄동포대운동회, 도쿄조선중고급학교에서 열림. 총련 도쿄도본부회관에서 축하연

1994~95년

재일동포

—.23 시민간토[關東]지협, 민족의 축제 '10월의 광장'에 가나가와현 미이케공원 '코리아정원'에서 약 3,000여 명이 참가하여 열림
—.28 오사카고등재판소, 윤창렬尹昌烈 씨의 소송으로 "지문날인제도는 위헌이며, 날인 거부자의 체포는 위법"라고 판결
11.6 헤이안[平安]건도建都 1,200년 기념으로 재일동포의 '원코리아퍼레이드', 교토 시내의 오이케도리[御池通]에서 열림
—.9 민단 중앙 상임고문, 허필석許弼奭 사망
—.11 재일한국조선의 미래와 인권연구회가 주최한 '재일의 인권에서 국제화를 다시 묻는다'라는 테마로 심포지엄이 요코하마시[橫浜市]교육회관에서 약 720명이 참가한 가운데 열림
—.13 청춘의 만남—야외바이킹(재일동포결혼상담중앙센터 주최), 도쿄 다치가와[立川]의 쇼와[昭和]기념공원에서 열림
—.15~16 동북아시아의 진정한 평화를 추구하는 일본과 조선·한국 종교자의 히에이잔[比叡山]회의, 엔랴쿠지[延曆寺]회관에서 열림
—.18 총련 중앙상임위원회가 처음으로 주최한 대중가요 현상모집의 수상식, 도쿄 조선회관에서 열림
—.26 동포청년 만남의 파티(동포결혼상담중앙센터 주최), 도쿄 게이오[京王]프라자호텔에서 열림
—.27 일조프렌드십 '94, 도쿄 호세이[法政]대학에서 열림
12.1 '한국의 비전향장기수 김인서, 함세환, 김영태 옹의 송환을 실현시키는 모임'이 발족. 북한으로의 송환을 촉구하는 재일동포의 집회, 9일에 도쿄 전수도회관에서 열림
—.3~4 1994년 재일본조선인인권협회 제1회 연구교류회, 기슈[紀州]철도 아타미[熱海]호텔에서 열림
—.8 재일본조선인역사고고학협회 결성집회, 도쿄 조선회관에서 열림
—.10 제2회 재일동포민족무용제전 '통일의 춤 '94', 도쿄 간이보험홀에서 열림
—.31 재일동포의 수는 67만 6,793명이 됨

1995

1.12 민단 중앙 신용상辛容祥 단장, 일본의 수상관저를 방문하여 지방참정권 요망서를 제출
—.17 총련 중앙, '효고현[兵庫縣] 남부지진피재동포구원총련중앙대책위원회'를 설치. 구원·선발대 파견
—.17 민단 중앙, 긴급 상임위원회를 개최. 지진재해 구원 '대책본부' 설치를 결정. 18일에 중앙 간부 5명을 현지로 급파. 신용상 단장 등, 오사카본부에서 대책회의. 심야에 효고현본부에서 민단 중앙·효고현본부·총영사관의 합동회의 개최
—.17 한신[阪神]·아와지[淡路]대지진으로 피해를 입은 조선학교에 부흥 비용의 50%를 일본정부가 보조, 기부금을 10년간 연금捐金 취급
—.19 민단 각지방조직에서 피해지역에 구원물자 도착, 배급. 20일에 민단의 구원센터 설치

1995년

재일동포
一.20 총련 중앙 이진규李珍珪 제1부의장, 산노미야(三宮)의 현청에 있는 효고현남부지진대책위원회를 방문하여 위문금 1,000만 엔을 전달함
一.26 총련 중앙 이진규 제1부의장, 김정일 서기가 효고현 한신대지진 지역에 거주하는 재일동포에 위문금을 보내온 데 대해 도쿄 조선중앙회관에서 기자회견
一.26 총련 중앙 이진규 제1부의장, 일본적십자사를 방문하여 조선적십자사로부터의 위문금을 전달함
一.26 한국의 현대그룹, 지진피해 구원금 3,000만 엔을 민단에 기탁
一.27 총련 중앙, 허종만許宗萬 책임부의장, 고베시청과 효고현공관을 방문하여 위문
一.27 한국 정부, 지진재해 구원금 50만 달러를 민단에 보냄
一.28~29 재일한국인의사회, 지진피해지인 나가타(長田)지구에서 의료봉사
一.29 재일조선인인권협회, 한신·아와지대지진에서 인적·물적으로 피해를 입은 효고현 내 동포를 위해 '피해동포에 법률·생활무료상담'을 니시코베(西神戸)·히가시코베(東神戸)·니시노미야(西宮)에서 시작됨
一.30 총련 도쿄도본부대책위원회 대표, 총련 중앙을 방문하여 피해 동포에 구원금과 격려의 편지를 전달함
2.6 민단 중앙 신용상 단장, 지진피해의연금 5,000만 엔을 효고현 재해대책본부에 거출. 민단 오사카본부도 1,000만 엔 기탁
一.26 민단 효고현본부회관에서 한신대지진희생동포합동위령제(사망 129명) 거행. 전국대표 800명이 참열
一.26 한통련, 제3회 대의원대회가 전수도(全水道)회관에서 열려, "민족의 대단결을 강화하고, 통일 원년을 쟁취하자"고 결의
一.28 최고재판소, 재일한국인이 제기한 행정소송 각하. 단 "영주자 등의 지방참정권 부여는 헌법상 금지되어 있지 않다"고 판시
3.2 민단, 신진당新進黨의 '정주외국인의 지방참정권 프로젝트'(회장 나카노 간세이(中野寬成) 중의원 의원)와 회합. 신진당, 정주외국인의 입당 허용 결정
一.4 총련, 한신·아와지대지진희생동포합동추도식, 니시코베조선초중급학교에서 열림. 총련 중앙 이진규 제1부의장이 참열
3.9 도쿄도 의회, 제5회 정례회에서 관내의 조선학교(고급부까지)에 대한 교육운영비 보조를 실시하는 안건을 만장일치로 가결
一.10 한국문화원 미나미아자부(南麻布)의 민단 중앙회관으로 이전
一.13 지진으로 교사 사용이 불가능해진 히가시코베조선초중급학교, 가건물 교사의 완공으로 수업 재개
一.15 사이타마현(埼玉縣) 후키아게마치(吹上町) 의회, 조선학교의 법적지위 개선, 민족교육의 장려·진흥을 도모하는 의견서를 만장일치로 채택
一.15 시즈오카현(靜岡縣) 하마마쓰시(浜松市), 4월 신학년도부터 시즈오카조선초중학교의 서부지역어머니회에 연간 30만 엔을 보조하기로 결정
一.17 오사카부 야오시(八尾市) 의회, 조선학교를 '일조교'에 준하는 학교로 인정하고, 그에 상응한 대우를 적용해야한다는 의견서를 만장일치로 가결

1995년

재일동포
一.17 금강산가극단의 한신대지진 피해동포를 격려하는 자선공연(2월 28일)의 수익금을 장해월張海月 부단장이 총련 중앙에 보냄
一.17 미주한인회 총연합회의 심필영沈必泳 회장 등 재미한국인 방일단, 한신대지진 의연금 20만 달러를 민단에 기탁
一.22 한국 주일대사에 김태지金太智 취임
一.23 도쿄지방재판소, STT개발 골프회원 입회 차별로 "국적에 따른 차별은 위헌"이라고 판결
一.24~25 제2회 조일친선히로시마[廣島]축구대회 '평화배', 시내의 일본 고교에서 열림
一.25 대지진 피해의 히가시코베조선초중급학교에서 초급부 제48기, 중급부 23기의 졸업식 거행
一.27~31 긴키[近畿]지방의 조선가무단, 한신·아와지대지진 피해자의 피난소가 된 효고현 내의 일본 각 학교에서 위문공연
4.4 후쿠오카현[福岡縣] 오무타시[大牟田市]의 아마기[甘木]공원에서 총련·민단·시민단체가 협력하여 건립한 '징용희생자위령비' 제막식 거행
一.5 1995학년도 고베조선고급학교 입학식. 동교 강당에서 거행. 자매교인 북한 모란봉 제1고등중학교로부터의 위문품이 전달됨
一.7 재일한국인 118명, 오사카지방재판소의 지방참정권 문제로 집단소송
一.10 각지의 동포결혼상담소원과 총련 지방본부 담당자의 첫 모임, 도쿄 조선출판회관에서 열림
一.25 한신·아와지대지진희생동포위령합동법요, 효고현 교육회관에서 열림
5.14 재일본조선유학생동맹 니시토쿄[西東京]본부 결성
一.24 김정일 서기의 총련 결성 40주년을 맞이하는 서한('재일본조선인운동을 새로운 높은 단계로 발전시키기 위해')을 전달하는 재일본조선인중앙집회, 도쿄 조선문화회관에서 열림. 각지에서도 동 서한 전달집회
一.24 총련 결성 40주년 기념 중앙대회, 도쿄 조선문화회관에서 열림. 동 기념중앙강연회(19일), 동 기념사회과학자의 학술보고회(20~21일), 동 재일조선인인권협회연구발표회(20일), 동포대야유회(21일, 도쿄·후쿠오카 등 각지), 기념경축연(23일, 도쿄 조선회관), 동 기념양상유람洋上遊覽 모임(14일, 야마구치현[山口縣] 우베오노다[宇部小野田]지부 등 다채로운 행사
6.3 민단, 강좌제 민족학교 '사이타마교실'을 162명이 수강한 가운데 개강
6.11 총련 결성 40주년 기념 니시코베 동포부흥 페스티벌 열림
一.13 총련 중앙상임위원회, 한신·아와지대지진 피해동포 구원활동에 아낌없는 지원·협력을 얻은 데 대해 총련의 활동가와 동포에 대한 감사문 발표
一.24 동포 청년의 '만남의 파티', 도쿄 닛포리[日暮里]의 호텔 랑우드에서 열림
一.25 한신대지진 피해 동포 학생 712명에게 학자보조금을 지급. 의연금의 일부로 최종적으로는 732명이 됨
一.30 민단 중앙 '지금, 지방참정권을!'이라는 주제로 '참정권 심포지엄'을 도쿄 도호[東邦]생명 홀에서 500명이 참가한 가운데 개최

1995년

재일동포

7.2 총련과 민단의 불교도 합동으로 '8·15 광복 50주년 기념 조국통일 기원·희생 동포 위령 공동법요'를 도쿄 미나토구[港區]의 조조지[增上寺](정토종총본산)에서 열림
—.8 민단, 강좌제 민족대학 '미에[三重]교실'을 95명 수강으로 개강
—.18 요코하마[橫浜] 시내의 총련지부와 조선학교의 대표, 요코하마시를 방문하여 조선학교의 처우 개선을 요청
8.5 8·15 조국해방 50주년 경축재일동포통일대축전 실행위원회 발족집회, 도쿄 우에노[上野]의 도텐코[東天紅]에서 열림
—.7 조선사회과학자 대표단(단군과 고조선에 대한 국제학술심포지엄 참가를 위해 방일)이 총련 중앙을 방문
—.8 조국해방 50주년 민족통일대축전의 판문점 행사에 참가하는 재일본조선인대표단 결단집회, 총련 중앙 니가타[新潟]출장소에서 행함
—.15 8·15 조국해방 50주년 경축재일동포통일대축전, 도쿄 요요기[代々木]공원 야외스테이지에서 열림
—.15 민단, 도쿄 히비야[日比谷]공회당에서 광복 50주년 중앙기념식전 열림. 도쿄 YMCA에서 기념식. 각지에서도 기념식·축하회
—.29 오고우치[小河內] 댐(도쿄도 니시타마군[西多摩郡] 오쿠타마마치[奧多摩町]·오쿠타마호)공사에서 희생된 조선인 강제연행자의 추도식 오쿠타마 호반의 추도비 앞에서 열림
—.31 민단 중앙 신용상 단장과 도쿄본부 이종명李鍾鳴 단장, 도쿄도청을 방문하여 아오시마 유키오[靑島幸男] 지사와 면담. 지방참정권 문제에 관한 요망서를 제출
9.2 총련 효고현본부, 수해피해동포지원본부 대책위원회를 발족. 총련의 각급 기관도 지원활동 전개
—.3 조국해방 50주년·조은오사카 창립 40주년 기념 오사카동포대페스티벌, 만국박람기념공원에서 열림
—.3 효고현의 다카라쓰카[寶塚]조선초급학교 교사 복구완공축하집회 열림
—.6 재일본조선청년상공회 결성대회, 도쿄 게이오[京王]프라자호텔에서 열림
—.8 총련 중앙·허종만 책임부의장, 북한의 대수해로 자유민주당 본부를 찾아가 비상구제·지원활동을 요청
—.13~15 총련 제17차 전체대회, 도쿄문화회관에서 열림—대의원 2000명(출석수 불명), 의장 한덕수韓德銖, 제1부의장 이진규, 책임부의장 허종만, 부의장 박재노朴在魯·서만술徐萬述·권순휘權淳徽·최병조崔秉祚·오형진吳亨鎭·김안식金安植·배병두裵秉斗·오수진吳秀鎭, 사무총국장 이기석李沂碩, 중앙위원 선출
10.11~11.5 조일우호문화제 교토에서 열림
—.15 원코리아 교토바둑대회가 총련·민단 동포가 공동으로 개최하여 교류
—.18 민단 가나가와현[神奈川縣]본부 신회관 준공
—.20 '만경봉—92'호, 북일 간의 운항 100회에 이름
—.21 북한 예술인들에 의한 조일우호문화제 가요콘서트, 교토회관에서 열림
—.21 총련 가나가와현 가와사키[川崎]지부 대표 조선고급학교 졸업생의 수험자격 인정을 요구하면서 가와사키시립 간호단기대학 학장과 관계자에 요청

1995년

재일동포
—.22 민단 후쿠오카본부 '10월의 광장' 대운동회가 1,500명 참가하여 열림
—.22~23 북한 건국 47주년 기념 재일본조선인중앙예술 콩쿨, 도쿄조선문화회관과 도쿄 신주쿠(新宿)문화센터에서 열림
—.23 조일우호문화제에 참가한 조선친선문화대표단·여성 가수들이 효고 피해동포 위문공연, 아마가사키시(尼崎市) 알카익 홀에서 열림
—.26 『조선신보』 창간 50주년 기념집회, 도쿄 조선회관에서 열림
—.29 민단 간토(關東)지협의 민족제 '10월의 광장'이 요코하마시의 미이케(三池)공원에서 3,000명이 참가한 가운데 열림
—.29 도쿄조선제3초급학교 교사개축 낙성집회, 동교에서 열림
11.1 북한 건국 47주년 기념 재일조선학생예술콩쿨(76개교, 연 3,400명 참가)
—.10 재일본조선종교인연합회 결성대회, 총련 도쿄도본부회관에서 열림
—.12 히가시코베조선초중급학교 신교사 건설을 위한 동포·학부모·졸업생·학생의 궐기집회, 동교에서 열림
—.13 '코리아북센터', 도쿄 조선출판회관 1층(분쿄구(文京區) 하쿠산시태(白山下))에 개점. 20일부터 영업
—.14 '을사5조약' 강요 90년 재일조선사회과학자의 연구토론회, 총련 도쿄도본부회관에서 열림
—.14 전조선고급학교가 일본의 전국고교선수권·선발대회 전종목에 참가자격을 얻음
—.15~18 북한의 수해 피해 동포 지원물자 제6진의 정리작업, 조선대학교에서 열림. 지원물자 제7진은 12월 11일에 출발
—.17 APEC 참가를 위해 김영삼 대통령이 방일하여 오사카 미야코(都)호텔에서 900명이 참석하여 환영연회 개최
—.22~25 민단 중앙조직학원 제150기 홋카이도(北海道) 교실을 실시
—.25 민단 중앙과 부인회와 청년회의 공동개최로 제1회 '브라이달 파티'를 도쿄 호텔 뉴오타니에서 열고, 남녀 70명이 참가하여 20쌍의 커플이 탄생
—.26 와카야마(和歌山)조선초중급학교 개축 낙성집회 열림
—.28 재일본조선홋카이도청년상공회 결성 집회, 삿포로(札幌) 로열 호텔에서 열림. 각지 청년상공회의 결성이 이어짐(가나가와현 – 12월 10일), 요코하마 프린스 호텔. 도쿄도 – 12월 11일, 이케노하타(池之端)문화센터
12.1 조선신보사와 구월서방(九月書房)의 통합(총련 제17전대회에서 결정) 집회, 도쿄 조선회관에서 열림
—.2~3 조선인강제연행진상조사단 제4회 전국교류집회, 가나가와현 요코스카(橫須賀)에서 열림
12.8 조일우호미에(三重)현민회의 대표, 3만 현민의 지원모금 550여만 엔을 총련 미에현 본부에 보냄
—.9 민단·부인회·청년회가 공동개최로 '브라이달 파티'를 가나자와(金澤)에서 개최
—.31 재일동포의 수는 66만 6,376명이 됨

1996년

재일동포
1996 1.13 재일본조선인불교도협회와 재일본한민족불교도총연합회, 한신[阪神]·아와지[淡路]대지진희생동포 1주기 합동추도법요를 고베시[神戸市] 나가타구[長田區]에서 거행 —.14 인종차별철폐조약이 일본에서 발효 —.20 히로시마[廣島]조선초중급학교의 신교사 낙성집회 열림 2.1 가나가와동포결혼상담소(유한회사 메아리), 요코하마시 나카구[中區]에 개설 2.4 한통련[韓統練], 제4회 대의원대회를 열고, 공안통치와 남북 대결, 전쟁 도발의 김영삼정권에 대한 반문민 독재투쟁과 민족교육 등 재일동포 문제에 노력하겠다는 결의 —.26 재일본조선인상공연합회 결성 50주년 기념집회와 축하연, 도쿄 게이오[京王]프라자호텔에서 열림 —.26 가나가와현[神奈川縣]·요코하마시[横浜市]·가나가와시[神奈川市]가 문부성과 후생성에 요망서 제출. 조선고급학교 졸업생의 일본 대학에 대한 수험자격, 간호부학교 양성소에의 입소자격 인정을 촉구함 —.27 일본변호사연합회, 후생성에 요망서를 제출. 무연금상태에 있는 재일조선인에 대한 차별 시정을 촉구함 3.7 조일법률가신춘간친회, 도쿄 사학회관에서 열림 —.8 일본의 중학교체육연맹이 도쿄도 내에서 전국이사회와 평의회. 1997년도 전국중학교체육대회로부터 조선학교의 참가를 정식으로 승인 —.10 히가시코베[東神戸]조선초급학교 신교사의 기공식과 부흥바자회 열림 —.10 여성동맹 니시토쿄[西東京]의 어머니와 어린이의 모임 '모여라 봉오리 가위바위보', 니시토쿄조선제1초중급학교에서 열림 —.12 가와사키민족교육추진협의회, 조선고급학교 졸업생의 가와사키시립 간호단기대학 수험자격을 촉구하는 서명운동을 JR 가와사키역에서 열림 —.20 조선인강제연행진상조사단 전국합동협의회, 도쿄 마루노우치[丸の內]호텔에서 열림 —.22 조은[朝銀] 이바라키[茨城]본점 신축낙성 축하집회 열림 —.23~25 이겨라배 쟁탈 '96 제6회 조일친선고교축구페스티벌, 도묘조선중고급학교와 국립 니시가오카[西が丘]축구장에서 개최. 효고현[兵庫縣]의 다키가와[瀧川] 제2고교가 2년 연속 우승, 도쿄조선고교는 3위 —.24 오사카부 내의 일본 10개 청년단체가 참가한 '봄의 축구제전', 오사카조선고급학교에서 열림 —.26 도쿄도 조선인강제연행진상조사단이 기자회견 —.26~27 민단 제47회 정기중앙위원회가 중앙회관에서 열림, 제6차 선언을 채택, 강령결정, 『한국신문』을 『민단신문』으로 개칭 3.28 도쿄와 오사마의 조선고급학교 선수, 일본의 제7회 전국고등학교 복싱선발대회 겸 JOC 주니어올림픽컵(~31일, 삿포로[札幌])에 처음 참가 4.2 『조선신보』 8페이지화 제1호를 발간 —.2 재일본조선청년동맹 중앙이 성명 발표. 한국의 김영삼 집단의 '한총련' 산하학생에 대한 탄압, 연세대학 노수석 학생 살해를 규탄

1996년

재일동포
一.5 사이타마[埼玉]동포결혼상담소가 개설
一.7 총련·민단, 후쿠오카시[福岡市] 하카타야마[博多山]공원에서 열림 원코리아 후쿠오카 벚꽃축제에서 교류
一.10 북한의 역도선수단을 환영하고 경기 성과를 축하하는 집회, 도쿄 조선회관에서 열림
一.12 도쿄조선중고급학교 고급부 1학년이 이케부쿠로역[池袋驛]에서 괴한에게 폭행당하여 중상
一.13 총련 도쿄도본부 관내의 교육관계자, 경시청을 찾아가 조선학교 학생에 대한 폭생사건 재발 방지를 요구하는 요청서를 제출
一.21~25 '20세기의 거성 – 김일성 주석 회고 사진전', 도쿄 긴자[銀座]의 니혼도[日本堂]에서 열림 오사카에서는 6월 27일에 개최
一.25 총련, 민단의 '지방참정권운동'에 반대하는 운동을 전개
一.26 도쿄조선 제1초중급학교 중급부 3학년 여학생이 전철에서 폭행을 당함. 교원·학부모들이 관할 경찰서에 사건 재발 방지를 요구
一.27 가와사키조선초중급학교가 공개 수업. 일본 인사 120명이 참관
一.30 가와사키민족교육추진협의회 대표들, 가와사키시장에게 7만 3,311명의 서명과 조선학교에 대한 차별시정을 촉구하는 요망서를 제출
5.1 민단 중앙본부 기관지 『한국신문』의 명칭을 『민단신문』으로 개칭(제2,113호부터)
一.8 조선학교생에 대한 폭행사건에 대처하여 조청[朝青] 회원이 도쿄조선중고급학교의 여학생 전체에 방범벨을 지급
一.11 제1회 효고현 외국인학교 교류회, 고베중화동문학교에서 열림
一.12 '아다치[足立]어린이페스티벌 – 미래를 향해 1,2,3', 도쿄조선제4초중급학교에서 열림
一.13 재일본조선인상공연합회 결성 50주년 기념골프대회, 효고현 기타롯코[北六甲]컨트리클럽에서 열림
一.13 가나가와현 가와사키시, 소방직을 제외한 전 직종에서 국적조항을 철폐(승임昇任 제한은 존속)
一.17 지바현[千葉縣] 도카쓰[東葛] 지역 상공인대표, 북한 수해 피해 지원금을 총련 중앙에 보냄
一.17 북한 수해 피해 지원 자선쇼 '울려라! 우호의 멜로디', 오사카 돈센터에서 열림
一.18 도쿄조선고교 축구부 후원회 결성집회, 도내의 호텔에서 열림
一.18~19 재일본조선인바둑협회 대표팀, 센다이[仙台]시장배 국제아마추어친선대회에서 우승
一.19 민단·부인회·청년회가 공동개최로 '브라이달 파티'를 오사카에서 엶
一.19 도쿄조선제9초급학교 창립 50주년 축하집회, 동교에서 열림
5.19 규슈[九州]조선고급학교 창립 40주년 기념 축하대회와 동창회·동포 축하집회, 동교에서 열림
一.29 재일조선인중등교육 실시 50주년 기념 제18회 재일조선초급학교생 중앙축구대회, 지바현 도쿄대 게미가와[檢見川]운동장에서 열림

1996년

재일동포
—.29 조선명가수의 공연, 도쿄 미나토구(港區)의 프린스호텔에서 열림
—.31 민단 중앙 신용상辛容祥 단장, 2002년 월드컵의 한일공동개최 환영담화를 발표
—.31 백두학원 창립 50주년 기념식과 축하회를 오사카 호텔 뉴오타니에서 개최
6.1 민단·부인회·청년회 공동개최로 '브라이달 파티'를 도쿄에서 개최
—.2 오사카조선제4초급학교 창립 50주년 기념·이쿠노니시(生野西) 모두와 만나는 페스티벌, 이쿠노 샤리지(舍利址)공원에서 열림
—.3 야마가타현(山形縣)동포대야유회와 조일우호친선페스티벌, 야마가타시 마미가사키 카이빈(馬見ヶ崎海浜) 그랜드에서 열림
—.4 오쿠노(奧野) 전 법무장관, 종군위안부 문제에 대해서 "위안부는 상행위에 참여한 사람들로 강제성은 없었다"고 발언. 총련(오형진吳亨鎭 의장, 5일)과 민단이 규탄성명. 5일에 재일본조선민주여성동맹 중앙과 동 도쿄본부 대표, 이 망언을 확산시킨 국회의원 2명에게 엄중 항의
—.11 재일본조선유학생동맹 가나가와현본부 결성대회, 총련 가나가와현본부회관에서 열림
—.15 재일동포 대상 일본어 월간지 『이오』창간축하집회, 도쿄 진잔소(椿山莊)에서 열림
—.15~16 재일조선인인권협회 제2회 연구집회, 오사카 코로나호텔에서 열림
—.16 홋카이도(北海道)조선고교의 이강선 선수, 역도 인터하이 본선 출전권 획득. 18일에는 도쿄조선고교 복싱부 5명의 선수(류형선, 권준사, 고성, 김종호, 권용이)가 인터하이 본선 출전권을 획득
—.17~20 민단이 '창단 50주년·조직활성화 120일간 운동'. 단원 세대의 호별 방문·민단활동 PR 등 행함
—.23 민단 중앙 전 단장인 조영주曺寧柱 고문 사망, 7월 26일에 중앙회관에서 민단장
—.25 재일동포 가나가와현 민족교육대책위원회 대표, 가나가와현청을 방문하여 오카자키(岡崎) 지사에게 현 내의 조선학교 처우개선과 보조금 확충을 요구하는 요청서를 전달함
—.26 재일동포 자녀의 민족교육을 더욱 발전시키기 위한 효고현 각계 대표자회의, 조은효고본점에서 열림
—.26 나고야고등재판소 가나자와(金澤)지부, 정주외국인의 지방참정권 부여는 입법부의 재량이라고 재일한국인 4명이 제소한 공소심에서 판시
—.28 조선학교의 처우개선을 촉구하는 도쿄조선인연락회, 조선고교 졸업생의 일본 국립대학 수험자격 인정·조선학교에 대한 일본의 사립학교 수준의 보조금 지급을 촉구하는 10만 명 서명운동 시작
—.29 오사카 '우리겨레 여성전'과 콘서트, 오사카국제교류센터에서 열림
7.6 포럼 '96 내널심포지엄 '우리동포의 권리와 과제', 야마구치현(山口縣) 재일본조선인청년상공회와 야마구치현 조선인강제연행진상조사단이 공동개최
7.12 일본의 우익이 주일 한국대사관에 독도 문제와 관련해서 승용차로 돌진
—.13 제8회 동포무료법률·생활상담의 날, 총련 오사카부 히가시요도가와(東淀川)지부에서 열림

1996년

재일동포
一.14 오사카 영 서머 콘서트 '선품', 오사카 모리노미야[森ノ宮]필로티홀에서 열림
一.14 기후[岐阜]동포여성의 문화제, 가가미가하라시[各務原市] 산업문화센터에서 열림
一.14 '원코리아 오사카바둑대회', 니시나리[西成]구민센터에서 열림
一.24 민단, 민단 50주년 기념 우리말 말하기대회가 중앙회관에서 열림
一.26 도치기현[栃木縣]조선인강제연행진상조사단, 우쓰노미야[宇都宮] 노동복지회관에서 결성
一.28 오사카어머니배구연맹 결성집회, 총련 이쿠노니시지부회관에서 열림
8.4 민단, 강좌제 민족학교 '야마구치교실'을 87명이 수강하면서 개강
一.5 히로시마조선예술단, '평화의 모임 인 히로시마'(히로시마시 아스트로프라자)에 출연
一.7 인터하이 복싱 부분에서 도쿄조선고교 3학년 선수가 준우승
一.10 아시오[足尾]조선인강제연행희생자추도식, 도치기현 아시오마치의 센넨지[仙念寺]에서 열림
一.12 재일본조선유학생동맹 대표 리성옥 학생, 제48회 유엔인권위원회 차별방지소위원회에서 일본의 간호부학교에 대한 조선인 학생의 수험자격 문제 등의 차별 시정을 호소함
一.20~22 민단, 창단 50주년 기념·재일동포 민족교육 서울대회가, 서울 올림픽파크호텔에서 240명이 참가한 가운데 개최됨. 주제 '재일동포 민족교육의 어제와 오늘'
一.23 동포결혼상담 중부센터와 아이치현[愛知縣] 동포결혼상담소 개설집회, 아이치현 상공회관에서 열림
一.25 8·15조국해방 51주년 기념 도쿄도 아라카와[荒川]동포대야회大夜會, 도쿄조선제1초중급학교에서 열림
一.25 도쿄부 후시미[伏見]상공회 결성 30주년 기념 '동포 후레아이(교류) 페스티벌', 교토시 후시미 모모야마쵸[桃山町]의 캐슬랜드에서 열림
一.27 한국청년학생에 대한 김영삼 파쇼집단의 야수적 폭압만행을 규탄하는 재일조선청년학생중앙집회, 도쿄·분쿄[文京]구민센터에서 열림
9.2 지바현 지바상공회, 창립 50주년을 맞이하는 지바조선초중급학교에 2,400만 엔을 갹출하여 교내를 보수. 구입한 제 비품을 증정하는 집회, 동교에서 열림
一.9 민단 중앙 신용상 단장, 도쿄지방재판소가 재일한국·조선인 BC급 전범 소송에서 원고 청구를 기각한 것에 유감의 담화를 발표
一.10 오사카부 민족교육대책위원회, 오사카부립 간호대학·오사카부립 의료기술 단기대학·히로시마현립 보건복지단기대학히 조선고교 졸업생의 수험자격을 인정했다고 발표. 가와사키시립 간호단기대학도 인정(11일)
一.11 총련 여성동맹 도쿄도 아라카와지부 미나미센주[南千住]분회 대표들, 총련 중앙을 찾아 북한의 수해피해지원 쌀 송부비로서 2,000만 엔을 전달
一.14 제9회 오사카동포무료법률·생활상담의 날, 총련 오사카부 히가시오사카남지부 사무소에서 열림
9.15 도쿄조선중고급학교 창립 50주년 기념 운동회, 동교에서 열림
一.23 민단 중앙, 중부 수해 의연금 1억 원을 한국일보사에 기탁

1996년

재일동포
—.24 도쿄조선중고급학교 창립 50주년 기념 신교사 건설위원회의 발족집회, 도쿄조선문화회관에서 열림
—.25 민단 중앙, 정주외국인의 국민체육대회 참가에 관한 요망서를 제출
—.28 제9회 도쿄도 동포무료법률·생활상담의 날, 총련 도쿄도본부회관에서 열림
—.30 조선학교의 처우개선을 촉구하는 도쿄조선인 연락회, 12만 2,120명의 서명과 요망서를 도쿄도 지사에게 제출
10.4 평양음악무용단이 후쿠오카[福岡]초중급학교에서 공연
—.5 재일조선인중등교육 실시 50주년 기념 중앙대회, 도쿄조선문화회관에서 열림
—.5 도쿄조선중고급학교 창립 50주년 기념 음악무용구성시 '애국의 대를 이어', 도쿄조선문화회관에서 열림
—.6 재일조선인중등교육 실시 50주년 기념재일동포대문화제, 도쿄조선중고급학교에서 열림
—.6 도쿄조선중고급학교 신교사 기공식 열림
—.8 평양음악무용단 특별공연, 도쿄 선펄[サンパール] 아라카와에서 열림. 오사카 등 전국 각지에서 공연
—.18 민단 가나가와현본부의 신축회관 준공
—.19~20 재일조선인중등교육 실시 50주년 기념·재일조선청년체육제 '96 개최
—.20 제2회 한국어능력검정시험이 한국교육재단의 주최로 전국 8곳에서 실시
—.26 재일본조선유학생동맹 사이타마현본부 결성
—.26 민단 창단 50주년 기념 중앙대축제, 도쿄 국립 요요기[代々木]경기장에서 열림. 기념식전, 가요무대, '후레아이 퍼레이드 조선통신사' 등의 이벤트. 전국조직대표·단원 외, 일본인 등 약 2만 명이 참가
—.29 평양음악무용단 환송연, 도쿄 조선회관에서 열림
11.1~2 각 현 조선인상공회의 이사장·경영경리부장회의, 총련 교토부본부회관에서 열림
—.1~3 민단 저국사무국장의 본국 연수를 실시, 서울 로열호텔에서 120일간운동을 총괄
—.2 민단, 강좌제 민족학교 '시가[滋賀]교실'을 75명이 수강하여 개강
—.2~3 조선인강제연행진상조사단 제5회 전국교류집회, 시모노세키시[下關市]에서 개최
—.6~8 재일조선인중등교육 실시 50주년 기념 재일조선학생중앙예술콩쿨, 오사카 조선문화회관에서 열림
—.9 재일조선인중등교육 실시 50주년 기념 축하 오사카조선학교 합동예술공연, 오사카 조선문화회관에서 열림
—.9 민단, 강좌제 민족대학 '오카야마[岡山]교실'을 55명이 수강하여 개강
—.10 시모노세키조선초중급학교 창립 50주년 기념 신교사 낙성집회 열림
—.11 총련 중앙상임위원회·재일조선인중등교육 실시 50주년 축하·평양음악무용단 환영 실행위원회가 중등교육 실시 50주년 기념행사와 평양음악무용단의 일본 공연 성공을 위해 애국적 열정을 다한 전재일동포에게 감사를 표명
11.18 오사카부 민족교육대책위원회, 조선고교 졸업생 국립대학 수험자격과 일본 사립학교 수준의 교육보조를 촉구하는 20만 명 서명을 부지사에게 제출

1996년

재일동포
—.19~20 재일본조선인상공연합회 결성 50주년 기념·동포기업경영전략세미나, 시즈오카현[靜岡縣] 아타미[熱海]의 호텔 오노야[大野屋]에서 행함
—.21 재일조선인평화통일협회가 성명 발표. 대결과 전쟁으로 나아가는 김영삼 정권의 무모한 책동을 규탄
—.21~22 민단, 창단 50주년 기념·제6차 통일문제 토론회가 중앙회관에서 13개국 대표의 참석으로 열림
—.22 도호쿠[東北]조선초중고급학교 신교사·기숙사건설위원회 결성 집회가 쇼잔칸[勝山館]에서 열림
—.22 시라카와[白川] 자치장관, 지방공무원 국적조항의 철폐 문제에 관하여 자치체에 일임하는 방침을 발표
—.24 지바조선초중급학교 창립 50주년 기념행사, 마쿠하리[幕張]메세 국제회의장에서 열림
—.27 조청 중앙위원장이 담화 발표. 한국 청년학생에 대한 김영삼 집단의 파쇼 탄압을 규탄
—.27 나라시[奈良市], 일반사무직 모집의 국적조항 철폐방침을 발표
—.29 도쿄의 나카노[中野]·스미나미[杉並]동포대문화제, 세시온스기나미대홀에서 열림
—.30 나가노[長野]동포의 재일조선인중등교육 실시 50주년 기념공연 '빛나라 민족교육', 현 마쓰모토[松本]문화회관에서 열림
12.3 총련 오카야마현본부 대표, 국회의원을 방문하여 국회에서의 '지방참정권법제화'의 움직임에 관해 신중하게 대처해 줄 것을 요청. 10일에는 총련 후쿠오카현본부·홋카이도본부·야마구치본부·미에현[三重縣]본부·오사카부본부·미야기현[宮城縣]본부·군마현[群馬縣]본부의 대표가 각각 국회의원 방문하여 신중한 대처를 요청. 11일에는 나가노현·아이치현본부 대표도 요청
12.6 총련 중앙 오형진 부의장이 기자회견을 하여, 담화 발표. 도쿄 고다이라[小平]경찰서가 '출입국관리 및 난민인정법 위반 수사'의 구실로 고다이라 시내의 모든 '외국인등록원표'를 열람한 것에 항의
—.6 일본학교에 재학 중인 조일 학생들로 구성된 '민족학교 출신자의 수험자격을 촉구하는 전국연락협의회' 대표가 민부성을 방문하여 요청
—.6 심포지엄 '일본사회와 재일조선인의 민족교육', 도쿄 주오[中央]대학에서 열림
—.9 경찰의 '외국인등록원표' 열람사건에 관하여 총련 니시토쿄본부·조선대학교·금강산가극단의 대표들이 항의단을 만들어 고다이라시청과 고다이라경찰서에 항의
—.10 가나가와현의 '가와사키시 외국인 시민대표자회의'의 총련 측 대표와 동 회의 대표자 선발의 불공평과 차별을 바로잡는 동포의 모임 대표, 가와사키시청에서 기자회견
—.10 재일조선인인권세미나 기념집회 '국제인권조약과 재일조선인의 인권 상황을 생각한다'가 도쿄 신주쿠중앙노정회관에서 열림
—.11 도치기조선회관 낙성
—.12 교토·오사카·고베의 3개 대학에, 동 대학의 조일학생단체가 연맹으로 조선고교 졸업생의 수험자격을 인정하도록 요망서 제출
12.13 재일조선인중등교육 실시 50주년 기념 '민족음악의 밤', 이케부쿠로의 도쿄예술극장에서 열림

1996~97년

재일동포
—.16 총련 시즈오카현본부의 활동가와 동포학부모 대표, 현청을 방문하여 조선학교의 처우개선을 요청
—.17 고다이라경찰서・시 당국의 중대한 인권침해 행위에 항의・규탄하는 니시토쿄 동포의 긴급집회가 열림
—.18 오사카부 민족교육대책위원회, 오사카시에 '사립외국인학교 아동・학생보호자 보조분담 경감 보조금'의 적용을 촉구하면서 20만 명의 서명을 제출
—.31 재일동포의 수는 65만 7,159명이 됨
1997
1.4 오사카조선럭비단(천리마클럽), 일본 제4회 전국클럽럭비대회(12월 30일~)에서 준우승
—.16 한신[阪神]・아와지[淡路]대지진 2주년 희생동포 추모집회, 총련 효고현[兵庫縣]본부회관에서 열림. 고베시[神戸市] 나가타구[長田區]의 다이쇼지[大勝寺]에서도 동포추도집회
—.16 재일동포 작가 유미리(柳美里), 『가족시네마』로 제116회 아쿠타가와상[芥川賞]를 수상
—.17 '한줄기 빛－채리티와 메모리얼의 모임', 고베 워커즈서포트센터에서 열림
—.21 『조선청년』(재일본조선청년동맹 중앙기관지) 창간 40주년 기념집회, 도쿄 조선회관에서 열림
—.25 고다이라[小平]경찰서의 '외국인등록원표' 열람사건에 관한 공동조사위원회 제4회 집회, 도쿄 다치가와[立川]시민회관에서 열림
2.16 도쿄 조선제5초중급학교 창립 50주년 기념 '민족교육포럼', 스미다[墨田]리버사이드 이벤트홀에서 열림
—.18~23 재일조선인여류미술전 '바람빛', 긴자[銀座]의 다카겐화랑에서 열림
—.19 총련 니시토쿄[西東京]본부 관내의 대표들, 고다이라경찰서의 '외국인등록원표' 열람사건에 관하여 도쿄도청에 요청
—.22 아마가사키[尼崎]조선초중급학교 창립 50주년 기념집회, 아마가사키・알카이크홀에서 열림
3.1 미쓰이미이케[三井三池]탄광 조선인강제연행의 역사를 전하는 기념비, 후쿠오카현[福岡縣] 오무타시[大牟田市] 마와타리[馬渡]의 조선인수용소 터 부근에 건립
—.2 히가시코베[東神戸]조선초중급학교 신교사 낙성집회, 동교에서 열림
—.6 고다이라경찰서의 '외국인등록원표' 열람사건을 생각하는 학습회, 고다이라시 복지회관에서 열림
—.9 이타미[伊丹]조선초급학교 신교사 낙성집회, 동교에서 열림
—.20 한통련, 제5회 대의원대회를 분쿄[文京]구민센터에서 열고, 민족민주세력의 단결, 남북・해외의 통일운동과 화해와 교류의 추진, 김영삼 대통령에 공안탄압과 사상 최악의 부정부패사건의 규명을 결의
—.21 총련 니시토쿄본부 위원장들 총련 대표, 마에다[前田] 고다이라시장과 만나, 민족교육권의 확충 등 재일조선인의 권리 보장을 요구
—.23 '이쿠노미나미[生野南]동포건강진단의 날' 실시
3.25 고베시, 소방직을 제외한 일반사무직・기술직의 총 10개 직종에서 국적조항을 철폐

1997년

재일동포
—.27 민단 제42회 정기 중앙대회가 중앙회관에서 열림—대의원 520명 중 484명 출석, 제42대 단장 신용상辛容祥, 부단장 김재숙金宰淑·김용우金容雨· 엄학섭嚴學燮·권병우權丙佑·여건이呂健二, 의장 하병옥河丙鈺, 감찰위원장 장건희동張熙東, 중앙위원 204명 선출
—.31 총련 니시토쿄본부의 동포들, 고다이라경찰서의 '외국인등록원표' 열람사건에 관하여 일본변호사연합회 인권옹호위원회에 인권구제 신고
4.1~2 조선고급학교 교장회의, 도쿄 조선회관에서 열림. 신학년도의 활동방침과 중심내용을 토의
—.2 오사카부 민족교육대책위원회, 문부성에 조선고교 졸업생의 국립대학 수험자격 인정·사립학교 수준의 교육보조를 요구하는 약 20만 명의 서명을 제출
—.6 새로운 세대의 음악가들의 클래식 콘서트, 도쿄 분쿄구의 시빅홀에서 열림
—.14 고치현[高知縣], 일반사무·기술직의 국적조항을 철폐. 도도부현 차원으로는 처음
—.18 오사카부 지사, 지방공무원 국적조항의 철폐 보류를 표명
—.23 가나가와현[神奈川縣]과 가와사키시[川崎市], 일반사무직의 국적조항을 철폐
—.24 4·24 한신[阪神]교육투쟁 49주년 기념교육심포지엄 '일본사회와 재일조선인의 민족교육'을 오사카부립 청소년회관 문화홀에서 개최함
—.25 재일조선축구단대표, 일본축구협회를 방문하여 동 단체와 각 지방의 조선축구단이 사회인리그와 공식경기에 참가할 수 있도록 조치를 요망. 도쿄도축구협회에도 요청(30일)
—.26 나라현[奈良縣]조선인강제연행진상조사단 결성총회, 나라노동회관에서 열림
—.26 97 핫타[八田]컵 역도대회에서 홋카이도[北海道]조선초중급학교의 박덕귀朴德貴(중 3) 선수가 일본 중학신기록 수립
—.27 도쿄 아라카와[荒川]의 젊은 동포세미나, 도쿄조선제1초중급학교에서 열림
5.2 오사카시, 사무(행정)·기술·사회복지의 3직종에 대해서 국적조항을 철폐
—.3 도쿄동포패밀리탁구대회·제7회 도쿄조선초급학교 대항 아버지배 쟁탈 축구대회·도쿄어린이축구대회, 도쿄조선중고급학교에서 열림
—.3 문예동 도쿄서예부 제1회 서예전, 이케부쿠로[池袋]의 도쿄예술극장에서 열림
—.10 '동포방문·봉사·결단 3개월운동'에 대한 궐기집회, 총련의 각 지부와 각 단체에서 열림
5.10 오사카부 조선인강제연행진상조사단 주최의 심포지엄 '지금 역사의 진실을 추구한다', 오사카시에서 열림
—.11 쓰루미[鶴見]조선초급학교의 교사 신축 축하집회 열림
—.14 조은朝銀 오사카, 경영 파탄하여 '조은 긴키[近畿]신용조합'으로의 사업양도를 결정
—.17 금강산가극단, 도쿄 고다이라의 동 단체 신회관 낙성기념집회 열림
—.22 금강보험주식회사 창립 20주년 기념집회, 도쿄 게이오[京王]프라자호텔에서 열림
—.28 오사카지방재판소, 재일한국·조선인이 원고인 지방참정권 소송에서 위헌 판결
—.29 재일한국인을 대상으로 '주일한국기업취직설명회'를 개최
—.31 심포지엄 '교과서에 진실과 자유를', 도쿄 지요다구[千代田區]의 도쿄교육회관에서 열림

1997년

재일동포
6.1 여성동맹 오사카부 히가시나리[東成]지부, '민족 만남의 광장-동그랑땡', 히가시나리구민회관에서 열림
—.1 히로시마조선고교 복싱, 히로시마고등학교 종합체육대회에서 우승, 인터하이 출전권 획득
—.4~6 총련 결성 42주년 기념 제19회 재일조선초급학교생 중앙축구대회(어린이축구대회), 지바[千葉] 도쿄대 게미가와[檢見川]그랜드에서 열림
—.6 민족교육의 권리획득을 위한 아이치[愛知] 각계 동포의 궐기집회, 나고야시[名古屋市] 아이치현 중소기업센터에서 열림
—.7 군마현[群馬縣]의 총련·여성동맹의 동포 대표, 총련 중앙을 방문하여 북한의 수해피해 지원금 200만 엔을 전달함
—.8 고베조선고교 복싱부의 3선수(김윤덕, 리건, 강상희)가 효고현 고등학교종합체육제회에서 우승, 인터하이 출전권 획득
—.11 가나가와현의 총련·조선상공회·여성동맹 대표, 총련 중앙을 방문하여 북한의 수해지원금 1,843만 엔을 전달함
—.11 총련 도쿄도본부 각 지부의 동포, 조선학교의 처우개선을 촉구하면서 19개 주요 역에서 가두선전. 16일에는 교토부본부의 동포가 시조카와라마치[四条河原町]에서 가두선전, 약 2,500명의 서명 모음
—.16 제17회 세계아마추어바둑선수권(10~13일)에서 3위를 한 문명삼 선수 등 북한바둑선수단, 총련 중앙을 방문
—.21 북한에 대한 수해 지원물자를 현지에서 전달하는 재일조선민주여성동맹 조국방문단원들, 총련 중앙을 방문. 28일에 평안북도 신의주시의 탁아소와 유치원에서 지원물자를 전달함
—.21 재일본조선인인권협회 긴키지방본부 결성
—.22 재일본조선민주여성동맹 결성 50주년 기념 종합예술공연 '우리들의 화원', 오사카조선문화회관에서 열림
—.24 '우리민족포럼 '97', 해협 멧세 시모노세키[下關]에서 열림
7.12 총련 오사카부 니시요도가와[西淀川]지부, 제16회 동포무료법률·생활상담의 날, 니시요도가와조선회관에서 열림
7.13 가나가와현 청상회, '요코하마 코리안페스티벌'을 요코하마 야마시타[山下]공원 앞의 산업무역센터 광장에서 개최
—.15 '만경봉-92'호, 북한에 보내는 수해재해지원물자를 싣고 니가타항[新潟港]을 출항. 30일, 8월 11일에도 출항
—.17 '북한의 민주화와 재일의 내일을 생각하는 모임·민주무궁화' 발족. 고베 시내에서 기자회견
—.20 '97 도쿄도 청상회靑商會 '패밀리 스포츠 페스티벌', 도쿄조선중고급학교에서 열림
—.28 8·15 조국해방 52주년 기념 나카노[中野]·스기나미[杉並]동포대야회, 도쿄조선제9초급학교에서 열림
8.1~4 재일본조선유학생동맹의 '마당 '97 서머 페스티벌', 니가타현 묘코[妙高]고원에서 열림

1997년

재일동포

8.17	히가시오사카(東大阪)조선중급학교, 일본의 전국중학교체육대회(시코쿠(四國) 도쿠시마(德島)에서 개최)에 첫 출전하여 16강에 들어감
—.20	홋카이도상은에 첫 2세 이사장(박평조朴平造 씨) 취임
—.21	재일본조선인의학협회 결성 20주년. 30일에는 도쿄 지요다구의 사학회관에서 동 기념집회
—.21	나라현에서의 제2회 국제보이즈축구대회에 재일조선초급학교 선발팀 참가
—.23	홋카이도조선초중고급학교 중급부 3학년 박덕귀 선수, 제11회 전국 중학생 역도선수권대회(효고현 아마가사키기념공원 종합체육관에서 개최)에서 83kg급 경기에 우승. 9월 2일에 총련 중앙 한덕수(韓德銖) 의장이 도쿄 조선회관에서 만나 치하함
9.1	가나가와현 관동대지진 조선인희생자 추도비 건립추진위원회, 가나가와현 요코하마시·가와사키시에 추도비 건립을 요청
—.1	관동대지진조선인희생자 추도식, 사이타마현(埼玉縣)의 혼조시(本庄市)·구마가야시(熊谷市)·가미사토마치(上里町)에서 열림
—.1	관동대지진 74주년 희생동포 추도집회, 지바현 후나바시시(船橋市)의 마고메레이엔(馬込靈園)에서 열림
—.3	조선예술가대표단(9월 1일에 총련 중앙을 방문), 재일동포를 위한 조선무용강습회, 조선민요·장고강습회, 민족서예강습회를 마치고, '만경봉-92'호로 귀국
—.13~14	재일조선청년체육제 '97, 효고현 이타미스포츠센터에서 열림
10.2	재일본조선민주여성동맹 결성 50주년 기념 중앙대회, 도쿄 진잔소(椿山莊)에서 열림
—.5	심포지엄 '재일외국인 아동·학생의 민족교육을 생각한다', 니가타시 니가타유니온 프라자에서 열림
—.17	시즈오카(靜岡)상은, 요코하마상은에 사업 양도를 제안
—.18	김정일의 조선노동당 총서기 추대를 경축하는 재일본조선인중앙집회와 추대 경축 재일동포대축전, 도쿄조선문화회관과 도쿄조선중고급학교 그랜드에서 열림(2만 5,000여 명 참가)
—.18	'이오컵 97', 군마현 다카사키시(高崎市)의 산쿄(三興)세븐쓰컨트리에서 열림. 수익금은 재일조선인장애인 어머니들의 조직 무지개회에 기부
10.25	후쿠오카 하나민족예술 페스티벌 97, 무나카타(宗像)유릭스에서 개최
—.25	기록영화 전후 재일 50년사 「재일」(오덕수吳德洙 감독)이 완성됨
—.31	북한의 농업기술 발전에 협력한 일본의 인사에 대한 김정일 총서기의 감사와 답례품 증정식, 도쿄 조선회관에서 열림
11.8	도쿄조선고교 축구부, 일본의 제76회 전국고교축구선수권대회 도쿄예선에서 고쿠가쿠인(國學院) 구가야마(久我山)고교에 승리. 결승전에서는 2위에 오름(15일)
—.12	재조선일본인여성의 고향방문단 단장 일행이 총련 중앙을 방문
—.16	도치기(栃木)조선초중급학교 창립 40주년 기념 '우리학교페스티벌' 열림
—.16	제77회 전국고등학교 럭비대회의 지방예선에서 도쿄조선고교가 2년 연속 2위, 오사카조선고교가 처음으로 4강 진출
—.17	조은 긴키신용조합 개업
—.17	오쓰(大津)지방재판소, 구 일본 군속 강부중(姜富中) 씨의 상해연금 청구소송을 기각

1997년

재일동포

11.17 최고재판소, 외국인등록증의 갱신 태만으로 인한 벌금형은 위헌이라는 장병주張炳珠의 상고를 기각하고 벌금형은 합헌이라고 판결
―.22 아이치조선중고급학교 공개수업과 '프리마켓 조일 후레아이(교류) 광장', 동교에서 열림
―.22 조일우호연대 사이타마현민회의·조선의 자주적 평화통일을 지지하는 사이타마 여성의 모임 공동개최로 사이타마조선초중급학교를 많은 현민·고원·학생들이 방문·교류
―.23 오사카조선고교 복싱부의 백영철 선수, 1997년도 긴키고등학교 신인전 겸 전국고등학교 복싱선발대회 긴키지방 예선 57kg급에서 우승. 차년도의 전국구교선발대회 출전권 획득
―.23~24 제8회 국제아마추어바둑선수권대회에 북한 위임대표로서 가나가와현 기우호, 김용녀가 참가
―.26 도쿄고등재판소, 도청 관리직 임용 재판에서 "수험 기회를 뺏는 것은 위헌"이라하여 정향균鄭香均에게 역전 승소 판결. 도쿄도는 최고재판소에 상고
―.26 도쿄도청에서 외국인 도민회의 제1회 회의 개최(멤버 25명 중, 조선·한국적은 4명)
―.28 재일조선인인권협회에 의한 '동포법률·생활센터', 도쿄 우에노[上野]에 개설. 우에노 도텐코[東天紅]에서 축하연
12.2 총련 중앙과 조신협朝信協의 대표, 마이니치신문[每日新聞] 도쿄본사를 방문하여, 총련과 조은에 대한 허위기사에 강력하게 항의
―.4 민단·한상韓商 공동개최로 첫 '재일동포 기업·취직 설명회' 열림
―.5 총련 이바라키현[茨城縣]본부 대표, 문부성을 방문하여 조선학교의 처우개선을 요청
―.7 조청朝青 오사카 이쿠노니시[生野西]지부 주최로 지역 동포와 근린 주민의 교류축제의 장 '모닝풀페스타 '97(조청축제)―예스! 우리캬', 오사카조선 제4초급학교에서 열림
―.10 민단과 각 산하단체, 한국의 경제위기로 1세대 10만 엔의 외화예금·송금운동을 시작
12.10 효고현 민족교육대책위원회 대표, 문부성을 방문하여, 조선학교의 처우개선을 요청. 오사카부 민족교육대책위원회 대표, 부 의회 의원회관을 방문하여, 각 의원에게 조선학교에 대한 지원을 요청. 아이치현 민족교육대책위원회 대표, 나고야대학을 방문하여, 조선고교 졸업생의 국립대학 수험자격 인정을 요청
―.15 시즈오카현·기후현·오사카부의 민족교육대책위원회가 각각의 지방자치체 수장에게 조선학교의 처우개선을 촉구하는 요청서와 서명을 제출. 16일에는 도쿄도, 지바현, 17일에는 사이타마현에서도
―.15 '민족학교 출신자의 수험자격을 촉구하는 전국연락협의회', 민족교육을 부정한 문부차관 통달의 철회를 촉구하는 서명을 문부성에 제출
―.17 총련 중앙과 조신협 대표, 아사히신문[朝日新聞] 도쿄본사를 방문하여『아에라』지의 기사는 모략기사라고 강력히 항의. 18일에는 총련 아이치현본부와 조은 아이치의 대표가 항의
―.18 교토부조선인상공회 대표, 총련 중앙을 방문하여, 평양시 순안구역 농장에서의 복합미생물비료공장 건설비를 전달함
―.24 금강산가극단의 무용특별공연 '금강산의 무희들', 도쿄 신주쿠[新宿]문화센터에서 이루어짐
―.31 재일동포의 수는 64만 5,373명이 됨

1998년

재일동포

1998
- 1.15 오사카조선고교 2학년 김륜주, 'NHK 청춘메시지 '98'에서 '심사원상'
- ―.16 한신[阪神]·아와지[淡路]대지진 3주년 희생동포 추도식, 총련 효고현[兵庫縣]본부회관에서 열림
- ―.22 재일동포의 민족성을 지키는 회의, 도쿄 알카디아 이치가야[市谷]에서 열림
- 2.6 동포결혼상담 지방센터원과 현 상담소원의 회의, 도쿄 조선출판회관에서 열림
- ―.7 도쿄조선중고급학교 신교사의 상량식 열림
- ―.20 일본변호사연합회가 민족교육의 권리가 보장되지 않는 것은 '중대한 인권침해'라고 하는 조사보고서. 수상과 문부성에 조선학교생의 국립대학 수험자격 인정에 다른 문호개방 등 인권침해 해소 조치를 촉구하는 권고문을 제출
- ―.28~3.1 조선인강제연행진상조사단 제6회 전국교류집회, 지바[千葉]에서 열림
- 3.2 조청[朝靑] 효고현 니시노미야[西宮]지부의 조청 회원들이 피해지 지원에 감사를 표하는 '전국자전거행진'. 각지의 조선고교로 향함
- ―.7 와세다[早稻田]대학의 각 동창회(재일조선인·한국인)가 '우리도문회[稻門會]'로 일원화
- ―.8 조청 도쿄도의 아라카와[荒川]·다이토[台東]·분치[文京]지부의 합동문화제 '우리의 길, 우리의 마음', 도쿄조선제1초중급학교에서 열림
- ―.21 오사카조선교고 복싱부의 백영철 선수(3학년), 제9회 전국고등학교 복싱선발대회 (~24회, 이와테현[岩手縣] 미즈자와[水澤]종합체육관)의 57kg급에서 금메달
- ―.22 한통련, 제6회 대의원대회를 분쿄구민센터에서 열고, 김대중 신정권의 역사적인 사명, 민족 통일로의 큰 길을 열고, 국가보안법, 안기부 폐지를 결의
- 3.29 재일동포의 민족성을 지키는 긴키[近畿]지방회의, 오사카 코로나호텔에서 열림
- ―.30 나고야시[名古屋市], 98년도의 직업채용시험에서 소방직을 제외한 대부분의 직종에 대해 국적조항을 삭제했다고 발표
- 4.1 도쿄대학 사회정보연구소의 강상중[姜尙中] 조교수, 교수로 승격. 국립대에서 외국인 교수는 처음
- ―.1 정충화[鄭忠和], 가고시마[鹿兒島]대학 의학부 제1내과 교수에 취임. 국립대 의학 임상계에서는 외국인 교수는 처음
- ―.3 제주도 4·3봉기 50주년 재일동포 심포지엄, 도쿄 호텔 랑우드에서 열림
- ―.3 『조선상공신문』 창간 50주년 축하연, 도쿄 게이오[京王]프라자호텔에서 열림
- ―.5 오사카 이쿠노[生野]조선초급학교 부속 유치원 원사 낙성축하회, 동교에서 열림
- ―.6 이바라키[茨城]조선초중급학교 체육관 낙성집회 열림
- ―.8 '외국인등록법 위반'에 관련된 재입국불허가 취소 소송의 최선애[崔善愛], 최고재판소에서 패소함
- ―.17 김양기[金兩基], 시즈오카[靜岡]현립대학 학장 보좌에 취임. 국공립대에서는 첫 재일한국인 관리직
- ―.19 나카오사카[中大阪]조선초중급학교 창립 50주년 기념 축하집회, 동교에서 열림
- ―.24 4·24 한신교육투쟁 50주년 기념 오사카 동포의 집회, 오사카조선문화회관에서 열림
- ―.24 오키나와현[沖繩縣], 경찰관과 경찰 사무를 제외한 모든 직종에서 국적조항의 철폐를 발표

1998년

재일동포
4.27 조일우호친선 히로시마(廣島)현민회의 결성총회, 히로시마노동회관에서 열림
5.8 야마구치(山口)상은과 시마네(島根)상은이 히로사마상은에 사업 양도를 발표
—.9 총련 중앙·서만술(徐萬述) 부의장, 김정일 총서기가 발표한 역사적 서한 "전민족이 단결하여 조국의 자주적 평화통일을 달성하자"를 지지 환영한다는 담화를 발표
—.9 '우리 민족 포럼 98—21세기 풍요로운 동포사회를 위하여'가 도쿄에서 열림
—.10 재일본조선인오삼부상공회 결성 50주년 기념 '안녕하세요 페스티벌 98 제11회 오사카동포야유회', 오사카성 공원에서 열림
—.11 조은 긴키신용조합, 조은오사카에서 사업양도를 받아 새출발
—.13 민단, 전국 단장·산하단체장회의에서 '지방참정권 입법화운동 추진특별위원회' 편성 등을 지시
—.15 후쿠오카(福岡)상은이 규슈(九州) 4개 상은의 합병체로의 사업 양도를 발표
—.17 민족대야유회 '갓! 코리아 월드, 1.2.3.4 모여라!', 히로시마조선초중급학교에서 열림
5.20 나가사키(長崎)민족교육추진위원회 대표들, 재일조선인의 민족교육의 권리보장을 요구하는 일본변호사연합회의 권고서 실현을 위해 시 의회 의장에게 요청
—.20 사이타마(埼玉)상은, 도쿄상은신용조합으로의 사업양도를 발표
—.21 조선인학교의 자격과 조성·인권을 생각하는 집회, 이케부쿠로(池袋)의 도쿄예술극장 회의실에서 열림
—.22~23 총련 제18차 전체대회가 도쿄문화회관에서 열림—대의원 2,000명(참석자 수 불명), 의장 한덕수(韓德銖), 제1부의장 서만술, 책임부의장 허종만(許宗萬), 부의장 박재노(朴在魯)·권순휘(權淳徽)·오형진(吳亨鎭)·김태희(金泰熙), 부의장대우 최병조(崔秉祚), 사무총국장 이기석(李沂碩), 중앙위원 선출
—.29 홋카이도(北海道)상은, 도호쿠(東北) 5개 상은 합병체의 호쿠토(北東)상은으로 양도를 발표
6.6 민단, 강좌제 민족대학 도쿄상설강좌 '코리안아카데미' 제1기 개강
—.12 여성동맹중앙의 대표, 중의원 의원회관에서 자민당 노다 세이코(野田聖子) 의원과 만나 조선학교에 대한 차별 해소에 노력을 다할 것을 요청
—.14 한국 국적법 개정으로 한국적 취득은 부모양계주의로 바뀜
—.19~20 제15회 재일조선학생 중앙피아노콩쿨, 도쿄 르네 고다이라(小平)에서 열림
—.21 북한지원 자선콘서트(조청 도쿄도 나카스기(中杉)지부 주최), 도쿄조선제9초급학교에서 열림
—.26 재일조선인인권세미나 보고회 '어린이의 권리위원회에서의 일본정부 보고서의 심사와 권고', 도쿄 시니어워크에서 열림
—.28 오사카조선고교의 백영철(3학년), 김태수(2학년), 제21회 긴키지방고등학교 복싱선수권대회에서 우승
7.4 북한 첫 괴수영화 「불가사리」, 도쿄의 키네카 오모리(大森)에서 일반 공개
—.11 '만남의 파티'(동포결혼상담중앙센터 주최), 도쿄 젠닛쿠(全日空)호텔에서 열림
—.18 북한 거주 종군위안부·강제연행 피해자를 취재한 사진가 이토 다카시(伊藤孝司)의 보고회 '지금 조선민주주의인민공화국에 있는 「종군위안부」, 강제노동 피해자들은', 도쿄 이타바시(板橋)의 시니어워크도쿄에서 열림

1998년

재일동포
—.19~22 재일동포 김상령, 황일석 선수, 제12회 아시아육상경기선수권 후쿠오카대회(하카타[博多]의 모리[森]육상경기장)에 북한 대표로 출전
—.25 조일우호친선 제5회 공연 '북한에 식량을 보내자! 자선콘서트'(여성동맹 사이타마현 북부지부 지역의 일조 여성 모임 아리랑회 주최), 구마가야[熊谷]문화창조관에서 열림
—.31 '일본의 전시 하의 강제연행에 관한 도쿄 심포지엄', 와세다대학 국제회의장에서 열림. 동 오사카보고회 8월 1일에 피스오사카에서 열림
8.3 '일본의 전시 하의 강제연행에 관한 도쿄 심포지엄'동 오사카보고회에 참가한 북한의 '종군위안부'·태평양전쟁피해자보상대책위원회 대표단(단장 량달주 동 위원회 위원장), 총련 중앙을 방문
8.8 '통일을 위한 위리의 마음을 하나로 묶는 연서連署운동'을 추진하여 범청학련 해외본부 산하의 일본 지역 5개 단체, 8·15대축전 참가대표들에 대한 통일기 전달식을 총련 도쿄도본부 등 각지에서 행함
—.22~24 북한 건국 50주년 기념 제4회 재일동포 대등산회, 도치기현[栃木縣] 닛코[日光]의 시라네산[白根山]에서 열림. 320여 명 참가
—.24 '우키시마마루[浮島丸]' 폭파사건 53주년 희생자추도집회, 재일동포와 일본인이 참여하여 마이즈루시[舞鶴市]에서 열림
—.28 조국해방 53주년을 맞이하는 북한의 '조국통일상' 전달집회, 도쿄 조선회관에서 열림
—.28 오사카시의 99년도 채용 일반사무직 '행정구분'에 재일조선인 손미수자孫美穗子가 합격. 외국인으로는 처음
—.30 효고조선상공회관 낙성집회 열림
9.7 지문날인거부사건의 윤창렬尹昌烈, 최고재판소에서 패소
—.8 김정일의 조선민주주의인민공화국 국방위원회 위원장 추대를 경축하는 재일본조선인중앙대회, 도쿄조선문화회관에서 열림
—.13 북한 건국 50주년 경축 재일동포대축전, 도쿄조선중고급학교 운동장에서 열림
—.13 북한 건국 50주년 경축 효고동포 민족페스티벌, 고베시 포트아일랜드 미나미[南]공원에서 열림
—.16 총련 중앙 김태희 부의장, 담화를 발표. 북한의 인공위성 발사를 구실로 한 일본 정부 당국의 반공화국소동을 비난
—.20 니가타[新潟]조선초중급학교 체육관 전면 개축과 교사·기숙사의 개수 완공
—.25~26 사이타마 조일우호 페스티벌. 오미야[大宮]·가네즈카[金塚]공원에서 열림
—.29 도쿄고등재판소, 재일동포 전 일본군인 보상재판에서 원고의 공소를 기각
10.7 김대중 대통령 방일. 재일한국인에 대한 지방참정권 부여를 일본 정부에 요망
—.10 북한 건국 50주년 경축 도쿄조선중고급학교 신교사 낙성집회, 동교에서 열림
—.10 아이치[愛知]조선중고급학교 창립 50주년 기념 대축전, 동교에서 열림
—.13 총련 중앙 류광수柳光守 동포생활국장이 기자회견. 일본의 우익이 북한의 인공위성 발사를 계기로, 악질적인 불법행위를 하고 있는 데 관해 담화 발표
—.17~18 '재일동포 심포지엄 98 – 재일로서 살아가는 의미를 생각한다'가 주최되어, 일본 국적 취득·국제결혼의 급증 등을 놓고 토론

1998년

재일동포
10.18 일조관계를 생각하는 긴급집회, 지바현 교육회관에서 열림
—.19 총련 대표들, 수상관저를 찾아가 총련 파괴·동포에 대한 민족적 박해·인권 박해 등을 엄중히 단속하도록 일본 정부에 요구
—.25 총련 교토부 야마시나(山科)동포회관 낙성식 열림
—.27 애국열사 라훈(羅勳)(총련 지바현 지방지부 상임위원)의 고별식, 도쿄조선문화회관에서 열림
10.30 지바조선상공회 대표, 지바현 경찰을 방문하여 총련 지바지부에 대한 방화·활동가 살해사건의 조속한 진상규명을 촉구함
11.1 북한 건국 50주년 기념 제31회 재일조선학생 중앙예술콩쿨, 오사카조선문화회관과 주변 시설에서 열림(~2일). 그 이전에 동 경축 학생예술콩쿨을 간토(關東)(10월 17~18일), 긴키(10월 15일~17일), 도카이(東海), 주시코쿠(中四國)·규슈(17일)의 4개 블록에서 지방별로 열림
—.3 도쿄 조선회관(총련 중앙회관) 정문에 화염병·습격사건 발생. 4일에는 총련 가나가와현(神奈川縣)본부에도 화염병·습격사건
—.4 총련 도쿄도본부 대표, 도쿄도 지사를 만나 북한의 인공위성 발사를 계기로 발행하고 있는 재일조선인에 대한 인권침해사건의 재발 방지를 요청
—.8 교토조선중고급학교 중급부 3년의 남정기, 제20회 '나의 주장, 소년의 주장'에 출전
—.9 재일본조선인 오사카부상공회 결성 50주년 기념식전, 호텔 뉴오타니 오사카에서 열림
—.11 일본 우익의 총련과 동포에 대한 범죄적 탄압·박해책동을 규탄하는 재일본조선인 중앙대회, 도쿄 일본청년관에서 열림
—.14 재일조선인인권협회가 '재일동포의 생활과 권리 심포지엄 – 민족성·결혼·취직·복지, 그 현상과 과제', 도쿄 와세다대학 국제회의장에서 개최
—.14 재일본조선인유학생동맹 중앙상임위원회, 한국의 한총련 황선 대표의 무조건 즉시 석방을 촉구하는 성명을 발표
—.17 1998년도 조선요리점 경영 집중강좌(조선인상공연합회 동포음식업자협의회 주최), 도쿄 조선상공회관에서 열림
—.18 교토조선중고급학교가 공개수업. 교토변호사회 인권옹호위원회가 조선학교의 실정을 조사
—.22~23 제9회 국제아마추어페어바둑선수권대회에 북한 위임대표로서 참가한 홍희덕(洪喜德)·이세옥(李世玉) 조(도쿄 거주)가 16강 진출
—.23~12.9 곤란한 동포를 위한 '사랑의 모금운동', 각지에서 열림
—.24 '조선학생에 대한 인권침해조사위원회'의 대표들, 법무성 인권옹호국을 방문하여 재일조선인에 대한 인권침해의 재발 방지를 요구
—.25 도쿄조선중고급학교 신교사 낙성기념 조일친선집회, 동교에서 열림
—.29 오사카조선고교 복싱부의 김태수, 추영수, 김기문 선수, 제6회 긴키고등학교 복싱부문 신인전 겸 제11회 전국고교복싱선발대회 긴키 블록에서 우승. 이듬해 봄의 전국선발대회 출전권 획득
12.1 도카이(東海)동포법률·생활상담센터가 개설됨

1998~99년

재일동포

- —.1 총련 효고현본부, '민족·단결·한동네운동' 시작됨
- —.4 제13회 아시아경기대회에 북한 대표로 참가하는 재일조선체육인결단집회, 도쿄 조선회관에서, 밤에는 격려 모임, 아사쿠사(淺草)뷰호텔에서 열림
- —.6 총련 교토부본부, '국제교류 미야코 굼의 광장'에 '교토조선학원 코너'와 '금강산조선식품매장'을 설치
- —.8 재일본조선인상공연합회와 도쿄·가나가와·지바·사이타마·니시도쿄의 조선상공회 대표들, 산케이신문사(産經新聞社)를 찾아가 편견과 악의에 찬 기사의 게재에 엄중 항의
- 12.8 오카야마시(岡山市)가 국적조하을 철폐
- —.12 '전쟁과 여성에 대한 폭력' 일본네트워크(AWN-NET Japan) 주최의 국제심포지엄 '일본군의 성 노예제를 재판한다 – 여성국제전범법정을 어떻게 열까'가 도쿄 와세다대학 국제회의장에서 열림
- —.12 '총련 지바지부 활동가 살해·총련 회관 방화사건'(10월 중순에 발생)에 관하여 일조 문제를 생각하는 집회, 지바현 교육회관에서 열림
- —.22 가나가와현 나가사키 시 의회, 조선학교의 처우 개선을 촉구하는 의견서 채택. 시장도 정부에 요망서 제출
- —.23 지바조선초중급학교 자선 금강산가극단 공연(동교 연합동창회 '오솔바람' 주최) 열림
- —.31 재일동포의 수는 63만 8,828명이 됨

1999

- 1.12 '지바(千葉)조선총련의 임원 학살, 방화사건 조사위원회'의 임원, 지바현 의회의장을 면회하여 사건의 진상규명·재발방지 요망
- —.18 조은 사가(佐賀)신용소합 본섬, 신축 이전
- —.25 시즈오카(靜岡)상은, 요코하마(橫浜)상은에 대한 사업양도 완료하고, 요코하마상은 시즈오카지점으로 재개점. 이후 각지에서 사업양도 완료 잇달아, 민족계 금융기관 재편 행진
- —.25 바둑교류를 통해서 북일 친선 교류를 확대하는 '일조바둑교류협회' 설립
- —.29~31 고려서예연구회 결성 10주년 기념전을 도쿄 기타토피아에서 개최(제5회 재일조선학생중앙서예전도 개최)
- 2.8 총련 중앙 부의장 고 김태희(金泰熙)의 고별식을 조선중앙회관에서 개최
- —.9 재일동포결혼상담지방센터 및 현(縣) 상담소의 책임자 집회가 조선출판회관에서 열림
- —.10 민단 중앙 전 간부 박종사(朴鐘)의 사망으로 민단 중앙 합동장
- —.13~14 '제3회 민족차별과 싸우는 실천교류회'에서 나가사키시(長崎市)·민투련 전국교류 집회가 열림
- —.25 지바조선총련 임원 학살·방화사건 조사위원회 대표, 사건 수사과정에서 재일조선인에 대한 인권침해가 발행한 데 관해 지바현경 본부를 방문하여, 공정한 수사와 사건의 진상규명을 요구

1999년

재일동포
2.27 조선중앙회관에서 3·1운동 80주년 기념 재일조선인중앙보고집회 개최
3.1 민단, 80주년 3·1절 기념 중앙대회가 한국중앙회관에서 개최됨―전국 각지에서 대회를 열고 총련과의 교류와 화합의 촉진, '재일'사회의 건설, 지방참정권의 조기 실현 등을 결의
―.2 지바초중급학교를 괴한이 습격. 총련 지바지부의 대표, 지바니시[千葉西]경찰서를 찾아가 범인 체포·사건 재발 방지를 요청
―.3~6 오사카 이쿠노구[生野區]의 민족학급 아동(기타쓰미[北巽]소학교 365명·미유키모리[御幸森]소학교 165명·쇼지[小路]소학교 인원 알 수 없음)의 졸업·수업식이 치마저고리를 입고서 거행됨
―.6 후쿠오카[福岡]아시아미술관이 개관하여, 기념으로 '후쿠오카트리엔날레'를 개최
3.9 외국인등록법과 입국관리법 개정안의 문제점을 생각하는 집회가 도쿄 스이도바시[水道橋]의 재일한국 YMCA에서 열려, 외국인등록증의 상시 휴대와 중벌 폐지 등 발본 개정을 요망
―.9 일본 정부가 외국인등록법 일부 개정안을 각의결정한 데 관해 총련 중앙 동포생활국장이 담화 발표
―.16 효고[兵庫] 동포생활상담센터 고베니시[神戶西]출장소 개설
―.20 총련 중앙위원회 제18기 제2차 회의 개최
―.20~22 도쿄에서 제9회 이겨라배 쟁탈 조일친선고교축구대회
―.21 한통련, 제7회 대의원대회를 분쿄[文京]구민센터에서 열고, 통일운동의 새로운 전환과 전진의 해로 삼아, 국가보안법 철폐와 양심수의 석방을 결의
―.24 제6회 '평화배' 조일친선교류 히로시마[廣島]축구대회가 히로시마에서 개최됨
―.27 민단 중앙, 박성준朴成準 고문 사망, 31일에 민단 중앙 합동장(75.4.15, 총련계 동포 모국 방문사업(성묘단) 단장도 지냄)
―.28 제10회 전국고교 복싱선수권대회 57kg급에서 오사카조선고교의 김태수가 준우승
―.29 신용조합 호쿠토[北東]상은이 합병으로 탄생·설립
4.5 청상회青商會 니시토쿄[西東京]동부조직이 고다이라[小平]복지회관에서 결성
―.8 민단 가나가와[神奈川]의 국제교류센터, NPO법인의 인증 취득. 비영리 민간 공동서비스로서 일본 정부로부터 인지
―.8 김경석金景錫, 전후보상 재판으로 일본강관鋼管과 화해
―.18 제1회 도시마[豊島]·네리마[練馬]·이타바시[板橋] 합동동포대운동회가 도쿄중고급학교 운동장에서 개최됨
―.20 99년 미스코리아 일본대표 선발대회가 민단 중앙과 한국일보의 공동개최로 도쿄 신바시[新橋] 야쿠르트홀에서 열림. 일본 영주자로 국적을 불문해서 미스코리아 일본대표의 진선미 중 '미'에 조선적 여성이 입상
―.21 교토의 어반티홀에서 '재일동포의 생활과 권리 심포지엄' 개최
―.26 나고야[名古屋]대학에서 재일외국인학교 졸업생의 수험자격을 요구하는 교직원·학생의 모임 결성
―.27 『통일일보』의 기사―노태우 전 대통령의 임기 중에 남북 특사의 왕래와 직통전화도 있었다고 『월간 조선』 5월호가 게재, 92년 4월에는 정상회담의 조정을 했다고 증언

1999년

재일동포
4.— 교토한국학원 야구부, 일본의 전국고교야구연맹에 가입. 외국인학교로는 처음
5.10 신주쿠[新宿]아사히[朝日]생명홀에서 고창일[高昌一] 작곡 발표회 '매화' 개최
—.11 총련 중앙 허종만[許宗萬] 책임부의장, 일본적십자사를 방문하여, 동해에서 조난당한 조선인민군의 시신 회수·반환에 협력한 데 대해 북한적십자사의 감사장을 전달함
—.15 조선중앙회관에서 학우서방[學友書房](총련 산하의 학교교과서출판사), 창립 50주년 기념 모임 개최
5.16 신주쿠 아리랑 페스티벌이 신주쿠역 앞에서 열림
6.6 오사카조선고교축구부, 오사카 춘계 축구대회에서 우승. 인터하이 출전권 획득
—.6 홋카이도[北海道]조선초중고급학교 역도부 박덕귀[朴德貴] 선수(94kg급, 고2)와 배철[裵哲] 선수(85kg, 고2)가 홋카이도에서의 인터하이 역도대회에서 각각 우승하여 본대회의 출전권을 획득
—.6 제2회 빛나라! 히로시마 조일우호의 노랫소리가 시내 엘리자베스음악대학 세실리홀에서 열림
—.7 총련 대표, 자민당 본부를 방문하여 지방참정권 입법화에 신중하게 대처하도록 요망
—.12 도쿄 지요다구[千代田區]의 일본교육회관에서 재일본조선인인권협회 결성 5주년 기념 '동포의 생활과 권리 Q&A' 출판축하집회 개최
—.13 금년도, 오사카시 중학교 춘기 종합체육대회 축구부문에서 히가시오사카[東大阪]조선초급학교가 우승, 나카오사카[中大阪]초중급학교가 준우승
—.16 총련 대표, 중의원에서 공명당 대표와 회견. 참정권 입법화 문제에 신중하게 대처하도록 요망
—.17~18 '전세계에 울려라, 우리의 노래' 조선학교 학생의 음악무용종합공연이 도쿄 신바시[新橋]후생연금홀에서 개최됨
6.20 제43회 효고현고등학교 종합체육대회 축구경기대회에서 준우승한 고베조선고교 축구부를 축하하는 집회가 고베시 신센카쿠[神仙閣]에서 열림
—.22 총련 대표, 민주당 본부를 찾아가 참정권 입법화 문제에 신중 대처 요망
—.26 후쿠오카시립 국제시민센터에서 규슈[九州]지방 '재일동포의 생활과 권리' 심포지엄 개최
—.27 재일본조선사회과학자협회 결성 40주년 기념집회가 조선대학기념관에서 개최됨
—.28 조은 도쿄 히가시이케부쿠로[東池袋]지당에서 재일조선평화통일협회와 범민련 재일조선인본부 임원·간부의 합동회의
—.28~29 재일본조선문학예술가동맹 결성 40주년 집회, 공연과 전시회가 도쿄 기타구[北區] 기타토피아에서 개최
7.3 도카이도[東海道]·호쿠리쿠[北陸]지방 재일동포의 생활과 권리의 심포지엄이 나고야 국제센터홀에서 개최됨
—.4 도쿄의 이케노하타[池之端]문화센터에서 체련 결성 45주년 기념집회 개최
—.8 조선회관에서 김일성 사망 5주년 재일본조선인중앙추도대회 개최
—.11 '우리민족 포럼 '99'가 고케 포트피아호텔에서 개최됨

1999년

재일동포

―.17 민단, 강좌제 민족학교 '히로시마교실'을 히로시마 코리안 아카데미로 개칭하고 히로시마 한국회관에서 개최
7.21 히로시마 '한국인원폭희생자위령비'를 공원의 대안對岸에서 동 공원 원폭공양탑 남측으로 이설하고 완공식을 개최
―.21 고베조선고급학교의 개축공사에 착공
―.21~22 재일조선상공연합회, 동포 유희업遊戲業 경영 세미나를 도쿄 아사쿠사淺草 뷰호텔에서 개최
―.27 히로시마시의 평화공원에서 한국인원폭희생자위령비 이설移設 고유제告由祭. 위령비를 평화공원 내로 이설
8.3 중의원 의원 법무위원회에서 도코이 시게루床井茂 변호사가 '외국인등록법'의 발본적 개정을 요구하는 의견서를 진술
―.5 홋카이도조선초중급학교 역도부의 박덕귀, 일본 인터하이 94kg급 우승
―.10 총련 중앙 한덕수韓德銖 의장, 인터하이에서 각각 금·동을 획득한 박덕귀·김기문金基文을 격려
―.10 총련 중앙대표, 마이니치신문사每日新聞社를 방문하고, 왜곡 기사에 엄중 항의
―.12 한국, 재외동포법 성립
―.13 외국인등록법·개정 입국관리법 성립(2000년 4월 1일 시행). 지문날일제도 완전 폐지. 등록전환 간격, 5년에서 7년으로 연장. 외국인등록증의 상시휴대제도는 존속(처벌은 특별영주자에 한해 형사처벌에서 행정처벌의 과료로 변경, 체포는 없는 것으로 함)
―.14 원코리아바둑대회가 도쿄 이치가야市ヶ谷의 일본기원에서 개최됨
―.18 괴한이 조선중앙회관(총련 중앙본부)를 습격
―.18~20 재일본한국인교육연구대회가 사학회관과 도쿄 한국학교에서 열려, 36회를 맞이하여 '21세기에 대비하는 민족교육의 진흥안'을 주제로 토의
―.21 8·15조국해방 54주년 기념 나가노長野조선초중급학교의 신교사에서 개최
―.29 '재일 심포지엄 99' 재일사회의 향후 방향을 생각하는 시민토론회가 도쿄 스이도바시 스페이스 Y홀에서 열림(연속 4회의 개최를 예정)
9.3 '일조교류·문화교류를 촉진하는 아이치愛知의 모임' 창립총회가 나고야에서 열림
―.4 민단, 강좌제 민족학교 '나고야교실(나고야 코리아 아카데미)'를 개강
―.13 조은 호쿠토신용조합 개업 조은 홋카이도를 중심으로 아키타秋田, 이와테岩手, 후쿠시마福島가 합병
―.17 재일조선상공연합회, 외국인재산취득령 적용 위반 승리 50주년 기념 중앙 심포지엄 '재일조선상공인의 기업권을 생각한다'를 유라쿠쵸有樂町 아사히홀에서 개최
―.27 조은 주부中部신용조합이 조은 기후岐阜·도야마富山·이시카와石川·미에三重·시즈오카가 합병하고, 그 조은 기후본점에서 개업식을 거행
10.1 도쿄지방재판소, 재일동포 전 종군위안부 송신도宋神道의 일본 정부에 대한 사죄·배상 청구를 기각
―.2 민단, 강좌제 민족대학 '효고 코리안 아카데미'를 개강

1999년

재일동포
—.2~3 '신시대민족청춘재일조선청년체육제 '99'가 재일조선청년동맹의 주최로 아이치현 청소년공원과 주변의 경기장에서 개최되어, 전국에서 1,000명의 동포청년이 참가함
10.5~11 '아름전—재일코리안미술전'이 교토시 사쿄구[左京區]의 교토시미술관에서 개최, 5일에는 교토시국제교류회관에서 심포지엄 '과거에서 미래로—재일코리안의 미술, 교토로부터의 제언'이 열림
10.9 민족교육촉진협의회 주최로 오사카부 민족강사회 발족 기념집회가 오사카시 나니와[浪速]해방회관에서 열림 ※ 강사회는 각 지역의 민족학급 강사의 교류·연대를 심화하고, ①교재·커리큘럼의 검토와 연구·수업, ②문부성이 2002년부터 도입하는 '종합적인 학습'의 틀에 민족교육을 도입하기 위한 조사·연구 등을 행함. 현재 오사카부 내에서는 140개가 넘는 초·중학교에서 민족학급이 운영되고 있으며, 3,000명 이상의 동포 자제가 배우고 있음
—.9~10 '2000 페스타 코리안데이즈 인 후쿠오카'가 재일한국 청년이 한자리에 모여 지역시민과 함께 2002년 월드컵 성공을 위해 친선 무드로 개최됨
—.10 도호쿠[東北]조선초중고급학교의 교사 개축·기숙사 신축공사가 완성되어 준공식과 운동회가 개최됨
—.12 조은 니시[西]신용조합이 조은 오카야마[岡山]·오이타[大分]·에히메[愛媛]·가가와[香川]·사가[佐賀]의 5개 신용조합이 합병하여, 구 조은 오카야마본점 앞에서 개업식을 거행
—.15 오사카고등재판소, 재일동포 전 일본군 군속 강부중姜富中의 장해연금 청구를 기각. 단, 판결문에서 연금 미지급은 위헌의 소지가 있다고 판시
—.17 가나가와 민단, 현립 미쓰이케[三ツ池]공원에서 '10월 마당'을 1만 명의 관객 앞에서 개최(비슷한 행사가 전국 각지에서 열림)
—.17 미나미오사카[南大阪]조선중급학교가 창립 40주년 축하회를 이즈미오쓰[泉大津] 자타니[茶谷] 시장을 맞이하여 엶
—.19~20 199년도 조선요리 '야키니쿠(숯불구이)'점 경영 집중 제1회 강좌가 상공연합회 동포음식업자협의회 주최로 우에노[上野] 조선상공회관에서 열려, 전국에서 70명이 참여
—.24 창립 50주년 기념 고베조선고급학교의 교사와 체육관 개축 완성을 축하하는 기념 페스티벌 '날아올라 in KOBE'가 동교에서 열려, 3,200여 명의 졸업생·동포들이 참가
—.25 재일조선인여성동맹 지바현본부 대표들이 지바현청에서 누마다[沼田] 지사와 면담하고, 현이 지바조선초중급학교에 대한 교육보조금을 일본의 사립학교 수준으로 증액할 것과 국립 지바대학장에게 조선고급학교생의 수험자격을 인정하도록 요망서와 서명부를 제출
—.25 조은 간토[關東]신용조합이, 가나가와·사이타마[埼玉]·군마[群馬]·도치기[栃木]의 신용조합을 합병하고 개업
—.31 우베[宇部]조선초중급학교 창립 40주년 기념·학교 개축 축하집회가 열림
11.2 교토 시내·일본소학교 중의 3개 학교에 민족학급이 있어, 72명의 동포의 아동이 매년 학예회에서 민족의상을 입고 민족예술을 펼침

1999년

재일동포
一.3 도쿄조선중고급학교에서 'TOKYO 어린이 페스티벌'이 열려 4,500명의 부모와 아이들이 다양한 행사에 참가
11.3 오사카 '시텐노지[四天王寺] 왓소' 축제 10주년 기념행사로 연도를 50만 명의 관객이 가득 메움
一.7 나가노조선초중급학교 창립 30주년 기념으로서 이전·신축한 교사·기숙사·체육관의 준공식이 열림
一.13 '일본의 전쟁책임을 떠맡게 된 한국·조선인 BC급 전범을 지원하는 모임' 주최로 '재판에서 알게 된 것, 입법으로 실현할 것—왜 지금 전후보상인가!'의 집회가 도쿄에서 열림
11.13 재일코리안사회의 활성화, 국제화, 코리안 네트워크의 구축을 추구하는 생활·문화 정보지 계산『새누리』의 발간 10주년 기념 강연회가 도쿄 신주쿠 게이오[京王]프라자호텔에서 개최됨
一.23 나고야축구협회·주니치신문사[中日新聞社]의 공동개최로 제31회 나고야소년축구대회의 소학생팀 부에서 아이치조선제3초급학교가 시내 215개 출전학교 중에서 우승
12.1~2 '99통일분제 국제세미나'가 남북평화통일에 대하여 대통령의 자문에 답하는 민주평화통일자문회의(의장 김대중 대통령) 주최로 민단 중앙회관에서 열림
一.4 제49회 전국소중학교 작문콩쿨(요미우리신문사[讀賣新聞社] 주최, 문부성 후원)의 시 부문 중학생부에서 고베초급학교 중급부 3학년 손유행[孫由杏]의 시詩 '김치 생각'이 4,176편 중 특선 입선
一.10 제19회 전국중학생 인권 작문 콘테스트(법무성 주최, NHK 후원)에서 80만 134편 중에서 이바라키[茨城]조선초중급학교 중급부 3학년 이성휘[李星輝]의 작품 '생명의 소중함'이 3위에 해당하는 법무정무차관상 수상. 후쿠오카조선초중급학교 중급부 3학년인 배희옥[裵喜玉]의 작품 '작은 일부터 시작합시다'가 장려상 수상(이성휘는 이바라키현대회에서 우수특별상, 배희옥은 후쿠오카현 대회에서 최우수상의 수상한 작품)
一.13 총련 후쿠오카현본부 대표가 후쿠오카현청을 방문하여 아소[麻生] 현지사에게 조선학교에 대한 사립학교 수준의 보조금과 고교 졸업생의 국립대학 수험자격의 인정을 촉구하고, 10만 명의 서명과 요망서를 제출
一.16 가와사키시[川崎市] 의회는 '가와사키고려장수회의 사업계획 제시와 운영에 대한 지원을 촉구하는 요망서'를 만장일치로 채택 ※ 요망서의 내용은 ①동 장수회(회원 127명)를 노인복지단체로서 인가하고, 재정 지원을 함 ②개호보험의 적용에 있어 민족차별 없이, 무연금 상태에 처해진 동포 고령자의 부담을 줄임 ③가와사키시가 지급하고 있는 '외국인고령자복지수당'(월액 2만 엔)을 고령기초연금의 70% 정도까지 인상함 등을 요망
一.18 일본의 학교에 다니는 동포 학생이 출연하는 제21회 우리고교 장학생문화제가 오사카시 요도가와구[淀川區]의 메르파르크홀에서 열려, 전국에서 200명이 참가
一.31 재일동포의 수는 63만 6,548명이 됨

2000년

재일동포
2000
1.8 후쿠오카[福岡]국제홀에서 재일동포와 일본인의 교류단체 '하나의 모임' 제1회 친목 파티 개최
―.14 재일동포 현월玄月,「그늘의 집」으로 제122회 아쿠타가와상[芥川賞] 수상
―.21 공명・자유 양당, 제147통상국회에서 중의원에 영주외국인의 지방참정권 부여에 관한 법안을 공동 제출
2.18 시마네현[島根縣] 인사위원회, 2000년도 현 직원 채용시험부터 지사부국[知事部局]과 현 교육위원회의 전 직종에서 국적조항 철폐를 결정
―.23 1999년도 비즈니스 플랜 콘테스트(간사이[關西] 뉴비즈니스협회 주최) 수상식. 재일한국인 기업인 후쿠나가 엔지니어링 수상
―.27 한통련, 제7기 제1회 중앙위원회를 열고, 반미 자주의 강화, 민주화 투쟁의 강화와 재일참정권 반대를 결의
3.4~5 요코하마[橫浜]의 지구시민 가나가와 플라자에서 가나가와현[神奈川縣]・NPO 민단 국제협력센터・총련 가나가와현본부 등 5개 단체가 실행위원회를 조직하는 '아스 페스타 가나가와 2000' 개최
―.15 김수영金洙榮 등 7명, 교토부 지사의 장해연금 미지급 결정 취소・손해배상을 요구하며 교토지방재판소에 제소
―.19~20 재일대한축구협회, 재일대한축구단 제1회 입단 테스트 개최. 현역 조선고교생을 포함한 5명 합격
―.20~27 도쿄조선중고급학교 무용부가 처음으로 미국 뉴욕과 로스앤젤레스에서 공연. 공연장은 약 2,000명의 관객의 열기와 우레와 같은 박수로 가득참
―.24 민단 제43회 정기중앙대회가 중앙회관에서 열림. 대의원 523명 중 502명 출석, 제43대 단장 김재숙金宰淑, 부단장 구문호具文浩・여건이呂健二・이종섭李鐘燮・최만두崔萬斗・정행남鄭幸男, 의장 강영우姜永佑, 감찰위원장 홍성인洪性仁, 중앙위원 204명 선출
4.1 개호보험제도 시작(재일한국・조선인에게도 적용)
―.2 도쿄 간다[神田]의 한국YMCA에서 '지문날인제도 붕괴 기념집회' 개최. 일본 각지에서 역대 지문날인 거부자, 지지자들 200명이 참가
―.3 지문날인 거부로 재입국불허 상태로 출국, 영주권을 박탈당한 재일한국인 피아니스트 최선애崔善愛, 도쿄입국관리국 요코하마지국 가와사키[川崎]출장소에 신청한 영주자이 수리되어, 영주권 회복(개정 외국인등록법에 따름)
―.9 이시하라石原 도쿄 도지사, 육상자위대 창대 기념식전에서 '삼국인, 외국인의 흉악한 범죄가 반복되고 있어, 재해 시에는 경찰만이 아니라 자위대도 치안 유지를 수행해 주길 바란다"고 발언
―.10 민단 중앙본부, 배철은裵哲恩 선전국장 이름으로 '도쿄 도지사의 망언을 바로잡는 성명문'을 발표
―.14 북한으로부터 제146회 교육원조비와 장학금 2억 1140만 엔이 송금되어 현재까지 송금된 교육원조비와 장학금은 합계 443억 5,736만 3,000엔이 됨

2000년

재일동포

―.15 제주도 4·3사건을 생각하는 모임 주최로 제주도 4·3사건 52주년 기념 강연회가 도쿄 스이도바시[水道橋]·스페이스 Y 문화센터에서 열림(1999년 12월 16일 한국 국회에서 '4·3특별법'이 제정되어 2000년 4월에 시행)
4.17 재일한국인신용조합협회, 오사카 시내의 호텔에서 정부단장회의·임원회를 개최. 전국 통합하는데 있어 보통은행을 설립하는 방침으로 기본 합의
―.27 도쿄고등재판소, 일본 군인과 동등한 보상을 정부에 촉구하는 전 일본군 상등병 김성수[金成壽]의 공소 기각
5.2 "민단 중앙 발표에 따르면, 일본 전국의 지방회의, 3월 정례회의에서 1현 4시 11정 5촌이 재일외국인 지방참정권 부여 의견서 채택, 이로써 채택 자치체는 전 자치체의 44.2%에 해당하는 1,460곳이라고 『통일일보』가 보도
5.13 도쿄 오테마치[大手町]의 산케이홀에서 재일한국계 신규은행 설립 발기인대회 개최
―.18 중의원 내각위원회, '재일 구 군인 군속 급부 법안' '국적 이탈 전몰 유족 등 조위금 지급 법안' 채택, 중의원 통과
―.19 히로시마[廣島] 시의회 총무위원회, 본년도의 직원채용시험에서 국적조항을 철폐한다고 발표(소방직원 등 공권력을 직접 행사하는 직무, 학교 사무직원·일반기술(토목·건축 등)을 제외함)
―.21 총련, 도쿄 이타바시[板橋]의 도쿄조선중고급학교에서 '총련 결성 45주년 기념식전 재일동포대축전' 개최. 평양성악배우단들의 합창 외, 히키타 덴코[引田天功] 매직쇼, TV프로그램 '타임레인저' 등의 유아용 캐릭터쇼 등 개최
―.21 나고야시[名古屋市] 쇼나이[庄內]육지공원에서 총련 결성 45주년을 축하하는 '아이치[愛知] 톰보빅 페스타 2000' 개최(동 실행위원회 주최, 하이치현, 나고야시 등 후원). 유치원생들의 농악 무용과 씨름 토너먼트 외, 록밴드 '보더레스'와 TV 캐릭터 '타임레인저'의 무대 이벤트 개최, 미용 체험 코너 '레이디스 뷰티' 설치
―.23 미에[三重]상은신용조합, 금융재생법에 입각하여 파산 처리를 금융재생위원회에 신청. 전국 34개 상은 중 11개 상은이 파산
―.30 교토한국상공회의소, 제30회 정기총회 개최. 민단·한상연합회 주도로 총련 상공인과의 교류 촉진을 포함한 사업계획 채택. 6월 9일, 오사카한국상공회의소도 같은 사업계획을 채택
―.30 재일한국부인회 오사카본부, '홈 헬퍼 2급 양성강좌' 개강
―.31 참의원 본회의, '평화조약 국적이탈자의 전몰유족자에 대한 조위금 등 지급법' 가결
6.12 총련계의 재일조선인 오사카상공회, 민단계의 오사카한국상공회의소와 공동으로 '6.12 회담 성공 기원 재오사카동포상공인 골프대회' 개최
―.15 남북 정상회담·공동선언을 지지하고, 총련은 동 중앙상임위원회 명의로, 민단은 김재숙 중앙단장 명의로 따로 성명 발표. 서로 상대 조직과 대화할 용의가 있다고 표명. 민단은 이와는 별도로 중앙단장 명의로 민단·총련 간의 대화를 총련의 한덕수[韓德銖]의장에게 제의하는 제의서 발표
7.4 '새로운 2000년과 민족통일'이라는 주제로 재미학자를 포함한 8·15 해방 55주년 기념 통일토론회가 '새로운 2000년과 민족통일' 토론회 실행위원회 주최로 도쿄 호텔 그라운드에서 개최됨

2000년

재일동포
―.7 민단 오사카본부・오사카한국종합교육원, 수학여행처로 한국을 선택한 학교법인 게이코가구엔[啓光學園]고교에서 한국의 매너와 문화를 가르치는 주장 수업
7.14 재일동포 가네시로 가즈키[金城一紀], 「GO」로 제123회 나오키상[直木賞] 수상
―.29~30 남북각료회담. 총련 회원의 고향(한국) 방문 승인 등에 합의
―.30 민단 효고[兵庫]본부와 총련 효고본부, 제30회 고베[神戶] 축제에 '남북공동선언 환영 효고현 원코리아 통일행진단'으로서 합동 참가
8.7~8 긴키[近畿]중학총체 개최. 오사카의 한국계 학교・백두학원 건국중학의 여자 배구부, 첫 출전, 첫 우승
―.15 민단, 도쿄 히비야공회당에서 제55주년 과옥절 중앙기념식전 개최. 조국의 평화 정착과 통일 촉진에 공헌, 총련과의 교류・화합 촉진, 동포사회 통일 달성, 지방참정권의 연내 획득, 신용조합의 은행화 촉진 등의 결의 채택
―.24 총련 중앙본부의 남승우[南昇祐] 부의장 등 간부 3명, 민단 중앙본부를 방문. 양 조직 간의 상설 연락기관 설치 등, 향후 민단과의 적극적 교류 추진을 명기한 제의서를 전달함
―.26 가나가와 가와사키시의 사립 사쿠라모토[櫻本]소학교 교정에서 총련 산하의 재일본조선인 가와사키상공회와 민단 산하의 가와사키한국상공회의소 공동개최로 가와사키동포 하나 페스티벌 개최
―.27 WBC 수퍼플라이급 타이틀매치, 오사카부립 체육회관에서 개최. 재일조선인 도전자 도쿠야마 마사모리[德山昌守], 한국의 세계 챔피언 조인주[曹仁柱]에게 이겨 세계챔피언이 됨
―.27 오사카조선중고급학교(99년도 오사카고교 춘계 축구대회 우승), 한국의 안동고(제8회 백록배 한국고교 축구대회 우승)와 오사키 나기이[長居]육상경기장에서 친선시합. 오사카조선중고급학교의 승
9.2~3 재일한국청년회, 제49회 전국회장회의 개최. 재일본조선청년동맹과의 교류사업을 청년회 측에서 능동적으로 추진하는 등의 긱본방침 확인
―.6 민단 오사카본부, 오사카시청에서 오사카시 교육위원회와 의견 교환. 민단 측, 재일외국인 문제에 정통한 교원의 채용・적소 배치, 중학교 야간학급의 재일한국인 강사 적극적인 배치, 졸업증서의 원칙적 본명화 등 요망. 시 교육위원회 측, 99년의 차별사상은 98년의 10건보다 많은 20건가량에 달한다고 보고
―.9 도쿄 메구로[目黑]의 미야코[都]호텔에서 민단의 조사연구집단 재일동포21세기위원회, 제1회 전체회의
―.11 고베시에서 조선청년동맹 효고본부・한국청년회 본부・한국학생동맹 효고본부・조선유학생동맹 효고본부 등 6개 단체, 재일코리안청년학생협의회, 발족집회
―.15 시드니올림픽에서 재일동포의 '통일기'를 흔드는 응원단에 세계가 주목
―.20 총련 오카야마[岡山]본부와 민단 오카야마본부, 공동으로 북한에 지원물자 송부(양말 15만 켤레, 손수건 15만 장)
―.22 제1차 총련 동포 고향방문단이 반세기 만에 5박 6일간의 일정으로 고향을 방문

2000년

재일동포
10.8 총련 아마가사키[尼崎]지부와 민단 아마가사키지단이 아마가사키시민축제의 퍼레이드에 처음으로 '원코리아통일행진단'을 결성하여 참여—이후 전국 각지에서 비슷한 행사가 열림
10.15 '조일우호 원 하트 페스티벌'이 효고 아마가사키중앙공원에서 동포와 일본시민 약 1만 명이 참여하여 열림
—.17 오사카조선학교 교육 실시 55주년 기념 축하연이 시내의 호텔에서 열려, 400여 명이 참석(전후 이쿠노구[生野區] 샤리지[舍利寺]부터 민족교육이 시작된 현재의 이쿠노조선초급학교)
—.17~20 제76회 코리안평화미술전이 도쿄 미나토구[港區] 라포레뮤지엄 롯폰기[六本木]에서 열림. 코리안 아트페어실행위원회의 주최로 남북 화가가 참석하여 통일의 노래 합창으로 개장
—.22 제주도 4·3사건재일유족회(대표 강실康實)가 오사카 이쿠노에서 결성
—.22 조선학교 설립 50주년을 축하하는 음악포럼 '조선학교·외국인학교·일본학교의 어린이교류회가 열려 출연자 200명을 포함하여 1,000명이 회장을 가득 메움
—.22 오사카에서 재일제주도 4·3사건유족집회 발족
—.30 민주·공산·사민 3당의 참의원 의원, 전시성적강제피해자문제해결촉진법안을 참의원에 제출
—.31 해방 55주년 기념 코리안민족무용특별공연이 신주쿠[新宿]문화센터에서 춤놀이(チュムノリ)실행위원회 주최로 공연
11.11 오사카조선고교 '전국고교축구선수권대회' 출전권 획득
—.17 제2차 총련동포 고향방문이 120명으로 5박 6일간 고향을 방문
—.19 한청韓靑 결성 40주년식전이 호텔 닛코[日航]에서 열림
—.24 (재)조선장학금 창립 100주년 기념 '고대사 심포지엄'이 도쿄 니시신주쿠[西新宿] 아사히[朝日]생명홀에서 열려, 남북에서 방일한 역사학자 각 3명이 논문을 발표
—.24 총련 중앙 서만술徐萬述 제1부의장과 민단 중앙 김재숙 단장이 (재)조선장학회 100주년 기념축하연회에 나란히 출석, 축사 후에 악수함
—.25 에도가와구[江戸川區] 니시카사이[西葛西] 노상에서 승용차에 타고 있던 동포 청년 4명이 폭주족 약 30명에게 습격당하여 1명이 사망하고 나머지가 부상당하는 사건이 발생
—.27 조인트 리사이틀 '상翔'의 민족무용이 네리마[練馬]문화센터 소홀에서 실행위원회의 주최로 공연
—.30 도쿄고등재판소, 재일한국인의 전 종군위안부 송신도宋神道의 일본 정부에 대한 손해배상·사죄 청구를 공소기각
12.2 재일본조선인인권협회의 주최로 '21세기를 맞이하는 인권협회의 모임'이 호텔 랑구트에서 130여 명의 관계자가 참석한 가운데 열림
—.6 총련 중앙 양수정梁壽正 국제통일국장 등의 대표가 지요다구[千代田區]의 문예춘추사를 방문하여, 『문예춘추』 12월호가 북한의 날조 기사를 게재했다면서 항의
—.6 금강산가극단 창립 45주년 기념공연 '금강산의 사계'가 도쿄 분쿄[文京]시빅 대홀에서 실행위원회의 주최로 공연

2000~01년

재일동포
—.8 일본군 성노예(종군위안부)제를 재판하는 '여성국제전범법정'이 도쿄에서 열려(~12일) 남북측이 공동으로 기소장을 제출 —.11~18 재일금강산가극단이 처음으로 서울에서 공연하고, 같은 민족으로서 서울시민에게 감동을 줌 —.15 재일대한축구협회가 송일렬末一烈을 회장으로 하여 결성되고, 동시에 축구단과 후원회도 정해룡丁海龍이 회장으로 발족, 축구단 20명의 선수 중에 조선중고 출신의 조선적 7명이 포함됨 12.16~17 사물놀이 '악천향樂天響'이 도쿄예술극장에서 실행위원회 주최로 공연(19~20일은 오사카국제교류센터에서 공연) —.24 '무용조곡—세월'이 오사카국제교류센터에서 실행위원회 주최로 공연(19~20일은 오사카국제교류센터에서 공연) —.31 재일동포의 수는 63만 5,269명이 됨

2001

—.1.1 12월 31일부터 1월 1일 새벽에 걸쳐 신세기 개막을 함께 축하하는 '교토코리안 청년학생 12세기 선언'이 교토부 내의 총련계, 민단계, 중립계의 5개 단체의 청년학생이 중심이 되어 '미야코멧세'(교토시 권업관)에서 열림. 약 3,000명의 젊은이들의 열기 속에 '원코리아 카운트다운 21'이 열림

—.8 'NHK 청춘메시지'가 도쿄의 NHK 홀에서 열려, 간토[關東] 고신에쓰[甲信越]블럭 대표로서, 도쿄조선중고급학교 고급부 1학년 허금이許琴伊가 출전하여, '커다란 세계지도를 갖고 싶다'라는 스피치로 심사위원특별상을 획득. 조선학교 학생의 출전은 이것으로 7번째

—.11 아이치현[愛知縣] 한국인경우회 240명의 신년초 대면회가 호텔 니고야 개슬에서 열려, 재일아이치현상공회 대표들과 한통련, 삼천리 철도대표를 초대하여, 동해조선가문단의 연주로 부드러운 분위기 속에 진행됨. 민단 시가[滋賀]본부에서도 7일 신년회에 총련과의 화합에 의욕적이어서, 교토조선가무단을 초청하여 교류 무드를 추진

—.11 세계 3대 발레 콩쿨의 하나인 제9회 파리국제댄스콩쿨의 클래식 발레, 주니어부문 (전년 20일~12월 3일)에서 기타큐슈[北九州]조선초중급학교 출신 최유희崔由姬(16)가 제2위 수상을 달성함. 최유희는 전년 9월부터 프랑스의 일불예술무용센터에 발레 유학 중

—.13 '신세기 2001년도 총련 돗토리현[鳥取縣]동포의 신춘 모임'이 돗토리현 사이하쿠군[西伯郡] 히에즈손[日吉津村]공민관에서 열림. 전국 각지에서 21세기를 맞이하여 통일에 대한 새로운 희망에 가득찬 신춘을 축하하는 공연회 등의 집회가 열림

—.15 민단에서는 새로운 세기를 맞이하는 성인식이 열림(7일 오사카에서는 150명이 참가하였고, 14일 교토에서도 치마저고리와 정장으로 성장한 78명이 참가, 가나가와[神奈川]에서는 "21세기의 조국과 재일동포사회를 위해 역할을 수행하고 싶다"라는 새로운 성인들과 부모 등 총 70명이 참가. 그 밖에 각지에서 새로운 성인의 탄생을 축하하는 집회를 개최)

—.16 일본 간사이[關西]운동기자클럽은 제44회 간사이스포츠상 특별상에 프로복싱 WBC 수퍼플라이급 챔피언의 홍창수洪昌守 선수에게 수여

2001년

재일동포
—.21 조선과 일본의 우호 친선에 대한 뜨거운 마음을 담아 "2월의 예술의 밤—21세기는 이 노래에서부터 시작된다…봄을 부르는 일조 우호의 하모니"가 일본의 시민들 약 1300명이 관람, 이 공연에는 야스다 사치코[安田祥子]·유키 사오리[由紀さおり] 자매, 도쿄조선중고급학교 합창단과 스기나미[杉並]아동합창단, 조선가무단이 출연
1.22 '희망으로 가득찬 21세기를 빛내는 재일조선청년학생들의 모임'이 재일조선청년동맹(조청)의 주최로 도쿄조선문화회관에서 열림
※ 이 해를 '새로운 세대의 해'로 의미를 부여하고 전국 각지에서 동포 청년들이 참가하여 동포사회의 선두에 서자고 하면서, 홋카이도[北海道]의 코리안 청년들의 생활을 서포트하는 조청의 '코리안 유스 네트워크(KYN)'의 충실하게 활동한 이야기, 이와테[岩手]에서는 왕복 5시간에 걸쳐 일본학교 다니는 동포 아동에게 한국어를 가르치고 있는 이야기, 교토에서의 민단, 한청, 한통련 등 전민족청년이 새로운 세기를 맞이하는 카운트다운 이벤트를 공동개최한 이야기 등, 동포사회를 둘러싼 현상과 향후의 과제·포부를 이야기함
—.22 재일동포 2세로 보디빌더 마르세 다로[マルセ太郎](본명 김균홍[金均洆], 귀화명 긴바라 마사노리[金原正周]) 사망
—.23 오사카 금강학원소학교는 동교의 항례행사 '민족의 날 행사'에 처음으로 니시오사카[西大阪]조선초급학교의 아동을 초대
—.24 학교 창립 40주년 기념 사이타마[埼玉]조선초중급학교 학생들의 예술발표회가 우라와시[浦和市]의 프라자이스트에서 열려, 학부형과 관계자들 670여 명이 관람
—.26 도쿄 신주쿠[新宿]의 JR선 오쿠보역[大久保驛]에서 홈에 떨어진 남성을 구하려다가 전철에 치어 사망한 한국인 유학생 이수현[李秀賢], 히가시닛포리[東日暮里]의 '아카몬카이[赤門會]'에서의 학교장(29일)에 모리[森] 수상을 비롯하여 일반 일본시민을 포함한 다수가 참석, 일본사회에서의 한일교류와 친선에 기여
—.28 제41회 삿포로[札幌]시민대회 역도경기 '아르바타컵' 대회가 삿포로 니시구[西區]체육관에서 열려, 홋카이도조선초중고급학교 중급부 2학년 김혜[金惠] 선수가 75kg 초과급에서 홋카이도여자공인기록의 전 계급을 통틀어 최고기록으로 우승. 고급부 3학년의 배양철[裵良喆] 선수가 고교부 94kg급에서 우승, 중급부 2학년의 한경일[韓慶一] 선수가 중학 69kg급에서 우승
—.29~31 제15회 재일조선중고급학교 축구선수권대회가 이바라키[茨城]·가시마[鹿島] 그린랜드 축구장에서 열려, 고급부에서 오사카조선고교가 4년만에 중급부는 교토중고의 중급부가 첫 우승
2.1 코리안과 일본인의 공생홈 '고향의 집 고베[神戸]'의 준공식
—.1 '재일코리안과 오사카부민·시민 친선교류의 모임'이 재일동포사회의 화합무드를 보다 한층 고조시키고자 오사카국제교류센터에서 열림. 오사카 총련 위원장, 민단 단장, 오타[太田] 지사, 이소무라[磯村] 시장의 4대표가 상호우호의 테이블을 둘러싼 교류를 강화함
—.2 '2001년 조일 신춘 모임'에 가와사키[川崎] 동포와 일본 시민들 150여 명이 참가, 노후화한 가와사키조선초중급학교 시설의 보수비용과 보조금의 지급, 재일동포 고령자에 대한 지원 등을 가와사키 다카하시[高橋] 시장에게 요청

2001년

재일동포
一.3 히로시마[廣島]조선초중고급학교 취주악부吹奏樂部의 제22회 정기연주회가 히로시마시 구민문화센터에서 열려, 동포, 일본 시민들 450여 명 관람
一.4 제2회 간토지방 조선인 신춘 역전驛傳 로드 레이스 대회가 도쿄 아다치구[足立區]의 아라카와센주신바시[荒川千住新橋]녹지 '무지개광장'에서 열려, 선수 717명과 간토에 거주하는 동포들 약 1,200명이 참가
2.9~11 아키타현[秋田縣] 조선인강제연행진상조사단이 주최하는 제1회 아키타현의 조선인강제연행전이 아키타시 아트리온에서 열림 ※ 현내 50곳에서 1만 4,116명이 강제동원된 사실 판명, 조선인강제연행진상조사단이 72년부터 모은 전국 40만 2천 명 분의 강제연행자 명부도 아키타현 최초 공개
2.11 제7회 일간스포츠배 간사이소학생축구대회·오사카부중앙대회가 일간스포츠사 주최로 열려, 천리마FC(오사카부 내 조선학교 아동 선발팀)의 초급부 5학년 선발이 3위에 입상
一.11 민단 오카야마현[岡山縣]본부의 신회관 준공. 신회관의 명칭은 '아시아국제센터'로 하고 공생사회를 구현하기 위해 국제친선과 지역발전에 공헌하고자 이름지음
一.21 북일의 예술가와 재일동포의 공동공연으로 '21세기 무지개 가교 콘서트'가 오사카 모리노미야[森ノ宮] 필로티홀에서, 재일과 일조교류회실행위원회 주최로 열림
一.24 재일본조선상공연합회 결성 55주년 모임이 도쿄 호텔 뉴오타니에서 650여 명이 참석하여 열림
一.24 도쿄도 내의 조일 교직원이 '2001년 일조 교육교류의 모임'이 도쿄조선제9초급학교(스기나미구)에서 열려, 도내의 조선학교와 일본학교의 교직원과 보호자, 일반 시민 등 약 160명이 참가
2.— 홋카이도조선고교 역도부의 박덕귀朴德貴 선수(3학년)이, 이해의 '삿포로시민스포츠상'에 선정됨. 박 선수는 전년도 인터하이, 고교 선발의 두 대회에서 대회신기록을 수립한 공적을 평가받은 것.
3.3 총련 중앙 한덕수韓德銖 의장의 총련장이 도쿄조선문화회관에서 거행(2월 23일 사망)
一.10 재일한국신문협회는 시국 심포지엄 '21세기의 코리아와 일본—경제 발전과 재일의 역할'을 도쿄 히비야[日比谷]의 일본프레스센터에서 개최
一.14 민단 제54회 중앙위원회가 한국중앙회관에서 열려, ①지방참정권 문제, ②민족금융기관의 설립 건, ③조선총련과의 교류·대화의 추진의 건, ④2002년 월드컵 한일 공동개최의 건, ⑤3세 이후의 세대의 민족교육·문화면에서의 건 등을 토의 결정
一.15 제6회 해외한민족대표자대회가 해외한민족대표자협의회 주최, 재일본대한민국민단 주관으로 도내의 호텔에서 열림
一.20 일본 전국의 동포 무용애호가와 간토지방의 조선학교 학생들 200명이 출연한 무용조곡 '세월'이 공연실행위원회에서 도쿄 오지[王子]의 기타토피아에서 상연. 전년 12월에 오사카에서 시작하여, 2월 4일에 나고야[名古屋], 도쿄의 3곳을 순회, 연 6,000인이 감상
一.24 민단 강좌제 민족대학 '후쿠오카[福岡] 코리안 아카데미'의 제2기 강좌가 후쿠오카상은본점 홀에서 개강

2001년

재일동포
一.25 오사카 거주의 재일동포와 부·시민과의 친선교류 페스티벌 '오사카 하나 마투리'가 오사카 돔구장에서 개최됨. 나카가와 가즈오[中川和雄] 전 오사카부 지사, 오수진[吳秀珍] 총련 오사카본부 위원장, 김창식[金昌植] 민단 오사카부본부 단장 3명을 공동대표로 하는 41명의 실행위원회 주최로 열려, 통일, 우호, 평화의 하나를 꽃피우고자 3만 1천 명이 참여한 가운데 열기와 환성으로 가득 메움
3.31 간토 거주 동포와 일본인, 약 500명이 지켜보는 가운데 일본학교에 재학 중인 동포 학생회 제10회 문화공연, '하나'가 동 학생회 주최로 도쿄 기타구[北區] 다키노가와[瀧野川]회관에서 열림(도쿄에 앞서 아이치[愛知](25일), 교토(24일), 효고[兵庫](24일)에서도 학생회의 문화공연이 이루어짐)
3.— 남북상공인 '2001 식食박람회 오사카'가 인텍스 오사카(난코[南港])에서 열려, 재일조선인오사카부상공회와 오사카한국상공회의소가 처음으로 공동 출전하고, 4월 27일부터 5월 6일까지 합계 38칸의 부스를 사용하여 '코리안타운'을 공동 운영
3.— 효고현이 4월부터 무연금無年金 동포 고령·장애인에게 급부금을 현행의 배로 인상함—전년 11월에 총련·민단 각 본부가 공동으로 무연금 외국인 고령자·장애인에 대한 복지급부금의 인상을 촉구하는 요망서를 제출한 성과
4.2 마치카도[街角] 데이하우스 '스이타[吹田] 동포마을'이 오사카 스이타시 조선회관 2층에 오픈. 스이타시에서 인정을 받기 위한 시설 개장 등의 준비에 분주. 스이타시가 추진하는 '데이하우스사업'에 참여하는 형태로 발족하여, 보조금을 받고 동포 고령자의 건강관리, 간병 서비스를 제공
一.5~12 재일한국인 가수 김연자가 평양에서 열린 제19회 '4월의 봄 친선예술제'에 출연하고, 풍성한 편곡과 뛰어난 가창력으로 공연장을 흥분시킴. 통일을 달성하고자 하는 마음이 전해지는 공연이었음
一.6 제3차 총련 동포 고향방문단 80명이 5박 6일 일정으로 출발
一.8 시가현에서는 민단본부와 총련본부가 "차세대를 위해 화합을 추진하자"고 5항목의 협의서에 서명한 취지에 따라 오쓰시[大津市]의 오지가오카[皇子ヶ丘]공원에서 동포야유회를 열고, 600여 명이 합동으로 벚꽃놀이를 즐김. 같은 날 나라현[奈良縣]에서도 두 본부가 합동으로 벚꽃놀이 모임 '원코리아 꽃놀이'를 열어 약 200명이 참가, 또 가와사키의 두 단체가 합동으로 사쿠라가와[櫻川]공원에서 '오탄지구 봄축제'를 개최하여 동포와 지역주민 합쳐서 약 2,000명이 참여, 같은날, 도쿄의 에도가와[江戸川]에서도 양 단체의 공동주최로 '에도가와 우리동포 꽃놀이'가 시노자키[篠崎]공원에서 500여 명이 참여한 가운데 열림. 합동 주최로 이러한 종류의 행사가 각지에서 열림
一.11 민단, 야마가타[山形]한국회관이 준공
一.11 도쿄조선제4초중급학교를 위한 자선콘서트 '미래를 너희에게……'가 도쿄 아다치구 니시아라이[西新井]캐릭터시티에서 여성동맹 아다치지부 주최로 열림. 공연장에는 아다치 구청장을 비롯하여 일본 시민과 지역에 사는 동포 900여 명이 관람, 작사가 강진화康珍化도 참가하고, 동 여성동맹, 아다치구 합창연맹 등 200명이 출연

2001년

재일동포

—.14 히로시마에서 원폭 피해를 입은 동포의 추도비가 평화기념공원 안에 처음으로 건립됨. 민단·총련 두 현본부와 히로시마 시장이 협의를 거듭하여 '통일비'로 한다는 확인서를 교환함

—.16 한국 김영진金泳鎭 국회의원이 '새로운 역사교과서를 만드는 모임'의 중학교 역사교과서의 검정 합격에 항의하고자 방일, 국회 앞에서 단식투쟁 중, 건강상태가 악화되어 의사 진단에 따라 6일 만에 중단, 뒤를 이어 일본 기독교협의회가 전국에서 단식투쟁 시작

4.17 독일에 활동 거점을 둔 재일동포 피아니스트 박가련朴佳蓮(30), 히가시오사카東大阪조선중급학교 출신 재일 3세는 평양의 모란봉극장 리사이틀에서 베토벤의 '피아노협주곡 4번' 공연. 박가련은 1988년에 북한 해외유학생 선발 오디션에 합격, 베를린음악대학에 유학, 수석 졸업 후, 현재 동 대학 피아노학부 강사, 북한에 보은하기 위해 평양 방문

—.19 북한에서 재일동포 자제에게 147회째 교육원조비와 장학금 2억 4,600만 엔이 송금됨

—.22 금강산가극단과 조선대학교의 무용부, 약 30명이 국립 요요기代々木경기장 제1체육관에서 열린 제4회 시부야澁谷·가고시마鹿兒島 오하라축제의 국제교류예능 페스티벌에 출연, 이후 동 멤버는 JR 시부야 앞에서 퍼레이드에도 참가, 간토와 가고시마에서 몰려온 총 2,000명에 섞여 민족타악기를 연주함

—.23~5.6 제46회 세계탁구선수권대회가 오사카에서 개막, 세계 100개 이상의 나라와 지역에서 대표선수가 모임. 남북 선수의 통일팀은 준비 부족으로 실현하지 못했지만, 민단·총련의 남북 화합 무드를 배경으로 통일기를 흔들면서 응원함

—.27~5.6 '2001 식박람회 오사카' 세계 각국·지역의 특색 있는 '음식'을 한자리에 모으는 행사가 난코南港의 인텍스 오사카에서 개막. 전년 6월부터 교류를 강화한 재일조선인오사카부상공회와 오사카한국상공회의소가 한반도 전역의 식민화를 소개하는 코너 '코리안타운—우리나라팔도강산 맛기행'을 공동 출전하고 남북 화합 분위기를 고조시킴

—.29~30 규슈 후쿠오카시 주오쿠中央區 덴진天神에 있는 후쿠오카 시청사 서측 후레아이交流광장에서 '덴진 코리안타운'의 이벤트가 덴진코리아타운실행위원회의 주최로 열려, 연 3만 5천 명이 방문함

4.— 총련, 도쿄 아라카와지부 관내의 동포 고령자의 연수회延壽會가 '노인클럽'으로서 아라카와구로부터 인정받아, 구區 조성금을 교부받게 됨. 동 지역의 65세 이상 100명이 건강관리와 친목, 일본 고령자와의 교류도 강화함

5.3~5 25회째를 맞이하는 히로시마 플라워 페스티벌이 히로시마시 나카구中區 평화거리에서 개최. 처음으로 총련·민단 두 현본부가 주최하는 원코리안 퍼레이드가 실현, 420명이 평화도시광장에서 통일을 바라는 역사적인 행진

※ 이 날, 이설 무대에서 여성동맹의 두 현본부가 공동으로 아리랑 등을 합창, 핫초보리八丁堀샨테에서는 원코리아대교류회를 열고, 700여 명이 한자리에 모여, 퍼레이드는 치마저고리를 입은 여성들이 춤을 추면서 "이 길이 통일의 길", "21세기는 하나"라는 꽃차, 그 뒤에 한반도의

2001년

재일동포
티셔츠를 입은 민단·총련의 간부와 청년들이 이어짐. 이 3일간의 퍼레이드에 117개 단체, 9,216명이 참가하였고, 연도에는 141만 명으로 북적임. 히로시마시에서 원코리아 퍼레이드에 심사특별상이 수여됨
—.10~13 제1회 도쿄도 외국인학교 합동회화전이 도쿄도청 도정갤러리에서 열려, 재단법인 도쿄중화학교, 학교법인 도쿄한국학원, 동 도쿄조선학원, 동 성모마리아학원 세인트 매리즈 인터내셔널스클의 어린이들이 국제색 넘치는 회화작품 약 280점을 출품
5.11~13 '다같이 키우는 다문화공생'을 주제로 한 '아스 페스타 가나가와'가 요코하마시 [横浜市] 사카에구[榮區]의 지구시민가나가와프라자를 메인회장으로 하여 개최됨
※ 이 페스타는 가나가와현의 '희망의 해'기념사업으로서 NPO법인 민단국제협력센터, 조선총련 가나가와현본부, 요코하마화교총회 등 12개의 단체가 중심이 되어 개최. 이벤트에서 재일한국청년회와 조선학교 출신의 청년을 중심으로 하는 통일코리아팀이 사물놀이 공연
5.11 교토시는 2001년도의 직원채용시험부터 영주자 및 특별영주자를 대상으로 국적조항을 일부 철폐함. 정령政令지정도시에서는 이미 가와사키시, 오사카시, 고베시 등 8개 시가 일부 철폐
※ 일부 철폐는 일반사무, 일반기술, 학교사무의 3직종에서 '공적 의사意思 형식과 관련된 직'에는 채용되지 않는 '임용제도'에 한정되고 타 직종에서는 채용할 수 없다는 제약이 있음
—.20 재일조선인 프로복서, WBC 세계 수퍼플라이급 챔피언 홍창수가 서울에서 2번째 방어전에서 방어, 재일동포 229명도 응원
—.25~26 총련 제19차 전체대회가 도쿄조선문화회관에서 열림—대의원 2,000명 중 1948명 출석, '재일조선인운동을 한층 강화 발전시키고, 민족성의 고수, 새로운 세대의 활동, 북한에 대한 지원, 생활봉사, 동포와의 활동에 대하여' 토의 결정—의장 서만술徐萬述, 책임부의장 허종만許宗萬, 부의장 박재노朴在魯, 권순휘權淳徽, 양수정梁守政, 오형진吳亨鎭, 남승우南昇祐, 이기석李沂碩, 조영현曹슈鉉, 부의장 대우 최병조崔秉祚, 홍인흠洪仁欽, 중앙위원 402명 선출
—.25~26 한반도 정세와 통일 문제 등에 대하여 '세계한민족회의'가 동 회의재단 주최로 히로시마대학에서 약 40명의 학자가 참여한 가운데 열림
—.26 총련·민단 미야기현[宮城縣]본부가 '6·15 남북공동선언 1주년 기념 미야기현 동포 골프대회'를 센다이[仙台]컨트리에서 개최
6.1~3 일본 전국고등학교 종합체육대회(인터하이)에서 고베조선고급학교 복싱부의 김철홍金哲弘(2학년), 제일우諸一宇(3학년), 지무운池武運(3학년)의 세 선수가 인터하이 출전권을 획득
—.5 재일조선인상공연합회 제27회 정기대회가 도쿄 유라쿠쵸[有樂町] 아사히[朝日]홀에서 열림
—.11 새로운 역사교과서를 만드는 모임의 중학교 역사교과서의 불채택을 호소하는 재일한국민주인권협의회와 재일한국청년연합이 오사카부 교육위원회에 요망서를 제출. 같은 날 같은 문제로 항의하면서 도쿄 가스미가세키[霞が關]의 문부과학성을 둘러싼 '인간 사슬'에 일본 시민들 500명이 참가. 같은 날 시가에서도 민단·총련 각 현본부 대표가 요망서를 교육위원회에 제출

2001년

재일동포
—.12 제54회 '전국고등학교 종합체육대회'(인터하이) 축구 히로시마현 예선대회의 결승전에서 히로시마조선고급학교가 첫 우승을 하고 인터하이 출전권을 획득   —.15 총련·민단, 각 야마구치현[山口縣]본부의 공동개최로 처음으로 6·15 공동선언 1주년 기념 야마구치 동포교류회가 오고리역[小郡驛] 앞의 야마구치 그랜드호텔에서 열림   —.17 6·15 남북공동선언 1주년 기념 축제가 비무장지대의 철도건설을 추진하는 것을 목적으로 만들어진 '삼천리철도' 주최로 나고야시 공회당 대홀에서 재일동포와 일본인 유지 500여 명이 참석한 가운데 열림   6.19 민단 전 중앙단장 권일權逸의 민단장을 한국중앙회관에서 거행   —.20 도쿄한국상공회의소 제40기 정기총회가 신주쿠 게이오[京王]프라자호텔에서 회원 149명 중 119명(위임장 32명분 포함)이 출석한 가운데 열림   —.22 제4차 총련 동포고향방문단 80명이 5박 6일의 일정으로 출발
부기   연표의 마지막에 6·15 남북공동선언 1주년을 맞이하여 '남북민족통일대토론회'에 대해 서술한다. 토론회는 남북 교류의 땅, 금강산 온정리, 금강산호텔 앞의 광장에서 개최.   《출석자》   한국 측에서 민족화해협력범국민협의회의 각 정당과 단체 대표 약 200여 명.   북한 측에서 민족화해협력범국민협의회의 각 정당과 단체 대표 약 200여 명, 해외동포 대표 20여 명이 참석하여 개최하였다. 그 외에 방청자로서 250여 명이 출석   이처럼 남북 간에 정당과 사회단체가 한자리에 모여 토론회를 가진 것은 분단 이래 처음이다.   《토론 내용》   토론자는 12명이 6·15 공동선언의 의의와 그를 이행하기 위한 과제에 대하여 언급하였다.   남측에서 "6·15 선언에 명시되었던 '연합제 안'과 '낮은 단계의 연방제 안'의 공통성을 시행하는 통일국가 안을 실현할 수 있는 구체적인 안과 스케줄을 남북 공동으로 만들고자 한다"고 발언.   북측에서 "민족끼리 힘을 합치자고 하면서, 한국이 북한을 주적으로 규정한 '주적론'을 바꾸지 않는 것은 공동선언을 부정하는 것"이라는 발언, 공동선언 이행의 조선으로서 외부세력(미국을 암암리에 비판)의 배제가 필요하다는 의견이 많이 나왔다.   토론 후에 발표된 공동보도문에서는 "6·15 공동선언 이행을 위해 통일 문제를 자주적으로 해결하고, 사상, 이념, 제도의 차이를 넘어 굳게 단결하고, 남과 북의 각계각층의 단체와 사람들이 연대, 연합을 적극적으로 실현해야 한다"고 명기하였다. 그리고 일본 당국의 역사를 왜곡하는 책동을 규탄하는 공동성명이 채택되었다.

부　록

1. 재일본조선인연맹(조련) 강령
2. 재일본대한민국민단(민단) 강령
3. 조선민주주의인민공화국 남일南日 외무장관 성명
4. 재일본조선인총연합회(총련) 강령
5. 재일한국민주통일연합(한통련) 강령
6. 북한에서 재일동포 학생 자제에게 보낸 교육원조비와 장학금
7. 해방 후 귀국가 추이
8. 재일동포의 추이 – 해방 전
9. 재일동포의 추이 – 해방 후
10. 도도부현 별 본적지 별 외국인등록자(조선·한국)
11. 도도부현 별 연령·남녀 별 외국인등록자(조선·한국)
12. 도도부현 별 재류자격(재류목적) 별 외국인등록자(조선·한국)
13. 재일동포 혼인 통계표
14. 재일동포 귀화자 통계표
15. 재일동포단체·출판현세 일람표 1
16. 재일동포단체·출판현세 일람표 2
17. 재일동포단체·출판현세 일람표 3

1. 재일본조선인연맹(조련) 강령

1. 우리는 신조선 건설에 헌신적 노력을 기한다.
2. 우리는 세계 평화의 항상적 유지를 기한다.
3. 우리는 재일동포의 생활 안정을 기한다.
4. 우리는 귀국 동포의 편의와 질서를 기한다.
5. 우리는 일본 국민과의 호양우의互讓友誼를 기한다.
6. 우리는 목적 달성을 위해서 대동단결을 기한다.

(1945.10.15)

2. 재일본대한민국민단(민단) 강령

1. 우리는 대한민국의 국시를 준수한다.
2. 우리는 재일동포의 권익옹호를 기한다.
3. 우리는 재일동포의 경제발전을 기한다.
4. 우리는 재일동포의 문화향상을 기한다.
5. 우리는 세계평화와 국제친선을 기한다.

(1946.10.3)

3. 조선민주주의인민공화국 남일南日 외무장관 성명

일본에 거주하는 조선 인민에 대한 일본 정부의 불법적인 박해에 반대하고 항의한다. 조선민주주의인민공화국 정부는 일본 정부가 일본에 거주하는 조선인에게 불법적인 박해를 가하고 있는 사실과 관련하여 다음과 같이 성명할 필요가 있다고 인식한다.

일본 정부는 일본에 거주하는 조선인이 스스로의 조국의 자유와 통일, 독립을 위해 이승만 괴뢰도당과 외래 침략자에 반대하여 투쟁할 자유를 억압하고, 그들의 활동을 탄압하고 있을 뿐만 아니라, 조선민주주의인민공화국의 공민으로서의 그들의 정당한 권리를 무시하고, 그들에게 이승만 도당의 이른바 '한국' 국적을 강요해 왔다. 또, 그들을 강제 추방하고, 불법 검거한 다음에 재산을 몰수하고 그들의 직업을 자유를 주지 않으며 그들의 민주민족교육의 권리를 박탈하는 등, 일련의 불법적인 박해를 가해 왔다. 최근에 이르러서는 이를 더욱 난폭하게 강행하고 있는데, 일본의 출판물에 보도되고 있는 다음과 같은 사실이 이를 여실히 증명하고 있다.

일본 정부는 '외국인등록법'에 따라 1952년 9월 29일부로 일본에 거주하는 조선인을 등록하는데 있어, 조선민주주의인민공화국 공민으로서 등록하기를 희망하는 조선인의 요구를 거절하고, 그들에게 '한국' 국적으로 강요했을 뿐만 아니라, 이에 반대하는 조선인에 대해 박해를 가하고, 강제추방하겠다고 위협했다.

또 오무래(大村)수용소를 비롯하여 각지의 수용소에 조선인을 불법 검거하여 강제 수용하고, 갖은 박해를 가하고 있으며, 또 강제 추방하고 있다.

1952년 5월 25일, 나가사키(長崎)수용소에 감금되어 있던 410명의 조선인을 강제로 이승만 도당에게 인도한 사실을 비롯하여, 이미 30여 회에 달하는 강제 추방을 강행했다.

이리하여 수많은 조선의 애국자들은 이승만 역도의 헌병과 경찰에 의해서 야수적인 고문과 학상을 당했다.

1954년 2월 24일, 일본 정부는 약 1,500명의 무장 경찰을 동원하여 오카야마현(岡山縣) 미즈시마(水島)지구에 거주하는 조선인을 습격, 체포하고, 33만 엔의 재산을 몰수했다. 1954년 3월 23일에는 500명의 무장 경찰을 동원하여 사세보시(佐世保市)에 있는 조선인 부락을 습격하고, 십 수 명의 중경상자를 내고서, 약 200만 엔에 달하는 재산을 몰수했다.

이 밖에도 도쿄, 교토, 고베(神戸) 등 각지의 조선인 부락에 대한 습격사건이 빈번히 발생하고 있다.

1954년 3월 19일, 일본 정부의 통상정무차관은 중의원 통상위원회에서 1954년 4월 28일부터 일본에 거주하는 조선인의 광산권 및 선박권을 박탈할 것을 선언하였다.

1954년 2월 12일, 도쿄도 교육위원회는 조선 아동에게서 모국어를 통한 민족교육을 받을 자유를 박탈하는 이른바 6항목의 제한조건을 강요하고, 1954년 3월 11일, 도쿄 경시청은 사복 경관 50명을 동원하여 도립제일조선인소학교 분쿄[文京]분교를 수색하고, 5명의 교원을 체포하였고, 1954년 6월 11일 도쿄도 교육위원회는 도쿄에 있는 조선인학교 전부를 폐쇄할 것을 결정했다.

조선민주주의인민공화국 정부는 일본에 거주하는 조선인에 대한 일본 정부의 이상과 같은 불법적인 박해는 외국인의 법적지위에 관한 현대국제법이 공인하는 원칙과 관례의 난폭한 위반이라고 인식한다.

재외조선인의 정당한 권리를 보호하는 것은 조선민주주의인민공화국 정부의 확고부동한 정책이다. 조선민주주의인민공화국 정부는 일본 정부에 대하여 그들이 스스로의 조국의 자유와 통일, 독립을 위해 이승만 괴뢰도당과 외래 침략자에 반대하여 투쟁할 자유를 보장하고, 이미 강제 수용하고 있는 조선인을 즉시 석방하고 강제 추방을 중단하고, 일본에서의 조선인의 거주 및 취업의 자유와 생명 재산의 안전 및 민주민족교육 등, 일체의 정당한 권리를 보장하고, 불법으로 몰수한 일체의 재산을 반환하도록 요구함과 동시에, 이러한 사태를 향후 반복하지 않기 위한 조치를 취할 것을 요구한다.

1954년 8월 30일

조선민주주의인민공화국
외무장관 남일
평양시

4. 재일본조선인총연합회(총련) 강령

1. 우리는 재일전조선동포를 조선민주주의인민공화국 정부의 주위로 결집시키고, 조국의 남북반부 동포와의 연계와 단결을 긴밀 강고히 한다.
2. 우리는 조국의 주권과 영토를 침해하고 내정에 간섭하는 미 제국주의자를 수괴로 하는 일체의 외래 침략자를 철수시키고, 그 앞잡이인 이승만 역도를 고립시키며, 조국의 평화적 통일, 독립을 위해 공헌한다.
3. 우리는 재일조선동포의 거주, 직업, 재산 및 언론, 출판, 집회, 결사, 신앙 등 모든 민주적 민족 권익과 자유를 옹호한다.
4. 우리는 재일조선동포의 자제들에게 모국어와 문자를 통한 민주민족교육을 실시하며, 일반 성인 중에 남아있는 식민지 노예사상과 봉건적 관습을 타파하고, 문맹을 퇴치하고 민족문화의 발전을 위해 노력한다.
5. 우리는 국적 선택과 망명의 자유를 고수하고, 강제 수용, 강제 추방에 반대하며 그 희생자의 구원을 위해 노력한다.
6. 우리는 조국과 일본과의 경제문화 교류, 통신 도항의 자유 및 국교의 정상화, 양국민의 우호친선을 위해 노력한다.
7. 우리는 침략적 군사동맹과 전쟁에 반대하고, 원자무기, 수소폭탄, 세균무기 등 일체의 대량살인무기의 개조 및 사용 금지와 국제분쟁을 협의 방법으로 해결할 것을 요구한다.
8. 우리는 호혜평등한 우방 제국 인민 및 전세계 평화 애호 인민과의 연계를 한층 고수한다.

(1955.5.25)

5. 재일한국민주통일연합(한통련) 요령

1. 우리는 외세에 반대하고, 민족의 자주권을 쟁취하기 위해 적극적으로 활동한다.
2. 우리는 군부 독재를 청산하고, 진정한 민주화를 위해 적극적으로 활동한다.
3. 우리는 민족분단의 비극사에 종지부를 찍고, 나라의 자주적 통일을 실현하기 위해 전력을 다하여 분투한다.
4. 우리는 반전·반핵운동을 적극적으로 추진하고, 한반도를 비핵지대화하여 비동맹중립화를 정착시키기 위해 노력한다.
5. 우리는 재일동포의 민족적 권익을 옹호하고, 모든 해외동포와 자주·민주·통일을 위한 연대를 한층 강화한다.

(1973.8.15)

(주) 1973.8.15에 결성한 한국민주회복통일촉진국민회의(한민통)를 발전적으로 해소하고, 1989.2.12에 재일한국민주통일연합(한통련)으로 고친다.

6. 북한에서 재일동포 학생 자제에게 보낸 교육원조비와 장학금

回數	年　月　日	金　額	累　計
1	1957. 4. 19	121,099,086	121,099,086
2	10. 9	110,510,000	221,609,086
3	1958. 3. 28	100,000,000	321,609,086
4	9. 25	100,210,000	421,819,086
5	1959. 2. 19	176,382,500	598,201,586
6	9. 30	114,654,090	712,855,676
7	1960. 2. 26	202,100,000	914,955,676
8	8. 31	217,392,231	1,132,347,907
9	1961. 3. 17	411,066,000	1,543,413,907
10	1962. 3. 14	558,470,000	2,101,883,907
11	1963. 3. 21	401,440,000	2,503,323,907
12	6. 29	202,770,000	2,706,093,907
13	9. 1	186,852,644	2,892,946,551
14	1964. 4. 28	303,930,000	3,196,876,551
15	7. 31	302,940,000	3,499,816,551
16	11. 4	201,400,000	3,701,216,551
17	1965. 3. 31	302,038,942	4,003,255,493
18	8. 27	202,020,000	4,205,275,493
19	11. 23	303,450,000	4,508,725,493
20	1966. 2. 28	303,570,000	4,812,295,493
21	8. 29	201,860,000	5,014,155,493
22	11. 25	303,210,000	5,317,365,493
23	1967. 3. 8	303,420,000	5,620,785,493
24	7. 24	201,420,000	5,822,205,493
25	10. 9	301,950,000	6,124,155,493
26	12. 22	194,246,300	6,318,401,793
27	1968. 2. 5	305,025,000	6,623,426,793
28	6. 4	347,305,400	6,970,732,193
29	10. 12	345,783,600	7,316,515,793
30	1969. 2. 10	299,754,000	7,616,269,793
31	4. 3	350,960,000	7,967,229,793

回数	年　月　日	金　額	累　計
32	8. 5	298, 261, 240	8, 265, 491, 033
33	10. 14	247, 950, 000	8, 513, 441, 033
34	1970. 2. 8	303, 121, 100	8, 816, 562, 133
35	4. 7	300, 755, 000	9, 117, 317, 133
36	9. 8	297, 780, 000	9, 415, 097, 133
37	10. 26	302, 850, 500	9, 717, 947, 633
38	1971. 1. 30	302, 365, 000	10, 020, 312, 633
39	4. 8	301, 945, 000	10, 322, 257, 633
40	8. 5	301, 910, 000	10, 624, 167, 633
41	10. 3	289, 345, 000	10, 913, 512, 633
42	12. 20	302, 827, 800	11, 216, 340, 433
43	1972. 1. 30	300, 825, 000	11, 517, 165, 433
44	4. 9	318, 060, 000	11, 835, 225, 433
45	7. 9	342, 270, 800	12, 177, 496, 233
46	10. 9	363, 425, 000	12, 540, 921, 233
47	12. 29	351, 225, 000	12, 892, 146, 233
48	1973. 2. 8	355, 925, 000	13, 248, 071, 233
49	4. 7	374, 176, 500	13, 622, 247, 733
50	7. 23	334, 725, 000	13, 956, 972, 733
51	8. 31	321, 421, 100	14, 278, 393, 833
52	12. 28	369, 684, 700	14, 648, 078, 533
53	1974. 3. 2	362, 010, 000	15, 010, 088, 533
54	4. 11	595, 170, 000	15, 605, 258, 533
55	5. 18	601, 425, 000	16, 206, 683, 533
56	10. 26	697, 150, 000	16, 903, 833, 533
57	1975. 1. 1	703, 450, 000	17, 607, 283, 533
58	1. 1	752, 584, 500	18, 359, 868, 033
59	4. 16	1, 060, 122, 500	19, 419, 990, 533
60	5. 25	608, 265, 000	20, 028, 255, 533
61	12. 5	613, 350, 000	20, 641, 605, 533
62	1976. 4. 9	700, 000, 000	21, 341, 605, 533
63	9. 30	641, 182, 500	21, 982, 788, 033
64	12. 29	492, 950, 000	22, 475, 738, 033

回数	年　月　日	金　　額	累　　計
65	1977. 4. 10	500, 000, 000	22, 975, 738, 033
66	9. 25	924, 500, 000	23, 900, 238, 033
67	1978. 1. 7	462, 589, 000	24, 362, 827, 033
68	4. 19	500, 000, 000	24, 862, 827, 033
69	9. 4	500, 000, 000	25, 362, 827, 033
70	12. 20	500, 000, 000	25, 862, 827, 033
71	1979. 4. 15	500, 000, 000	26, 362, 827, 033
72	9. 8	500, 000, 000	26, 862, 827, 033
73	12. 14	550, 000, 000	27, 412, 827, 033
74	1980. 1. 1	420, 000, 000	27, 832, 827, 033
75	4. 13	546, 000, 000	28, 378, 827, 033
76	9. 12	515, 000, 000	28, 893, 827, 033
77	10. 9	493, 000, 000	29, 386, 827, 033
78	12. 13	485, 000, 000	29, 871, 827, 033
79	1981. 2. 19	473, 000, 000	30, 344, 827, 033
80	4. 15	465, 000, 000	30, 809, 827, 033
81	9. 7	418, 000, 000	31, 227, 827, 033
82	10. 10	423, 400, 000	31, 651, 227, 033
83	1982. 2. 16	435, 000, 000	32, 086, 227, 033
84	4. 11	648, 000, 000	32, 734, 227, 033
85	9. 9	440, 000, 000	33, 174, 227, 033
86	12. 30	385, 000, 000	33, 559, 227, 033
87	1983. 2. 15	363, 000, 000	33, 922, 227, 033
88	4. 14	358, 000, 000	34, 280, 227, 033
89	9. 8	369, 200, 000	34, 649, 427, 033
90	12. 30	333, 500, 000	34, 982, 927, 033
91	1984. 2. 15	364, 755, 000	35, 347, 682, 033
92	4. 13	353, 540, 000	35, 701, 222, 033
93	9. 8	313, 200, 000	36, 014, 422, 033
94	12. 31	291, 101, 000	36, 305, 522, 033
95	1985. 2. 26	261, 300, 000	36, 566, 822, 033
96	4. 12	254, 050, 000	36, 820, 872, 033
97	9. 5	238, 700, 000	37, 059, 572, 033

回数	年　月　日	金　　額	累　　計
98	12. 31	243, 240, 400	37, 302, 812, 433
99	1986. 2. 15	187, 910, 000	37, 490, 722, 433
100	4. 11	180, 100, 000	37, 670, 822, 433
101	9	155, 100, 000	37, 825, 922, 433
102	12. 29	163, 080, 000	37, 989, 002, 433
103	1987. 2. 13	153, 550, 000	38, 142, 552, 433
104	4. 13	145, 400, 000	38, 287, 952, 433
105	9. 7	141, 550, 000	38, 429, 502, 433
106	12. 29	126, 450, 000	38, 555, 952, 433
107	1988. 2. 15	128, 800, 000	38, 684, 752, 433
108	4. 12	125, 700, 000	38, 810, 452, 433
109	9. 6	136, 080, 000	38, 946, 532, 433
110	12. 29	125, 100, 000	39, 071, 632, 433
111	1989. 2. 17	251, 600, 000	39, 323, 232, 433
112	9. 6	214, 650, 000	39, 537, 882, 433
113	12. 27	142, 300, 000	39, 680, 182, 433
114	1990. 2. 13	144, 000, 000	39, 824, 182, 433
115	4. 12	158, 000, 000	39, 982, 182, 433
116	9. 5	143, 500, 000	40, 125, 682, 433
117	1991. 1. 7	700, 000, 000	40, 825, 682, 433
118	6. 28	138, 260, 000	40, 963, 942, 433
119	12. 29	127, 000, 000	41, 090, 942, 433
120	1992. 2. 12	125, 000, 000	41, 215, 942, 433
121	4. 8	132, 500, 000	41, 348, 442, 433
122	12. 29	123, 800, 000	41, 472, 242, 433
123	1993. 4. 13	113, 500, 000	41, 585, 742, 433
124	9. 8	104, 300, 000	41, 690, 042, 433
125	12. 24	109, 950, 000	41, 799, 992, 433
126	1994. 2. 14	108, 200, 000	41, 908, 192, 433
127	4. 14	104, 800, 000	42, 012, 992, 433
128	9. 8	100, 000, 000	42, 112, 992, 433
129	12. 24	100, 350, 000	42, 213, 342, 433
130	1995. 2. 14	100, 000, 000	42, 313, 342, 433

回数	年　月　日	金　　額	累　　計
131	4. 13	83, 340, 000	42, 396, 682, 433
132	9. 7	97, 750, 000	42, 494, 432, 433
133	1996. 2. 15	106, 600, 000	42, 601, 032, 433
134	4. 19	216, 000, 000	42, 817, 032, 433
135	9. 9	108, 500, 000	42, 925, 532, 433
136	1997. 2. 16	124, 000, 000	43, 049, 532, 433
137	4. 14	120, 000, 000	43, 169, 532, 433
138	9. 8	120, 350, 567	43, 289, 883, 000
139	12. 31	129, 400, 000	43, 419, 283, 000
140	1998. 2. 15	123, 400, 000	43, 542, 683, 000
141	4. 16	128, 800, 000	43, 671, 483, 000
142	9. 8	132, 750, 000	43, 804, 233, 000
143	1999. 2. 16	114, 030, 000	43, 918, 263, 000
144	4. 14	119, 900, 000	44, 038, 163, 000
145	9. 10	107, 800, 000	44, 145, 963, 000
146	2000. 4. 14	211, 400, 000	44, 357, 363, 000
147	2001. 4. 19	246, 600, 000	44, 603, 963, 000

(주) 연월일은 「조선중앙통시」 보도에 따른 것.

7. 해방 후 귀국자의 추이

(1) 남한 귀국자 수(후생성인양원호국사자료)

연월 \ 인양항	사세보	하카타	센자키	마이즈루	하코다테	기타	계
1945.8~46.3	55,306	425,713	320,517	25,676	86,271	26,955	940,438
1946.4~46.12	286	69,107	9,917	3,385	205		82,900
1947	8,392						8,392
1948	2,822						2,822
1949	3,482						3,482
1950	2,294						2,294
합계	72,582	494,820	330,434	29,061	86,476	26,955	1,040,328

(2) 북한 귀국자 수(후생성인양원호국사자료)

연월	인양항	인원수
1947년 3월	사세보	233
1948년 6월	사세보	118
계		351

(주) 이상 (1), (2)의 자료는 후생성인양원호국사(厚生省引揚援護局史)의 자료인데, 기타 비합법적 방법, 배를 빌리는 등 다른 루트로 인양한 사람의 수는 약 81만 명으로 추정된다. 모리타 요시오[森田芳夫], 『재일조선인 처우의 추이와 현상』에서 전재.

(3) 귀국협정에 따른 북한 귀국선의 출항일정표(법무성 입관국 자료)

출항수	연월일	출항수	연월일	출항수	연월일
제1차	1959.12.14	제9차	2.19	제17차	4.15
제2차	12.20	제10차	2.26	제18차	4.22
제3차	12.28	제11차	3.4	제19차	4.28
제4차	1960.1.15	제12차	3.11	제20차	5.6
제5차	1.22	제13차	3.18	제21차	5.13
제6차	1.29	제14차	3.25	제22차	5.20
제7차	2.5	제15차	4.1	제23차	5.27
제8차	2.12	제16차	4.8	제24차	6.3

출항수	연월일	출항수	연월일	출항수	연월일
제25차	6.10	제58차	5.12	제91차	4.7
제26차	6.17	제59차	5.19	제92차	4.21
제27차	6.24	제60차	5.26	제93차	5.26
제28차	7.1	제61차	6.2	제94차	6.9
제29차	7.8	제62차	6.9	제95차	6.23
제30차	7.15	제63차	6.16	제96차	7.7
제31차	7.22	제64차	6.23	제97차	7.21
제32차	7.29	제65차	6.30	제98차	10.4
제33차	8.5	제66차	7.7	제99차	10.21
제34차	8.12	제67차	7.14	제100차	11.11
제35차	8.19	제68차	7.21	제101차	12.16
제36차	8.26	제69차	7.28	제102차	1963.1.28
제37차	9.2	제70차	8.4	제103차	2.22
제38차	9.16	제71차	8.11	제104차	3.15
제39차	9.23	제72차	8.25	제105차	4.5
제40차	9.30	제73차	9.1	제106차	5.10
제41차	10.7	제74차	9.8	제107차	6.9
제42차	10.14	제75차	10.6	제108차	7.5
제43차	10.21	제76차	10.13	제109차	8.9
제44차	10.28	제77차	10.20	제110차	9.20
제45차	11.4	제78차	10.27	제111차	10.18
제46차	11.11	제79차	11.3	제112차	11.8
제47차	11.18	제80차	11.10	제113차	12.13
제48차	11.26	제81차	11.17	제114차	1964.1.24
제49차	12.2	제82차	11.25	제115차	3.22
제50차	12.9	제83차	12.1	제116차	4.24
제51차	12.16	제84차	12.9	제117차	5.30
제52차	1961.1.13	제85차	12.16	제118차	9.26
제53차	1.20	제86차	1962.1.22	제119차	10.30
제54차	1.29	제87차	2.10	제120차	11.27
제55차	4.14	제88차	2.23	제121차	12.25
제56차	4.28	제89차	3.10	제122차	1965.1.22
제57차	5.6	제90차	3.25	제123차	3.27

출항수	연월일	출항수	연월일	출항수	연월일
제124차	4.23	제145차	1967.1.20	제166차	12.15
제125차	5.23	제146차	2.24	제167차	1973.3.23
제126차	6.26	제147차	3.24	제168차	6.15
제127차	7.24	제148차	4.21	제169차	10.19
제128차	8.27	제149차	5.19	제170차	1974.2.22
제129차	9.25	제150차	6.23	제171차	6.21
제130차	10.22	제151차	7.21	제172차	12.1
제131차	11.27	제152차	8.25	제173차	1975.3.28
제132차	12.18	제153차	9.23	제174차	8.8
제133차	1966.1.22	제154차	10.20	제175차	12.9
제134차	2.26	제155차	12.22	제176차	1976.3.26
제135차	3.25	제156차	1971.5.14	제177차	10.1
제136차	4.22	제157차	6.18	제178차	1977.4.1
제137차	5.20	제158차	7.16	제179차	10.7
제138차	6.24	제159차	8.20	제180차	1978.3.31
제139차	7.22	제160차	9.17	제181차	9.22
제140차	8.26	제161차	10.22	제182차	1979.3.30
제141차	9.23	제162차	12.17	제183차	9.21
제142차	10.21	제163차	1972.3.17	제184차	1980.5.30
제143차	11.25	제164차	5.26	제185차	1981.9.25
제144차	12.17	제165차	8.25	제186차	1982.10.2

* 법무성자료 1959년 10월 2일까지의 귀국자 수는 93,314명

8. 재일동포 추이(해방 전)

연도	인구수	증가인구	비고
1905	303		일본제국 통계연감
1908	409		일본제국 통계연감
1910	790		일본제국 통계연감
1911	2,527		일본정부의 국세조사
1912			
1913	3,635		「역사학연구」 별책 「조선사의 제문제」
1914			
1915	3,989		1915~44년까지의 자료출처는 일본정부 내무성 경보국조사
1916	5,638	1,649	
1917	14,501	8,863	
1918	22,262	7,761	
1919	28,272	6,010	
1920	30,175	1,903	
1921	35,876	5,701	
1922	59,865	23,989	
1923	80,617	20,752	
1924	120,238	39,621	
1925	133,710	13,472	
1926	148,503	14,793	
1927	175,911	27,408	
1928	243,328	67,417	
1929	276,031	32,703	
1930	298,091	22,060	
1931	318,212	20,121	
1932	390,543	72,331	
1933	466,217	75,674	
1934	537,576	71,359	
1935	625,678	88,102	
1936	690,501	64,823	
1937	735,689	45,188	
1938	799,865	64,176	
1939	961,591	161,726	
1940	1,190,444	228,853	
1941	1,469,230	278,786	
1942	1,625,054	155,824	
1943	1,882,456	257,402	
1944	1,936,843	54,387	
1945	2,363,262	426,419	1945년 1~8월 자료는 추정인원

9. 재일동포 추이(해방 후)

연도	인구수	연도	인구수	비고
1945	1,155,594	1973	636,346	일본 정부 국세조사
1946	647,006	1974	643,096	연합군사령부 지령에 따른 조사
1947	598,507	1975		1947~2000년 법무성 외국인등록 통계
1948	601,772	1976	651,348	
1949	597,561	1977	656,233	
1950	544,903	1978	659,025	
1951	560,700	1979	662,561	
1952	535,065	1980	664,536	
1953	556,084	1981	667,325	
1954	556,239	1982	669,854	
1955	577,682	1983	674,581	
1956	575,287	1984	680,706	
1957	601,769	1985	683,313	
1958	611,085	1986	677,959	
1959	619,096	1987	673,787	
1960	581,257	1988	677,140	
1961	567,452	1989	681,838	
1962	569,360	1990	687,940	
1963	573,284	1991	693,050	
1964	578,545	1992	688,144	
1965	583,537	1993	682,276	
1966	585,278	1994	676,793	
1967	591,345	1995	666,376	
1968	598,076	1996	657,159	
1969	607,315	1997	645,373	
1970	614,202	1998	638,828	
1971	622,690	1999	636,548	
1972	629,809	2000	635,269	

10. 도도부현별 본적지별 외국인등록자(한국·조선)

도도부현	총수	서울특별시	부산직할시	광주직할시	대전직할시	경기도	강원도	충청북도	충청남도	전라북도	전라남도	경상북도	경상남도
총수	635,269	50,107	23,195	1,724	1,430	19,201	4,498	10,134	11,943	11,327	46,331	140,453	195,959
홋카이도	5,934	380	246	14	28	216	128	137	179	158	373	1,529	1,828
아오모리	1,377	75	30	4		54	8	15	33	25	118	362	445
이와테	1,115	50	35	5	2	21	28	18	31	33	69	391	316
미야기	4,451	593	188	40	41	274	54	66	120	122	234	858	1,193
아키타	870	59	25		2	26	8	20	16	10	78	209	289
야마가타	1,829	616	86	12	19	298	35	32	32	51	67	248	219
후쿠시마	2,123	155	56	4	1	91	41	67	78	51	155	641	655
이바라키	5,797	906	284	32	41	343	64	73	195	136	358	1,246	1,499
도치기	3,138	438	91	8	13	150	42	68	83	76	241	721	902
군마	3,202	321	117	10	9	126	21	91	58	68	209	793	1,091
사이타마	17,677	2,876	666	59	101	1,108	220	250	467	432	1,190	3,240	3,750
지바	17,228	3,153	845	111	58	1,093	210	322	440	380	1,239	3,268	3,778
도쿄	97,710	20,435	4,194	659	530	6,789	851	1,366	1,753	2,285	5,858	14,008	16,508
가나가와	33,576	4,094	1,353	125	92	1,579	318	661	907	718	2,133	8,227	9,478
니가타	2,584	363	92	14	13	150	36	47	47	44	157	700	804
도야마	1,742	103	60	4	1	54	13	22	31	53	140	470	724
이시카와	2,639	109	67	2	8	41	19	29	62	43	142	979	1,007
후쿠이	4,413	162	115	9	11	55	13	102	71	95	200	1,626	1,825
야마나시	2,320	683	72	10	9	310	29	30	43	85	141	348	458
나가노	4,699	431	176	19	4	167	48	56	108	93	216	1,573	1,541
기후	7,488	149	147	1	6	91	34	172	147	90	510	2,603	2,889
시즈오카	6,929	612	244	19	6	248	63	102	126	117	483	1,701	2,737
아이치	47,788	1,727	1,306	52	72	780	168	762	1,358	702	3,387	15,103	20,951
미에	7,287	108	252	5	2	76	42	108	150	77	935	2,479	2,693
시가	7,254	182	278	12	6	88	63	144	116	98	347	2,166	3,308
교토	41,067	1,081	1,417	41	31	343	594	674	823	402	1,923	12,757	18,638
오사카	158,702	5,977	4,857	241	136	2,289	531	1,752	1,817	1,883	14,383	24,093	35,546
효고	65,140	1,608	2,428	50	30	794	229	1,077	990	1,207	4,121	15,645	29,473
나라	5,960	236	217	6	5	86	31	68	146	89	562	1,349	2,096
와카야마	3,831	243	144	6	4	106	17	66	45	56	351	1,208	1,302
돗토리	1,570	35	39	2	2	15	42	6	28	20	93	534	680
시마네	1,168	29	51	2	1	23	1	10	23	27	80	353	515
오카야마	7,994	193	309	8	3	144	53	177	145	159	834	2,079	3,490
히로시마	13,490	321	506	25	21	171	59	259	226	224	786	3,622	6,757
야마구치	10,804	105	428	5	15	75	62	301	223	299	1,460	3,255	4,144
도쿠시마	456	27	22	4	2	28	1	5	6	18	40	90	166
가가와	1,189	51	41	9	5	32	13	23	14	23	105	262	474
에히메	1,730	54	59	6		44	7	56	32	15	180	406	725
고치	820	18	37		2	23	6	3	18	22	72	231	341
후쿠오카	22,102	802	1,241	58	59	540	212	640	481	540	1,654	7,079	8,072
사가	1,048	30	48	6		15	16	45	43	43	126	323	305
나가사키	1,443	45	65	2	8	59	19	30	69	38	123	404	498
구마모토	1,233	107	63	10	9	47	10	68	53	42	128	218	382
오이타	2,551	158	100	10	5	72	16	77	52	106	228	692	918
미야자키	802	33	36	2		16	4	27	34	28	56	194	324
가고시마	525	77	39	1	4	24	11	5	9	29	22	113	137
오키나와	474	97	23	6	2	27	8	5	15	15	24	57	88

법무성 입관국(2000년 12월말 현재)

제주도	평양특별시	평안남도	평안북도	자강도	황해도	황해남도	황해북도	개성지구	함경남도	함경북도	양강도	기타	불명
109,022	126	825	472	19	725	33	17	27	824	371	8	4,737	1,761
415		30	26		28		1	2	40	1		116	59
178	1	1			5				4			14	5
97		1			4				1			12	1
603	2	3	5		2	1			8	2		34	8
94		7			1				2			9	15
53	1	3	2		5				5	2		42	1
74		2	4		8	7			6	1		23	3
456	2	11	5		3			1	17	6		103	16
194	1	4	3		8				17	7		49	22
191	1	3			4	2			6	1		47	33
2,935	15	23	19		25	2	1		61	27	4	162	44
2,002	7	32	31		28	1		1	23	9		171	26
20,632	38	209	108	5	140	6		3	288	172	1	637	235
3,145	14	74	30		60	1	3	2	78	36		312	136
70		1	2						3	1		32	8
30	3		6	2					2	1		19	4
86		2			9				1	7		18	8
65		6	1		3				6			41	7
42		3			2					2		47	6
176		8	3		7	2			2	1		60	8
592			8	1	1				1			34	12
356		3	6		10				14	1		56	20
878	3	63	29		30		4		22	5		177	209
280		12	6		10	4	7		1	1		26	13
378	1	5	8		3			1	1	1		34	14
1,954	1	34	19	1	42			2	25	19		172	74
63,635	11	93	71	1	69	2		7	68	21	2	1,048	169
6,421	15	106	18	2	99	3		2	52	24	1	454	291
983	1	7	8		10				4			46	10
244	2	3	1		12				1	1		18	1
48		1										20	5
26		1							7			18	1
258	1	3	3		2	1			3	1		62	66
267	1	5	17	1	12			1	9			125	75
231	4	20	8		5			1	5	4		125	29
27					4							7	9
110		1			13					1		12	
116			4					2	2			10	12
29			1		1							9	7
328		30	16	6	44		1	1	23	8		209	58
20		1			4				3			9	11
46		2			5	1						26	3
54		7	1		4					3		17	10
58	1	3	1					1	9	5		29	10
31			1						1			13	2
38		2			2				3			5	4
76			1		1							28	1

11. 도도부현별 연령·남녀별 외국인등록자(한국·조선) ①

도도부현	총수			0~4세		5~9세		10~14세	
		남	녀	남	녀	남	녀	남	녀
총수	635,269	302,253	333,016	9,092	8,573	11,532	10,840	13,938	13,241
홋카이도	5,934	3,061	2,873	64	57	101	98	133	121
아오모리	1,377	681	696	8	10	15	35	35	44
이와테	1,115	550	565	9	12	12	20	25	25
미야기	4,451	2,083	2,368	76	69	70	73	103	90
아키타	870	418	452	5	7	10	7	16	11
야마가타	1,829	362	1,467	14	13	21	18	23	19
후쿠시마	2,123	1,028	1,095	27	22	40	37	47	54
이바라키	5,797	2,728	3,069	135	134	121	114	131	103
도치기	3,138	1,359	1,779	38	38	49	48	58	63
군마	3,202	1,505	1,697	40	39	47	45	82	55
사이타마	17,677	8,184	9,493	303	278	306	302	298	283
지바	17,228	7,525	9,703	228	227	293	267	345	284
도쿄	97,710	46,187	51,523	1,726	1,467	1,880	1,780	1,845	1,712
가나가와	33,576	15,769	17,807	515	493	613	531	650	637
니가타	2,584	1,155	1,429	36	32	45	39	47	52
도야마	1,742	810	932	12	10	7	15	34	23
이시카와	2,639	1,304	1,335	34	34	35	25	47	45
후쿠이	4,413	2,072	2,341	53	56	53	64	98	88
야마나시	2,320	1,212	1,108	44	40	47	61	44	37
나가노	4,699	2,167	2,532	77	81	70	72	97	91
기후	7,488	3,712	3,776	84	85	123	111	179	172
시즈오카	6,929	3,153	3,776	80	76	94	101	145	115
아이치	47,788	23,081	24,707	623	657	794	723	998	919
미에	7,287	3,638	3,649	92	108	130	111	160	152
시가	7,254	3,595	3,659	117	103	154	147	189	175
교토	41,067	19,814	21,253	542	523	775	722	983	989
오사카	158,702	75,914	82,788	2,150	2,096	3,014	2,851	3,795	3,798
효고	65,140	31,343	33,797	1,007	842	1,305	1,176	1,529	1,504
나라	5,960	2,810	3,150	80	65	110	92	146	136
와카야마	3,831	1,732	2,099	41	42	42	53	63	58
돗토리	1,570	763	807	12	19	27	25	45	32
시마네	1,168	594	574	16	16	26	12	30	20
오카야마	7,994	3,803	4,191	90	94	127	133	187	174
히로시마	13,490	6,349	7,141	145	142	192	195	266	251
야마구치	10,804	5,209	5,595	102	130	175	169	305	252
도쿠시마	456	236	220	8	4	4	4	9	4
가가와	1,189	571	618	29	15	23	17	23	21
에히메	1,730	760	970	27	34	28	28	29	32
고치	820	433	387	16	11	18	12	26	20
후쿠오카	22,102	10,674	11,428	287	299	415	403	536	443
사가	1,048	506	542	15	18	16	14	26	23
나가사키	1,443	703	740	11	18	15	18	21	20
구마모토	1,233	589	644	17	10	14	13	15	17
오이타	2,551	1,235	1,316	38	28	44	36	46	44
미야자키	802	397	405	8	8	16	10	17	17
가고시마	525	255	270	6	7	8	5	3	10
오키나와	474	224	250	5	4	8	8	9	6

법무성 입관국(2000년 12월말 현재)

15~19세		20~24세		25~29세		30~34세		35~39세	
남	녀	남	녀	남	녀	남	녀	남	녀
18,418	17,991	21,991	24,899	30,866	31,834	27,369	30,072	25,357	29,430
163	152	188	178	249	216	237	233	221	262
44	37	40	37	48	37	35	36	51	53
26	28	24	30	44	43	45	50	39	57
143	134	140	176	263	254	231	241	199	225
19	17	23	23	36	40	30	45	20	35
13	31	23	54	51	87	30	196	30	254
59	40	84	65	71	90	70	72	87	113
155	126	163	190	298	317	322	408	269	351
80	92	76	92	145	167	130	221	128	190
65	73	112	115	133	143	128	179	134	163
419	434	618	768	1,164	1,091	928	1,157	789	1,024
403	422	538	595	920	986	822	1,168	779	1,190
2,265	2,317	3,853	5,168	6,709	6,866	5,406	5,720	4,520	5,294
833	817	1,088	1,228	1,719	1,836	1,676	1,873	1,506	1,811
68	62	75	78	112	117	87	127	89	162
61	45	52	63	74	103	62	82	63	79
87	64	113	94	119	119	99	111	110	106
144	137	143	168	165	235	143	195	148	189
40	53	57	48	102	83	139	119	188	127
92	100	140	163	213	248	176	246	156	252
219	203	228	246	288	284	301	275	255	279
143	156	196	216	252	327	258	356	280	375
1,307	1,347	1,571	1,768	2,198	2,265	2,009	2,151	1,959	2,059
240	183	279	260	325	298	312	281	288	273
209	212	262	277	341	315	287	296	295	279
1,392	1,291	1,489	1,527	1,869	1,893	1,584	1,740	1,481	1,637
5,085	4,955	5,460	5,917	6,874	6,848	6,330	6,563	6,120	6,731
2,063	2,048	2,371	2,373	2,745	2,982	2,665	2,800	2,405	2,724
190	197	189	217	254	275	208	247	223	261
108	103	146	148	163	221	133	184	115	191
57	46	62	61	73	78	41	43	52	54
46	35	28	44	49	49	38	36	41	57
255	239	283	300	354	345	290	327	273	309
451	407	424	485	521	626	540	534	432	506
398	379	312	369	388	386	314	286	328	331
15	8	23	17	31	22	29	22	25	31
30	35	47	58	56	60	45	53	48	59
44	37	49	51	71	100	61	96	72	83
25	21	21	21	34	37	28	28	24	39
696	676	741	873	993	983	815	954	858	854
26	25	40	44	36	41	33	32	32	37
40	41	44	57	47	67	41	45	42	50
23	34	24	40	65	58	45	49	40	66
129	95	97	137	114	98	78	74	63	101
25	21	22	28	29	29	33	28	28	43
16	9	15	17	30	42	31	34	24	28
7	7	18	15	31	27	24	59	28	36

도도부현별 연령·남녀별 외국인등록자(한국·조선) ②

도도부현	40~44세 남	40~44세 녀	45~49세 남	45~49세 녀	50~54세 남	50~54세 녀	55~59세 남	55~59세 녀
총수	23,050	29,306	24,355	28,211	25,931	26,106	20,480	21,920
홋카이도	287	274	245	298	281	237	156	136
아오모리	61	77	64	70	70	51	48	37
이와테	49	51	57	49	63	48	39	33
미야기	174	284	148	221	160	163	109	106
아키타	32	44	33	54	53	44	32	28
야마가타	19	367	24	242	26	101	19	28
후쿠시마	78	129	72	98	101	109	60	58
이바라키	184	305	185	257	202	217	167	148
도치기	92	230	118	166	137	132	75	90
군마	120	203	123	160	131	151	106	102
사이타마	633	1,017	582	887	650	684	448	492
지바	581	1,165	576	987	628	705	395	523
도쿄	3,734	4,982	3,120	3,930	2,955	3,114	2,151	2,331
가나가와	1,154	1,836	1,263	1,544	1,253	1,306	961	1,114
니가타	78	182	96	157	133	111	75	81
도야마	56	82	76	78	91	81	64	61
이시카와	75	87	106	118	144	124	93	109
후쿠이	148	180	177	181	196	202	184	174
야마나시	183	117	108	124	71	96	48	55
나가노	162	238	161	227	204	196	163	155
기후	277	268	324	295	373	332	307	301
시즈오카	246	396	244	356	304	309	271	263
아이치	1,667	1,843	1,807	1,941	2,158	2,126	1,847	1,918
미에	218	274	299	309	340	344	294	277
시가	265	302	292	287	316	303	276	250
교토	1,438	1,621	1,621	1,720	1,768	1,818	1,500	1,535
오사카	5,794	6,849	6,370	6,887	6,733	6,713	5,527	6,023
효고	2,442	2,629	2,632	2,903	2,868	2,821	2,232	2,512
나라	222	293	252	258	263	260	189	230
와카야마	109	153	143	179	159	185	153	178
돗토리	60	70	53	78	75	71	70	57
시마네	39	42	62	53	57	39	44	42
오카야마	252	321	344	367	350	350	295	340
히로시마	428	510	569	676	674	687	550	582
야마구치	419	441	532	491	524	531	396	380
도쿠시마	22	26	10	21	16	24	18	11
가가와	44	46	47	65	57	49	38	40
에히메	52	67	68	87	69	71	54	81
고치	42	30	32	36	36	29	34	28
후쿠오카	806	921	983	991	927	862	733	768
사가	38	38	38	45	43	45	40	33
나가사키	52	58	78	49	72	63	54	46
구마모토	48	68	44	63	50	43	33	29
오이타	85	93	117	114	91	94	81	96
미야자키	35	41	27	37	35	34	32	21
가고시마	15	31	18	24	15	18	6	11
오키나와	35	25	15	31	9	13	13	7

법무성 입관국(2000년 12월말 현재)

60~64세		65~69세		70~74세		75~79세		80세 이상	
남	녀	남	녀	남	녀	남	녀	남	녀
16,167	18,448	10,921	13,833	8,267	10,022	7,895	9,017	6,624	9,273
105	134	88	121	108	151	224	127	211	78
21	36	24	45	22	42	55	28	40	21
25	24	17	33	13	20	40	23	23	19
59	85	38	78	52	65	64	60	54	44
27	17	14	20	14	22	31	20	23	18
19	16	6	12	8	9	22	10	14	10
38	43	26	44	33	44	81	38	54	39
114	124	77	92	73	63	63	58	69	62
53	71	39	59	44	43	43	37	54	40
68	72	52	60	43	55	66	40	55	42
314	354	200	228	189	181	171	175	172	138
328	386	200	247	155	208	179	173	155	170
1,673	2,021	1,212	1,623	1,158	1,296	1,147	1,008	833	894
724	888	508	647	447	498	478	398	381	350
47	55	27	55	37	51	60	33	43	35
52	52	25	53	23	30	25	37	33	38
67	78	56	68	46	47	44	59	29	47
128	125	72	98	72	81	64	84	84	84
34	39	23	27	28	27	32	21	24	34
162	126	82	91	67	82	79	78	66	86
260	275	158	204	106	151	125	146	105	149
209	224	132	163	97	132	104	112	98	99
1,550	1,657	1,019	1,220	658	759	546	661	370	693
234	248	153	158	98	121	80	113	96	139
209	220	138	159	95	113	81	103	69	118
1,194	1,365	869	1,023	501	597	456	620	352	632
4,532	5,108	2,995	3,690	2,044	2,638	1,646	2,404	1,445	2,717
1,827	2,073	1,189	1,505	867	1,070	680	911	516	924
145	206	111	156	100	101	70	70	58	86
111	122	77	90	44	67	65	59	60	66
39	41	28	33	26	31	16	37	27	31
33	26	21	36	22	19	20	23	22	25
215	269	171	186	108	130	105	142	104	165
411	465	258	353	185	212	153	244	150	266
307	366	212	327	173	247	175	268	149	242
6	7	7	11	3	1	4	2	6	5
35	33	16	19	11	13	8	15	14	20
48	57	31	41	10	30	21	34	26	41
23	20	13	16	20	13	15	9	26	17
563	696	376	544	310	384	340	372	295	405
26	42	22	25	16	27	31	26	28	27
29	38	31	42	31	43	50	37	45	48
26	46	22	32	36	24	38	27	49	25
51	73	55	67	45	56	51	57	50	53
12	18	17	20	18	19	17	8	26	23
7	4	9	9	10	7	24	7	18	7
7	3	5	3	1	2	6	3	3	1

12. 도도부현 재류자격(재류목적)별 외국인등록자(한국·조선) ①

도도부현	총수	교수	예술	종교	보도	투자·경영	법률·회계 업무
총수	635,269	685	30	724	77	737	2
홋카이도	5,934	17		10		2	
아오모리	1,377	2		3			
이와테	1,115						
미야기	4,451	49	1	4		7	
아키타	870	3				3	
야마가타	1,829			4			
후쿠시마	2,123	1		2		1	
이바라키	5,797	26	1	7		7	
도치기	3,138	6		5		3	
군마	3,202	4		6		4	
사이타마	17,677	20		24		20	
지바	17,228	22	2	39		28	
도쿄	97,710	160	13	238	62	496	1
가나가와	33,576	26	6	30	1	16	1
니가타	2,584	9		4		2	
도야마	1,742		1				
이시카와	2,639	12					
후쿠이	4,413	2	1	2			
야마나시	2,320			5		22	
나가노	4,699	3		19		3	
기후	7,488			8	1	1	
시즈오카	6,929	4		12		6	
아이치	47,788	53	1	20	6	22	
미에	7,287	1		4			
시가	7,254	4	1	1			
교토	41,067	33		31		1	
오사카	158,702	52	2	153	6	53	
효고	65,140	16		32		12	
나라	5,960	6	1	1			
와카야마	3,831	1		2			
돗토리	1,570	1					
시마네	1,168	3					
오카야마	7,994	11		4			
히로시마	13,490	13		4	1	2	
야마구치	10,804	4		9			
도쿠시마	456	2		1			
가가와	1,189	4		1			
에히메	1,730						
고치	820			2			
후쿠오카	22,102	66		23		20	
사가	1,048	2					
나가사키	1,443	10				1	
구마모토	1,233	10		1		2	
오이타	2,551	5		4		1	
미야자키	802	7		2		1	
가고시마	525	6		3			
오키나와	474	7		4		1	

법무성 입관국(2000년 12월말 현재)

의료	연구	교육	기술	인문지식·국제업무	기업내전근	흥행	기능
10	323	59	1,537	2,595	1,345	1,341	1,275
	4		20	7	4	3	3
	1			8	2		4
	2		2		1		3
	17	1	20	22	22	16	2
			1		2	25	1
		1	2	2	1		1
			3	9	7	9	1
	92		37	16	7		1
			7	5	2	2	1
	2	1	13	7	1	16	6
2	23	1	106	168	67	10	51
	13		115	123	36	17	19
3	75	24	663	1,495	736	131	530
2	29	3	242	208	64	69	16
	1	1	3	6	9		4
		1	6	2	2	21	6
			2	3		2	
			4	1		46	1
			14	7	1	16	433
	1		5	8	2	79	2
			4	6	1	10	
	3		21	9	10	15	4
	15		51	88	53	79	66
			6	3		4	2
	1	1	6	3		1	
	11	3	8	22	1	59	5
2	9	14	87	161	194	276	50
	6		32	60	17	218	25
	2	1	6	4	1		
			1	3		86	1
	1	1		11		3	
				4		14	
		1	1	4	4	14	1
	2		8	6	8	13	
	1		1	5	3	2	
			1				1
	2			6	3		
			1	2	1	50	
			1	2			1
	8		24	53	70	25	24
	1		1	3			2
			1	9		2	1
		1	10	4	4		3
	1			8	2		2
		1	1	3			
1			1	9	3		1
			2	10	4	8	

도도부현 재류자격(재류목적)별 외국인등록자(한국·조선) ②

도도부현	문화활동	단기체재	유학	취학	연수	가족체재	특정활동
총수	468	9,362	14,848	7,432	259	13,516	734
홋카이도	9	23	187	18	8	130	4
아오모리	1	5	6		2	19	
이와테	1	3	8		1	10	
미야기	7	18	291	95	6	270	
아키타		4	2	1	1	4	
야마가타		14	52	1	1	12	
후쿠시마		16	28	5	1	20	3
이바라키	33	233	339	33	8	425	5
도치기	5	121	76	49	5	47	3
군마		131	52	12	4	50	6
사이타마	18	529	821	551	13	643	60
지바	11	892	710	294	6	604	11
도쿄	192	3,808	6,959	4,914	39	6,388	346
가나가와	28	1,283	1,007	451	39	908	64
니가타	3	39	123		1	64	1
도야마	6	6	14	9	2	13	2
이시카와	4	4	69		7	49	1
후쿠이	1	41	7	5		11	1
야마나시	1	94	33	22	1	415	1
나가노	3	94	42	41	3	51	10
기후	1	12	31	4	4	25	2
시즈오카	5	140	72	45	15	110	4
아이치	14	228	595	114	12	489	30
미에	3	21	34	2	3	15	4
시가	2	13	20	4	4	35	1
교토	32	86	448	70	4	273	11
오사카	28	1,210	1,305	405	8	1,226	91
효고	12	123	305	60	3	280	23
나라	4	15	65	35	4	46	2
와카야마	1	43	4	14	1	10	1
돗토리	2		14		10	9	
시마네		2	19		4	10	
오카야마	2	8	58	17		48	4
히로시마	4	15	132	5		96	8
야마구치	2	10	54	3	2	21	3
도쿠시마	1	3	16	1	1	21	3
가가와		4	13	8		17	1
에히메	2	5	11	1		10	
고치		4	3	4		1	
후쿠오카	20	40	397	107	14	462	19
사가	2	2	28	1	4	13	1
나가사키	2	3	57		2	30	1
구마모토	1	3	41	5	4	30	1
오이타	1	5	229	21	11	26	3
미야자키		3	16	2	1	18	1
가고시마	1	5	27			26	
오키나와	3	1	28	3		36	2

법무성 입관국(2000년 12월말 현재)

영주자	일본인의 배우자 등	영주자의 배우자등	정주자	특별영주자	미취득자	일시비호	기타
31,955	22,057	3,560	9,509	507,429	1,866		1,534
442	206	17	113	4,667	19		21
71	70	9	29	1,138	2		5
62	51	6	7	951	4		3
283	389	13	52	2,850	10		6
67	58	12	13	671	1		1
286	894	2	58	497	1		
151	186	6	26	1,634	6		8
359	418	36	111	3,528	32		43
204	340	22	93	2,117	14		11
175	244	17	60	2,369	7		15
1,360	1,397	128	481	11,024	88		72
1,224	1,903	138	496	10,360	53		112
6,833	4,909	687	2,909	54,279	391		429
2,244	1,859	206	686	23,750	157		181
184	301	15	47	1,757	9		1
59	75	10	18	1,478	5		6
69	62	8	12	2,326	5		4
86	177	30	54	3,912	15		16
117	185	14	32	890	3		14
208	333	32	72	3,648	18		22
273	112	25	41	6,902	21		4
396	460	34	106	5,423	23		12
1,416	881	186	332	42,882	114		41
181	107	42	42	6,789	15		9
190	156	23	40	6,729	12		7
1,030	444	167	270	37,962	72		24
9,382	3,131	1,038	2,185	136,799	489		346
1,936	912	333	540	60,032	116		47
250	99	27	63	5,293	21		14
135	167	29	43	3,270	6		13
43	35	5	9	1,421	5		
36	39	7	3	1,025	1		1
201	175	37	45	7,338	16		5
451	189	53	88	12,346	39		7
249	56	37	41	10,286	10		5
34	40	1	4	325			1
35	76	1	13	1,000	1		3
77	63	10	8	1,479	7		1
32	23	3	3	739	1		1
751	439	61	144	19,286	36		13
40	24	3	7	908	4		2
57	53	9	11	1,190	1		3
56	98	9	32	914	1		3
81	44	6	16	2,074	11		
47	36	4	2	656			1
39	71	1	11	316	3		1
53	70	1	41	199	1		

13. 재일동포 결혼통계표

후생노동성대신(大臣) 관방(官房) 통계정보부(2002년 2월말)

연도	재일동포 간 결혼	남성일본 여성동포	남성동포 여성일본	동포와 다른 외국인	동포와 일본결혼건수	동포 간 결혼 비율
1955	1,474	94	242		336	81.44%
1956	2,562	134	340		474	84.39%
1957	3,348	168	407		575	85.34%
1958	4,170	211	465		676	86.05%
1959	4,946	280	805		1,085	82.01%
1960	4,630	310	862		1,172	79.80%
1961	5,136	396	745		1,141	81.82%
1962	6,360	514	807		1,321	82.80%
1963	6,204	571	830		1,401	81.58%
1964	6,720	673	1,027		1,700	79.81%
1965	7,362	843	1,128		1,971	78.88%
1966	6,738	846	1,108		1,954	77.52%
1967	7,286	1,097	1,157		2,254	76.37%
1968	7,370	1,124	1,258		2,382	75.57%
1969	7,020	1,284	1,168		2,452	74.11%
1970	7,758	1,536	1,386		2,922	72.64%
1971	8,060	1,696	1,533		3,229	71.40%
1972	7,678	1,785	1,707		3,492	68.74%
1973	7,536	1,902	1,674		3,576	67.82%
1974	7,754	2,047	1,743		3,790	67.17%
1975	7,236	1,994	1,554		3,548	67.10%
1976	6,492	2,049	1,564		3,613	64.25%
1977	6,426	1,990	1,390		3,380	65.53%
1978	6,002	2,110	1,500		3,610	62.44%
1979	6,310	2,224	1,597		3,821	62.28%
1980	6,122	2,458	1,651		4,109	59.84%
1981	5,898	2,585	1,638		4,223	58.27%
1982	5,726	2,903	1,809		4,712	54.86%
1983	5,428	3,391	1,901		5,292	50.63%

연도	재일동포 간 결혼	남성일본 여성동포	남성동포 여성일본	동포와 다른 외국인	동포와 일본결혼건수	동포 간 결혼 비율
1984	5,004	3,209	2,021		5,230	48.90%
1985	4,808	3,622	2,525		6,147	43.89%
1986	4,778	3,515	2,330		5,845	44.98%
1987	4,540	4,405	2,365		6,770	40.14%
1988	4,724	5,063	2,535		7,598	38.34%
1989	4,674	7,685	2,589		10,274	31.27%
1990	4,390	8,940	2,721		11,661	27.35%
1991	3,922	6,969	2,666		9,635	28.93%
1992	3,610	5,537	2,804		8,341	30.21%
1993	3,562	5,068	2,762		7,830	31.27%
1994	3,232	4,851	2,686		7,537	30.01%
1995	2,970	4,521	2,842		7,363	28.74%
1996	2,876	4,461	2,800		7,261	28.37%
1997	2,538	4,504	2,674	93	7,178	25.87%
1998	2,558	5,143	2,635	115	7,778	24.48%
1999	2,440	5,798	2,499	121	8,297	22.47%
2000	2,302	6,210	2,509	142	8,719	20.62%
총합계	240,431	128,716	78,959	471	207,675	

* 결혼건수에 대해서는 1997년 이후는 외국인과 결혼도 포함함.

14. 재일동포귀화자 통계표

법무성 민사국(2002년 2월말)

연도	재일외국인 귀화총수	재일동포의 귀화수	비율	재일동포의 귀화자 누계
1952	282	232	82.27%	232
1953	1,431	1,326	92.66%	1,558
1954	2,608	2,435	93.37%	3,993
1955	2,661	2,434	91.47%	6,427
1956	2,547	2,290	89.91%	8,717
1957	2,582	2,312	89.54%	11,029
1958	2,594	2,246	86.58%	13,275
1959	3,076	2,737	88.98%	16,012
1960	4,156	3,763	90.54%	19,775
1961	3,013	2,710	89.94%	22,485
1962	3,614	3,222	89.15%	25,707
1963	4,100	3,558	86.78%	29,265
1964	5,445	4,632	85.07%	33,897
1965	4,088	3,438	84.10%	37,335
1966	4,735	3,816	80.59%	41,151
1967	4,150	3,391	71.71%	44,542
1968	3,501	3,194	91.23%	47,736
1969	2,153	1,889	87.74%	49,625
1970	5,379	4,646	86.37%	54,271
1971	3,386	2,874	84.88%	57,145
1972	6,825	4,983	73.01%	62,128
1973	13,629	5,769	42.33%	67,897
1974	7,026	3,973	56.55%	71,870
1975	8,568	6,323	73.80%	78,193
1976	5,605	3,951	70.49%	82,144
1977	5,680	4,261	75.02%	86,405
1978	7,391	5,362	72.55%	91,767
1979	6,458	4,701	72.79%	96,468
1980	8,004	5,987	74.80%	102,455

연도	재일외국인 귀화총수	재일동포의 귀화수	비율	재일동포의 귀화자 누계
1981	8,823	6,829	77.40%	109,284
1982	8,494	6,521	76.77%	115,805
1983	7,435	5,532	74.40%	121,337
1984	6,169	4,608	74.70%	125,945
1985	6,824	5,040	73.86%	130,985
1986	6,636	5,110	77.00%	136,095
1987	6,222	4,882	78.46%	140,977
1988	5,767	4,595	79.68%	145,572
1989	6,089	4,759	78.16%	150,331
1990	6,794	5,216	76.77%	155,547
1991	7,788	5,665	72.74%	161,212
1992	9,363	7,244	77.37%	168,456
1993	10,452	7,697	73.64%	176,153
1994	11,146	8,244	73.96%	184,397
1995	14,104	10,327	73.22%	194,724
1996	14,495	9,898	68.29%	204,622
1997	15,061	9,678	64.26%	214,300
1998	14,779	9,561	64.69%	223,861
1999	16,120	10,095	62.62%	233,956
2000	15,812	9,842	62.24%	243,798
2001	15,291	10,295	67.32%	254,093

15. 재일동포단체 · 출판 상황 일람표(1)

2001년 5월 1일 현재

기관명	소재지
재일본조선인연합회중앙본부	도쿄도 지요다(千代田)구
재일본조선인상공연합회	도쿄도 다이토(台東)구
재일본조선청년동맹중앙본부	도쿄도 분쿄(文京)구
재일본조선민주여성동맹중앙본부	도쿄도 분쿄(文京)구
재일본조선청년상공회	도쿄도 다이토(台東)구
재일본조선인교직원동맹중앙본부	도쿄도 분쿄(文京)구
재일본조선인교육회	도쿄도 분쿄(文京)구
재일본조선신용조합협회	도쿄도 시부야(渋谷)구
재일본조선언론출판인협회	도쿄도 분쿄(文京)구
재일본조선인과학기술협회	도쿄도 분쿄(文京)구
재일본조선인의학협회	도쿄도 분쿄(文京)구
재일본조선인인권협회	도쿄도 분쿄(文京)구
재일본조선문학예술가동맹	도쿄도 분쿄(文京)구
재일본조선인체육연합회	도쿄도 분쿄(文京)구
재일본조선유학생동맹중앙본부	도쿄도 분쿄(文京)구
재일본조선종교인연합회	도쿄도 분쿄(文京)구
재일본조선불교도협회	도쿄도 분쿄(文京)구
재일본조선역사고고학협회	도쿄도 분쿄(文京)구
재일본조선인통일동지회	도쿄도 분쿄(文京)구
재일본조선평화옹호위원회	도쿄도 분쿄(文京)구
재일본조선학생위원회	도쿄도 고다이라(小平)시
조선신보사	도쿄도 신주쿠(新宿)구
조선통신사	도쿄도 분쿄(文京)구
구월서방	도쿄도 분쿄(文京)구
시대사	도쿄도 분쿄(文京)구
조선화보사	도쿄도 분쿄(文京)구
학우서방	도쿄도 이타바시(板橋)구
조선청년사	도쿄도 분쿄(文京)구
총련영화제작소	도쿄도 지요다(千代田)구
조선문제연구소	도쿄도 신주쿠(新宿)구
금강산가극단	도쿄도 고다이라(小平)시

기관명	소재지
재일본조선축구단	도쿄도 분쿄(文京)구
조선문예사	도쿄도 분쿄(文京)구
조선음악사	도쿄도 분쿄(文京)구
금강보험주식회사	도쿄도 아라카와(荒川)구
총련합영사업추진위원회	도쿄도 다이토(台東)구
조・일수출입상사	도쿄도 다이토(台東)구
동해상사주식회사	도쿄도 지요다(千代田)구
조선특산물판매주식회사	도쿄도 다이토(台東)구
조선산업주식회사	도쿄도 지요다(千代田)구
지요다국제무역주식회사	도쿄도 지요다(千代田)구
주식회사근양해운	도쿄도 미나토(港)구
해양약업주식회사	도쿄도 다이토(台東)구
주식회사중외여행사	도쿄도 다이토(台東)구
공동흥업주식회사	도쿄도 다이토(台東)구
경화(慶和)상사주식회사	니가타시
융흥(隆興)무역주식회사	도쿄도 다이토(台東)구
조선총련중앙학원	도쿄도 하치오지(八王子)시
조선총련중앙학원분교	히가시오사카시
동포결혼상담중앙센터	도쿄도 분쿄(文京)구
각급학교	
조선대학교	도쿄도 고다이라(小平)시
도쿄조선중고급학교	도쿄도 기타(北)구
도쿄조선제1초중급학교	도쿄도 아라카와(荒川)구
도쿄조선제2초급학교	도쿄도 고토(江東)구
도쿄조선제3초급학교	도쿄도 이타바시(板橋)구
도쿄조선제4초중급학교	도쿄도 아다치(足立)구
도쿄조선제5초중급학교	도쿄도 스미다(墨田)구
도쿄조선제6초급학교	도쿄도 오오타(大田)구
도쿄조선제8초급학교	도쿄도 세타가야(世田)구
도쿄조선제9초급학교	도쿄도 스기나미(杉並)구
가나가와(神奈川)조선초중고급학교	가나가와현요코하마(横浜)시
가와사키(川崎)조선초중급학교	가나가와현 가와사키시
난부(南武)조선초급학교	가나가와현 가와사키시

기관명	소재지
쓰루미(鶴見)조선초급학교	가나가와현 요코하마시
니시도쿄조선제1초중급학교	도쿄도 다치카와(立川)시
니시도쿄조선제2초중급학교	도쿄도 마치다(町田)시
지바(千葉)조선초중급학교	지바시
사이타마(埼玉)조선초중급학교	사이타마현 오오미야(大宮)시
이바라키(茨城)조선초중고급학교	이바라키현 미토(水戸)시
군마(群馬)조선초중급학교	군마현 마에바시(前橋)시
도치기(栃木)조선초중급학교	도치기현 오야마(小山)시
홋카이도(北海道)조선초중고급학교	홋카이도 삿포로(札幌)시
도호쿠(東北)조선초중고급학교	미야기(宮城)현 센다이(仙台)시
후쿠시마조선초중급학교	후쿠시마현 郡山시
나가노조선초중급학교	나가노현 마쓰모토(松本)시
호쿠리쿠(北陸)조선초중급학교	후쿠이(福井)시
니가타(新潟)조선초중급학교	니가타시
아이치(愛知)조선중고급학교	아이치현 도요아케(豊明)시
도슌(東春)조선초중급학교	아이치현 가스가이(春日井)시
도요바시(豊橋)조선초중급학교	아이치현 도요바시시
나고야조선초급학교	나고야시
아이치조선제7초급학교	아이치현세토(瀬戸)시
기후(岐阜)조선초중급학교	기후현 하시마군(羽島郡)
시즈오카(静岡)조선초중급학교	시즈오카시
욧카이치(四日市)조선초중급학교	욧카이치시
오사카조선고급학교	히가시오사카시
히가시오사카조선중급학교	오사카시 이쿠노(生野)구
나카오사카조선초중급학교	오사카시 히가시나리(東成)구
기타오사카조선초중급학교	오사카시 히가시요도가와(東淀川)구
니시오사카조선초급학교	오사카시 스미노에(住之江)구
미나미오사카조선중급학교	오사카부 기시와다(岸和田)시
이쿠노조선초급학교	오사카시 이쿠노구
히가시오사카조선초급학교	히가시오사카시
오사카조선제4초급학교	오사카시 이쿠노구
죠호쿠(城北)조선초급학교	오사카시 히노데(旭)구
오사카후쿠시마조선초급학교	오사카시 니시요도가와(西淀川)구

기관명	소재지
사카이(堺)조선초급학교	오사카부 사카이시
센슈(泉州)조선초급학교	오사카부 이즈미오오쓰(泉大津)시
고베고선고급학교	고베시
아마가사키(尼崎)조선초중급학교	효고현 아마가사키시
니시고베조선초급학교	고베시
고베조선초중급학교	고베시
니시하리(西播)조선초중급학교	효고현히메지(姬路)시
이타미(伊丹)조선초급학교	효고현 이타미시
다카라쓰카히가시(宝塚東)조선초급학교	효고현다카라쓰카(宝塚)시
아마가사키히가시조선초급학교	효고현 아마가사키시
아카시(明石)조선초급학교	효고현 아카시시
교토조선중고급학교	교토시
마이즈루(舞鶴)조선초중급학교	교토부 마이즈루시
교토조선제1초급학교	교토시
교토조선제2초급학교	교토시
교토조선제3초급학교	교토시
시가조선초중급학교	교토부 오오쓰(大津)시
나라조선초급학교	나라현 가시하라(橿原)시
와카야마(和歌山)조선초중급학교	와카야마시
히로시마(広島)조선초중고급학교	히로시마시
야마구치(山口)조선고급학교	야마구치현시모노세키(下関)시
시모노세키조선초중급학교	야마구치현 시모노세키시
우베(宇部)조선초중급학교	야마구치현 우베시
도쿠야마(徳山)조선초중급학교	야마구치현 도쿠야마시
오카야마(岡山)조선초중급학교	오카야마시
시코쿠(四国)조선초중급학교	마쓰야마(松山)시
규슈(九州)조선고급학교	후쿠오카(福岡)현 기타큐슈시
기타큐슈조선초중급학교	후쿠오카현 기타큐슈시
후쿠오카조선초중급학교	후쿠오카시
지쿠호(筑豊)조선초급학교	후쿠오카현 이이즈카(飯塚)시

신용조합 등

(홋카이도 · 도호쿠지방)

조긴호쿠토(朝銀北東)신용조합	홋카이도 삿포로시

기관명	소재지
(간토·신에쓰(信越)지방)	
조긴간토신용조합	가나가와현 요코하마시
조긴도쿄신용조합	도쿄도 시부야구
조긴 나가노신용조합	나가노현 마쓰모토시
조긴니가타신용조합	니가타시
(도카이(東海)·호쿠리쿠지방)	
조긴주부(中部)신용조합	나고야시
(간사이지방)	
조긴긴기(近畿)신용조합	고베시
(주고쿠(中國)·시코쿠·규슈지방)	
조긴니시신용조합	오카야마시
(기타)	
조선신용조합학원	도쿄도 하치오지시
㈜조신(朝信)공동계산센터	도쿄도 세타가야구
㈜조신상사	도쿄도 신주쿠구
조긴총합파이넌스㈜	도쿄도 세타가야구
조긴총합파이넌스㈜ 신주쿠영업소	도쿄도 신주쿠구
조신건강보건조합	도쿄도 도시마(豊島)구
조신후생연금기금	도쿄도 도시마(豊島)구
㈜지지에스	도쿄도 분쿄구
조긴사무서비스	도쿄도 세타가야구
조긴경제연구소㈜	도쿄도 세타가야구

(주) 원문에는 주소의 번지와 전화번호가 기재되었지만 본 책에서는 지면상 생략하였음을 밝혀둔다.

16. 재일동포단체 · 출판 상황 일람표(2)

2001년 5월 1일 현재

기관명	소재지
재일한국일본대한민국민단중앙본부	도쿄도 미나토(港)구
재일한국일한국상공회의소	도쿄도 미나토구
재일한국일본대한민국부인회중앙본부	도쿄도 미나토구
재일한국일본대한민국군인회중앙본부	도쿄도 미나토구
재일한국일본대한체육회중앙본부	도쿄도 미나토구
재일한국일본대한청년회중앙본부	도쿄도 미나토구
재일한국일본대한학생회중앙본부	도쿄도 미나토구
재일한국일한국청년상공인연합회	도쿄도 미나토구
재일한국과학기술자협회	도쿄도 미나토구
재일한국인신용조합협회	도쿄도 미나토구
재일한국단법인한국교육재일한국단	도쿄도 미나토구
재일한국인학교연합회	도쿄도 신주쿠구
신한학술연구회	지바현 이치카와(市川)시
재일한국인의사회	도쿄도 신주쿠구
재일한국직업회계인협회	오사카시 기타구
재일한국일본대한기독교회	도쿄도 신주쿠구
재일한국일본한국YMCA	도쿄도 지요다구
재일한국일본한국간사이YMCA	오사카시 히가시나리구
도쿄모국방문추진위원회	도쿄도 다이토구
가라후토(樺太)귀환재일한국인회	도쿄도 아다치구
재일한국유학생연합회	도쿄도 지요다구
사회복지법인 마음의 가족	오사카부 사카이시
민단신문사	도쿄도 미나토구
통일일보사	도쿄도 미나토구
동양경제일보사	도쿄도 주오(中央)구
KPI통신사	도쿄도 다이토구
KEP통신사	도쿄도 주오구
프리라이프사	도쿄도 시부야구
아시아뉴스센터	도쿄도 신주쿠구
동아시아리뷰	도쿄도 분쿄구

기관명	소재지
제일일보 코리아뉴스	오사카시 히가시나리구
KNTV	도쿄도 미나토구
한국학교·학원	
도쿄한국학교	도쿄도 신주쿠구
금강학원(金剛學園)	오사카시 니시나리구
건국학교	오사카시 스미요시(住吉)구
교토한국학교	교토시
나고야한국학교	나고야시
고베한국학원	고베시
아마가사키한국학원	아마가사키시
효고한국학원	고베시
교토신명(信明)학교	교토시
구라시키(倉敷)한국학원	오카야마현 구라시키시
재일한국일한국인신용조합	
도쿄쇼긴(商銀)신용조합	도쿄도 신주쿠구
요코하마쇼긴신용조합	가나가와현 요코하마시
지바쇼	치바시
도치기쇼	도치기현 우쓰노미야(宇都宮)시
이바라키쇼	이바라키현 미토시
군마쇼	군마현 마에바시시
나가노쇼	나가노현 마쓰모토시
니가타쇼	니가타시
신용조합호쿠토쇼긴	미야기현 센다이시
아오모리(靑森)쇼	아오모리시
신용조합이와테(岩手)쇼긴	이와테현 모리오카(盛岡)시
아키타(秋田)쇼	아키타시
후쿠시마(福島)쇼	후쿠시마현 고오리야마(郡山)시
신용조합아이치쇼긴	나고야시
신용조합미에(三重)쇼긴	미에현 구와나(桑名)시
이시카와(石川)쇼	이시카와현 가나자와(金沢)시
호쿠리쿠쇼	후쿠이시

기관명	소재지
신용조합간사이고긴(興銀)	오사카시 텐노지(天王寺)구
신용조합오사카쇼긴	오사카시 기타구
신용조합교토쇼긴	교토시 시모교(下京)구
신용조합히로시마쇼긴	히로시마시
신용조합오카야마쇼긴	오카야마시
신용조합후쿠오카쇼긴	후쿠오카시
나가사키(長崎)숍	나가사키시
사가(佐賀)숍	사가시
오이타(大分)숍	오이타시
구마모토(熊本)숍	구마모토시
신용조합고치(高知)쇼긴	고치시

(주) 원문에는 주소의 번지와 전화번호가 기재되었지만 본 책에서는 지면상 생략하였음을 밝혀둔다.

17. 재일동포단체 · 출판 상황 일람표(3)

2001년 5월 1일 현재

기관명	소재일한국이지
재일한국민주통일연합	도쿄도 지요다구
재일한국민주여성회	도쿄도 지요다구
재일한국청년동맹중앙본부	도쿄도 지요다구
조국통일재일한국인학생협의회	도쿄도 미나토구
조국평화통일협회	도쿄도 도시마구
민족시보사	도쿄도 지요다구
재단법인조선장학회	도쿄도 신주쿠구
통일평론신사	도쿄도 분쿄구
민족통일심포지움사무국	도쿄도 도시마구

편저자

❖ **강철(姜徹)**

일본 이시카와현(石川県) 가나자와시(金沢市) 출생. 본적은 제주특별자치도 제주시 애월읍. 1951년 3월 센슈대학(専修大学) 법학과를 졸업한 뒤 재일코리안을 위한 실천활동과 연구활동을 병행했다. 법학박사. 현재 청암대학교 재일코리안연구소 객원교수, 국제고려학회 회원. 주요 저서는『외국인등록법과 재일조선인의 인권』(공저, 조선청년사, 1981),『재일조선인의 인권과 일본의 법률』(雄山閣, 1987),『아다치(足立)에서 본 재일코리안형성사』(雄山閣, 2010) 등이며 다수의 논문을 썼다.

번역자

❖ **정희선**

청암대학교 호텔문화관광과 교수, 재일코리안연구소 소장.
근현대한일관계사, 재일코리안사.『재일조선인의 민족교육운동』(도서출판 선인, 2014).

❖ **황익구**

청암대학교 재일코리안연구소 연구교수.
일본근현대문학.『交錯する戦争の記憶―占領空間の文学』(春風社, 2014)